心靈工坊 PsyGarden

Holistic

探索身體，追求智性，呼喊靈性
攀向更高遠的意義與價值
是幸福，是恩典，更是內在心靈的基本需求
企求穿越回歸眞我的旅程

與狼同奔的女人

Women Who Run with the Wolves

Myths and Stories of the Wild Woman Archetype

〔25週年紀念增訂版〕

克萊麗莎・平蔻拉・埃思戴絲（Clarissa Pinkola Estés, Ph.D.）◎著　　吳菲菲◎譯

目次

各界佳評

「此書深含靈性……她推崇女人堅強、聰明和不馴的特質。她敬重女性的靈魂。」

——《華盛頓郵報》「書世界」專欄

「這是天才詩人的作品，充滿神諭式的啟發、具有救贖力、散發靈魂祈禱的自然光輝……我對它全然流暢的書寫方式感到佩服——它用清晰的文字和勇氣流動於靈性的、神話的、和治療師的語彙之間。從來沒有人這樣寫作過，從來沒有人敢跨越這麼多思想領域過。」

——卡洛琳·佛西，《我們之間的國度》詩集作者

「人類數千年來都為了聽取艱辛獲得的智慧之言而聚集在火邊，以容許自己的夢想充滿無限可能性。當現代世界僅認為智慧存在於『事實』，且僅准許女人知道『事實』時，埃思戴絲博士替我們大家把火找了回來。」

——葛蘿莉亞·史坦能，婦運健將、《內在革命》作者

「克萊麗莎・平蔻拉・埃思戴絲用抒情而優雅的文字力量把我們祖先的古老智慧闡述出來。她運用了當代的真知卓見，使這些故事因另具意義而『躍起』，以滿足我們飢渴的靈魂。她要求女人和男人一起進入真實之神的領域——這位神明具有治療、喚醒、挑戰、締結關係、以及大笑的能力。這本書在未來世代裡會繼續受到人們的尊敬，會被視為我們這一時代最真實深刻的靈性證言之一。」

——馬修・福克斯，《最初之祝福》作者

「一個同時也是說故事詩人的學者是非常稀有的，而埃思戴絲卻用如此驚人的口才展現出這種才情。此書可稱為當代經卷，極其珍貴——它不僅蘊含無比的智慧，也充滿文字的奧妙。克萊麗莎・平蔻拉・埃思戴絲是一位令人不得不景仰的作者。」

——安娜・卡斯地羅，著有詩集《我父親是一個托耳太克人》

「在《與狼同奔的女人》一書中，克萊麗莎・平蔻拉・埃思戴絲透過她自己的生命智慧、生命奮鬥和生命財富創造了一部前所未有的文本。做為一個榮格派分析師、詩人和故事保存者，她擊破主流文化的表象，揭發它的神話並同時提供我們新的神話。如果我們敢面對自己的野性本質的話，我們可以用每一個故事來挖掘自己的靈魂。埃思戴絲博士用以揭示真相的勇氣容許我們也能實現自己的勇氣。藉由這本勇敢而神聖之作品的深義，她要求女人必須面對自己最害怕的那個東西：她們自己的力量。我相信這是一本可以讓我們照著成長並藉以更加成長的書籍。」

——黛莉・坦皮斯特・威廉斯，《庇護所》作者

「有一個瞭解我並愛我的人送給我這本《與狼同奔的女人》。她說：『你需要它。』當我終於抽出這本書而埋首於其中時——當時的我離家甚遠而且疲憊不堪——我發現她說對了。埃思戴絲把故事當成食物贈與他人，視之為靈魂生存力的根本。克萊麗莎・平蔻拉・埃思戴絲不僅贈與我們這些故事和寓言，讓我們可以建構更堅強的自我，她也贈與我們一個可做為我們共同努力目標的生命觀點，讓我們知道：女性心靈不是只有爭戰，也滿是活力和希望。這是一本我也願送給所愛之人的書。」

——桃樂西・艾力生，《來自卡羅萊納的私生女》作者

「這書太棒了！埃思戴絲博士擊中那黑暗而蘊藏豐富的核心。我要對她說聲謝謝！」

——娜妲莉・高柏，《心靈寫作》、《狂野寫作》作者

「這本迷人的書收集了許多可以轉化生命的故事，並用女性主義的角度詮釋它們。它既能啟發、也能激勵每一個追尋內在自我的女人。」

——芭芭拉．沃克，《女人之神話與祕密百科全書》作者

「這一碗材料豐富、香味十足的燉湯，可以餵飽所有燒乾的、窒息的、無活力的、或僅僅年老疲憊的女人。如果這些形容詞恰好說出你的真相的話，就請你拿起一碗埃思戴絲的燉湯，去治療她所說的靈魂飢餓並繼續往下讀……《與狼同奔的女人》是一項女性宣言，呼喚所有女人回到根本之我，不管她們的年齡、種族、信念或宗教為何。照一下鏡子吧……埃思戴絲認為我們的相似點要比我們的差異處重要多了……她是故事保存者、治療者、接生婆、心靈導師。」

——《西班牙語世界》雜誌

「正當我讀它的時候，吉普賽女人輕敲我的左肩、令我夢遊般地走至房間的另一邊，然後抽出一張滿是刮痕的正聲唱片——上面有瑪連尼唱的『不要相信男人』、貝西．史密斯唱的《你應留在這裡》和《聖路易藍調》，以及艾達．考克斯喊唱出來的《野女人不會感到憂鬱》。她一邊把唱片放到唱盤上，一邊說：『說到原型，埃思戴絲曾去過那裡，又回來

了。』」

——克萊莉貝爾・艾力格里亞，《家庭相簿：薩爾瓦多的游擊詩篇》作者

「透過神話、童話故事、以及漫長的『靈魂對話』，埃思戴絲把女性心靈中被忽略的野性喚回到生命中。這是一本可以啟發人心並充滿同情心的書。」

——朱爾思・凱許福特，在倫敦執業的榮格派分析師、《女神神話》作者群之一

「埃思戴絲博士在其作品中橫跨數個廣大領域，從心靈的中心點到全般人類經驗無所不包。她是一個用敏銳之知性、直覺和靈性來透視這些世界之深奧的詩人。她是一個人本主義者，堅定地擁抱她所察知並蒐集到的所有事物。最終，她是一個故事保存者，總是快樂地前往故事在心靈中的居住區域，然後帶回一個故事來當作強效藥材。她是上天賜給我們的禮物。」

——《心理學觀點》期刊

「埃思戴絲博士恢復了我們對生命其他區域、其他時期，以及其他長久遭受壓抑之生存方式的回憶。她深化並擴大了故事和神話的意義，直到它們開始在我們內心中發揮起強大的心理力量。」

——菲莉絲・柴思樂博士，《女人與瘋狂》作者

「充滿了奇妙的、熱情的、詩意的、以及觸動心靈的字句和意象，足以啟發和教導女人，使她們有力量去忠於自己的本性而得以連結於創造力、幽默感和堅強精神的源頭。」

——琴・心諾達・玻倫醫師，《女人身上的女神們》及《權力魔戒》作者

「令人著迷的聲音……那是她坐在自己女性長輩的膝前所學來的生動說故事方式，而這些親人都是來自外國的移民。」

——《新聞週刊》

「膽敢陪著《與狼同奔的女人》一起奔跑的男人也應讀這本書。」

——山姆・金恩，《學飛的男人》作者

「卓越出色的一本好書……文字閃亮而令人雀躍……此書將成為女人在從事心靈探索時必備的聖經……對一個想要回到本能我的女人而言，它是一本指出所有陷阱的道路地圖——有些是她熟悉的陷阱，有些則是意料之外而可怕的陷阱。此書……是一份禮物。」

——《洛杉磯時報》

「《與狼同奔的女人》已經對美國文化產生深刻的影響。此時，成千上萬的讀書會、學術研習會、宗教學者、精神分析師、寫作教師、運動比賽者、文學批評家、談話節目主持人、朋友、情人、藝術家、舞者，以及在媒體上臨時出現的某個誹謗者都正在討論它。連阿拉斯加伊地塔勞得鎮上艱辛異常的狗拉縴雪橇競賽中的幾個訓練師也在討論它。」

——《布倫斯伯利書評》雜誌

「這可不是輕鬆易讀、處處用俏皮短句教人挖掘『內在我』的勵志書籍……它長達七百頁，用許多童話故事當做嚴肅的教材來教導那些與本能失去聯繫的人。」

——《艾爾布可奇論壇報》

「它擄獲了大家的注意力……和許多人的思想、情感、及靈魂……。女人們一讀再讀……每一次都在尋找不同的新意義。」

——《亞歷桑納共和報》

「充滿了一小塊、一小塊的黃金智慧，教人如何面對危機、失望、以及自挫的行為……

《與狼同奔的女人》向心靈深處挖出一條隧道……開啟了通向靈性自由的新路徑。」

——《新女性雜誌》

「當我們穿過種種意識層面而聽見在骨髓中對我們說話的內在聲音時，這書能娛樂我們、教導我們、並感動我們。那些內在聲音甚至告訴我們要慶祝生命中的悲劇……這書充滿了女人捧腹大笑的聲音。」

——《溫哥華太陽報》

「它把學術的、抒情的、和個人的聲音結合成一整個熱情澎湃的聲音。」

——《聖地牙哥聯合論壇報》

「它用這般清晰的方式和智慧道出了我之前無以名狀而難以言傳的感覺。」

——威瑪．鑾奇勒，切若契國前任酋長、《殺死男人者》作者

「《與狼同奔的女人》不只是一本新書。它是一個充滿深刻見識、智慧和愛的禮物，是一個知其然者傳達給我們的神諭。」

——愛麗絲・華克，普立茲獎得主、《紫色姐妹花》作者

「克萊麗莎・平蔻拉・埃思戴絲的作品植根於古老而深厚的家族儀式和原型心理學之中。它告訴我們靈魂並未失蹤、而是被迫睡著了……這書提醒我們：儘管我們已經習染了世故，我們仍然屬於大自然、仍然具有野性，而只要我們恢復那野性生命力，我們就又能站直在世界上。」

——湯瑪斯・摩爾，《隨心所欲》作者

「一本啟發人心的書，是失去直覺本性之女人的『靈魂維他命』。」

——《舊金山紀事報》

「我對《與狼同奔的女人》以及克萊麗莎・平蔻拉・埃思戴絲博士充滿感謝。這作品告訴讀者：勇敢、具有愛心、以及做為女人是件光榮無比的事情。凡能閱讀的人都應閱讀此書。」

——美雅・安哲羅

中文版序

給敬愛的讀者

我從遙遠的距離外向你們寄上這封致意的信——那距離可用你和我和我們之文化、語言和歷史間的里程數來加以計算。我說「我們」的文化、「我們」的語言、以及「我們」的歷史，這是因為：即使有幾千里距離橫亙在我們之間，我們仍然打從永恆之始分享了同一創造精神的歷史，同一對自由而活、自由而愛、自由創造的渴望，同一屬於真我的語言。我們同屬創造之火的文化、野性而富智慧的文化。我們都繼承了先人的智慧、努力、和創作。我們所經歷的喜樂、挑戰、創造、和突破之長河也曾為先人所擁有……這條生命長河屬於我們大家；我們說它的語言、認識它流經的地點和子民、並珍惜野性和智慧的文化。

你手中握的這本書是我用二十多年時間謹慎寫成的；在年復一年的書寫歲月中，我掛記著那些我覺得在心中聽見的所有世間心靈。我一方面用研究、註解的學術方式來寫作，一方面也用我族人——他們曾在原居地上耕種、挖井、織布、照顧馬匹——所傳的故事來寫作。因此，我有時也像農夫一樣地書寫；也就是說，我在寫作中不斷添加更多泥土、在泥土中添加更多種子、盡力去創造最好的豐收。我就這樣日日工作著，用了二十年時間寫成這本書。

《與狼同奔的女人》於一九九二年首次在美國出版。一般人會認為這是很久之前的事了。但對那些同時具有不一樣時間知覺的人來說、對那些自覺跟所認識的老一輩及早已過世而可敬的家人間仍有聯繫的人來說，這時間並不長久。那是不一樣的時間，而我就把此書端放於對先人及活人的時間記憶中。再且，我們同屬一個縱橫今古的真我文化，不論有多少擾斷和添飾物想阻撓這種相屬。即使我們被所處的外加文化席捲而翻轉不已，人性的核心卻是堅定、智慧及不變的。那永恆而古老的核心持續擁抱著我們。

美國是個很奇特的地方，因為它像古老挪亞方舟一樣聚滿了世上各種獨一無二之族群的後代。在我所住的地方，人們常是遷徙至此或是由世界彼岸的古老文化移民至此。做為他們的後代，我們許多人都知道自己的祖先多是駕著脆弱的小船或乘著堅固的大船跨越大海而來到今日人稱的美國。我們在此有無數家庭可將其根源延溯至古塞爾特人、古羅馬人、哥倫比亞未抵前之馬雅人和阿茲塔克人、西伯利亞民族、哥德人和西哥德人、盎格魯人、撒克遜人、以及無數從歐洲和非洲及印度和亞洲部分地區前來的古老族群——包括波蘭馬祖爾人、苗族人、西藏遊牧民族、緬甸開侖族、韓國及泰國的古部落、中國某些民族、以及其他源於印度、亞洲和俄國各地的移民。大家，正如你我，都可溯根於某一古老的部族。

但在美國也出現了「熔爐」這一觀念；它是我們的祖先——初抵新國度的祖父母和曾祖父母們——被告知必須踏入的一個東西。他們必須擱置自己族群的所有儀禮和信仰以及族群所賜的信念，變成與其他人沒有差異，純粹「只做美國人」，讓自己家族歷代傳下的故事、詩歌、舞蹈、儀禮、儀式被修剪一光。他們必須拿起「美國人的觀點」去替代這一切。（這所謂的「只做美國人」[Be only an American]是人人耳熟能詳的觀念，但也是錯誤的用語，因為美國僅是「美洲」[America]的一部分……北美洲還有加拿大和墨西哥這兩個主要國家；它們也是America、美洲。）

雖然人們接納了「熔爐」的觀念，力求外表相同、語言相同、衣著相同、髮型相同、食物相同而忘掉自己的祖宗本源，但我的族人並未如此。他們將祖先傳下的儀式、詩歌、舞蹈和故事牢記在心並將之轉告於我。我從那時起就一直將它們攜帶於心——彷彿它們是座可隨身攜帶、祭祀著古老且重要之事的廟宇——並將之運用在現代生活對真我的重大挑戰中。

因此，由於倡言「融入」與「持守族群傳統」均有利於文化創新和以真我為本的文明教養，我的作品有時會引起若干爭議。本於這種思維，我曾成功地盡一份力量去要求國會圖書館（它受託為美國人民保存了幾百萬冊於過去數百年間寫成的書籍）和世界各地的文教機構重新命名它們先前稱為「原始民族心理學」的研究和分類，只因此一名稱會衍義成「記住祖先的人在某種程度上是不如人或可鄙的」這種結論。我們請願說：那些關於古老文化和古老族群的研究必須在個別族群、宗教、文化等的基礎上被重新賦予具有敬意和足以說明的名稱。這要求現在已經實現了，而且深受各方看重。

同時，為了表達對先人的敬重，我曾在美國和馬達加斯加從旁協助那裡的成人識字教育，用當地人的母語幫忙提供當地古老故事的印製本和健康衛生方面的資訊。這些文本然後被用在讀寫的學習上。這是我在現今時代中書寫古代生活方式之餘的另一作為；我可以藉此助人在行經現代世界時記住他們的古老根源為何。

我具有拉丁美洲人的血統，卻是由匈牙利移民和難民中的農人、織工、細木工、裁縫、和勞工階級的人們撫養長大——他們居住在美國上中西部的一片鬱鬱森林地帶、在密西根湖（這名字乃取自自古即居於此的一支古老部族）這巨大的內陸海附近。身處在大自然之中，身處於眾多二次大戰後自世界各地前來的移民及難民、以及眾多自美國南方遷徙至北方以謀工作的人們當中，我從多元族群那裡受教良多。在孩童時期，我們在相異的食物、節慶、故事、儀式、音樂、舞蹈、詩歌中加上彼此的元素。

在這豐富但經濟匱乏的環境裡，我透過自己對人、對動物和對大自然的愛發現到：女人所分享的深摯關係遠遠超越了文化、社會、語言和地理的差異。我也發現：女人和野生動物常受到相同待遇、被當成是「需要管理」的資源，然而就其本身而言，只要擁有自由，女人和野生動物都能將其最美麗、最富效益、最有力的生命展現出來。

你手中握的這本書幾乎已被譯成世界各種主要語言。因此，既然全世界已有那麼多人拿起過這本書，我希望「身為女人」的種種奧祕可以變得不再那麼隱晦難懂、不再因為「體面、風尚和粉飾」這些因素長期讓女人們不察智慧、野性及富創造力之女人所具的某些本質而無法撥雲見日。正如我在書中所說的，「野性」在我的定義中代表自然及追隨自己的最佳本能——自己最深沉而靈魂款款的視覺。

許多讀者告訴我：語言、文化、衣著風格大相逕庭的女人們以及擁有相似到令人詫異之夢想和未竟夢想的女人們無不在此書中找到庇護所——找到一個家，可讓她們在照鏡子時說：「是的，我可以醒來；是的，在我心靈後方深處，我是全然活著的；是的，我的確擁有野性而智慧的本能——它屬於那不受牽制而能自由去關心、愛、希望、幫助世界、幫助自己、幫助他人的女人所有。」

因此，我現在要說：歡迎你。我因這書終將用你的語言出版問世而至感榮幸。我長久以來都盼望那些身在貴國的姊妹們（以及那些隨著與狼同奔的女人奔跑的弟兄們）能來探討我努力寫出並有幸出版的「真我」故事和有關見解。我的作品已為許多散居世界各地的人創造了相屬感——就在他們走入直覺、故事良藥、以及骸骨之鄉的時候……因此，請過來與我和可敬的野性女人——她是完整與美麗、創造力與堅強的原型典範——同坐在火邊。請加入我們的圈子——現在已是夜晚，星星也已出現，是講故事的時間了。噓……請聽……

作者序

我們對野性充滿了渴望，沒有多少文化所認可的解藥可以對抗這種渴望。從前所受的教育要我們為這樣的渴望感到羞恥，而我們也蓄起長髮，以遮住自己的各種感覺。但野性女人的影子日日夜夜跟在我們的背後。無論我們身在何處，在我們背後快步疾行的定是那長有四隻腳的影子。

克萊麗莎・平蔻拉・埃思戴絲博士

於懷俄明州夏安市

引言

撫骸而歌

野生物和野性女人都面臨滅種的危險。

在歲月洪流中，女性本能被打劫、壓制和堆埋。長期以來，它就如野生物和大自然一樣被蹧蹋。有數千年之久，只要我們一轉身不注意，它就被貶棄到心靈土地最貧瘠的地帶。在浩浩歷史中，野性女人的靈性領域一直遭到燒殺擄掠，築於其上的窩巢不斷被剷除，而其自然之生理循環則被迫轉變為不自然的律動，以取悅他人。

當我們對自己內在的野性世界失去瞭解的同時，我們所在的地球絕非偶然地也同樣喪失了其原始大自然。我們不難瞭解為何古老的森林和年老的女人同樣被視為卑微的資源。其道理並無奧妙之處。而狼、土狼、熊與野性的女人常有相似的惡名，這也絕非巧合。他們分享了相似的本能原型，而正因為如此，他們都被視為殘忍、全然並本然的危險、且貪婪無厭。

身為一個信奉榮格心理學的心理分析師、詩人和古老故事的保存者，我深信我們可以在女性無意識領域的廢墟中，廣泛從事「心靈考古」的深掘，藉以復原女性愈趨軟弱的生命力。藉由這些深掘，我們可以恢復心靈的自然本能，並且在將心靈化身為「野性女人」原型之際察知女性最深本性的運作方式和途徑。現代女性是一團模糊的活動體，被迫在面對他人的時候必須無所不是。古老的智慧早就該現身並對其伸出援手。

本書名**《與狼同奔的女人：野性女人原型的神話和故事》**（*Women Who Run With the Wolves: Myths and Stories of the Wild Woman Archetype*），源自我在野生動物學、尤其野狼這方面所做的研究。研究灰狼和紅狼這兩種野狼，就牠們的精神力量或所受的磨難而言，與研究女性歷史幾無二致。

健康的野狼和健康的女人具有某些相同的心靈特色：敏銳的感知力、愛嬉戲及強烈的奉獻精神。天性上，狼和女人有親屬關係，兩者都充滿好奇心並具有極大的忍耐力和毅力。他們同樣有很強的直覺，並且極關愛子女、配偶和家族。在適應不斷改變的環境上，他們經驗老到。他們的生命力強韌而勇敢。

然而狼和女人向來都遭到獵逐、騷擾，或被謬指為貪噬而邪惡、過度具有侵略性、且遠不如那些誹毀他們的人有價值。在滅殺生物本能不留餘地之際，那些執意要清除自然荒野和心靈野性的人自然一直把這兩者視為眼中釘。這些心懷誤解者在捕逐野狼和女人時使用的方法幾乎如出一轍。

這也就是何以我在研究野狼之際開始具體構思「野性女人」原型（Wild Woman archetype）

這個概念。我也曾研究過其他的生物，如熊、象以及蝴蝶（我稱之為靈魂鳥）。每一物種的特性都為女性的心靈本能提供了豐富的喻示。

野性曾經兩次出入我的靈魂，一次是在我承襲熱情洋溢的墨西哥／西班牙血統降生於世的時候，另一次則是在我被一個愛憎強烈的匈牙利家庭收養之時。我成長於密西根州的邊界上，鄰近五大湖，而森林、果園、農莊環繞於其四周。在那兒，雷聲和閃電是我的主要滋養，而玉米田在晚間嘰嘎作響，大聲說著話。更遠的北邊，野狼在月光下來到開墾後的空地上，跳躍著，祈禱著。我們可能共飲相同的眾溪流而毫無畏懼。

我對「野性女人」的愛慕始自我的童年，雖然那時候我還不這麼稱呼她。我那時充滿藝術氣質而缺乏運動細胞，而我唯一的願望是要成為一個歡天喜地的流浪者。我寧願親近大地、樹木和山洞，而非室內的桌椅；在大自然周圍，我才覺得能貼近上帝的面頰。河流**總是**呼喚著我在黑夜去拜訪它；田野**需要**我走入它們，好對我窸窣而談；火**需要**我在夜晚將它們升起於林間；而眾故事**需要**我在成人的耳程之外把它們述說出來。

我很幸運能在大自然中成長。在那裏，閃電襲擊教我瞭解死亡之驟然和生命之短促。一窩幼鼠說明死亡可因新生命之出現而稍顯和善。當我從壤土裡挖掘出有「印地安珠子」之稱的化石時，我才懂得人類在此地已生存許久。當帝王蝶停在我的頭上時，我學會了自我裝飾的神聖藝術。我把螢火蟲當做我夜晚的珠寶，把翡翠綠的青蛙當做我的手環。

一頭母狼將牠所生但受重傷的幼狼殺死，這教我瞭解何謂堅強的仁慈——讓垂死者死去確實有其必要。從樹枝上掉下來卻又重新爬回樹上的毛毛蟲教我知道何謂專心一意；牠們在我手臂上爬行的酥癢，使我領悟皮膚富有生命的回應。爬到樹之巔讓我預先體會性愛一般的快感。

在第二次世界大戰之後出生的我這一代成長於一個把女人幼稚化且待之如財產的時代裡。女人如同休耕園一樣被守護著。可幸的是，總會有隨風吹送的野生種子來到。縱使她們的寫作不為人所認可，女人們還是大放異彩；縱使她們的繪畫不受矚目，其作品還是滿足了靈魂所需。女人們必須為所從事的文藝活動乞求所需的工具和空間；如果這些求之不可得，她們便在樹間、山洞裡、森林中和衣櫥內創造空間。

舞蹈幾乎不被容許，她們因此在無人的森林裡、地下室、或者外出倒垃圾的路上跳舞。裝扮自己會引起猜疑；愉悅的身體或衣著會增加被傷害或性攻擊的危險；穿在自己肩上的衣服根本不能算是己有。

那時候，虐待孩子的父母只被稱作「嚴厲」，可是飽受剝削的女人所受的心靈裂傷則被指為「精神崩潰」，而穿著緊身束衣、家教嚴厲、噤不敢言的女孩或女人才被視為「善良」，至於一生中不過偷享一兩回自由的其他女性則被烙上「壞女人」的字樣。

因此，如同我之前和之後的許多女人，我像偽裝的**生物**一樣過著日子。像我的女性前輩一樣，我穿著令我搖晃顛簸的高跟鞋、穿戴著裙裝和帽子上教堂。可是，我那奇妙的尾巴常常從裙襬洩露出來，我的耳朵常常抽搐到使帽子滑落而遮住我的眼睛、甚至橫飛室內而落在地上。

我忘不了那些黑暗歲月裡饑渴靈魂的悲歌。而我也忘不了歡悅的「深處之歌」。每當我們重建靈魂的時候，就會記起它的歌詞。

就像森林中一條愈來愈不明顯、終至消失於烏有的小徑一樣，傳統的心理學理論在論及富有創造力、有才華、有深度的女性時就窮途末路了。傳統心理學幾乎、甚至完全不談對女性而言非常重要的更深問題：原型、直覺、性與生理周期、女人的年齡階段、女人的做事方式、女人的慧心與創造熱情。這也就是為什麼二十多年來我致力研究「野性女人」原型的原因。

處理一個女人的靈魂議題，不能把她刻畫成無知無覺之文化所定義和所接受的形式，也不能由那批自稱唯一代表理智意識的人來把她硬塑成理智上可被接受的樣貌。我們不可以這麼做，因為這早已使成千上萬女性失去原有的能力和自然、變成自己文化中的局外人。相反地，我們的目標應在收復和救援女人美麗而自然的靈魂形式。

童話、神話和故事提供我們更清晰的認識，讓我們能找到並重拾野性自然留下的路徑。故事中的教誨讓我們再次相信這些路徑不但沒有消失，反而繼續引領女人走進更深的女性知能裡。我們所跟隨的就是天然、內在的本能自性（instinctual Self）所走的路徑。

我稱這個本能我為「野性女人」，因為**野性**和**女人**這兩個字詞就像童話所描寫的一樣，能用奇妙方式敲動女性深層靈魂的門。或如西班牙語所說的*llamar o tocar a la puerta*——它們藉著彈奏樂器而開啟一扇門，換言之，也就是用呼喚的字語去開啟一條通路。無論一個女人受什麼文化的影響，她總能直覺體會**野性**和**女人**這些字詞的意義。

當女人聽到這些字，古老的記憶就受到攪動而復甦起來。所記起的是我們與女性未馴化的本質間那種絕對的、不容否認的、不能變更的親屬關係。這關係也許曾因遭到漠視而變得稀薄如鬼魂，或因遭到過度馴化而被埋沒，或被周遭文化宣告為非法，或不再為人所理解。我們也許忘卻了「野性女人」的種種名字，也許不知回應她的各種呼喚，但在我們的骨內深處，我們認得她、渴望她、知道她與我們彼此相屬。

我們就是誕生在這一種根本的、原始的相屬關係中，並且源自於它。這「野性女人」原型像葉鞘一樣包覆著原始的女性生命。有時候我們經驗到她；縱使為時極短，我們仍巴不得可以繼續這種經驗。對一些女人來講，這種令身心振奮的「嚐野之味」發生在懷孕、哺乳、或因撫育幼兒而產生奇妙內心變化的期間，當然也發生在守護一段情愛關係彷如摯愛花園的那段時間。

視覺也可以讓我們體驗到她，也就是當我們目睹極美事物的時候。當我望見森林居民稱作「聖子聖父」的夕陽景致時，我感覺到她；當我看見漁夫們在暮色裡點著燈籠走上湖岸時，或當我看見我的新生兒的腳趾宛如甜玉米排成一列的時候，我可以感覺到她在我體內移動。我們處處都能見識到她。

她也透過聲音來到我們這裡——透過迴振於胸骨之間且激動心臟的音樂，透過鼓聲、口哨、叫喊和呼嘯。她也透過文字和言語來臨；一個字、一句話、一首詩、一則故事可以如此對味而引起共鳴，以至於我們至少有一剎那時間記起自己真正的本質和真正的原鄉。

這瞬間即逝的「嗜野之味」也在靈感乍現的神祕狀態中降臨。當偶遇一個已經掌握這原始關係的女人時，我們會不禁心嚮往之。當我們察覺自己未將時間獻予神祕的爐灶之火、夢想時刻、自己的創造力、此生註定的工作或自己的真愛時，渴望便油然而生。

然而，正因為這些或透過美的事物、或由失落而剎那引起的「嗜野之味」經驗使我們感到如此痛失所愛、如此難以心安、如此充滿渴望，我們最終必會去追尋這原始野性。我們因此躍入森林、沙漠或雪地；我們奮力奔跑，雙眼掃視大地，聽覺敏銳調頻，上下搜尋，搜尋一個線索、一點痕跡、一個她依然活著而我們尚未失去機會的信號。而一旦我們重新發現她的足跡，便會以女性向來的方式窮追不捨，離開書桌、離開愛情關係、清掃全心、翻開新的一頁、堅持了斷、打破成規、停止世界的運轉。我們將再也無法離開她而活下去。

在她失而復得後，女人們將永遠持守她。一旦重新得到她，她們會奮不顧身守住她，因為她會令她們的創造生涯大放光彩，使她們的愛情變得有意義、有深度而健康，而她們的性生理循環、創造力、工作和娛樂都得以重建。女人不再是別人獵捕的目標；自然律動賦予她們平等的權利去成長並茁壯。此時，她們入夜後的疲憊乃是來自那些使其心滿意足的工作和努力，而非由於她們曾被狹隘的心態、工作或愛情所禁閉。她們出於本能地瞭解事物何時會消失、何時會生起；她們知道何時要離去、何時當留下。

當女人恢復與原始野性的關係後，她們得到了一個永恒的內在看守者、一個知者、一位先知、一篇神諭、一種靈感、一種直覺、一位創造者、一位發明家、以及一個傾聽者，由她來引導、建議並鼓舞內心及外在世界所需的活力生命。當女人親近如此天性時，這親密關係在她們身上放出光芒。這位野性的師長、母親及牧導不計一切地支援著她們的內心和外在生命。

因此，**野性**一詞並不帶有現代人賦予它的貶蔑之意，也並非意指不受控制。其原意是過自然的生活，讓生命體具備本然的完整和健康的界範。**野性**和**女人**這兩個字詞使女人記起她們是誰，以及她們所為為何。它們比喻著所有女性生命源頭的力量，是女性不可或缺之力量的化身。

「野性女人」原型也可以用其他一樣適宜的詞語來表述。你可以稱這強有力的心理天性為本能，但是「野性女人」是更為深入的力量。你可以稱它為本然的靈魂，但是「原型野性女人」還是比之更為深入。你也可以稱它為女性的內在原始本性。在詩中它被稱作「他者」、「宇宙的七海洋」、「遠方森林」或者「朋友」〔註一〕。在各取向的心理學之中，或從各種角度來看，它名為「本我」（the id）、「自性」（the Self）、「均性」（the medial nature）。生物學則稱之為典型天性或基性。

但是，因為它是不言而喻的、洞察先機的、而且源自深沉的本能，古老故事的保存者便稱它為「原知」，有時又稱之為「住在時間終點的女人」或「住在世界邊緣的女人」。她一向被當做是創造萬物的女巫、死亡女神、從天而降的少女、或許許多多其他人物的化身。對迷途者、尋找知識的人、想解謎題的人、在森林與荒漠中流浪追尋的人而言，她是朋友、也是母親。

事實上，在她所來自的那層無以言傳的靈魂深處、亦即無意識之所在，「野性女人」是沒有名字的，只因為她浩然闊大。但是，由於女性特質的每一面相都源於這個力量，她在世上便被賦予了許多名字，不僅讓她的千種風貌可以被稍窺奧祕，也讓人可以有所依附。由於我們在

註一 故事和詩的語言是夢之語言的姊妹，一樣具有強大的力量。多年以來，在分析過無數夢境（當代的和記載於史料中的）、宗教文字、神祕主義作品（如錫耶納〔Siena〕的凱薩琳〔Catherine〕、亞西西〔Assisi〕的聖方濟〔Francis〕、波斯哲人魯米〔Rumi〕、德國哲人艾克哈特〔Eckhart〕等人的作品），以及許多詩作（如狄金生〔Dickinson〕、愛米蕊〔Millay〕、惠特曼〔Whitman〕等人的作品）之後，我發現心靈似乎具有一種藝術和詩的創造機能，而這個機能的啟動端賴人是否自然而然或有意地大膽接近心靈的本能核心。

心靈中這個可讓夢、故事、詩和藝術交會的地方也就是本能或野性本質的神祕棲息地。當代夢境和當代詩、較古老的民間故事和神祕主義作品，都認為這個核心地方的全部氛圍具有它自己的生命。在詩、繪畫、舞蹈和夢境中，它經常以無限的大自然做為其象徵符號，如海洋、穹蒼、壤土等，或經常被擬為具有人格的一種力量，比如被稱作「天后」、「白牡鹿公主」、「朋友」、「摯愛」、「情人」或「伴侶」等。

當一個人感到自己「被一種非我的力量充滿」時，精神上的事物和意念就會從這核心上升。但也有許多藝術家把自我所生的事物和意念帶到這核心的邊緣，然後將它們一舉投入，因為他們正確地感知到：當他們再度收回這些時，它們將吸滿這核心令人讚嘆的生命知覺，或將被這生命知覺滌淨如新。無論哪種方式，那都會導致一種突然而深刻的覺醒和改變，或使人的感官、心情或情感充滿活力。當人重新得到活力時，他／她的心情就會改變。當人的心情改變時，他／她的情感也隨之改變。這就是那核心產生的意象和語言之所以具有如此重要性的原因。當它們結合時，可以奇妙地把某一事物變化成另一種事物，而這會是我們單憑意志難以完成的痛苦之事。在這層意義上，核心自性（core Self）、本能自性（instinctual Self）不僅是治療者，也是生命賦予者。

修復與她的關係之初，她可能在剎那化為煙霧、難以捉摸，因此我們必須為她取名字，在內心為她創立一個思想和感情的範疇，讓她來臨其間，在被珍惜中留下常駐。

因此，我用西班牙文稱她為河流底下的河流（Río Abajo Río）、偉大的女性（La Mujer Grande）、來自深淵之光（Luz del abismo）、狼女（La Loba）、或蒐骨女（La Huesera）。匈牙利文稱她為林中的她（Ö, Erdöben）或狼獾（Rozsomák）。北美那瓦荷族語稱她為蜘蛛女（Na'ashjé'ii Asdzáá），是人類、動物、植物和岩石之命運的編織者。在瓜地馬拉，她有眾多名字，其中之一是霧神（Humana del Niebla），長生永在的女人。日文稱她為天照大御神（Amaterasu Omikami），是帶來光明與知覺的守護神。西藏文稱她為空行女（Dakini），是一股舞躍著讓女人心生明覺的力量。她的名字有一長串，而她也亙古常在。

瞭解「野性女人」不是一種宗教行為，而是一種實踐。她是最真實的心理狀態，所謂的靈魂（psukhé/psych），或靈魂之知（ology/logos）。沒有她，女人就無耳可聽自己的靈魂之語或記取內在律動的諧音。沒有她，女人的心眼被一隻陰暗的手遮蔽，大半歲月在麻木無聊或白日夢中度過。沒有她，女人失去堅固的靈魂立足點。沒有她，她們忘記此生的目的，僅知苟且而活，卻不知有所堅持。沒有她，她們不是得到過多，就是得到過少，或是一無所得。沒有她，她們陷身危急時卻不知發聲呼喊。她是女人的規範者，是她們的靈魂之心，正如人的心臟是身軀的規範者。

當我們跟本能靈魂失去聯繫時，我們生活在一種半毀的狀態裡，而原是女性天然所有的心靈意象和力量無從獲得充分的發展。當一個女人被阻絕在其本源以外的時候，她遭到消毒而失去她的本能和自然律動，而它們只得聽命於主流文化、理智或自己及他人的自我（ego）〔譯註一〕。

「野性女人」是所有女人的健康所在。沒有她，女性心理毫無意義。這個更近天然的女人是女性的原型；在任何文化、任何時代、任何政治環境裡，她都是一致的。她的傳說或象徵形式或許有所變化，但她在本質上永不改變。她是她之所是，是我們固有的本質。

她在女人內在運行。如果女人遭到壓抑，她便掙扎上行；如果女人是自由的，她也一樣自由。可慶幸的是，無論她多少次被打壓，她依然一躍而起；無論她多少次被禁止、鎮壓、修剪、稀釋、酷刑折磨、被視為危險和瘋狂而遭監控，她總是在女人身上向上散發。即使最安靜、最自持的女人也為她保留了一個祕密的所在。即使是最受壓抑的女人也有祕密的生活，充滿茂盛、野性而自然的祕密思想和情感。即使是最被囚禁的女人也守衛著野性本我的一角，因為她直覺地知道某個漏洞、縫隙及機會總有一天會出現，好讓她逃之夭夭。

我相信所有女人和男人都天賦異稟。然而事實上，很少有人為文描述有才華和有創造力之

譯註一　這裡的ego與傳統心理學的解釋稍有出入，較強調其負面意涵，但因「自我」多年來已成通譯，故從俗。讀者或可用「自是之我」來理解該詞，較能完整領略作者原意。

女人的心靈生活，反而一般人性、尤其女性的弱點卻常見諸文字。但是，關於「野性女人」原型，我們若要探測她的深度、瞭解她、並善用她的賜予，我們就應該對那些使女人堅強起來的思想、情感和努力抱持更多興趣，並且一併細數那些使女人軟弱的內在因素及文化因素。

一般而言，只有當我們瞭解原始本性的存在價值就在讓女性最深生命具有活力和特質時，我們才能開始用向來被視為不可能的方法去使生命成長。如果心理學不以這內在靈魂做為女人心靈的重心，它將會對不起女性、她們的女兒、她們女兒的女兒，並遠及未來所有女性後裔。

因此，為了讓受傷的野性心靈得到良藥的醫治，為了要扶正與「野性女人」原型的正常關係，我們必須明確列舉靈魂中的錯亂。在我的臨床專業中，我們雖備有很好的診斷統計手冊和大量的差異性診斷資料、以及用來定義精神病的分析參數（此一定義係以集體無意識及「自我／自性」（ego-Self）對軸線（註二）的結構狀態為根據），但是就個別女人的經驗範疇而言，仍有其他具有定義效用的行為和情感足以說明背後的問題為何。

與靈魂之野性力量斷絕關係後會有什麼樣的情感病徵？用道地的女性語言來說，長期以下列方式感知、思想和行事即表示女人已經部分或全然喪失了與深層靈魂本能的聯繫：感覺極度枯竭、疲憊、虛弱、沮喪、混亂、有口難言、氣悶、缺少激情、恐懼、四肢無力、沒有感動、沒有活力、沒有靈性、沒有意義、羞恥感沉重、長期憤怒、倉促不安、無法動彈、沒有創造力、緊閉的、捉狂的。

事事感覺無力、長期充滿懷疑、顫抖、受阻、無法貫徹始終、把創造力耗費在人際關係上、選擇的愛情或工作或友誼均使生活一敗塗地、活在自然律動之外而痛苦、過度保護自己、懶散、不確定、支吾其詞、沒有能力調整步伐或設定界限。

不依照自己的節拍、忸忸怩怩、遠離自己的上帝或眾神、找不到復甦之路；過分以馴良為美德，並過分耽溺於理智、工作或者無作為——只因為這些對一個已經失去本能的人來說是最安全的地方。

不敢獨自冒險、不敢坦示自己、不敢尋求師長和先輩的引導、追求完美而不敢展示未完成的作品、不敢踏上旅程、不敢關心他人、怕自己會追逐不停而力竭無以為繼、諂媚權位人士、無力從事創造性的工作、畏縮、屈辱、厭世、麻木、焦慮。

當回嘴駁斥是唯一可做之事時卻不敢為之、不敢嘗試新的事物、不敢對抗、不敢說出己見或提出異議、胃痛、忐忑不安、胃酸翻攪、被腰斬、被掐頸、太容易求和或表現善良、尋仇報復。

不敢停下、不敢行動、重複數到三而不敢向前開始、自大、能力很強卻模稜兩可。以上這

註二 自我／自性我這個「對軸線」是愛德華・弗狄南・艾丁格（Edward Ferdinand Edinger）在《自我與原型》（*Ego and Archetype*, New York: Penguin, 1971）一書中的用語，用來描述榮格觀點中自我和自性的互補關係——被引動者和引動者相互需要以產生功能的關係（參見《榮格全集》〔*Collected Works*〕，第十一冊〔Princeton University Press, 1972〕，第39段）。

一切缺陷不只是一個時代或一個世紀的病兆；任何地方、任何時間，只要女人處於被俘虜的狀態，只要原始野性被陷阱所困，它們便成為流行的病災。

一個健康的女人應如一匹狼：強健、結實、生命力旺盛、賦予生命、充滿強烈的領土意識、有發明力、忠誠、漫遊四方。與原始野性分離則使一個女人變得薄弱、消瘦、像鬼魂一樣沒有實質。我們生下來的目的並不是要變成毛髮脆弱、無力跳躍、無力追逐、無法生育及創造新生命的人。當女人的生命死寂不動、充滿倦怠感時，那就是「野性女人」應該出現的時候，也是讓靈魂的創造力流出來淹沒三角洲的時候。

「野性女人」如何影響女性生命？有她做為盟友、領導者、模範及老師，我們將不再透過一雙肉眼、而將透過直覺的複眼去看世界。當我們力持直覺的時候，我們將如星子滿布的夜晚，用一千個眼睛凝視大地。

這原始野性滿載療效。她載著女人應是和應知的一切。她所載的藥物可以治療所有疾病。她滿載著故事、夢想、文字、歌曲、符號和象徵。她既是舟車，也是目的地。

與這本能天性連結並非要我們棄一切於不顧，或將一切做左右、黑白、東與西的截然改變，或在行為上顯得瘋狂或超出約束。這個連結也不是要我們丟掉所有社會化的作為、變得少有人性。正好相反，這原始野性包容力廣大，可將一切納入而使之成為一體。

它意在劃出自己的領土、找到自己的狼群、肯定自己的身體並覺得驕傲（無論這身體有什麼天賦或缺憾）、為自己說話並行動、充滿知覺和警覺、依靠女性內建的直覺力和感覺力、進入自己天然的律動周期、發現自己的歸屬、滿懷尊嚴地挺身而起、盡一切可能維持最清醒的意識。

「野性女人」原型以及她背後所代表的一切是所有畫家、作家、雕刻家、舞者、思想家、祈禱者、尋道者和發現者所仰賴的贊助力量，只因為他們忙於從事的發明工作正是本能野性的主要職司。在所有藝術中，她駐蹕於五臟內腑、而非大腦之中。她善於追蹤、奔馳、召喚以及逼退。她感官敏銳，善於色澤偽裝，能夠深愛不移。她富於直覺，具有代表性及一般性。她絕對是女人心理和靈魂健康的首要條件。

「野性女人」原型又是由什麼構成？從原型心理學和古老傳統的觀點來說，她是女性靈魂。除此以外，她也是陰性萬物的起源。她代表一切存在於可見和不可見世界裡凡屬乎本能之事；她是基礎根基。我們每個人從她那裡得到一枚閃亮的細胞，其中蘊含著我們生命所需的所有本能和知能。

「……她是生而死而生的原力、孵育者、直覺、遠識者、深聽者、忠誠之心。她鼓舞人們保持多種語言的才能並擅長使用夢、熱情和詩的語言。她在夜夢中低語、在女人的領土上留下一根粗髮和泥巴腳印，使女人充滿了尋她、釋放她、愛她的渴望。

她是思想、情感、衝動、記憶。她曾失去蹤跡且被遺忘了很長、很長的時間。她是源頭、光明、夜晚、黑暗、黎明。她是泥土的芬芳和狐狸的後腿。向我們訴說祕密的鳥兒屬於她。她是那喊著『到這裡來，到這裡來』的聲音。

她為不義之事大發雷霆。她旋轉如巨輪。她是循環的創始者。她是我們離家出尋的對象。她是我們回家依靠的人。她是所有女人滿是爛泥的樹根。她是當我們自以為筋疲力盡時，讓我們還能前進的種種事物。她孵育出初生的小小創意和計畫。她是思考我們的心智，而我們是被她構思出來的思想。

她存在何處？你在哪裡可以感知她、尋著她？她行走於沙漠、森林、海洋、城市、西班牙語區、城堡中。她住在女王和中美洲印地安農婦當中，也住在董事會會議室、工廠、監獄和孤獨的山岳裡。她住在貧民窟、大學和街道上。她留下足跡讓我們試其大小。只要某處有一個女人是肥沃的土壤，她就在那裡留下足跡。

她住在哪裡？在井底、在水之源頭、在時光以前的蒼穹。她住在眼淚和海洋中，也住在植物的形成層中（當樹成長時，這形成層會鏘然作聲）。她來自未來，來自時間之初。她住在過往的時空，被我們呼召而來。她在眼前，跟我們同桌而坐，尾隨在我們身後，開車在我們前方。她在未來，從時間裡倒走回來而於如今找到我們。

她踏雪來到綠草地住下。她住在秋天裡即將枯萎、沙沙作響的玉蜀黍莖葉中。她住在死者被吻別、生者送上祈禱的地方。她住在語言被創造出來之處。她住在詩、打擊樂、歌唱之中。她住在四分音符和裝飾音裡，也在聖樂曲、六節詩和藍調裡。她是靈感正要降臨在我們身上的那一剎那。她住在一個穿越我們世界的遙遠地方。

人們也許想求得證據來證實她的存在，但他們無異在尋找靈魂存在的證據。既然我們是靈魂，我們便是證據。我們每一個人不僅是「野性女人」存在的證明，也集體呈現她的實情。我們是這不能言傳之女性守護神的實證。我們的存在平行於她的存在。

我們在內與在外感受她，那就是證明。我們透過夜夢、日思、渴望、靈感而在靈魂裡跟她千百萬次邂逅，這些全是證明。當她不在時，我們如失至親；當與她分離時，我們充滿渴望……這都證明了她曾打從這裡走過……」〔註三〕

我的博士學位專攻臨床族群心理學，研究臨床心理學和族群學，而後者以研究族群心理為主，尤其是部落民族。我的博士後研究證書來自我對分析心理學的研究，而我一生也致力於詩和藝術以及古老故事的保存。這樣的經驗同樣影響了我在精神分析方面的工作。

有時有人問我：我在諮商室裡如何幫助女人恢復她們的原始野性？我十分強調臨床和成長心理學，並且利用療傷時最簡單而易得的藥材：故事。我們隨著病人的夢景按圖索驥，因為它

註三　見克萊麗莎・平蔻拉・埃思戴絲私人出版之《黑夜航海的船歌：當代吟唱調》（*Rowing Songs for the Night Sea Journey: Contemporary Chants*）中〈偉大的女人〉（Para La Mujer Grande, the Great Woman）篇。版權日期為一九七一年。

們富於情節和故事性。病人的身體知覺和身體記憶也是可以被閱讀的故事、可被轉化成清楚的意識知覺。

此外，我也教導一種效果很好的交互恍想（interactive trancing），與榮格的積極想像法相近，而這也能製造出故事來進一步說明病人的心路歷程。透過明確的提問以及分析故事、傳說和神話，我們把野性之我誘引出來。大多時候，我們經過一段時間便有辦法找到一個指引方向的神話或童話故事，用來教導女人如何進行自己當前的心理成長。這些故事蘊含著女人靈魂所上演的戲劇，就像一本有舞台指導、角色刻畫和道具的劇本。

「手藝」也是我工作中重要的一部分。我教病人傳統的手藝以增加她們的自我能力，比如護身符這種象徵藝術的製作，從最簡單的緞帶棒到繁複的雕塑都有。藝術之所以重要，是因為它紀念了靈魂的四季生命或靈魂旅途上發生的某一特殊或悲劇事件。藝術的創造不單是為個我的目的；它不僅創造了一個人的自我瞭解，也是我們的後繼者可依賴的地圖。

正如你所能想像的，治療每一個病人都得完全為之量身打造，因為每個人確實都是獨一無二的。這些個人因素在我的工作中無時無刻不存在；它們可說是今天每一個人所面臨之工作中最重要的一部分，包括我自己的和你的工作在內。發問的技巧、故事的技巧、手藝的技巧，這一切都為了創造出一個叫做靈魂的東西。任何時候我們餵養靈魂，它就必定會成長。

我希望你知道這些都是用來軟化舊疤、膏敷舊創、重看世界、以恢復固有技能而使靈魂在實際生活裡重見天日的實際方法。

我在此書中為說明女性本能而寫的故事，有些是原創的，有些則是我根據家族耆老特別授予我的故事所做的文學改寫——他們的古老口語故事可以追溯到遙不可記憶的時代。有些故事是我第一手經驗的文字記錄，有些寫於許久以前，但所有故事都發自我內心深處。它們無不以詳實的方式或原型完整性呈現在大家眼前。我家族中仍然健在的三代療傷兼說故事者深知故事的微妙性和嚴格要求；唯有經過他們的允許和祝福，我才能把它們借來獻給讀者（註四）。

除此以外，書中也有我對我的被分析者以及諮商個案所提出、以讓他們憶起自我的一些問題。我也詳述一些手藝（以親身經驗為主的藝術遊戲），以協助女人有意識地清楚記住其靈性功課中的靈質生命。這一切皆可幫助我們與珍貴的野性本我相遇。

故事是良藥。打從第一次聽故事開始，我就一直為之著迷。它們法力無邊，不會要求我們做什麼、是什麼、或採取什麼行動；我們只需傾聽。故事中含有修復及重新啟用失去之靈魂驅力的藥方。故事令人激動、悲傷、質疑、渴望、瞭解，從而自然地讓「野性女人」原型重見天日。

故事所蘊藏的教誨可以指引我們如何經歷複雜人生。故事使我們瞭解為何並如何讓沉沒的

註四　見〈後記：以故事為藥方〉。我在其中談到自己在遵守故事應有的規範時所依循的族群傳統。

原型升起。本書中的故事乃是數十年來我曾使用和深思過的數百故事中的一部分；我認為它們最能清楚表達「野性女人」原型的寬宏大度。

有時種種文化外加物破壞了故事的精髓。比如，格林兄弟是過去幾世紀裡有名的童話收集者之一，但我們有理由相信，那時代的故事傳述者有時鑑於兩兄弟的宗教虔誠而「淨化」了自己所傳述的故事。隨著歲月過往，古老的異教象徵被基督教象徵所覆蓋，以至於故事中年老的治療者變成了邪惡的巫師、幽靈變成了天使、入教儀式用的面紗或髮網變成了手帕、或一個被取名「美麗」的小孩（這是冬夏至當天出生的小孩常被賜予的名字）被改名為「憂愁」。性愛的素料被刪除一盡。助人的怪物或動物往往被改成了妖魔鬼怪。

這就是許多用來教導女性有關性愛、愛情、金錢、婚姻、生育、死亡和身心變化的故事消失不見的原因，也是古代闡示女性奧祕的童話故事和神話被一併埋沒的原因。大部分現存的童話故事集或神話集都已被清除了淫穢的、性愛的、乖僻的（比如在誡惕「乖僻」的故事裡）、基督教時代以前的、女性的、女神的、祕教入會儀式的種種相關內容，更遑論治療心理疾病的種種良藥或令靈魂狂喜的各樣方法。

但是它們並沒有永遠消失無蹤。我在小時候聽了許多未被塗飾和破壞的古老故事，而今把它們寫進此書中。現存的片段故事依然可以表彰故事的全部。即使重建故事在根本上是需時甚長、複雜性甚高而頗費思考的努力，我還是在我戲稱的童話鑑識學及古神話考古學當中去遍索可能。為達成效果，我利用不同形式的註釋學（新舊皆有）去比較故事的母題，並考察人類學及歷史學的推論。這個方法部分建構於我多年來從分析心理學和原型心理學中學到的古老原型模式，因為這兩者既研究亦保存了童話、傳說和神話的所有母題和情節，藉以瞭解本能人性。我也從想像世界、無意識中的人類共有意象、以及在夢境和非常意識狀態中被喚起的各種意象那裡取得可助我一臂之力的樣版。最後，我把故事模型和古文化留下的考古跡證——諸如儀禮用陶器、面具、小型雕偶等——做一番比較。簡而言之，套句童話故事的話來說，我花了許多時間用我的鼻子去耙翻灰燼。

我研究原型模式已達二十五年，而我研究來自我家族文化的神話、童話故事和民間傳說則更達兩倍時間之久。關於眾多故事的殘骸遺骨，我知識豐富且熟諳故事在何時或何處不見了哪些骨塊。幾千年來，國族被征服的各種史實以及和平的或被迫的信仰改宗已經淹蓋並改變了古老故事的核心意義。

但是好消息總是有的。儘管現存的故事版本在結構上被翻動過，有一個堅定不移的模式依然燦爛發光。零星片段所現的形式和形狀讓我們可以精確地斷言：故事所失落的部分、那些短缺不見的片段還是可以被正確地重新勾畫出來，而且往往可以揭示一些令人驚喜的深層意義並撫平女人因太多古老祕笈被摧毀而感受到的悲傷。那些祕笈並沒有全然遭到摧毀；我們所需的一切或將來所需的一切，仍然從故事的殘骸那裡向我們低聲傾訴著。

收集故事的殘骸是鍥而不捨的古生物學工作。故事的殘骸愈多，我們就愈有可能找到其完整的結構。故事愈完整，靈魂奧妙的複雜性就更能展現在我們眼前，我們也就更有機會去瞭解和啟動靈魂的工作。當我們運作靈魂的時候，她，「野性女人」，就更加把自己創造出來。

我在童年時有幸被來自歐洲古老國家和來自墨西哥的人們所環繞。我有許多家人和鄰居朋友都是新近才從匈牙利、德國、羅馬尼亞、保加利亞、南斯拉夫、波蘭、捷克、塞爾維亞、克羅埃西亞、俄國、立陶宛、波西米亞、墨西哥、以及位於墨西哥／德州／亞利桑那州邊界的許多村鎮來到美國。他們以及其他許多人——北美原住民、阿帕拉契人、亞洲移民、從南方來的黑人家庭——到這片土地上來種田、採收，或在煤礦坑、鋼鐵工廠與釀酒廠裡工作，或打理家事。大多數人沒有接受過學校教育，但是他們都十分有智慧。他們承襲了寶貴而幾至純粹的口語文學傳統。

我的家人和左鄰右舍中有許多都曾經歷過勞改營、難民營、遣返營以及集中營——在這些地方說故事的人比《天方夜譚》的敘述者什荷拉查朵過著更為惡夢連篇的日子。許多人被搶走了土地、被關在移民監獄裡、或被強行遣送回國。我從這些純樸的說故事者身上初次聽到了人們在目睹生死瞬息萬變時所講的故事。由於他們的講述充滿痛苦和希望，當我長大到可以閱讀童話故事時，這些童話故事書相較之下就顯得莫名地僵硬平板。

少年時期我向西移居到洛磯山脈分水嶺區域，住在仁慈的猶太人、愛爾蘭人、希臘人、義大利人、黑人、以及陌生的法國阿爾薩斯人（Alsatian）當中，與他們成為知交和朋友。我有幸認識來自美國西南部的一些稀有而古老的拉丁族群，如新墨西哥的川帕斯人和楚查斯人。我也有幸與美洲原住民稱親道友，如北方的印紐特人、西方的帕布羅和大平原區的族民、中美洲及南美洲的拿華陀人、拉坎東人、德瓦納人、回丘人、西里人、馬雅乞西人與馬雅卡其奎人、梅斯其陀人、丘那人、納斯卡／克丘亞什人、以法洛人。

我曾在廚房的餐桌旁、葡萄架下、雞舍邊、擠牛奶的倉棚裡，或在拍打薄玉米餅、追蹤動物、縫下十字針法第一百萬縫針時與同是治療者的男人及女人互換故事。我有幸與傳福音的女人共享一碗辣肉醬，一同為了復活死者而歌唱，而後睡在沒有屋頂的房子內、睡在眾星之下。我曾在中西部和西部的小義大利、波蘭鎮、丘鄉、西班牙區之都會所在以及其他族群社區裡坐下來與人們分享爐火和晚餐。最近一次，我在巴哈馬跟男性樂師友人們交換了有關惡鬼的故事。

尤其有幸的是，我無論何往，孩子們、婦女們、壯年男人、以及老男人和老女人這一整群靈魂藝術家都會從森林裡、叢林中、草地和沙丘上爬出來，用鄉野傳奇款待我，而我也投桃報李一番。

我們可以用許多方法來瞭解故事。專業民俗學家、榮格學派或佛洛伊德學派或其他學派的精神分析師、族群學家、人類學家、神學家和考古學家各自用不同的方法去收集和利用故事。在理性層面上，我處理故事的方式與我在分析心理學及原型心理學方面所受的訓練有關。在我五年多的心理分析訓練當中，我研究主題之闡微、原型象徵學、世界神話、古代與流行圖像學、族群學、世界宗教以及詮釋法。

然而，在情感上，我以古老故事的保存者自居。我是許許多多說故事者的後人：mesemondók，那些坐在木椅上、膝上放著塑膠製筆記本、膝蓋打開、裙襬落地、手扭雞脖子、隨時可以開講的匈牙利老婦人；或cuentistas，那些站立著、胸脯豐滿、臀部寬廣、用牧場主婦風格大聲喊出故事的拉丁婦人。兩方人馬都是用女性血肉之軀的明朗聲音把故事說出來。對我們而言，故事是讓個人或群體堅強而回復正路的良藥。

一向把說故事的技藝視為己任並忠於技藝之魂的那些人，是無數古代聖者、吟遊武士、民歌作者、西非樂人、故事傳誦者、猶太教堂領頌師、流浪詩人、遊民、女巫和瘋子的直系後代。

有一次我夢見自己正說故事時有人拍打我的腳。我向下望，看見自己站在一個老婦人的肩膀上，而她穩住我的腳踝，對著我微笑。

我對她說：「喔，不，請妳站在我的肩膀上，因為妳已年老、而我還年輕。」

「不，不，這樣才是對的。」她堅持不從。

我發現她站在另一個遠比她年老的婦人肩上，後者又站在更年老婦人的肩上，而這位又站在一個袍裝的婦人肩上，她又站在另一人肩上，她又站在……

我相信夢中老婦人所說是對的。說故事的能力乃孕育於前輩們的力量和天賦。在我的經驗中，故事最動人的時刻之所以震撼人心是因為在時空中有一個高聳的人塔，在這美麗的塔上各人穿著她們所屬時代的破衣、華袍、或赤身裸體，但是這座塔同時也充滿了現今當下的生命活力。如果故事有單一本源、有所謂的故事魂，那必然就是這長長的人鏈。

無論歷史怎麼遷移，故事遠比心理學的技藝和知識古老。有一種遠古的說故事方法令我十分著迷：那是一種熱切的入神狀態，其間說故事者「感知」到一個或多個聽者，並進入到似醒似夢的境界，在那裏某個故事被「吸引」到入神的說故事者口中而被傳述出來。

入神的說故事者召喚El duende〔註五〕，也就是那將靈魂吹入聽者臉龐的風。入神的說故事者藉著故事的冥想形式學得靈活的性靈；也就是說，他讓自己學會撤除某些心靈門障和我執而容許那比岩石還古老的聲音說話。如此被說出之後，故事就會任取途徑而行：或上下顛倒，或

註五　El duende實際上就是位於個人行動和創造力生命背後的風精靈，可以影響一個人的走路方式、聲音特質、甚至舉起小指的方法。它是佛朗明哥舞蹈所使用的一個名詞，也被人用來描述以詩之意象「思考」的能力。在蒐集故事的拉丁美洲女巫醫當中，它代表一個人被大於自己的神性所充滿的能力。不管你是藝術家，還是觀者、聽者或讀者，只要el duende在場，你就可以在舞蹈、音樂、文字（語言）或藝術的深處看見它、聽見它、讀到它、感覺到它。當el duende不在場時，你也會知道它不在那裡。

滿載麥片粥去讓窮人大飽口福，或滿載黃金任人搶取，甚或追逐聽者直到死後世界。說故事者無從獲知故事最後將產生什麼樣的後果，而故事的魔法至少有一半就在於此。

這本書說的就是「野性女人」原型種種行徑的故事。為她製作圖表、或用方框劃定她的性靈生命，這將違背她的精神。認識她是一場無止境的歷程，是一輩子的過程，因此這本書也是一件無止無盡、一輩子的工作。

因此，本書裡有一些故事可以當做你靈魂的維他命；有一些觀想、一些地圖碎片、一些用來將羽毛黏於樹木以示方向的松脂、以及一些被踩平的草叢可以指引你前往地底世界、亦即我們的心靈故鄉。

故事會讓心靈生命活躍起來；這對於曾經受驚嚇、被挾持、陷於困境的心靈尤其重要。故事加油在起重機和滑輪上，激發腎上腺素，指引我們出口以及下行和上行的方向。當我們有困難時，它為我們在封閉的牆面上挖開美麗的寬門，讓我們得以通向夢土，走向愛與學習，回到真我、亦即那位真知灼見的「野性女人」。

像〈藍鬍子〉一類的故事讓我們得知如何去處理血流不止的女性創傷。像〈髑髏女人〉這樣的故事則傳達了情愛關係的神祕力量以及枯槁的情感仍有辦法重獲生命和愛力。「老死神母親」的禮物可以在野女巫芭芭雅嘎這個角色身上找到。在〈智者薇莎莉莎〉這個故事裡，小人偶娃娃在一切似乎全都失落之際指明方向並讓失去的一項女性本能重見天日。〈狼女〉——這位在沙漠蒐集骨骸的女子——教我們知曉靈魂所具有的轉化能力。〈無手少女〉讓古老入教儀式失傳已久的過程再現於世，而她也因此為女人一生歲月提供了永恆不變的指引。

與野性本能相遇後，我們再也不會要求自己僅與人類溝通，再也不會要求自己美麗的舞姿僅能出現在舞會地板上，再也不會讓自己的耳朵只聽人類樂器的音樂或讓自己的眼睛僅能欣賞「教養」出來的美，再也不會限制自己的身體僅能感受被准許的知覺或限制我們的心智僅可接受大家一致認同的事物。所有故事一概呈現出洞見的鋒利感、熱情的光焰、知無不言時的生命氣息、有所見而面對的勇氣、以及狂野靈魂的芬芳。

這本書全是女人的故事，可用作一路前行的標記。希望你在閱讀之後將有所深思，讓這些故事助你回復到你的天賦自由，回復你對自己、動物、大地、兒童、姊妹、情人和男人應有的關懷。此刻我要告訴你：通到「野性我」世界的門為數不多，但它們非常可貴。如果你有一道很深的傷疤，那是一扇門；如果你有一個難忘的舊故事，那是一扇門；如果你深愛天空和流水到無法自拔的地步，那是一扇門；如果你渴望更深、更完整而更健全的生命，那也是一扇門。

本書的取材以增進你的勇氣為目的。我把它獻上，希望它能讓行路者堅強，包括那些在內心世界辛勞困頓的人，或那些在世上為他人辛勞困頓的人。我們必須努力讓我們的靈魂以自然方式成長，並讓它成長到它自然的深度。野性本能並不要求一個女人擁有特定的膚色、教育程度、生活方式或經濟地位。事實上，它無法在一種勉強的「政治正確」氛圍下茁壯成長，也無法屈從於老掉牙的典範。它的茁壯有賴新的見識和完整的本我，它的茁壯是基於它自己的本性。

因此，不管你是內向者或外向者、愛女人的女人、愛男人的女人、愛上帝的女人、或以上皆是，不管你心地單純或具有亞馬遜女戰士般的雄心壯志，不管你是否力爭出人頭地或只求日過一日，不管你風騷或黯淡、氣質高貴或腳蹬釘鞋，「野性女人」都屬於你。她屬於所有女人。

要找到她，女人必須回歸到她們的本能生命、她們最深的知能（註六）。因此，現在讓我們努力記起我們的野性心靈。讓我們用歌聲把她的肉喚回到我們的骨上，拋棄一切我們曾經接收的虛假外衣，穿上強大本能和知覺的真實外套。滲透到我們曾經擁有的靈魂版圖去。解開繃帶捲，準備好良藥，讓我們現在回去。「野性女人」正在長嗥、大笑、並用歌聲喚起摯愛我們的那一位。

就我們而言，問題很簡單。沒有我們，「野性女人」即宣告死去；沒有「野性女人」，我們便告死亡。為了真實的生命，兩者都必須存活。

註六　在對女性心理從事完整研究時，最重要的一個基礎就是由女人自己來觀察和描述她們生命中所發生的事情。一個女人的族群認同、種族、信仰習慣與價值觀是合成一整體的；它們一起架構她的靈魂知覺，因此我們必須把它們全部納入考量。

第一章

嗥叫：野性女人的復活

狼女

我必須告訴你：我不是那種走進荒漠而後身懷智慧返回的聖徒。我去過許多野地爐火之所在，也在每個睡寐之處布灑引誘天使的釣餌，但是比獲得智慧更常發生的是我常染上梨形鞭毛蟲病、桿菌胃腸炎（註一）、阿米巴痢疾這些難堪的病恙。唉！這就是一個中產階級、腸胃細緻的神祕主義者的下場。

我學會了要保護我在奇風異俗之地旅遊獲得的每一樣智慧或觀念，因為「學術」這位老父，就像眾神及宙斯之父克羅諾斯一樣，會在初生之子尚未具備神奇功力之前就將其吃掉。過度學術化會模糊了女人本能天性的原貌。

註一　學名 E. coli，是 *Escherichia coli* 的縮寫，為一種桿菌，經飲用受汙染的水傳播後會引發腸胃炎。

因此，為了強化我們和本能天性之間的親密關係，我們最好置身故事中去瞭解故事，而非置身其外。我們要透過「心聽」這扇門走進故事之中。口說的故事會碰觸聽覺神經，後者則橫越頭骨進入就在橋腦之下的腦幹，而就在此處——端賴聽者的態度而定——聽覺衝動若非向上傳達到意識那裡，就是傳達到靈魂。

古代的解剖者認為聽覺神經在大腦深處分作三條以上路徑。他們猜測耳朵的聽覺因此具有三個層次：一條路徑聽俗世的談話，另一條路徑理解學問和藝術，第三條路徑則為了讓靈魂在世上能夠聽從指引和獲取知識而存在。

那麼，現在就請用靈魂的聽覺吧，因為那才是故事想要訴求的對象。骨接骨、髮接髮地，野性女人回來了。經過夜夢、經過半為人理解和半為人記得的事件，野性女人回來了。她經由故事回來了。

在一九六〇年代，我展開了橫越美國的遷徙，去尋找一個樹木密布、有水之芬芳、有我所愛之動物——熊、狐狸、蛇、老鷹、狼——群聚的可居之地。當時，狼群正被有計畫地從上大湖區趕盡殺絕；無論我何往，狼群都被人用盡方法追殺。雖然許多人視牠們為威脅，我卻在森林有狼之時倍感安全。在那個時代，你在西部和北方露營時可以聽見山和森林在夜裡不斷歌唱。

但是，即使在那裡，備有望遠瞄準器的步槍、架在吉普車上的強弧光燈、以及砒霜類的

「點心」俱已讓一整世代的靜寂席捲大地。不久，洛磯山脈也不復見狼跡。我因此來到了分處於墨西哥和美國境內的大沙漠區。愈是往南方行去，我才愈能聽到狼的故事。瞧，人們說女人的心靈和狼的心靈超越時空而交會在沙漠中某個地方。當我在德州邊境聽到一則狼女的故事時，我覺得自己撞遇了非比尋常的事情。接著，我發現了一則阿茲塔克族古老的故事：一頭母狼哺育一對孤兒雙胞胎，直到他們可以獨立為止（註二）。

最後，從年老的西班牙自耕農和西南方的帕布羅族那裡，我聽說了有關撿骨人——可讓死者復活的老人家——的故事；據說他們可以讓人類和動物都復活過來。然後，在一次族群學田野考察中，我遇見一個撿骨女人，而這大大改變了我的思維。就讓我講出第一手的故事和介紹吧。

狼女

每個人都知道有個老女人活在他們靈魂中某個隱密處，但是沒有多少人曾經見過她。正如

註二　羅穆魯斯（Remulus）和羅穆斯（Romus）、還有那瓦荷族神話的雙胞胎都是神話中著名的雙胞胎。

東歐童話故事所說的，她似乎等著迷途或流浪者以及尋覓者到她那裡去。

她心懷謹慎、常常蓄著濃密的毛髮、總是身形肥胖、而特別不喜與人為伍。她如公雞般啼叫，又咯咯如母雞，經常發出動物的聲音、遠勝於人類的聲音。

我可以說她住在塔拉胡瑪拉印地安人區中腐朽的花崗岩坡之間，或者她被埋骨在鳳凰城外一個水井附近。或者她被人發現乘著一部被燒毀、後窗被射穿的汽車往南方駛向阿爾班山（Monte Albán）〔註三〕。或者她被人看到站在埃爾帕索附近的公路邊，或坐在副駕駛座位上跟卡車司機一起前往墨西哥的莫瑞里亞，或背著奇形怪狀的大樹枝燃木走向瓦哈卡以北的市集。她用了許多名字：撿骨女人、拾穗者、狼女。

狼女唯一的工作是撿集骸骨，尤其是收集並保存那些在世間有消失危險的骸骨。她的山洞布滿著各式各樣沙漠動物的骨骸：鹿、響尾蛇、母牛。但是她的特別收藏是狼骨。

她匍匐爬行在山脈和乾涸的河床之間，篩撿尋找狼的骨頭。當她拼集了一整副骸骨、當最後一塊骨頭到位而美麗的白色骨雕展現在她眼前時，她坐到火旁，思考著要唱什麼樣的歌。

當她確定之後，她俯看著獸骨，舉起雙臂開始歌唱。此時，那肋骨和腿骨開始長出肌肉，獸軀開始生出毛髮。狼女繼續歌唱，獸軀逐漸成形；牠的尾巴捲起向上，毛茸茸而強壯。

狼女繼續歌唱，狼軀開始呼吸。

而狼女繼續深沉歌唱，令沙漠地面搖撼起來。當她歌唱時，狼張開了眼睛，一躍而起，奔下峽谷。

在牠奔跑之間，也許是因為牠奔跑的速度，也許是因為牠跳入河流濺起水花，或是因為一道陽光或月光照在牠腰部的恰好位置，狼在轉眼之間變身成了一個放聲大笑的女人，自由自在地奔向地平線。

因此，若你在日落將至之時流浪在沙漠之中、或許因有些迷路而疲倦不堪，你要記住：你是幸運的，因為狼女對你有好感，願將靈魂之事指示給你。

我們每個人自始即是一捆失落在荒漠某處的骸骨、一副被分解而埋在沙中的骨架。我們的工作在於收復這些零骨，而其過程很是艱辛；我們最好在陰影適中之時去做這件事，因為它需要花上很多觀尋的力氣。狼女指示了我們所該尋找的東西：無法摧毀的生命力——我們的骨頭。

狼女所做的事情可說示意了一個神蹟故事，告訴我們什麼才對靈魂有益。它是一個復活的

註二　古墨西哥。

故事，關乎幽冥世界與野性女人之間的聯繫。它應允我們：如果唱那首歌，我們便可以喚醒野性心靈的靈性殘骸，將之詠唱成生命再度豐沛的形體。

狼女在所收集的骸骨上歌唱。歌唱意在運用靈魂之聲，在吐氣之間真實說出一個人的力量和需要，把靈魂呼吐在病耗或亟需復原的事物之上。潛入最深沉的深情之中、直到對野性本我的渴望滿溢出來、然後在這種心境中表達出自己的靈魂，這就是在骸骨上歌唱。我們不可誤以為這樣的深情可以得自於情人那裡。女性尋找和詠唱生命再造的努力必須獨力完成；它是一件在心靈荒漠中完成的工作。

我們來想像一下狼女本人。在象徵心靈的辭彙中，世上最廣泛使用的擬人原型之一就是老女人這個象徵，其他還有偉大的母親或父親、聖童、魔術師、男女巫師、處女和處男、英勇戰士、以及男性或女性瘋癲者。但是，狼女這個象徵在本質和結果上大大不同於上述這些，因為她象徵的是整體本能機制所需的營養根源。

在美國西南部，老女人這個原型也可被瞭解為「年老的女知者」。我住在新墨西哥桑格雷基督山脈樓波峰下時第一次瞭解「女知者」為何義。一個來自蘭喬斯的老女巫告訴我：「女知者」對於女人無所不知；她用自己神聖腳跟上的一條皺紋創造了女人。這就是為什麼女性感知如此敏銳。在本質上，女人是用感覺一切的腳跟皮膚造出來的。腳跟皮膚有知覺這個想法是很有道理的：一個被同化的基切族女人有一次跟我說，她直到二十歲才穿上第一雙鞋子，而她依然不習慣穿鞋走路，因為她的腳被矇蔽了起來。

住在大自然中的野性本質有許多名稱，許多世紀以來在各個民族間交混流傳著。以下是她的一些古老名字：白晝之母，也就是天地間萬物與千萬作為的母親兼造物者及上帝；黑夜母親，她掌管所有來自泥巴和黑暗的事物；多嘎，她控制諸天、群風、以及讓一切真實散播開來的人心思想；蔻特莉鳩，她生下淘氣而難以管教的幼小宇宙，但是她像母狼一樣叼著孩子的耳朵令之就範；海克蒂，那位「深知她子民」的年老先知，全身帶著腐植土的味道和上帝的氣息。此外還有許多名字，而這一切都是住在山丘下、遠隱在荒漠中、偏居深幽處的那物和那人的影像。

無論是什麼名字，被擬人化為狼女的這股力量記錄了個人和古老的過去，而這是因為她存活了一代又一代，比時間還要年老。她是女性意欲的史料檔案員，保存了女性傳統。她的唇髭感知未來；她具有乾癟老女人望穿遠方的混濁眼睛；她在同一時間內活在過去和未來，與其中一者相舞而藉以修正另一者。

這位老者、知者就在我們內裏。她在女人靈魂最深處暢活著，是女人古老而活力充沛的野性本我。她的家位在女人心靈和狼心靈相會的剎那——也就是心智和本能交融之處。女人在那裡用深沉生命滋養她的日常生活。我與你在這個際點相擁吻，女人在此興高采烈地與狼共奔馳。

這個老女人站在理性和神話兩個世界之間。她是握轉這兩個世界的指節骨。這處在兩個世界之間的地帶極其奧祕難言，但一旦經歷它，我們就能認出它來。如果有人想為它下定義，除了用詩、音樂、舞蹈或故事之外，它的微妙處會立即變得難以捉摸，其形狀也將會一變再變。

有一種猜測認為，身體的免疫系統即是位於這個神祕的靈魂地區，正如所有的原型意象及驅力一樣（其中包括了我們對上帝的渴望、對神祕事物的嚮往、以及我們所有聖潔與凡俗的本能）。有人甚至說，人類的史料、光明的根源、黑暗的盤綣也位在這裡。它不是虛空之處，而是霧般事物存與非存之際的所在；在此，影為實，實亦為透影。

關於這個地區，有一點是確定的：它非常古老，比海洋還要古老。它沒有年齡，其時代難考。野性女人的原型充滿這個底層，從本能靈魂中散發出來。雖然她在我們的夢境和創造經驗中以各種偽裝出現，她卻不是來自母親、少女、巫婦的那一底層；她不是我們內心深處的稚童，也不是王后、亞馬遜女戰士、情人、先知。她就是她。你可以稱她為知者、野性女人、狼女；你可以用高尚或低下、新穎或古老的名字稱呼她，但是她依舊是她。

既為原型，野性女人是一種難以被模仿、難以被言述的力量；她為人類帶來豐富的觀念、意象和形形色色的具體事物。原型無所不在，卻不能被人以常情來看見。在黑暗中所見到的它不一定能在白晝被見到。

我們在故事、文學、詩、繪畫、宗教的意象和象徵中看見原型依在的證明。彷彿它的光閃、它的聲音、它的芬芳都意在讓我們能從糞屎之地仰起頭來、偶爾前去與眾星一同遨遊。

在狼女的所在，正如詩人東尼・莫菲特（Tony Moffeit）所說，肉體是「一頭透明的動物」〔註四〕。而在傳聞報導中，身體的免疫系統似乎隨著有意識的思想或被強化、或被減弱。在狼女的所在，種種靈力以人物現身，而靈魂深處的神話之聲以詩人和神諭的方式開口說話。具有靈魂意義的事物雖曾死亡，卻於此復活。世上曾經存在過的任何故事都是由於某個人經歷了這一心靈祕境且試圖將之傳述而開始。

這個臨界之處有許多不同的名稱。榮格以各種方式稱呼它：集體無意識（collective unconscious）、客體心靈（objective psyche）、類心靈之無意識（psychoid unconscious，指的是前者較難言傳的一個層面）。他認為最後者是生物世界和心理世界分享水源之處，是生理和心理可以混融並相互影響的地方。在人類歷來的記憶中，此處——又可被稱為伊甸園之東、霧物之鄉、諸界間之裂隙——即是神靈降訪、奇蹟、想像、靈感及各種療癒的所在。

雖然這個所在輸出了巨大的靈魂財富，然而一個人在前往時必須要有所準備，因為人很容易淹沒在置身其中而生出的狂喜之下。相較之下，人們共認的一般真實確實乏味多了，因而靈

註四　見藍調詩人東尼・莫菲特所寫的詩〈發光動物〉（Luminous Animal）；收集於《發光動物》一書（Cherry Valley, New York: Cherry Valley Editions, 1989）。

魂這些較深的層面可能用狂喜設下陷阱，讓從那裡返回的人們步履蹣跚、腦中充滿了醺然的想法和輕渺的預感。這絕不應該如此；一個人在返回時應該要發現自己已被那具有復甦力及賦予神力的靈水洗滌過、或被浸於其中，而神聖的氣味已經深印在他的肉體上。

每個女人都有潛能可以去到這條「河下之河」。她去到那裡，所憑藉的是深刻的冥想、舞蹈、寫作、繪畫、祈禱、歌唱、擊鼓、活躍的想像、以及任何需要用到強烈意識轉換的活動。女人在渴望中、在追尋眼角所瞥見之事的過程中抵達這個位於諸界交臨的所在。她藉著深度的創造、蓄意的孤獨及任何技藝的操作去到那裡。但是，即使運用了這些卓能巧藝，在這難以言喻的世界裡所發生的一切事情永遠會是個祕密——這是因為這個世界不合乎我們所知的物理和理性定律。

下則簡短卻強而有力的故事載明了我們進入這個靈魂境地所必須具備的謹慎。這是四個猶太經師渴望見到神聖無比之以西結車輪（Ezekiel）的故事。

四個猶太經師

有一晚天使降訪四個經師。祂喚醒他們，將他們帶往第七重天的第七個穹頂。他們在那裡看見神聖的以西結之輪。

就在從天堂回到地上的途中，一個經師因見到這般榮耀而失去了理智。他口吐白沫遊走四方，直到生命終了。第二個經師抱著極端的懷疑論：「啊，我不過夢見以西結之輪罷了，不過如此，什麼都不曾真正發生過。」第三個經師四處背負著他看到的事情，無時不念茲在茲，在演講時也不停地講說輪子的構造和其意義，因而步入了歧途，背棄了他的信仰。第四個經師是一個詩人，他拿起紙和蘆葦，坐在窗前，寫下一首又一首的詩歌，歌頌傍晚時刻的鴿子、躺在搖籃裡的女兒、和天上所有的星星。他的日子比以前過得更好。（註五）

我們不知道誰在第七層天的第七穹頂看見了什麼，但是我們知道：與靈魂本質所在的世界相遇會使我們體認到某種超越人之聽聞的事物，讓我們充滿浩瀚和壯闊的感覺。當我們碰觸到那位「唯知者」的真諦時，我們的反應和作為都會發自於自己最深處的完整本質。

註五　這則故事是我的姑媽特莉茲安妮告訴我的。它在猶太教法典中的版本名為〈進入天堂的四個人〉，講述四個猶太經師到**天堂**去研讀上天的奧祕，其中三人由於凝視舍姬娜——古代的女性大神——而各自發了瘋。

上述的故事告訴我們：經歷深層無意識後的最佳態度是一種既不過於執迷、亦不過於清醒的態度；不過度驚畏，也不過度存疑。勇敢而不魯莽。

榮格在他令人嘆為觀止的文章〈超越功能〉（The Transcendent Function）〔註六〕中警告說：某些人在追求「自性」（Self）之時會溢美「上帝」或「自性」的經驗，某些人則會貶抑這種經驗；某些人高估這種經驗，某些人則因未有準備而受其傷害。但是仍有其他人會循途找到榮格所稱的「道德職責」來走完這一生，把那些在潛沉或攀升到野性本我之際所見知的事情發揚出來。

他所說的「道德職責」即是要我們活出所見之事，無論我們在哪裡發現它：靈魂極樂土、亡魂群島、靈魂中的骨骸荒漠、山之面、海之岩、或翠鬱的冥間——任何「女知者」吐息在我們身上、改變我們的地方。我們的職責在於把靈息吹吐在我們身上的實情展示出來——展示它、將它贈予、唱揚它，亦即在上方世界中把我們透過突然神啟、透過肉體或各種夢境及行旅所接收到的知識體現出來。

狼女對應於許多有關死者復活的世界神話。在埃及神話裡，歐西里斯被他邪惡的兄弟塞特肢解後，他的妹妹艾希絲每晚從夕暮到破曉努力把他拼湊成形，否則太陽就不會升起。基督使死去甚久而發臭的拉撒路活過來。希臘農作女神德米特每年把她的女兒波賽芬妮從冥間喚回一次。而狼女撫骸而歌。

做為女人，我們的冥想形式亦是如此；我們要喚醒自己曾經死去和被肢解的各個面向。為死去之物重新創造生命的那人永遠是一個雙面原型。造物之母永是死亡之母，反之亦然。由於這種雙重的本質（或雙重的職責），我們面前的重任應在於瞭解我們的周遭和內心有哪些面向必須存續、哪些又必須死去。我們的責任在體會這或存或亡的時機點，讓必死和必生能夠發生。

對女人而言，「河下之河的世界」——撿骸女人的故鄉——可以讓她直接認識凡俗世界的根由，它的幼苗、根莖和糧種。在墨西哥，女人被視為生命之光的攜帶者。這光並不位在她的心臟，也不在她的眼後方，而是在她的子宮裡；在她尚未出生前，所有的儲備種子都已被置放於此。（對男人而言，在探索較深的生殖力觀念和種子本質時，這跨越性別的意象是一只毛茸茸的袋子：陰囊。）

這樣的認知是我們在貼近野性女人時得到的。當狼女高歌時，她從子宮的所知發出唱聲；那是一種體內、心智及靈魂深處的認知。種子和骨頭具有非常相似的象徵意義。一個人只要擁有根莖、根本、原始部位、糧種，她就可以修復任何浩劫，在任何被摧殘的土地上重新播種，讓田地獲得休耕，並讓堅硬的種子得以浸軟、綻開與茁壯。

擁有種子即是擁有生命之鑰。與種子的生命周期同行即是與生命共舞、與死亡共舞，並且再度舞進生命之中。這體現了生命暨死亡之母最古老的原質形式。由於她運轉於這些恆常的周

註六　見一九七二年普林斯頓大學出版社發行之《榮格全集》，第二版，第八冊，67～91頁。

期之中，我稱她為「生而死而生」之母。

如果失落了些什麼，一個人應該向她求助、與她說話、傾聽她。她給予的靈魂勸誡有時嚴厲或難以實行，但是無一刻不具有轉變或修復生命的力量。因此，一旦有所失落，我們必須到老女人那裡去；她一向住在偏處一方的骨盆之內。她住在那裏，半在創造之火當中，半在其外。這是給女人居住的最完美之處，正好位在生殖力飽滿的卵子、雌性種子的旁邊。在那裡，最渺小的和最巨大的觀念等候著我們的心智和行動去彰顯它們。

想像一下這個老女人是一個兩百萬歲的女性原萃。〔註七〕她是原始的野性女人，既住在世界之底層，也住在世界之表。她活在我們裡面，也透我們而活；我們被她圍繞著。沙漠、森林以及我們屋下的大地都有兩百萬歲的年紀，甚至更老。

我總是被女人喜歡深掘泥土這件事實所吸引。她們為春天種下球莖；她們把汙黑的手指探向泥濘之中並把刺鼻的番茄株移植到土裡。我認為她們是在挖掘下方那個兩百萬歲女人，在尋找她的腳趾和她的腳掌。她們要她，就如同要一件禮物一樣，因為只有與她同在時，她們才覺得自己是完整而平安的。

沒有這位老女人，她們感到煩躁不安。過去幾年來，我曾經輔導過的許多女人都用類似下面語意的話做為第一次交談的開場白：「哦，我沒什麼難過的事情，但是我也不覺得快樂。」一我認為這種心境並不是那麼難以瞭解。我們知道它的發生是因為爛泥巴闕如的關係。藥方呢？

狼女是也。去找到那兩百萬歲的女人吧。她關注著女人已死去或垂死中的諸般情事。她是生者與死者之間的通路。她在枯骨之上唱著創造的頌詩。

這個老女人，這個野性女人，她是「神話之音」，熟知往昔和古老的歷史，並且用故事把這聲音記錄下來給我們。有時候，我們夢到她是一個沒有形體卻美麗的聲音。

既為巫婆、又為少女，她並未枯萎，只是皺縮起來。帶著本能出生的嬰兒就是皺縮的；他們打從骨髓裡就知道什麼是對的事且該為之做些什麼。這是天生的能力。如果一個女人能依賴這個讓她年輕時老成、年邁時青春的天賦，她便永遠能夠預知下一步將要發生的事。倘若她失去了它，她依然可以藉著某種目標確切的靈性功課重新找回它。

狼女，這個荒漠中的老者，是骨骸的撿集者。在原型象徵學裡，骨骸代表無法被摧毀的力量，不會輕易地被損滅。它們在結構上很難被燒毀，也幾乎不可能被磨成碎粒。在神話和故事中，它們代表不能被摧毀的靈魂。我們知道靈魂會受創、被重殘，但是它不可能被殺死。

你可以戳凹靈魂，把它彎折起來；你可以傷害它，帶給它傷疤；你可以把疾病的斑痕和恐懼的炙痕留在它上面。但是，靈魂不會死，因為它在無意識世界中受到狼女的保護，而她是骨骸的發現者暨孵育者。

註七　有些人也稱這古老的生命為「永恆的女人」。

骨骸重到可以用來造成傷害，也銳利到足以割穿肌肉，而老去的骨頭被掛成一串時會發出像玻璃一樣的脆亮聲音。活人的骨頭本身是有活力的生命體，會不斷自我更新。一根有生命的骨頭包著一層非比尋常柔軟的「皮膚」，似乎具有某些自我重生的能力。即使一根枯骨都能成為小生物的安居所在。

這個故事中的狼骨代表著「野性自性」堅不可摧的那一面。而「野性自性」就是本能天性、那個致力於自由與原始自然的生命體。它不可能接受僵固文化或文明過度之文化所要求於人的嚴厲規範。

這個故事中的所有比喻皆代表著女人被帶往本能野性知覺時所經歷的過程。在我們內在有一個骸骨撿集者；在我們裏面有這個野性自性所需的靈魂骸骨；在我們裏面有再成為肉身的潛能，可以讓我們回復為曾經所是的生命體。在我們裏面有生命氣息、我們的本相和我們的渴望——它們一起合成那首歌，那首我們一直盼望可以唱出的創造頌。

這並不是說我們要披頭散髮、手爪汙黑地行走於世。我們仍然是人，但是在女人的外形之下卻是那具有動物本能的自性。這並不是一個浪漫卡通中的角色；它乃擁有真的牙齒、真的吼聲、寬宏大量的精神、無以倫比的聽力、尖銳的爪子、慷慨而毛茸茸的乳房。

這個自性必須有移動、說話、憤怒和創造的自由。它是持久、活力十足的，具有靈敏的直覺。這個自性深知如何用靈性方式去處理死與生的問題。

今天，你裏面的老者正在撿集骸骨。她想重新創造什麼？她是靈性之我，是靈魂居所的建造者。她徒手創造且再創造靈魂。她正在為你創造什麼？

即使在最好的世界裡，靈魂也需要不斷更新。它就像西南部這裡的泥磚牆一樣，總是會有一點脫落、有一點倒塌、有一點被沖刷掉。但總有那麼一個年老、身形圓胖、腳穿臥室拖鞋的女人在那裡把泥漿拍打在泥磚牆上。她混合了稻草、水和泥土，將之拍打在牆上，讓牆回復完好。沒有她的話，房子會變形，會在一場大雨之後被沖刷成一堆泥濘。

她是靈魂的守護者。沒有她，我們會不成形體。如果沒有一條明顯的補給線通向她的話，人類據說是沒有靈魂或靈魂受詛咒的。她徒手打造靈魂之屋，並繼續打造它。她就是身穿舊圍裙的那女人，就是衣服前長後短的那一位，就是啪啪地拍打泥牆的那一位。她是靈魂的創造者、狼的撫育者、野性事物的保護者。

因此，不管你是黑狼、北方的灰狼、南方的紅狼、還是北極的白狼，我都要滿懷情感地用意象語言對你說：你就是本能**生命體**。儘管有人希望你要行為端莊，叫你不要興高采烈到在家具上亂爬、或爬到客人身上以表歡迎之意，你還是要去做不誤。有人會因為恐懼或厭惡而避開你，但是愛你的人卻會珍惜你這個新面貌——如果他或她的確適合做你的愛人。

有人不喜歡你嗅著每一樣東西以確定它是什麼。有人喊說：看在老天爺的份上，不要把腳翹那麼高躺在那裡。壞女孩、壞狼、壞狗。他說的對嗎？錯了！照你的心意去做，讓自己痛快吧。

人們用冥想來尋找靈魂的和諧。他們也為此參與精神治療和精神分析，或去解析自己的夢境與從事藝術創造。還有人為此去觀想塔羅牌、卜算易經、跳舞、擊鼓、編劇、解詩、以及發動熱烈的禱告。我們所做的一切都因於此。一切作為都是為了要將所有骸骨撿集起來。然後，我們必須坐在火堆旁思考：對著骨骸要唱什麼樣的歌、什麼樣的創造頌詩、什麼樣的再創造詩篇？那時，我們講出的真相就將成為這首歌。

在一個人決定唱什麼歌——她最真實的歌——之前，她必須問一些好問題：我的靈魂聲音怎麼了？我的生命有哪些被埋葬的骨骸？我跟本能自性之間的關係如何？我最後一次自由奔跑是什麼時候？我要如何讓生命復甦起來？狼女到哪裡去了？

老女人撫骸而歌；她歌唱的時候，那骨骸會長出肉來。當我們把靈魂傾注在我們找到的骨骸之上時，我們也是如此「變成」。我們年輕時所曾是、數世紀前我們所曾知曉的事情現在都已成枯骨；而當我們把渴望和心碎傾注在這些枯骨之上時、並傾注在我們感知到的未來新生命上時，我們是四腳著地，方正不移的。在傾注靈魂之時，我們重獲生命力，不再是稀薄的溶液或正在解體的無力之物。不，我們正處在蛻變的「變成」階段。

如同枯骨一樣，我們常以荒漠為出發點。我們覺得權利被剝奪了、與人疏離、甚至跟一簇仙人掌都連結不上關係。古人稱荒漠為神啟之地，但是對女人而言，它具有更多意義。

荒漠中的生命非常濃縮。生物的根緊抓住最後的水滴，而花朵僅在清晨和傍晚出現以儲存水分。荒漠中的生命小而燦爛，而生命的進行又大多發生在地下。許多女人的生命正與此十分相似。

荒漠不像森林或叢林一樣蒼鬱，而它的生物型態非常密集而神祕。我們許多人的生命都曾像荒漠中的生物：表面上十分渺小，地底下卻十分巨大。狼女讓我們知道有什麼樣的寶物會從這種心靈布局中出現。

女人的心靈會因為失去迴響、因為往昔的殘酷經驗、或因為不被允許在地表上擁有較寬廣的生命而步入荒漠地帶。女人常感覺自己生活在杳無人煙之處，其間或許只有一株僅開著一朵花的仙人掌，但再四處望去，八百公里內卻空無一物。但是對一個願意走八百零一公里的女人而言，前方的確有東西在那裡：一棟勇敢的小屋和一個老者，她在等候妳。

有些女人不願意處在心靈的荒漠中。她們厭惡危險和荒蕪，不斷試著發動那生鏽的破車，希望一路顛簸到想像中的心靈閃耀之城。但是她們非常失望，因為蒼鬱之地、野性之地並不在那裡。它位在靈性世界裏、多重世界的交界處、河下之河的那一方。

不要愚蠢了。回去吧，站在那朵紅花下，向前走完最後一公里困難的路，上前去敲那扇斑駁的門，爬高到山洞那裡，匍匐穿過夢境的窗子，篩搓一下荒漠的沙子，看看妳能找到什麼。這是我們唯一必須做的事。

第二章

跟蹤侵入者：最初的啟蒙

藍鬍子

一個人的身上會有許多其他生命體，各有其價值、動機和智巧。心理學的某些技巧建議我們去逮住這些生命體、計算其數目、為它們命名、迫其接受駕馭，直到它們像被征服的奴隸一樣曳步而行。但是這樣的作法會打斷女人眼中野性光彩的舞動，亦會打斷她灼熱的閃電能量和所有四射的火花。與其損毀她的自然之美，我們不如為這些生命體打造一座鄉野，讓它們當中的藝術家能在其中創造、它們當中的有情者能在其中展愛，它們當中的治療者能夠療傷。

但是我們應該如何處理內心世界裡那些相當瘋狂、不假思索就大加破壞的生命體？甚至連這樣的生命體，我們都應該為之提供一個居留地，一個可以圈範它們的地方。其中一個生命體——靈魂中最擅於欺騙、最孔武有力的脫逃者——尤其需要我們立即加以察覺和圈範；它是天生的掠獵者。

人類的許多痛苦也許是由疏忽所孕育，但是心靈天生就內具一種反自然力量。這個反自然力量總是與以下的正面事物敵對：成長、和諧及野性。它內建在我們的生命裡，是個充滿譏諷和殺氣騰騰的反派角色。就算得到最慈愛的呵護，這個入侵者唯一的使命還是想把所有十字路口變成死路。

這股獵殺的力量〔註一〕一再出現在女人的夢境中。它在她們最深情和最有意義的計畫中爆發出來，並切斷女人和直覺本性之間的連結。在它完成切割之後，它讓女人陷在死沉的感覺裡，讓她覺得無力提升生命，而她的意念和夢想癱在腳旁、她的活力被汲盡一空。

藍鬍子就是這樣的一個故事。在北美洲，最有名的藍鬍子故事來自於法國和德國版本〔註二〕。但是我偏愛我這個結合了法國和斯拉夫族版本的文學版本。它的一部分即是由我的凱蒂姨媽講給我聽的——她住在匈牙利東波瓦附近的希布拉克。在我們那一大群說故事的農婦之間，

註一　出現在童話故事中的天敵總是被擬人化為盜匪、動物新郎、強姦犯、惡棍，或時而為不同類型的邪惡女子。女人的夢境意象非常相近於以女性為主角之童話故事中的天敵類型。有害的情感關係、凶狠的權威人物、以及負面的文化規範皆會影響夢和民俗傳說中常見的意象，而其影響力有時等於、甚或大於個人內在固有的原型模式（archetypal patterning）——榮格指此模式係由個人心靈與生俱來的原型節點（archetypal nodes）所組成。天敵這個意象應屬於「與生死力量交遇」的主題，而非「與巫婆交遇」。

註二　在格林兄弟、查理・貝羅（Charles Perrault）、亨利・普拉（Henri Pourrat）和其他人已出版的故事集裡有差異相當大的藍鬍子故事版本。在亞洲和中美洲各地亦有口傳版本的存在。我所寫的文學版本是以那支流血不停的鑰匙為特色，而這也是我家族所傳之藍鬍子故事的特點。我是從我姨媽那裡獲傳這故事的。第二次世界大戰期間，她和被關進奴隸勞動營的匈牙利、法國以及比利時女人一起創造了我所擁有的這個故事。

藍鬍子故事都以某人認識某人、後者又認識某人為開場白，而這最後一人又親眼見過藍鬍子已死的可怕證物。我們就照著開始吧。

有一捲鬍子被保存在遠方山區白衣修女的修道院中。沒人知道它是怎麼來到這個修道院的。有人說是修女們埋葬了他殘缺的屍體，因為不會還有別人會想去碰它一下的。至於修女們為什麼要留下這件遺物，沒有人知道答案。但真的有這麼一回事，因為我朋友的朋友親眼見過它。她說那鬍子是藍色的；更精確地說，是靛青色的，像湖中深色的冰塊一樣藍，或像夜晚之圓洞陰影一樣藍。這鬍子的主人據說是一個失敗的魔法師，一個貪戀女色的巨人，一個名叫做藍鬍子的男人。

據說他同時追求三個姊妹，但是她們怕他那奇怪的藍色鬍子，所以當他來訪時，她們全都躲了起來。為了要讓她們相信他是好人，藍鬍子邀請她們到森林去遠足。他來的時候牽著一群裝飾著鈴鐺和深紅彩帶的馬匹。他把三姊妹和她們的母親安放在馬背上，於是一行人馬向森林慢跑而去。他們一整天在那裡快樂地騎馬，而他們的狗在一旁或趨前奔跑著。之後他們停在一棵巨樹下，這時藍鬍子開始為她們講起好聽的故事、給她們吃美味的食物。

三姊妹開始想：「嗯，藍鬍子這男人或許畢竟不是個壞人。」她們回家時一路談著這一天多麼有趣。玩得不是很快樂嗎？但是，較大的兩個姊姊又恢復了懷疑和恐懼，發誓不要再見到藍鬍子。小妹則認為：如果一個男人可以那般有趣，他或許不會太壞。她愈是這樣跟自己說，他就愈顯得不可怕，而且他的鬍子也就愈顯得不那麼藍。

因此，她接受了藍鬍子的求婚。她想了又想他求婚這件事情，覺得自己將會嫁給一個非常優雅的男人。於是他們真的結了婚。婚禮後兩人就騎馬前往藍鬍子在森林裡的城堡。

有一天藍鬍子對小妹說：「我要出門一陣子。如果妳想的話，你可以邀請妳的家人過來。你們可以在森林中騎馬，可以叫廚子們煮一頓大餐，可以做你們想要做、心裡喜歡的所有事情。事實上，我的鑰匙環就在這裡。你們可以把倉儲室、錢庫、城堡中每一扇門都打開來。但是這支小鑰匙、這支頂端有漩渦型裝飾的鑰匙，你們不可以使用它。」

他的新娘回答：「好的，我會照你的話做，一切都沒問題。去吧，我親愛的丈夫；不要擔心，要早一點回來。」於是他騎馬而去，而她留在家裡。

她的姊姊們過來做客。就像所有人一樣，她們好奇地想知道在男主人離家期間，有什麼事情是他吩咐說可以做的。年輕的妻子開心地告訴了她們。

「他說我們可以做心裡喜歡的所有事情，也可以進入所有想進去的房間，除了一個房間之外。我不知道是哪個房間；我只有一支鑰匙，但不知道它屬於哪個房門。」

姊妹們決定去找出哪支鑰匙可以打開哪一房門，並把這當做是一場遊戲。城堡有三層樓高，各側翼有一百扇門。鑰匙環上的鑰匙有那麼多；她們一扇門接著一扇門地緩緩前進，每開啟一扇門都讓她們開懷不已。某一扇門後是廚房的貯物間，另一扇門後是錢庫。每扇門後都有各式各樣的儲藏，每一樣東西都愈來愈有趣。終於，看盡了所有珍奇寶物之後，她們來到了地窖所在，而在長廊末端的是一道光無一物的牆。

她們不解地看著最後一支頂端有小漩渦圖案的鑰匙。「也許這支鑰匙插不進任何一扇門。」當她們這麼說的時候，突然聽見一個長而奇怪的聲音「呃——」，於是她們窺視轉角處。看哪！有扇小門正好關了起來！她們想要打開它，但它被緊緊地鎖住。其中一人喊說：「妹妹，妹妹，拿出妳的鑰匙，這扇門一定是跟那把神祕的小鑰匙相合的。」

一個姊姊不加思索地把鑰匙插進門鎖並轉動它，而三個女人這時一起尖叫了起來，因為室內只見一片血泊，黑色的屍骨散落四處，而許多頭骨則像蘋果金字塔似地堆積在各個角落裡。

她們用力把門關上，把鑰匙從鎖孔中拔出來，彼此相倚著喘氣，胸部劇烈起伏著。天啊！天啊！

做妻子的低頭看著鑰匙，發現它沾了血跡。大驚失色之下，她用自己的裙袍去擦淨它，但是血跡拭之不去。「喔，不！」她大喊著。每個姊妹都把那支小鑰匙放到手中，試著讓它恢復原狀，但是血跡依然如故。

妻子把小鑰匙藏在自己的口袋裡，跑到廚子的廚房那裡。當她到達的時候，她的白衣服從口袋到裙邊都沾滿了血跡，因為那支鑰匙依然緩緩滴下深紅的血。她命令廚子：「快點，給我一些馬鬃。」她搓洗那鑰匙，但是它依然滴著血；一滴一滴的鮮血從小鑰匙流了下來。

她把鑰匙拿到屋外，從烤爐中拿出炭灰塗在它上面，繼續擦洗它。她把它放在火邊試著焦烤它。她在它上面塗滿蜘蛛絲，想要讓它止血。但是她所做的一切都不能讓汩湧而出的血停歇。

「喔，我該怎麼辦？」她大喊：「我知道了，我要把小鑰匙收起來，把它放在衣櫥裡，把門關上。這是個噩夢而已，一切都會沒事的。」她就真的這麼做了。

她的丈夫第二天早上就回到家裡。他大步走進城堡，喊著他的妻子。「怎樣，我不在的時候一切可好？」

「一切都很好，大人。」

「我的倉儲室怎樣呢？」

「很好，大人。」

「我的錢庫呢？」

「錢庫也很安全，大人。」

「這麼說來，一切都很好嗎，老婆？」

「是的，一切都很好。」

「好，」他低聲說：「妳最好把我的鑰匙還給我。」

他一眼就發現少了一支鑰匙。「最小的那支鑰匙在哪裡？」

「我……我把它弄丟了。唉，我把它弄丟了。我出去騎馬的時候，鑰匙環掉了下去，我一定是這樣弄丟了一支鑰匙。」

「妳拿它去做了什麼事，女人？」

「我……我……不記得了。」

「不要對我說謊！告訴我，妳拿那支鑰匙做了什麼？」

他的手伸向她的臉龐，彷彿要去撫摸她的臉頰，可是卻抓住了她的頭髮。「妳這個言而無信的人！」他咆哮著，把她推倒在地板上。「妳進了那個房間，是不是？」

他打開她的衣櫥。放在最高層板上的那支小鑰匙已經讓鮮紅的血流滿了她掛在那裡的所有美麗絲袍。

「現在輪到妳了，女士！」他尖聲高叫著，把她拖向大廳，進入地窖，直到他們站在那扇恐怖的門前面。藍鬍子只是用他冒火的眼睛看著門，門就開了。門裡躺著他所有前妻的屍骨。

「就是現在！！」他咆哮著，但是妻子緊抓住門框不放手，懇求他饒命：「求求你，求求你，讓我整理一下自己，好為死亡做準備。在你取走我性命之前，請給我一刻鐘就好，讓我可以向上帝請求原諒。」

「好。」他咆哮著：「妳只有一刻鐘的時間，快準備好。」

做妻子的飛奔上樓到她的寢室，把姊姊們安置在城壘上。她跪下來似乎要祈禱，但是卻向她的姊姊們呼喊。

「姊姊們，姊姊們！妳們有沒有看見我們的兄弟們正朝這邊趕來？」

「我們什麼都看不見，在寬闊平原上什麼都看不見。」

每隔一下子她就往城壘的方向喊：「姊姊們，姊姊們！妳們有沒有看見我們的兄弟們正朝這邊趕來？」

「我們看見一捲旋風，那可能是遠方的沙塵魔怪。」

這時候藍鬍子吼叫著要他妻子到地窖去，讓他把她斬首。

她再次喊說：「姊姊們，姊姊們！妳們有沒有看見我們的兄弟們正朝這邊趕來？」

藍鬍子再次向他的妻子喊叫，並且用力地踏上了石階。

她的姊姊們大喊：「我們看見他們了！我們的兄弟們到了，他們剛剛走進入了城堡。」

藍鬍子大步走下大廳、前往他妻子的寢室。「我要來抓妳！」他低吼著，加快腳步，使得大廳的岩塊開始鬆動，而灰泥中的沙子也開始傾瀉到地板上。

當藍鬍子重步踏入妻子的寢室、正伸手要抓她的時候，她的兄弟們也剛好騎著馬從城堡的廳廊疾馳而來並攻入她的寢室。他們將藍鬍子追趕到外面的矮牆那裡，當下他們上前用劍擊打、揮砍、削割、鞭抽、最終將藍鬍子擊倒在地並殺了他，任他的血和軟骨被鷲鷹吞噬。

心靈的天敵

要成為一個人，女人必須與野性本質建立關係。要完成此事，她必須走入黑暗。但同時，在前往或返回途中，她絕對不可以掉進陷阱、被擄獲、或者被殺害，而致無可挽救。

藍鬍子的故事即是掠獵者的故事；他是住在每一個女人心靈中的陰暗男人，一個天然內在的掠殺者。他是一股明確而不容置疑的勢力，必須被懷記於心、被控制。要控制這個心靈的天敵〔註三〕，女人必須保有自己所有的本能力量，其中包括：洞見、直覺、毅力、堅韌之愛、敏銳的感知、遠見、敏銳的聽覺、雖死而歌的能力、直覺的療能、以及顧守自己創意之火的能力。

在心理學的詮釋中，我們會利用童話故事的所有面向來展現個別女人心靈中所發生的戲劇。藍鬍子代表的是出沒在所有女人生命邊緣的一種極為隱密的情結；它在那裡虎視眈眈地等候機會來對抗她。雖然這個情結會用類似或不同的象徵出現在男人的靈魂中，但它對兩性來講都是既古老又現代的敵人。

我們很難完全瞭解這一股藍鬍子式的勢力，因為它是與生俱來的；也就是說，所有人類打從一出生就懷有了它，因此它的起源不是意識所能觸及的。但是我相信，由於藍鬍子在故事中被稱為「失敗的魔法師」，我們可以照著這個提示去探知它的本質是如何在人類前意識中發展出來的。就魔法師這個身分而言，藍鬍子和其他童話故事中充滿惡意的心靈天敵是息息相關的——他們都是看似規矩、實則具有深不可測之毀滅力的魔法師。

用這個描述當做一片原型的碎陶，我們可以拿它來跟我們從神話式歷史中所聽說的失敗法

註三　在民俗傳說、神話和夢境中，天敵幾乎無時不遭遇自己的天敵和跟蹤者。它們雙方的衝突正是最終帶來改變或平衡的主因。當它沒有遭遇敵對者或當其他良善的對敵不曾出現時，故事就經常成為所謂的「恐怖故事」。缺乏一個可以制服負面天敵的正面力量會使人心飽嚐最深恐懼之苦。

同樣地，有許多竊取生命之光者和謀殺意識者橫行在日常生活裡。最主要地，一個掠食性的人物會擅自霸占女人的創造力，拿去製造自己的快樂或供自己使用，讓自己紅光滿面，卻讓女人臉色發白、不知發生了什麼事情。一個掠食性的人物不希望女人關注她自己的本能，以免她發現有一條吸血管竟然附著在她的心智、想像力、情感、性和其他一切之上。

犧牲自我核心生命的習慣可能自幼就已開始，原因是照顧者想利用孩子的天賦和可愛來膨脹自己空虛和飢渴的心靈。自幼成長於如此養育環境中的人會將強大的力量輕贈給自己的內在天敵，同時也註定了要成為別人獵捕的對象。在本能能夠歸回適當位置之前，被如此教養長大的女人非常容易受到他人不以言語宣示、但極具殺傷力之心靈需要的擺佈。一般而言，在察覺到自己的情感關係或情感狀態只會使生命變得更渺小、而非更廣闊時，一個本能完好的女人應知道天敵已經滲透逼近了。

術或失敗心靈能量做比較。希臘的伊卡洛士由於飛得太接近太陽，以致他的蠟製翅膀被燒融而摔落到地球上。在北美祖尼族〈男孩與鷹〉的神話故事中，一個男孩原本可以成為老鷹王國的一員，卻因為他自認可以打破死神的規定而告失敗。當他翱翔在空中時，他那借來的老鷹外衣從他身上被扯落，而他因此墜落身亡。在基督教的神話中，路西弗自稱跟耶和華勢均力敵，卻因此被逐入冥府。在民間傳說中，有數不清的法術學徒愚蠢到膽敢僭越自己實際的法術層級、試圖違背大自然法則，最終都遭到傷害和災難的懲罰。

在檢視這些恆在之主題時，我們會發現其中的掠獵者都企求勝越和控制他者。他們帶著一種自大心理，想要高過於、同大於、相等於那無以名狀者，亦即那一位在傳統上分配並控制著大自然神祕力量（其中包括生與死的定律和人性準尺）的神明。

我們在神話和故事中發現：試圖破壞、彎折或改變那無以名狀者的運作方式，其後果必然是遭受斥責；若不是必須忍受法力的削減（如那些不被允許繼續施行法術的學徒一樣），就是必須從眾神之國被放逐，以致孤寂以終。要不然就是經由錯誤百出、殘廢或死亡同樣經歷到神恩和神力的失落。

如果我們瞭解藍鬍子在我們的內心世界就代表了這樣一個被放逐者的全部神話，我們或許可以體會某些時候把他（或我們）淹沒的那種極深而難以言喻的孤寂感。他已經從救贖那裡漫無盡期地被放逐了。

藍鬍子故事所呈現的問題是：他不但沒有去強化心靈中青春光彩的女性力量，反而充滿了憎恨，渴望要弒絕心靈內眾多的光焰。我們不難想像陷在這種惡意中的人是什麼樣子。他曾希望超越光明，卻因此從神恩那裡墜落而下。我們可以瞭解為何這個被放逐者從此不斷凶殘地追索他人身上的光明。我們也可以想像：他企圖收集夠多的靈魂以燃起光焰，以便終能掃除身上的黑暗、彌補孤寂。

從這一層意義來講，這故事一開始就出現了一個與救贖無緣而可畏的存有。而故事中最年輕的妹妹必須面對的最重要真相之一、也是所有女人必須面對的真相就是：無論在心中或外在，有一個力量是與本然自性的諸般本能相敵對的，而這惡意力量**是其所是**且永無改變之可能。我們雖可以憐憫它，但首先必須要認出它，保護自己免受它的殘害，最終則要奪去它的弒殺能量。

所有的生物都必須知道掠獵天敵的存在。沒有這種知覺，一個女人無法安全穿越自家的森林而不被吞噬。瞭解天敵才能變成一頭成熟的動物，不會再因為天真、缺乏經驗或愚蠢而容易受害。

像一個敏銳的追蹤者一樣，藍鬍子聞出最年輕的妹妹有意於他，也就是說她樂於成為被獵者。他向她求婚，而她在青春煥發的當下——愚昧、歡愉、幸福、性吸引力全都摻雜在一起——接受了他。有哪一個女人不認得這樣的場景？

成為獵物的天真女性

最年幼的妹妹，最不經世故的那一個，淋漓盡致地上演了天真女性的人間故事。她暫時被內心中的暗襲者擄獲，但她最終會變得更有智慧、更堅強、並最終會當下識破她心靈的狡猾天敵。

這個故事所蘊含的心理故事也適用在那些尚未完全學會如何覺察內心天敵的年長女性。她們也許試了又試，但因為缺乏引導和支援，始終無法完成這個學習。

這就是為什麼說故事變得如此有益人心。它們提供了入門的地圖，讓觸礁的工作可以完成。藍鬍子的故事對所有女人都很珍貴，無論是在她們還非常年輕、才剛要學知天敵之事時，或是在她們已被其追捕騷擾了數十年之久、如今終於準備好與之殊死決戰之際。

最年幼的妹妹代表靈魂內某種具有原創力的潛能，一種邁向繁茂綻放之生命的力量。但是由於能讓她謹慎而另採作為的本能並非完美，她容許自己成為一個心懷惡意之男子的戰利品，以至於走了一條冤枉路。

在心理層面上，年輕的女孩和男孩彷彿渾然不覺其本身就是獵物的這件事實。有時我們似乎以為：只要人們一出生就全然清醒，生命就可以變得比較輕鬆、比較不那麼痛苦。但是人們並不是如此誕生的。在出生時，我們每個人都像細胞中心具有潛能的**原基**（anlage），而生物學所謂的原基指的就是細胞中被定義為「將要轉化」的那一部分。在原基內有那將隨時間成長的原始物質，使我們逐漸成為一個完整的人。

因此女性生命即是促進原基發展的生命。〈藍鬍子〉故事的寓意在喚醒和教導這個心靈的原心、這個發光的細胞。為了得到這番教導，最年幼的妹妹願意嫁入一個她以為非常優雅的力量。童話故事中的婚姻象徵正在被尋覓的新地位、一個即將被揭起的心靈新層面。

然而，年輕的妻子愚弄了自己。她最初畏懼藍鬍子而小心翼翼，然而森林中一場小小的逸遊卻使她違逆了自己的本能。幾乎所有的女人都至少有過一次這樣的經驗。結果，她讓自己相信藍鬍子不是個危險的人、他只不過有點怪異和特立獨行而已。啊，多麼愚蠢！我為什麼要讓自己被那一小撇蒼老的藍鬍子給嚇到呢？然而，她的野性本質早已嗅出了狀況，知道這藍鬍子的男人可以致人於死。可是天真的心靈卻駁回了內在的知覺。

在警報系統還未獲得充分開發的年輕女人身上，錯誤的判斷幾乎成為常態。她就像那在空地上打滾遊戲的小孤狼一樣，沒有察覺九十磅重的山貓正從陰影中走近。至於較為年長的女人則因為過於遠離野性而幾乎聽不見內在的警告；她們也一樣面帶天真的微笑往前走去。

你可能會問說：這一切是否可以避免呢？就像在動物世界裡一樣，年輕的女孩必須透過父母的教誨去發現天敵。沒有父母慈愛的引導，她必然很早就變成了獵物。事後想來，我們幾乎每個人都曾至少有一次感受到一個強大的意念或一個似乎令人目眩的人物在夜間從我們心靈的窗戶爬進來，使我們措手不及。就算他戴著滑雪面罩、牙間咬著一把刀子、肩膀上掛著一袋錢，當他說他是銀行從業員的時候，我們還是相信了他。

然而，即使有父母睿智的教誨，年輕的女性，尤其約從十二歲開始，便可能會被同儕、文化力量及心靈的壓力等誘使而離開自己的真理，從此走上一條相當莽撞的冒險之路，一心一意想靠自己去有所發現。有些年紀較大的少女相信：只要自己努力，世界就一定會是美好的。我在幫助她們的時候，總覺得自己像一頭灰毛老狗，很想舉起腳掌來遮住我的眼睛並發出一聲呻吟，因為我看見了她們所看不見的。我也知道（尤其當她們一意孤行或興致沖沖時），她們必定會讓自己跟獵獸攪和在一起，而在最後被嚇醒之前，她們至少會經歷一次這種事情。

在我們的生命開始之時，我們的女性觀點是很天真的，在情感上對於隱晦之事的瞭解亦是相當薄弱的。但這正是所有女性啟程之處。我們天真無知並會說服自己掉進混亂的情境裡。我們之所以在這些事情上沒有深入的認識，是因為我們處在一個容易只看見表象的人生階段。

在狼群中，當母狼要離開小狼去捕獵的時候，小狼們會試圖跟著她走出狼窩、走下山路。她朝小狼吼叫，衝向牠們，嚇得牠們魂飛魄散、奔跑著滾回窩裡。牠們的母親知道牠們還不曉得如何去衡量其他動物，不曉得誰是猛獸、誰又不是，但是她會及時用嚴厲而且正確的方式教導牠們。

像小狼一樣，女人也需要類似的啟蒙教育，好讓她們瞭解內心世界和外在世界並非總是逍遙愉快的地方。關於獵獸的問題，許多女人甚至不備有母狼教給小狼的基本知識，例如：如果牠具有威脅性又比妳大，妳就要趕快逃；如果牠比較弱小，妳就要決定自己想做什麼；如果牠有病，妳就不要管牠；如果牠有刺羽、毒性、獠牙或鋒利的爪子，妳就要往後退並往相反方向跑；如果牠的氣味很香、可是包裹在捕獸鋏上，妳就要從牠旁邊走過，不要停留。

故事中的小妹不僅對自己的心理過程天真無知，對於她心靈中嗜殺的那一面向更是全然無覺，而且又被自我的歡愉所引誘。這有何不可呢？我們都希望所有事情美妙無比。每個女人都希望坐在裝飾著鈴鐺的馬匹上，騎乘牠穿過無邊的綠色感官森林。所有人類都希望早早在這個地球上找到天堂。問題卻出在：自我冀求歡愉，但是如果對天堂的渴望混雜了天真，我們就不可能得到滿足，反而會成為猛獸吞噬的對象。

事實上，同意嫁給大怪物這種事情在女孩非常年輕的時候就決定了，而且經常就在五歲之前。她們被教導不要去看、反而要去「美化」各式各樣的古怪之事，無論它們可愛與否。這種教育使得最年幼的妹妹說：「嗯，他的鬍子並不真的那麼藍。」早年那「做個乖女孩」的訓練使得女人違逆自己的直覺。就這點而言，她們事實上是被人故意誤導去屈服於獵獸。你能想像在面對凶猛的雪貂或狡猾的鑽紋響尾蛇時，一頭母狼會教她的小狼要「乖」嗎？

在故事中，甚至連母親都是共謀者。她也參加了遠足，「一起去騎馬」。她沒有用隻字片語去警告任何一個女兒。我們可以說這位生母或心靈之母睡著了，或者她本身就很天真無知。我們常常在非常年輕的女孩或失去母親養育的女人身上看到這種情形。

有趣的是，故事中的姊姊們表達了某種知覺。雖然藍鬍子才用了非常浪漫、如天堂般幸福的方式款待她們，她們卻說不喜歡他。這個故事的一個涵義是：這些姊姊們代表了某些稍微更具洞察力的心靈面向；對於浪漫以待獵獸這件事情，她們的「知覺」提出了警告。接受過啟蒙的女人會傾聽心靈中姊姊們的聲音；她們要她避開危險。沒被啟蒙過的女人一點也不在意，依然一副天真無知的樣子。

舉例來說，一個天真的女人總是在擇偶時犯錯。在她心靈某處知道這種模式是沒有好結果的，她必須停止並去追隨另一個不同的價值。她也常常知道該如何去做，但是有一個強大的力量、一個藍鬍子式的催眠術支使她沿用那毀滅性的模式。在多數情況下，女人總覺得只要自己再堅持一下舊的模式，她一直尋覓的天堂幸福很可能就會在下一個心跳之際出現。

另一個極端是：一個耽溺在藥癮的女人絕對聽得見內心深處有一群姊姊們在說：「不！不可以！這對心智不好、對身體也不好，我們不願意再這麼做。」但是尋覓天堂的渴望卻牽引著這個女人去嫁給了藍鬍子——靈魂亢奮藥的毒販。

無論女人處在什麼樣的兩難之中，她靈魂中的姊姊們繼續敦促著她要覺醒過來、要做明智的選擇。她們代表內心深處低語著真理的聲音，而女人卻極力迴避這些真理，只因為它們會中斷她的天堂夢。

因此致命的婚姻發生了，讓甜蜜的天真與卑劣的黑暗結合在一起。藍鬍子離家去旅行的時候，年輕的女人並不瞭解：即使她除了一件事以外可以做任何事情，她事實上並不因此活得更豐富，反而更貧乏。許多女人的生活就是活生生的〈藍鬍子〉故事。她們在對獵獸還懵懂無知的年齡結婚，選擇了一個毀掉她們生命的男人。她們打定主意要用愛情去「治癒」那個人。在某一方面，她們玩著「家家酒」的遊戲。可以說，她們也曾花了許多時間告訴自己：「他的鬍子並非真的那麼藍。」

一個如此被擄獲的女人最後會發現：她為自己和孩子所企求的正常生活根本就不可能發生。我們也可以相信，她最後會打開那扇門而通向那間讓她生命全毀的房間。女人現實生活中的配偶也許詆毀、拆卸了她的生命，但是她自己靈魂中的內在天敵也點頭同意了這件事。只要女人被迫去相信自己是無能為力的，而且／或者被調教到無法用意識去記取她所知的真理，那麼女性的本能和心靈的天賦就會不斷地被抹煞掉。

當年輕的心靈嫁給了天敵，她原本應該綻放的一段生命就被俘虜監禁了起來。在無法自由生活的情況下，她開始過一場虛謊的生命。天敵謊言承諾女人可以在某方面成為一個女士，而事實上他正在計畫殺害她。脫逃之路是有的，但是鑰匙必須先握在手。

知覺之鑰：嗅聞的重要性

啊，這支小鑰匙！它讓所有女人進入到她們知且不知的祕密中！這支鑰匙意謂著認識靈魂最深處、最黑暗之祕密的通行證。在這個故事裡，這祕密就是指那貶抑和摧毀女性潛能的某種無情東西。

藍鬍子繼續進行他的毀滅計畫；他說：「做妳想做的任何事情。」他用這種方式命訓他的妻子出賣靈魂，激使女人去感覺一種虛幻的自由。他暗示至少在他的領域界限內，她可以自由自在地充實自己，去享受田園風光。但事實上她沒有自由，因為她被禁止不得去記取那關乎獵獸的可怕知識——即使她在靈魂深處早已對問題瞭然於心。

天真的女人默許自己「無所知」。容易受騙或本能受傷的女人就像花朵一樣，總是朝著陽光所在的方向。因此天真或受傷的女人太容易被安逸、婉言好語及種種歡愉的承諾所誘惑。這些承諾也許是家人或同輩眼中崇高的地位，也許是更多的安全感、永恆的愛情、多采多姿的冒險、或者熱力洋溢的性生活。

藍鬍子不准年輕女人去使用那支可以把她帶至充分意識的鑰匙。不准女人使用開啟本我知覺的鑰匙，這就如同剝奪她的直覺天性，讓她失去天然好奇本能而無法在顯而易見之外發現

「潛在之物」。沒有這種知覺，女人就欠缺適當的保護。如果她試圖遵守藍鬍子的命令、不使用那支鑰匙，她就替自己的心靈選擇了死亡；如果選擇去開啟通往恐怖祕室的那扇門，她就選擇了生命。

在故事中，她的姊姊們來訪。她們「充滿好奇心，就像所有的人一樣」。妻子快活地告訴她們：「除了一件事之外，我們可以做任何事情。」姊姊們決定玩一場找出小鑰匙配哪扇門的遊戲；她們再一次顯示了正確的知覺本能。

在詮釋與藍鬍子故事相似的故事橋段時，包括佛洛伊德和貝特漢（Bettelheim）在內的某些心理學大師都會認為它們意指女性因性好奇而遭到心理懲罰（註四）。在草創時期，古典心理學對女人的好奇心予以非常負面的評價，卻稱擁有同樣特質的男人為探索者。女人被稱為多管閒事，男人則被稱為有求知慾。事實上，藐視女人的好奇心、視之不過是惹人厭的窺探，此舉就等於否認女人的洞視力和直覺力，亦否定了她所有的官能知覺。它試圖攻擊她最根本的力量：明辨和決心的力量。

因此，由於那些還沒開啟過禁門的女人常常會直奔藍鬍子的懷抱，我們可以說：姊姊們是

註四　見布魯諾・貝特漢（Bruno Bettelheim）所著《魔法的使用：童話故事的意義和重要性》（*Uses of Enchantment: Meaning and Importance of Fairytales*, New York: Knopf, 1976）。

在純屬偶然的情況下保有了恰當的天然本能，讓她們具備天然的好奇心。她們是每個女人靈魂中的幻影女性，在女人的心靈背後拉扯輕碰，希望她能改換心思以重新知道什麼是重要的事情。找到那扇小門是重要的。違抗天敵的命令是重要的。查出這房間有什麼特別之處也是重要的。

幾世紀以來，門是用石頭和木頭做成的。某些文化認為石頭和木頭的靈氣會留在門上，因此這靈氣會被請來做房間的守護神。很久以前，墳墓的門要比家門多，而且門的意象本身就會讓我們覺得某種靈質之物位居門內，而這個位居在內的某物是必須被圈範起來的。

故事中的門被描述成心靈內中一個阻障、某個駐守祕密的衛兵。這個衛兵讓我們再次想到：天敵素以魔法師見稱，是某種似用魔法將我們扭轉糾結起來的心靈力量，使我們無從獲知我們已知之事。而在讓自己或彼此不敢深思或潛沉的時候，女人們更是強化了這道障礙：「小心，妳得到的可能不是妳打算得到的東西。」要破除這個障礙，適當的抗衡法術必須要派上用場，而那支鑰匙正是這法術的象徵。

無論是在童話故事、心理分析還是個體化（individuation）過程中，生命轉變的核心在於提出適當的問題。關鍵問題的提出可以讓知覺意識萌芽，而對於隱於背後之事的某種基本好奇心總是可以導致正確問題的形成。可以讓靈魂祕門旋轉而開的鑰匙就是提出問題。

姊姊們雖然不知道門後藏著的是寶物或是嘲謔，但她們喚起可貴的直覺去問那唯一正確的心靈問題：「妳認為那扇門在哪裡？它背後會藏著什麼東西？」

只有在此刻，天真的性情才開始成熟、開始問道：「背後不可見的那東西是什麼？是什麼東西讓那陰影籠罩在牆壁上？」年輕天真的性情開始瞭解：如果有個暗藏之物、有個陰影、有個被禁之事，它一定需要被檢視一番。那些願開發本我知覺的人會去追查躲在顯然易見之事背後的一切，包括：看不見的鳥語、昏暗的窗戶、悲泣的門、窗檻下的一抹光。她們追查這些神祕之事，直到真相大白。

我們將會發現，女人要能夠承受所見的真相，她才能回到深沉的本質那裡；她的思想、情感和行動都將在那裡找到助力。

野獸新郎

因此，雖然年輕的女人試著遵照天敵的命令、願意不去探究地窖中的祕密，她也不過只屈從了一下子而已，最後還是把鑰匙、把問題插入門上，而因此在自己深層生命的某處發現了慘不忍睹的殘殺事件。那支鑰匙——代表她生命的一個小小符號——突然間血流不止，不住地宣示有事情不對勁。一個女人或可試著不去面對她殘破的生命，但是流血、生命能量的喪失將會持續不停，直到她認清天敵的真面目並去圈範它為止。

當女人打開生命的諸扇門去檢視偏密處的殘殺事件時，她們最常看見的是：她們竟然容許自己最重要的夢想、目標和希望被草率地扼殺掉。她們看見了那些曾經優雅而充滿可能性的思想、感情和想望如今卻了無生氣，被汲乾了血。無論這些希望和夢想是否關乎愛情、實現、成功還是藝術作品，靈魂內這番慘不忍睹的發現讓我們確定了一件事情：那個經常在夢中以野獸新郎意象出現的天敵早就有計謀地把一個女人最珍貴的想望、關注和企圖都摧毀掉了。

野獸新郎在童話故事裡是一個常見的主題，被視為代表著某種披著善良外表的邪惡事物。他或與他類似的角色總是在女人對某事或某人抱著天真想法時現身。當一個女人試圖逃避她自己殘破生命的事實時，她夜間所夢很可能會大喊著警告和勸誡她：醒過來！尋找幫助！逃走！殺掉對方！

多年以來，我看到許多女人的夢境都以這樣一個野獸新郎、或這樣一種「事情並非如外表那般美好」的氛圍為其特色。有一個女人夢見一個美麗而迷人的男子，然而當她往下望時，有一圈殘酷的鐵絲網卻從他的袖子處展開來。另一個女人夢見自己幫忙一個老人過街，但是老人突然現出邪惡的笑容，然後「熔化」在她的手臂上，深深地灼傷了她。還有一個女人夢見自己跟一個不知名的朋友一起用餐，對方的叉子卻飛過桌子，對她造成致命的傷害。

這種看不清、不瞭解、察覺不到自己內心所欲與外在所為不相諧調的情形，可說就是野獸新郎留下來的形跡。這個存在於靈魂中的因子可以用來解釋為什麼那些說自己希望擁有愛情的女人卻用盡力氣去破壞既有的溫馨愛情。這也是為什麼那些為自己設定目標要在某時間之前抵達這裡、那裡或任何地方的女人卻連旅途的第一步都邁不出去，要不然就是在初遭困難時就放棄了。這也可以解釋何以會有那一切導致自憎的拖延行為、那一切被壓抑而化膿的羞愧情緒、那一切苦苦渴望的重新開始、那一切未完成的過期目標。在天敵出沒和行動的任何地方，一切事情都遭遇脫軌、粉碎和斬首的結局。

野獸新郎在童話故事中是一個無所不在的意象。故事一般如下。一個陌生男人向一個願意嫁給他的女人求愛，但是在婚禮之前，她到森林中散步而迷了路。在黑夜降臨時，她爬上一棵樹，以免被猛獸傷害。當她在黑夜中等待時，她的未婚夫肩上掛著一把鏟子來到這裡。他身上有某種形狀使他看起來不像是真正的人類。有時他畸形的腳、手、臂或頭髮讓他顯得確實突兀、無所遁形。

他開始在她所坐的樹下挖掘一座墳墓，一面唱歌，一面喃喃自語著說要怎樣殺掉他最新的未婚妻並把她埋在墳墓裡。這嚇壞的女孩整晚躲藏著。早上當她的未婚夫離去之後，她飛奔回家，向她的兄弟和父親揭發他。這群男人襲擊這個野獸新郎，把他殺了。

這故事把女人心靈內的原型經驗非常生動地表達了出來。這個女人有足夠的知覺力；雖然她最初答應嫁給心靈的天敵，雖然她也有一段時間在心靈中迷了路，她最終還是走了出來，只因為她能看到完全的真相，能把真相納入意識中，並採取行動解決問題。

啊，接著就有更加困難的下一步，那就是：要能承受自己所看見的一切、自己所有的殘破和死沉之處。

血的氣味

在故事中，姊姊們把那間殺戮之室的門用力關上，而年輕的妻子盯著鑰匙上的血。在她心裡冒出了一個嗚咽的聲音。「我必須刷掉這血跡，要不然他會知道的。」

此時天真的自我知道在心靈內有一個放肆的殺傷力，而刀上的血是許多女人的血。如果這血只不過是因為犧牲了自己輕佻的幻想而產生的，鑰匙上應該只有淺淺一痕的血。但是問題比這嚴重多了，因為這血所代表的意義是：個人創造力最深和最貼近靈魂的面向已經遭到了嚴重的斫傷。

女人就在這種狀況中失去了她的創造能量——不管她是用這能量來解決日常生活中學校、家庭和朋友的種種問題，還是用它來關注廣大世界的重要議題或自己的心靈議題（如她的個人成長與藝能等）。失去這種創造能量，她不僅只是推遲而無作為；這狀況會一星期又一星期、一個月又一個月地延續下去。女人似乎完全被打倒在地；也許她仍充滿了創意，但卻貧血無力，愈來愈無能實現這些創意。

故事中的血不是經血，而是來自靈魂動脈的血。它不僅沾染了鑰匙，也流布在整個人的外表形象上。她所穿的衣服和衣櫥裡的所有袍子都被沾染了。在原型心理學中，衣服可以代表人的外表所是，也就是一個人戴上以面對世界的面具。它隱匿了許多事情。運用恰當的墊肩和偽飾，男人和女人都能展現出近乎完美的形象、外觀。

當哭泣的鑰匙——哭喊不已的問題——沾染了我們的外表形象，我們就再也瞞不住自己的痛苦。我們可以說自己喜歡說的事、擺出最快樂的外表，但是一旦看見那殺戮之室中可怖的真相，我們就再也無法假裝它不存在。而看見真相會使我們流失更多的能量而感到痛苦難堪，就像動脈被割斷一樣。我們必須立刻設法改變這可怕的狀態。

因此，故事中的鑰匙同時也是一個容器；它裝的是記憶之血——記憶著我們曾經見到而如今知道之事。對女人來說，鑰匙總是象徵著前往奧祕或知識的通行權。在其他童話故事裡，這支具有象徵意義的鑰匙常被「芝麻開門」這樣的文字來取代：阿里巴巴向一座崎嶇的山大喊這些字之後，整座山便轟然裂開，讓他通過。迪士尼影城則提供了一個更迷人的故事：灰姑娘的神仙教母縱聲笑喊著：「必必地，波必地，咘！」南瓜就此變成了馬車，老鼠們也變成了車伕。

在希臘伊盧西斯（Eleusinian）神話裡，鑰匙是藏在舌頭上的。這表示事情的真諦、線索、跡兆皆可以在特殊的一串字裡及關鍵的提問中被找到。身處在類似〈藍鬍子〉故事情境中的女人最需要的字句是：背後站著什麼東西？跟外表不符的東西是什麼？我在子宮深處所知之事有什麼是我不願知道的？我有哪一部分已經被殺害了或正在垂死之中？

這些問題全是鑰匙。如果一個女人過著半死的生活，這些問題很有可能滿布著血跡出現在眼前。由於它部分的工作就在於阻止知覺意識的產生，靈魂中的殺戮因子會一而再、再而三地堅固自己的地位，盡力扭斷或毒害任何新的成長。這是它的本質和工作。

因此，從積極面來看，唯有鑰匙不斷流血，靈魂才有可能堅守住它曾經見到的真相。喏，我們生命中所有負面和痛苦的經驗都自然會遭到查禁，而從事查禁工作的自我最想要忘掉它曾經見過的那個房間、或它曾經見過的成堆屍首。這就是為什麼藍鬍子的妻子試圖用馬鬃去刷鑰匙。她用了她所知可用來治療女人撕裂傷的一切民俗藥方：蜘蛛網、泥灰、火、所有命運三女神用來編織生死的東西。但是她不僅無法讓鑰匙變得麻木，也無法假裝若無其事而終結整件事情。她無法讓小鑰匙停止泣血。弔詭的是，就在她的舊生命垂死之際、即便最好的藥方都無法掩飾此一事實的時候，她才開始覺察到自己的失血狀況而因此有機會活轉過來。

一向天真的女人必須面對發生過的事情。藍鬍子殺害他所有「好奇」的妻子；他所殺害的就是創造力豐富的女性本質——那可以讓嶄新而有趣的生命以風情萬種之姿展現出來的潛在能力。天敵尤其在伏襲女人野性本質時最具攻擊力。最起碼它會試著嘲弄；最惡毒的時候，它甚至試著切斷女人與自身的洞視力、靈感、實踐力等等之間的聯繫。

我曾經輔導過一個既聰明又有天賦的女人。她談及住在中西部的祖母。在她祖母心目中，搭火車到芝加哥、戴上一頂大帽子，然後舉止優雅地走在密西根大道上觀賞所有櫥窗，這是最讓她感到快樂的事情。然而，由於命運的捉弄，她嫁給了一個農夫。他們搬到小麥產區的中心地帶，她就此開始在那個優雅的小農屋裡過著日漸老朽的生活。房子的大小適中，所有兒女也恰恰好，丈夫也恰是個好丈夫。她再也沒有時間去享受她曾經有過的「輕佻」生活；「孩子」太多了，「主婦的工作」也太多了。

許多年以後，有一天，刷洗了廚房和起居室的地板後，她套上自己最漂亮的絲罩衫，扣上長裙的釦子，戴上她的大帽子，舉起丈夫的獵槍抵住自己的上顎，扣動了扳機。每一個活著的女人都知道為什麼她要先刷洗地板。

一個挨餓的靈魂會充滿如此多的痛苦，以至於女人再也無法擔待下去。由於女人的靈魂需要用合乎自己靈魂的方式去表達本我，她們必須用自己看來合理的方法去成長和綻放，不能受到他人的干擾。在這層意義上，帶血的鑰匙也可說代表一個女人的女性親脈，亦即在她之前活著的那些女人。我們當中有誰不認得至少一個女性至親失去了為自己做最佳選擇的本能並被迫過著邊緣人或更糟的生活？或許，妳自己就是這個女人。

最少被人討論的個體化問題之一是：當一個人盡其所能把光明照耀在心靈黑暗處的時候，光明闕如的陰影會更形黑暗。因此，當我們照亮心靈的某部分時，所產生的更深黑暗會有所抗爭。黑暗是無法被視而不見的，而那支鑰匙、那些問題亦是不能被隱藏或遺忘的。它們必須被提起問及；它們必須得到答覆。

最深入的工作通常也最黑暗。一個愈有智慧的勇敢女人會去開發最貧瘠的心靈之土，因為：如果她只在心靈最肥沃的土地上建造房子，她擁有的視野將不會讓她見到自己的真相。因此，不要怕去察看最糟的事情；我們必會藉由新的見識和機會來增長靈魂的能力，讓靈魂得以重新檢視一個人的生命和本我。

野性女人就在這種心靈土地的開發工作上大放異彩。她不畏最深的黑暗；事實上，她能見於黑暗之中。她不害怕廢棄物、垃圾、腐爛、惡臭、血跡、冰冷的骨頭、垂死的女孩或充滿殺氣的丈夫們。她能看見、她能接受、她能幫忙。這正是〈藍鬍子〉故事中最年輕的妹妹所要學習的事情。

從最正面的意義來說，房間內的屍骨代表了難以摧毀的女性力量。在原型意義上，骨頭代表無法被摧毀的事物。跟骨頭有關的故事基本上都論及心靈中某種難以毀滅的東西。被我們擁有而難以摧毀者，唯我們的靈魂而已。

當我們談到女性本質時，我們真正所談的是女人的靈魂。當我們談到散落在地窖中的屍體時，我們說的是發生了問題的靈魂能量。但是，雖然它外在的活力被奪走了、雖然基本上它的生命已被擰乾了，但它並沒有完全遭毀；它仍可以復活。

靈魂藉著年輕女人和她的姊姊們得以復活。她們最終得以打破舊的無知模式，敢於直視恐怖、沒有移開眼睛。她們能夠看見並能承受所看到的事情。

在此，我們回到狼女的所在、那位原型撿骸女人的山洞中。在這裡我們看到曾經完整之女人剩下的殘骸。然而，不同於原型狼女故事中的生死循環——她接取將死的生命、孵育它、再將它投入世界——藍鬍子只有殺害並將女人支解為一堆白骨，並沒有留給她美貌、愛情和本我，因此也就沒有留給她自行採取行動的能力。要修正這一狀況，身為女人的我們必須面對那已經控制了我們的嗜殺之物，去注視它的惡行所造成的後果並用心記住它，把它置於意識之中，然後為自己、而非為它採取行動。

地窖、地牢、山洞這些象徵符號是彼此相關的。在古時候，它們是入門儀式舉行的地點，是女人必須下達或經過的地方，讓她可以潛到被害者之所在、破除禁忌以尋找真相、並利用機智和（或）歷盡千辛萬苦去放逐、轉化或根除心靈殺手，以求最終得勝。〈藍鬍子〉故事用清楚的指令把工作展現在我們眼前：尋找屍體、追隨本能、注視所見之事、喚起靈魂的鬥力、拆解毀滅性的能量。

如果一個女人不去察看她自己死亡被害的諸般問題，她無異讓自己繼續聽從天敵的命令。一旦她開啟靈魂中的那個房間而看到自己的死亡和遇害，她才能知道自己的女性本質和直覺心靈無一處不遭到荼害且在富足的外表下經歷緩慢的死亡。一旦她看見這一點，一旦她記取自己被俘的事實及靈魂生命陷危的實情，她才有可能用更強有力的方式穩住自己的立場。

原路循回和迴繞

「原路循回」和「迴繞」是用來描述動物在逃亡時潛入地下而後從掠獵者身後冒出的詞語。這是藍鬍子的妻子為了重建自我生命的主權而採用的靈魂策略。

藍鬍子發現他妻子做出他視為欺騙的事情時，他抓住她的頭髮並把她拖下樓梯。「現在輪到妳了！」他咆哮著。潛意識中謀命的因子浮了上來，恐嚇著要毀掉有意識知覺的女人。

心理分析、夢之解析、自我認識、探索等，這一切之所以被採用，是因為它們都是「原路循回」和「迴繞」的方式。它們都是潛到底下、從問題背後出現、換一個角度察看問題的方法。如果不能看見、不能真正看見，一個人對於自我或靈魂之我曾經擁有過的瞭解便會溜失不見。

在藍鬍子的故事裡，心靈開始想要避開被殺害的命運。它不再天真，而是變得狡猾；它懇求多爭取一些時間讓自己鎮靜下來——換句話說，多取得一些時間讓自己武裝起來，以應對最後一戰。在現實生活裡，我們也發現有女人計畫著自己的逃亡，想要逃離舊有的自毀模式、情人或者某份工作。在她還沒有改變外在情況之前，她會用推遲爭取時間、等候時機、計畫自己的策略並喚起內心的力量。有時，正因為獵獸的威脅如此巨大，一個女人不得不從一個乖順的小親親變成兩眼充滿戒備的蒙面客。

反諷的是，心靈的兩個面向——獵獸和年輕的潛能——同時到達它們的沸點。一旦女人瞭解到自己無論在現實世界或內心世界向來都是個被獵者，她的忍耐便幾乎到達極限。這個真相幾乎連根拔起她的核心本我，於是她必須計畫除掉那個獵獸勢力。

同時，那團獵獸式的情結也因為她撬開了那扇禁門而怒氣沖沖、忙著巡守、想要阻斷她所有的逃亡路徑。這個毀滅力量變得只想取人性命，一勁喊說女人違背了最神聖的事情而必須以死付出代價。

當女人心靈中的敵對雙方達到爆發點的時候，女人會感到出乎尋常地疲倦，因為她的原欲（libido）正被拖往兩個相反的方向。但是，無論是什麼樣的悲慘掙扎讓女人筋疲力盡，即使她的靈魂已到了餓死邊緣，她仍必須籌畫自己的逃亡。無論如何，女人必須強迫自己向前走。處在這個關鍵時刻就像一天一夜困於零下溫度的天氣中；要想存活就不能屈服於疲憊。如果現在睡著了，死亡就成為必然。

當女人進入自己應有的本能知覺而認出並趕走獵獸時，更深奧的啟蒙便在此時發生了。在這個時刻，被囚的女人從被害者轉變成一個精明、眼睛充滿計謀、耳朵敏銳的人。在這個時刻，宛如超人一般的毅力會設法去驅使疲憊不堪的心靈完成最後一步工作。儘管獵獸嚴禁意識知覺的產生，關鍵問題仍繼續發揮開啟的功用，而鑰匙繼續流出智慧的血。獵獸在狂怒中發出的訊息是：「妳要為意識知覺而死！」她的反應則是讓牠誤信她願意為牠所害，但她卻同時計畫著對方的死亡。

在動物世界裡，掠獵者和被獵者之間據說存在著某種神祕的心靈之舞。據說，如果被獵者投出一種卑屈的視線接觸，而且某種顫抖在牠肌膚上造成微微的波動，牠就等於承認了自己在掠獵者面前的軟弱而同意成為受害者。

有時必須顫抖和逃亡，但有時卻不必如此。在危急時刻，女人必定不可顫抖，亦不可卑躬屈膝。藍鬍子年輕的妻子請求給她時間鎮靜下來，這並不表示她屈從了獵獸。這是她用來整頓自己的能量、使之成為氣力的精明手段。就像森林中某些動物一樣，她穩住自己以便對獵獸發出全力的一擊。她為了逃開獵獸而潛到地面下，然後出其不意地從牠身後冒出來。

大聲叫喊

當藍鬍子對著妻子咆哮、而她拖延以爭取寶貴時間之時，她試著喚起能量來壓倒獵獸——無論這獵獸是毀滅性的宗教、丈夫、家庭、文化、各種負面情結等其中的一項，還是這種種合併而成的綜合體。

藍鬍子的妻子為保住自己的性命，巧妙地向他懇求：「請你容許我為自己的死亡準備一下。」她低聲下氣地說。

「好，妳快點！」他大聲咆哮著。

年輕的妻子把她心靈內的兄弟召喚過來。在女性心靈中，這些兄弟代表什麼？他們是更孔武有力、天生就更具有攻擊性的心靈推動力。他們代表女人內在的一股力量，能夠採取行動去適時殺掉諸般惡性衝動。雖然這個特質在這裡被描繪為男性，它也可以用任一性別、甚至不分性別的意象描繪出來，例如那座向入侵者猛然闔上的大山以及為了把劫掠者燒成一縷脆絲而剎那下沉的太陽。

妻子奔上樓梯到她的房間，把她的姊姊們安置在各堡壘上。她向姊姊們喊：「妳們看見了我們的兄弟嗎？」她的姊姊們向下喊說還沒看見。就在藍鬍子大吼要妻子到地窖去被他砍頭的時候，她又叫喊：「我們的兄弟趕來了嗎？」她的姊姊們向下喊說在遠方好像看見一個小旋風或一陣大旋風。

我們在這裡看見一個女人的心靈內在力量湧起時的全般場景。她的姊姊們——較為聰明者——在啟蒙過程最後這一步時就站在舞台中心位置上，成為她的眼睛。女人的叫喊橫越了心靈內陸的長遠路程而抵達她兄弟居住的地方，到達心靈中善戰以求生、但必要時可以殊死一戰的那些層面。但是，心靈的防衛層面在最初並非如預期地那樣接近知覺意識。許多女人的靈敏矯健和驍勇善戰並非那麼鄰近知覺意識而致無法馬上發揮效用。

女人必須練習去喚醒或召喚她愛好爭論的本性，也就是她旋風般或沙塵魔怪一樣的特質。旋風這個象徵符號代表決心的中心力量；當其專注而非分散時，它可以給予女人無比的能量。這個較為猛烈的態勢準備好的時候，她就不會失去知覺或跟其他人一樣被埋葬起來。她將能一勞永逸地解決內心世界裡的女性謀殺案，讓她失去的欲力和生命熱情得以恢復。雖然鑰匙般的關鍵問題可以為她的獲釋提供開啟和鬆綁的功能，但是若沒有姊姊們的眼睛和兄弟們揮舞刀劍的力氣，她是不可能完全成功的。

藍鬍子叫喊並尋找著他的妻子，重步爬上石階。他的妻子向姊姊們哭喊：「現在妳們看見他們了嗎？」姊姊們向下喊著：「看到了！現在我們看見他們了，他們幾乎已經到這裡了！」她的兄弟們從大廳疾馳而入，攻入她的房間並把藍鬍子趕到防護矮牆那裡，在那裡用劍殺了他，把他的屍體留給吃腐肉的動物。

當女人離開天真而重見天日時，她們會把某一樣從來不曾被探索過的東西吸引到自己身上來。在這故事裡，這個現在變得比較聰明的女人吸引了內心的陽剛能量來助自己一臂之力。在榮格心理學中，這個元素被稱為阿尼姆斯（animus），是女人靈魂內裡受制於肉體生命、本能和文化的一個因子。在童話故事和夢境符號裡，它會以兒子、丈夫、陌生人和（或）情人的角色出現。而依照女人當時的心靈情況，這情人有可能會充滿威脅性。這個心靈元素特別具有價值，因為它帶有傳統上非屬女性的特質，而攻擊性就是其中比較常見的一種。

當這個陽性本質是健康元素的時候——就如藍鬍子故事中的兄弟們所象徵的——它會愛它所寄棲的那個女人。它是靈魂的內能，可以幫助她去完成她開口求助的任何事情。女人也許擁有不同的天賦，而它擁有靈魂肌力（psychic muscle）。它會協助她去爭取知覺意識。對許多女人而言，這個異性的面向是內心思想和外在感覺這兩個世界的橋樑。

阿尼姆斯愈是強壯、愈是堅固而廣大（且把阿尼姆斯想像成一座橋樑），女人愈能夠在現實世界裡用具體的方法把自己的創意和創造力以更能幹、更輕鬆、更有格調的形式表現出來。一個阿尼姆斯發展不健全的女人也有很多創意和思想，但是她無力在實際世界裡把它們表達出來。她總是無法完善地組織和實現自己非常美好的意念。

故事中的兄弟們代表了力量和行動這樣的恩賜。有了他們，許多事情終得發生：其一，女人心靈天敵巨大而致殘的能力終於遭到抵銷；其二，藍莓色眼睛的少女被眼睛清醒的少女所取代；其三，只要她大聲呼喚，她的身邊就會各站上一個勇士。

食罪者

〈藍鬍子〉是一個道道地地有關斷絕和重合的「切割」故事。在故事的最後階段，藍鬍子的屍體被留下來讓鸕鷥、猛禽、紅頭鷲這些食肉者叼走。這是一個很奇特而神祕的結局。在古代，有些生靈被稱為食罪者；它們以鬼魅、鳥類、野獸或人類的形式現身，如同代罪羔羊一樣去承擔眾罪，亦即群體的心靈垃圾，好讓眾人獲得洗滌和救贖而擺脫困頓或不快樂的生命。

之前我們已瞭解野性本質如何在屍體尋覓者的身上上具現出來；是她撫骸歌唱而讓死者復生的。這個「生而死而生」的本質是女人本能天性最核心的特色。同樣地，北歐神話中的食罪者也是吞食死者的腐食動物：牠們在腹中孵育死者，再將之帶往掌管生與死的亥爾女神（Hel）那裡，由她指引死者如何活回到過去。死者會愈變愈年輕，直到他們準備好重新誕生、重新被釋回到生命之中。

吞食罪與罪人、孵化他們、把他們釋回到生命之中，這是讓心靈最底層面向得以個體化的重要條件。從這個意義來說，心靈天敵的能量必須被抽取出來，被殺死、汲乾，然後回歸到那位充滿同情心的「生而死而生」母親那裡去接受改變和重新降生，讓這個新生命不再充滿紛爭。

許多學者認為藍鬍子代表了一股無可救贖的勢力。〔註五〕但是我察覺到心靈的這一面向別有深層意義——倒不是說它會從一個集體屠殺犯轉變成好好先生奇普（Mr. Chips），而是說它更像一個應該被送入精神療養院的人，但這地方必須要有樹木、天空、適當的照護、甚或慰藉身心的音樂，而非被逐到心靈某個陰暗的病房中，在那裡備受折磨和辱罵。

另一方面，我並不是說這世上沒有顯然而無可救贖的邪惡；它也是存在的。但是，世世代代，人們都神奇地知覺到：人所做的任何個體化功課都能改變人類集體無意識中的黑暗，也就是獵獸所在之處。榮格有一次說到，當人類變得更有知覺意識的同時，上帝也變得更有知覺意識。〔註六〕他的理論是：人類如果能把個人的心魔趕到光天化日之下，他們就能讓上帝黑暗的那一面被光明擊中。

我並不自以為知道這樣的事情是怎麼發生的，但是照著原型模式而言，那大概會是如下的方式：如果不去辱罵靈魂的天敵、不從它的身旁逃離，我們反而有能力去肢解它。我們之所以能做到這件事情，最主要是因為我們不容許自己用紛爭的思想去思索靈魂生命和自我價值。在有害的思想增長到具有傷害力之前，我們就得捉拿並且拆解它們。

要肢解心靈天敵，我們就必須用自己的慈言善語來反擊它的惡言惡語。天敵說：「你向來做事就是有始無終。」你自己說：「我完成了很多事情。」我們認真面對天敵所言不假之處而不去理睬它所說的其他，這樣我們就能解除它的種種攻擊。

註五　例如瑪麗・路薏絲・馮・法蘭茲（M. L. von Franz）就說藍鬍子「只是一個謀殺犯而已……」見其《童話故事的詮釋》（*Interpretation of Fairytales*, Dallas: Spring Publication, 1970, p. 125）。

註六　在我看來，榮格當時的想法是：造物主和被造者雙方都在進化之中，而其中一方的意識會影響另一方。個人可以影響原型背後的力量——這種想法實在值得我們深思。

堅持直覺和本能、堅拒天敵的誤導，我們就能肢解天敵。要是我們去列數這一生中所有的失落，一邊想起過去種種失望的事情和自己無能對付痛苦的情形，而同時回憶起滿腦子盡想在糕點上塗糖霜和在裙衣上裝飾花邊的那些時日，我們就會知道這一切正是心靈最軟弱的所在。天敵向這些充滿渴望卻卑微的角落發動溫情攻勢，而它只想遮掩它唯一的企圖，就是要拖你到地窖裡去吸乾你的生命能量，然後輸血給它自己。

在〈藍鬍子〉故事的結尾，他的大骨和軟骨被留給了紅頭鷲。這讓我們深刻看見獵獸的轉化。那是女人在藍鬍子式的心靈旅程中所做的最後一件工作：容許「生而死而生」的本質去肢解獵獸並帶走它，讓它能被孵化、轉變、重新釋回到生命之中。

當我們不去討好天敵，它的力氣就會被削弱，並失去行動力。基本上我們把它驅逐到一切都尚未成形的靈魂下層，讓它在靈湯裡冒著泡泡，直到我們為它找到一個形狀、一個可以容納它的更好形狀。當天敵的心靈能量被轉換了，它就可以依照某種不同的目的被形塑出來。此時，我們就是創造者；被損毀的原始物質這時成為我們創造用的原料。

女人發現：當她們擊敗天敵、拿起尚可利用之物、丟掉其餘的，此時她們充滿了專注、活力和幹勁。她們從天敵那裡取回了遭竊之物：活力和真實。把天敵的能量移轉成有用之事，這代表我們可以移轉天敵的怒氣為靈魂之火，用來完成世上一件大事。我們可以藉用天敵的狡猾去遠遠觀察及瞭解事情。我們可以藉天敵嗜殺的天性去除掉女人生命中理當死去的東西或她現實生活中必須棄絕的事情——這些事情會隨著時間不同而有所不同，但通常她會明確知道它們是什麼樣的事情。

轉化藍鬍子的屍塊就如同慎用毒莨菪或毒顛茄的藥性成分以達治療的效益。因此，天敵留下的骨灰確實會復活過來，但它會變得較小、較容易被辨識、且較不具有欺騙和毀滅的力量，只因為你已經轉化了它用毀滅力營造起來的許多能力並且已把這些能力導向有利而適宜的事情上。

對於年輕女性——不一定指年齡，也可能指她們心智的某一部分——我認為有些故事深具教誨意義，而〈藍鬍子〉故事正是其中之一。它是一則關於天真的故事，但同時也告訴女人要如何力抗「不准看」的訓命。它告訴女人如何在最終時刻去打倒並轉化心靈天敵。

我相信這則故事的用意是要女人重新啟動內心生命。做為一劑藥方，〈藍鬍子〉故事尤其適用在受驚嚇、被劈裂、被逼至死角的女人內心生命上。故事中的解決之道化減了恐懼，適時引出了激勵心臟的腎上腺素，並且在空無一物的牆上挖出了幾扇門。這對於被俘的天真自我最為重要。

或許最為根本的，〈藍鬍子〉故事讓靈魂的鑰匙被舉起、被意識到，也就是讓人有能力就自我、家人、個人的努力及周遭生活提出任何及所有疑問。然後，就像用鼻子四處嗅聞探物的野生物一樣，女人可以自由地為自己最深、最黑暗的問題尋找到真實答案。她可以自由地從那一向不餘遺力地攻擊她的東西處奪取力量，把這些向來對付她的力量轉化成於己最適當和最佳的用途。這就是野性女人。

女人夢境中的黑暗男子

心靈天敵不僅出現在童話故事裡，也出現在夢裡。在女人之間有一個普遍的啟蒙之夢。如果一個女人到二十五歲時都還沒夢見它的話，那就太奇怪了。這個夢通常會讓女人掙扎焦慮地驚醒過來。

這夢的模式如下。作夢者單獨一人，常是一個人在自己的家裡。在黑暗中有一個或更多伺機而動的潛行者；害怕之際，她撥了緊急報案電話〔註七〕。突然，她瞭解潛行者已經跟她同在室內，離她很近；她甚至感覺到他的呼吸……並被他碰觸到……然而她卻無法撥出緊急報案電話。作夢者立即醒過來，喉音喘喘，心臟則像是一只瘋狂的鼓。

黑暗男子的夢境會帶有強烈的生理反應：流汗、掙扎、急喘、心悸。作夢者有時甚至因恐懼而發出呼喊和呻吟。我們可以這麼說：夢的啟動者已不再向作夢者發出微妙的訊息，而是派送足以撼動作夢者自主神經系統的意象，向她傳達事情的緊急狀況。

用女人自己的話來說，「黑暗男子」夢境中的反派角色通常是「恐怖分子、強暴犯、惡棍、集中營的納粹、掠奪者、殺人犯、罪犯、怪異人物、壞人、竊賊」等等。這種夢境的詮釋可以分為若干層次，而以作夢者的生命情況和內心劇情來做決定。

比如，這種夢常常明確表示說一個女人——非常年輕的女人——在她的意識中正開始感知內在的心靈天敵。而在另外的情況中，這種夢是一個報信者；作夢的女人不久前才發現、或即將發現並釋放她心靈中久被遺忘和被俘的某項功能。在其他情況下，這種夢則指出：作夢者個人生命之外的文化已變得愈來愈令人難以忍受，以至於有個聲音呼喚她必須逃走。

讓我們先瞭解這個常見之夢被應用在作夢者個人生活和內心生命時所含的個人意義。黑暗男子的夢告訴女人她所面對的困境為何。這個夢告訴女人她對待自己過於殘暴，正如夢中的惡棍所顯現出來的。就像藍鬍子的妻子一樣，一個女人如果能有意識地去抓住這件事情的「鑰匙」問題，並誠實予以回答，她就能夠獲得釋放，而後心靈內的搶匪、潛行者和獵獸在她身上施加的壓力就會大為減弱。他們會墜落到無意識一個遙遠的層次；在那裡，她就能謹慎處置他們，而非陷在危機之中。

註七　人類夢境最常見的二十個景象之一就是電話無法撥通。在經常遇到的夢境中，不是電話壞了，就是作夢者不知如何操作電話。或者是電話線被剪斷、話機上的數字一團混亂、電話忙線、緊急求救的電話號碼被遺忘或其無法發揮作用等等。在本質上，這些出現在夢中的電話情境與被誤寫或竄改的訊息（例如〈無手少女〉這則民間故事中的魔鬼把　封喜氣洋洋的信改成惡毒的信）是非常相似的。

當心靈要從某一層次的知能和行為轉變到更成熟、更有活力的知能和行動層次時，亦即當啟蒙即將發生的時候，女人夢中的黑暗男子就會出現。這個夢會發生在尚未啟蒙者的身上，也會發生在已經歷經數次啟蒙的老手身上，因為啟蒙次數永遠不嫌太多。不管女人已經多老了，不管她已度過多少歲月，她的面前仍有更多的歲月、更多的人生階段、更多「第一次」在等候著她。啟蒙的意義就全在於此：它創造一個拱門，讓人準備好去經由它抵達一種新的知能和存在模式。

夢就是門、入口、準備、為下一步的意識知覺或個體化過程中的「次日」所做的練習。因此，當女人的心靈情況太過於沉默或志得意滿的時候，她就會夢見天敵。我們可以說它之所以發生，是因為一場暴風雨必須在心靈內掀起，好讓某種能量工作能夠完成。可是，這樣的夢也代表說：女人的生命已到了一個必須改變的時刻、作夢者在一個困難的選擇上已經身陷在停頓和無精打采之中、她不願跨出下一步或邁向下一段路、她躲避著不從天敵那裡奪回權力、她不習慣用大浪般的力氣去放手一搏地活著／有所作為／奮發圖強。

此外，黑暗男子的夢境也是喚醒人的叫喊聲。這些夢說：「注意！現實生活、個人生命或外在的集體文化已經出了問題！」古典心理學理論往往用徹底省略的手法去劃切人的心靈及人所居土地之間的關係，不願去瞭解靈魂不適和不安的文化病原，並且視靈魂與形塑人類內外在生命的政治和政策無關，好像外在世界遠不比內心喧鬧世界那樣奇幻、那麼滿布象徵意義、那樣對靈魂生命帶來衝擊和影響。事實上，一個人所在的土地、文化和政治環境對於個人的心靈風景所做的貢獻並不會短少一絲一毫；它們也構成個人主觀生命的氛圍，同樣值得我們思索。

當外在世界侵犯了個人或眾人基本的靈魂生命，黑暗男子的夢境便蜂擁而上。我收集到的夢境林林總總，令我著迷。有些作夢者是飽受病態之外在文化折磨的女人，如居住在愛達荷州約克市有毒煉石場附近的女人。有些則是意識極強而活躍於社會運動或環保運動的女人，如中美洲偏遠山谷地區中被稱做「游擊隊夥伴」的女戰士們、美國境內「聖堂姊妹會」的會員們、以及拉丁裔郡縣裡的民權倡議者。〔註八〕她們全都多次夢見「黑暗男子」。

一般而言，這些夢對天真或無知覺的作夢者而言似乎代表了喚醒的呼聲：「喂！注意，妳有危險！」對於意識清楚並參與社會行動的女人而言，黑暗男子的夢則似乎可說是一帖補藥，提醒她要記住自己在對抗什麼，繼而鼓勵她要保持堅定和警醒、堅持手上的工作。

因此，當女人夢見天敵的時候，那未必單純是跟內在生命有關的訊息。有時候，它傳達的訊息跟個人所處之文化環境的危險面向有關，不管那是小型卻殘酷的辦公室文化、家庭文化、社鄰所在，或是廣泛的宗教或國家文化。顯然地，每一個群體和文化似乎也有它自己的心靈天敵。我們在歷史上看到許多文化在某些時代會去認同天敵，賦予它至高統治權，直到別有信仰

註八　為了保護這些當事人的身分，我更改了這些團體的名稱和地點。

的人群形成另一股潮流。

雖然心理學多半只強調造成人類焦慮的家庭因素，文化成分卻也應該占有同等重要性，因為文化是家庭的家庭。如果家庭的家庭患有多種疾病，文化中所有的家庭就會受困於同樣的身心不適。我的文化傳統中有句話說：「文化可以治病。」如果文化是一個治療者，家庭就會學著痊癒，它們就會稍少掙扎、更有修復力、更不具傷害力、更優雅並更有愛心。在天敵統御的文化裡，所有需要誕生的新生命及所有需要消失的舊生命一概動彈不了，而它的全體公民則由於恐懼和靈性饑荒而變得麻痺無力。

沒有人能確切說明為什麼這個入侵者（在女人夢境中最常以入侵男子的形式出現）試圖要攻擊本能心靈，特別是它的野性知能。我們也許會說事情本來就是這樣子，但是我們發現：當女人的周遭文化去宣揚、孕育和保護那些有害於深層本能和靈性的種種毀滅性態度時，這個毀滅過程會變得更為劇烈，而毀滅性的文化價值——天敵對之當然深表贊同——就會因此在集體心靈內變得更為強大。當一個社會告誡它的人民不要去信任、反而要迴避深層本能的時候，在個人心靈中的自發性天敵元素就被會強化並被加速促發。

但是，即使在一個壓迫性的文化裡，只要野性女人還活在任一個女人的心裡、還生意盎然或僅僅隱約發光，關鍵的「鑰匙」問題仍一定會被人提起，而它們將不僅是有關深入認識本我的問題，也將會是與文化有關的問題。「我在這世界上看到的種種禁令，它們背後有什麼涵義？個人、文化、大地、人性中所有良好有用之處，有哪些部分已經被殺害了，或正躺在地上死去？」檢視這些問題的時候，女人就能依照她的各種能力和才華而有所作為。用靈性飽滿、增強靈魂力量的方式去擁抱世界並且向它採取行動，這是野性心靈的一項有為之舉。

就是為了這個原因，女人內在的野性本質必須被保存住——在某些情形下，甚至必須用極度的警醒來守衛住——好使它不致突然遭到劫持或扼殺猝死。餵養這個本能天性、庇護它、增長它，這是非常重要的事情，因為即使在最禁閉的文化、家庭或靈魂之中，那些與深層野性本能保持聯繫的女人仍然能夠避開全然的麻痺無力。女人雖然被俘虜和（或）被騙得一直天真聽話、受到傷害，她們仍能留有足夠的能量去戰勝那個捉拿者，去逃開它，跑贏它，最後去分割及轉化它成為建設性的力量。

當一個人內在的創造之火冒著悶煙並自行堆灰偃火，當角落的燃料所剩無幾，當白色灰燼與日俱增而煮鍋中依然空無一物時，這特別狀況也會讓女人極有可能夢見黑暗男子。即使我們已是某項藝術的老手，或正當我們要把自己的天賦運用在外的時候，這些症候群都可能會出現。它們出現在天敵入侵心靈之際，而結果我們會找盡理由做別的事情，但就是不肯坐在某處、站在某處、或旅行到某處去實現我們所珍視的所有事情。

在這些情況下，即便讓人心跳恐懼，黑暗男子的夢境並不是一個惡兆，而是一個有正面意義的夢，告訴作夢者現在是需要醒來面對自己心靈中那股毀滅運作力的時候了。這個運作力正在竊取她的生命之火、侵犯她的精力，並劫奪她的創造力所需的位置、空間、時間和疆域。

創造力會減緩或受阻經常都是因為心靈中有種東西看不起我們，但我們不但沒有對此迎頭痛擊而奔向自由，反而向它卑躬屈膝。在很多情況中，要糾正這個問題，我們就必須比以往更珍惜自己、自己的創意與藝術。由於母系（和父系）的救援已經中斷了數個世代，女人必須珍惜自己的創造力——也就是去珍惜那些源自於自己的野性心靈、全然原創、全然美麗、以及全然精緻的想法及作品。

在我的諮商室裡，我曾目睹一些詩人把詩頁擲到沙發上，彷彿那是垃圾而非寶物。我曾看到帶著畫作來諮商的藝術家一進門就讓它們碰撞門框。我曾看見女人眼中閃動著綠光以掩飾憤怒，只因為別人似乎能發揮創造力，而她們自己卻不知何故無法做得到。

我聽過女人可能編織出來的所有藉口：我沒有才華、我不重要、我沒受過教育、我沒創意、我不知怎麼做、我不知該做什麼、我不知何時該做。其中最粗鄙的藉口是：我沒有時間。我總想把她們頭腳顛倒地抓起來搖晃一番，直到她們後悔並答應絕不再說不實的事情。但是我並不需要去搖晃她們，因為夢中的黑暗男子會這麼做；即使不是他，另一個夢中演員也會這麼做。

黑暗男子的夢非常可怕，但是可怕的夢卻最常對創造力有益。如果藝術家們任由自己被煎乾成滿腹才華的廢物，這些夢會指出他們的下場。黑暗男子的夢經常讓女人嚇得足以恢復創造力。最起碼，她可以創造作品來闡釋自己夢中的黑暗男子。

黑暗男子的威脅對我們大家發出警告：如果你不留心那些寶物，它們就會被偷走。因此，當女人做了一個或一連串這樣的夢，我們可以推斷：一扇巨大的門正向啟蒙之地開啟，在那裡她將得以重新珍惜自己的天賦。在那裡，任何用漸進方式毀滅她或搶劫她的東西都會被辨認出來、被逮獲、被處置。

當女人努力發現自己的心靈天敵時，如果她承認它的存在並跟它打一場必要之戰，天敵就會遷移到心靈中更孤立而不引人注目的角落。但天敵如果被忽視了，它就會衍生出更深的恨意和忌妒，巴望女人永遠發不出聲音來。

在日常生活的層面上，女人必須要有黑暗男子和藍鬍子之類的夢，讓她可以盡可能清除生活中的負面事物。有時她必須約束或淡化某些感情關係，因為如果女人外在生活裡盡是一些對她深層生命懷有敵意或漠不關心的人，她的內在天敵就會受之豢養而在她的靈魂內衍生出更多攻擊她的力量。

對於是否要攻擊入侵者，女人經常抱著一種矛盾的心情，因為她們認為那是一種「做了也錯，不做也錯」的情境。如果她不離開，黑暗男子就成為她的主人，她則成為他的奴隸。如果她真的離開了，他會窮追不捨，彷彿他還擁有她。女人害怕他會追到她、逼使她重新臣服於他。而這種恐懼就反映在她的夢境內容裡。

因此，在回應天敵威脅的時候，女人常會抹煞自己全然有創意、有創造力、有靈質生命的種種野性本質。這就是為什麼女人會成為枯骨和腐屍而躺在藍鬍子的地窖裡。她聽說了陷阱的事情，但是為時已晚。要從箱子中、折磨中逃出，她就必須找回知覺意識。那是從黑暗男子身邊逃走的路徑。女人有權利用牙齒和手爪去奮戰，以求擁有和保有這意識。

在〈藍鬍子〉的故事裡，我們看到一個受惑於天敵的女人如何起身逃走並增長了應付下一回合所需的聰明。這是一則講述四種陰暗心態如何獲得轉化的故事。這些特別會使女人覺得衝突不安的心態是：不要有完整的靈視、不要有深澈的洞見、不要有創意的聲音、不要有果斷的行動。為了驅逐天敵，我們必須解開心鎖，刺探自己和其他事物，好去發現裡面到底藏著什麼東西。我們必須盡己所能去忍受所看見的景象。我們必須清晰地說出自己的真相。我們也必須能殫智竭慮地對我們所見之事做必要的處理。

當女人的本能天性夠堅強時，她會藉著氣味、影像和聲音直覺認出天敵來，並會預知它的存在、聽見它的來臨、並且採取驅離的步驟。在本能受傷的女人身上，她還來不及記下它的存在時，天敵就已經撲向她，因為她的聽覺、知能、悟力都已受損。內化而成的心態正是傷害這些覺能的主凶；它們告誡她要乖、要行為規矩、尤其要無視於自己被錯待濫用的事實。

從心靈層面來說，我們很難一眼看出年輕天真的未被啟蒙者和本能受傷的女人之間有何差異。兩者都對黑暗天敵所知不多，因此都很容易受騙。但慶幸的是：當女人心靈中的天敵元素有所行動時，它會在她夢境裡留下明顯的行跡。這些最終導致它被發現、被捉拿、被圈範。

天真的女人和本能受傷的女人所需要的療法是一樣的：練習傾聽直覺和內心聲音、提出問題、保持好奇心、看見妳所見之事、聽見妳所聽到的、然後依照妳所知的真相採取行動。妳的靈魂在妳出生時就被賜予了這些直覺能力。它們可能已被多年累積的灰塵和穢物所遮蔽。但這倒也不是世界末日；這些東西都可以被洗刷乾淨。藉著某種程度的敲鑿、打碎和練習，妳的知覺能力可以恢復到它們最原初的狀態。

一旦能從心靈暗影區去收復這些能力，我們就可以不再成為內在和外在環境的天真受害者。無論文化、個性、心靈等等如何對女人的穿著舉止有所要求，無論其他事物如何希望所有女人只像一群鵝一樣發出咯咯聲、而一旁由十個打瞌睡的年長女人伴護著，無論什麼壓力想壓扁一個女人的靈魂生命，它們都改變不了一個事實，即：女人是她生來所是並由野性無意識所主導，而這是再好不過的事情。

我們一定要記住：當夢見黑暗男子的時候，總有一個對立的平衡力量擺好姿勢並等著幫我們的忙。當我們引進野性能量去對抗天敵，猜猜看誰會立即現身？野性女人俯衝而來，越過天敵所築起來的任何藩籬、牆壁或阻擋。她不是個被掛在牆上的宗教聖像；她是一個生命體，會在任何地方或在任何情況下來到我們這裡。她跟天敵相識甚久；她經由夢境、故事、傳說以及女人全部的生命去追蹤他。無論他在哪裡，她就在那裡，因為她是他獵奪動作的抗衡者。

野性女人教導女人何時不做「乖」女人以保護她們的靈性生命。野性本質知道：在某些情況下去當一個「甜美」的女人只會讓天敵快意微笑。當靈性生命受到威脅的時候，劃出界限並且嚴肅以待。這不僅是可以被接受的，也是必要的舉動。當女人如此做的時候，她的生命就不會再長期遭受干預，因為她會立刻知道什麼事情出了問題，並且立刻能把天敵推回到它所屬之地。她不再天真，不再是靶的或目標。這就是讓鑰匙——頂端有卷紋的那支小鑰匙——終能停止流血的藥方。

第三章

嗅出實情：恢復直覺力以進入啟蒙

她口袋中的人偶娃娃：智者薇莎莉莎

直覺力是女人心靈中的寶物。它像一個卜知未來的工具，也像一個水晶球，讓人用不可思議的內視看見真實。它像一個無時無刻在妳身邊的老年女性智者，明確地告訴妳事情真相為何、告訴妳需要向右或向左走。它是「唯一知者」，亦是野性女人的一種形式。

在我成長的傳統當中，兢兢業業的說故事者總是去到某座靈魂山丘下，雙膝埋在故事塵埃裡，刷去幾世紀累積起來的泥塵，在層層文化和戰績的下方挖掘著，為他們能找到之每片故事上的壁緣紋飾和壁畫編上號碼。有時一個故事已經化為粉末；有時某些部分和細部已經不見或被磨去；時常故事形狀還算完整，但著色卻已被毀。儘管如此，每一次挖掘都為找到完整的故事提供了希望。下面的故事正是如此令人難以置信的一個寶物。

在我心裡，俄國古老的〈薇莎莉莎〉故事（註一）是一則基本架構尚稱完整的女性啟蒙故事，關乎女人如何明白大多數事情事實上都跟表象不同。做為女人，我們召喚直覺和本能來嗅出事情的真相。我們使用所有官能去把真相從事物那裡擰擠出來、去從自己的創意處抽取營養、去發現有什麼是可以被發現的、去知道有什麼是可以被知道的、去保護自己的創造之火、去親近體會「生而死而生」的大自然循環——這就是被啟蒙過的女人。

以薇莎莉莎為主角的故事傳誦於俄國、羅馬尼亞、南斯拉夫、波蘭以及波羅的海所有國家。在某些情況下，這個故事一般被稱作〈智者薇莎莉莎〉。我發現一些事實可以證明它的原型至少可以推溯到古典希臘文化之前的「馬女神」祕教信仰。這個故事背負著數千年之久的靈魂地圖，細說如何進入野性女神的地底世界。它告訴我們野性女人的原始本能——直覺力——如何灌注在女人身上而讓她充滿生氣。

我在此所編的「薇莎莉莎」文學故事版本是源自我的姨媽凱西。它以最古老的故事技巧作為開始：「從前有一個，從前沒有……」（註二）。這樣似非而是的辭語是用來警惕聽者的靈魂，使其知道這個故事發生在兩個世界的臨界處、在一切事情都不同於其最初表相的地方。就讓我們開始吧。

智者薇莎莉莎

從前有一個且從前沒有一個臥床將死的年輕母親；她的臉孔蒼白得就像附近教堂聖器室裡的白蠟玫瑰一樣。她年幼的女兒和丈夫坐在她的古老木床尾端，祈求上帝引導她安然進入下一個世界。

垂死的母親叫喚著薇莎莉莎。穿著紅靴和白圍裙的小女孩跪到母親身邊。

「這個人偶娃娃給妳，親愛的。」母親低語著，從毛茸茸的床褥中拉出一個小人偶娃娃——她像薇莎莉莎一樣穿著紅靴、白圍裙、黑裙子和繡滿色彩的背心。

「聽我的遺言，親愛的。」母親說：「萬一妳迷了路或需要幫助的時候，就問這個人偶娃娃該怎麼做，妳就會得到幫助。隨時把這人偶娃娃放在妳的身邊，不要對任何人提到她。她餓

註一　薇莎莉莎（Vasalisa）和波賽芬妮的故事有許多共通之處。

註二　故事各式各樣的開場白和結尾可以做為我們終生研究的題目。史提夫・山費爾得（Steve Sanfield）這位優秀的猶太說書人、作者、詩人，以及七〇年代第一位駐校說故事者非常慷慨地把蒐集開場白和結尾的技能傳授給我，而這技能本身就是一種藝術形式。

的時候，要餵她。這是我這做母親的給予妳的保證，是我給妳的祝福，親愛的女兒。」說完這話，母親的氣息沒入身體很深的地方，再從那些地方喚醒她的靈魂，然後從她的雙唇之間匆忙離去：母親就此死去了。

孩子跟父親悲悼了好長的時間。但是，就像被戰火蹂躪過的田地一樣，父親的生命又從田畦中冒出了青綠色；他再娶了一位有兩個女兒的寡婦。雖然新的繼母和她的女兒們以很有禮貌的音調說話、而且總是面帶貴婦般的微笑，但她們的微笑背後卻包藏著薇莎莉莎的父親察覺不到的禍心。

當然，當這三個女人跟薇莎莉莎獨處的時候，她們會折磨她、逼她服侍她們、叫她去劈木塊，使得她美麗的肌膚傷痕累累。她們恨薇莎莉莎的原因是她具有一種出塵的溫柔。她也非常美麗；她的乳房富有彈性，而她們的卻因為苛薄而萎縮了。她熱愛助人、從無怨言；而繼母和姊姊們對待彼此有如夜晚垃圾堆裡的老鼠。

有一天，繼母和姊姊們再也無法忍受薇莎莉莎了。「讓……我們……一同把火弄熄，然後我們派薇莎莉莎到森林裡去向女巫芭芭雅嘎要火來燒暖我們的爐床。當她到達芭芭雅嘎那裡的時候，哼，老芭芭雅嘎就會殺掉她並把她給吃了。」啊，她們全拍起手來，吱吱叫著，就像生活在黑暗裡的那些東西一樣。

於是，當天晚上，薇莎莉莎在收集木材回來的時候發現整座房子一片漆黑。她很著急地問繼母：「發生了什麼事，我們要用什麼來煮飯？我們要用什麼來照亮黑暗？」

繼母指責她：「笨小孩，妳看不出我們沒火了嗎？因為我老了，我不能到森林裡去。我的女兒們也不能去，因為她們會害怕。因此妳是唯一可以到森林中去找芭芭雅嘎的人，去向她要一塊木炭來重新點燃我們的爐火。」

薇莎莉莎天真地回答說：「好吧，是的，我來做這件事情。」她就出發了。森林愈來愈黑暗，小樹枝在她的腳下發出折裂的聲音，使她十分害怕。她伸手到圍裙長而深的口袋中，母親臨死時給她的那個人偶娃娃就在那裡。薇莎莉莎拍著口袋中的娃娃說：「是的，只要撐著這個娃娃，我就覺得好多了。」

在每條岔路上，薇莎莉莎都伸手到口袋去求助於那個人偶娃娃。「啊，我該向左還是向右呢？」娃娃指示著「是」或「不」、或者「往這邊」或「往那邊」。薇莎莉莎用一些自己的麵包去餵娃娃，一路依照她認為是娃娃發出的指示走下去。

突然，一個白衣男子騎著白馬疾馳而過，而天色也亮了。再往下走的時候，一個紅衣男子騎著紅馬漫步而過，而太陽升了起來。薇莎莉莎走著、走著，就當她來到芭芭雅嘎的茅舍那裡時，一個黑衣騎士騎著黑馬碎步走來，然後直直騎入芭芭雅嘎的茅屋裡，黑夜也迅速地來到。用頭骨和骸骨築成而圍著茅屋的籬笆開始從中心點燃起大火，以致森林的空曠處煥發著一種詭異的光輝。

芭芭雅嘎是一個很可怕的東西。她旅行時乘坐的不是雙輪馬車、也不是四輪馬車，而是一個形狀像缽臼、完全自行飛翔的大釜。她用一根狀似槌杵的槳來划動這個交通工具，而同時用一支掃把（取材於死去多時之死者的頭髮）去掃光她所至之處留下的一切足跡。

這個大釜在天空中飛翔著，而芭芭雅嘎油膩的頭髮則隨後飛揚不已。她長長的下巴捲曲向上，長長的鼻子則捲曲向下，兩者在中間相遇。她有一把小小的山羊鬍，皮膚上則因為她買賣蟾蜍之故而長了許多贅疣。她滿布褐色斑點的手指甲非常厚，隆起來像屋頂，又彎曲得讓她無法握拳。

更奇怪的是芭芭雅嘎的房子。它坐落在滿是鱗片的巨大黃色雞腳上，可以自行移動，有時甚至像個狂喜的舞者一樣不停轉圈子。房子的門閂和窗板是用人的手指和腳趾做成的，而前門的鎖則是一個滿是尖牙的獸鼻。

薇莎莉莎求教於她的人偶娃娃：「這就是我們尋找的房子嗎？」娃娃用它自己的方式回答說：「是的，這就是妳所尋找的。」在薇莎莉莎還沒來得及再踏出一步時，芭芭雅嘎乘著大釜從天而降，向下對著薇莎莉莎大喊：「妳要做什麼？」

女孩顫抖著：「奶奶，我來取火的。我家很冷……我的家人會死掉……我需要火。」

芭芭雅嘎怒罵說：「呃，不錯，我認得妳，還有妳的家人。妳這沒用的小孩……竟讓火熄掉了，這可真是不智之舉。何況，妳何以認為我應該把火苗給妳？」

薇莎莉莎求教於她的人偶娃娃，並且立刻回答：「因為我請求妳。」

芭芭雅嘎發出滿意的聲音：「妳很幸運，這個答案是正確的。」

薇莎莉莎也覺得自己非常幸運地給了一個正確的答案。

芭芭雅嘎威脅薇莎莉莎說：「除非妳幫我做事，否則我不可能把火給妳。如果妳幫我做這些事情，妳就可以得到火。如果不……」此時薇莎莉莎看見芭芭雅嘎的眼睛突然變得有如紅色的餘燼之火。「如果不，孩子，妳只有一死之途。」

芭芭雅嘎咕噥著走進茅屋，躺倒在床上，並命令薇莎莉莎去把爐子上煮著的東西拿給她。爐子上的食物足夠餵飽十個人，雅嘎卻全部吃光了，只留給薇莎莉莎一小片麵包屑和一針環丁點的湯。

「去洗我的衣服、打掃院子、清理房子、準備食物、把長霉的玉米跟好玉米分開來、把一切都整頓妥當。我稍後會回來檢查妳的工作。如果工作沒做好，妳就會成為我的大餐。」說完這話，芭芭雅嘎乘著大釜飛走了，而她的鼻子就是風向袋、她的頭髮就是風帆。又是黑夜了。

等芭芭雅嘎一走，薇莎莉莎就轉向她的人偶娃娃問道：「我要怎麼辦？我可以及時完成這些工作嗎？」娃娃保證她可以完成，要她吃點東西後去睡覺。薇莎莉莎也餵了娃娃一點點食物，然後就睡著了。

早上的時候，人偶娃娃已經做完了所有工作，只剩下煮飯這件事。傍晚芭芭雅嘎回來時發現一切都做完了，有些高興，但也不很高興，因為她找不出可以吹毛求疵的地方。芭芭雅嘎冷嘲熱諷說：「妳是個十分幸運的女孩。」她然後叫喚她的忠僕們來磨玉米。這時空中出現了三雙手，開始磨剉和搗碎玉米。玉米殼像金色雪花一樣在房內飛舞。這事終於做好了，芭芭雅嘎就坐下吃了起來。她吃了四個小時，然後命令薇莎莉莎在早上時要清理房子、打掃院子、洗濯她的衣服。

雅嘎指著院子裡堆得老高的塵埃：「在那堆塵埃裡有許多、幾百萬粒罌粟種子。我要在早上的時候看見一堆罌粟種子和一堆塵埃分別擺放在兩邊，妳懂嗎？」

薇莎莉莎幾乎要昏倒了。「噢，我的天，我要如何完成這件事？」她伸手到口袋裡。人偶娃娃低聲說：「不要擔心，我會一手包辦的。」當晚芭芭雅嘎打著鼾睡著了，而薇莎莉莎試著……從……塵埃……中……撿取……罌粟種子。一會兒之後，人偶娃娃對她說：「去睡吧，不會有任何問題的。」

人偶娃娃再一次完成了這些工作。老女人回家的時候，一切都做好了。芭芭雅嘎帶著鼻音嘲諷地說：「好啊，妳能做完這些事情，運氣還真不錯。」她叫喚她的忠僕來將罌粟種子榨成油，於是三雙手再次出現來做這件事情。

正當雅嘎的嘴唇沾滿燉菜的油漬時，薇莎莉莎站在旁邊。「妳瞪著眼睛看什麼？」芭芭雅嘎吠吼著。

「我可以問妳一些問題嗎，奶奶？」薇莎莉莎問。

「問吧，」雅嘎喝令道：「但是記住，太多知識會讓人老得太快。」

薇莎莉莎問騎白馬之白衣男子的事。

「啊哈。」雅嘎柔情地說：「那第一位是我的白晝。」

「騎紅馬的紅衣男子呢？」

「啊，那是我升起的太陽。」

「騎黑馬的黑衣男子呢？」

「啊，是的，那是第三位，他是我的黑夜。」

「我瞭解了。」薇莎莉莎說。

「過來，過來，孩子，妳不想再問更多問題嗎？」雅嘎連哄帶騙地說。

薇莎莉莎正打算對在空中出現又消失的三雙手提出問題，但是人偶娃娃開始在她口袋裡跳上跳下，因此薇莎莉莎說：「不了，奶奶。正如妳說的，知道太多事情會讓人老得太快。」

「啊，妳比妳的年齡要聰明多了，女孩，妳怎麼會這樣呢？」雅嘎像鳥一樣地翹起頭。

「是因為我母親的祝福。」薇莎莉莎微笑著。

「祝福？」芭芭雅嘎尖叫起來：「祝福？在這個房子裡，我們不需要祝福。妳最好還是上路吧，女兒。」她把薇莎莉莎推到外面的黑夜中。

「我告訴妳，孩子，妳看！」芭芭雅嘎從籬笆上取下一個眼睛充滿怒火的頭骨，把它掛在棍子上。「喏！拿著這掛在棍子上的頭骨回家吧，這就是妳要的火。不要再說半句話，快上路走吧。」

薇莎莉莎正要向雅嘎道謝，可是她口袋中的人偶娃娃開始跳上跳下；薇莎莉莎理解到她必須拿著火就走。她穿過黑暗的森林往家奔去，順著人偶娃娃的指示一路彎來轉去。薇莎莉莎拿著頭骨經過森林，而火在它耳朵、眼睛、鼻子、嘴的洞口中燃燒著。突然，薇莎莉莎害怕起它的重量和詭異的亮度而想丟掉它。但是頭骨對她說話，勸她鎮靜並繼續回到她繼母和姊姊那裡。她照做了。

薇莎莉莎愈來愈接近她家的時候，她的繼母和姊姊們望向窗外，看見奇異的火光在森林中舞動著。它愈來愈靠近；她們想像不出那到底是什麼。由於薇莎莉莎長時間不見蹤影，她們早就認定她已經死了，而且也認定她的屍骨早已被動物拖走並處理乾淨了。

薇莎莉莎向家前進，愈來愈近。當繼母和姊姊們發現是她的時候，她們跑向她，告訴她：自從她離開後，她們就沒火可用；無論她們如何努力生火，火總是熄滅掉。

薇莎莉莎充滿勝利感地走進屋子，因為她熬過了危險的旅程並把火帶回家來。但是棍子上的頭骨注視著繼母和姊姊們的每一個動作，最後燒進她們的身體裡面；到了早晨，它已經把邪惡的三人燒成了灰燼。

故事在此戛然而止，把我們從童話故事中踢回到真實世界裡。童話故事有許多這樣的結局；它們就像突然發出的噓聲，把聽者帶回到日常現實中。

薇莎莉莎的故事告訴我們：母親或上一代如何把女性直覺力所領受的祝福傳給女兒或下一代。這偉大的直覺力是由閃電一般的內在視覺、內在聆聽、內在感知力和內在知能所構成的。多少世代以來，因為無人使用或因為被誣指為有害，這些直覺能力在女人心中已經變成了被埋沒的溪流。然而，榮格曾經告訴我們：心靈中沒有一樣東西會消失不見。我認為我們可以相信心靈的失物依然留在心靈之中。因此，女人的直覺本能也從來不曾消失過，而所有曾遭掩埋的東西都可以再被挖掘出來。

要瞭解這樣一個故事的旨意，我們必須知道它所有的組成元素都刻畫著某個女人的心靈特色。因此，故事的所有面向都相應於一個正在經歷啟蒙的個人心靈而且可以闡明這樣的心靈。要完成啟蒙，我們就必須先完成某些職責。在這故事裡，心靈要完成九項職責，而它們都以瞭解野性老母親的做事方法為重點。

透過這些職責的完成，女人的直覺力——那個與女人同行、觀察女人生命並迅速而精確說出真相的知者——才能重新被安置在她的心靈之內。這些職責的目標就是要讓我們跟這個被稱為「女知者」的野性女人原型建立起親密而信任的關係。

從芭芭雅嘎這位古代野性女神的儀式來看，啟蒙工作可以分為以下九項。

第一個工作：容許過於慈愛的母親死去

故事一開始時，母親正走向死亡，她把一件重要的遺物留給她的女兒。

女性生命在這一階段要完成的工作包括：**接受事實，知道那位常在一旁守護、盤旋不去的心靈母親不足以成為個人未來本能生命的中心嚮導（太慈愛的母親要死去）；開始自立並培養自己對於危險、陰謀和精明手腕的知覺意識；獨處或獨立行事時保持警戒心；讓該死去的事情死去；太慈愛的母親死了，新的女人才會誕生。**

在故事中，啟蒙的過程開始於親愛慈母的死亡。她不會再來撫摸薇莎莉莎的頭髮。在我們身為女兒的全部時間中，有一天慈愛的心靈母親——較早時候她曾妥善地照顧我們——會變得太過於慈愛；她過度保護的價值觀會開始阻礙我們，使我們無法回應新的挑戰、因而無法往深處發展。

在成長的自然過程中，太慈愛的母親必須愈來愈瘦削、愈來愈縮微，直到我們開始用新方法來照顧自己。我們雖保留了她的溫暖，但是自然的心靈變化會要我們去獨立面對一個沒有慈母的世界。但等等，這個太慈愛的母親與她最初的外表截然不同：她在毯子下藏了一個送給女兒的小人偶娃娃。

啊，這個母親人物隱含著野性母親的某種特質。但是這太慈愛的母親無法在有生之年把它全然表現出來，因為她不過是個乳牙母親、幸福母親。每個嬰兒都需要靠她在愛的心靈世界裡找到自己的立足點。因此到了女孩生命某一階段，即使這太慈愛的母親無法再活著去影響她，她對後代倒是做了一件正確的事：用人偶娃娃祝福了薇莎莉莎。而正如我們所知的，這的確是極大的祝福。

當一個女孩從幼年墊著毛皮的窩遷移到顛簸的青春期叢林時，她心理上那位過於支配的母親會戲劇性地縮小。然而有些女孩會在發展出一個更精明的新心靈母親——名為直覺的母親——這過程中半途而廢。這些僅被初引入門的女人只好年復一年流浪徘徊、冀求完整的啟蒙經驗、而充其量只能把自己一塊一塊地縫補起來。

女人啟蒙過程的中斷會因不同的理由而發生，比如有人年幼時遭遇了太多心理困境——尤其是幼年時缺少一個始終「夠好的」母親〔註三〕。啟蒙受阻或無法完成也可能是因為靈魂內沒

註三　我在唐諾・溫尼考特（Donald Winnicott）的作品中第一次看到「夠好的母親」（good-enough mother）一詞。這是一個美麗的喻詞；像其他許多字詞一樣，它用幾個簡單字眼就把需要寫上幾頁的意義完全表達了出來。

有充分的緊張力道——太慈愛的母親宛如強韌的野草繼續活著；即使腳本上寫著「現在就從舞台左邊下去」，她還是搖著樹葉在那裡過度保護女兒。在這種情況下，女人常常怯於走進森林，並竭力抗拒而不去為之。

對於這些女人以及其他被嚴苛的生活條件剝削了深處直覺生命的成年女性（她們慣常的怨言是：「我對於照顧自己這種事情感到極度不耐煩。」），這裡有一個有用的智慧藥方：無論女人的年齡為何，重新肯定、重新追溯或重新啟蒙都可以重新設定深處的直覺力。只要我們願意記住它的指令，深處直覺力會知道什麼對我們有益、我們下一步需要什麼——而它知道之速有如雷電。

當薇莎莉莎學會讓必須死去之事死去的時候，她就接受了啟蒙。這指的是她允許靈魂內無法繼續扶持她的價值觀和態度消滅於烏有，其中尤其需要被檢視的是那些她長期信奉的教條。它們使得生命過於安全、它們過度保護、它們使得女人只會用慌亂的快步行走而不知如何泰然闊步而行。

當屬於童年的那位「積極面母親」和她代表的態度愈趨微弱時，重大的學習期往往也因此而開始。雖然在生命中我們有時可以理所當然地去依偎那位保護我們的心靈母親（比如，當我們仍是兒童的時候、當我們從疾病或心理／靈性創傷復元的時候、或當我們的生命處於危險之中而安靜可以保護我們的時候），雖然我們可以從她那裡為生命儲存大量的支撐力量，我們仍

可以說：也該是更換母親的時候了。（註四）

如果我們在心靈母親的保護之下停留過久，我們會發現自己擋住所有自我挑戰而封鎖了更進一步的成長。雖然我絕不勸女人投身到折磨或受虐的情境當中，但我的確希望她為自己的生命設定某種她願意探索、並因此願意為之冒險的東西。只有經過這個過程，她才能磨銳她的直覺能力。

在狼群裡，母狼在養育小狼時會花很多時間跟牠們在一起悠閒玩耍。大家跳落在彼此身上，互疊成一大堆小狼，而外面的世界和充滿挑戰的世界遠在他處。然而，當母狼終於要訓練小狼去打獵和覓食的時候，她會更常露出她的牙齒並用怒斥的方式要牠們跟上來；如果牠們不聽話，她便會去衝撞牠們。

因此，為了追尋進一步的成長，我們必須換掉那位盤旋不去的心靈母親（她非常適合我們

註四　在榮格心理學中，心靈中的母親結構可說是層層建造起來的：原型的、個人的和文化的。這些層面的總和可決定內在母親的結構充分與否。正如發展心理學所指出的，一個充分的內在母親應是按步驟建立起來的，而每一後續步驟都建立在前一步驟的成功之上。童年時遭到的虐待會拆解或推翻心靈中的母親想像，以致後續層次被分裂成兩極敵對的狀態，無法互相合作。這不僅瓦解了前一發展步驟的可供倚賴之處，同時也讓後續步驟變得危險不安，使它們支離破碎或怪異地被建造起來。

要移除這些讓信任、力量和呵護自我的能力無法形成的阻礙並非不可能，因為這一母體的建構應該不像一堵磚牆（如是這樣，它會因下方磚塊被移走而崩塌），而更像一張織網。這就是為什麼許多女人（和男人）的護己機制雖然出現了許多破洞或阻滯，她們卻仍然能夠正常生活。她們會偏向利用母親情結中對心靈造成最小傷害的面向。不管一個人在傷害中已經生活了多少年，具有智慧且能提供力量的引導是可以幫忙修補這張破網的。

幼年的需要），而以另一種母親取代她。這個母親更深潛在心靈野地之中；她既是護送者，也是訓誨者；她是慈母，但她也非常凶猛而嚴厲。

我們多數人不會因為時候到了就讓過於慈愛的母親死去。雖然這個母親可能不准我們最活潑的能量表現出來，但是跟她在一起令人覺得舒服、安適。為什麼要離開她呢？我們常聽見心裡有聲音教我們不要往前，以求安全。

這些聲音如此說：「喔，不要談那件事」、或者「你沒能力做那件事情」、或者「好，如果你做那事情的話，你就一定不是我的孩子（朋友、同輩）」、或者「你如果堅持離開這個溫暖的窩，誰知道你會發生什麼事情」、或者「你知道，你只是自取其辱罷了」、或者（這是更狡猾的說法）「假裝你在冒險，但是偷偷地跟我留在這裡」。

這一切都是心靈中過於慈愛的母親受驚且被惹火時發出的聲音。她忍不住如此，因為她就是這樣。但是，如果我們與過於慈愛的母親相合太久，我們的生命和表達天賦就會陷在黑影當中，而我們會變得貧弱而非強壯。

更糟的是，在我們擠壓生命的能量、不容許它活出來的時候，會發生什麼事情？就像神奇鍋放在不對的人手裡，它會愈來愈膨脹、**愈來愈膨脹**，直到爆炸為止。因此，我們必須要瞭解：如果要讓直覺心靈活躍起來，盤旋不去的慈愛保護者就必須退場。或更正確地說，我們最終會發現自己將從恆意的促膝談心當中被推出來。倒不是因為我們做了這樣的計畫，也不是因為我們已經完全準備好了——不曾有人完全準備好過——而是因為有某樣東西在森林邊緣等候著我們，而我們註定了要與之相遇。

紀堯姆．阿波里奈爾（Guillaume Apollinaire）寫道：「我們帶他們到邊緣上，命令他們飛走；他們固守不動。『飛走！』我們說。他們固守不動。我們把他們從邊緣推下，他們就飛走了。」

女人經常不敢讓太舒適、太安全的生活死去。有時，女人耽溺在過於慈愛之母親的保護之下，希望無限期繼續如此。她必須在某些時候願意去感受焦慮和不安，否則她會一直留在窩裡。有時，即使只是短暫缺乏安全感或確定感，女人都會感到害怕。她的藉口會比狗身上的毛還多。她單單只需要潛到心中，忍受「不知道之後會發生什麼」的不確定感。這是唯一可以挽回她直覺本能的方法。有時，女人困於充當其他成人過於慈愛的母親；這些人吸附在她的乳頭上，不讓她離開他們。在這種情況下，女人必須用後腿踢開他們，無論如何要繼續向前行。

由於作夢的心靈格外想彌補自我認知所不願或無能承認的那些事物，女人在這種掙扎期間所作的夢會以補償方式充滿了追逐、死胡同、發動不起來的汽車、不完整的懷孕、以及其他種種象徵生命不能前進的符號。女人心知肚明：長期扮演過分討人喜歡的自我只會帶來死亡。

因此，第一步要鬆手放掉那個總是如此貼心又太過慈愛的心靈母親、那個面色紅潤的原型母親。我們要離開乳頭，開始學習打獵。野性母親正等著要教導我們。而同時，第二個工作則要我們緊握人偶娃娃不放並學會它的用途。

第二個工作：揭露粗鄙的暗影

故事到這一部分的時候，「壞又爛」的繼母家人（註五）跨進薇莎莉莎的世界，開始使她的生命變得悲慘。這個時期的工作是：**更謹慎學會放掉過於完美的母親；知道善良、溫柔與可愛並不會讓生命高歌（薇莎莉莎變成了奴僕，卻於事無補）；直接體驗自己的黑暗本質，尤其是排他的、妒忌的、剝削的自我面向（繼母和她的女兒們）；毫不含混地確認這些面向；跟自我最惡劣的部分保持最佳關係；讓緊張不諧充滿在被教導出來的我和真正的我之間；最後，努力讓老我死去，讓新的直覺我誕生。**

繼母和姊姊們代表未經成長、卻能激起怒氣的殘忍靈魂元素。她們是陰影元素，也就是那些被自我（ego）視為不可取或無益的自我面向，因而被貶逐到黑暗中。一方面，陰影物質可能具有相當正面的價值，因為女人的天賦常常被推置在黑暗中；而在另一方面，正如我們將會看到的，負面的陰影物質——那個忙於抹煞或阻礙所有新生命的東西——也可能轉為對人有利。當它爆發出來而讓我們終於看清它的面向和緣由的時候，我們將會變得更堅強和更聰明。

在啟蒙的這一階段，女人被她心靈中瑣屑的要求所困擾，並被要求去迎合所有人的所有願望。迎合會讓女人在震驚中得到一個她必須記取的教訓：要成為自己就會遭人驅離，但迎合別人的需要卻會使她遠離自己。這種緊張情境令人痛苦，但女人必須承受忍耐它，並知道自己所要做的選擇是一清二楚的。

因為薇莎莉莎接收的家人（或接收她的家人）無法瞭解和感謝她，她便被褫奪了為人的權利。就這些家人而言，她是多餘的。她們憎恨並辱罵她，待她如陌生人、一個不值得信任的人。在童話故事中，陌生人或被逐者的角色通常是由那個與知能有最深切關係的人來扮演的。

繼母和姊姊們可以被視為女人的文化環境植入在她心靈裡的生命元素。心靈中的繼母家人不同於「靈魂家人」，因為她們屬於超我、那個根據單一社會對女人的期許——無論有益身心與否——所架構起來的靈魂面向。在女人的感受中，這些文化罩加物或諭令——亦即超我——並不是從「靈魂我」流露出來的，而是起源於「外面」，出自某種非內在的來源。文化／超我的罩令可以是非常正面的，也可能是非常具有傷害力的。

薇莎莉莎的繼母家人是心靈中的囊腫；她們掐斷了生命活力的神經。她們像是一群邪惡的女巫合力唱著謾罵之語：「你做不到的；你不夠好；你不夠大膽；你很笨、無趣、空無一物；你沒時間；你只能做簡單的事；你只被容許做這麼多、不能更多；你要往前的時候，還是放棄

註五　童話故事在利用**繼家人**、**繼母**、**繼父**以及**繼兄弟姊妹**這些象徵符號時，不僅賦予它們負面的意義，也賦予它們正面的意義。由於美國的再婚比率相當高，使用這些符號的負面意義可能會引起一些敏感問題。但童話故事中也有許多正面而仁慈的繼家人或寄養家人，其中最著名的有：森林中那對發現棄兒的仁慈老夫婦，或那位接納並悉心照顧肢體障礙的繼子、直到他恢復健康（或助他發現神奇能力）的繼母。

吧。」由於薇莎莉莎還無法充分察覺自己的能力，她容許這樣邪惡的束縛出現在自己生命的補給線上。要讓她恢復生命，某種不一樣並能夠供給生命的事情必須發生。

我們也一樣。在故事中我們可以看到薇莎莉莎對於周遭之事只有微薄的直覺力，而且心靈父親也沒有注意到敵意的環境；他太過於慈愛，本身也沒有成熟的直覺力。頗堪玩味的是，天真父親的女兒們常常需要更久的時間才能覺醒過來。

只要我們內在或周遭的繼父（母）家人說我們打從一開始就不值什麼、堅持要我們專注在自己的缺點上而非認出周圍的殘酷實情（無論這殘酷起源於我們的心靈、還是外在文化），我們也會因此被掐斷生命。要看穿這一切，我們必須擁有直覺力和能夠承受所見之事的力量。像薇莎莉莎一樣，我們也許在應該有所知覺時只想做好女人；我們也許向來被教導要把敏銳的直覺丟到一旁以獲得好人緣。然而，如果我們在壓制的環境中只想做好女人，所得的獎賞將只會是更多的惡待。〔註六〕雖然女人覺得做自己會造成與人有隔閡，但她正需要這樣的心靈衝突，才能創造靈魂並發動改變。

於是繼母和姊姊們設計送走薇莎莉莎。她們密謀說：「薇莎莉莎，到森林裡去，去找芭芭雅嘎。如果妳活著回來——哈哈，妳不會的——我們才可能接納妳。」這是個關鍵性的意念，因為許多女人就在啟蒙過程的這一段被卡住了，半懸在圓框之內並半懸其外。雖然心靈天敵會自發性地對女人說：「去死吧！」、「呸！」、「妳幹嘛不放棄？」但女人生活所在的文化和她成長的家庭環境也會加劇心靈中那天然但還算溫和的反對面向，讓她感到無限痛苦。

例如：女人如果是在不能接受其才華的家庭裡長大，她們往往會一而再、再而三地去追求極其偉大的目標而不知為何如此。她們覺得自己必須得到三個博士學位、從聖母峰上倒掛下來、或去從事一切危險而費時費錢的努力，好向家人證明自己的價值。「現在你們願意接納我了？不？好吧（嘆息），且看我另一招。」無論我們是如何接收到繼母家人的，這顆囊腫當然仍屬於我們所有，而我們的職責就在於鼓起能力來處置它。然而，我們知道：在持之以恆從深處改變自己的心靈時，我們如果還想向充滿妒忌的女巫合唱團證明自己的價值，那根本是毫無意義的。正如我們將看到的，它反而阻礙了啟蒙的進行。

薇莎莉莎沒有怨言地做著日常雜事。無怨言的屈服看來很勇敢，事實上卻在太善良和太苛求這兩個對立的天性之間造成更多壓力和衝突。但就像過於順從和做自己這兩者之間的衝突一

註六　這並不是說當我們有正當理由或出於自由意志去對人表示和善時卻要力持冷淡。我們在這裡所談的是一種奴性並近乎搖尾乞憐的善良；它來自某種絕望的需求和無力感。就像口中說著：「可愛的狗狗、可愛的狗狗」而希望巴結小狗的怕狗小孩。

當女人用心機去討好他人的時候，她所表現的會是一種更為有害的「善良」。她覺得自己必須逗人開心，以便取得她認為若非如此便無法到手的東西，這就是有害的善良。女人鞠躬並露齒微笑，希望別人在高興之際會對她和善、支持她、准她通行、給她恩惠、不背叛她等等。她願意不做自己、失去自己的樣貌，卻戴上別人似乎最希望看到的表相。雖然在女人無從控制的緊急狀況中，這可以是一種很有用的偽裝手段，但如果她大部分時間都主動找理由擺出這種姿態，她便是嚴重地欺騙了自己並放棄了最主要的力量來源：為自己坦誠說話。

樣，這個壓力最後可以累積成一件有益的事情。掙扎於這兩者之間的女人可說是走在正確的道路上，但是她仍須繼續邁出腳步。

在故事中，繼母家人為了擠壓正要茁壯的心靈而機關算盡地讓爐火熄掉。此刻，女人開始失去心靈的方位；她感到寒冷、孤獨、願意做一切來取回光明。這正是太善良的女人所需要的顛簸，好讓她能繼續被引進到自己的能力之中。我們可以說正因為她需要好好被嚇一下，薇莎莉莎必須遇見那個偉大的野巫婆。我們必須離開詆毀者的合唱團並縱身進入森林裡，絕不可欲走還留。

跟我們一樣，薇莎莉莎需要某種指引的光明來區分對她有益和無益的事。若只是站在一旁當所有人的鞋拔，她是不可能有任何成長的。試圖讓自己深處感覺消失的女人會使自己變得遲鈍，而她的火也就熄了。這是生命懸止的一種痛苦形式。

反過來說（也可能是不合常理的），薇莎莉莎卻在火熄之時從屈服之中被叼拔了出來，讓她可以死於舊的生命方式並顫抖著踏進新的生命——那奠基於更古老、更智慧之內在知能上的生命。

第三個工作：在黑暗中巡航

在故事的這一段中，死去的母親留下的人偶娃娃引導著薇莎莉莎穿過黑暗，去到芭芭雅嘎住的地方。這時期的心靈功課包括了：**同意冒險進入深層啟蒙之所在（進入森林），並開始體驗直覺內之嶄新而令人覺得危險的靈質生命；學習磨銳敏感度以尋找神祕無意識的方位，並且完全只依賴自己的內心感官；學會找到回歸野性母親的路（聽人偶娃娃的指示）；學會餵食直覺（餵食人偶娃娃）；讓柔弱無知的少女進一步死去；把力量轉移給人偶娃娃，亦即直覺力。**

薇莎莉莎的娃娃是年老的野性母親所提供的。娃娃是本能天性眾多珍貴的象徵符號之一。就薇莎莉莎的故事而言，娃娃代表那小小的本能生命力量，既兇猛又有恆心。無論我們陷入多麼糟糕的狀況中，它隱身在我們裡面而自活出一種生命。

人類在多少世紀以來，一直覺得人偶娃娃散發出神聖的性質和「瑪拿」（註七）——某種在人的身上發生作用並改變其靈性、使人敬畏而強大的存體。舉例來說，鄉野治療師總是讚美曼德拉草長得像人的身體（其根為手腳，其木瘤之處為頭部），並說它充滿了偉大的靈力。而人們也相信製造娃娃的人都曾把生命灌注在他們手中的人偶娃娃上；有些可被用在儀式、祭典、巫毒術、愛情魔法或一般惡作劇之中。我與巴拿馬外海小島上的苦那族人同住的時候，他們用

註七　**瑪拿**（mana）是榮格從近二十世紀初的人類學研究中取得的一個澳洲美拉尼西亞（Melanesian）字詞。在他的瞭解中，「瑪拿」指的是某些人、某些護身符，或某些自然界事物（如山與海、植物、岩石、地方和自然事件）散發出來並環繞在其周圍的魔力。根據原住民的親身見證，「瑪拿」是一種既實際亦神祕、既賦予神力亦促成行動的經驗。雖然如此，當時的人類學說法卻未對此給予重視。此外，歷代的神祕主義者在記載自己起起落落的「瑪拿」經驗中，都讓我們看到：與核心本質相屬——「瑪拿」就是其結果——就像是與人相愛，而失去它就等於失去摯愛者。雖然一個人最初可能要花上許多時間來醞釀準備，之後卻能與這核心本質建立豐富而深刻的關係。

小木人當做權威標記，去提醒人不要忘記自己的力量。

世界各地的博物館無不因為放置了許多黏土、木頭和金屬製造的雕像而爆滿。出自舊石器時代和新石器時代的小雕像都是人偶娃娃。藝術館也充滿了人偶娃娃。在現代藝術中，西格爾（Segal）做出的真人大小、裹著薄紗的木乃伊也是人偶娃娃。火車站的禮品店和重要交流道的加油站擺滿了充滿族群色彩的人偶娃娃。貴族皇室自古以來就用人偶娃娃當做表達善意的禮物。全世界的鄉村教堂裡都有聖人人偶；它們不僅定期被洗浴並穿上手製的衣服，還被「帶去散步」，好去瞭解民情和田裡的事，以便代表凡人去向上帝居間求情。

人偶娃娃是具有象徵意義的「小生命」（註八）。它象徵深埋在人心的靈質存體。它是原始自性（original Self）的摹本，小而發出光熱。表面上，它只是一個娃娃；但是倒過來說，它雖代表一小片靈魂，卻攜帶著更大靈魂我的所有知識。人偶娃娃具體而微地傳達了「唯一知者」的聲音。人偶娃娃跟妖精、精靈、小仙子、仙女、侏儒這些象徵符號是有關係的。在童話故事中，這些符號代表了心靈文化深處的智慧悸動。它們孜孜不倦地持續從事精明的心靈工作。尤其在我們睡著的時候，甚至在我們不全然察覺自己正在演出什麼樣人生的時候，心靈依然工作著。

人偶娃娃就用這種方式代表了女人的內在靈性、內在理性的聲音、內在知能、內在知覺。人偶娃娃就像童話故事中現身在女主角耳邊低語的小鳥，把隱藏的敵人揭發出來，並指示她該怎麼做。這是內在「小生命」的智慧，其本身就是我們雖看不見卻唾手可得的幫手。

一個母親可以留給女兒的祝福莫過於讓她確實知曉自己擁有實在的直覺能力。母親用最單純的方法把直覺力傳給女兒：「妳擁有良好的判斷力；妳認為什麼東西隱藏在這一切的背後？」直覺並非無理性而錯誤的突發奇想；它是道地的靈魂聲音。直覺會感知最有利的行路方向；它保護本我、掌握潛在的動機和意圖、並且選擇所有能讓心靈遭受最少破碎之苦的事情而為之。

我們在這個童話故事中也看到一個相似過程。薇莎莉莎的母親把人偶娃娃和薇莎莉莎結合在一起，因而大大嘉惠了女兒。跟自己的直覺連結起來可以加強自己在任何狀況下對它的信賴。它可以把女人的做事方針從「安於所發生的一切」改變成「讓我看見所有該看見的事情」。

這個野性直覺會為女人做什麼？就像狼一樣，直覺擁有扒開和按住東西的爪子；它的眼睛可以看穿人格面具的盾牌，它的耳朵聽達的範疇可以超越人類一般的聽覺。女人用這些強大的心靈工具就可以接收到精明而甚至具有預知能力的動物知覺（註九），而這種知覺可以加深她的女性本質，銳化她在外界自信行動的能力。

因此薇莎莉莎上路去尋取餘燼之火來重新把火點燃。她位處黑暗、荒野之中，只能聽從來自

註八　這些「小生命」，包括侏儒、精靈和其他「微型人」。雖然有人說他們是次於人類的生命，但那些繼承了他們特質的人卻覺得自己超乎人類之上，自認善用智慧而計謀多端，並自信能用自己的方式賦予生命。

人偶娃娃的內在聲音。她正在學習依賴這種關係，也正在學習另一件事——去餵養人偶娃娃。

我們要用什麼來餵養直覺，好讓它能回應我們要它勘查四周環境的請求？我們要用生命來餵它，而聽它說話就是用生命餵它。沒有耳朵接聽的聲音有什麼用呢？除非她能聽見並依賴「唯一知者」的聲音，否則一個身處超級大都會或日常生活這類荒野之中的女人又有什麼可誇之處？

我成千上百次聽見女人說：「我知道應該聽從我的直覺；我感知到應該／不應該做這個或那個，但是我就是沒有聽。」我們要用傾聽來餵養深處的直覺我，並要依照它的勸告來採取行動。直覺我本身就具有人格，是一個人偶形狀大小的神奇生命，住在內在的女性心靈之土上。因此它有如身體的肌肉；不加使用，肌肉終究會虛弱不堪。直覺正是如此：沒有食物、未經使用，它便萎縮了。

餵養人偶娃娃是「野性女人」原型的一個重要過程，而後者是祕密寶藏的保管者。薇莎莉莎用兩種方法來餵人偶娃娃：先用一點點麵包（這番新的靈魂探險所需要的一點點生命），其次是去找到通往野性母親芭芭雅嘎的路徑。當她在每一個轉彎處和岔路傾聽人偶娃娃時，人偶娃娃就指示出「家」的路途。

人偶娃娃和薇莎莉莎的關係象徵了女人和直覺之間一種神奇的同理心。這個同理心，這備受祝福的連結、考驗和餵養直覺，就是女人必須代代相傳的東西。像薇莎莉莎一樣，我們要在路途每個轉彎處往內心傾聽，藉以強化我們和直覺本性的密合關係。「我該往這邊還是那邊走？我該留下還是離去呢？我該抵抗還是折衷呢？我該逃走還是迎向前呢？這個人、這個事件、這番冒險是真的還是假的？」

女人跟野性直覺之間的斷裂關係常被誤以為是直覺本身遭到破壞，事實並非如此。斷損的不是直覺，而是歷代母親贈予直覺的祝福、是女人跟她所有前輩女人之間的傳承關係——她們所傳承的就是對直覺的倚賴。受到詛咒的是那條女性長江之水（註十），以至於女人對於直覺智慧的掌握轉趨虛弱。但是只要經過練習，它就能恢復並且完全展現出來（註十一）。

人偶娃娃可以做為護身符。護身符讓我們記住那些感覺得到卻看不到、本是如此卻不即刻顯然的事物。人偶意象具有護身意味的靈質生命在在提醒我們、告知我們、並且為我們向前看。這個直覺機能屬於所有女性；它是大塊而原始的感受力。但這個感受力不是古典心理學曾

註九　有些人否定「動物心靈」這個想法、或不肯承認人類既具有靈魂、也具有動物本性。問題有一部分來自「動物沒有靈魂」這種看法。但代表「動物」的英文字 animal 起源於拉丁文，意為活的生物，或（更恰當地說）「任何有生命的東西」，尤與源自「空氣、氣息、生命」（anima）的「具有生命氣息」（animalis）一字有關。也許在不久的未來，我們將再也無法理解為何這種人類至尊的想法竟然曾經如此根深蒂固到牢不可拔的地步，就像我們今天無法相信膚色歧視曾經是相當普及的價值觀一樣。

註十　如果不加留意的話，這個傳承會在女人的後代身上繼續受到各種傷害。如果女人現在願花時間來修復它，她便可以化減危機。我們說的不是「完美」復原，而是如何建立起某種堅定決心。

註十一　在女性受刑人的工作坊裡，我們有時一起用樹枝編人偶娃娃。我們也用豆子、蘋果、小麥、玉米、布和米紙做娃娃。有些女人用顏料在這些材料上畫圖，有些把這些材料縫在一起，有些則把它們黏貼在一起。最後，用同樣材料製作了好幾遍之後，一打又一打的人偶娃娃被排成好幾排展示出來。每一個都跟製作它的女人一樣獨一無二。

經吹捧的被動容器，卻是能直通奧祕智慧、直達女人骨髓深處的能力（註十二）。

第四個工作：面對野巫婆

到了故事這一段，薇莎莉莎與野巫婆面對面相見。這場相見包括下列工作：**毫不躊躇地面對可畏的野性女神，亦即面對無意識中的凶猛母親（芭芭雅嘎）；讓自己熟悉奧祕而奇異的野性「他者」（在芭芭雅嘎的房子裡住上一陣子）；把她的價值觀帶進自己的生活裡，因而讓自己變得有些奇怪但無傷大雅（吃她的食物）；學會面對巨大的力量——別人身上的、然後則是自己身上的力量；讓脆弱而太柔嫩的童心進一步消退不見。**

芭芭雅嘎住在蹲踞於雞腿上的房子裡，它可以任意旋轉。在夢境裡，房子這個符號可以說明一個人在有意識或無意識中所居住的靈魂空間架構。反諷的是，如果這故事是一個補償性的夢境，這古怪的房子便意謂著主體我（薇莎莉莎）太平凡、太採折衷路線，因而需要扭動旋轉一番，才能知道偶爾像瘋雞一樣跳個舞是什麼滋味。

我們現在可以知道雅嘎的房子是屬於本能世界的，而且薇莎莉莎的個性裡需要更多這種元素。這個雞腿房子四處走動，甚至還扭轉起來，跳起某種躍躍球般的舞步。這房子是活的，爆發出熱誠，帶有喜樂的生命。這些特質是野性女人原型靈魂的主要基素。房子跳著舞、無生命的泥漿飛行如鳥、老女人能施行魔法——在這裡，一切都與其外表不同。這樣喜樂而狂野的生命力比它一開始看起來的樣子要好太多了。

一開始，薇莎莉莎的個性可被稱為平凡無趣。就是這種「極度正常」匍匐到我們身上，直到我們的生命變成了例行公事，在無意間失去了生命力。這更促成直覺被忽視〔註十三〕，並因而使靈魂更缺乏亮光。因此我們必須做點事；我們必須出發到森林那裡，去找到那可怕的女人。要不然，有一天當我們昂首走在街道上的時候，一個人孔蓋或許會突然打開，而在嗖的一聲中我們就被某個無意識的東西給抓走並像破布一樣被它丟擲著——它也許高興、也許不高興（大半可能是不高興的），但它可懷有善意的目的。〔註十四〕

慈愛的原始母親傳贈直覺娃娃只是過程的一部分；全部過程要竟其功，必須俟年老的野性母親發出工作命令並加以考驗。芭芭雅嘎就是本能心靈、完整心靈的精髓。我們可以從她對先

註十二　傳統女性心理學理論的最大問題之一在於它們用偏狹的方式去看待女性的生命，而不曾想像女性生命的豐富性。古典心理學的研究多半偏重被約束的女人，而非那些試圖掙得自由或展身向外探索的女人。本能天性所要求於心理學的，就是它必須以奮鬥不懈的女人以及多年被迫畏縮度日、但不曾屈服的女人為觀察研究的對象。

註十三　我們在此所說的直覺不同於榮格的類型學所描述的四種機能：情感、思考、直覺和感官。在女性（和男性）心靈中，直覺不僅是一種機能類別。它屬於本能心靈、靈魂；它應是與生俱來的，也會經歷成長，並具有感知、抽象概念和賦予事物象徵意義的能力。它是一個屬於所有女人（和男人）的心理機能，與類型學無關。

註十四　在大多數情況下，當你聽見呼喚（或被推向前）時、當你覺得自己似乎靈活了起來或彈性甚佳時，你最好就往前走去，而不要制止自己、抗拒或拖延，不要直等到心靈狀態爆發開來而拖著你血流滿面或鼻青臉腫地上前去。有時鎮靜是不可能的；但當有這個可能時，前進會比抗拒少花許多力氣。

前發生過的事瞭若指掌知道這一點。薇莎莉莎到來的時候，她說：「喔，是啊，我認識妳和妳的家人。」此外，她以其他化身的身分——白晝母親和黑夜母親（「生而死而生」的女神）〔註十五〕——去管守天與地的眾象：白日、朝陽和夜晚。她稱它們為「我的白晝，我的黑夜」。

芭芭雅嘎之所以可怕是因為她在同一時間代表了滅亡的力量和生命的能量。注視她的臉孔就等於在同一時間看見血紅的眼睛、完美的新生嬰兒、以及天使的羽翼。

而薇莎莉莎站在那裡接受這位野性母親的神性、智慧、贅疣和其他一切。這故事所描繪的雅嘎有一個很特別的面向：她雖然恫嚇有加，為人卻很公正。只要薇莎莉莎尊重她，她就不會傷害薇莎莉莎。面對巨大的力量而心懷敬意是一個重要的功課。女人必須要有能力站在力量的面前，因為那個力量的一部分最終也將歸她所有。薇莎莉莎面對芭芭雅嘎的時候不卑不亢，既沒有自我吹噓，也沒有逃走或躲起來。她誠實地展現自己。

許多女人正待從「好女人」的情結中復原並走出來。在這些情結裡，不管她們的感覺如何，不管攻擊她們的人是誰，她們都報以甜蜜而導致身材真的肥腫了起來。白天時她們雖然會和藹微笑著，到了晚上她們卻像野獸一樣咬牙切齒——她們心靈中的雅嘎奮力想要表達己意。

當女人極度害怕被剝奪權利或被視為不重要的時候，她們就會刻意做好女人、刻意去適應別人。在我所聽過最令人心酸的夢境中，有兩則是跟一個顯然太過馴良的年輕女人有關。在第一個夢裡，她繼承了一本收集了「野性母親」照片的奇特相簿。她是多麼高興。但二個星期後，她夢見自己打開了一本類似的相簿，其中有一個可怖的老女人注視著她。這老女人的牙齒長了青苔，而黑色的檳榔汁從她下巴流下來。

她的夢代表了那些正要從「過分甜美」中痊癒的女人。第一個夢顯示了野性本質仁慈豐富的一面以及所有與其世界相合的事。但是當長有青苔的野性女人出現在她眼前的時候，喔喔，啊，哦，呃……我們可以暫時不談這個嗎？不可以。

無意識用絕妙的方式讓這個作夢者知道：有一種新的生活態度大大不同於太過乖巧之女人所展露的正面雙門牙微笑。在面對這野性而有創意的內在力量時，我們便是向深潛之女性本質的無數面貌趨近；它們與生俱來就屬於我們，而我們可以選擇去棲息於任一時刻對自己有最大利益的任一面貌之中。

在這齣啟蒙戲劇中，芭芭雅嘎是偽裝成巫婆的本能天性。正如「野」這個字一樣，「巫婆」一詞現在成了貶抑之語，但是它在古時候是年老及年輕女治療師的稱號。「巫婆」（Witch）的字根是wit，有聰明之義，這是在持一神論宗教意象之文化戰勝較古老的泛神論文化之前（後者藉著宇宙的多元宗教意象和所有宇宙現象來瞭解神靈）。無論如何，女怪、巫婆、野性、以及在女性靈魂中被文化視為可怖的所有東西，全部都是女人用來復得失物、令之

註十五　黑夜母親是斯拉夫部族「生而死而生」女神中的一位。

重現於世的寶器。

談論女性力量的許多文獻都說到男人恐懼女人的力量。我總想大喊：「上帝的母親！有這麼多女人自己都怕女人的力量。」歷史悠遠的女性特質和威力是龐大而令人畏懼的。我們可以理解為何男人和女人第一次跟古老的野性力量面對面相遇時會落荒而逃、讓人只見到他們飛奔的腳掌和恐懼的尾巴。

如果男人將學會承受這個力量，女人毫無疑問地也必須學會承受它。如果男人將學會瞭解女人，女人就必須把原始女性本質的形構教給他們知道。為達這個目的，心靈的造夢功能在夜晚時、在作夢時間把雅嘎和她的同僚直接帶進女人的臥室裡。如果我們運氣好的話，雅嘎會在我們床邊的地毯上留下她寬大的腳印。她會過來窺視那些不認得她的人。如果我們延誤了自己的啟蒙，她會納悶我們為何不去找她，於是她會在夜夢中來找我們。

有一個我輔導過的女人夢見許多穿著破布睡袍的女人在享受餐廳菜單上絕不可能出現的食物。另一個女人夢見一個形似古舊爪足浴缸的老女人，而這老女人浴缸嘎嘎弄響自己的水管，並威脅說要讓它們爆裂開來，除非作夢者敲開一堵牆，讓浴缸能夠「看見」。第三個女人夢見自己是三個年邁女瞎子中的一個，只是她不斷弄丟自己的駕照而必須離開同伴去尋找它。在某種意義上，我們可以說她覺得難以認同三位命運女神、也就是靈魂中指引生死的力量。但是她後來還是學會了承受它、學會去靠近她曾經恐懼的東西——她自己的原始天性。

夢中所有這些生命體都在提醒作夢的女人要記住自己的自性：雅嘎之自性或「生而死而生」母親所擁有的神祕而強盛的力量。沒錯，我們要如同雅嘎，並要有能力承受它。「強壯」並不是要我們去鼓出肌腱和彎起手臂，而是要我們義無反顧地去跟自己的靈質生命相遇、用自己的方式積極地跟原始本性一起活著。「強壯」是要我們有學習的能力、有承擔我們所知之事的能力。它的意思就是承擔和活著。

第五個工作：服侍非理性

在故事的這一段裡，薇莎莉莎已經向芭芭雅嘎要火，而雅嘎也同意了——只要薇莎莉莎願意替她做一些家事來交換。心靈在這段學習時間的功課是：**留在巫婆身邊以習慣女性心靈偉大的野性力量；認識她（妳）的力量和內在淨化的力量；除去泥汙整理、照顧、建造能量和思想（洗滌雅嘎的衣服、替她煮飯、打掃她的房子、把基本要素挑揀出來）**。

女人在不是太久之前還曾深入參與生與死的節奏。她們從新鮮的分娩之血當中吸進刺鼻的鐵味；她們也洗滌死者逐漸冰冷的軀體。現代女性的心靈（尤其是工業和科技文化中的女性）常被剝奪了這些近距離且親自為之的基本經驗，而這些經驗都是受祝福的。但是一個新手仍可找到方法去充分參與生死循環中那些知覺強烈的面向。

芭芭雅嘎這位野性母親是我們可以請教這些事情的老師。她教我們如何整理心靈的房子，也讓自我被另一種生命層次浸染。在這個層次上，魔法會發生、喜樂的事可以做成、慾求是完整如初的、諸事是在興味盎然之中完成的。芭芭雅嘎是真於自性的典範。她把死亡和新生教導於人。

在故事中，她教薇莎莉莎如何去照顧原始女性本質的靈屋。洗滌芭芭雅嘎的衣服是一個奇妙的象徵符號。在古老國家裡，即使現在，一個人要洗衣服就必須下到河裡，在那裡進行人類自古以來即為之的淨身儀式，以期更新衣服的布面。就洗滌並淨化全般心靈這件事而言，這確實是一個美妙的象徵。

在神話裡，織布是「生而死而生」母親的工作。比如，東方有三個命運女神——克洛梭（Clotho）、拉克細絲（Lachesis）和阿圖波絲（Atropos），而西方則有把紡織術贈予那瓦荷印地安人的女蜘蛛。這些「生而死而生」母親們教導女人要敏銳察知應死該生之事、何者必須被剔除出去、何者必須被編織進來。在故事裡，芭芭雅嘎命令薇莎莉莎洗衣服，為的是要她把這一塊織布——「生而死而生」女神所知的織圖——拿到光天化日之下、放到知覺當中、處理它、洗滌它、更新它。

洗東西是一個源遠流長的淨化儀式。它不僅有淨化之義，還有浸透之義（就像「浸禮」一詞的拉丁語原文baptiza一樣），也就是用靈質生命和靈性奧祕去滲透充滿。洗濯是故事中的第一個工作，其意在於重新拉緊已鬆垮的衣服。我們就像衣服，穿了再穿，直到我們的思想和價值觀在歲月中變得鬆垮。更新、復甦要發生在水中、發生在我們重新發現自己真正視為真實神聖之事為何的時候。

在原型的象徵符號裡，衣服代表**人格面具**，即眾人對我們產生的第一個觀感。人格面具是一種掩護色，讓別人只知道我們想讓他們知道的自己。但是**人格面具**也具有一個更古老的意涵，出現在所有中美洲儀式當中，為治療師們所熟悉。人格面具不僅只是用以藏身的遮幕；它更是一種蓋越凡俗人格的存體。從這個意義來說，人格面具代表了位階、德行、品格和權威。它是形於外的意符，把內在的主導力揚示出來（註十六）。

在啟蒙過程中，我非常喜歡其中這要求女人清洗人格面具——森林中偉大雅嘎之權力外衣——的工作。藉著洗濯雅嘎的衣服，被啟蒙者會親眼看見人格面具的縫線是如何縫上的、袍子又是採用了何種花樣。她自己不久就會稍稍量度這些人格面具，把它們放進自己的衣櫥，讓它們跟她這一生製作的其他面具並列著（註十七）。

註十六　在中美洲各地，面具代表一個人已經通曉如何與神明合而為一，而後者則由人所穿戴的面具和靈衣所形示。在西方社會中，個人透過衣著和面部裝飾物而與神明合一的習俗已經消失殆盡。然而，紡線和織布這些動作還是可以被用來當做邀請神明或被祂充滿的途徑。有很嚴謹的證據顯示：紡線和織布曾是用來教人生死和永恆道理的宗教儀式。

註十七　我們應在生命一路上擁有許多面具、收集它們並縫上幾個。在我們年紀愈來愈老之際，若能擁有這樣一個隨時可供使喚的收藏，我們應能在自己想要的任何時間扮演自我的任何面向。然而，到了生命某一階段，尤其到了中年、中年以後以及老年時，一個人的所有人格面具會開始神祕地互相移入合併。最終會發生一件像原子爐「爐心融解」一樣的事情：人格面具完全消失，而那可被稱為「真我」的東西同時出現在耀眼光芒中。

我們不難想像：用來代表雅嘎權力和權威的記號——她的衣服——是按照她自己被人心建製起來的方式製作而成的：強大、歷久不衰。洗濯她的衣服是一個隱喻，我們藉之學會目睹、審視以及襲取這二個特質的結合品。藉著洗濯生命的纖維，我們學會如何去理線、修補和更新自己的本能靈魂。

薇莎莉莎的下一個工作是打掃茅屋和院子。在東歐童話故事裡，掃帚常是用樹木和灌木的枝子（有時用細韌植物的根）做成的。薇莎莉莎的責任是使用這以植物做成的物件去掃除地板和院子的垃圾。一個聰明的女人會保持她心靈環境的整潔；為達這個目的，她保持清晰的頭腦、維護舒暢的工作空間、努力完成自己的創意和計畫。（註十八）

對許多女人來說，這個工作要求她們每天騰出一段時間來默想、於這段時間中擁有一個確定屬於自己的空間來跟紙、筆、顏料、工具、對談、時間及工作專有的自由共處。對許多人而言，為這工作提供如此特別的時間和地方可以從心理分析、打坐、靜思、獨處及其他種種深潛和轉變的經驗當中取得。每個女人都有她自己的偏好和方法。

如果這個工作能發生在芭芭雅嘎的茅屋裡，這樣最好。甚至靠近茅屋都比在遠處好。無論如何，一個人必須固定整理自己的野性生命。去它那裡一天、幾天、一年一次都還不夠好。

但是，既然薇莎莉莎清掃的是芭芭雅嘎的茅屋和院子，那麼我們所談的也就是如何讓罕見非凡的創意能夠保持清晰和條理。這些非凡創意不同凡響、非常神祕、充滿深情、甚至不可思

議。〔註十九〕

打掃居家環境的意義不僅在開始珍惜非表面的生命，而且也在關心它的整齊。有時候女人對於靈魂工作感到不知所措而忽略它的結構，直到森林又將之埋沒。漸漸地，靈魂結構上爬滿了植物，直到它們最後僅僅成為無意識中隱沒不見的考古廢墟。周期性的重大打掃可以讓此事不至於發生。女人擁有清暢的空間時，野性本質就會更加興旺。

要替芭芭雅嘎煮飯，我們必須問一個實際問題：如何來餵心靈的芭芭雅嘎？用什麼餵如此野性的女神？首先，為了替芭芭雅嘎煮飯，我們要生火——女人必須願意燒熱起來，願意因熱情、文字、創意、以及任何她珍愛之事所引起的渴望而燃燒起來。讓煮飯得以發生的就是這股熱情，而被烹煮的就是女人真實的原始創意。要替雅嘎煮飯，一個人必須設法在自己的創造力底下保持恆火。

如果我們更熟練於守護我們工作底下的火，如果我們為了餵養原始自性而更嚴密注意煮飯的過程，我們多數人應會比現在成功得多。我們常常離開鍋子、離開烤爐；我們忘了留意、忘了添燃料、忘了攪拌。我們誤以為爐火跟煮飯這兩件事就像家中一盆精神抖擻的盆栽一樣，可

註十八　從事與植物接近的工作可以簡化生活、讓我們更倚賴感官知覺和情感知覺，而不至於過度偏賴智性。就像我已故的同事范德柏（J. Vanderburgh）所說，有時我們若能用十歲聰明小孩的方式去思考問題，那對我們可是很有幫助的。

註十九　這些特質恰好也是成功的靈魂生命以及成功的事業和經濟生活所必要的。

以八個月不用澆水（之後這可憐東西就倒地不起了）。不該如此的。爐火需要、甚至**要求**被人看管，因為火焰是很容易熄滅的。雅嘎必須被餵飽；如果她挨餓的話，麻煩可就大了。

因此，要持續餵養野性心靈，我們就必須烹煮出全然創新的東西、新的方向、以及對藝術和工作的專注。這些事情也餵養著年老的野性母親，讓她在我們的靈魂中可以生存下去。沒有火，我們偉大的創意、原創的思想和渴望就無法被煮熟，而每個人也就都得不到自我實現的滿足感。反過來說，只要有火，我們做的任何事情都可以令她快樂並餵飽我們大家。

在女人心靈成長過程中，她所做的所有「家管」事情——烹飪、洗濯、掃地——都在把超出平凡的某樣東西量化出來。所有這些隱喻都提供方法讓我們可以去思考、衡量、餵飽、供養、整頓、滌淨、整理心靈生命。

薇莎莉莎在這一切事情上都得到了啟蒙，而她的直覺幫了她很大的忙。直覺天性能夠一眼就測出事情大小、須臾間就知其重量、清除某一創意周遭的垃圾、直稱事情本質的名字、用活力去點燃它的火、烹煮未熟的創意、替心靈煮飯。透過直覺娃娃，薇莎莉莎學習著去分門別類、瞭解、整理、清空和清潔心靈之屋。

此外，她學到野性母親需要許多食物才能工作。芭芭雅嘎不可能只進食萵苣葉和黑咖啡。如果要接近她，必須曉得她對某些食物特別有胃口。如果想跟古老的女性本質建立關係，一個人必須煮出很多食物。

芭芭雅嘎用這些雜事做為教材，而薇莎莉莎學會不再畏縮地逃離那跟大自然一般大小的巨者、強者、周而復始者、不可見者、出人意外者、龐然偉大者、奇特之事、陌生之事、不尋常之事。

從薇莎莉莎的工作看起來，女人的周期可分如下：定時洗淨自己的思考和更新自己的價值觀；清除靈魂中的瑣屑、打掃自己、定時清理自己的思想和情感狀態；在創造力底下升起持久的火、利用方法煮出創意來、尤其用創意煮出大量聞所未聞的生命去餵養自己與野性本質之間的關係。

在與雅嘎相處的時日中，薇莎莉莎終將會吸收到雅嘎的某些方式和風格。我們也一樣，而用人類有限的方法去效法她是我們的責任。我們學會這麼做，但同時我們也感到畏懼，因為有東西在芭芭雅嘎的土地上會在夜間飛行並在破曉時再度升起；它們全受野性本能的召喚和指使。在那裡有會說話的死人骨頭，有風、命運三女神、眾太陽、月亮、天空、一切生存在她偉大軀幹裡的東西。但是她維持著秩序：白日追隨黑夜、季節追隨季節。她不會任意妄為；她既是節奏、也是理性。

在故事裡，雅嘎發現薇莎莉莎完成了眼前的所有工作。她很高興，但也因為沒有理由可以咒罵女孩而感到有些失望。於是，為了確保薇莎莉莎不會視一切事情為理所當然，芭芭雅嘎讓她知道：「雖然妳這一次設法完成了我的工作，但這並不表示妳還能再完成一次。因此，這裡還有另外一天的工作。親愛的，讓我看看妳怎麼做……」

在直覺嚮導的支援下，薇莎莉莎再一次完成了工作。雅嘎只好無禮而且心不甘情不願地蓋上讚許的印章，像極了那些活得夠長、看得夠多、有點希望自己不是這樣、卻又因此十分自傲的老女人所賜給別人的讚許。

第六個工作：分別此與彼

在這一段故事裡，芭芭雅嘎要薇莎莉莎做兩件困難的事情。女人在這時要做的靈魂功課如下：**學習敏銳的區別能力、用最敏銳的洞察力分別此與彼、學會在判斷時看出細膩的差別（把發霉的玉米跟好玉米分開來、把罌粟種子從一堆鬆土中分出來）；即使自我沒有察覺到，也要去觀察無意識的力量及它的運作方式（出現在空中的幾雙手）；學習更多與生命（玉米）和死亡（罌粟種子）有關的事。**

薇莎莉莎被要求去區分四種物質：發霉的玉米和完整的玉米、罌粟種子和鬆土。直覺娃娃完成了這件區分此與彼的工作。有時這個分門別類的過程發生在我們無法意識到的極深層次之中，直到有一天……

故事中說到的分門別類會發生在我們面對兩難或問題、但又得不到多少幫助的時候。先不要管它，然後回到它那裡，這時你很可能就會在之前什麼都沒有的地方找到很好的答案。或者，「去睡覺吧，看看你會夢到什麼。」〔註二十〕那位兩百萬歲的女人很可能會從夜的國度來看你。她很可能帶來解決的方法，或是告訴你答案就在床下、在口袋中、在書裡、或在你的耳朵後面。一個我們由觀察得知的情形是：在睡前提出一個問題，若經過練習，這個舉動常會導引答案在醒時剎那出現。心靈中有個東西，某種直覺娃娃，某種在集體無意識之下、之上、之內趁我們睡覺作夢時去區分材料的東西。〔註二十一〕依賴這個屬性也是野性本質的一部分。

在象徵意義上，發霉的玉米有雙重涵義。作為藥酒，它可以當成酩酊之酒，也可當成藥品。有一種黴菌病害被稱為玉米黑穗病；毛茸茸的黑色黴菌長在發霉的玉米上，據說可以作為迷幻劑。

不同的學者有一個共同的假設：用小麥、大麥、罌粟或玉蜀黍做成的迷幻劑曾被使用在希臘伊盧西斯的女神祭祀之中。另外，將玉米分類這件事情（如雅嘎命令薇莎莉莎所做的）也跟今天在北美洲、中美洲、南美洲各處仍可見到的老年女性治療師採收藥草有關。女性治療師古

註二十　榮格覺得我們可以透過夜夢接觸到那最古老的源頭。見威廉・麥奎爾（William McGuire）與赫爾（R. F. C. Hull）編輯之《榮格語錄》（C. G. *Jung Speaking*, Princeton: Princeton University Press, 1977）。

註二十一　這種現象事實上發生在似睡似醒和覺醒剎那的情況中。許多睡眠實驗都記錄以下的事實：在睡眠初期的不明狀態中被問到的問題似乎會在睡眠後期於大腦的「列檔資料」中自動歸類，讓一個人醒來時發現直接答案的能力大為增加。

老的藥方和療法也可以從罌粟種子（有催眠和鎮靜作用）和泥土（自古到今被都當做膏藥或浴用藥包，甚至在某些情況下還可內服（註二十二））那裡找到。

這些是故事裡最美麗用語的一部分。新鮮的玉米、發霉的玉米、罌粟種子和泥土都是古代藥師留下的蛛絲馬跡。這些物質被用為香膏、止痛膏、泡酒和膏藥，而可以把別的藥劑固定在身體上。作為隱喻來說，它們也是心靈的藥物；有些帶有滋養作用，有些使人平靜，有些讓人無精打采，有些則造成亢奮。它們是「生而死而生」循環的不同面向。芭芭雅嘎不僅要求薇莎莉莎去區分此跟彼、判斷相似事物之間的差異（比如，真愛和假愛、有養分的生命和被損壞的生命），她也要薇莎莉莎去區分藥物之間的不同。

就像夢可以被客觀地加以瞭解、但仍然具有主觀的真實性，這些食物／藥物元素同樣可以在象徵層面上引導我們。像薇莎莉莎一樣，我們必須把心靈中具有療效的因子挑揀出來。挑著、挑著、挑著，直到我們瞭解心靈的食物也就是心靈的藥物，直到我們把這些元素中的真理和精華擰取出來滋養自己。

所有這些元素和工作都在教導薇莎莉莎「生而死而生」的本質以及如何在照料野性本質之際去割捨和接收。有時，為了讓女人更接近這個本質，我會要求她去擁有一座花園，不管那是一座心靈花園或是真正的花園，但其中一定要充滿泥巴、泥土、綠色植物、以及所有圍在一旁有所助益或意圖攻擊的東西。讓它代表野性心靈。花園以具體形式連接生命和死亡。你甚至可以說有一種花園宗教，它教導深奧的心理和靈性功課。花園中會發生的任何事情也會在靈魂和心靈中發生：水澆得太多或太少、蟲害、高溫、暴風雨、洪水、入侵、奇蹟、枯萎、重生、恩賜、治療、盛開、收成、美麗。

在花園存在的期間，女人寫日記，記下新生命和死亡的訊號。每一則日記可以煮出一碗靈湯。在花園裡，我們練習讓思想、創意、偏好、渴望甚至愛情誕生及死亡。我們種下植物、我們拔草、我們埋葬。我們曬乾種子、種下它、滋潤它、支持它、收成它。

花園是一種冥想形式，讓我們練習去看見某種東西何時必須死去。我們在花園裡可以看見果實成熟時間的來臨，也看得見植物枯萎一刻的到來。在花園裡，我們與更偉大的野性本質一起吸氣吐氣，而非違抗它。

經由這種冥想，我們承認「生而死而生」是自然的運行。賦予新生命和賦予死亡這兩種天性都等著成為我們的朋友、要被我們永遠深愛著。在這過程裡，我們變得跟循環不已的野性更為相像，開始有能力去注入能量和整頓生命並不擋住死去之物的路。

第七個工作：打聽神祕之事

完成她的工作之後，薇莎莉莎向雅嘎問了一些很好的問題。此時的功課是：**詢問並試圖更**

註二十二　在我成長的故鄉附近有一座森林，有個老女人住在林中一間破木屋裡。她每天吃一茶匙泥土，據她說這樣可驅除悲傷。

瞭解「生而死而生」的本質和它的功能（薇莎莉莎提出有關騎馬男子的問題）；懂得什麼是「有能力去瞭解野性本質所有的元素」（「知道太多事情會讓人很快老去」）（註二十三）。

大家一開始都問：「我究竟是什麼？我在此的責任是什麼？」雅嘎教我們：我們就是「生而死而生」，而這也是我們周而復始的故事，是我們對深沉女性本質獨特的真知灼見。小時候，一位姨媽告訴我家族間傳說的「水濱女人」故事。她說，在每個湖畔都住著一個雙手蒼老的年輕女人。她的第一件工作是把「啼滋」（tüz）——我只能把它解釋為靈魂或「靈魂之火」——放進好幾打美麗的瓷製鴨子裡面。她的第二件工作是轉緊鴨背上的木鑰匙。當鑰匙轉緊了，鴨子翻落下來、它們的身體都破碎的時候，她必須對著逸出的靈魂拍動自己的圍裙並噓趕它們飛進空中。她的第四個工作是把「啼滋」放進更多美麗的瓷鴨裡面，轉緊鑰匙，再釋放它們到生命之中……

〈啼滋〉的故事非常清楚地告訴我們「生而死而生」母親究竟如何打發她的時間。對靈魂而言，黑夜母親、芭芭雅嘎、水濱女人、唯一知者、野女人等都代表野性母親各種不同的形象、不同的年齡、不同的心情和面向。我們的責任在於把「啼滋」注入自己的創意、自己的生命、以及我們碰觸到的人的生命。我們的責任在噓趕靈魂回家。我們的責任在釋放陣雨般的火花去充滿白晝，並創造光明讓自己在夜晚不致迷路。

薇莎莉莎對於她在尋找芭芭雅嘎茅屋的路上所遇見的騎馬男子——白馬上的白衣男子、紅馬上的紅衣男子、黑馬上的黑衣男子——提出問題。就像德米特女神一樣，雅嘎是一個年老的牡馬女神，與牡馬的力量和生殖力有關聯。雅嘎的茅屋是為各種顏色的馬和騎者準備的馬廄。這些馬和騎者在白天把太陽拉起並跨越天空，在夜晚則拉起黑色布幔放在天空上。但是它們還有別的意義。

黑、紅和白色的騎者在古代意謂著出生、活著和死亡。這些顏色也代表古代有關沉潛、死亡和重生的觀念。黑色代表舊價值的解體，紅色代表犧牲自己所珍惜的幻相，白色代表新的光明以及經歷前二者之後得到的新知。

中古世紀用*nigredo*、*rubedo*、*albedo*這些古字來分別代表黑、紅和白色。它們描述一種遵循野性女人周而復始之循環（即「生而死而生」母親所為）的鍊金術。〔註二十四〕若沒有黎明、上升

註二十三　在所有口傳和書寫的童話故事傳統中，關於這一點有許多矛盾的說法。有些故事說年輕時擁有智慧可使一個人長壽，另有故事警告說少年老成不是好事情。在比較之後，有些故事應是隨其出現之文化和時代而傳達不同意義的箴勸之言。在我看來，其他則是某種密語，而非訓詞。換句話說，其字句是用來凝想，而非被直接理解的。在凝想中，靈性的頓悟可能終將發生。

註二十四　這種煉金術的起源可能遠比玄學知識更為古老。幾個東歐裔和墨西哥裔的老女人告訴我：黑色、紅色和白色的象徵意義源自女人的月經和生育周期。正如每一個有月經經驗的女人所知的，黑色代表未受孕之子宮中剝離的膜層；紅色代表受孕期間子宮貯存的血，也代表「產道之血」——那宣告陣痛開始及新生命隨後降臨的血點；白色則是流出來哺育新生兒的母乳。這些都被視為一個完整的生命劇烈轉變周期。我不禁想：後世的煉金術在發明一個類似子宮的容器及一整套象徵符號和步驟時，是否想要盡力模仿月經、懷孕、生產和哺乳這樣的生命周期。看來有一個無法用實際角度去瞭解的懷孕原型讓男人和女人一起受到了感動（或激勵），使他們必須為自己找到一個象徵其豐富意義的方式。

的日光、神祕黑暗這些象徵符號的話，她就不會是她所是。心中若沒有升起的希望、沒有穩定的光亮（不管是燭光還是陽光）來指示我們區別生命中的此與彼、沒有一個可讓一切安憩並讓一切由此誕生的黑夜，我們也一樣無法從自己的野性本能那裡獲得任何利益。

故事中的顏色極為珍貴，因為每個顏色都帶有自己的死亡本質和生命本質。黑是泥巴、肥沃者、觀念被播植所在之基本物質的顏色。不過，黑也是死亡之色及光明被塗黑之狀。黑還有第三個面向：它也是狼女所在的世界與凡俗世界交界處的顏色，因為黑是下降之色。黑色承諾：你不久就會知道之前不曾知道的事情。

紅是犧牲、憤怒、謀殺、被折磨和被殺害的代表色，但是紅也是強健生命、充沛情感、激發、情愛、慾望的顏色。它被視為一種可治靈魂不適的強力藥劑，也可以提振胃口。在世界各地都有一個叫作「紅母親」（註二十五）的故事人物；她也許不如黑色母親或黑色聖母那麼有名，但她是「正在發生之事」的觀看者。她看到即將分娩的人會特別開心，因為任何離世的人或任何誕生於世者都必須經過她的紅河。紅色承諾：上升或出生即將來臨。

白是新、純潔、初始的顏色。它也是脫離肉體、不受肉體羈絆之靈魂的顏色。它是最基本養分——母奶——的顏色。反過來說，它也是死者之色，是失去玫瑰色和生命嫣紅者的顏色。白色所在的地方，一切都暫時成了未曾書寫過的白板。白色承諾：有足夠的養分可讓事情重新開始，而空白之處會被填滿。

除了騎馬男子之外，薇莎莉莎和她的人偶娃娃也穿著紅、白、黑三種顏色。薇莎莉莎和她的人偶娃娃是煉金術中的雛形元素；她們在一起可以讓薇莎莉莎成為一個小小的、正在成形的「生而死而生」母親。故事中有兩個靈顯或賦予生命的情節：薇莎莉莎的生命被人偶娃娃復甦過來，而遇見芭芭雅嘎也同樣使其如此，因而她能駕馭一切任務工作。故事中也有兩個死亡：太過慈愛的母親之死和繼母家人之死。但是我們很快就曉得這些死亡是必要的；它們最終會帶給年輕的靈魂更豐盛的生命。

因此，這樣的任其生和容其死是非常重要的。這是女人必須瞭解以及活出來的基本自然節奏。掌握這節奏便可減少恐懼，因為我們可以因此預期未來可能發生的所有洶湧潮水和所有退落一空。人偶娃娃和雅嘎是所有女人的野性母親；她們從個人層次和神明層次送來充滿洞澈力的直覺禮物。這是本能天性極致的弔詭和教導。它是一種「野狼佛教」，原為一者成為二，原為二者成為三。生者將死，死者將生。

這就是芭芭雅嘎說「知道太多事情會使人老得很快」的意思。在每個年齡、在生命的每個

註二十五　我花了多年時間研究神話和童話故事中的紅顏色：紅線、紅鞋、紅披巾等等。我相信神話和童話故事中的許多零碎意象都來自古老的「紅色女神」，也就是那些掌管女性生命變化一切範疇的神祇——祂們所管的全是「紅色事件」：性慾、生產和情慾。祂們最初是生、死、復生三姊妹原型的一部分，也是世界各地旭日和落日神話中的一部分。

階段，我們都必須具備適量的知識。在故事裡，想要瞭解那些以玉米和罌粟種子——它們本身即是賦予生命、也是施以死亡的藥物——榨取油分的手，就是在求問太多知識。薇莎莉莎提出的問題只跟馬有關，跟手無關。

當我還是年輕人的時候，我向我的朋友布嘎娜·羅布諾維齊請教芭芭雅嘎的事情——她是位從高加索移民過來、住在明尼蘇達州一個小型俄國農莊社區的年老說故事者。我問她對於故事中薇莎莉莎「知道得恰好」而不再追問有些什麼看法。她用睫毛掉光的老狗眼睛看著我，然後回答：「就是有一些不該知道的事情。」她笑得令人迷惑，兩隻肥胖的腳踝架在一起，別無二話要說。

想要知道那些出現又消失的僕人（那些不見身軀的手）的祕密，就如同想要絕對瞭解靈質存在的核心祕密。在警告薇莎莉莎不要發問的時候，人偶娃娃和雅嘎都在警示薇莎莉莎不要一下子就想知道太多無意識世界的靈質狀態。這是應該的，因為：雖然我們去到那裡，我們並不希望自己就此神魂顛倒地被困在那裡。

雅嘎在這裡也暗指另一套周而復始的故事：女人生命的周期。當女人活著去感受這些周期的時候，她才能更瞭解女性內在的節奏韻律，包括：創造力的節奏；孕育心靈嬰兒、甚且人類嬰兒的節奏；獨處、嬉戲、休憩、性、捕獵的節奏。我們不必強加催促，領悟自有來到之時。我們必須承認，有些事情雖然在我們身上發生作用並且豐富了我們的生命，它們仍是超乎我們瞭解能力之外的。我的家族有句格言：「有些事情是上帝的事。」

因此，當這些工作結束時，「野性母親們的傳統」會更加受到深化，而直覺能力會從心靈的人性和靈魂兩方面流露出來。我們一方面有人偶娃娃、另一方面還有芭芭雅嘎做為我們的老師。

第八個工作：站在四隻腳上

芭芭雅嘎厭惡薇莎莉莎得自母親的祝福，於是把火——掛在棍子上發著火光的頭骨——拿給她，叫她快點離開。這段故事中的工作是：**接受大能去看見、去影響別人（接受頭骨）；用這新的光源注視自己的生命情況（找路回到繼母家人所在的舊家）**。

芭芭雅嘎之所以不悅是因為薇莎莉莎得到母親的祝福，還是因為她厭惡所有祝福？事實上，兩者都不太對。鋪陳在這個故事之上的後代一神教義似乎讓故事中的芭芭雅嘎看起來害怕薇莎莉莎所受到的祝福，藉此妖魔化這古老的野性母親（她可以說跟新石器時代一樣久遠），而其目的只為了要頌揚新的基督教信仰、斥責舊的信仰。

故事中的原有文字很可能曾被改成「祝福」（blessing），以鼓勵人們改信基督教。但是，我認為原始和原型的意義精髓仍然存在。母親的祝福可以這樣被詮釋：雅嘎不是厭惡祝福這個事實，而是厭惡祝福來自太慈愛的母親（心靈中良善的、甜美的、親愛的面向）。如果雅嘎真如其形的話，她絕不願太接近或花過多時間去接近女性本質中那過於附和、端莊的一面。

雖然雅嘎可以用無限的溫柔把生命氣息吹入像老鼠一般膽怯的孩子身上，她卻有足夠的聰明，知道要留在自己的領土上。她的領土是心靈的無意識，而過於慈愛母親的領土則在上方世界。雖然甜美可以融入野性之中，野性卻無法長久進入甜美之中。

當女人吸收了雅嘎的這一面向，她就不會再毫不懷疑地去接受生命中出現的每一個補鍋匠、每一根倒鉤、每一道木頭凹痕、任何每一個東西。為了要離太慈愛母親的祝福遠一點，女人漸漸學會了不僅要看，還要瞇著眼仔細去察看。漸漸地，她學會不再忍受笨蛋。

由於服侍雅嘎而如今在自己內心已創造出一種前所未有的能力，薇莎莉莎開始接收到野巫婆的一部分力量。有些女人擔心這來自本能和直覺的深刻知能會讓她們變得魯莽、缺乏深思熟慮。但這是沒有根據的擔心。

恰好相反地，如果女人缺乏直覺、對於周而復始的循環沒有感知力、不追隨自己的知能，她便會讓自己的選擇以失敗收場、甚至成為災難。這雅嘎式的知能常用漸進的方式影響女人，而它也常用生動的圖像來揭發他人「下方和背後」的動機、想法、行動和言語，好為女人指引方向。

如果本能心靈警告說：「小心！」，那麼女人就必須要留意。如果深層的直覺說：「做這個、做那個；往這邊走、停在這裡、向前走」，女人就必須依需要來修正自己的計畫。我們不能向直覺請教一次後就將之拋諸腦後。它不是用完即扔的東西。無論女人是在內心跟心魔作戰，或是在現實生活裡想要努力完成一件事情，直覺都是她一路上必須步步請教的對象。不管女人所關注之事和她所企求之事是屬於個人性質、抑或關乎全世界，她最需要確定的事情是：每個行動必須以強化心靈為開始。

讓我們思索一下那充滿火光的頭骨。這個象徵符號跟一些老派考古學家所稱的「祖先崇拜」有關。〔註二十六〕在後代基督教考古學的故事版本中，掛在棍子上的頭骨屬於被雅嘎殺掉並吃掉的人類所有。但是在奉行祖先崇拜的古老宗教儀式中，骨頭被認為是喚請祖靈的工具，而頭骨則是最突出的部位。〔註二十七〕

在祖先崇拜中，人們相信族群長老所擁有的特殊和永恆知識會在他們死後繼續存活在其骨骸之中。頭骨被視為是一個容納了強大殘餘亡魂的圓頂。在要求之下，這個圓頂可以短暫喚回死者全部的靈魂以供人請教。人們很容易想像靈魂之我就住在前額的骨製大教堂裡，而眼睛是其窗子、嘴巴是門、耳朵是風。

註二十六　十九世紀人類學把部落對死去長者和祖先的尊敬以及部落用以保存長者生命故事的儀式誤稱為「崇拜」形式。這不幸的誤解仍然充斥在各種「現代」文獻中。然而，在我看來（我也曾主導過家族內的「祖先崇拜」達二、三十年之久），這個由古典人類學在很久以前創造出來的說法應該被更正為「世代相與」，意指人與可敬的祖先之間依然存有親近關係。「世代相與」的儀式表達了對家人的尊敬，並鄭重肯定了以下這些神聖的想法：「我們仍然同在」、「個人生命並非沒有意義」、「先人所行之善事和傑出事蹟是引導我們的珍貴指南」。

註二十七　位於小亞細亞安那托利亞（Anatolia）一個新石器時代古城有許多女性骸骨已在查特·修玉克（Çatal Hüyük）——那裡被挖掘出來。

因此，當雅嘎給了薇莎莉莎一個點亮的頭骨，她是把老女人的聖像（一個「祖先知者」）拿給她，讓她可以一輩子攜帶著它。雅嘎讓薇莎莉莎被啟蒙進入歷代母親的知能當中，而這女性前輩的傳承在心靈的山洞和峽谷裡依然是完整而生命力旺盛的。

因此，薇莎莉莎帶著發出火光的頭骨離開，走進黑暗的森林裡。她曾四處流浪尋找雅嘎，如今她更有自信、更確定、並筆直向前走在回家的路上。這是從深處直覺的啟蒙中向上升起的動作。直覺已經被植入薇莎莉莎裏面，就像一顆寶石已被植入皇冠中心一樣。當女人來到這一步的時候，她可說已經設法離開了心中太慈愛母親的保護，學會了用有力而非就範的方式去預期並對付外在世界的艱險。她已經察覺到自己身上藏於暗影裡的繼母和繼姊們、以及她們打算帶給她的毀滅。

薇莎莉莎在傾聽內心聲音時曾經克服困難走出黑暗、曾經敢於面對巫婆（她自己本性的一面、也是那強大的野性本質）。於是，她獲得了能力，可以去瞭解那可畏而帶來覺知力的力量；這力量屬於她和其他人所有。她不會再說：「可是我怕他／她／它。」

她服侍了心靈中的巫婆女神、餵飽了與她之間的關係、滌淨了人格面具、持守了清晰的思考。她已經認識了這原始女性力量和它的習慣；她已經學會了區分事物，並把思想和感情分開來；她已經學會認出她心靈裡那個偉大的野性力量。

她已經瞭解了「生而死而生」的周期和女人在這方面的天賦。擁有了這些新得到的雅嘎技巧，她就不必再缺乏自信和力量。得到歷代母親的傳承之後——這個傳承包括了她自己天性中的凡人直覺以及心靈「唯知者」這方面的野性知能——她的能力就完備了。她在生命路上向前走，雙腳穩當，一步接一步，宛如女人。她已經結合了自己的所有力量，並利用這新的光亮在此看清楚了世界和自己的生命。讓我們看一看女人有這些行為的時候會發生什麼事情。

第九個工作：重新扔棄暗影

薇莎莉莎拿著在棍子上發出熊熊火光的頭骨啟程回家。她幾乎想丟掉它，但頭骨要她放心。一回到家，頭骨便緊盯著繼母和繼姊，爾後把她們燒成灰燼。後來薇莎莉莎過著幸福的日子，並且活了很長的時間。（註二十八）

這時的靈魂功課包括：**用自己敏銳的視能（火亮的眼睛）去察知並回應心靈的負面暗影和（或）外在人與事的負面面向；用巫婆的火重新調整心靈負面暗影的角色（之前折磨薇莎莉莎的邪惡繼母和繼姊被化成灰燼）**。

薇莎莉莎經過森林時，她把火光熊熊的頭骨拿在面前，而人偶娃娃指示著回家的路：「往

註二十八　這個故事有許多不同的版本或橋段。在某些版本中，核心故事的結尾甚至被附上收場白或反高潮情節。

行路女子。

這邊走、這邊。」薇莎莉莎原是一個藍莓眼的可人兒，現在則是個由自己的力量在前面帶路的行路女子。

火光從頭骨的眼睛、耳朵和嘴巴流洩出來。它代表了靈魂過程中所有跟洞察力有關的事情。它也關乎祖先崇拜，因此也跟記憶有關。如果雅嘎給薇莎莉莎的是插在棍子上的膝蓋骨，那就會需要另一不同的象徵解釋。如果她給薇莎莉莎的是一個手腕骨、頸骨等任何骨頭——或許除了女人的骨盆之外——它的意義也會大為不同。〔註二十九〕

因此，頭骨是直覺力的另一個象徵。它不會傷害雅嘎或薇莎莉莎；它有自己的識別能力。薇莎莉莎如今攜帶著知能的火焰，擁有了猛烈的覺能。她能聽、看、聞、嚐出味道；她擁有了本我。她擁有人偶娃娃及雅嘎的感知力。如今她也擁有火光熊熊的頭骨。

薇莎莉莎一度對自己手中所持的力量感到害怕，而想把火光熊熊的頭骨丟掉。有這麼一個強大的力量可聽她吩咐，難怪薇莎莉莎的自我會認為丟掉這個火光可能是比較好、比較容易、比較安全的一件事，因為它實在太重大了，而薇莎莉莎也因它變得重大起來。但是頭骨發出的神奇聲音指示她要保持鎮靜、繼續向前走。這一點是她做得到的。

每個恢復直覺力和雅嘎力量的女人都會來到一個地步、情不自禁地想要丟掉這些力量，因為：看見和知道所有這些事情有什麼用呢？這頭骨的光是不講情面的；在其照射下，老者就是顯得老、美麗之人就是顯得生命茂盛、愚蠢之人就是一副笨狀、醉者就是一副醉狀、不忠之人就是一副無信的樣子、難以置信之事看來就是奇蹟。頭骨的光看到它所見的；它是永恆之光而且位在前方，就在女人跟前照亮著，好像是一個比她稍微先行、在前面向她報告路況的神明。它是她的知覺偵察機。

但是，當女人如此看見和如此感知的時候，她必須針對所見之事有所作為。要保持好的直覺力和足夠的力量，她就必須要做一番功課。首先，女人要去觀察及瞭解內在和外在的負面力量和不平衡之事。其次，她要努力凝聚意志去針對所見之事有所作為，無論其目的是在求好的結果、求平衡、還是要繼續保存某樣東西或容許它死去。

我不想騙你，丟掉光明而回去睡覺的確是比較容易的事。沒錯，持續把頭骨之光放在自己面前有時是很困難的，因為拿著它的時候，我們就不得不看清楚自己和別人或醜陋、或神聖、或介於兩者之間的所有面向。

但是，這個光可以讓世界和個人知覺到有如奇蹟一般的深處之美。這個透視的光可以讓我們看見錯誤行為背後的好心腸以及被壓碎於憎恨之下的善良；它可以讓我們瞭解許多事情，而

註二十九　我們在東巴爾幹和南斯拉夫境內的遺址——考古學家金布特斯（Marija Gimbutas）將之溯期至西元前五至六千年——發現不少帶有抽象骨盆圖形的碗和肖像。見瑪莉亞・金布特斯所著《古老歐洲的女神和男神：神話與祭祀芻像》（*The Goddesses and Gods of Old Europe: Myths and Cult Images*, Berkerley: University of California Press, 1974. Updated edition, 1982）。

不再充滿惶惑。這個光可以區別他人人格的不同層面、意圖和動機。它可以判斷自己和別人的知覺和無知覺狀態。它是知能所揮舞的魔棒。它是讓所有事物被感知和被看見的鏡子。它是野性本質。

但是，有時候它的報告令人痛苦到難以忍受的地步，因為火光熊熊的頭骨也指出何處正在醞釀背叛、勇氣正在哪個大言不慚的人身上消失。它指出隱藏在溫暖微笑背後、有如冰冷油脂的妒意，也指出那些掩飾厭惡之情的表情面具。就個人自身而言，它也發出同樣強烈的光，照耀在我們的珍貴處和缺陷之上。

我們最難面對的就是這些知覺。就是在此時，我們無一刻不想丟掉這一切可惡的睿見。就是在此時——如果我們仔細留意的話——有個強大的聲音會從「自性」那裡傳過來說：「不要丟掉我！把我留著，你就會瞭解的。」

薇莎莉莎在森林裡穿梭的時候，她無疑也會想到那些懷著惡意想置她於死的繼母家人。她本人雖然心地甜美，頭骨卻不如此，因為它的職責在於眼觀四方。因此，當她想丟掉頭骨時，我們可以瞭解她所感受到的痛苦——痛苦的原因是她知道了自己、別人和世界的某些實情。

薇莎莉莎到家時，她的繼母和繼姊告訴她：她不在的時候，她們沒有火、沒有力氣、無論她們怎麼做就是無法把燈點亮。任何女人處在野性能力當中的時候，她的心靈實況就是這樣。在這種時候，曾經欺壓她的心靈元素全都失去了欲力、全都在她有益的旅程當中被捉拿了。失去欲力之後，心靈中這些醜陋的元素——那些剝削女人的創造力、鼓動她浪費生命在枝微末節上的面向——就變成了沒有手的手套。

火光熊熊的頭骨開始打量繼母和繼姊們、專注地觀看她們。心靈中的負面面向可能會因不斷遭到注視而變成灰燼嗎？是的，確實會。持續察覺一個東西的存在可以使之失去水分。在這故事的另一版本中，這些偏差的家人被燒成了脆絲；在另一版本中，她們被燒成了三個渣塊。

這三個小黑渣塊含有一個古老而有趣的意義。小黑點常被認為是生命之始。在舊約聖經裡，上帝用泥土、塵土或泥巴（這些用字隨譯本而異）造了第一個男人和女人。剛好需要多少泥土呢？沒有人說過。但是在其他創世紀故事裡，世界和其居民常起源於一個「小點」、一顆穀粒、某種東西的單一小黑粒。〔註三十〕

因此，這三個小黑渣塊是屬於「生而死而生」母親的管轄。它們在心靈中幾乎被滅滅至烏有。它們的欲力被剝奪了，但某種新的事情將要發生。在多數情況中，當我們有意識地去剝除心靈內某個東西的汁味，它就會枯縮起來，但它的能量卻被釋放出來或被重新配置。

至於這些具有危害性的家人被汲乾至盡，這一點也有另一層涵義：除非女人離開外在世界

註三十　「小點」的意象也出現在夢境中，而它在夢中常轉化為可用之物。我的一些醫師同事們猜測這可能象徵發展初期的胚胎或卵子。我家人中的說書者常用「卵子」來稱呼這種「小點」。

和內心世界裡的殘忍人物，她將無法繼續保持自己在遇見巫婆女神和拿到火光之後所得到的知覺。在妳走進房間時、在妳說話時、在妳行動和反應時，如果妳周圍的人彼此交換眼色並用滿是厭惡的表情抬頭看天花板，那麼妳所往來的就是一群澆熄熱情的人——不只是妳的熱情，也很可能還包括他們自己的熱情在內。這些人不會關注妳、妳的靈性功課、妳的生命。

女人必須聰明地選擇朋友和情人，因為這兩者都可能成為與壞繼母和壞繼姊一樣的人。在情人這一方面，我們常賦予他們偉大魔法師的力量。我們很容易這麼做，因為一旦有真的親密關係後，我們會覺得自己開啟了一道奇妙水晶**工坊**的門。一個情人可以製造我們跟自己生命周期和思想最恆久的相屬關係，也（或）可以摧毀這種關係。我們必須迴避具有毀滅能量的情人。較好的情人是用強壯的心靈之肌和溫柔的肉體被細心打造出來的。如果情人恰好具有一些「靈知」能力、可以「看透」她的心，這對野性女人也是很有幫助的。

當野性女人有某種創意的時候，她的朋友或情人絕不可以說：「喔，我不知道……聽起來真愚蠢（誇張、做不成的、代價高昂的……等等）。」一個有益的朋友絕不會這樣說。他們反而可能說：「我不知道自己是否真的瞭解。把妳的見解告訴我。告訴我它會如何發揮作用。」

如果情人和朋友們把妳當做一個活生生的、會成長的**生命體**（正如他們看重從地面長出的那棵樹、房內的一株蔓榕、或側院的一座玫瑰園一樣）；如果情人和朋友們把妳當做是真正有生命和有呼吸的存體，知道妳是個常人、但也是個用非常細緻濕潤而神奇的東西打造起來的生命；如果情人和朋友們支持妳的內在**生命體**——唯有這類的人才能一輩子當妳的靈魂之友。要小心選擇朋友和情人，更不用說選擇師長了。這樣的選擇對於保持意識、保持直覺、繼續持守能見能知的火光是非常重要的。

如果要保持自己與野性之間的聯繫，方法就是：問**你自己**要什麼。這就是從鬆土中挑出種子的工作。我們在這事上所能做的最重要辨識工作之一就是區分那些招引我們的東西和那些從我們靈魂發出呼喚的東西。

想像一下：有一場自助餐席上擺滿了發泡奶油、鮭魚、貝果麵包、烤牛肉、水果沙拉、綠色的辣玉米捲餅、米飯、咖哩、優酪、和許許多多一桌又一桌又一桌的美食。想像一下：你瀏覽了全部，發現了某些吸引你的食物，然後對自己說：『啊，我一定要嚐嚐其中的一樣、那一樣和這一樣。」

有些女人和男人一生都用這種方式做決定。我們周圍有一個不斷在招引我們的世界，一個迂迴潛入我們的生命而在無中生有間激起和創造慾求的世界。在這種選擇方式裡，我們常因為某個東西當時恰好及時出現在眼前而選擇它。它不一定是我們想要的，但它還滿有趣的；我們注視它愈久，它就變得愈吸引人。

當我們連結於本能之我、連結於自然及野性的女性**靈魂**，我們就不會再去瀏覽恰好被展示出來的東西，而會對自己說：「我飢渴所求的是什麼？」我們不再注目外在任何事物，而是向內心探問：「什麼是我引頸盼望的？什麼是我現在所希冀的？」類似的問題還有：「我迫切需要什麼？我渴望什麼？我嚮往什麼？」通常答案馬上就會出現：「啊，我想我要……你知道的，一些些這個、一些些那個就真的很好了……啊，對的，那就是我真正想要的。」

那個東西在自助餐席上嗎？也許在、也許不在。在多數狀況下很可能不在。我們將必須費點力氣去尋找它——有時要花上相當多的時間。但是我們終將找到它，而且我們會因為探測了自己較深的渴望而感到高興。

在區分罌粟種子和鬆土、發霉的玉米和新鮮的玉米之中，薇莎莉莎學到的識別力是最難學會的事情之一，因為這需要精神、意志和靈魂的深情，而且也需要一個人為自己所想望的事有所堅持。這一點在選擇愛侶的時候最為明顯。情人不能從「自助餐席上」挑選出來，而必須由挨餓的靈魂來挑選。若你所選擇的只是因為某個令人垂涎的東西站在你面前，你將永遠無法滿足飢餓的靈魂自性（soul-Self）。而直覺力的功用就在於此；它是靈魂的直派使者。

更進一步而言，如果你得到一個買腳踏車的機會、或是一個到埃及去看金字塔的機會，你必須暫時把機會放在一旁，進入自己的內心問說：「我飢渴所求的是什麼？什麼是我引頸盼望的？也許我所渴求的是摩托車、而非腳踏車。也許我所盼望的是去見見我老邁的祖母。」所做的決定未必很重大；有時我們只不過在散步和寫一首詩之間要做個權衡。無論你所做的決定是重大或平凡，重點在於要運用你手中握有的若干面向去向本能我請教；人偶娃娃、年老的芭芭雅嘎、火光熊熊的頭骨都是這些面向的象徵符號。

另一個強化自己與直覺關係的方法是不容許任何人壓抑你活潑的能量——你的意見、思想、創意、價值觀、道德觀、理想。世界上幾乎沒有什麼可分是非和對錯的事情。然而，世上之事可以分為有用和無用兩種。有些事情有時具有毀滅性，有些事情則具有賦予生命的力量。有些行動具有適當的一致性和企圖，另一些則否。但是，正如你所熟知的，我們必須在秋天去翻動花園的泥土以準備春天的來臨；花園不可能長期盛開著花朵。你應該只讓自己內在周而復始的律動去掌控生命裡的高潮和低潮；千萬不可容許你身外的其他力量或人物、或你內在的負面情結有此掌控能力。

連續不斷地剝蝕和創造，這就是我們內在生命周期的一部分，而我們有責任要與其同時並進。我們要「學著去學習」這「生而死而生」的節拍——它就像裝滿、清空又裝滿的心室一樣——而非被它折磨致死。且將它比喻為跳繩吧。節拍早就在那裡，你前後搖擺著抓到了節拍，於是你跳了進去。就是這樣，除此之外別無招數。

此外，直覺會提供選擇。你跟本能我連結在一起的時候，你至少總有四個選擇：兩個對立的選項、中間立場，以及「潛入更深之思索」。如果你尚未穿上直覺的馬甲，你便會以為自己只有一個選擇（而且那似乎是個你不喜歡的選擇），而且你或許還認為自己應該為此受點苦。錯了，你有更好的路可走。去傾聽內在聽覺、內在視覺和內在生命所言。照著去做；它們知道下一步要做什麼。

運用直覺和本能天性有一最令人驚訝之處：它會讓一種充滿信心的直樸自然迸發出來。直樸自然並不代表愚蠢；它跟「猛撲和脫口而出」的性質不同。它會要求我們謹守界限。比如，《天方夜譚》裡的什荷拉查朵就把界限分得很清楚。她運用自己的黠慧去討好人，但同時她也設法讓自己站上被珍惜的位置。真實無偽並不代表魯莽，而是要讓「神奇之聲」開口說話。要做到這點，一個人必須暫時關閉自我，讓那希望說話的東西能夠說話。

在大家共認的真實世界裡，我們都接觸過活生生的微型野性母親。你一見到這些女人，你內在有個東西就會跳躍起來、有個東西就會想叫「媽媽」。你看了一眼，就會想：「我是她的後代，我是她的孩子，她是我的母親，我的祖母。」如果那是個「長著雙乳的男人」（這是比喻之詞），你會想：「啊，祖父。」或「啊，我的兄弟、我的朋友。」你知道這個男人是能提供養分的（弔詭的是，他們同時具有強大的男性和女性特質；他們就像童話故事中的教母、心靈導師，或像你不曾擁有或擁有時間不長的母親、那個「長著雙乳的男人」。）（註三十一）

這些人都可以被稱做微型的野性母親。通常每個人至少有一個這樣的母親。如果我們夠幸運的話，一生當中我們可以擁有好幾個。你遇見她們的時候，通常是在已成年或至少已經進入青春期後期的時候。她們跟太慈愛的母親大為不同。微型野性母親引導你，會因為你有所成就而迸發驕傲之情。她們對於位在你創造力、感官、靈性、智性之內及其四周的阻礙和謬見會發出嚴厲的批評。

她們的目的在幫助你、關懷你的藝術創作、將你跟野性本能再接合在一起、並引出你原本最好的一切。她們引導你去讓直覺生命復元。當你接觸到人偶娃娃的時候，她們深感興奮；當她們看見你在自己前面舉著火光熊熊的頭骨回來時，她們至感驕傲。

我們已經知道做個呆瓜和保持太甜美的個性都是危險的事，但是你可能依然不信以為真；你可能還在想：「喔上帝，誰想跟薇莎莉莎一樣？」我現在告訴你：就是你。你想跟她一樣、完成她所完成的事、並追隨她所留下的足跡而去，因為這才是保守你的靈魂、讓它成長的方法。野性女人敢於有所作為、有所創造，也有所摧毀。她是讓所有創作和藝術得以發生的原始靈魂；她充滿發明力量。她在我們周圍創造了一座森林，於是我們開始從這原始的新觀點去面對自己的生命。

因此，當這改造女性心靈的啟蒙故事在此到達尾聲時，我們看到一個充滿強大力量並學會追隨自己知能的年輕女人。到達完全啟蒙之前，她堅忍承受了所有必要的功課。冠冕是屬於她的。認出自己的直覺或許是比較簡單的功課，但是用知覺意識去持有它並容許該生者生及該死者死，這是目前為止更艱辛、但因此也是更能滿足人心的目標。

註三十一　每個人的靈性和意識本身可能具有性別「感覺」，而不論肉體性別為何，靈性和意識的陰陽性別是本然既定的。

芭芭雅嘎就是黑夜之母、世界之母、另一個「生而死而生」女神。這「生而死而生」女神也是造物女神。她製造、塑造、吹進生命；當氣息盡絕時，她在那裡接收靈魂。我們追隨她的足跡，努力讓該生之事誕生，不管所有「應當」來的人是否都已在場。大自然不會請求人的允許。綻放和誕生理當發生在你想要的任何時間裡。身為成年人，我們不太需要得到別人的允許，反而更應該去孕育和鼓舞野性周期的運行、更抱持原始的視野。

這個故事結尾的主題就是讓該死者死。薇莎莉莎學習得很好；頭骨在熔燬心懷惡意者的時候，她可曾崩潰到呼天喊地一番？沒有；該死者必須死去。

一個人是如何做出這個決定的？只有她本人知道。「女知者」知道。往內去請求她的建議吧。她是歲月之母；沒有會讓她吃驚的事，因為她什麼都見識過了。對多數女人來講，讓該死者死並不違背她們的天性，只是違背了她們所受的教導。但這是可以逆轉的。我們大家都能在卵巢裡感知到什麼時候生命和死亡會發生。我們可能會基於不同的理由來哄騙自己，但我們就是知道。

藉著頭骨熊熊的火光，我們知道。

第四章

愛侶：與他者結合

獻給野人曼納威的讚美詩

如果女人想要男人真正瞭解她們，她們必須教男人稍微去瞭解一下深沉的知能。有些女人說她們在這方面已經做了太多而感到十分疲憊。我謙卑地提出我的看法：她們教導的對象都是些不願學習的男人。大多數男人願意知道、願意學習。男人表示這種意願的時候也就是女人揭示事實的時機，因為另一個靈魂已經開口提出了請求。稍後你就會瞭解我的意思為何。我在此提出一些可以幫助男人更容易瞭解女人、讓他在半路上即與女人相遇的方法。以下即是一套溝通的語言，我們共通的語言。

在神話裡、也在生活裡，野性男人無疑也在尋找他自己地底下的新娘。塞爾特人的故事裡有些著名的大自然神祇佳偶；祂們彼此相愛，常住在湖泊底下，保護著水底生命和水底世界。在巴比倫神話裡，以香柏木為大腿的伊娜娜女神向她的情人牛犁喊道：「用你的狂野從我身上越過吧。」在現代，甚至如今在美國上中西部，上帝的父親和母親仍然被人認為在祂們春天的床上打滾、製造雷聲。

同樣地，一個野性女人所愛的最佳情人必須與她旗鼓相當。但是，也許遠自永恆之初以來，會成為她愛侶的那些人都無法確定自己是否瞭解她真正的本質。女人真心渴望什麼？這是個古老的問題，一個與靈魂相關的謎題，也關乎所有女人都擁有的原始神祕本質。喬叟寫的〈巴斯城婆娘〉故事中，老女巫用低沉沙啞的聲音說出這問題的答案：女人希望替自己的生命做主。雖然這個答案的確難以更改，但還有另一個同樣撼人的事實可以回答這個問題。

下面的故事可以回答這關於女人真正本質的古老問題。用故事中的方法和手段去努力的男人才可以永遠成為野性女人的愛侶。許久以前，華盛頓小姐贈予我一則非洲裔美國人流傳的小故事，我把它擴充成一則文學故事，在這裡稱它為〈曼納威〉。

曼納威

有一個男人追求一對雙胞胎姊妹，可是她們的父親說：「除非你猜得出她們的名字，否則你不能娶她們。」曼納威猜了又猜，就是猜不出姊妹的名字。年輕女人的父親搖搖頭，一次又一次把曼納威趕走。

有一天，曼納威帶著他的小狗又為了猜測名字而登門拜訪。這隻小狗發現一個姊妹比另一個美麗，而另一個比這個溫柔。雖然兩姊妹都不十全十美，小狗還是很喜歡她們，因為她們給牠好吃的東西，還笑著注視牠。

那天曼納威還是沒猜中雙胞胎姊妹的名字，只能拖著腳步回家。可是小狗跑回年輕女人住的小屋；牠把耳朵伸到一堵邊牆下，聽見女人咯咯笑著說曼納威多麼英俊和有男子氣概。姊妹在說話的時候彼此喚著對方的名字，被小狗聽見了。牠朝主人的方向盡快飛奔，想去告訴他。

可是，在途中有一頭獅子在路旁留下了一大塊帶肉的骨頭。小狗立即聞到味道且不加思索地鑽進灌木叢裡去拖那塊骨頭。牠快樂地舔咬骨頭，直到美味不再。啊，小狗突然想起牠忘記了的工作，可是很不幸地牠已經忘了年輕女人的名字。

於是牠再一次跑回雙胞胎姊妹的小屋那裡，而這時已是晚上了。年輕的女人正為彼此在手臂和腿上抹油，把自己裝扮好，彷彿要慶祝些什麼。小狗又聽見她們互喚對方的名字。牠一陣高興而跳得半天高，馬上飛奔上路，要到曼納威住的小屋那裡。可是這時從灌木叢裡傳出了肉豆蔻的香味。

肉豆蔻可說是這小狗最愛的東西了。牠從小路急速轉出，奔向一塊放在圓木頭上冷卻的可口金桔派。啊，這塊派餅一下就不見了蹤影，小狗則吐出芬芳的肉豆蔻香氣。牠帶著飽脹的肚子一路小跑步回家，一邊試圖想起年輕女人的名字，但是牠又記不起來了。

最後小狗又跑回兩姊妹的小屋那裡；這回兩姊妹正在準備婚禮。「啊，不，幾乎沒時間了！」小狗想。當兩姊妹互喚名字的時候，小狗把名字記在心上並飛奔離去，下定決心絕不讓自己再受任何事情阻撓而無法立刻把寶貴的名字送到曼納威那裡。

在小路上，小狗發現了一些新鮮的屍肉，但是牠視而不見並躍過它。有一剎那，小狗自以為在空中聞到一捲肉豆蔻的味道，但是牠聞若未聞，反而一直往家和主人的方向奔跑著。但是小狗沒有料到有一個黑暗陌生客會從灌木叢裡跳出來並抓住牠的頭頸，用力搖晃牠，直到牠的尾巴幾乎掉落下來。

這事發生的同時，那陌生客不斷喊著：「把名字告訴我！年輕女人叫什麼名字？我要娶她們。」

小狗想自己一定會因為頭頸被緊握在別人的拳頭裡而昏過去，但是牠英勇抵抗著。牠低吼、伸爪去抓、踢腳，最後終於咬住陌生巨人的指縫並讓自己的牙齒像黃蜂一樣刺下去。陌生客像水牛一樣怒吼著，但是小狗不肯鬆手。陌生客跑進灌木叢裡，小狗則懸盪在他的手上。「放開、放開、放開我，小狗，我也會放掉你。」陌生客懇求著。小狗露齒吠哮：「不准回來，否則你再也看不到早晨！」於是陌生客逃入灌木叢中，一邊跑一邊呻吟並握住自己的手。小狗繼續在路上半跛半跑地回到曼納威那裡。

即使牠的毛皮滿是血跡、下巴也非常疼痛，牠還是清楚記得年輕女人的名字。牠面帶微笑、一跛一跛地走向曼納威。曼納威輕輕洗淨小狗的傷口，小狗便將整個故事和年輕女人的名字講給他聽。曼納威把小狗高舉在肩膀上，帶著牠一起奔到年輕女人的村莊那裡，而小狗的耳朵像兩條馬尾巴一樣飛翔著。

當曼納威來到那位父親面前、講出他女兒名字的時候，雙胞胎姊妹盛裝接納了曼納威並準備與他同行。她們一直都在等候他。曼納威就是這樣贏得了河地上最美麗的兩位少女。四者一起——兩姊妹、曼納威，以及小狗——從此平平安安地活了很久、很久時間。

喀里喀拉喀囉，故事結束了；

喀里喀拉喀嚨，故事已完成。〔註一〕

註一　故事結尾的這首短詩是西非的一個傳統特色。這是西非說書人歐帕蘭卡教給我的。

女人的雙重本質

我們可以認為民間故事和夢是形塑個人多種靈魂面向的象徵符號而用主觀方式去詮釋它們；我們也可以認為它們牽連外在世界的狀況和人際關係而賦予它們客觀的解釋。在此討論曼納威的故事時，且讓我們偏重在女人和其愛侶之間的關係這一重點上。不要忘了，許多時候「外在如何，內在也就如何。」

這個故事揭示了一個長遠、長遠的女性祕密，那就是：要贏得野性女人的心，她的愛侶必須徹徹底底瞭解她天生的雙重本質。我們可以用民俗學的角度去認定故事中的兩個女人是一夫多妻文化中的待嫁新娘；但是，從原型的角度來看，這個故事探討的是一個奧祕，即：每一個女人的身上都具有兩種強大的女性力量。

曼納威故事包括了所有可以讓人接近野性女人的基本方式。曼納威藉著他的忠犬得以猜到兩個名字、女性的兩種天性。除非他解開謎題，否則無法贏得美人心。他必須利用自己的本能我——小狗為其象徵——才能畢竟其功。

事實上，任何接近一個女人的人都面對著兩個女人：其外在的生命和內在的生命，或者那住在世界上方的女人和住在不可見世界的女人。外在生命藉日光活著，一清二楚；她常是實際的、被文化薰染的一介凡人。反過來，內在生命卻常常從遠方跋涉來到表面，常常一瞬即失，但總會留下某種感覺、某種令人吃驚的事、某種新創之物、某種知能。

想要瞭解女性身上的這雙重性質時，男人（甚至女人自己）有時候會閉上雙眼向上天呼喊求救。女性雙重本質的弔詭之處是：當其中一方的感覺較屬寒冷色調時，另一方就會較屬於溫暖色調；當一方戀棧於豐富情感關係時，另一方就可能有如冰河。常常，某一方會較為快樂和有彈性，而另一方則渴望著「我一無所知」。某一方可能非常明朗，另一方卻甜苦交加而憂思重重。這「合而為一的雙女」是獨立又相互連結的元素，在靈魂中用幾千種方式結合起來。

雙者的力量

女人天性的雙重性質也許各自代表不同功能、不同認知的獨立存體，但它們卻必須像大腦中的胼胝體一樣彼此知覺、互相轉換，以便形成一整個功能體。如果女人隱藏某一面或過分偏愛某一面，她的生命會往一方傾斜而無法讓她進到自己的全部力量之中。這並非好事；同時發展兩個方面是非常重要的。

我們在深思雙胞胎這個象徵符號的時候可以懂得雙人力量的許多涵義。在世界各地，雙胞胎自古以來都被視為具有超自然的力量。某些文化會用一整套知識去探討如何平衡雙胞胎的天性，因為他們被認為是分享一個靈魂的兩個存體。即使雙胞胎死後，他們還是會受人供養、贈予禮物、獻祭、或成為傾訴的對象。

在不同的非洲和迦利比印地安聚落裡，雙胞胎這個象徵據說帶有「侏侏」（juju）、亦即靈魂的神祕能量，因此人們必須妥善照顧雙胞胎，以免厄運降臨在整個聚落之上。海地巫毒教所採用的預防方法有一項規定：餵雙胞胎的食物量要剛好等重，以求用最簡單的方式緩和他們的相妒之心，但更重要的是要防止他們其中之一衰弱至死——因為如果一個死了，另一個也一定會死，而他們帶給聚落的特殊靈魂生命也就會跟著消失不見。

同樣地，當意識狀態認知到心靈的雙重面向並視其為一個整體（而非對立之兩者）時，女人才會擁有巨大的力量。雙者的力量極為強大；我們不能忽視其中任一面。我們需要公平餵養它們，因為它們合力運作時才能帶給個人奇異的力量。

我從一個住在美國中南部的年老非裔男人那裡聽到一則故事。當時他從一條巷子走出來，而我坐在滿是塗鴉的市中心「公園」裡。有人會當他是瘋子，因為他對每個人說話，卻也沒有對任何人說話。他拖著腳步，伸出一根手指，有如在試探風向。寫短篇故事的西裔作者會認為這樣的人是被神祇碰觸過的。在我們的傳統中，這樣的男人被稱為「捆包」，因為像他一樣的靈魂都身負著某種貨物，願將它展現給任何願意看的人、任何有眼睛去看見它和有知能去保護它的人。

這怪異而仁慈的「捆包」給了我這個與某種祖訓有關的故事。他稱這個故事為〈一根棍子，兩根棍子〉。「這是古代非洲國王的方法。」他低聲說。

故事中，有個老人要死了，於是他把家人叫到身邊來。他給子孫、妻子、親戚每人一根短而粗壯的棍子。他命令他們：「折斷棍子！」用些力氣之後，他們全都把棍子折成了兩半。

「靈魂孤單無助的時候就是如此，它會很容易被折斷。」

老人又拿給每個親人一根棍子，並且說：「我希望你們在我死後用下面這種方法過日子。把你們的棍子集合成兩根或三根一捆。現在，把這些捆起來的棍子折成兩半。」

沒有人折得斷兩根或三根一捆的棍子。老人微笑著說：「當我們和另一個靈魂站在一起的時候，我們就變得強壯。當我們和他人合在一起的時候，我們就不會被折斷。」

同樣地，當雙重本質的兩個面向在意識當中緊密結合在一起的時候，它們就會具有強大的力量而無法被折斷。這是女性靈魂雙重性質、雙生生命的本質。單一無伴時，較文明化的我不會有問題，但也的確會覺得有些孤單；單一無伴時，野性之我也沒有問題，卻為了想與另一者建立關係而心懷愁悶。女人之所以會失去心理的、情感的、靈性的力量，原因就在於她把這兩種本質劃分開來，並假裝其中某一本質不再存在。

我們也可以認為這個故事在討論男性及女性的雙重本質。曼納威男人有他的雙重性質：凡人天性和以狗為象徵的本能天性。他的凡人天性雖然溫柔有愛，卻不足以讓他在追求女人的事情上成功。有能力可以爬去接近女人、並用敏銳的聽覺聽見她們名字的是他的狗——牠象徵著他的本能天性。學會克服膚淺的誘惑並守住最重要知識的也是這隻狗；擁有敏銳聽覺和韌性，擁有本能去挖牆並去發覺、追逐、找回寶貴創意的，也是曼納威的狗。

就像在其他童話故事裡一樣，男性力量也可能帶有藍鬍子式或狼先生式的嗜殺能量，意在摧毀女性的雙重本質。這種求婚者無法忍受雙重本質；他追求完美，尋求那體現在「唯一」可稱完美之女人身上的「單一」真理、不動和不變的「單一」女性本質。唉，妳若是遇到這樣的人，快點用盡全力朝另一個方向跑走。在心靈上和在生活裡，我們最好還是找到一個像曼納威一樣的男人。他是更好的求婚者，因為他專心不二地想要認識「雙者」。雙者的力量是以單一完整存體的形式體現出來的。

因此曼納威希望接觸到這無所不在而神祕的女性靈命組合，而他也具備全然屬他所有的自主權。由於他本身就是野性、自然的男人，因此他能夠呼應、也能欣賞野性女人。

女性心靈中那一大群持續增加累積的男性特質——榮格稱之為**阿尼姆斯**——當中也有一個曼納威式的屬性。它發現並認領女人的雙重性質為己有；它發現這雙重性質是寶貴、值得追求、值得渴慕的，而不是邪惡、醜陋或可被輕蔑的。〔註二〕無論曼納威是我們內心世界或外在生活中的一個人物，他都代表了一位年輕而忠誠的情人，其中心所欲就是要瞭解女人天性中那神祕而神聖的雙重本質、並能夠叫出它的名字。

名字的力量

去為一個力量、生物體、人或東西命名，這一舉動含有幾個意義。有些文化認為名字具有魔法和吉凶的意義，因而對於命名採取慎重的態度。知道一個人的名字就等於知道這個人的運途和靈魂特質，因此真實的名字常常是祕而不宣的，以保護名字的所有人，讓他／她可以長大到與名字的力量相符，也讓這力量受到庇護而不致遭到詆毀或忽略，並因此讓這個人的靈性影響力可以發展到最完美的程度。

在童話故事和民間傳說裡，名字還另有其他的涵義，而這些涵義在曼納威的故事裡都發揮了作用。雖然有些故事的主人翁尋找一個惡勢力的名字以求戰勝它，然而更多故事的主人翁如此做的原因是要讓自己有能力去使喚那個勢力或人物、讓那個人物接近自己、並讓自己跟那個人物建立關係。

曼納威的故事是屬於後者。他來來回回奔走著，真心努力想把那「雙者」的力量拉近到自

註二　牙買加的一首兒歌可能是從這故事流傳下來的：「只為了確定那個『是』／是一個永遠的『是』／我再一次問她／再一次又再一次又再一次」。這首歌是華盛頓小姐送給我的。她對我而言是一個影響我全部生命的母親。

己身旁。他志在為它們命名，倒不是想攫取它們的力量，而是想得到**等同**於其力量的本我力量。知道它們的名字就是得到並保有一種關乎雙重本質的意識能力。無論我們如何冀求或用盡自己一切所能，若不知其名，我們還是無法擁有深刻的愛情關係。

對於女人和男人而言，去猜測雙重本質（雙胞胎）的名字在最初都是很困難的工作。但不必因此過度焦慮。只要我們有志於找到名字，我們就已經走在正確的路上。

女人心靈中這對具有象徵意義的姊妹究竟叫什麼名字呢？在不同的人身上，雙重本質的名字當然會不一樣，但是它們很可能會是彼此對照的一些屬性。就像大自然中的許多事情一樣，它們最初看起來好像偉大到沒有模式和重複性，但是，如果能仔細觀察雙重本質、向它問安、聽見它的答覆，我們很快就能發現它廣大、真實、穩定如浪潮起伏的模式。它的高低潮汐可以被預測，它的暗流可以被勘定。

在猜測名字這件事情上，說出一個人的名字就是在每一次叫喚名字時許下願望並祝福這名字。我們叫出自己內在雙重性質的名字是為了要做成一件事情，也就是：把自我和靈性結合起來。用常人的話來說，這個命名和結合之舉就叫做「本我之愛」（self-love）；當它發生在兩個人之間時，它叫做「彼此相愛」。

曼納威猜了又猜，但是他的凡俗本性就是猜不到這對雙胞胎的名字。小狗代表了直覺，跑來為曼納威服務。經常女人渴望遇見一個具有這種堅持和聰明、而且能瞭解她深沉本質的愛侶。當她發現這種性質的愛侶時，她會投以一生不移的忠誠和愛情。

在故事中，雙胞胎的父親扮演神祕雙重性質之監護人的角色。他象徵心靈內部一個真實的特質，保證事物完整合一而不會分散為二。他考驗求婚者是否擁有足夠分量、是否「適合」。對女人而言，擁有這樣的守護者是求之不得的。

從這層意義來說，健康的心靈會去考驗那些請求進入的元素，並會有一套用來保存本我完整的甄選過程。一個健康的心靈如果擁有一個父親式的守護者，它就不會輕易容忍舊的思想、態度或人物，反而只會接納那些有知覺能力或努力想得到此能力的思想、態度或人物。

兩姊妹的父親說：「等一等，除非你讓我相信你真的想認識真實本質——真正的名字，否則你不可以娶我的女兒。」父親所說的就是：你不可能只因為求婚就能瞭解女人的奧祕；你必須先做件工作並堅持這個工作；你必須勘測自己，直到愈來愈接近這個女性謎語的真相。這個努力的本身就是一件下潛深處之舉，也是一個難解之謎。

狗的固執天性

故事中的小狗正好顯示固執的心靈是如何運作的。狗是宇宙中的魔法師。只要牠們在場，連性情乖戾的人都會微笑起來，悲傷的人也不再那麼悲傷；牠們能把關係建立起來。古老的巴比倫史詩「吉爾格末許」（Gilgamesh）中有一個長滿毛髮的獸人叫做印卡都（Inkadu），他可以平衡國王吉爾格末許過於理性的態度。小狗即是如此；牠是人類雙重本性中的一個本然面向。牠是森林本質；牠能追蹤、聞出什麼是什麼而有所知。

小狗喜歡兩姊妹是因為她們餵牠並對牠微笑。神祕的女性本質馬上就瞭解並接納了小狗的本能天性。除了其他事物外，狗還代表了從心中自然流露長久愛情的任何男人或女人、任何易於原諒他人的人、任何可以長久奔馳並在必要時作戰至死的人。狗的天性（註三）提供了一條具體線索，讓我們曉得一個情人應如何贏得雙胞胎姊妹——以及野性女人——的芳心。這個線索就是：「不斷返回」。

曼納威再次猜不出名字而舉步維艱地回家，但是小狗卻跑回年輕女人的小屋那裡去偷聽她們的名字。在原型世界裡，狗的本質既是靈導（psychopomp）、一位介於上方世界和黑冥世界之間的使者，也是地底之神、一位來自靈魂更黑暗和更偏遠區域（萬古以來被稱做陰間之處）的使者。一個愛侶必須達到這種感知力才能瞭解雙重本質。

狗與狼非常相似，只是稍微被文明教化過（雖然我們在故事的後半並不覺得狗比狼更文明）。做為靈導的小狗代表本能靈魂；牠所聽見並看見的並不同於人所聽見及看見的。牠所去到的層面絕不是自我想獨自前往的地方；牠聽到的言語和指令絕不是自我可以聽見的。牠追隨自己的所聽而往。

有一次，在舊金山一座科學博物館裡，我走進一個房間，裡面滿是模仿犬隻聽覺的麥克風和擴音箱。當棕櫚樹在風中搖動的時候，房間裡充滿了世界決戰的聲音。當腳步聲由遠而近的時候，我的耳邊就像有一百萬袋玉米片被咬嚼一樣。狗的世界不斷充滿了大變動的聲響，而這些聲音不是人類可以聽取的；小狗卻可以。

犬屬動物的聽覺超出人類聽覺的範疇。本能靈魂的這個媒介面向聽得見女性靈魂中深沉的運作、深沉的音樂和深沉的奧祕。能夠瞭解女人野性本質的就是這個屬性。

匍匐前來的誘惑

在努力尋找自己本質中更深層面的時候，男人和女人必然會因為許多理由而分心——那多半是些形形色色、令人享樂的事。有些人沉溺在那些享受並永遠糾葛在其中，再也無法完成自己的責任。

小狗最初也因自己的口腹之慾而變得不專心。慾望常是一些迷人的小搶匪，致力於偷取時間和欲力——你的時間和欲力。榮格說人的慾望必須受到一些控制，否則，正如你所知，一個

註三　一隻狗在狗群當中的行為會不同於在人類家庭中做為寵物的行為。

人會因為路上的每一塊骨頭、原木塊上的每一個派餅而停頓下來。

追尋雙重本質之名的愛侶可能會像小狗一樣失去決心、被誘離所行之路。如果他們本身生命具有野性並且處於挨餓的狀態，這種事情尤其容易發生。他們也有可能忘掉自己要做的事情。他們可能會遭到無意識中某種東西的引誘或攻擊，而這東西所圖的就是強迫女人接受它以供它利用或誘惑女人以供它玩樂、或只是想打發獵捕者心中的空虛感。

在回去找主人的路上，小狗被美味多汁的骨頭所誘惑，因而忘掉了年輕女人的名字。這個橋段把深處靈魂中常發生的一件事情具體表達出來：慾望打擾並妨礙了首要工作。每不到一個月的時間，我都會聽見一個被分析對象說：「啊，我偏離了深處功課是因為我性慾火熱，而我花了好幾天時間才把火焰滅掉」，或者「因為我下決心在這個星期替我五百盆花做一番好好的修剪」，或者「因為我一開始想完成七件新的藝術創造，做得也還不錯，但之後我認定沒有一件作品真有什麼希望，於是我把它們全都放棄了。」

你看，路上的骨頭在守候著我們大家。狗兒幾乎難以抗拒它的美味多汁。在最糟的情況下，這骨頭可能是個最被偏愛、一個早已讓我們付出自己生命的癮念。但是，即使一再失敗，我們還是必須努力，直到能夠越過它而繼續去完成首要的工作。

深處任務的動力跟性衝動頗有相似之處。性衝動是從地面正下方升起，在高原上加速，然後變得持久和強烈。如果高原上出現了粗暴的干擾（假想是個未曾意料到的巨大聲音），我們就不得不重新開始。在運作心靈原型層面時所需要的衝動張力也是如此；如果張力被打斷了，我們就必須從起跑線再開始。因此，路上會有許多多汁的、美味的、有趣的、挑動鑾性的骨頭。在不知不覺中，它們會讓我們陷入失憶症，不僅忘掉工作已達的進度、也忘掉工作自始的目的。

《可蘭經》很有智慧地告誡我們：有一天我們會被召到上帝面前去解釋為何在世上我們不去享受所有被允許的享樂。然而，在不當的時間去享受太多或僅一點點美好的事情都足以讓人大大失去清明的意識。結果，不但沒有突然充滿智慧，我們反而像一個心不在焉的教授在那裡喃喃自語：「我剛才說到哪裡？」要從這些分心的情況中恢復過來，我們很可能要花上好幾個星期、有時甚至費上好幾個月的時間。

故事中，小狗奔回到兩姊妹的小屋那裡、再次聽見她們的名字、再次跑走。這隻狗擁有一試再試的正確本能。但是，喔喔，有個金桔派餅又分了牠的心；牠又把名字忘了。慾望的另外一個面向也來攻擊這頭動物，再一次讓牠離開工作。牠的腸子雖然飽足了，心靈的工作卻沒有完成。

我們開始瞭解：在喚起心靈連結之時保持清醒、尤其不屈從令人分心的慾望，這確是一個長期而難以持之以恆的工作。我們看到狡黠的小狗使盡了牠的本領，但是從深處的原型無意識回到清醒意識是一條很漫長的路。這條漫長路要先下潛到名字的所在，才能再回到表面。當沿路布滿羅網的時候，用清醒的意識去保存所知是非常困難的。

金桔派餅和骨頭代表美味而令人分心的誘惑。換句話說，每個人的心靈裡都存有不循正路的、奸詐的、美味引人的元素。這些元素不利於意識；它們讓事情處在黑暗之中而因此帶有刺激感，藉此讓自己壯大。有時，我們很難提醒自己應該為光明所提供的激勵堅持下去。

在故事裡，小狗帶來光；牠試圖讓神祕的雙重本質連結到意識上。「某種東西」、某種不可見但必然放置了骨頭和派餅的那個東西在那裡節奏頻頻地企圖阻撓此事。這東西毫無疑問就是那黑暗陌生客；他是另一種對抗意識之心靈天敵的形式。由於每個人的心靈裡都存在著這個天然對抗者，即使最健康的心靈都難免會迷路。要讓自己走回到意識那裡，我們必須記住真正的工作為何，不斷念念有詞地再三提醒自己。

變得凶猛

小狗再次得知女人的名字並奔往牠的主人。牠忽略路上的大餐以及從灌木叢裡飄出的香氣。我們在這裡看到心靈意識正在上升。本能心靈已經學會克制自己，知道事有先後，並且專心一意。它不肯再被轉移注意力；如今它心有所屬。

但是一個黑暗事物不知從何處突然撲向小狗。陌生客搖晃著小狗喊：「把那些名字告訴我！告訴我年輕女人的名字是什麼，好讓我娶到她們！」陌生客不關心雙重本質或心靈較細膩的面向；對他而言，女性本質僅是他要占有的財產而已。

外在生活裡的某個實際人物或內心生命中某個負面情結都可以代表這個陌生客；是其中哪一個並不重要，因為後果都同樣具有毀滅性。這一次小狗必須奮力一戰。無論對男人還是女人而言，這種事情發生於外在生命的時候，某個事件、某個說錯話的情況、某種奇怪的東西會突然一躍而起，使我們忘了自己是誰。靈魂裡總有一個東西試圖從我們這裡偷走名字，而外在世界裡也有很多偷搶名字的搶匪。

在故事裡，小狗為自己的性命而戰。有時候，陌生客一躍而起是唯一讓我們學會緊抓深處知能的方法。我們不得不為自己視為寶貴的事物而戰——為認真看待自己的所為而戰、為超越自己膚淺的靈性動機——詩人羅伯特．布萊（Robert Bly）稱之為「墨守成規的渴望」〔註四〕——而戰、為持守深沉之知而戰、為完成已開始的工作而戰。

小狗為保住那些名字而戰，因此得以不再繼續掉入無知之中。一旦打完這一仗，令人驚訝的是小狗沒有失去那些名字，而它們正是爭戰者所爭之物——那關乎原始女性本質的知識。任何擁有這知識的人都會具備跟女人力量旗鼓相當的力量。小狗奮戰的目的，在於將這力量贈予

註四　羅伯特．布萊（私人交談，一九九〇）。

那位值得敬重的男子，曼納威。牠為了不讓這力量遭到古老人性中某一面向的濫用而戰。而把這力量贈予到適當之人的手上就跟發現那些名字一樣重要。

英勇的小狗把名字告訴了曼納威，他再將這名字呈報給年輕女子的父親。年輕女子已經準備好跟隨曼納威而去。她們一直都在等曼納威發現並清楚知曉她們的內在本質。

因此我們知道：有兩件分心之事在這些事情上阻礙前進，一是慾望、一是黑暗陌生客。後者有時指心靈中的內在壓迫者，有時指外界中的一個人物或情境。無論為何，每個旅人與生俱來就知道如何打敗這些打劫者和搶奪者。要持守那些名字；名字是一切。

內在的女人

女人有時因等候愛侶的瞭解而疲憊不堪和暴躁不安。女人說：「為什麼他們不能瞭解我的想法、我的需要？」不斷提出這個問題讓女人筋疲力盡。但是，這個困境有個既有效率又有效果的解脫之道。

如果女人要擁有一個用瞭解回應她的伴侶，她必須向他揭示女性雙重本質的奧祕。她必須向他講解「內在女人」、那個跟她本人加在一起而成為雙者的女人。她的方法是：教她的伴侶去問兩個似乎簡單、但足以讓她被看見、被聽見和被瞭解的問題。

第一個問題是：「你要什麼？」當然，每個人都問過類似的問題。但是更基本的問題是：「你深處的本我渴望什麼？」

如果一個男人忽略女性的雙重本質、只瞭解女性的表面價值，這人將會遇到令他極為吃驚的事情，因為當女人的野性本質從深處升起並站穩立場的時候，她的興趣、情感和思想都會大大不同於她之前所表達出來的。

要編織安穩的情感關係，女人也必須向她的伴侶問這兩個問題。身為女人，我們要學會如何去識察自己的本質和別人本質中的雙面向。雙方交互得知的訊息可以讓我們清楚判定什麼事最為重要、並如何依照它去回應事情。

當女人受教於自己的雙重本質時，她是在凝視、審思和測量那超出知覺之外的材料，而這些材料的內容和過程則因為超出知覺之外而常令人驚訝不已、更令人珍惜有加。

要愛一個女人，其伴侶也必須要愛她的野性本質。如果她接受了一個不能或不願愛她這一面向的伴侶，她必然會在某方面遭到拆解，以至於只能一瘸一拐地走動著，無法復原。

因此，跟女人一樣，男人必須說出他們自己雙重本質的名字。最有價值的愛侶、最有價值的父親或母親、最有價值的朋友、最有價值的「野人」便是那願意學習的人。那些不因學習而喜悅的人、那些無法被新觀念和新經驗誘惑的人，將無法成長並越過他們目前休憩所在的路柱。如果說有什麼力量在餵養痛苦的根源，那就是這種不願超越此時此刻以繼續學習的心態。

我們知道「野人」正在尋找自己的「地底」女人。無論可怕與否，這是至深之愛的行為，願意容許自己被他人的野性心靈所激盪。反觀實際世界的狀況，我們發現：由於非常害怕「失去」，人們豎起了太多、太多保護牆來防止自己融入到他人靈魂的靈質存在當中。

野性女人的愛侶是一個具有靈魂之固執和堅持的人；他能派遣自己的本能到女人靈魂生命的帳棚下方去窺探一番，而且能夠理解自己在那裡看到和聽到的事。一個好配偶會不斷回來尋求瞭解；他不會讓路上的穿插演出耽擱自己。

因此，男人的野性功課在於找到女人真正的雙重名字，但不會利用這一知識去掌控她，反而會不斷瞭解那做為她生命原料的靈質生命，讓它沖洗自己、驚訝自己、震撼自己、甚至嚇壞自己。並且讓自己留在它身旁，向她俯唱她的名字。這樣，她的眼睛會發亮，他的眼睛也會發亮。

但是，為了不讓人這麼快就休息下來，我還是要指出：叫出雙重本質的名字其實還有另一個面向，一個更可畏、但卻是所有相愛者必備的基本面向。女人雙重本質的某一面向也許可以被稱為「生命」，但生命的「雙胞」姊妹則是那名叫「死亡」的力量。這個叫做「死亡」的力量是野性本質兩個磁吸對極中的一個。有人如果學會叫出雙重本質的名字，他終會直接撞見死亡天性的光禿頭骨。據說只有英雄能夠忍受它。野性男人確實能忍受它，而野性女人也絕對能面對它。事實上，他們會完全被它改變。

因此，就請跟髑髏女人相見吧。

第五章

捕獵：心是孤獨的獵人

髑髏女人：面對愛情「生而死而生」的本質

狼擅長締結關係。任何觀察狼的人都會發現牠們彼此情誼深厚，而且終生不改伴侶。即使有衝突，即使有爭吵，牠們的緊密關係會帶牠們越過這一切，越過寒冬與盛春、長途跋涉、新生的後代、長時間以來的天敵、群聚之舞及團體歌唱。人類情誼關係之所需也無異於此。

當忠誠以及終生的信任和摯愛關係構成狼的本能生命時，人類有時卻在這些面向面臨難題。如果我們用原型去解說狼群之間堅定關係的由來，我們或可推測此種密切關係乃來自於牠們與悠遠的大自然模式——我稱之為「生而死而生」的運轉——同步共行。

「生而死而生」的本質是一套生、長、衰、死、接著重生的循環機制。這個運轉影響所有肉身和心理生命的面向。一切事物——太陽、新星、月亮、人事、微生物、細胞和原子——都會經歷同樣的振翅高飛、踉蹌、以及再度振翅高飛。

與人不同的是，狼不會視生命的起伏、能量、力量、食物或機會為令人驚訝之事或是一種懲罰。山峰和山谷原就在那裡，而狼盡可能有效率並流暢地乘馳於它們上面。本能有一種神奇的能力可以去度越一切幸福及厄運而依然能與自己和別人保持良好關係。面對大自然和命運兩者的運轉時，狼用優雅、智巧和堅忍去緊守配偶，去盡可能活得長久和活得好。但是人類的生命和忠誠如果要用這種最適宜、最聰明、最有保存力、最有感情的方式表現出來，他們必須上前去對抗自己最為害怕的那個東西而沒有繞行的可能（正如我們之後會看到的）。他們必須與「死亡女士」同眠。

在傳達智慧的故事中，愛情很少以一對情人浪漫的相會展現出來。比如，在極地區域的故事中，愛情是兩個生命力量結合起來，讓其中之一或讓兩者有能力去跟靈魂世界溝通、去參與命運而與生命和死亡共舞。

我即將要講的故事是一個跟愛情有關的漁獵故事。它以冰天凍地的北方為背景。要瞭解這個故事，我們必須知道：在極其嚴酷的環境裡，在生活充滿壓力的狩獵文化中，愛情不是以自我快樂為目標的調情或追求，而是用堅毅的心靈筋骨構成的有形親密關係，是一種在豐收和刻苦、紛亂歲月和簡單歲月中都能屹立不搖的結合。兩個生命的結合本身就是魔法；在這樣的關係中，兩人會逐漸了悟「既在之神靈的力量」。

但是這樣的結合是有條件的：為了要建立恆久的愛情，第三者必須加入這個結合。我稱這第三者為「髑髏女人」；她也可被稱為「死亡女士」。她是「生而死而生」這個角色的許多面貌之一。「死亡女士」不是災病，而是女神。

在情感關係中，她扮演神諭使者的角色，知道運轉周期應何時開始、何時結束。〔註一〕就此而言，她是情感關係的野性面向，也是男人最害怕的面向（女人有時也如此），這是因為當人們不再相信變化的可能性時，他們同時也會懼怕增與損的自然運行。

要建立恆久的愛情，髑髏女人必須進入情感關係中，受到情人雙方的擁抱。以下就是髑髏女人故事的新創文學版本，是我把瑪麗．烏卡拉向我轉述的五行短詩擴充改編、並以印紐特人為背景而寫成的故事。在故事中，我們可以看到心靈為了充分應對髑髏女人的擁抱而必須經歷的過程。且讓我們注視從故事炊煙中冉冉上升的那些意象吧。

註一　這並不是指情感關係的結束，而是指情感關係的某些面向蛻去了表皮和外殼，消失得無影無蹤，沒有留下轉寄地址，然後卻突然用不同的形式、顏色和質地再度現身。

髑髏女人

她曾經做過一件父親反對的事，只是沒有人記得她做了什麼。但是父親把她拖到懸崖邊、扔到大海裡。海裡的魚吃掉她的肉並挖掉她的眼睛。她躺在海底，她的髑髏在洋流當中翻滾。

有一天有個漁夫來此捕魚。事實上，許多漁夫都曾來到過這個海灣。但是這個漁夫遠離家鄉而流浪至此；他不知道當地的漁夫都說這小島上有鬼而避開它。

這漁夫的釣鉤在水下漂流時偏偏勾住了髑髏女人的肋骨架。漁夫想：「啊，我真的捕到了一條大魚！真的！」他心中想著這條魚可以餵飽多少人、可以維持多久、他自己可以多久不用再從事煩人的獵捕工作。他用力跟魚鉤那端的重物奮鬥著；海水被攪成了連連擊拍的泡沫，而他的小艇不斷衝撞和搖晃，因為下方的她努力要從糾纏中掙脫。她愈是掙扎，她就愈是糾纏在釣線當中。無論她怎麼做，她還是因為肋骨被勾掛著而身不由己地被拉了上來。

獵人已經開始抱起漁網，所以他並沒有看見她的禿頭浮到海浪上面，也沒看見那些小小的珊瑚生物在她頭骨的圓洞裡閃閃發光，也沒看見介殼生物黏附在她年久而如象牙一般白的牙齒上。他拿著漁網轉身的時候，她整個身體正好浮到水面、藉著她長長的門牙掛在他的小艇尖端上。

「啊呀！」男人大叫一聲，他的心臟掉到膝蓋上，他的眼睛驚恐地躲到腦後頭，他的耳朵脹得通紅。「啊呀！」他尖叫著，並且用槳把她從船首敲落下去、像著魔一般拚命划向岸邊。由於不知道她被纏在釣魚線上，當他發現她似乎踮著腳尖直立著、在往海岸線的一路上追趕他時，他更是嚇壞了。無論他怎樣讓小艇彎來彎去，她就是站在後面，她的氣息在一陣雲氣中翻旋在水面上，她的手臂像連枷一樣伸打過來，彷彿要抓他丟進深淵之中。

「啊呀啊！」他一邊迴旋、一邊哀號。他一躍之下跳出自己的小艇並抓著魚竿奔跑著，而髑髏女人像珊瑚一樣蒼白的屍體則因為仍然糾結在釣魚線上而顛上顛下地緊跟住他。他在岩石上奔跑，她就在後面跟著。他在苔原上奔跑，她依然緊追不捨。他跑過被曬乾的魚肉；當他的厚底靴踩下去的時候，魚肉都裂成了碎片。

她一直緊跟不放，甚至在被拖行中還抓起一把冷凍過的魚肉。她開始吃起魚肉，因為她好久都沒狼吞虎嚥一番了。終於，男人到達自己的雪屋，馬上鑽進穴道，手腳並用地撐爬到室內。黑漆漆中，他躺在床上喘息和哭泣，他的心臟跳動得像鼓（巨大的鼓）一樣。終於安全了，喔好安全，是安全了，感謝上帝，感謝烏鴉，是的，謝謝烏鴉，是的，還有賜給漁獲豐收的海神賽德娜，終於……安全了。

請你想像一下：當鯨油燈點亮的時候，他竟發現她（它）就垮躺在他的雪白地板上，一隻腳跟掛在肩膀上，一隻膝蓋插在肋骨架當中，一隻腳擱在手肘上。有一件事後他也解釋不出所以然來的事發生了：或許是火光讓她的五官柔和了起來，或許因為他是個孤獨男人，他的呼吸竟然開始帶有某種仁慈的情感。他慢慢伸出髒汙的手去把她從釣魚線當中解開來，一邊像母親對孩子一樣輕柔地說著話。

「喔，嘖嘖嘖。」他首先解開腳趾，再解開腳踝。「喔，嘖嘖嘖。」他一直工作到晚上，最後給她披上皮毛保暖。髑髏女人的骨頭全都像正常人的骨頭一樣各就各位。

他在袖口當中摸索打火石，用幾根自己的頭髮去點起更亮的火光。他不時注視著她，一邊在自己寶貝的木製釣魚竿上抹油並給它重新繞上羊腸線。穿上皮毛的她不發一語——她不敢說話，怕獵人把她帶出去，然後把她丟到岩石當中讓她摔得粉身碎骨。

男人感到昏昏欲睡，鑽進睡覺用的動物皮裡，馬上就做起夢來。你知道的，人在睡覺時，眼淚有時會從作夢者的眼睛逸出。我們無法知道什麼樣的夢會引人流淚，但是我們知道那個夢若不是跟悲傷有關，就是跟渴望有關。以下是發生在這個男人身上的故事。

髑髏女人看見眼淚在火光中閃爍，她突然感到十分、十分地渴。她嘰哩呱啦地爬到睡著的男人身邊，把嘴放在他的眼淚上。那一滴眼淚就像大河一樣；她喝著、喝著、喝著，直到她多年的乾渴完全被消解掉。

然後，她躺在他身邊，伸手到沉睡男人的身體裡去挖出他的心臟、那個巨大的鼓。她坐直身子，猛敲它的兩旁：砰，砰！……砰，砰！

她一邊打鼓、一邊唱：「肌肉，肌肉，肌肉！肌肉，肌肉，肌肉，肌肉！」她唱得愈久，她的身體便愈是長出肉來。她為頭髮、健康的眼睛、美麗而肥嫩的手唱歌；她為大腿分岔處唱歌；她也為長而可以裹住溫暖的乳房唱歌；她為女人所需的一切唱歌。

當她唱完的時候，她再用唱歌的方式褪去沉睡男人的衣服，並爬到他的床上跟他肌膚相親地依偎在一起。她把巨大的鼓、他的心臟放回到他身體裡面。他們醒來時，兩人相裹在一起；他們從前一晚就這樣糾纏在一起，但是此時卻是用不同的、美好的、久久的方式相互廝磨。

據那些已經忘記髑髏女人最初為何遭遇不幸的人說，她跟漁夫搬去了別的地方，兩人在那裡從來不虞匱乏，因為她在水中認識的生物總會獻來食物。這些人說這是真的、也是他們所知道的事。

愛情小屋內發生的死亡事件

許多愛情關係失敗的原因就在於人沒有能力去面對和鬆開髑髏女人。愛一個人的時候，我們不僅要堅強，也要聰明。堅強來自靈性，聰明則因體驗髑髏女人而產生。

我們在故事中看到，如果想要一生都覺得飽足，我們就必須面對「生而死而生」的本質並與之培養關係。能夠這樣，我們就不會再一路笨手笨腳地去鉤引幻想，反而會得到智慧去曉得真正的愛情需要經歷種種必要的死亡和令人驚訝的新生。面對髑髏女人的時候，我們學到：熱情不是一個前去「獲得」的東西，而是一個在周期運轉中產生並付出的東西。髑髏女人讓我們看見：在一連串增與減、結束與開始的過程中分享生命，這才能創造無人可比的忠誠摯愛。

這故事是現代之愛情問題——對「生而死而生」本質、尤其對死亡那一層面深懷恐懼——很恰當的一個比方。在許多西方文化之中，各種教條和教義掩飾了死亡的原始性質，直到死亡跟它的另一半——生命——分離為二。錯誤的教導使我們認定野性本質最深奧而基本的一個面向是碎裂不全的。我們以為死亡之後有更多死亡。事實卻剛好相反。即使我們的生命已經被刀削入骨，死亡仍是一個永遠在醞釀新生命的過程。

死亡和生命的原型不該被當做對立的事物，反而應該被視為單一思想的左右兩面、實為一體。不錯，一個愛情事件會遇到許多結束的狀況，但是兩人相愛時創造出來的一種生命不知怎麼地會在其細膩層面中保存一顆心和呼吸。當心的某一面被倒空時，另一面就會被充滿；當一個呼吸結束時，另一個呼吸即開始。

如果我們以為「生而死而生」的力量會隨死亡而結束它的詩篇，就不用驚訝有些人不敢交付感情。一個結束的經驗就已經把他們嚇壞了；要他們從迴廊走進室內是會要他們命的。他們滿懷恐懼，因為覺得死亡女士就坐在愛情小屋的早餐室裡，腳尖觸碰著地面，把她的手套摺了再摺。但是她面前擺放的是一份工作清單，一邊列舉著方生之事，另一邊列舉著將死之事。她志在完成全部工作，志在維持平衡。

在所有現代文化中，「生而死而生」的原型遭到普遍且深刻的誤解。有些文化已經忘記了死亡女士代表基本的創造模式：經過她慈愛的引導，生命才能更新。在許多民間傳說裡，用以代表死亡的女性角色總是以聳動人心的方式被呈現出來：她拿著一把鐮刀去「收割」那些沒有防備之心的人、她親吻受害者後留下他們四處散落的屍體、她把人淹死後徹夜哭號。

但是在其他文化裡，比如保存了生死輪迴教義的印度和馬雅文化，死亡女士會抱住垂死者，減輕他們的痛苦，並給予他們安慰。在拉丁美洲女巫醫的傳說裡，死亡女士據說會翻轉子宮內嬰兒的方向到頭部先出來的位置，以利他的降生。據說她也會引導接生婆的手、打開母親乳房內乳汁的管道、或安慰任何獨自哭泣的人。那些認識她全部運轉周期的人不僅不會誹謗她，反而會尊敬她的慷慨和教訓。

從原型意義而言，「生而死而生」的本質是本能天性的一個基本要素。在世界神話和民間傳說裡，它體現在以下的角色裡：西班牙裔族群的「死亡女士」、阿茲塔克人的眾神之母蔻特莉鳩、北歐死亡女神亥爾、條頓人的命運女神柏賀塔、中國的觀音娘娘、俄羅斯的芭芭雅嘎、西方國家的白衣幽靈女郎和心腸善良的夜魅、以及一群被希臘人稱為灰衣女子的婦人。從愛爾蘭乘著黑夜之雲朵馬車的死亡使者班施，到西裔族群的河邊哭泣女子，從用羽翼尖端拂動人類、使之潰入狂喜之中的黑暗天使到死亡逼近時出現在沼澤上的燐火之神，所有故事都留下痕跡、讓我們得以想像人類曾經賦予那位年老造物女神的種種人物形象。〔註二〕

我們對於「生而死而生」本質的大部分知識都因為我們恐懼死亡而遭到汙染。因此，我們配合這本質的運轉周期而有所行動的能力是相當薄弱的。這些運轉力量不會「傷害」我們；它們不是來偷取我們貴重物品的賊。這個本質不是一個撞後逃逸、只會砸碎我們最寶貝東西的駕駛人。

不、不，「生而死而生」的運轉力量是我們本質的一部分，是我們內在權能（它知道舞步為何並通曉生與死之舞）的一部分。它由我們自己的某些面向組成，知道何時某事可以、應該、必須誕生以及何時必須死去。只要我們能學會它的節奏，它會是我們心靈深處的老師。墨西哥神祕主義者暨狂喜派詩人羅莎莉歐・卡斯泰拉諾斯（Rosario Castellanos）描述如何屈服於這些掌管生與死的運轉力量：

……它們賜下我所需要的死亡……

詩人知道沒有死亡的話，任何事都沒有價值。沒有死亡就沒有教訓，沒有死亡就沒有可以讓鑽石發光的黑暗。被啟蒙者不會害怕死亡女士。但是我們的文化卻常慫恿我們把骷髏女人扔下懸崖，不僅因為她十分可怕，也因為我們要花上很長時間才能學會她的方法。一個沒有靈魂的世界鼓動人們加快用東敲西敲的方式去找到一根電燈鎢絲，並把它當成是唯一可以永遠燃燒且在當下照亮一切的燈線。然而，我們所尋覓的奇蹟需要時間；找到它並實現它都需要時間。

現代人在追求無休止的速度機器時抵銷了他們對恆久愛情機器的追尋。難怪追求愛情的人會覺得茫然和困擾。就像〈紅鞋〉這個故事所說的一樣，他們跳著瘋狂的舞蹈，無法停下狂亂的吉格舞步，而在一個旋轉之間就與自己內心深處最珍惜的事情錯身而過。

但是，另有一個更好的方法，它會把人性的弱點、恐懼和怪癖納入考慮。正如個體化之運轉周期經常會發生的，我們多數人都是在踉蹌之間撞見這個方法。

註二　在一次去墨西哥林地的旅行中我患了牙痛的毛病。一個藥劑師要我去找一個以解除牙痛出名的女人。在她為我敷藥的時候，她跟我談到莎蒂（Txati）這位偉大的女神。她的說法顯然把「莎蒂」當做一位「生而死而生」女神，但我在學術論文裡卻找不到這位女神的資料。我的「老祖母」、那位女巫醫還告訴了我另一件事情：「莎蒂」是一個偉大的治療者，但她既是乳房，也是墳墓。而且，「莎蒂」還隨身帶著一個銅碗。把它轉向一邊時，它會容納並流出營養品；但把它轉向另一邊時，它就會成為新死者亡魂的容器。「莎蒂」是分娩、做愛和死亡的觀察者。

愛情的第一階段

無意間發現寶物

所有故事都有一部分材料會反映個人所處之文化世界或自我靈性的健康狀況。故事中的神話主題也可以用來說明心靈世界和外在世界各自尋求平衡時所經歷的過程和不可缺少的指引。

髑髏女人也許可以被視為表達個別靈魂的經歷，但是我認為這故事的價值更在於它代表了七項一系列的工作，用來教導一個靈魂如何深深地、好好地愛另一個靈魂。這七項工作包括：一、發現別人是靈性寶物（即使最初不解自己發現了什麼）；二、追逐和躲藏（這時雙方都充滿了希望和恐懼）；三、解開以及瞭解情感中「生而死而生」的面向，並培養這項工作所需的同情心；四、推心置腹，能夠在另一人面前及在其善意之中感到心安；五、分享未來的夢想和過去的悲傷，開始治癒陳年的情傷；六、用心唱起新的生命；七、最後，靈肉結合為一。

世界上有許多故事跟捕捉海底某種生物有關，其中有幾十個故事都提到第一項發現寶物的行為。當故事出現這個題材的時候，我們總會知道表象世界的生命和被壓抑在無意識的生命之間即將發生一場鬥爭。在現在這個故事裡，漁夫捕獲的東西遠遠超過他的期望：「啊，是條大魚！」他一邊想，一邊收網。

他並不曉得自己正在拉起一個讓他這輩子最大驚失色的寶物，也不曉得自己向來的能力將無法應付那正被拉起的東西。他不知道自己將必須與那個東西達成一種和解，也不知道自己所有的能力即將受到考驗。更糟的是，他不知道自己不知道。所有戀愛者最初都處在這種狀態中，跟蝙蝠一樣盲目。

所知不多的人很容易像漁夫面對他的漁獲一樣去面對愛情：「啊，我希望釣到一條大尾的，牠可以長時間餵飽我，可以讓我感到興奮，可以讓我的生活更輕鬆，可以讓我回去向其他漁獵者大肆吹噓一番。」

天真或飢餓的獵人自然而然會用這種方法前進。年輕的、尚未被啟蒙的、飢餓的、受傷的獵人都以發現或贏得戰利品為其中心價值觀。年輕的獵人根本不知道自己在尋找什麼，飢餓的獵人尋找維持生命的糧食，而受傷的獵人則尋找安慰以彌補之前的損失。但是他們都希望「撞遇」一件寶物。

當巨大的心靈力量——此處指的就是代表「生而死而生」的女人——與某人為伴，而這個人又很天真的時候，這人必然會獲得意想不到的東西，遠遠超過他想要釣到的。我們常幻想要透過一場戀情、一份職業或一筆錢讓自己從內心深處被餵飽，而且幻想它們可以長期餵飽我們。我們再也不想繼續做任何事情。事實上，有些時候我們甚至還希望不費任何力氣就能被餵得飽飽的；雖然我們實際上知道一切有價值的事情都不可能用這種方式獲得，但我們就是會這樣希望。

呆滯不動而夢想著完美愛情是非常容易的事情。除非下定決心去捕捉到一個真有價值的東西，我們可能永遠無法從這種麻醉當中甦醒過來。對於那些天真和受傷的人來說，心靈作為的奇妙之處就是：即使你一心二意、不在乎、不真心想、不希望、不想要、覺得自己不配或沒準備好，你無論如何還是會無意間踩到寶物。之後，你的靈魂就有責任不能忽略那被抓起的東西，有責任去認出寶物就是寶物（不管它的形狀有多麼不尋常），也有責任去仔細考慮下一步該怎麼做。

漁夫和獵人這兩個文學主題彼此具有一些相同的原型象徵意義。他們可以代表那些尋求知識、努力融入本能以滋育本我的人所具備的心理元素。在故事中，就像在生活中一樣，獵人和漁夫會用三種方式之一展開追尋：莊重的方式、脾氣暴躁的方式、或誤打誤撞的方式。髑髏女人故事裡的漁夫比較偏向誤打誤撞的方式。他的脾氣並不暴躁，但是他的態度和意圖也不算莊重。

有時候戀人也是這樣開始的。情感一開始時，他們只不過想釣取一點點刺激、或一點點「幫我度過這一晚」的抗憂鬱劑。在不知情下，他們不知不覺地走進自己和對方靈魂中髑髏女人的所在。他們的自我也許想尋求樂趣，但是這一塊心靈空間卻是屬於髑髏女人所有的聖土。如果我們在這些水域上拖拉釣餌，我們一定會鉤到她；這是毫無疑問的。

漁夫以為自己尋找的只是簡單的食物，而事實上他拉起全部的原始女性本質、亦即那被遺忘的「生而死而生」本質。它不容被忽略；在新生命開始的任何地方，死亡女王一定會現身。這事發生時，至少有一剎那人們會在驚喜兼恐懼之中投以注意力。

故事一開始的文學主題——躺在海底的女人——告訴我們髑髏女人跟印紐特族愛斯基摩人神話中的海神賽德娜非常相似（註三），都是代表「生而死而生」本質的人物。在印紐特族心目中，賽德娜是住在海底的造物女神，畸形而偉大。賽德娜的父親把她從小艇邊丟出去，因為她跟一個狗形人私奔，舉止不像族中其他孝順的女兒。就像〈無手少女〉這則童話故事中的父親一樣，賽德娜的父親砍斷她的雙手；她的手指和四肢沉入海底，在那裡變成魚類、海豹和其他生命形式，從此以後成為印紐特人食物的來源。

賽德娜遺體的其他部分沉入海底，在那裡變成了骨骸和很長的長髮。在印紐特人的儀式中，陸地上的巫醫會游到她那裡，並帶著「和平食物」去安撫她那吠叫的狗丈夫與守護者。巫醫一邊唱歌，一邊梳理她的長髮，請求她治療陸地上某人的靈魂和身體，因為她是偉大的魔法師、是那扇生與死出入的北方大門。

註三　賽德娜的故事有許多版本。她是住在水底的大神，而人類治療者常來向她獻祭，請求她讓生病或垂死的人恢復健康和生命。

永世躺在海底的髑髏女人也可以代表女人未曾使用過或曾經誤用過的「生而死而生」力量。當她生氣蓬勃而復活過來的時候，她也掌管了那些可以完成生與死、悲與喜循環的直覺和情感能力。她盯視著事情，知道在什麼時間某一個地方、某一件事情、某一個行為、某一群人或某一段感情關係必須死去。這個天賦、這個心理敏感度等候著那些願意透過愛情而把它高舉到意識中的人。

每個女人和每個男人身上都有某個部分不願知道死亡必須參與所有情感關係。我們假裝：在愛情幻想沒有死去的情況下，我們可以相愛；在膚淺期望沒有死去的情況下，我們可以繼續活著；我們可以繼續進步，而且我們最愛的臉紅心跳可以永遠不終止。但是在愛情中，在心靈的層面上，每一樣事情都會被挑明、被駁斥——每一樣事情。自我不想如此，但這卻理當如此。不容否認地，一個具有深沉野性的人會被這工作吸引過來。

什麼會死去？幻想會死、期望會死、想要擁有一切並希望一切只能美麗的貪念會死。由於愛情總會讓人下潛到死亡本質那裡，我們這就可以瞭解為何託付真情會需要那麼大的本我力量和靈魂力量。當一個人願意託付真情的時候，他／她同時也發誓要讓髑髏女人的本質和教誨復活。

故事中的漁夫很遲才瞭解到自己捕獲了什麼性質的東西；每個人最初都是這樣。當你在無意識中捕魚的時候，你很難知道自己在做什麼。如果你沒有經驗，你不會知道死亡本質就住在那下方。一旦你發現了自己面對的是什麼東西，你第一個衝動就是把她丟回去。我們變成那些在神話中把野性女兒從小艇推下大海的父親們。

我們知道：從充滿期望轉移到真正面對上鉤者的這段期間，情感關係有時會動搖不穩。在母親跟她一歲半大的孩子之間、在雙親跟青少年之間、在朋友之間、在一輩子或短暫的情人之間，這種動搖都會發生。當「甜心」時期一過，在好意中展開的情感關係會慌亂、搖擺、有時甚至重心不穩。這時，我們就必須要用嚴肅的態度和所有的手腕和智慧去開啟更具挑戰性的情感關係，而非繼續上演幻想劇。

躺在水底的髑髏女人代表創生創死之深沉本能的呆滯形式。如果相愛者不肯放棄勉強的快樂生活、勉強的無盡歡愉、以及其他足以令人麻木的強烈情感形式；如果他們堅持性生活必須隨時有雷電或令人心曠神怡的狂潮，而沒有任何爭執，那麼「生而死而生」本質隨即會從懸崖邊墜下、再度淹死在海裡。

在愛情關係中拒絕接受生與死的所有循環會把「生而死而生」本質拖出她的心靈居所而讓她淹死。然後愛情戴上「讓我們永不悲傷、讓我們永遠快樂」的勉強面具，不惜任何代價地苟延殘喘下去。而愛情的靈魂則沉了下去、不見蹤影、在水中漂流、無感亦無用。

如果相愛者的一方或雙方無法忍受或瞭解髑髏女人，如果我們誤解生死循環的功用（它可以改變生命），她就必然會從懸崖邊上被丟下去。如果相愛者無法忍受這些「生而死而生」的過程，他們也就無法在荷爾蒙的慾求之後還能夠擁有愛。

把這神祕的本質丟到懸崖下，總讓女性情人和男性的靈魂力量變成一具髑髏、失去真實的愛情和滋補。由於女人常可敏察生理和情感的周期，她的中心關注應該就是生與死的循環。由於新生命的產生一定發生在舊生命衰退之後，那些不斷試圖讓一切保持在高峰而令心靈閃閃發光的相愛者最終會在愈來愈僵化的關係中打發日子。強要愛情只能用最正面的形式存在，這一種願望正是造成愛情最終隕落死亡、永遠死去的原因。

漁夫面臨的挑戰在於面對死亡女士、面對她的擁抱和她的生死循環。在其他故事裡，海底生物被捉後會被釋放，然後牠在感恩中會賜給漁夫一個願望。在這個故事裡，死亡女士不肯放手，也沒有和藹地應許任何願望。不管你喜不喜歡，她已浮到水面上；沒有她，就不會有真正的生命知識；沒有這種知識，就不可能有忠誠、真實的愛情或奉獻。愛情是昂貴的；它以勇敢和長途奔走為代價，正如我們之後將會在本書中看到的。

我在男性和女性情人身上都一再看到同一現象：兩人開始擁舞，想知道自己是否會愛上對方；突然，髑髏女人意外被魚鉤釣住；情感逐漸萎縮並退化；令人痛苦的性歡愉開始減弱，一方看見另一方軟弱及受傷的隱藏面，或一方發現對方「不是戰利品的貨色」。就在此時，禿頭黃牙的老女孩浮上了水面。

雖然這情景十分恐怖，但是表現勇氣和認識愛情的真正時機就在此時。愛一個人即是要與其長相守，也就是要脫離幻想世界而進入一個能讓長久愛情——面對面、骨對骨的摯愛——變成可能的世界。當每一個細胞都喊「快跑！」的時候，願意留下來就是愛。

當愛侶們能夠忍受「生而死而生」的本質、能夠視它為一個連結（正如兩個白晝之間的黑夜）、或能視之為終生之愛所源自的創造力，他們才能夠面對愛情關係中的髑髏女人。然後他們才會一起堅強起來，一起更深刻理解自己所處的兩個世界：凡俗世界和靈性世界。

在我二十多年的專業歲月裡，男人和女人都曾躲進我的沙發中、用幸福又驚恐的口吻說：「我遇到了一個人——我不想遇到、我只顧著自己的事情、我並沒有在尋找——可是，砰！我遇到了這個非常特別的某人。**現在**，我該怎麼辦呢？」在他們繼續培養這段新戀情的同時，他們開始畏縮、退避、憂慮。難道是他們對於這個人充滿了愛情的焦慮嗎？不是的。他們感到恐懼的原因在於他們開始瞥見一個光禿的頭骨正從熱情的海浪下浮現。哎，他們該怎麼辦？

我告訴他們：這才是神奇的時刻。但是他們並沒有因此鎮靜下來。我告訴他們：我們現在即將看到奇妙的事情發生。但他們還是沒有什麼信心。我告訴他們要堅持下去。他們雖然可以做到這一點，卻什麼都不肯做。在我還來不及用心理分析的角度瞭解之前，他們的愛情小船就已經划得愈來愈快並側翻到岸上，而且在我還來不及要他們跳開之前，他們就已經各自逃命去了。而我，身為分析師，也在他們身邊跑著、試圖說上幾句話。猜猜看，這時誰在後面　跳一跳地緊跟著？

第一次面對髑髏女人的時候，大多數人的第一個衝動就是像風一樣地逃走，並且跑得愈遠愈好。跑走其實也是過程的一部分；它是人之常情，但為時不會太長、不會是永遠的。

追逐和躲藏

死亡本質有個奇怪的習慣，總是在我們覺得自己剛贏得一個愛人、釣到「一條大魚」時冒出在愛情當中。「生而死而生」的本質就在此時冒出來，從一旁嚇壞所有人。這時，兩個當事者會帶著更多誤解去解釋為何愛情不能、將不會或不應該在他們身上行得通。在這裡，人會做出所有潛入地穴的動作，力圖隱身不見。這是要讓情人看不見自己嗎？不，這是要讓髑髏女人看不見自己。這一番逃跑和躲藏的用意即在於此。但是，我們知道無處可躲。

理性心靈前去釣捕某個深處的東西，結果不僅釣到了它，還被嚇得幾乎無法忍受它。情侶們覺得有一個東西在追他們；有時他們以為是對方在做這件事情，事實上是髑髏女人在後面追著。在學會真愛的初期，我們會誤解許多事情。我們以為對方在追我們，而事實上，釣上髑髏女人並使她無法從我們身邊走開的就是我們想與他人建立特殊關係的意圖。愛情一旦萌生，「生而死而生」的力量就一定會隨之冒出來。總是如此。

因此我們見到難解難分的漁夫和髑髏女人。當髑髏女人在嚇壞的漁夫身後跳隨著的時候，她開始用原始的方式去參與生命：她感到飢餓而吃了曬乾的魚。之後，當她愈具有生命力的時候，她用漁夫的眼淚去消除自己的乾渴。

我們在所有愛情故事中都看到這奇怪的現象：他跑得愈快，她就愈加快速度。當情侶中的一方試圖從關係中逃開的時候，這感情卻會弔詭地充滿了更多生命。生命愈被創造出來，漁夫就變得更加害怕。他愈是逃跑，生命就愈被創造出來。這現象是許多重要的生命悲喜劇中的一齣。

有一個處在這種情境的人作了一個夢，夢見自己遇見一個女人／愛人，她柔軟的身軀像櫃子一樣打開來，在她的體腔內有許多閃亮並抽動的胚胎、許多放在層架上滴著血的匕首、以及許多裝滿春天第一抹綠色的袋子。這個作夢者停頓了很久，因為這個夢與「生而死而生」的本質有關。

當如此瞥見髑髏女人就在自己心中的時候，仍在接受訓練的情侶會抓起自己的釣魚竿、用極快的速度在大地上飛奔、努力在自己和她之間拉開最遙遠的距離。髑髏女人是偉大而神祕的；她的靈質屬性令人睜不開眼睛。在心靈裡，她大肆從地平線到地平線、從天堂到地獄伸展開來，大到難以擁抱。但是莫怪人們會奔去擁抱她；我們害怕的事情反而可以使我們堅強、治癒我們。

在這逃跑和躲藏的時期，情侶們企圖替自己對愛情「生而死而生」之循環所懷的恐懼找合理的藉口。他們說：「我跟別的人在一起會比較好」、「我不想放棄……」、「我不想改變我的生活」、「我不想面對我自己的或其他任何人的傷口」、「我還沒準備好」、或者「如果沒有先詳知我將會變成什麼樣子或將會有什麼感覺，我不想接受改變」。

在這時期，思想會亂成一團，人會不顧一切衝去尋找掩蔽，心臟亦會跳動不已（倒不是因為珍惜別人和被人珍惜的緣故，而是出自可恥的恐懼）。竟然被死亡女士給捕獲了！唉！這種與「生而死而生」力量面對面相見時的恐怖！唉唉！

有人誤以為自己正在逃離一場愛情關係。非也。他們逃離的不是愛情，也不是情感關係中的許多壓力。他們只是想跑得比神祕的「生而死而生」力量更快。心理學把這診斷為「害怕親密、害怕託付」，但這些只不過是病徵而已；更深的問題乃在於缺乏正確的信念或缺乏信任。那些永遠逃掉的人不敢依照野性本質的循環周期來真正活著。

因此，死亡女郎跨過水域去追趕男人，跨過無意識的疆界而到達心靈意識的大塊土地上。意識心靈察覺到自己捕獲的東西，因而不顧一切地想要逃離它。我們在一生當中不斷會做這樣的事情。一個可怖的東西抬起頭來，我們不加留意而繼續拉它上來，以為它是可貴的收穫。它確是一個貴重的發現，但可不是我們想像的那一種。它是個寶物，但可惜我們只懂得怕它。於是，我們企圖逃跑或把它丟回去；或者，我們試圖美化它，把它變成它所不是的東西。但這是行不通的，最終我們都必須親吻這個巫婆。

同樣的過程也發生在愛情中。我們只想得到美麗，結果卻面對醜陋。我們推開髑髏女人，她卻繼續前進。我們逃走，她緊緊相隨。她是我們先前說想要得到的偉大教師；當她來到的時候，我們卻尖叫：「不，不是這個老師！」我們要一個不一樣的老師。糟糕的是，這一位卻是人人都會碰到的老師。

有句話說：學生準備好的時候，老師就會出現。它的意思就是當靈魂、而非自我準備好的時候，內在的教師就會浮出水面。每當靈魂呼喚的時候，這位教師就會來到——幸好如此，因為自我從來都不曾完全準備好。如果我們單靠自我的準備來吸引這位老師，我們基本上會一輩子處在無師狀態之中。我們很幸運，因為靈魂會不停傳達它的願望，即使自我總是三心二意。

當事情在愛情關係中變得糾纏而可怕的時候，人們會怕愛情即將結束，但並非如此。由於這是原型事件，也由於髑髏女人所做的是命運女神的工作，因此男主角**理所當然**就該抬起腳來奔越地平線，死亡女郎**理所當然**該緊追在後，而正在接受訓練的情人**理所當然**該衝進自己的小屋裡，在那裡上氣不接下氣、哽住說不出話來、並希望自己是安全的。而髑髏女人**理所當然**該跟隨著他直入他的避難所。他**理所當然**就該將她解開等等。

現代情侶所說的「尋找自我空間」就像漁夫奔回讓他覺得安全的小雪屋。有時候，不敢面對死亡本質而感受到的恐懼感會以「要求自由」為掩飾，只求保住情感關係中令人歡愉的面向而不去面對髑髏女人。這絕對是行不通的。

沒有「尋找自我空間」的情侶會生出極大的焦慮，只因為他們願意遇見髑髏女人。他們已經做好初步準備，已經強化了自己，正試圖平衡自己所有的恐懼。而現在，正當他們準備好要解開這個奧祕，正當其中一人即將在心臟上擊鼓並應和著唱出生命來的時候，另一個情人卻在這時喊說：「還不要、還不要」或者「不，絕對不要」。

求取獨處和新生命絕對不同於「尋找自我空間」；後者的目的在逃避與髑髏女人之間無可避免的交融。但是，這個交融——與「生而死而生」本質溝通並接受它——是強化愛之能力的下一步。帶著髑髏女人一起進入愛情關係的人會獲得持久的愛情能力，而不願意這樣做的人將不會得到它。我們沒有迴旋的空間。（註四）

所有的「沒準備好」和所有的「我需要時間」都是可以理解的，但那也不過暫時如此而已。事實上，不可能有所謂的「完全準備好」或所謂的真正「恰當時機」。就跟進入無意識的任何經驗一樣，屆時一個人只能抱著最大希望、擰著自己的鼻子、一躍跳入深淵之中。如果不是這樣的話，我們就沒有必要發明「英雄」或「勇氣」這些字詞了。

學習懂得「生而死而生」本質是一件必須完成的工作。若延遲不做，髑髏女人便會沉到水底，但她會一再浮上來並一再追趕於後。她的職責就在於此，而我們的職責則在於學習。擁抱她是一項任務；若缺少具有挑戰性的任務，任何轉變都不可能發生。沒有任務就不會有真正的滿足感。貪愛歡樂不需要什麼本領，但是擁有真愛卻必須具備管理恐懼的英勇氣概。

的確，許多人來到這「逃和躲」的階段。不幸的是，有些人一而再、再而三地來到這裡。

這個洞穴的入口處布滿了爬行的凹痕。但是那些願意為愛情付出的人會效法漁夫的作為；他們會努力點起火去面對「生而死而生」的本質。他們凝視自己所恐懼的東西，而結果竟以信念和驚奇去回應它。

解開糾結的骸骨

髑髏女人的故事含有「考驗求婚者」這樣一個主題。在求婚者的考驗中，仰慕者必須證明他們的企圖是正當的、他們是有能力的，而這些能力通常顯示他們是「有種（睪丸）的」或「有卵巢的」、可以面對某種強大而可怕的靈質存體——雖然我們在此稱它為「生而死而生」本質，其他人則稱之為自性的一個面向、愛情之神、上帝、神恩、能量之神、或其他許許多多名字。

漁夫展現了他的正當意圖、他的能力、以及他在解開髑髏女人的糾結時與她逐漸建立起來的關係。他注視著她東倒西歪的樣子，但是他看見她身上有一樣東西在微微發光。他不知道那是什麼。之前他喘著氣、啜泣著要逃離她，如今他卻想碰觸她。單單她的存在就不知如何觸動

註四　「尋找自我空間」的確是獨處所必需的，但它也可能是我們這時代人們在情感關係一事上最愛使用的「善意謊言」。不但不去商談問題之所在，人們反而去「尋找自我空間」。這事實上就是「小狗吃了我的作業」或「我祖母死了……」（她已死了五次）這類孩童謊言的成人版本。

了他。當我們體會到「生而死而生」本質在心靈中的孤寂時——她沒有犯任何錯誤，卻不斷遭人摒棄——我們或許也會被她的艱辛所感動。

如果愛情是我們想要建立的東西，即使我們充滿戒懼或感到害怕，我們也會願意去解開死亡本質的骨骸、願意看見它完整的樣子、願意去碰觸另一個人和自己身上不美麗的地方（註五）。在這挑戰背後的精心考驗是由自性提出的。那些以美麗變為醜陋、藉以考驗人品為題材的故事最能清楚表達這一點。

在〈鑽石、紅寶石、珍珠〉這則故事裡，一個心地善良卻遭辱罵的繼女幫一個富有的陌生人汲水，從此每當她說話時，鑽石、紅寶石和珍珠就會從她的嘴中吐出來。繼母命令自己懶惰的女兒們也站在同一個水井邊去侍候那富有的陌生人，但這一次走來的是一個衣衫襤褸的陌生人。當她求取一勺水的時候，惡毒的女兒們傲慢地拒絕了她。這陌生人回報她們的方式是：自此而後，蛇、蟾蜍和蜥蜴總是從她們的嘴中掉出來。

在童話故事的正義之中——正如深處靈魂中的正義一樣——善待外表貧困者將會得到善報，而惡待不美麗之人則會遭到辱罵和懲罰。在愛情這樣重大的情感狀態中，情形也是如此。當我們擴大或放寬心胸去碰觸那不美麗者，我們就能得到回報；如果我們摒棄那不美麗者，我們就會被切斷與真實生命的關係，兀自留在淒寒之中。

對有些人來說，去思考更崇高和美麗之事，去碰觸那些正向而勝越我們之事，比起碰觸和幫助那些不怎麼正向的事情要簡單多了。這則故事所示的尤其更是如此。我們很容易背離那不美麗者而錯認自己為人公正。這就是我們在面對髑髏女人之愛時會犯的錯誤。

什麼是不美麗者？我們祕密地渴望被愛就是不美麗之事。不用或誤用愛情也是不美麗之事。我們不夠專一和忠誠——這一點也不可愛；我們感覺與靈魂相離——這一點也無法吸引人；我們的心理有缺點、能力不足、認知錯誤、幼稚幻想——這一切都絲毫不美麗。此外，能夠予生、予死、再度孵育和予生的「生而死而生」本質也被我們的文化視為不美。

要解開糾結的髑髏女人，就必須瞭解這謬誤的觀念並去導正它；要解開糾結的髑髏女人，就必須瞭解愛情不全是閃動的燭光、也不一定愈趨豐富；要解開糾結的髑髏女人，就必須知道我們在重生過程的黑暗中會遇見鼓舞，而非恐懼。這個解開動作就是塗抹舊傷的香膏。它會改變我們看事情和活著的方式，並反映出我們靈魂的健壯、而非靈魂的貧乏。

愛一個人時，我們會碰觸到這最根本的、不怎麼美麗的骨感女人，而且我們會試圖解開自己對於這個本質的一團感覺，好讓她重整成形並復活過來。把無意識拖到表面是不夠的；即使無意間把她拖回家也不夠。愛情之所以無法進行，就是因為我們長期以來害怕並輕蔑她。

只要我們解開髑髏女人的神祕，我們就能開始破除魔法——也就是不再害怕自己會被吞滅

註五　以及那還稱不上美麗的人。

而永不得超生。從原型上來說，要解開一樣東西就必須下潛到某處、沿著迷宮下到冥間或某個讓事物可以完全重新展現的地方。我們必須遵循最初看來十分迂迴的路程——它事實上是生命更新所需的深奧模式。在童話故事裡，解開環狀物、鬆開繫結、解開糾纏等等的意義是：人開始瞭解之前不得其門而入的事情、開始瞭解它的用途和使用方法、並變成魔法師（一個能知的靈魂）。

當漁夫解開髑髏女人的時候，他開始「用自己的雙手」去認識「生而死而生」本質的所有骨節。骸骨是代表「生而死而生」本質的最佳意象。做為一個心靈的意象，骸骨是由幾百個大大小小奇怪的骨條和關節彼此協調且接續而成。當一根骨頭轉動的時候，其他骨頭也跟著轉動，即使未必會引起我們的注意。「生而死而生」的周轉運行也是如此。當生命發動時，死亡的骨頭也頗有共鳴地動了起來；當死亡啟動的時候，生命的骨頭便隨之轉動。

同時，當一小塊骨頭不在其位、被刮破、被刺傷、被碰撞而脫節的時候，它會同時傷到整體的完整性。當內在或感情中的「生而死而生」本質遭到壓抑時，情況也是一樣。我們的生命會變得瘸跛、被纏住、停滯不前。當這些建構和運轉受傷時，欲力一定會停頓下來；愛情在此時是不可能存在的。我們躺在水底，卻只是一副在那裡來回漂流的骸骨。

要解開這個本質，我們必須瞭解她的衰減、習性和運作。我們必須瞭解一切生與死的循環、記住它們，並因此曉得它們如何成為一體以及如何組成像骸骨一樣的單一有機體。

以恐懼做為不做此事的藉口，其情實在可鄙。我們沒有一個人是不害怕的，而這並不是什麼新聞。只要你活著，你就會害怕。對印紐特人來說，大烏鴉是個滑頭角色。在牠的原始面向上，牠是種貪吃好食的動物，只喜愛歡快之事而企圖迴避所有不確定之事以及不確定所帶來的恐懼。牠非常謹慎，也非常貪婪。如果某件事情當下看起來無法滿足牠，牠就會感到恐慌；如果有希望，牠就會立刻猛撲上去。

牠喜歡閃亮的鮑魚殼、銀色的珠子、無窮的食物、流言蜚語；牠也喜歡睡在暖暖的冒煙洞口上。即將成為情人的人或許就像大烏鴉，只想擁有「確定之事」。像大烏鴉一樣，自我害怕熱情會消失，試圖不讓大餐結束，也不讓火、白晝和歡愉結束。像自我一樣，大烏鴉會變得很狡猾，但這對牠總是不利的，因為一旦牠忘掉靈魂，牠也就失去了能力。

自我害怕的是一旦我們容許「生而死而生」本質進到生命裡，我們就將再也無法快樂起來。但是，難道我們一向真的如此快樂完滿嗎？不。可是未成長的自我卻幼稚得像一個還沒有被社會同化、但也並非全然無憂無慮的小孩子。或者，它更像是一個兩眼緊盯著在那裏尋找最大片麵包、最柔軟床鋪、最俊美情人的小孩子。

相較於只依靠自我而活的人，依據靈魂而活的人具有三個特點：感知及學習新方法的能力、行走崎嶇之路的韌力，以及長時間學習深沉之愛的耐性。自我傾向於不學習，且耐性並非其強項；堅守感情也不是大烏鴉的專長。因此，當我們愛一個人的時候，我們的出發點應該不是善變的自我，而是野性心靈。

我們必須用詩人愛甸・瑞琪（Adrienne Rich）〔註六〕所稱的「原始耐性」去解開糾結的骸骨、習知死亡女士的涵義、並準備好與她共處所需的毅力。不要以為肌肉發達的英雄就足以完成這個任務。他不可能辦得到的。唯有一顆願意不斷死而生而死而生的心才辦得到。

解開糾結的髑髏女人時，我們會明白：她比分秒清楚的時間還要古老。這位死亡女士為我們估計對抗距離所需的能量、為我們秤量對抗時間所需的欲力、也為我們權衡生存所需的精神。在深思、研究、考慮之後，她會在工作上投下一、兩束火花或一片突如其來的野火。或者，她會去稍微搗實它、蓋住它的火、或完全撲熄它的生命。她知道該做什麼，也知道何時最為恰當。

在解開她的時候，我們獲得能力可以感知未來、可以更明白心靈所有面向的相屬關係以及我們前去參與的方法。解開她即可讓我們清楚瞭解自己和愛侶，亦能使我們心平氣和，並盡量優雅地按照階段、按照計畫、按照孕育、誕生和變化的各個紀元前進。

因此，就這點而言，在察看髑髏女人和整理她的骨頭之後，一個曾經對愛情不甚瞭解的人必然會大有進步。在我們開始確知「生而死而生」的模式之後，我們就能基於對「豐富而減損而增加」的瞭解去預知情感關係的運轉。

一個解開過髑髏女人的人會變得有耐性、更知道如何等候。他不會因見到枯乏而震驚或害怕、也不會因見到果實纍纍而喜不自禁。他原先巴望一蹴可幾、「馬上擁有」的心態會轉變成一種更細膩的能力，用以發現情感關係的所有面向及觀察情感關係的所有運轉周期是如何連貫起來的。他不怕與凶悍之美、未知事物之美、醜陋之美締結關係。就在學習和致力於這些事情的時候，他變成了最真實的野性情人。

一個人如何能學會這些事情？方法如下：首先，傾聽內在的聲音（而非自我），並因此與「生而死而生」本質直接對話；其次，向「生而死而生」本質直接發問並傾聽她的答覆，藉以學懂愛情的意義和愛別人的方法。經由這一切，我們學會不再去聽心中「這太荒唐了……這一切不過是我的幻想罷了」這種喋喋之聲的誤導；我們學會忽略這聲音，而去傾聽從它上方遠處傳來的聲音。我們學會照著自己所聽見的事情行事——這些都會讓我們更接近敏銳的知覺、更能付出愛情、更能清楚看見靈魂。

我們最好每天冥想並再三解開「生而死而生」的本質。漁夫重複唱著一首單句的短歌來輔助解開的動作。這首歌可以啟發知覺並有助於解開髑髏女人的本質。我們不知道他唱什麼，我們只能猜想。在解開這一本質的時候，或許我們可以唱這樣一首歌：今天我必須要讓什麼東西

註六　出自〈完整〉（Integrity）這首縈繞人心的詩。見愛甸・瑞琪所著《門框的事實：一九〇五～一九八四年詩選新編》（*The Fact of a Doorframe, Poems Selected and New, 1950-1984*, New York: W. W. Norton, 1984）。

更加死去，好創造出更多生命？有什麼東西是我知道必須死去卻捨不得的？我內在有什麼東西必須死去，好讓我能夠愛別人？我所害怕的是什麼不美麗之事？或者，這不美麗之事今天會對我有什麼用處？今天，什麼東西應該死去？什麼東西應該活著？什麼樣的生命是我不敢生出來的？如果不是現在，又當在什麼時候？

如果我們能一直吟唱意識之歌、直到感受到灼灼的真相，我們就能把一團迸發的火投進心靈的黑暗中並看見自己正在做什麼——那是我們真正的作為，而非我們心目中自以為的作為。我們於是乎解開自己的感覺並開始瞭解為什麼愛情和生命必須由骨頭中流露出來。

面對髑髏女人的時候，我們不需扮演太陽神救世主的角色，也不需披甲上陣，也不需在荒野冒著生命危險。我們只需用心解開她。認識「生而死而生」本質後所得來的力量總會守候著那些不願逃跑、不肯尋求安全的有情之人。

尋找這種生死知識的古人稱它是「無價的珍珠」、「無可比擬的寶物」。抓住這些神祕事物的線索並解開其糾結將會帶給我們強大的知識，讓我們認識命運與時間的意義，而這意義就是：萬事各有其時，時而滾動於崎嶇之上，時而滑行在平地上。沒有別種知識比它更能保存、滋養和強化愛情。

這種知識守候著一個願意和髑髏女人同坐在火邊、願意凝望她而容許自己愛上她的人。它也守候著那些願意碰觸她的醜陋並用柔情去解開她「生而死而生」本質的人們。

信任而安睡

情感關係到了這一階段，情人會回到一種單純的狀態；在這種狀態中，他仍然畏懼情感元素，但也充滿了祈求、希望和夢想。單純與無知不同。我所來自的偏遠地區有一句俗話說：「什麼都不知道而能向善，這是無知；什麼都知道而仍能向善，這是單純。」

我們現在來到了多遠的地方？漁夫／獵人已經把「生而死而生」本質拉上了水面。無意中，他曾遭到她的「追趕」。但他已經有辦法面對她；他已經開始同情她那結纏不清的景況；他已經碰觸了她。這一切都是為了要使他最終與她完全合一，使他最終有所轉變並進入愛情之中。

睡眠也許可以譬喻一種心靈無意識狀態，但它在這裡卻象徵創造和更新。睡眠是重生的象徵。在創世神話中，當某種費時的變化正在發生時，靈魂就會沉睡，只因為我們在睡眠中才能重新被創造、重得新生。

> ……睡眠把憂慮的雜亂衣袖整理好；〔它是〕勞苦者的沐浴、受創心靈的香膏、大自然的第二道美食、生命盛宴中的主要供養者。
>
> 莎士比亞，《馬克白》第二幕第二景第三十六行

如果你有機會看到一個最鐵石心腸、最殘忍、最無憐憫心的人睡著的樣子以及他醒來的那一剎那，你會短暫地在他身上看見未被玷汙、單純無瑕的孩童精神。我們總在睡眠中再度回到可愛的狀態。我們在睡眠中重新被創造成人、由裡到外重新被組合起來，嶄新如單純的兒童。

要進入這種充滿智慧的單純，我們就必須擺脫讒疑的態度和防範的心理、重新去找回那唯有在極年輕和極年老者身上才看得到的訝異之情。我們必須用聰慧深情的心靈之眼去凝視，而不該用遭鞭打的狗、被追趕的動物、與胃相連的嘴巴、或憤怒而傷心之人的眼睛去看。單純是睡眠帶給我們的全新心境。可惜的是，許多人每天起床時就把它跟床罩一起丟到旁邊去。我們最好還是把敏覺的單純帶在身邊，把它拉過來為自己取暖。

雖然在回到這種心境時，我們可能首先需要刮除陳腐的觀點以及那些累積了數十年之久、有如硬繭般小心翼翼架疊起來的防禦工事，但是，一旦回到其中，我們就再也用不著去探聽它、掘取它。回到敏覺的單純之中並不是一件太費力的事情、並不需要你把一堆磚塊從這裡搬到那裡。你只需要靜靜站著，直到這個精神找到你。有人說過：你所尋找的東西也在尋找你，因此你只要靜躺和靜坐著，讓它找到你。一旦它來到這裡，請你不要離開而要靜待後來會發生什麼事情。

這就是接近死亡本質的方法；你不需要變得狡猾精明，卻要帶著靈魂的信任。Innocent這個字常指無知無覺或愚騃的人，但是它的字根之義是免於傷害。在西班牙文裡，inocente這個字指一個既不會傷害他人、又能為自己療傷的人。

La inocente通常被用來稱呼整治他人傷口的女治療師。要做一個單純之人就必須要能看清問題並修復它。單純的背後有極重大的意義；它所代表的是一種不傷害別人和自己、又能夠修復自己和別人的態度。好好思考一下它吧。對愛情的所有變化周期而言，這是何等的恩賜！

在「純真睡眠」這個譬喻中，我們看到漁夫因信任「生而死而生」的本質而在她面前養精蓄銳。他進到一個可以讓他獲得更深瞭解和更高成熟度的轉折階段。當情人進入這個階段時，他們會服膺內心的力量，而這些力量具有源自單純的信任、信心和深沉能力。在這場靈性睡眠中，情人相信自己將會經歷靈魂的再造，而一切結果都將是理所當然的結果。這樣的情人會經歷一場智者的、而非戒懼之人的睡眠。

接近危險時，戒懼是真實的；但在其他時候，戒懼很可能是沒有必要的或是起源於從前所受的傷害。後者讓男人和女人都顯得敏感易怒或冷淡無情——即使他們覺得自己願意展現溫暖和關懷。那些害怕「被騙」或「被困住」的人，或那些不斷嚷著要求「自由」的人，正是那些讓黃金從自己手指間溜失的人。

許多時候，我聽見男人說他遇見了「一個好女人」、他們彼此一見傾心、但是他就是無法「放鬆自己」去發現自己對她的真正感覺。這種人的轉機端在他是否能容許自己在「即使」的狀況下也能愛人：即使他有痛苦、即使他很緊張、即使他從前受過傷害、即使他害怕未知數。

有時，沒有任何言語可以增加勇氣；有時，你只得一躍而下。到了生命某一時刻，一個男人會知道這時應該信任愛情即將帶他前往的地方——即使這時的他說自己不敢站在地圖未載的蒼鬱大地上、但其實他更怕自己困在心靈某個乾裂的河床中，他仍然知道自己在此刻應該信任這個所在。如果生命過於受制的話，能夠被掌控的生命將會變得愈來愈所剩無幾。

在這心思單純的階段中，漁夫變成了年輕的靈魂，因為在他睡著時，他變成了一個沒有傷痕的人，而且再也記不起昨天之前發生過的任何事情。在他睡著時，他沒有努力去爭取地位或身分；在他睡著時，他獲得了新生。

男性心靈中有一個生命體，那是一個相信善良和生命、具有智慧且不畏死亡的未受傷男子。有些人會稱之為戰鬥之我，但並非如此。它是靈性之我，而且是個年輕的靈性；即使受到折磨、受到傷害、受到放逐，它依然有愛，只因為它自有一套自我療癒和修復的方法。

女人願意作證說：在男人不自覺的時候，她曾看見這個生命體在他身上隱隱出沒。這年輕的靈性能把療癒的力量運用在心靈之上，而這一點足使人在敬畏之餘感到驚訝。男人之所以有信任之心，並不是因為他的情人不會傷害他。他所信任的是：發生在他身上的傷害可以被治癒，而新的生命將繼舊生命而起。他相信一切事情都有更深的意義、看起來微不足道的事並非沒有意義、而生命中的一切事情——崎嶇、不整、輕快、翱翔——都可以用來當做生命的能量。

我們必須說：有時候當一個男人變得更自由並更接近髑髏女人時，他的情人也會變得更充滿畏懼之情，因此也必須去完成她自己的那份工作——去解開和觀察那還原單純的睡眠，去學習信任「生而死而生」的本質。在他們倆都受到適當的啟蒙後，他們才能一起擁有療傷和戰勝痛苦的力量。

有時候，我們不敢在他人面前「睡著了」、不敢回到靈魂的單純之中、害怕另一個人會占我們的便宜。我們把各式各樣的動機投射到另一個人的身上而不敢信任自己。然而，我們所不信任的並不是我們的情人，而是我們還不願面對的「生而死而生」本質。我們需要去信任的對象就是死亡本質。正如睡眠一樣，最原始的「生而死而生」本質就跟順暢的呼（結束）和吸（開始）一樣簡單。唯一所需的信任就是要相信一個結束即為另一個開始。

如果我們夠幸運的話，我們會在事情進行之際就疲憊不堪地屈服於信任的拉扯，以至於不小心掉入信任之中。較為激烈的方法則是用力把自己丟入信任狀態裡，強迫自己拋掉所有條件句、所有「如果」和「只要」。然而，如果要等到自認有信任之勇氣的那一天，這種等待通常是毫無意義的——因為那一天永遠不可能來到。因此，沒錯，我們必須大膽相信：文化很可能曾經誤導我們用了許多不正確的見解來看待「生而死而生」本質，但我們的本能卻很可能是正確的。

要讓愛情充滿生命，愛侶就必須相信所有將發生的事都具備變化人心的力量。男人或女人都必須讓自己進入那特別的沉睡狀態中——它能恢復智慧滿滿的單純，也能創造和再創造內心深處那些一捲又一捲的「生而死而生」經驗。

流淚

漁夫睡著的時候，一滴眼淚從他的眼角流出。髑髏女人看見了，充滿了渴望，於是笨拙地爬到他身邊，以他的眼睛為杯子酌飲起來。我們會問：他夢到了什麼讓他流淚的事情？

眼淚帶有創造的能力。在神話中，流淚會引起無限的創造和喜出望外的重合。在民俗草藥學裡，眼淚被用來當做黏合劑，可以固定元素、兼併思想、結合靈魂。在童話故事裡，擲出的眼淚可以嚇走強盜或造成河水氾濫、滴灑的眼淚可以召喚鬼魂、被倒入人體的眼淚可以治癒撕裂傷並恢復視力、被觸摸到的眼淚會造成懷孕。

當一個人冒險走了很長的路而與「生而死而生」本質相識的時候，他流下的眼淚是熱情與同情交混的眼淚——為他自己，也為另一個人。這是最難流出的眼淚，尤其對男人和某些在街頭混的女人而言。

這熱情和同情的眼淚最常發生在下列事情之後：意外發現寶物、恐怖的追逐、解開糾結。這些事情合在一起足以使人筋疲力盡、解除防備、面對自己、剝除一切而見骨、祈求知識與抒解。這一切讓靈魂得以凝視其真正所需並為失落與愛情兩者哭泣。

就像髑髏女人必然會被拉到水面上一樣，這代表男人內心情感的眼淚如今也浮現了出來，而這正是教人如何去愛自己和另一人的一項功課。如今既然擺脫了白晝世界才用得著的鬃毛刷、釣鉤和尖刀，男人把髑髏女人拉過來躺在自己身旁，讓她喝水止渴，並且用自己最深的情感去餵飽她。他在新的生命中獲得了可以餵飽饑渴之無意識的能力。

他的眼淚把心靈世界偏遠區域的意念和力量聚集在一起，而這些意念和力量正是她的魂魄。在不同的長遠歷史中，水被視為創造者和通路。春天在眼淚的雨水中降臨；進入地底世界必須發生在淚水瀑布出現之地；在任何有情人的耳中，眼淚呼喚著「靠近一點」。漁夫就是如此呼喚著，而髑髏女人也的確靠近過來。若沒有他的眼淚，她將永遠只是一堆白骨；若沒有流淚，他不可能發現愛情。

當即將成為情人的人容許自己去感覺、去包裹自己的傷口；當他願意看見自己由於不相信靈魂我之善良而傷害了自己的生命；當他感覺自己與「生而死而生」本質具有滋養和復甦能力的循環相隔甚遠——只有在這些時候，作夢者的眼淚才會流出來。他開始哭泣，因為他感到孤單，深刻想念那心靈故鄉、那野性知能。

這就是那正在痊癒且正在增長悟性的男人。他自行創造藥方，開始餵養那「被抹煞掉的異類」（自我眼中的野性他者）。經由自己的眼淚，他開始創造。

愛另一個人並不夠。不成為另一個人生命中的阻礙也不算什麼。支持對方、長相左右等等也算不了什麼。我們的目標應在瞭解個人和人類全體生命當中的生與死。要成為一個有知能的人，唯一的方法就是到髑髏女人的白骨那裡去學習。她期待見到那「深沉感覺已經發生」的訊號，亦即那滴說出「我承認這傷口」的眼淚。

這種承認可以解除「生而死而生」本質的飢餓，可以讓愛情關係發生，也可啟動男人內心深處的知能。我們都曾誤以為別人才是我們的治療師、振奮者、填滿者。我們要花上好長的時間才知道並非如此，而原因多半在於我們把傷口投射到自己以外的地方，而未在自己裏面照料它。

女人最冀求於男人的很可能就是他能放下往外的投射而面對自己的傷口。當男人面對自己的傷口時，他自然會流出眼淚，而他對自己和別人的忠誠也就能變得更清楚堅定。他成為自己的治療師，不會再因渴望深處之自性而倍感孤獨，也不會再懇求女人成為他的止痛藥。

有一個故事可以闡述這一點。在希臘神話中，有一個叫做菲洛克帝帝思的男人，據說他繼承了赫拉克力斯的魔弓和魔箭。菲洛克帝帝思的腳在戰場上受了傷，傷口無法癒合，變得惡臭沖天。他痛苦的喊叫聲太過於嚇人，以致他的同伴們把他遺棄在勒姆諾斯島嶼上，任他死去。

菲洛克帝帝思用赫拉克力斯的弓箭射殺小型獵物，勉強逃過餓死的命運。但是他的傷口開始化膿，變得更加惡臭。這時有一群人卻共謀要強忍菲洛克帝帝思傷口的惡臭，打算偷走他的魔弓和魔箭。

這些人抽籤之後，任務落在其中最年輕的那人身上。〔註七〕年長的男人們要他加快動作並乘著黑夜前往，於是年輕人啟帆出發了。但是一陣蓋過海洋氣味的可怕惡臭乘風而來，使得年輕人必須用一塊浸泡海水後擰乾的布裹住自己的臉孔，以求呼吸順暢。然而，他卻無法用任何東西遮住耳朵、好讓自己聽不見菲洛克帝帝思可怕的叫喊聲。

雲遮蔽了月亮。很好，他想，一邊把船隻泊好並且爬到痛苦的菲洛克帝帝思身旁。當他伸手去拿那寶貴的弓箭時，月光突然散落在垂死老人憔悴的臉龐上。年輕人不知怎麼地突然受到了感動而掉下眼淚。他不知所措地充滿了久久不散的同情心和憐憫心。

年輕人不僅沒偷走菲洛克帝帝思的弓和箭，他反而清洗並包紮這老人的傷口、陪著他、餵他、清理他、生火、照顧這老人，直到他可以揹他回特洛伊城，好讓他在那裡接受神醫伊斯鳩雷比阿斯的治療。故事就這樣結束了。

在體會到發臭的傷口時，同情的眼淚便應運而生。發臭的傷口在每個人身上都有不同的形態和起因。對有些人而言，這傷口是他們花一輩子時間雙手交替著爬上山、卻太遲才發現自己爬錯山的感覺。對另一些人而言，它則是那些一直未得解決、也未得藥療的童年創傷。

註七　年輕人為長者包紮傷口的情節出現在我家族祖傳的〈發臭傷口〉這則故事中。

對其他人而言，它是生命或愛情中某種令人心碎的失落。有一個年輕人在初戀失敗後沒有得到任何人的支持、也不懂得要如何從其中復原過來。多年來他都處在心碎而徬徨的狀態中，但他卻聲稱自己一無所傷。有一個男人曾是職業球隊中的新手，但他的腿卻在一場意外中受到永久傷害，以至於他一生的夢想在一夕之間消失於烏有。對他而言，那發臭的傷口不僅只是一場悲劇和傷害；有二十年之久，他倒在傷口上的唯一藥物就是怨恨、嗑藥和酗酒。當男人負著這些傷口時，你可以聞到它們。除了同情自己和關注自己的受傷狀態之外，沒有任何女人、任何愛情、任何他人的關注可以治療這樣的傷口。

當男人哭出眼淚時，他應是無意間遇見了自己的痛苦並在觸摸中認出它來。他發現自己長期以來因為傷口的緣故而過著自我防衛的日子。他明白自己因此錯過了什麼樣的生命，也發現自己如何像切斷腳脛一樣切斷了自己對生命、對自我和對別人的熱愛。

在童話故事裡，眼淚可以改變一個人、提示重要的事情、拯救人的靈魂。只有鐵石心腸才會阻礙哭泣和生命的結合。很久以前我翻譯了回教神祕主義者所說的一句話（事實上是一句請求上帝擘開一顆人心的祈禱文）：「粉碎我的心，好創造出新的空間來容納無限的愛。」

打動漁夫而讓他解開髑髏女人糾結的那股內在柔情也同時讓他感知到其他被遺忘的渴望、讓他恢復了自我同情的能力。由於他進入了純真的狀態——認為凡事都有可能——他已不再害怕表達自己靈魂的渴望。他不怕去希冀什麼，因為他知道自己的需求將可以獲得滿足。能相信自己的靈魂將會得到滿足，這就足以讓他覺得如釋重負。當漁夫哭出他的真實情感時，他就與「生而死而生」本質更進一步重逢。

漁夫的眼淚把髑髏女人吸引到他身邊，使她覺得口渴、使她渴望更進一步參與他的生命。正如許多童話故事曾經告訴我們的，眼淚召喚東西到我們身邊、糾正錯誤、彌補失落的一部分或一小塊東西。在非洲故事〈金色瀑布〉中，一個魔法師為了庇護一個逃亡的年輕女奴而哭出許多眼淚，創造了一個她可以棲身避難的瀑布。在非洲故事〈骨頭喀喀響〉之中，治療師的亡魂只有在孩子的眼淚撒落大地時才能被召喚出來。我們不斷被提醒：這偉大的情感具有極大的力量。眼淚具有吸引力，而眼淚之中則含有力量龐大、可以引導我們的意象。眼淚不僅代表情感，也代表我們可以用來獲得另類視覺和另類觀點的鏡片。

故事中的漁夫擘開自己的心，而非打破它。他要的不是哺乳母親的愛、不是錢利之愛、不是權力和名望之愛、也不是性愛。那是一種跟他不期而遇的愛，是他內心一直持有卻不曾被認知的愛。

當男人體會到這層關係的時候，他的靈魂會坐在更深而更清楚的地方。眼淚出現了，而她前來飲用。此時，還有另外一樣東西將在他身上演變並重獲新生；那是一個他可以贈送給她的東西：一顆寬廣的海洋之心。

愛情的後來階段

以心為鼓而歌

據說鼓皮或鼓身可以決定什麼人或什麼東西會被召喚現身。有些鼓據信可以把打鼓者和聽者（又稱為「乘客」）運送至各種不同地點。其他種類的鼓則具有其他形式的力量。

據說，人骨製成的鼓可以召喚死者，而某些獸皮製成的鼓可以召喚那些野獸的靈。特別美麗的鼓能召喚「美麗」，附有鈴鐺的鼓能召喚童靈和天氣，聲音低沉的鼓能召喚可以聽得見其音色的魂靈，而聲音高亢的鼓則能召喚可以聽得見其音色者等等。

用心臟做成的鼓將可以召喚與人情感有關的魂靈。心臟象徵生命本質，是人類和動物賴以生存的少數基本器官之一。摘除一只腎臟，人還可以活著；若是再被切除雙腿、膽囊、一片肺、一隻手臂、脾臟之後，人也還可以活著——雖不太健全，畢竟生命還是存在。被切除一些大腦的功能後，人也依然可以活著。但是心臟被拿掉的話，一個人會立刻離世而去。

心臟是心理和生理的中心。在印度教義中，以眾神對人類的教誨為本的密續經典告訴我們：心臟是一個涵蓋了所有情感——對另一個人、對自己、對大地、對上帝——的神經中樞。它讓我們能像孩童一樣去愛人愛物——完全地、沒有保留地、不包藏任何譏諷或輕蔑或自我防衛的成分。

當髑髏女人使用漁夫的心臟時，她用的是整個靈魂的中央發動機，也就是如今唯一最重要、唯一可以創造純潔和純真情感的東西。有人說理智才會思考和創造，但這個故事卻有不同的說法。它告訴我們：只有心臟才具有思考能力，並能集合分子、原子、情感、渴望和其他一切所需元素來創造髑髏女人的生命。

這故事允諾我們：只要讓髑髏女人在我們的生命中更為彰顯，她就會以更寬闊的生命回贈我們。當我們把她從纏結和誤解中解開來、並認出她既是師長亦為情人的時候，她就會成為我們的同盟夥伴。

為了創造新生命、也為了得到「生而死而生」本質的力量而獻出自己的心臟，這是潛沉到感知領域的一個舉動。對我們而言，這或許並不是一件容易的事，尤其我們如果先前曾遭遇失望和悲傷之痛苦的話。但是，我們必須在打鼓聲中完成這件事，讓髑髏女人恢復本然生命，讓自己走近夙來即與我們十分親近的那一位。

男人若是獻出了自己完整的心，他會變成一股令人吃驚的力量——他變成了一個啟發者，一個在過去只有女人才能扮演的角色。當髑髏女人與他同睡的時候，他開始具有孕育生命的能力、開始在男性身體內充滿女性的能力。他攜帶著新生命和必要之死亡的種子，啟動了自己和親近之人的內心變化。

多年以來，我看到這樣的事情發生在別人的身上、也曾親自體驗過它。由於所愛之人對你有信心，由於他對你的工作、計畫和話題投予誠摯的情感，你因此創造出某種深具價值的東西——這是多麼深刻的場景、多麼令人驚喜的現象！但未必只有情人可以如此，任何深摯獻心給你的人都能讓這樣的事發生。

因此，男人與「生而死而生」本質的結合，最終會為他帶來一打又一打的創意以及無可比擬的生命情節、情境、樂譜、色彩和意象，因為與「野性女人」原型相屬的「生而死而生」本質掌握了所有曾經發生以及將要發生的事情。當髑髏女人開始創造、開始用歌唱讓自己生出肉體的時候，她所使用的那顆心的主人也感覺到了它、也自行充滿了創造力、也因它迸放並滿溢出來。

這個故事也說明了一種源自心靈、以打鼓和歌唱為象徵的力量。在神話中，歌唱可以治療傷口並且把被獵之物吸引到近處；吟唱人的名字可以召喚他們過來；神奇的吐納可以減輕痛苦、撫慰肉體；死者則透過歌聲被喚回或復活。

據說，萬物被創造時皆有聲音或大聲說出的字伴隨著，要不然也有屏氣低聲說出的字為其伴奏。在神話中，歌唱的來源被認為是一個神祕力量，也就是那讓宇宙整體、所有動物和人類、樹木和植物及一切聽見它的東西都變得聰慧的萬物之源。所有流傳的故事也告訴我們：一切具有「精氣」的東西都會歌唱。

頌揚創造的詩歌會導致心靈的變化。與此有關的傳統可說是無邊無際。冰島、維奇塔印地安人和米喀麥印地安人都有創造愛情的詩歌。愛爾蘭的魔法必須用魔歌來召喚。冰島的一則故事則講某個在冰岩上摔斷一條腿的人如何藉唱歌而得到復原。

幾乎所有文化都傳說諸神在創世之初就把詩歌賜予人類並告訴他們：唱歌可以在任何時候喚回諸神，而詩歌可以帶來他們所需要的東西、也可以改變或驅除他們所不要的東西。在這種情形下，歌唱是一種與神互通的行為，讓人類可以把眾神和偉大的力量呼喚到人間。詩歌是一種很特殊的語言，能夠做到口說語言所做不到的事情。

遠自不可記憶的年代以來，詩歌跟鼓一樣都被用來創造一種超乎尋常的意識狀態、某種恍惚入神的狀態、某種祝禱的情境。所有人類和許多動物都會受到聲音的影響而改變其意識狀態。某些聲音會使我們感到焦慮、甚且憤怒，比如水龍頭滴答的聲音或堅持不休的汽車喇叭聲。其他聲音會使我們充滿舒服的感覺，比如海洋的怒吼或樹林中的風。重擊的聲音（如腳步聲）會讓蛇感到一陣負面張力，但是對其輕唱的歌聲卻會令牠跳起舞來。

代表「呼吸」的pneuma這個字跟「心靈」（psyche）這個字有相同的來源。它們都被視為是與靈性有關的字眼。因此，當詩歌出現在故事或神話中的時候，我們便知道有人正在呼籲眾神將祂們的智慧和力量吹吐到難題上，而我們後來也會看到這些大能者在靈界中開始採取行動，忙於精心打造靈魂。

因此，唱歌和取心為鼓這兩件事情都奇妙地喚醒了心靈中那些不常用到、也不常見到的疊層。從我們身上流過的氣息撼動並敲開了某些縫隙，喚起了某些難以明瞭的心能。我們無法替每一個人回答下面這個問題：什麼東西在歌唱和打鼓中被呼喚了出來？這是因為歌唱和打鼓在每一個參與其中的人身上只會敲開唯他獨有的奇特隙縫。然而，我們可以相信：所發生的任何事情都具有靈質生命，並且引人入勝。

肉體與靈魂相舞

透過她們的肉體，女人過著與「生而死而生」本質十分親近的生活。當女人擁有健康的本能心靈時，做為她們愛情、創作、信仰和渴望之起源的創意和衝動都會歷經誕生、存在、凋零、死亡和重生這些轉變。我們可以說在她們一生當中，每當月亮周轉一次時，女人都會在有意識或無意識之間實踐這種知識。對有些人來說，這月亮高掛在天上；對其他的人來說，它是那住在她們自己心靈中的髑髏女人。

從她自己的肉體和血液中，從那不斷被她裝滿和倒空、位在她腹腔內部的紅色花瓶那裡，女人的身體、情感和靈性都能瞭解到：極盛會轉趨凋零並消失，而所殘留者會以意外但受到啟發的方式重新再生，然後重回烏有，然後再於全般榮耀中重新被孕育出來。你應該知道的，髑髏女人在女人全部生命的上方、下方和內部奔跑不已。絕對是如此的。

有時那些仍想逃離「生而死而生」本質的男人會害怕這樣的女人，因為他們發現她是髑髏女人的天然盟友。但男人並非向來都是如此。視死亡為靈性轉換的象徵符號，這是在死亡女士還被當成是近親、姊妹、兄弟、父親、母親或情人而備受歡迎的年代所遺留下來的思想。在陰性意象中，死亡女人、死亡母親或死亡少女一向都被認為是命運的攜帶者、創造者、收割少女、母親、河上行走者、以及重新創造者；所有這一切都在一體循環之中。

有時候，想要逃離「生而死而生」本質的人堅信愛情只能是一種祝福，但是最完整形式的愛情是一連串的死亡和重生。我們若讓一個階段或一個愛情面向消失，另一個階段或面向就會繼之而起。熱情死去又復生。痛苦被逐出後，另一個痛苦隨即冒出來。愛一個人就必須擁抱並同時忍受許多結束和許多開始——它們全都發生在同一段情感關係之中。

這過程之所以變得複雜難懂，是因為文明過度的文化難以容忍那造成事物轉變的心靈面向。但我們還是可以用較佳的態度去擁抱這「生而死而生」的本質。儘管這個本質有許多不同的名稱，但對世界上許多人來講，它就是一種與死亡相擁的舞蹈：死亡為舞者，而生命是它的舞伴。

一些使用古典聖經語言的居民仍然居住在我成長的北方大湖區沙丘地帶上。我童年時認識的亞兒．謝佛勒太太，一個在二次大戰時失去兒子的銀髮母親，她仍然尊用這種古老的散文。

某個夏日晚上，我大膽問她是否還想念她的兒子，她便用孩子聽得懂的話輕輕解釋她對生死的感覺。她所說的故事——她用充滿隱義的方式稱其為〈鑰匙門〉〔註八〕——大意如下。有一個女人歡迎一個名叫死神的旅人坐到她的爐火前面。老婦人並不害怕；她似乎知道死神既是生命賦予者，也是死亡賦予者。她確信死神是所有眼淚和歡笑的發動者。

她告訴死神，她很樂於在自家爐火前接待他；這麼多年來，「經歷過所有豐盛的收成和偃息的田地，經歷過孩子的出生和死去」之後，她一直都愛著他。她說她認識他，而他是她的朋友：「死神，汝將我置於大悲與大舞之中！因此，起舞吧！我知道舞步為何！」

如果愛一個人，我們必須跟死亡共舞。我們會經歷流水和枯竭、新生兒和死產兒、以及新生命之依然再生。如果愛一個人，我們必須要去學習舞步，要去翩翩起舞。

能量、感情、親密、孤獨、渴望、倦怠，這一切都以相當密集的循環方式起伏有致。渴望親密或渴望獨立，這兩種渴望互為圓缺盈虧。「生而死而生」本質不僅教我們如何舞出這些事情，也告訴我們解決不適的方法總可以在相對之處找到。因此，新的行動可以治療厭倦，親密可以治療孤寂，而獨處可以治療擁擠的感覺。

若不懂這種舞蹈，一個人會在幾次的水流靜止期間把必要的個人新作為向外投射成下列舉動：大肆花費金錢、做危險的事、用拋繩套取魯莽的抉擇、或找來一個新情人。這是笨蛋使用的方法，是無知者的作為。

我們最初都以為自己會跑贏「生而死而生」本質中的死亡面向，但事實上我們並不能。它就緊跟在我們後面，一顛一簸、砰砰咚咚地直進我們的房內，直入意識之中。當我們承認這不是個美麗的世界，當我們發現機會不是錯失了、就是不請自來，當我們發現「生而死而生」的運轉不管我們希望與否總是掌控著全般局面——就在這些時候（且無其他方法時），我們開始懂得這較黑暗的本質。然而，只要我們在生命吸吐之間接納且放手，我們就不可能走錯路。

這故事中有兩個變化的橋段，一是獵人的變化，一是髑髏女人的。我們可以用現代的話來解說獵人的變化。首先，他是個意識未醒的獵人，「喂，只是我而已；我來釣魚，只想做好自己的事。」然後他變成了一個被嚇壞而奔逃的獵人：「什麼？妳要抓我？啊，我應該趕快逃。」再後來，他在重新思考後開始去解開自己纏結的情感，並開始知道如何連結於她：「我覺得自己的靈魂被妳吸引。妳究竟是誰？我要如何把妳組合起來？」

然後他睡著了：「我信任妳，我容許自己展現單純的一面。」然後他深沉情感的眼淚流露出來，去滋潤她：「我已經等候妳許久了。」他願意拿出自己的心去全心全意把她創造出來：「喏，拿起我的心臟，讓妳自己在我的生命裡恢復生命。」接著這位獵人／漁夫得到了愛情的回報。一個學懂真愛的人所經歷的就是這種典型的變化。

註八　在這裡我凝縮了一個通常需要用「閃電季節的三個傍晚」才能完全講述出來的長篇故事。

髑髏女人經歷的變化則稍有不同。首先，身為「生而死而生」本質，她已習慣在初上鉤之後就旋即被切斷與人類的關係，也就難怪她會在那些願意跟她一起長途跋涉的人身上堆放許多、許多祝福。人類切斷釣餌而奔往陸地的情景，她太習以為常了。

首先，她遭到丟棄和放逐。然後她意外被某個畏懼她的人捕獲。她開始從了無生氣中恢復生命。她從把她舉起來的那人身上取得食物和飲料，利用他堅強的心臟以及他用來面對她和他自己的力量來變化自我。她從一具髑髏變成了一個活人。她為他所愛，而他也為她所愛。她賦予他力量，正如他賦予她的一樣。身為大自然轉輪的她跟身為凡人的他如今和諧地共處在一起。

我們在這個故事中看到死亡對愛情有何要求。它要求眼淚——情愛的感覺——和心臟。它要求被愛。「生而死而生」本質要求情人們直接面對它，不許他們在自己面前暈倒或玩弄伴騙的伎倆。它要求情人們與它自己之間相互奉獻，不僅只是「共處一室」，而他們之間的愛情必須奠基在他們面對這本質、愛慕這本質、以及與這本質共舞時共同學習到的事情和累積的力量之上。

髑髏女人為自己唱出了豐滿的肉體。她唱出的這個身體具有全方位的功能；它不是某些文化中某些人所祭拜的一部分女體，而是完整的女性軀體，可以哺育嬰兒、做愛、歌舞、生育以及流血而不致於死。

為自己唱出肉體也是一個很常見的民間故事主題。骨頭轉變為人的故事見於非洲、巴布亞（Papuan）、以色列、拉丁美洲和印紐特文化中。墨西哥神母蔻特莉鳩把冥間死者的骨頭變成成年人類。美洲西北部特林吉特人的巫醫用歌聲褪去愛人的衣服。在世界各地都有歌聲施展魔法的故事。歌唱帶來豐富。

同樣，在世界各地，有各種精靈、仙女和女巨人都長有可以被甩到背後去的長形乳房。在斯堪地那維亞、在塞爾特人當中、以及在極圈地帶，也有許多講述女人可以隨意創造自己身體的故事。

我們在之前的故事裡看見肉體是在愛情最後某一階段被獻上的。這理當如此。我們應該先掌握與「生而死而生」本質相遇的最初幾個階段，之後再去經歷真正的肉體相親。我警告女人：不要找上那些想從偶然的捕獲就進入獻身階段的男人為愛侶。要堅持步驟，然後最後一步就自然會發生；肉體的結合會按照它應然的時間來臨。

如果結合是以肉體階段為開始，面對「生而死而生」本質的過程也許稍後仍然可以完成，但這將會讓我們費上更大的決心。工作之所以會更加困難，是因為到時我們必須把溺愛歡愉的自我從肉體趣味中強行拉走，以便打造基礎工程。〈曼納威〉故事中的小狗就告訴了我們：當我們的神經被歡愉撥弄的時候，我們實在很難記得住自己正走在什麼路上。

因此，愛情必須結合氣息和肉體、心靈和物質；其中之一必須契合於另一者。在這個故事中，會死的凡人和不朽的神人結合。一段能夠持久的愛情關係也是如此，其中應有一種靈魂與靈魂的不朽聯繫，那不是我們能夠描述、甚或確定，但卻是我們能夠深刻體驗的東西。印度有一則美妙的故事，其中有一個凡人打鼓讓精靈在因陀羅女神面前跳舞。由於提供了這項服務，打鼓者獲得了一位精靈妻子。類似的事也出現在愛情關係中：一個進入靈魂陰性領域（對他而言是極其神祕的地方）而與之合作的男人一定會得到某種獎賞。

在故事的結尾，漁夫跟「生而死而生」本質是氣息對氣息、肌膚對肌膚地貼近。這件事對每個男人來說都有不同的涵義。他如何去體驗她與自己之間的深化關係也是獨特無二的。我們只知道為了愛情，我們必須親吻那個女巫。我們必須與她一起做愛。

而這個故事也告訴我們如何跟自己所恐懼者建立起合作且豐富的關係。她正是他必須把自己的心出借給予的對象。當男人跟髑髏女人所代表的心理和靈性層次結合的時候，他已經盡最大可能靠近了她，而這也能讓他最近距離地貼近自己的愛人。要找到這位卓越的生命和愛情顧問，我們只需要停下逃跑的腳步，解開一些纏結，用同情心面對傷口和自己的渴望，並把自己整顆心奉獻給這個過程。

因此，最後當髑髏女人讓自己長出肌肉的時候，她可說是把全部的創造過程搬演了出來。但並非如西方人對生死的一貫思考方式所認定的，她並不以嬰兒的生命做為開始，而是以古老的骨頭做為起點，並從那裡形成自己的肉身生命。她教男人如何創造新生命。她指給他看：心的方式就是創造的方式。她指給他看：創造是一連串的生與死。她教他：自我防衛無法創造任何東西，自私不能創造任何東西，緊抓並尖叫也做不成任何事情。只有放手並獻出一顆心——那個大鼓、野性本質所使用的那偉大工具——才能有所創造。

在伴侶互相改變對方中，愛情關係就這樣運作起來。雙方各自解開被纏鎖的力量，也互相分享力量。他把心鼓獻給她，她讓他認識所能想像的最複雜節奏和情感。誰能知道他們一起會獵捕到什麼東西？我們只知道他們會一直受到餵養，直到生命結束。

第六章

找尋自己的狼群：幸福的歸屬

醜小鴨

有時候，野性女人的生命從一開始就出了問題。許多女人的父母親看著年幼的她們，不解這個小外星人是如何滲透到家裡來的。另一些父母則總是仰天而望，忽視或惡待這個孩子，或冷眼相待。

有這種經驗的女人切莫難過。妳已經報了一箭之仇，因為他們必須用雙手辛苦撫養妳（這並不是妳的錯），而且妳也讓他們永遠感覺芒刺在背。或許到現在，只要妳一敲門，他們都還會陷入可悲的恐懼當中。就無心的復仇來說，這種結果並不算太差。

如今妳少花點時間去想他們不曾給予妳的東西，而要花更多時間去尋找妳可以歸屬的人們。妳可能一點也不屬於妳的原生家庭；在基因上妳或許與妳的家人相合，但在氣質個性上卻可能屬於另一群人。或者，妳可能心不在焉地屬於妳的家人，但是妳的靈魂已經跳離出去、在路上奔跑著、而且正在別處某個地方貪吃並快樂地嚼著靈性的餅乾。

漢斯・克里斯欽・安徒生（註一）寫過幾十則孤兒的故事。他是迷途和被漠視的兒童最重要的辯護者，而且他對於尋找並找到自己同類這件事情大表支持。

他的〈醜小鴨〉故事在一八四五年第一次出版。這故事蘊含的古老主題論及異於常人而無依無靠的人物，因此它可說是有關野性女人的一部近乎史實的完美記載。在過去兩個世紀中，〈醜小鴨〉一直是鼓舞一代又一代的「局外人」以堅定的心志去找到自己同類的少數故事之一。

我稱這個故事為心理和靈性上的「根本故事」；「根本故事」蘊藏著人類心靈成長最必要的真理。如果不接納這一真理，更進一步的成長將會搖晃不安；除非深切瞭解這一點，一個人在心理上是不可能變得繁榮茂盛的。因此，我在這裡根據匈牙利麥格亞族（他們與我同屬一個家族）一些鄉下說書人（註二）用獨特方式講述的原始故事，將之改編成文學版的〈醜小鴨〉故事如下。

註一、雖然有些榮格學派的分析師覺得安徒生有「神經症」，因此讀他的作品是無益的，但我發現他的作品有其重要性——尤其他挑選後加以潤飾的故事主題以及他潤飾的方式。這是因為他的主題都以兒童的痛苦、靈魂自性的痛苦為主。年幼靈魂受到斲傷的問題不僅常見於安徒生的時代和社會中，它至今仍是一個世界性的重大靈魂問題。浪漫的學術研究也許會輕忽兒童、成人或長者在靈魂和靈性上受虐的議題，但我發現安徒生一向直視這個問題。古典心理學大體上比社會大眾更早瞭解各階級和文化中兒童受虐情形的廣度和深度，而童話故事又比心理學更早發覺人類彼此惡意傷害的事實。

醜小鴨

那是接近收成的時節。年老的女人正在用玉蜀黍莖製作綠色的人偶娃娃，年老的男人則在縫補毛毯。年輕的女孩用血紅的花朵在白衣上繡花。年輕的男孩一邊堆高金黃色的乾草堆、一邊唱著歌。女人們正在為即將來臨的冬天編織粗質的襯衫，男人們幫著撿、拉、割、鋤大地所帶來的果實。風正要開始讓樹葉每天一點一點地更鬆離樹木。在河那邊，有一隻母鴨正在孵一窩蛋。

在母鴨看來，一切都照計畫進行。終於，蛋開始一個又一個地顫抖搖晃起來，直到蛋殼裂開，她所有的新生小鴨從裡面搖搖擺擺走出來。但是有一個很大的蛋依然沒有動靜，像石頭一樣坐在那裡。

一隻老母鴨經過這裡時，母鴨向她炫耀自己的孩子：「他們不是很漂亮嗎？」她吹噓著。但是那顆尚未孵出的蛋吸引了老母鴨的注意；她勸母鴨不要再坐在這顆蛋的上面。

「這是火雞的蛋，根本不是一顆正常的蛋。妳知道，火雞是沒辦法下水的。」老母鴨大聲叫嚷著。

但是母鴨覺得自己都已經孵坐那麼久了，再待一下也無妨。「我不擔心那個。但妳可知道這些小鴨的混蛋父親到現在都還沒來探視我？」她說。

這顆大蛋終於開始顫抖和滾動起來。它終於破開，從裡面滾出了一隻巨大而笨拙的東西。他的皮膚刻著紅色和藍色的捲曲血管，腳是淡紫色的，眼睛則是透明的粉紅色。

母鴨歪著頭，伸長脖子注視著他。她不由自主地斷言他是個醜東西：「或許他真的是火雞。」她擔心了起來。但是當醜小鴨跟其他小鴨一起下水的時候，母鴨發現他游得又直又絲毫不假。「即使他的外表長得十分奇特，但他是我的孩子沒錯。事實上，光線對的時候，他看起來還滿英俊的。」

於是她向農莊上其他動物介紹他。但是突然之間，另一隻鴨子從院子另一端衝過來，對著醜小鴨的頭頸咬了下去。母鴨大喊說：「住手！」可是那隻惡霸氣急敗壞地說：「喏，他長得實在太怪異、太醜，一副討打的樣子。」

腳上繫著紅布條的鴨女王說：「啊呀，又生了一窩，好像我們吃飯的嘴巴還不夠多似的。那一隻又大又醜的傢伙確實不應該被生出來。」

註二　鄉下說書人是較不容易受到譏世精神影響的人。他們保持了很好的常理心和對夜晚世界的感知力。從這定義來看，一個在鋪著柏油馬路的大都會中長大的有知識者，也可以是一個鄉下人。這個詞與一個人的心態比較有關，而非關乎他的實際居處。童年時，我從我三個年老姑媽「三個凱蒂」那裡聽到我運用再三的《醜小鴨》故事。她們三個都是鄉下人。

「他不是個錯誤，」母鴨說。「他會變得很強壯。他只是待在蛋裡面太久而變得有點畸形而已，但是他會變正常的，你等著瞧吧。」母鴨梳理了一下醜小鴨的羽毛，舔了舔他額前蓬亂的鬈毛。

但是其他鴨子盡一切可能去騷擾醜小鴨。他們飛向他、咬他、啄他、對他咬牙切齒、對他尖叫。隨著時間過去，他們更盡所能折磨他。他躲躲藏藏，閃避唯恐不及，左拐右彎，但就是逃不掉。小鴨真是可憐極了。

他媽媽最初還會保護他，但連她後來也開始不耐煩起來。她惱怒地大叫：「我希望你快點消失。」醜小鴨於是逃走了。他一直跑、一直跑，跑到一個沼澤地那裡，而他身上的羽毛幾乎早已被拔得一乾二淨，全身皺巴巴的。他躺在水邊，時而伸著頭頸盡力小口、小口地喝水。有兩隻公鵝在水草叢中注視著他。他們年輕而自大，按捺不住嘲笑地說：「嗨，醜東西！想跟我們一起到鄰縣去嗎？那裡有一群還沒出嫁的母鵝正待人挑選呢。」

突然，槍聲響起，兩隻公鵝砰地一聲就此倒下，沼澤的水被他們的血染成了紅色。醜小鴨潛到水中去尋求掩護，四周則是一片射擊聲、煙霧和狗叫聲。

沼澤地終於安靜了下來。醜小鴨邊跑帶飛地想盡一切辦法要遠離這個地方。當夜幕低垂時，他來到一間破落的茅舍前。茅舍的門用一條線懸著，而牆壁上處處是裂縫。一個穿著破衣服的老婦人帶著一隻沒有梳洗過的貓和一隻鬥雞眼的母雞住在這裡。她是因為那隻母貓會抓老鼠、那隻母雞會生蛋才收養牠們的。

老婦人覺得自己真夠幸運，竟然發現了一隻鴨子。她想：牠也許會生蛋；即使不能，我們還是可以把牠殺了吃掉。於是鴨子留了下來。但是貓和母雞欺負他；牠們問他：「如果你不能生蛋，又不能捉老鼠，你有什麼用？」

小鴨嘆了一口氣，回答說：「我最愛做的事情就是跑到某處的『底下』，不管是廣闊的藍天之下，還是清涼的綠水之下。」母貓不覺得跑到水底下有什麼道理，所以就批評小鴨愚蠢的夢想。母雞不覺得弄濕自己的羽毛有什麼道理，所以也取笑小鴨。最後，小鴨很清楚自己在那地方不可能得到平靜，於是他離開那裡，想試試看路的那一端是否會有更好的事情等著他。

小鴨來到一個池塘邊。他在其中游水時覺得愈來愈冷。一群鳥從他頭上飛過，那是他所見過最美麗的鳥。他們向下呼喚他，而他們的聲音使他的心在那一刻既跳躍起來、也碎落下來。他用一種自己從未發出的聲音喊著回應他們。他從來沒見過像他們一樣美麗的動物，也從不曾覺得這麼痛失親人過。

他在水中轉了又轉，注視著他們，直到他們飛出了視線範圍。於是他潛水到湖底，蜷縮成一團，不斷發著抖。他已經魂不守舍，因為他對那些白色的大鳥充滿了極度渴望的情感。那是一種他無法瞭解的情感。

接下來幾天，一陣更寒冷的風愈吹愈猛烈，白雪也開始落在霜的上面。年老的男人們敲碎牛奶桶裡的冰，而年老的女人們直到深夜還在紡紗。母親們在燭光旁邊同時餵著三張嘴巴，而男人們在午夜時還在白色天空下尋找羊隻。年輕的男人們走過深達半身的厚雪中去擠牛奶，而女孩們在煮飯時幻想自己在火焰中看見了年輕英俊男子的臉孔。在附近的池塘裡，小鴨則繞著圈子愈游愈快，想為自己在冰中保留一塊地方。

有一天早上小鴨發現自己凍結在冰裡，這時他才驚覺自己可能會死去。兩隻綠頭鴨飛了下來，滑行到冰上。他們審視小鴨並大叫：「你很醜！太不幸了、太悲哀了。像你這樣的鴨子已經無藥可救了。」他們立刻就飛走了。

幸運的是，有一個農夫經過這裡；他用自己的手杖把冰敲碎後解救了小鴨。他舉起小鴨，把他塞到自己的大衣下，然後大步走回家。在農夫家裡，孩子們伸手要握住小鴨，但是他很害怕。他飛到木椽上，使得所有灰塵都掉落在奶油上。他從那裡直接飛到牛奶壺裡。當他全身濕透又頭昏眼花地掙扎著要爬出來的時候，他卻又掉進了麵粉桶裡。農夫的妻子拿著掃帚追他，而孩子們一邊尖叫、一邊大笑。

小鴨劈里啪啦地穿過貓門。終於來到外頭後，他躺在雪地裡，性命都已去了一半。他繼續掙扎往前，直到來到另一個池塘邊、而後另一個房子、另一個池塘、以及另一個房子。他就這樣度過整個冬天，穿梭在生與死之間。

即使如此，春天溫和的氣息再度降臨了。年老的女人們把羽毛褥墊拿到外頭拍打，而年老的男人們收拾起他們的長內衣。新生嬰兒在夜晚來到世間，而父親們在星空下的院子裡踱方步。白天時，年輕的女孩把黃水仙插在自己的頭髮上，而年輕男子打量著女孩的腳踝。附近一個池塘的水溫逐漸變暖，而在上面漂浮著的醜小鴨伸了伸自己的翅膀。

他的翅膀變得大而強壯。它們把他舉起越過大地。在空中，他看見果園穿上了白袍，農人們在犁田，而大自然所有年輕動物都在孵蛋、翻筋斗、嗡嗡作響、和游水。有三隻天鵝在池塘上划水，而他們正是去年秋天小鴨見到、讓他心痛不已的那些美麗動物。他覺得有股力量拉著他去與他們會合。

假如他們看似喜歡我，但我一旦接近他們，他們就大笑飛走，那該怎麼辦？小鴨想。但他還是滑下了水，著腳在池塘上，而同時他的心臟砰砰跳動著。

一看見他，天鵝們便向他游過來。小鴨想：我死定了；但假如我會被害死，我寧可死在這些美麗的動物手上，而不是在獵人、農婦或漫長冬天的手上。於是他低下頭，準備接受打擊。

但是，喏！他在水中倒影中看到一隻全身裝扮的天鵝：雪白的羽毛、黑李似的眼睛，以及其他一切。醜小鴨最初並沒有認出自己，因為那看起來就跟那些美麗的陌生者一模一樣，就跟他從前在遠處欽慕的那些動物一樣。

結果他的確是他們之中的一分子。過去，他的蛋意外滾到一個鴨子家庭那裡。他是一隻天鵝、一隻充滿榮耀的天鵝。他的同類第一次接近他，並且充滿情感地用羽尖輕觸他。他們用嘴梳理他，並繞著他游了又游，以表達歡迎之意。

拿著碎麵包來餵天鵝的孩子們大喊：「又有一隻新的！」就像各處的小孩一樣，他們跑去告訴所有的人。於是，年老的女人們來到水邊，解開自己銀色的長髮辮；年輕男人用手掬起綠色的水，對著年輕女孩輕彈過去，而女孩的臉龐像花瓣一樣羞紅起來。男人們暫時放下擠牛奶的工作跑來呼吸空氣，女人們從修補衣物中騰出時間來跟自己的伴侶一起開懷大笑，年老的男人們則講述著戰爭太長而生命太短的故事。

於是，出自於對生命、熱情和時間的珍惜，他們一個接一個地全都跳起舞來。所有的年輕男人和女人一起跳舞離開；所有的老年人以及為人夫和為人妻者一起跳舞離開；兒童們和天鵝們也全都跳著舞離開，只剩下我們……和春天。在河那一邊，另有一隻母鴨開始孵起她窩裡的蛋。

被放逐者是一個古老而原始的問題。許多童話故事和神話故事都以被棄者為中心題材。這些故事中的主角都遭到外在事件的折磨，通常又都起因於令人心痛的漠視。在〈睡美人〉故事中，第十三個仙子受到忽視而沒被邀請去參加命名儀式，嬰兒因此遭到詛咒，而且致使每個人也都遭遇到不同形式的放逐。有時候，純粹的卑鄙則會硬要別人面臨放逐的命運，正如〈智者薇莎莉莎〉中的繼母把她的繼女驅逐到黑暗森林一樣。

其他時候，放逐是天真的錯誤所帶來的結果。希臘神祇海飛斯特斯在母親希拉和父親宙斯爭吵時站在希拉這一邊，宙斯因而在盛怒中把海飛斯特斯丟下奧林帕斯山，驅逐了他，也使他變成跛腳而不良於行。

另有時候，一個人簽了一項自己不瞭解的交易而遭到放逐。比如某則故事中，有個男人為了要得到一些黃金而願意在特定年限內像野獸一樣四處流浪，但事後卻發現自己原來是把靈魂獻給了偽裝的魔鬼。

〈醜小鴨〉是一個普世的主題。所有「放逐」的故事都含有相同的核心意義，但每個故事各自有不同的紋飾環繞著它們，反映出故事的文化背景和每個說故事者個人的詩情造詣。

我們所關注的核心意義是：故事中的小鴨象徵天然野性；當它被迫掉進沒有食物哺育的情境時，它會用本能去不顧一切活著。天然野性總是出自本能地堅持不懈——有時頗為優雅，有時則不太優雅，但它就是堅持到底。我們真該為此感謝老天爺：野性女人最偉大的長處之一就是堅忍。

這個故事另一重要的面相在於：當一個人具有的一種特殊深情靈魂——既是本能的、也是靈性的一種特質——被心靈之認可和接受所環繞時，這個人就會感受到前所未有的生命和力量。弄清楚誰是自己的心靈親人會使一個人開始擁有生命力和歸屬感。

怪孩子被放逐

在故事中，村中各式各樣的動物都來窺視這隻「醜」小鴨，然後用不同的方式宣稱無人可以接受他。事實上他並不醜，他只是與眾不同而已。他的外表不同於他人，就好比一桶綠豌豆當中的一粒黑豆。母鴨最初因為相信他是自己的孩子而試著保護小鴨，但最後她在情感極度矛盾中棄這個怪異的孩子於不顧。

他的兄姊和其他鄰居衝著他飛過來、啄他、折磨他、想要趕走他。如此被自己人排擠，醜小鴨真的心碎了。這是件可怕的事情，尤其除了外表不同和行為略有不同之外，事實上他並沒有做錯什麼事情。老實說，在他還沒完全長大的時候，這隻小鴨就罹患了嚴重的心理情結。

展現出強烈本能的女童常在幼年時經歷到重大的痛苦。從她們還是嬰兒時開始，她們就被俘虜和馴化，也被告知說她們的頭腦有問題、她們的行為不恰當。她們的野性本質曾很早就展現出來：她們充滿好奇心、有藝術才華、還表現出各種無傷大雅的古怪特質。如果善加培養的話，這些特質會構成她們一生中所有創造力的基礎。由於創造力是靈魂的食物和水，這個基礎的培植實在有無比重要性。

一般說來，幼年被逐的經驗並非起因於個人本身的過錯，而是經由他人的誤解、殘忍的無知、或有意的卑鄙而惡化衍生出來。因此靈魂的基本我在一個人幼年時期就受到了傷害。這種事情發生時，女孩會相信：她的親人和文化映照到她身上、與她本人有關的那些負面意象不僅全部正確，而且還全然沒有偏見、主觀想法或個人偏好的成分在內。女孩開始認定自己是無力的、醜陋的、不被人接受的，而這一切將永遠不會改變，即使她多麼努力想去逆轉它。

女孩被逐的原因正好跟我們在〈醜小鴨〉故事中所看到的原因相同。在許多文化裡，女孩一出生即被期望成為某一種型態的人、在為人處事方面謹守某種傳統所尊重的方式、或遵循某一套價值標準（即使不跟親人的價值觀相同，至少也必須以之為基礎，但無論如何不可以興風作浪）。如果雙親之一或雙方苦苦希望得到一個「天使般的孩子」，亦即一個順從而「完美」的孩子，上述期望的意義會變得更加狹隘。

某些父母幻想他們生下的任何一個孩子都是完美的、都只能反映父母的為人方式和手段。如果孩子野性難馴，很不幸地，父母親便會對她一而再、再而三施以心靈手術。他們想重新打造她，尤其想要改變她的靈魂對她的要求。雖然她的靈魂要求清楚看見，她周遭的文化卻要求她一無所見；雖然她的靈魂希望說出真相，她卻被迫保持緘默。

孩子的靈魂跟心靈都無法對此妥協。被迫去服膺大人權威定義出來的「令人滿意」只會趕走孩子、使她隱藏到地底下、或者迫使她長時間流浪去尋找一個可以供給她養分和平安的地方。

當文化用狹隘的方式為「成功」或任何值得喜愛的完美——外貌、身高、氣力、形態、獲取利益的能力、經濟能力、男子氣概、女性氣質、優秀的子女、良好的行為、虔誠信仰——下定義時，以這些標準來衡量自我的有關諭令便會在不知不覺中融入到那個文化所有成員的心靈深處。因此，被逐的野性女人通常代表了雙重問題：內心及個人的、外在及文化的。

讓我們在此先談放逐的內心問題，因為只要一個人能發展出足夠的力量——並非完美的力量，而是適中、有用的力量——去做自己，並發現自己的歸屬，這個人就能夠充分影響外在的社會和文化意識。什麼是適中的力量？當那位孕育你的心靈母親並不百分之百確信下一步該做什麼時，適中的力量就會表現出來。百分之七十五的確信就可算是不錯的表現，是個恰當的分量。記住：不管一朵花是半開、四分之三開、還是全開，我們都會說它正在綻放。

母親的種類

我們也許可以認為這個故事中的母親象徵一個人外在的生母，但大多數成年人卻也從自己生母那裡繼承到一位心靈之母。一個女人童年時如何跟生母相處，這一心靈面向也就用同樣的方式有所行動和反應。此外，這位心靈之母不僅是用生身母親的經驗打造出來的；它也是用我們生命中其他母親形象及童年時期之文化環境所標明的好母親和壞母親形象打造出來的。

對大多數成年人而言，即使他們一生只跟母親發生過一次問題，他們的心靈中仍然存在著一個說話、行為和反應跟童年時期一模一樣的母親複本。即使一個女人的文化環境可能已經進化到更能有意識地去討論母親的角色，這個心靈母親所具有的價值觀和觀念——母親應該像什麼樣子、應該如何行事為人——仍將無異於一個人童年時的文化環境所提倡者。〔註三〕

在深層心理學當中，這整塊被稱做「母親情結」的迷宮區域是女性心靈核心面向之一；我們必須認識它的狀況、強化某些面向、糾正某些面向、卸除某些面向、必要時並重新改換它。

故事中的母鴨有幾個我們將要一一解析的特質。她在同一時間代表了情緒矛盾的母親、心理崩潰的母親、以及沒有母親照顧的母親。藉著檢視這些為人之母的架構，我們將能判斷自己內在的「母親情結」是否強而有力地扶持了我們獨特的才能、或是否早就需要被調整和改正一番。

情緒矛盾的母親

故事中的母鴨被迫失去了跟本能之間的關係。她因為生了一個奇怪的孩子而遭人取笑。她

註三　一個成年人必須接受心理分析或自我分析的主因之一是要把來自雙親、文化、歷史和原型的種種因素和情結加以釐清整理，以便讓心靈之河盡可能保持清澈——正如〈河邊哭泣之女〉的故事所示。

的情感十分矛盾，因此信心宣告瓦解，開始棄這怪異的孩子於不顧。雖然她最初試圖堅定不移，但是小鴨的「他異性」開始危害到母親在左鄰右舍中的安全感。於是她把頭藏起來、潛水而去。

難道你沒見過完全或稍微被迫做出如此決定的母親嗎？母親屈服於村民的願望，而沒有跟自己的孩子站在同一邊。即使到了此時此刻，母親們依然把女人在千百年前所懷的恐懼——不是沒有理由的恐懼——搬演出來：如果被群體排斥，最不嚴重的後果是被人忽略和遭人疑視，最嚴重的後果則是被人追倒在地並被毀掉。在這種環境中的女人常會試著去改造自己的女兒，希望她在外面的世界裡能夠舉止「恰當」，想藉此讓女兒和自己免受他人的攻擊。

這位同時也是個孩子的母親身心飽受矛盾之苦。〈醜小鴨〉故事中的母鴨所經歷的心靈矛盾使她受到來自好幾個不同方向的拉扯力量。任何曾經受到砲火攻擊的母親都認得她。其中一個拉扯來自於被村民接納的渴望，而另一個則來自於自保的願望。第三個拉扯是害怕自己和孩子會被村民懲罰、迫害或殺害。在面對非比尋常的心靈或肉體暴力時，這樣的恐懼是一種正常反應。第四個拉扯則是母親愛孩子以及保護孩子的本能。

我們在苛刻的文化中常看到女人因為無法在獲得統治階級（村民）的接納時還能同時愛自己的孩子——不管是象徵意義上的孩子、創造力所生的孩子、還是親生骨肉——而遭受心靈煎熬之苦。這種故事太古老了。為了保護不被認可的孩子，不管那是她們的藝術作品、情人、政治理念、後代、還是靈魂生命，女人都曾遭受心靈和靈性的死亡。最極端者，女人曾經為了抗拒村民的禁令及庇護不被認可的孩子而遭到絞刑、火刑或殺害。

如果孩子與眾不同，母親就必須擁有西西佛斯的堅毅、賽可洛普斯令人生畏的精神、以及卡力班的堅硬皮革（註四），才能對抗險惡的文化環境。一個女人誕生所在、生活所在的文化情境最具毀滅力量的是：不就教於個人的靈魂而堅持服從至上的文化、儀禮中沒有愛和寬恕的文化、強迫女人在靈魂和社會間擇一的文化、人與人之間的同情受阻於經濟階級和社會等級的文化、視肉體為不潔而需要「清洗」或需要用諭命來規範的文化、不能經由不尋常的新事物獲得快樂的文化、好奇心和創造力遭到懲罰或貶抑而非獎勵的文化（縱有獎勵，也只有男人能夠享有）、視施作在肉體上的痛苦行徑為神聖的文化、不把靈魂視為自主生命的文化、以及假藉「為了她好」的名義而讓女人承受不公正處罰的文化（正如愛麗絲・米勒言簡意賅所點明的（註五））。

當一個女人的心靈中存有這樣一個「情感矛盾之母親」的建構時，她會發現自己是個易於

註四　西西佛斯、賽可洛普斯和卡力班這三個希臘神話中的男性人物以他們的堅毅、凶猛和不容易被外力影響而著稱於世。在不容許女人於各方面發展的文化裡，女人常被禁止去發展這些所謂的男性能力。當心靈和文化藐視女性身上的男性特質時，女人當然無法握有聖杯、聽診器、畫筆、錢包的拉繩和政治官位等等。

註五　見愛麗絲・米勒的下列作品：《幸福童年的秘密》（*Drama of the Gifted Child*）、《為你自己著想》（*For Your Own Good*）、《你不可有所知》（*Thou Shalt Not Be Aware*）。詳見參考書目。

屈服的人，害怕表明立場，不敢要求別人尊敬自己，也不敢伸張自己做事、學習和用自己的方式生活的權利。

無論這些問題是起源於一種內心建構、還是起源於外在的文化，為了讓母性機能得以對抗這般的壓制，女人必須具備一些被許多文化視為陽剛的凶猛特質。可悲的是，世世代代以來，那些想為自己和孩子贏得尊敬的女人所欠缺的正是社會明目張膽不允許她們擁有的特質：凶猛、無畏和令人畏懼。

如果一位母親想要快活養大一個在心靈和靈魂需要方面跟主流文化稍有或大有差別的孩子，她自己必須打從一開始就擁有一些勇敢的特質。她必須像神話中的女英雄一樣，有能力去尋找和得到這些不被容許的特質、去維護它們、在適當時機解放它們、並且為自己和自己的信仰挺身而出。除了深吸一口勇氣而後採取行動外，幾乎沒有別的方法可以讓人準備好做這樣的事。打從無可記憶的年代以來，備受敬佩的英勇行為一直是唯一能解除令人失去行動能力之矛盾情結的良藥。

心理崩潰的母親

母鴨終於再也無法忍受她帶到這個世界的孩子所帶給她的困擾。更能說明情況的是，她再也無法忍受自己為了保護這「怪異」的孩子而遭受鄰居折磨。於是她崩潰了；她對小鴨大喊：

「我希望你離得遠遠的。」痛苦的小鴨只好跑走。

當母親心理崩潰的時候，她失去了自我方向。她可能變成一個充滿惡意的自戀型母親，覺得自己有資格變成小孩。她更可能失去了野性的本我，而被心靈上或身體上某種真實的威脅嚇得潰不成軍。

崩潰的時候，人們通常會陷入下列三種感覺狀態之一：泥濘（不知所措）、水窪（覺得無人充分瞭解自己的苦難）、坑洞（憶起舊時的傷害，這通常是他們自己童年時遭遇到的不公平，但至今都還未得到糾正，或無人願意為之負起責任）。

情感矛盾是讓母親崩潰的原因。長久以來，最常讓她崩潰的方法就是強迫她在兩者中擇一：愛自己的孩子，或因自己不肯順從規範而遭村民降災難在自己和孩子身上。在威廉・史泰隆（William Styron）的《蘇菲的選擇》（*Sophie's Choice*）書裡，女主角蘇菲是納粹死亡集中營中的囚犯。她懷抱著兩個孩子站在納粹指揮官的面前，指揮官強迫她在兩個孩子當中選擇哪一個可以活下去、哪一個必須死去；如果她不做選擇的話，兩個孩子都會被殺死。

我們無法想像怎麼會有人被迫做這樣的抉擇，但是亙古以來它卻是母親們不得不做出的心靈抉擇。遵守規範並殺掉孩子，否則就如何……等等。當母親被迫在孩子和文化之間做出選擇，這個文化必有非常凶殘和思慮不全之處。若一個文化為了讓人遵循它的禁令而必須傷害一個人的靈魂，這個文化的確是病態的。「文化」指的可能是一個女人生活所在的環境；但更可怕的是，它指的也可能是她在自己內心中隨時攜帶並唯諾遵從的文化架構。

在世界各地有無數活生生的例子〔註六〕，而最可憎的例子出現在美國。這裡曾有一段傳統強迫女人離開自己所愛的親人和所愛的事物；十八、十九、二十世紀中有一段漫長而醜陋的歷史見證了家庭被打散而被迫為奴的故事。過去數百年間女人都聽命於一個諭令：為了戰爭之故，要為國家獻出自己的兒子並要為此感到快樂。直到今天我們也還能見到強迫性「遣回原居地」的事例。〔註七〕

在不同時代、在世界各地都有種種不同的方法來禁止女人用自己的方式去珍愛和庇護自己所愛的人。

對於女性靈魂生命的壓迫，最少被人論及的一項是跟世界各地（包括美國在內）千百萬個未婚生子或終身未婚的母親有關。單就本世紀而言，這些女人受制於文化習俗，不得不隱藏自己未婚懷孕的實情或自己的孩子，否則就得殺掉或獻出孩子，或者隱姓埋名過著半人生活，或者成為被人恥笑而且失去權利的公民。〔註八〕

世世代代中，女人接受自己扮演的角色，也就是與男人結婚，以便讓自己生出的人類取得合法正當性。她們同意：除非男人點頭說是，否則某人就不可以被社會接納。頗具反諷意味的是，〈醜小鴨〉故事中只有一次提到父親。那是母鴨正在孵醜小鴨蛋的時候；她抱怨孩子的父親：「那個混蛋到現在都還沒有來看過我。」長期以來，在我們的文化中，很不幸但也不知何故地，父親總是無法、也不願意為任何人、甚至為自己（這最令人鼻酸）「在場」。〔註九〕我們很容易發現：對許多具有野性特質的小女孩而言，她們的父親潰不成形，不過只是一具每晚隨著他自己的大衣掛在衣櫥裡的幽靈罷了。

當女人的心靈和／或文化中存在著一個「崩潰母親」的建構時，她會對自己的價值欠缺穩定的信心。她可能覺得選擇滿足外在要求或滿足靈魂要求是一個非生即死的棘手問題。她也可能覺得自己是個無所歸屬、飽嚐痛苦的異鄉人——就被放逐者而言，這是相當尋常的感受，但

註六　要說明這一點，我們不需要去找一些戲劇性的例子來證明女人都是在被迫之下放棄自己的工作和生活方式。在最近的一些例子中，我們看見法律讓女人（或男人）很難或無法在家工作賺錢，以至於不能同時兼顧事業、家庭和子女。讓工作、家庭和個人生活無法整合的法律早就應該被修正了。

註七　世界上仍然有嚴重的奴隸問題。有時它不被冠以如此的稱呼，但當一個人沒有「離去」的自由而必須為「逃走」受到懲罰的話，那就是奴隸制度。如果任何時候，只要有人下令而就會有人「被迫移居」的話，那也代表了一種奴役政權。如果有人被迫從事痛苦的工作或做出卑微而不利於己的選擇、目的只在獲取最低生活所需或基本保護，那麼這也構成一種奴隸制度。在各種奴隸制度之下，家庭和靈性都受到傷害、甚至多年都不得存在（即使不是永遠如此）。實質的奴隸制度同樣也還存在於世。一個最近從加勒比海某個島嶼回來的人對我說：有一個中東王子帶著一隊隨侍人員來到島上一座豪華旅館，其中包括了幾個女奴。旅館中的所有工作人員都忙得雞飛狗跳，設法不讓他們碰上當時也是旅館上賓的一位美國著名民權領袖。

註八　這些人當中包括年僅十二歲的小媽媽、少女以及年紀稍長的女人。她們因一夜情、一夜歡愉、或一夜情加上歡愉而懷孕，當然其中也有亂倫及強姦的受害者。這些女人全失去母親的照顧並遭到惡意攻擊，只因為她們的社會文化心安理得地用辱罵或排斥的方式來傷害她們和她們的嬰兒。

註九　許多作者對於這個問題都曾出書加以討論。請參考下列作者的作品：羅伯特・布萊（Robert Bly）、吉・考諾（Guy Corneau）、道格拉斯・吉雷（Douglas Gillette）、山姆・金恩（Sam Keen）、約翰・李（John Lee）、羅伯特・摩爾（Robert L. Moore）等。

不尋常處乃是她坐下來哭泣並毫無作為。她應該站起來、出發去尋找自己的歸屬。這對被放逐者而言總是下一步應該做的事，但對身負著內化之「崩潰母親」的女人而言，這卻是最基礎的一步。如果自己的母親是「崩潰的母親」，女人必須拒絕讓自己也成為如此的母親。

孩子氣的母親或沒有母親照顧的母親

故事中，母鴨形塑出一個未經世故而天真的角色。到目前為止，最常見的脆弱母親都是沒有母親照顧的母親。在故事中，她最初堅持孕育自己的小寶貝，但最後卻背棄孩子。有許多原因會讓一個人類母親或心靈母親採取這種行動。她可能自己就是一個沒有母親照顧的女人，也可能是一位脆弱的母親、心靈極為年輕和天真。

她的心靈可能陷入極大的混亂而讓她認為連嬰兒都不可能愛她。她的家人或文化環境可能折磨她到一個地步，讓她無法想像自己在初為人母時有資格去觸摸那位同時出現之「幸福母親」原型的裙襬。你瞧，如果要照顧自己的後代，一個母親必須先得到母親的照顧，除此之外絕無他法。雖然女人跟自己的後代之間有與生俱來的靈性和肉體關係，但在本能「野性女人」的世界裡，她絕不可能單靠自己就突然間變成一位完全成熟的人間母親。

古時候，女人在輔導較年輕母親時提供的援手和箴勸通常會把野性本質的祝福帶給這些年輕母親。尤其當初為人母者在內心只不過是個孩子氣的母親、而不是經驗豐富的老太婆時，這種祝福最為有意義。孩子氣的母親可能屬於任何年齡層；十八歲或四十歲，兩者並沒什麼差別。每一個初為人母者一開始都是孩子氣的母親。她也許有足夠的歲數懷孕生子並擁有良好且方向正確的本能，但是她仍需要從年長女性那裡得到母親般的照顧，或從別的女人那裡獲得提醒、激勵和支援，讓她能夠照顧好自己的孩子。

有數千年之久，這樣的角色是由部族或村落裡的年長女人來扮演的。這些「女神母親」——她們後來被宗教制度貶抑為「教母」的角色——共組了一套重要的女性互援體系，特別照顧年輕的母親，教導她們如何再去養護自己孩子的心靈和靈魂。當「女神母親」這個角色被人開始用理性知識看待時，「教母」便出現了，代表了一個確保孩子不會違離教會訓誡的人物。在這一番變遷之中，許多東西就不見了。

年長的女人是保藏本能知識和本能行為的法櫃；她們可以把同樣的東西授予年輕的母親。女人除了用言語互贈這種知識之外，她們還會使用其他方法：簡單一個眼神、手掌的一個輕觸、一個低語、或一個代表「我疼你」的特別擁抱，都能把「做什麼樣的母親和如何做」這些複雜的訊息傳達出去。

「本能我」總想祝福和幫助後來者。健康的動物和人類都是如此。在這種情況下，孩子氣的母親一舉被推過了門檻，掉進成熟母親的圈子裡，而後者用玩笑、禮物和故事歡迎她。

這個「女人對女人」的圈子曾經是野性女人的範疇，而且它採取公開會員制，任何人都可以加入。但時至今日，它還留存在我們中間的只不過是一片被稱為「嬰兒禮物派對」的破布罷了。在派對聚會的場合，所有關於生孩子的笑話、為人母的禮物和生殖器的故事全被擠進兩個小時之內的時間裡。爾後，女人在當母親的生涯中就不會有機會再碰到這些事情。

在當代大多數工業化國家裡，年輕的母親全靠自己來孵蛋、生產、以及試著去養育自己的子女。這是非常大的悲劇。由於許多女人本身就是由脆弱的、孩子氣的、沒有母親照顧的母親所生，她們很可能染有一種類似其母親的「自己舔顧自己」的內在風格。

女人如果在心靈中具有一個「孩子氣的母親」或「沒有母親照顧的母親」架構，或者她的文化頌揚這類母親、允許她們在家庭中發揮作用，她很可能就會充滿天真的期盼，缺少成熟風範，尤其無法用堅強的本能去想像一小時後、一星期後、一個月後、一年後、五年後、十年後將會發生什麼事情。

一個內心存有「孩子氣母親」的女人看來就是一個假扮為母親的小孩。在這種情況中的女人常會不分青紅皂白地採取「萬事萬歲」的態度，一種「凡事親為、人人滿意」的超級媽咪品牌。她無法引導和支援自己的孩子；她的孩子就像〈醜小鴨〉故事中的農夫小孩一樣——他們看到屋內有隻動物而大感興奮，卻不知如何善待牠。她最後會讓自己的孩子變得滿身破損和襤褸。孩子氣的母親在不自覺中用了種種具有破壞力的關注（或時而缺乏有用的關注）而傷害了子女。

有時候，脆弱的母親本身就是一隻被鴨子養大的天鵝；她還來不及發現真正的自己，因而也無法幫助自己的子女。爾後，當她的女兒在青春期撞遇了女人野性本質的奧祕時，母親也一樣感到共鳴之痛和天鵝的衝動。女兒的本我追尋甚至可能最終啟動了母親尋找本我的「處女航程」。於是在那一戶人家裡，只有母女才知道的，地下室裡有兩個野性心靈彼此握著手、期待著被人叫喚到樓上去。

這一切都是為人母者遠離自己本能天性時會發生的怪事。但請不要嘆息太久或太大聲，因為我們有辦法改進這一切。

堅強的母親、堅強的孩子

挽救之道就在於替自己年輕的心靈母親找到母親的照顧。真實世界裡年長並較具智慧的女人——尤其是像鋼鐵一樣被錘鍊過的女人——就是提供它的人。這些女人經歷過一切之後，已經被爐火鍛燒得十分堅硬；即使現在，不管有多困難危險，她們的眼睛可以看見，她們的耳朵可以聽見，她們的舌頭可以說話，而且她們具有同情心。

縱使你有世上最好的母親，最後你可能不只擁有一位母親。我對我的女兒說過：「妳雖然只是由一個母親生出來的，但如果幸運的話，妳會擁有更多母親，而且會在她們當中尋見妳所需要的大部分東西。」你跟「許多母親」的關係極有可能是永續的關係，因為你對於引導和箴

勸的依賴不會隨著歲月減少，而且從女性深處創造力的角度而言，這種依賴也不應該隨歲月遞減。〔註十〕

無論她們具有相同的血緣或她們是心靈互通的朋友，無論她們彼此互為分析師及被分析者、老師及學徒、或氣味相投者，女人之間的關係乃是最重要的親人關係。

今天某些心理學書籍的作者倡言叛離整個母體的必要性（彷如發動政變一樣），並說此事若無法完成，一個人的生命就會沾上汙痕。也有些人說，如果一個人想要心理健康，就必須詆毀自己的母親。但事實上，野性母親的架構和概念是永遠無法、也不應該被棄之不顧的。因為如果背棄它，一個女人等於背棄了自己的深沉本質，而這個本質裝滿必要的知能、所有裝種子的袋子、所有縫補用的荊針、以及所有她在工作、休養、愛和希望中所需的藥品。

不但不能跟母親切斷關係，我們還要尋找那位野性而智慧的母親。我們跟她未曾分離，也無法離開她。我們與這一位深情母親的關係註定要轉了又轉、變了又變，而這就是它的弔詭之處。這位母親是我們生來就入讀的學校，是我們同時做學生也當老師的學校，也是我們一輩子離不開的學校。無論我們有無孩子，無論我們經營的是花園、各種科學知識、或滿布雷聲的詩學世界，我們在前往任一地方的路上總一定會跟這位野性母親擦身而遇。這是理所當然的。

但如果一個女人真的在童年時遭遇母親毀滅性的照顧，我們又該怎麼說？那段日子當然無法被擦抹掉，但它的痛苦可以被緩和下來。它無法變得甜蜜，但它現在可以被堅強而適當地整建起來。對許多人而言，重建這個心靈母親並不可怕；她們怕的是某種基本生命早已因為未曾獲得任何養育（因為心靈母親本身已死）而告死去，再也無法復活。對處於如此情況中的妳，且讓我說：放心，妳並未死去，妳並沒有遭到致命的傷害。

正如大自然一樣，靈魂和心靈擁有令人驚訝的資源。就像狼和其他動物一樣，靈魂和心靈可以僅吃一點點東西便擁有旺盛的生命，甚至有時可以長期不吃東西。對我而言，這真是奇蹟中的奇蹟。有一次，我試著移植一籬紫丁香。有一大叢已經莫名其妙枯死了，但其他部分到了春天仍亂枝雜生地開出紫色花朵。當我掘起死株時，它像易碎的花生一樣裂開且嘎吱作響。我發現它的根系沿著籬笆線的上上下下依附在其他活的紫丁香身上。

更令人吃驚的是，這棵死株竟然是「母親」；她的根比較粗也比較老。雖然她自己已經算是「高掛靴子休兵」去了，她所有長大的孩子卻都生氣勃勃。紫丁香靠著吸根系統來繁殖，所以每一植株都是母株根的旁系。在這樣的系統裡，即使母親死了，後代還是可以存活。對那些幾乎一無所有的人以及那些曾被母親虐待的人而言，這應該提供了很好的心靈模式和盼望。即使母親已經不知為何傾倒了，即使她無法供給任何營養，她的後代仍然可以自行成長和茁壯。

註十　關於年老，人們有一個極其愚蠢的迷思，以為女人既然已隨年齡而成熟，她就不再有所需要，而可以成為別人一切所需的來源。錯了，她像樹木一樣仍然需要水分和空氣，不管這樹有多麼年老。老女人跟樹木一樣沒有最終之時，沒有突然而至的完美，但有茂盛的根和樹枝，並會（如果得到適當照顧的話）不斷開出花朵。

壞同伴

醜小鴨四處尋找休息的地方。至於究竟要去哪裡，他在這方面雖還沒發展出完整的本能，但他已擁有另一完美的本能、知道要去漫遊四方以尋找自己的所需。但有些時候，醜小鴨併發症中會有某個病態存在。即使在略有經驗之後，我們還是會不斷敲錯房門。如果從一開始就不認識正確的門，我們的確很難知道哪些門是正確的，而錯誤的門總會讓人一再感到被排斥。

因此，我們常會以「在所有錯誤的地方尋找愛」這種做法來面對自己被放逐的事實。當一個女人為了緩解被逐之苦而再三重複某種強迫行為時——那顯然是不能填滿心靈、卻足以造成生命萎縮的行為——她事實上只會為自己帶來更大的傷害，因為她不僅沒有照料到原始的傷害，還在每一次的冒進中為自己招來新的傷害。

這就像是當手臂上有很深的割傷時，你卻在自己的鼻子敷上一小片藥膏。不同的女人會選擇不同的「錯誤藥方」。有些人選擇明顯不對的事情，比如壞同伴、有害或盜取靈魂的放縱行為、以及所有那些先捧她上天、而後扯她摔到地表下一·五公尺的事情。

處理這些窳劣的選擇有很多種方法。如果女人能夠坐下來審視自己的心，她就會發現自己必須以恭敬之心去承認和接受自己的才能、天賦和侷限。因此，若要開始獲得治療，就不要再騙自己用不當的舒適感來醫治斷腿。要說出妳傷口的實情，這樣妳才能看準要拿什麼藥敷在它的上面。不要拿起最容易到手的東西就塞進空虛裡，而要等候正確的藥方。妳會認出它來的，因為它會使妳的生命更堅強，而不是更虛弱。

看來不對勁

就像醜小鴨一樣，無歸屬感的人在某些環境裡雖然在行為上無異於他人，卻怎麼樣都讓人看不順眼，因此他學會了遠離這些環境。比如，醜小鴨的泳技不錯，但他就是看起來不對勁。反過來講，一個女人可能外表看起來沒問題，但她做起事來沒有一樣做對的。有許多俗語說到那些無法掩飾真正本性的人（他們事實上也並不想掩飾）。德州東部的人說：「你可以打扮他們，但還是不能帶他們出門」；西班牙人說：「這個女人的裙子下藏著黑色的羽毛」（註十一）。故事中醜小鴨的舉止變得跟笨蛋（註十二）一樣而動輒得咎。他把灰塵拍落到奶油上，自己則掉進牛奶壺裡、再掉進了麵粉桶。我們都曾有過這樣的經驗：什麼事情都做不好，雖試著改進，結果卻更糟。醜小鴨跟那個房子是毫無關係的，但是人在絕望時就是會走到錯誤的地方去尋找錯誤的東西。我一個已逝的好同事曾經多次說過：「你是不可能在公羊的房裡取到奶水

註十一　這是一個伊比利亞半島（Iberian）女人法蒂茲告訴我的，她是我的朋友及知己。
註十二　榮格用「笨蛋」（dummling）這個字去指稱童話故事中最終幾乎總較他人智勝一籌的天真愚者。

的。」〔註十三〕

搭一座橋走到自己不屬於的群體中也許有些用處，試圖友善也許也有其重要性，但不要過分勉強為之才是最重要的事。切莫過度相信：只要自己行為恰當、只要把野性**生命**所有發癢和抽搐之處都綁住，妳就可以被人當成一個和善的、自制的、順服的、端莊的淑女。讓自己跟心靈野性女人之間的關係昏厥過去的原因就是這類偽裝、這類出於自我不惜一切代價尋找歸屬的願望。於是，妳看到一個和善而沒爪子的女人、而非一個活力充沛的女人，一個中規中矩、心懷善意、緊張兮兮想做好女人的女人。不，做妳自己，並讓其他動物也做牠們自己，這才是更好、更優雅、更靈魂款款的行為。

凍結的感覺、凍結的創造力

女人也用別的方法面對放逐。就像醜小鴨被湖冰凍結一樣，她們整個人凍僵起來。但凍結自己是一個人所採取的最差勁作為。冰冷是死亡賦予創造力、情感關係和生命本身的親吻。有些女人以為冰凍自己是一項成就。非也，它只是憤怒所發出的自衛動作。

從原型心理學看來，冰凍自己就是讓自己失去感覺。有許多故事跟被凍結的、沒有感覺的小孩有關。他們像是冰凍起來的屍體，長時間動彈不得、無法轉變，無法生出新生命。一個人的自我冰凍代表故意失去感覺，尤其是自我感覺，但也有時更是對他人的感覺。雖然這是一種自我防衛的機制，但它對靈魂／心靈而言實在太過於苛刻，因為靈魂無法對冰冷產生反應，只能對溫暖有所回應。冰冷的態度會撲滅女人的創造之火、遏抑她們的創造機能。

這的確是一個嚴重的問題，但〈醜小鴨〉的故事卻給了我們一個想法：冰必須被敲碎，而靈魂必須破凍而出。

例如，當作家們覺得靈感乾枯時，他們知道唯有寫作可以帶來甘霖。如果他們困坐冰城中，他們將會一個字也寫不出來。有些畫家雖然渴望拿起畫筆，卻聽見自己說：「甭作夢了；你的作品既怪異又醜陋。」有許多尚未站穩一席之地、或早已在創造力的發展上表現得猶如戰場老馬的藝術家，每當他們伸手去拿鋼筆、畫筆、彩帶、戲劇腳本的時候，便聽見：「你只會製造麻煩；你的作品毫不重要、完全無法被人接受──因為你自己就是個不重要、也無人願意接受的人。」

那麼，可有什麼解救之道？就照醜小鴨的方法去做吧。往前走，奮力度過難關。拿起鋼筆放在紙上，不要再悲鳴不已，而要開始書寫。拿起畫筆，不假辭色地要求自己改變，並開始塗上油彩。舞者們，穿上你們寬鬆的衣服，繫好你們頭髮中、腰間和腳踝上的緞帶，告訴自己的身體就從那裡開始舞動起來吧。女演員、劇作家、詩人、音樂家、任何人，請你們大家不要再

註十三　這是簡・范德柏在我跟他的私下交談中提到的。

說東說西；除非你是位歌手，請不要再多說一個字了。把自己關在天花板下的房子裡或在天空下的空曠之地，去表達你的藝術吧。一般說來，一個會動的東西是不會凍結起來的。因此，移動吧，繼續移動！

路過的陌生人

雖然故事中帶小鴨回家的農夫好像是用來繼續發展故事的一個文學設計、而不是跟放逐有關的原型素材，我倒認為這裡有個想法頗具意義。可能會把我們從冰凍中解救出來、甚至把我們的心靈從缺乏感覺中釋放出來的人不一定是一個跟我們相屬的人。正如故事所示，這個解救者有可能是在我們最沒想到時與我們再次撞遇的一樁神奇乍現之事、或是一位路過之陌生人所行的善事。

這個例子正好說明了心靈在我們一籌莫展而再也無法忍受之際如何餵足我們。在那個時刻，一個援助之力從天而降來幫助你，然後又消失在黑夜中，留下你百思不得其解：是人還是幽靈呢？很有可能的是，一陣突然吹起的幸運狂風把迫切需要的某種東西吹進了你的房門。但也有可能我們只需簡單停下工作、稍減壓力或短暫休息便能得到它。

我們現在說的可不是童話故事，而是真實人生。不管那是什麼，它都在靈性用某種方式餵飽我們、拉出我們、指引我們祕密路徑及躲藏地點和逃亡路線時出現在我們的眼前。這個在我們沮喪不起、感覺四周盡是黑暗暴風雨或幽暗靜寂時來到的東西，正是那推動我們走出隧道、前往下一步的力量，而我們在這下一步中所要學習的就是被放逐者應具備的力量。

放逐是一種幸福

如果你曾試著去融入任何模式而沒有成功，你應該算是幸運的。即使你變成了某一種被放逐者，你卻守住了靈魂。當一個人不斷試著去融入而失敗時，有個奇怪的現象會發生：被趕出去之後，被逐者卻在同時直接被趕到他的心靈親人、真正的親人身旁，不管這「親人」是一門學科、一種藝術，還是一群人。比起流浪迷途去找尋自己所需要的心靈和靈魂親人，留在自己完全不屬於的地方是更糟糕的選擇。去尋找自己所需要的東西絕對不會有錯，絕對不會錯的。

逆境中一切扭力和張力都有其用處。因為被放逐之故，小鴨的內心開始被鍛鍊出韌性來，變得更堅強。雖然我們並不希望任何人為了任何原因遇見這種狀況，它的效果卻有如製造鑽石時被置於高壓下的天然純碳：它最終可以讓心靈達到極其深邃的強度和清澈度。

鍊金術中有一步驟就是重擊並錘平作為基材的鉛物質。雖然我們不會為了好玩而希望被人群放逐，我們卻能從放逐中得到意外的收穫。它賜給我們許多禮物：它用重擊取出我們的軟弱、它除去自憐自艾、啟動精闢的見識、增強直覺、提供「圈內人」不可能獲致的敏銳觀察力和觀點。

就算放逐有許多不利的面向，野性心靈仍然可以忍受它。它會使我們更加企求去釋放自己的真正本性並渴望找到一個可以與己相配的文化環境。這種企求或渴望就足以激勵我們繼續前進。它激勵女人繼續尋找；如果她找不到鼓舞她的文化環境，她通常就會決定自行架構一個這樣的文化。這是好事，因為如果她真的把它建立了起來，其他花了很長時間尋找的人就會不可思議地在某一天都來到這裡，興致盎然地宣稱這就是他們一直在尋找的東西。

世上那些毛髮凌亂的貓和鬥雞眼的母雞

毛髮凌亂的貓和鬥雞眼的母雞覺得小鴨的願景太愚蠢且荒謬。這一點讓我們見識到那些一看到與己不同者就大表輕蔑的人所抱持的價值觀和易怒的脾氣。有誰會期望貓喜歡水？有誰會期望母雞游泳？當然沒有。但是就被放逐者而言，當人們發現彼此有異時，被放逐者通常都被視為較他人不如，而相對一方的侷限和（或）動機卻不必受到任何恰當的衡量或評估。

好吧，為了維持公允以達成討論的目的，我在這裡暫且不說這人的長或道那人的短。我倒要提到：小鴨的經驗跟成千上萬被放逐的女人一樣；她們基本上都與那些與己相異者無法和諧共處。但這不是她們的錯，雖然多數女人會因過分有禮而去承擔這責任，彷彿那是她們自己的錯。

這種情形發生時，我們發現女人隨時會因為自己占用了空間而想向他人道歉。我們看見女人不敢直接說「不，謝謝你」而離去；我們看見女人不斷聆聽對方說她的頭腦有多麼不清楚，卻不瞭解對方那隻貓或那隻母雞本身也不會游泳或潛水。

我必須承認，在我心理分析的專業中，用貓、母雞、鴨子、天鵝等等去描繪各種人格類型是滿有用的方法。如果得到允許的話，我會要求我的病人暫時假想自己是一隻不自知的天鵝，並暫時假想自己是由鴨子撫養長大的或正被一群鴨子圍繞著。

我向她們保證：鴨子或天鵝本身並沒有什麼問題，但是鴨子就是鴨子，天鵝就是天鵝。有時為了說得更明白，我必須用別的動物做比喻。假如你是老鼠撫養長大的，那會是什麼狀況？而假如——好比說——你是隻天鵝，那又會是什麼狀況？天鵝跟老鼠無法忍受對方大多數的食物。牠們彼此認為對方聞起來有股怪味，無意跟對方相處；如果牠們碰在一起，其中一方必定會不斷騷擾另外一方。

但如果做為天鵝的你必須假裝自己是老鼠，那會是什麼狀況？如果你必須假裝自己有灰撲撲的毛皮而且身形甚小，那會是什麼狀況？如果你沒有長長的捲曲尾巴好讓你在舉尾日高舉起來，那會是什麼狀況？如果你無論去哪裡都想學老鼠走路，卻不由自主地搖擺而行，那會是什麼狀況？如果你想學老鼠說話，卻每次都冒出鵝鳴的聲音，那會是什麼狀況？你難道不是世界上最悲慘的動物嗎？

答案顯然是一個「是」字。因此，如果這一切都符合真相，為什麼女人總是想彎曲和對折自己以適合非她們所是的形態？在多年臨床觀察這個問題之後，我必須說：大多數時候，原因並不在於根深蒂固的自虐心理或惡性的自我毀滅意志這類事情。比較常見的原因是：女人根本不清楚狀況，只因她並未受到母親的照顧。

有句話說：「你可以懂得若干事情。」但這不同於「擁有感知力」。小鴨似乎曉得一些「事情」，但是他沒有感知力。他缺乏母親照顧，也就是說不曾有人教導過他最基本的事情。要記得，母親只有在發展孩子的本然才華時才算是教導孩子。教導孩子捕獵的動物母親們並不是真的在教「如何捕獵」，因為這早就是存在於孩子骨髓中的本能。但牠們教孩子們知道什麼是需要加以防備的、什麼是需要加以留心的。除非母親這樣告訴牠們、並藉此啟動新的知識和內在智慧，否則孩子們是無法自行瞭解這些事情的。

放逐中的女人也是這樣。如果她是隻醜小鴨，失去了母親的照顧，那麼她的本能就還沒有被磨銳起來。她只能在「嘗試與錯誤」中學習，而通常必須經歷許多、許多的嘗試和錯誤。不過她仍然大有可為，因為——你瞧——這位被放逐者始終沒有放棄；她繼續前進，直到她找到引導她的氣味、直到她找到小徑、直到她找到家。

狼在失去氣味時會亂扒地面以求找回那氣味。那個樣子非常有趣：牠們在空中跳躍著、繞圈奔跑、用鼻子掘起泥土、跑向前又跑向後、然後一動也不動地站著。牠們顯得不知所措，但實際上牠們正在撿拾所能找到的一切線索。牠們從空氣之外咬住這些線索，牠們將地面上和肩膀以上的氣味裝滿自己的肺，牠們為了知道誰最近飛越空中而舔嚐空氣，牠們的耳朵像衛星接收碟一樣轉動著並盛接遠方傳來的訊息。一旦牠們把所有線索收納到一個地方，牠們便知道下一步該做什麼。

雖然女人在找不著自己最珍惜的生命時會顯得精神不集中並東奔西跑想重新找回它，但大部分時間她乃是在收集訊息、嚐一下這個後又一爪抓起那一個。我們充其量只能把她正在做的事情稍微解釋給她聽，然後留她自己去幹活。一旦她用收集來的線索把資訊拼湊起來，她就會再次目標專注地採取行動。在此之時，她再也不會想加入毛髮凌亂的貓和鬥雞眼的母雞所組成的俱樂部成為其中一員。

記憶以及無論如何要活下去

對於自己的同類——我們的野性同類——我們都感到一種渴望。你還記得，小鴨受到無情的折磨後逃之夭夭，然後他和一群鵝起了爭執並幾乎遭到獵人殺害。他從穀倉院子和農大的家那裡被人驅逐出來，最後筋疲力盡地在湖畔發抖。我們當中沒有一個女人不會瞭解他的感受。然而，讓我們堅持並懷著希望繼續走下去的力量正是這樣的渴望。

野性心靈給我們大家如下的允諾：即使我們只是聽說、瞥見或夢到那個我們原屬於的奇妙野性世界，即使我們還沒有或僅僅短暫地觸摸到它，它在我們心中留下的記憶卻是一盞明燈，可以在我們的餘生中指引我們走向自己的歸屬所在。當醜小鴨看見天鵝高飛入天的時候，他的心裡激起一種似曾相識的渴望。而他在這獨特事件中的乍見帶給他難以忘懷的記憶，使他有勇氣支撐下去。

被我輔導過的一個女人曾瀕臨崩潰、打算自殺，但有隻在她家門廊上結網的蜘蛛吸引了她的視線。那隻小動物的行為到底有何能耐竟能敲碎她靈魂周圍的冰塊、讓她得到釋放並再度成長，這是我們永遠無法得知的。但是，身為心理分析師以及故事保存者，我深信很多時候最具有療效的是大自然事物，尤其是那些伸手可及並極為單純的事物。大自然提供的藥方都具有立即見效的強大力量；西瓜綠色果皮上的瓢蟲、銜著一根紗線的知更鳥、完美開花的一枝莠草、一閃而過的流星、甚至路上一塊玻璃碎片中的虹彩，都可以是最佳良藥。「繼續活」是件奇妙的事：它展現巨大的能量，而且它在凝視平靜水面五分鐘之後就可以一整個月都感到十分飽足。

在狼群中，無論陷於何等困境、多麼孤單、多麼害怕和虛弱，狼總會堅持活下去。即使腿斷了，她還是會大步慢跑。她會接近其他的狼以尋求團體的保護。她會奮力比自己的死對頭守候得更久、跑得更快、活得更長、並且以智巧贏過對方。她會盡一切可能去一口又一口地吸氣；必要時，她像醜小鴨一樣拖著身體沿途而走，直到找到一個好所在、一個療傷之處、一個讓她茁壯之地。

這個野性本質以「活下去」為它的標誌。它堅忍不拔。它並不是我們所能「做」的事情，而是我們天生所「是」之事。當我們的生命失去活力時，我們仍然活得下去，直到自己再茁壯起來。也許我們失去了創造力，也許我們被某種文化或宗教驅逐出境，也許我們被家人或群體排斥，也許我們的作為、思想和感情遭到制裁，但內在的野性生命無論如何都會繼續存在，而我們也都會活下去。野性本質不單屬於一個特別族群。貝南、喀麥隆和新幾內亞的女人都以它為自己的核心本質。它存在於拉脫維亞、荷蘭、獅子山王國的女人身上；它是瓜地馬拉女人、海地女人、玻里尼西亞女人的中心。只要你說得出任一國家、任一族群、任一宗教、任一部落、任一城市、任一村莊、任一孤寂前哨站的名字，那些地方的女人無不共同具有這名為野性女人、野性心靈的特質。她們全都在摸索和追隨野性之中繼續活著。

因此，必要時，女人會在監獄的牆壁上畫出藍色的天空。如果紗線被燒掉了，她們會更勤於紡紗。如果收成被毀了，她們會立即播下更多種子。女人會在沒有門的地方畫門，然後打開它們、經過它們，並進入新的方式和新的生命當中。正因為野性本質有所堅持並主宰一切，女人也才能有所堅持並主宰一切。

小鴨的生命曾到達岌岌可危的地步。他這一路飽嚐孤寂、寒冷、凍結、被騷擾、被追逐、被射殺、被放棄、缺乏食物、僻處異鄉、面臨生死邊緣、不知下一步為何的種種痛苦。但是，就在此時出現了故事最重要的部分：春天降臨、新生命加速展放、新的轉機和新的嘗試變為可能。因此，為了你的創造力、為了你的安靜獨處、為了有時間做自己和做事情、為了你自己的生命，你務必要堅忍和續守。堅忍下去，因為野性本質給我們的應許是：冬天之後，春天必會來臨。

愛慕靈魂

堅忍和續守，完成你當做的，而後你一定會找到自己的路。在故事結束時，天鵝們比小鴨更先認出他是他們的一分子。被逐的女人通常也會遇到這種狀況。在辛苦流浪之後，她們終能越過邊界、進入故鄉的領土，但卻有好一陣子看不出別人已不再戴著輕蔑的神情（這群人即使對某事不表讚揚或認可，最多也只露出不表意見的神情而已）。

不要以為她們一旦站在自己的心靈版圖上就樂昏了頭。不會的，她們至少還要懷疑上好一陣子：這些人真的尊重我嗎？我在這裡真的安全嗎？我會不會被趕出去？我現在真的可以閉上雙眼睡覺嗎？我可以照……天鵝的方式舉手投足嗎？這些猜疑要經過一段時間後才會消失不見，而重拾本我的下一步驟即將展開。我們將要接受自己獨特的美麗，也就是那做為我們生命基礎的野性心靈。

最能讓我們看出女人是否曾經一度或一輩子以醜小鴨自居的方式，就是看她是否無法接納別人誠懇的讚美。雖然有可能出自於謙虛或害羞（有太多重大傷口都是在被冠以「害羞而已」

之名後遭人一筆勾銷（註十二），但事實上被讚美者之所以會嘟噥著推辭別人給予的讚美，大多是因為讚美之辭在女人心中自動開啟了一段不愉快的對話。

如果你說她多麼可愛或她的藝術多麼美麗，或如果你對於她的靈魂所參與、激發或充滿的任何事情大加讚美，她的心裡立刻會有個東西對她說：她不值得讚美，而你這位恭維者之所以會有那種看法是因為你根本就是個笨蛋。她不知道當她做自己的時候，她的靈魂之美將閃耀透出。她只知道改變話題，用力一把奪走「靈魂我」所需的養分——而「靈魂我」也只有在被認可時和被看見時才能茁壯成長。

因此，找到同類的被逐者還需完成最後一項工作。她不僅要接受自己的獨特性和身為某一種人的獨特身分，還要接受自己的美麗……自己靈魂的形式，並且接受下面這個事實：接近野性生命而活不僅能夠轉變我們，也能轉變所有被它觸摸到的事情。

當我們接受自己野性之美的時候，就能用新的透視法去遠觀它，而不再只是痛苦地感知它而已；我們再也不會丟棄它或拒絕承認它。當一頭狼一躍而起之時，牠可知道自己有多美嗎？當一隻貓科動物坐在地上時，牠可知道自己創造出多麼美麗的形態嗎？當一隻鳥啪的一聲張開

註十四　榮格心理學裡有一個偏見，認為內向是正常的，而不去考量某人靜默死沉的程度。事實上，被視作內向的死沉靜默經常掩蓋了深刻的創傷。當一個女人十分「害羞」、極度「內向」或無比「卑微」的時候，我們一定要審視內情，查出那是與生俱來的，還是受傷的結果。

自己的翅膀時，牠會被那聲音嚇著嗎？我們要向牠們學習，要用我們最真實的方式展現作為，絕不離棄或隱藏自己天然的美麗。如同動物一樣，我們就是因生命而存在，而這是天經地義的事情。

對女人而言，這樣的尋找和發現必須以她們對於野性——她們與生俱來的本我——所懷的神祕熱愛為基礎。之前我們把這一種熱愛的對象稱作「野性女人」。但是，即使女人不知如何稱呼她或不知她住在哪裡，她們仍然使勁嚮往她、用一切心力愛她。她們渴望她，而這個渴望既是動機、也是動力。促使我們去尋找並找到野性女人的就是這個渴望。這並不如我們最初想像的那般困難，因為野性女人也在尋找我們；我們是她的孩子。

誤置的受精卵

在我多年的專業生涯中，我發現有時候要用較輕鬆的態度來處理這歸屬問題，因為輕鬆可以搖落女人的一些痛苦。為了幫助病人用一個更能讓她們生出力量來的譬喻去審視自己無所歸屬的問題，我開始對病人講這個我自創的故事：「誤置的受精卵」。

你是否曾想過自己為何會生在這麼一個怪異的家庭裡？如果你一直像外人一樣生活著、有點怪異或不同，如果你總是獨來獨往、活在主流的邊緣，你一定會遭受很大的痛苦。但是到了一定時候，你將必須划著小船離開這一切，去經驗一個不同的制高點，移回到自己同類的土地上。

請不要再感到痛苦，不要再試圖找出自己錯在什麼地方。為何你會生到某一人家當中，這個謎題已經不存在、已經結束了。暫且在船頭休息一下，讓故鄉吹來的風振奮一下你的精神。

多年以來，身懷野性女人神祕生命的女人都默默大喊著：「為何我如此不同？為何我會生在這麼一個奇怪（或無法相應）的家庭裡？」無論她們的生命想在哪裡迸放出來，就會有人在那地面上灑鹽巴、使它長不出東西來。所有反對她們天然願望的禁令深深折磨著她們。如果她們是科學家，有人會要她們當母親；如果她們想當母親，有人會要她們最好完全符合母親模樣；如果她們想發明什麼東西，有人會要她們實際點；如果她們想創作，有人會提醒她們有永遠做不完的家事。

有時候她們試著依照最通俗的標準去做好女人，卻直到後來才瞭解自己真正想要什麼、需要用什麼方式活著。然後，為了擁有自己的生活，她們必須在痛苦中切斷與家人的關係、中止誓死才分的婚姻、辭去可以跳往更無益但薪水更高之職階的工作。整個路面上都是她們曾經散落的夢想。

這些女人往往是藝術家，卻每天花百分之八十的時間從事那些抹煞創造力的勞力工作以表示自己是個明理的人。雖然場景各有千秋，但其中卻共有一個常數：她們很早就被人用負面意味的言語指稱為「與人不同」的女人。但事實上，她們充滿熱情、獨具個性、有求知慾、具有正常的本能心靈。

因此，「為何是我？為何是這個家庭？為何我如此不同？」這些問題的答案當然是：沒有答案。但是，自我在放手之前一定會想找個東西來咀嚼一番，因此我還是提出三個答案來。（被分析的對象可以選擇任一喜歡的答案，但她必須至少選擇一個。多數人選擇最後一個答案，但任何答案都有充足的理由。）準備好了嗎？答案就在下面。

我們生成如此、並且生在怪異的家庭裡，原因是：一、沒有原因（雖然沒有人相信這個說法）；二、自性有一個計畫，但我們碗豆般的大腦小到無法分析它的語法（許多女人覺得這個說法讓她們充滿希望）；三、「誤置的受精卵」併發症（好吧……也對……但它是什麼意思？）

你的家人認為你是外星人。你長有羽毛，他們長有鱗片。你認為快樂時光存在於森林、野地、內心生命、壯觀的大自然中，而他們認為快樂時光在於摺疊毛巾。如果你在家中的情形是這樣的，那麼你就是「誤置的受精卵」併發症的受害者。

你的家人慢吞吞地在時間中移動，你卻像風一般移動；他們大聲說話，你卻輕聲細語；或者他們不發一語，你卻大聲歌唱。你知道、你就是知道，但他們卻需要證據和三百頁的博士論文。毫無疑問地，這是「誤置的受精卵」併發症。

你從沒聽說過這個病症？啊，你瞧，某個晚上，受精卵精靈在你的家鄉小鎮上面飛翔，而她籃子裡的小受精卵興奮地蹦跳著。

你原先註定要送到瞭解你的雙親那裡的，但是受精卵精靈碰到了亂流——糟糕！你從籃子裡掉了出來，掉進錯誤的人家裡。你一路頭腳翻來滾去地掉進那不是為你準備的家庭裡。你真正的家人還在五公里之外。

這就是為什麼你會愛上位在五公里外那個不是你的家的家庭。你總希望某某先生和太太是你真正的父母。有可能他們本來應該是的。

這就是為什麼你會在門廳裡大跳踢踏舞，而你的家人是一群電視迷；這就是為什麼每一次你回家或打電話給父母時，他們會非常緊張，擔心：「她這一次想幹什麼？她上一次讓我們大感尷尬。只有上帝知道她這一次又會做出什麼好事。唉！」他們見到你的時候就把眼睛遮起來，但並非因為你的光芒讓他們眼花目眩。

你要的是愛，而他們要的是平靜。

由於他們自己的因素（他們的偏好、天真、受傷、身心構造、心理疾病、或者裝出來的無知），你的家人不知如何跟無意識自然相處，而你的來訪當然就會召喚出那個詭計多端者、那個總是製造事端的原型。因此，在你們家人還來不及擘餅時，這個詭計多端者跳起瘋狂的舞步，恨不得快點把她自己的一根頭髮丟進家人圍餐的燉鍋裡。

即使你無意為難你的家人，他們無論如何還是因為你感到不開心。你一出現的時候，每個人、每件事似乎都變得瘋狂。

如果父母親總是生孩子的氣，而孩子總是覺得自己只會做錯事，這就足以表示家中出現了來路不明的受精卵。

不具野性的家庭只求一件事，但誤置的受精卵永遠無法猜出那是什麼。就算她能猜得到，那也會讓她的頭髮像驚嘆號一樣豎立起來。

準備好了嗎？讓我告訴你一個大祕密，就是他們真正想從你身上看到的那「神祕而重要」的東西究竟是什麼。

不具野性的人要的是「一致性」。

他們要你今天和昨天完全是一個模樣；他們希望你不會隨時間而改變，反而希望你在蒸熟過程中始終保持一個樣子。

你如果問家人是否只求一致性，他們的答案必定是一個肯定的「是」。所有事情都要一致嗎？他們會答說：不，只有重要的事情。無論那些在他們的價值體系中占有重要地位的事情是什麼，這些事情往往是女人野性本質面臨到的詛咒。很不幸地，那些被他們視為重要的事情和那些被野性孩子視為重要的事情是無法合而為一的。

野性女人無法認為「行事一致」是一句可付諸實現的格言，因為她只能在自己的變化、創新、舞蹈、吼叫、深處本能和創造之火這些事情上表現自己的力量。她的一致性不是透過一成不變表現出來的，而是表現在創造力、一貫的洞察力、敏銳的見解、靈活彈性和靈巧機敏上。

如果我們只需舉出一樣東西來說明野性女人的本質，那應該就是她的敏銳回應。回應的英文字response起源於拉丁文中的「保證、應允」之辭，而這正是她的強項。她用深具洞察力而靈敏的回應向創造力——不管這創造力是隱藏在熱情、美感或藝術背後的精靈，或是生命之舞或生命本身——提出始終如一的允諾和保證。她允諾我們：如果我們不抑制這個允諾的話，她會讓我們充滿生命、活力充沛、富有感應力、並始終一貫地活著。

這樣，「誤置的受精卵」沒有把她的忠誠賦予家人，而是賦予了內在的本我。但這也讓她感到掙扎。可以說她的狼母親抓住她的尾巴，而她的世俗家人抓住她的手臂，沒多久她就痛苦地哭喊起來，咆哮著咬自己和別人，最後則陷入無聲無息之中。你注視她的眼睛時，你會發現一雙「天空之眼」，那是心已離世的人才具有的眼睛。

雖然社會化對孩子而言是一件很重要的事情，但是抹煞他的內心生命就等於殺死這個孩子。西非人發現嚴厲教導小孩會使孩子的靈魂逃出他的身體，有時逃到只有幾公尺之遙的地方，有時則逃到好幾天步程之外。

雖然我們必須一方面顧及孩子的靈魂需要而另一方面顧及他在安全感、物質照顧以及「文明行為」準則（嚴審通過的準則）這些方面的需要，我還是不得不為那些行為太端正的人感到擔心。他們的眼睛常常帶有一種「虛弱靈魂」的神情，有一種不對勁的味道。一個健康的靈魂大多時日都會透過人的外表發出光芒來，在其他時日甚至還會射出火焰。凡有嚴重傷害的地方，靈魂一定會逃之夭夭。

有時靈魂漂流或奔逃到非常遙遠的地方。這時我們不得不使用高超的手段才能勸得動它、讓它願意返回。要讓這樣的靈魂帶著信任返回，我們必須花上很長的時間，但這是可以做成的事情。這種喚回需要用到下面幾個元素：赤裸裸的誠實、韌性、溫柔、和藹、憤怒的排解、以及幽默感。整合起來的話，這一切可以形成一首呼喚靈魂回家的歌曲。

靈魂的需要是什麼？它們存在於兩個畛域裡：大自然和創造力。帝內印地安人的偉大造物靈「蜘蛛女」就住在這兩個畛域裡；她保護族人，而她另一項權能則是教人愛慕美麗。

靈魂的需要可以在克蘿梭、拉克細絲和阿拓波絲這三個老姊妹（或年輕姊妹，視日子而定）的茅舍裡找到。她們製造女人生命所需的紅線（也就是熱情）；她們編織女人生命的每一個時代。每當一個時代結束、另一個時代開始時，她們會打上一個結。靈魂的需要也可以在女性獵神黛安娜和阿蒂米絲的森林裡找到；她們兩人都是狼女，能夠獵捕、追蹤和復原心靈的各種面向。

阿茲塔克文化中代表女性自足的蔻特莉鳩女神也掌管靈魂的需要——這位女神曾蹲得方方正正地把孩子生下來。她讓我們瞭解孤單女子的生活。她是嬰兒——代表新的生命潛能——的製造者。但是她也是死亡母親；她把死人頭骨穿戴在裙子上。當她行走時，這些頭骨發出類似響尾蛇響環的聲音。由於這些頭骨喀喀作響的聲音聽起來又像雨聲，因此它們能用同理共振的方式吸引雨水降落到地面上。她是所有孤單女子的保護者，也保護著那些因為擁有強大思想和觀念而必須遠離人群生活、以免嚇壞村民的女人。蔻特莉鳩是被逐女性的特別守護者。

靈魂的基本養分為何？當然，不同的生命各有不同的需要，但這裡有些配方組合可供大家參考。有些女人視空氣、夜晚、陽光和樹木為必需品；有些女人需要文字、紙張和書籍來滿足她們；有些女人視顏色、形體、陰影和黏土為絕對必需品；有些女人需要跳躍、弓身和奔跑，因為她們的靈魂嚮往舞蹈；還有些女人只渴望倚在樹上時所獲得的平靜。

我們還必須討論另一個問題。「誤置的受精卵」總會學會生存之道，因為唯有堅強才能跟那些不能助你茁壯的人相處多年。能夠自稱為倖存者，這本身就是一個很重大的成就。對許多人而言，道出實情就是力量的來源。然而，我們在個體化過程中必會來到一個重要的時間點，在此我們越過威脅或創傷，接著即將前往倖存之後的下一階段、也就是痊癒和茁壯。

如果我們繼續做倖存者而不邁向茁壯，我們就只會圈限自己、不讓活力上身、削減了自己在世為人的大半力量。有人以自己是一個倖存者感到驕傲，卻不知因此危害到創造力更進一步的發展。有時人們不敢超越倖存者的身分，因為倖存者也是一種特殊的身分標記，一種「棒透了、錯不了、你最好相信」的成就。

我們最好還是把倖存的經驗當做眾多光榮勳章中的一枚，而非唯一的一枚；千萬不要把它當成了生命的重心。人類可以因為自己曾經活過、真正活過並且大勝歸來而把全身綴滿美麗的回憶、勳章及各種獎飾。但是，一旦威脅解除，我們很可能會掉到一個陷阱裡，不知不覺會用一些在危難時期戴上的名字來稱呼自己。這很可能會製造出一種自我囿限的心態。我們不應該把靈魂認同單單建立在悲慘時期所經歷的那一切功績、失敗和勝利之上。倖存的經驗雖然能使女人變得像牛肉乾一樣堅韌，但如果我們只跟它結盟的話，新生命的發展必然會遭到遏阻。

當女人一再堅持「我是倖存者」而不管它已失去用途時，我們便曉得下一步該在她身上做什麼事情了。我們必須鬆解她緊抓倖存者原型的那雙手，否則其他事情不可能生長出來。我將這種堅持比喻為一小株堅強的植物；它在沒有水、陽光和營養的情況下還能不顧一切長出一片勇敢而頑強的葉子。

但是茁壯的意義卻在於：壞日子既然已經過去，我們就應該置身在茂密、營養和光明之中，在其中欣欣向榮，在那裡和叢生的、雜亂的、繁密的花朵及樹葉一起茂盛成長。那些能激勵我們以自由生命體的形式去成長的名字才是我們用來稱呼自己的最好名字。那才是茁壯，才是我們應該完成的計畫。

儀式是人類用來正確看待自己生命的方法之一，無論這儀式是猶太普珥節、基督降臨節、還是現代的降月巫術。儀式把人之生命內在的幽靈和鬼魂聚集在一起，把它們挑明出來，讓它們安息。我們可以運用拉丁美洲「死者之日」慶祝活動中的一個特別意象來幫助女人從倖存轉換到茁壯。這意象以祭禮為基礎；人們在其中把貢禮、悼念和最誠摯的敬意獻到死者的祭壇上。我發現，有許多女人用同樣的方式向她們曾經所是的孩子祭悼，好像在為一個勇敢的孩子做見證似的。此後這些女人都得到了莫大幫助。

在這種祭禮中，有些女人會從即將被描述的事件或童年之中選出一些物品、文字、衣服、玩具、紀念物、以及其他象徵事物，用自己的方式擺設祭壇，講述與其有關或無關的故事，然後把祭壇留在那裡，而時間長短則隨自己的心意而定。它是她們過去所有困苦、英勇和逆中取勝的證據。〔註十五〕

這種注視過去的方法可以做到幾樣事情：當我們把自己過去的經驗、自己對那經驗的想

註十五　卡洛琳娜・德爾卡多（Carolina Delgado）是休士頓一位榮格學派的社會工作者及藝術家。她用沙盤這類的**獻禮**當做投射工具，以描繪出一個人的心靈狀態。

法、以及自己的可佩之處陳列出來的時候，它便提供了正確的視角，讓我們能用同情的方式描述過去的歲月。讓我們得到釋放的就是那感佩的心情，而非身在其中的情緒。

如果逾時之後還想當一個童年經驗的倖存者，這是過度認同受傷者原型的結果。瞭解傷害並紀念它才能讓茁壯成為可能。我們活在這個世界上的目的就是要茁壯。茁壯——不僅只是倖存——是女人與生俱來的權利。

如果你被人稱為害群之馬、未烙印的小牛、孤獨之狼，請不要因此畏縮而變得渺小。那些視覺遲鈍的人才會認為一個不遵從常規者是社會的禍害。幾千年來都顛撲不破的一個真理是：「不同於人」跟「站在邊緣上」這兩者的意義是相同的，而它們都意謂這樣的人必會做出原創性的貢獻、必會以極有用和令人驚異的方式貢獻於她的文化環境。（註十六）

在你尋找導引的時候，千萬不要聽心胸狹窄之人所說的話。你可以待他們以客氣之道、深深祝福他們、哄騙他們，但是絕不可以遵循他們的建議。

如果你曾被人視為目空一切、屢勸不改、放肆、狡猾、喜歡製造事端、任性、叛逆，這就足以證明你站在正確的軌道上。野性女人就在你的身旁。

如果你從來不曾被人用這些字眼批評過，那麼你還有時間改進；你必須一而再、再而三地動用野性女人的能力！

註十六　我們可列出一長串「與眾不同」女人的名字。想想看過去幾世紀中出現的任何女性榜樣，她很可能就是從邊緣那裡開始的，或出身於次級或非主流群體。

第七章
快樂的身體：野性的肉體

在奔跑和遊戲時，狼群彼此以身體相撞的情景一直深深吸引著我：老狼、小狼、瘦狼、肥狼、長腿狼、削尾狼、垂耳狼、肢體傷殘而正在扭曲中癒合的狼，各用獨特的方式互相碰觸身體。牠們各自擁有不同的身體形貌、氣力以及不同的美麗。牠們各自根據自己是什麼、是誰、情況如何而活著並且嬉戲，不會想成為自己所不是的動物。

我曾在北方國度裡看見一頭只有三隻腳的老狼，但唯有牠才能把自己塞進長滿藍莓枝的裂隙中。我也見過一頭灰狼蜷伏而躍起，有如閃光一般，甚至在空中留下一秒鐘之久的銀色弧線。我也記得一頭第一次當母親而腹部依然豐滿的美麗母狼，用舞者的優雅走過一水塘青苔。

然而，儘管狼非常美麗而堅強，人們有時還是這樣批評牠們：「啊呀，你的牙齒太銳利了、你的胃口太大了。」就像狼一樣，女人有時被認定只能擁有某種性情或某種被加以節制的慾望。此外，一個女人的身體大小、身高、步態和身型是否符合某種特殊或禁令式的理想，也常常讓她因此獲得美德或敗德的評價。當女人被貶抑到只能擁有那些由單一的美麗概念和行為理想所框範出來的情緒、姿態和外形時，她們的肉體和靈魂都遭到俘虜而不再擁有自由。

肉體在本能心靈中被視為一種感應器、一個搜尋資訊的網狀系統、一個具有無數通訊系統——心血管、呼吸、骨幹、自律神經、以及情感和直覺——的傳令員。在想像力的世界裡，肉體是一個強大的運載工具、一個與我們共同生活的靈體、一個自成的生命祈禱。在童話故事中，它被比擬為具有超人特質和能力的神奇事物，擁有兩組耳朵：一組用來聽俗世的事情，另一組用來聽靈魂的聲音。它也擁有兩組眼睛：一組為正常的視覺，另一組則用來遠觀。它更擁有兩組力量：肌肉的力量和無敵的靈魂力量。肉體還有許多、許多兩兩成雙的東西。

在操練肉體的式法中（如費爾登克萊思方法和生命吠陀經），肉體被視為具備六種、而非五種感官，雖然這些感官的定義在各方法中不一定相同。肉體用皮膚、筋膜和肌肉去記錄周圍所發生的一切事情。對那些懂得如何去讀它的人來說，肉體就像解釋古埃及象形文的羅賽達石碑一樣活生生地記錄了曾被付出的生命、被接收的生命、被希冀的生命、以及癒合的生命。它之所以可貴的原因在於它確實能記取立即的反應、具有深刻感受、並且預知未來。

肉體通曉各種語言。它用自己的顏色和溫度、剎那認知時的心血來潮、戀愛中的光輝、痛苦時的慘淡、興奮時的熱度、不信時的冰冷來說話。它用不停的小舞姿——時而搖擺、時而坐立不安、時而顫抖——來說話。它用劇烈的心跳、下沉的精神、心中的窪洞以及升起的希望來說話。

肉體有記憶、骨骼有記憶、關節有記憶、甚至連小指也有記憶。記憶以圖畫和情感的形式存放在細胞當中。如果我們去壓、去擰、甚至去輕觸肉體任何一個地方，它很可能就會像吸滿水分的海綿一樣流出一條記憶小溪來。

如果我們把肉體的美麗和價值侷限在任何不能與此美好相應的事物之中的話，我們就等於強迫肉體失去它該擁有的精神、形狀和欣喜而活著。如果一個人只因為她的美麗不符當今的時尚而被人視為醜陋或難以接受，屬於野性本質的天然喜樂便會受到嚴重的傷害。

女人有充分理由去駁斥那些足以危害她的精神、切斷她跟野性心靈之間關係的心理和肉體規範。我們很清楚：女人的本能天性並不依照任何衡量外表的尺度來看重肉體和精神；它之所以看重它們是因它們具有活力、反應力和堅忍力。這並不是說我們就不必看重那些被文化任一切面視為美麗的人或事，而是說我們應該畫出更大的圓圈，把美麗、形體和功能的一切可能形式都涵蓋進來。

身體語言

我和一位朋友曾經用唱雙簧的方式一起說了一個名為〈身體說話〉的故事，目的在告訴聽者如何發掘老祖宗贈予女性同胞的祝福。歐帕蘭卡是一個非裔美籍的說書人，身材像紫杉樹一樣細高。我是一個墨裔美國人，身形矮小，身體卻很龐大。在童年時，歐帕蘭卡除了因為長得太高而遭到嘲笑外，她還因為門牙的齒縫太寬而被人說成是一個說謊者。至於我，人們說我的身體形態和尺寸證明我是個拙劣之人，缺乏自制能力。

在我們並行說身體故事的時候，我們談到自己在這一生遭遇到的無數攻擊——都只因為偉大的「他們」認為我們的身體有過與不及之處。說故事之間，我們為自己不受人喜歡的身體唱了一首悲歌。我們擺動身體、跳舞、互相注視對方。我們彼此認為對方在這樣美麗的舞姿中顯得如此不可思議，而別人怎麼可能曾經持有不同的看法呢？

我很驚訝地聽她提到：在成年後，她到西非甘比亞旅行，在那裡找到一些先人的後代，而他們之中有許多人——看哪！——也是像紫杉樹一樣長得又細又高，而且長有齒縫甚寬的門牙。據他們解釋，這種齒縫被稱為「上帝的通道」，是智慧之象徵。

而她也很驚訝地聽我講到：在成年後，我到墨西哥的提瓦那地峽旅行，也在那裡找到一些先人的後代，而部落中——看哪！——竟有許多強壯、喜歡調情、身軀龐大的女巨人。她們拍拍我〔註一〕、拉扯我、毫不忌憚地說我還不夠胖。我吃得足夠嗎？我生過病嗎？我必須要更努

註一 墨西哥提瓦那族的女人總是拍打和觸摸著她們的嬰兒、她們的男人、她們的祖父母、食物、衣服和家庭寵物。不僅如此，她們彼此也互相拍觸。這種文化的感人之處在於它似乎能讓人的生命綻放開來。同樣地，在觀察狼群玩耍的時候，我們也發現牠們彼此用滾舞的方式互撞身體。就是這種肌膚接觸傳達了「你屬於、我們相屬」這樣的訊息。

力一點，因為（她們解釋給我聽）女人就是大地，生來就應該圓滾滾像地球一樣，而地球承載著這麼多東西。〔註二〕

因此，在那場表演中，正如在我們生活中一樣，我們原本沉重而悲傷的個人故事最後結束於快樂和堅定的自信當中。歐帕蘭卡理解到：她的身高即是她的美麗、她的微笑即是智慧的微笑、而且上帝的聲音向來就緊鄰於她的雙唇。而我理解到：我的身體跟大地是不能分開來的、我的雙腳生來就是要堅守我的立場、而我的身體生來就是一個承載很多東西的容器。從美國文化以外的堅強人類那裡，我們學會重新珍惜身體、學會駁斥那些謾罵這神祕身體或不識女人身體為知能工具的觀念及語言。〔註三〕

每個女人都有資格去享受生命的喜樂，而這喜樂起源於喜愛這個充滿種種美麗的世界。只支持一種美麗就等於在某種程度上不瞭解大自然。世上不可能只有一種鳴唱的小鳥、一種松樹、一種野狼；也不可能只有一種嬰兒、一種男人或一種女人；更不可能只有一種乳房、一種腰部、一種皮膚。

在墨西哥與身軀龐大的女人相遇的經驗使我開始質疑那整套用來討論女性身體大小、形狀和重量（尤其這一點）的心理分析學命題。有一個存在已久的心理學命題尤其犯了一個可怕的錯誤：它認為所有龐大的女人都渴望得到某種東西，「她們身體裡面都有一個尖叫著要跑出來的瘦子。」當我向偉大的提瓦那女人其中之一提到這「尖叫的瘦子」時，她有些驚慌地緊盯著我說：我是指「被惡鬼附身」〔註四〕這種事嗎？誰會想把這麼邪惡的東西放進女人的身體裡面？她無法瞭解為什麼「治療師」或任何人會認為生來體型龐大的女人身體裡面藏著一個尖叫的女人。

雖然強迫性或自殘性的異常飲食習慣在扭曲身體大小和身體形象上確實導致許多悲劇，但這些異常飲食習慣並非是大多數女人的生活常態。或大或小、或寬或窄、或矮或高，女人很可能只是單純繼承了先人的身體外形——即使不是直接的先人，也應是一、兩代之前的先人。去

註二　在許多離群而居的原住民團體中，雖然他們獨來獨往——可能只偶爾跟部族住在一起，也不一定遵行部族主流的價值觀——但他們多數人都以尊敬之心對待男男女女，不會在乎別人的身材、體型和年齡。有時，他們會互相取笑對方的什麼事情，但從不出於惡意或具有排擠意圖。這種對待身體、性別和年齡的態度來自於一種更寬廣的視野以及對多元大自然的熱愛。

註三　有些人認為尊重古老的生活方式或尊重某些「原住民的、陳舊的或古老的」價值觀念，未免過於感情用事、過於懷舊，或過於執著於不合邏輯的童話式幻想之上。這種論點宣稱古時候女人生活艱苦、疾病猖獗等等。確實，過去和現在的女人都需常在惡劣環境下辛勤工作，受到不公平待遇，飽受疾病之苦。這些都是實情；對男人而言也是如此。

在原住民團體以及在我自己既是西班牙裔、也是匈牙利裔的家族中，人們都以部族為重，喜歡締結宗親關係，喜歡創造圖騰、紡線織布、種植農作物、縫紉、生育後代。然而，我卻發現：無論生活有多困苦艱難，古老的價值觀（即使它們必須被挖掘出來或重新被學習）仍永遠是靈魂和心靈的支柱。許多我們所謂的「舊方式」是一種營養成分，絕不會傷害我們，而只會在我們愈是利用它們時愈充實我們。

雖然每一件事情都有神聖和凡俗的面向，但我認為尊崇或效法某些「古老價值觀」並不是感情用事之舉，而是明察情理的作為。在許多事例中，攻訐古老而具有靈魂價值的傳統，只不過是再一次企圖把女人與其女性祖先留下的傳統切斷關係。靈魂唯有在同時接收過去的知識、現在的力量和未來的觀念中才能獲得平靜。

註四　如果說有「邪靈」存在於女人身體上，在大多數情況下這都是一個對天然身體不知所措的文化所投射出來的想法。雖然女人的確會是自己最可怕的敵人，但小孩子出生時並不會痛恨自己的身體，反而正如我們在嬰兒身上所觀察到的，他們會在發現和使用自己身體時感到莫大的欣喜。

醜化或論斷一個女人繼承來的體態無疑會創造出一代又一代焦慮和神經質的女人。對於女性所繼承的形體投以致命的、排斥性的評語只會奪走女人不少重要而珍貴的心理和靈性寶物。它會奪走她對祖先遺傳下來的身體所感到的那份驕傲。如果她接受的教誨要她去辱罵這個身體傳承，她跟其他家人之間的女性身體認同就會立即遭到砍除。

若她接受的教誨要她去憎恨自己的身體，她如何能愛那跟她有相同形狀之母親的身體（註五）、祖母的身體和女兒的身體？她如何能愛那些繼承了祖先身體形貌的女性（和男性）親人？用這種方式攻擊女人會摧毀她的那份家族驕傲感，並奪走她身體裡的天然輕快感——不管她的身高、身體大小、身體形式為何。在本質上，攻擊女人的身體必會遠遠攻擊到她的先人和她的後代。（註六）

在嚴苛評斷何種身體可被接受、何種不可被接受時，人們只會創造出一種國度，在其中處處可見弓著上身的高女人、踩著高蹺的矮女人、彷彿穿著喪服的胖女人、像豬鼻蛇一樣自我膨脹的瘦女人、以及其他試著掩飾自己的各種女人。摧毀女人跟自己原生身體之間的本能聯繫無異於騙奪她的自信。它會令她固執在自己是否是一個好人這件事情上，並且把自我價值建立在外貌、而非自己真正是誰的基礎上。它會迫使她因為憂心自己吃了多少食物以及計較磅秤和捲尺上的數字而耗盡氣力。它占據她的心思，影響她所做、所計畫、所預期的每一件事情。從本能世界的觀點來看，我們實在難以相信女人會如此專注在外貌上而活著。

保持健康並盡可能養護身體〔註七〕當然是完全合情合理的事情。而我必須承認：許多女人的心中確實存在著一個「飢渴」的人。只是，與其說女人渴望某種身體尺寸、形狀或高度，或與其說她渴望符合刻板模式，倒不如說她渴望從周遭文化得到基本的尊重。心中那個「飢渴」者恨不得被人尊敬和接納〔註八〕，恨不得至少不用遭到刻板模式的對待。如果真有一個女人「尖叫著要跑出來」，她尖叫的目的就是為了要打斷別人用毫無敬意的方式把一些事情投射在她的身體、臉孔和年齡上。

許多心理學理論大師都懷有一個很深的偏見，那就是把有異於常態的女性身體視為病態，而佛洛伊德就是最出名的一位。舉例來說，他的兒子馬丁・佛洛伊德在寫他父親的一本書中提到他的所有家人是如何厭惡和恥笑身材矮胖的人。〔註九〕佛洛伊德為何有這些看法並不在本書

註五　或連帶包括她父親的身體。

註六　多年以來，大量討論人體（尤其女人身體）大小和形狀的文字四處傳播。除了少數例外之外，大多數作者似乎對人體形狀的多樣性感到難過或心懷反感。我們必須同時聽聽那些心理健康、身形不佳的女人怎麼說，尤其要聽聽那些身體既健康又龐大的女人怎麼說。雖然本書無法討論「在內心深處尖叫的女人」，她基本上應該是根深蒂固之文化投射和內化作用的產物。我們需要從文化深層偏見和病態現象的角度來對此予以深入探討和瞭解，而這眾多偏見又往往與身材大小無關，其中包括：文化中對性的過度著迷、靈魂飢渴、以及體型的等級評比等。我們可以說：文化本身就應躺在分析師的沙發上接受治療。

註七　從原型觀點來講，突然執迷於雕琢身體很可能是因為個人世界或整體世界似乎已不在自我的掌控之中，人們於是只好試圖去掌控自己身體的那一小塊不動產。

註八　被以同等地位接納，或不再被人嘲笑。

註九　見馬丁・佛洛伊德所著《反射的榮耀：家父西格蒙佛洛伊德這個人》（*Glory Reflected: Sigmund Freud, Man and Father*, New York: Vanguard Press, 1958）。

討論的範疇內，但是我們很難理解這種態度如何能對女性身體抱持公允的看法。

無論如何，的確有許多心理治療師仍繼續傳遞這種不利於天然身體的偏見，促使女人只會不斷監控自己的身體而無法跟自己天生的形態保持更深厚、更細膩的關係。女人之所以失去創造力及無法關注其他事情，有一大部分都要歸咎於身體所導致的焦慮。

這種鼓勵女性雕琢自己身體的做法，顯然可以相比於把大地切割、燒毀、層層剝開、去肉見骨的行為。不管在任何地方，只要有女人的心靈和肉體遭到傷害，同一地方的文化本身也必然面臨類似的傷害，而最後連大自然也身受重創。真正的整體心理學（holistic psychology）視所有世界為相互依賴、而非個別獨立存在。難怪在我們的文化非常重視女性天然身體之雕琢的同時，它也對雕琢大地以及把文化雕琢成許多時尚區塊給予同等的重視。但是，即使女人無法在一夜之間禁止人們去切割文化和大地，她卻可以讓自己的身體不遭遇類似的擺布。

野性本質絕不會支持我們去折磨身體、文化和大地，也絕不會同意我們為了證明自己的價值、證明自己有「自我控制」的能力、證明自己有品德、或成為視覺上更討人喜歡或金錢上更可貴的人而去鞭策自己的身體。

女人雖然無法在對著文化說「改變！」之時就可以讓文化覺醒過來，但是她可以改變自己的態度，藉此讓意在詆毀女性的心理投射不得不慚愧地移開視線。要做到這一點，她就必須收回自己身體的所有權、不再拋棄本然身體的喜樂、不再握著一般錯誤觀念去相信只有符合某種形態或某種年齡的人才能擁有幸福、以及不再遲遲不做某事或退縮不敢做某事。她要收回自己真正的生命，把它充分地活出來。如此一來，一切心理投射都會失效並卻步在外。這種充滿活力的自我接納和自尊就是開始改變文化之群體態度的契機。

童話故事中的身體

有許多神話和童話故事描述身體的脆弱和它的野性。希臘的神祇海飛斯特斯是一個打造貴重金屬的跛腳工匠。墨西哥的哈韃有兩個身體。大海所生的維納斯、迷你裁縫（長得很醜，卻能創造新生命）、巨人山的女人（她們的氣力吸引眾愛慕者）、拇指仙（她可以用魔法遨遊各地）等等也都是有趣的例子。

在童話故事裡，某些神奇的東西具有載運或感知的能力，最適合用來比喻身體，比如魔葉、魔毯、雲等。有時候，斗篷、鞋子、盾牌、帽子、頭盔等物品可以提供隱形的能力、強大無比的力量和先見之明。這些東西在原型意義上都是同屬一類。每樣東西都讓身體有能力去體驗真知灼見、飛揚感、或某種心靈和靈魂的安全感。

在馬車、驛馬車、戰車還未被發明之前，在拖曳和騎乘用的動物還未被馴化之前，神聖的身體似乎就常以神奇物件這一主題被傳達出來。只要跟服飾、護身符、避邪物和其他物品沾上某種關係，一個人就可能被載起而跨越河流或整個世界。

魔毯正是象徵天然身體之感官和心靈特質的最佳符號。有飛毯出現的童話故事正反映了我們的文化對於身體的不自覺態度。在故事一開始時，魔毯總被認為是一個不足為奇的東西。但是一旦有人坐在它的厚絨中並對它發出「向上升起！」的命令時，這張毯子隨即顫動起來、些微揚起、稍作盤旋、然後「衝！」一聲就飛了出去，繼而把乘客載到不同的地方、中心、觀點和知能那裡。〔註十〕身體也是如此；它能藉著興奮、知覺和感官經驗的各種狀態——例如聽音樂、聽見愛人的聲音或聞到某種香氣——把我們載往他處。

正如在神話中一樣，童話故事中的地毯象徵一種動力形式，而這種動力可以使我們洞澈這個世界和無意識世界。在中東的故事裡，它是巫醫用來從事靈性飛翔的交通工具。身體並不是一個我們必須從中脫逃的愚蠢東西；如果我們用正確的方式來看待它的話，它是一艘火箭船、一連串由原子組成的四葉苜蓿立體交流道、一團神經臍（neurological umbilici）。它可以把人帶往其他世界和經驗之中。

除了魔毯之外，身體還有其他的象徵符號。有一個有趣的故事說出了三個象徵符號，而這故事是法塔・凱利告訴我的，題目就叫做〈魔毯的故事〉〔註十一〕。有一個蘇丹派三個兄弟去尋找「世上最美麗的東西」。若有哪個兄弟被認為找著了這終極寶物，他就能贏得整個王國。其中一個兄弟在尋找之後帶回一根可以讓人看穿一切的象牙杖；另一個兄弟帶回一顆可以用其氣味治癒所有痛苦的蘋果；第三個兄弟帶回一張可以按照人的意念把人載往任何地方的魔毯。

蘇丹問：「那麼，下列哪一個比較偉大：看遠的能力、治療和痊癒的能力、還是靈性飛翔的能力？」

三兄弟輪流誇讚自己找到的東西，但是蘇丹最後搖一搖手並做出宣告：「這些當中沒有一個會比另兩個偉大；因為缺少其中之一的話，另兩個也就沒用處了。」於是三兄弟平分了那個王國。

這故事蘊含了一些深刻的意象，讓我們可以想像真正活著的身體是何種樣子。這故事（以及其他跟它一樣的故事）也描繪出下列事物的驚人力量：直覺、洞察力、感官自療力、以及隱藏在身體之內的狂喜（註十二）。我們很容易以為身體是個「他者」，而它所做的事情彷彿與我們無干；而且，如果我們「妥善看管」它，它就會讓我們十分「愜意」。許多人像對待奴隸一樣地對待自己的身體。即便他們善待自己的身體，卻依然要求它遵照自己為所欲為的想法，待之

註十　不同的〈魔毯〉故事對魔毯的說法不一：它可能是紅色的、藍色的、舊的、新的、波斯的、東印度的、伊斯坦堡的、或一個矮小老婦人所擁有的（但她只曾在某種場合中把它拿出來過）等等。

註十一　魔毯是中東神話故事中的一個主要原型主題。其中一個故事名為〈侯山王子的魔毯〉，與〈阿默德的故事〉很類似，被收在《一千零一夜》（*Arabian Nights*）故事集當中。

註十二　身體具有一些似乎可以帶給我們舒適感甚或幸福感的自然物質，其中有些還被詳細記錄在文獻中，比如血清素（serotonin）。傳統上，這類心境的導因是祈禱、打坐、靜思、洞見、直覺的運用、通靈入神、舞蹈、某種身體活動、歌唱、以及其他深刻的靈魂狀態。

有如奴隸。

有些人說靈魂賦予活力於身體。但是，如果是身體賦活力於靈魂，幫助它適應俗世的生活，為它分析語法及翻譯，提供它白紙、墨水和筆、好讓它在我們的生命上面寫作，那又當如何？就像有關變形者的童話故事所言一樣，假如身體本身就是上帝、師長、精神導師、有執照的嚮導，那又當如何？那又該怎麼辦？如果我們一生都在責罰這個可以贈予和教導我們許多事情的老師，這是聰明之舉嗎？難道我們希望一輩子容許別人來詆毀、評判我們的身體、認為它有所不足？我們是否能堅強到敢駁斥各派偏見、敢去改聽深處的聲音、把身體當成強大而神聖的存在而真正去傾聽它？（註十三）

我們的文化只想讓身體成為一個經過切割的雕刻作品——這可是大錯特錯的認知。身體不是大理石；身體存在的目的乃是要保護、包容、支援和激勵它內在的靈性和靈魂。它要成為記憶的貯藏器，用感覺充滿我們——那可是至高無上的心靈補品。它要舉起並推動我們、用感覺充滿我們以證明我們的存在、並給予我們立足點以及重心和重力。千萬不要以為它是我們為了翱翔到靈性那裡而必須離開的地方。身體是前往靈性經驗所必要的火箭發射器。沒有身體的話，我們將無法知覺到跨過門檻、被揚起、身在空中而輕盈的感覺。這些知覺都來自身體。身體是火箭發射器。在它鼻端的彈射坐艙內，靈魂注視著窗外、看見神祕星夜的奧祕核心而目眩眼花起來。

臀部的力量

在本能世界裡，健康的身體是由什麼構成的？從最基本的乳房、腹部、皮膚和傳導感覺的神經來看，真正的問題不在於形狀、大小、顏色和年齡，而在於它有無感覺、它的功能是否正常、我們能否有反應、我們是否靈敏到可以擁有寬廣的感覺範疇？它是否滿懷恐懼、因痛苦和懼怕而變成癱瘓、因往日的創傷而變得麻木無覺？還是說，它是否擁有自己的音樂、是否像希臘神話中的波波女神一樣用肚皮傾聽、是否運用各種視覺方式去察看事情？

在我二十歲出頭的時候，我遇見了兩次改變我一生的重大經驗，而它們完全違背了我向來對身體的認知。在一場為女性舉辦、為期一週的聚會當中，在溫泉旁的一場夜間營火會上，我看到一個年約三十五歲的赤裸女人。她的乳房因為生養子女的關係早已變得乾癟，而她的腹部則布滿了妊娠紋。當時很年輕的我為她細薄肌膚所遭到的損害深感難過。這時有人正敲奏著響葫蘆與打鼓，她隨之跳起舞來；她的頭髮、乳房、肌膚、四肢全向四方舞動開來。她是多麼美麗、多麼充滿生命力！她的優雅令人心碎！之前我總會因「火在她的下半身裡」這樣的形容語

註十三　在探討文化差異時，我驚訝地發現有些群體雖被排斥在主流之外，但他們仍舊保存並強化自己的正直本性。持守住自我尊嚴的失權群體往往最終都能從曾經打壓過他們的主流那裡贏得尊敬，並成為這些主流討教的對象。這是令人覺得非常有趣的事情。

而會心嘲笑，但在那個晚上，我真的看到這樣的火。我看見她臀部的力量；我看見自己曾經學會漠視的事情，那就是：被內在生命所激勵的女人身體可以展現的力量。幾乎三十年之後，我仍然看見她的夜間舞姿，仍然深受身體力量的感動。

我的第二次覺醒與一個更加年老的女人有關。根據一般標準，她的臀部形狀太像梨子。相形之下，她的胸部顯得過於渺小。她的大腿上布滿了紫色的微血管；她的身體從肋腔到脊椎環繞著一長圈重大手術的疤痕，有如蘋果被削皮的樣子。她的腰圍大約有四個手掌那麼寬。因此，我不解為何有一群男人圍在她的身旁嗡嗡作響，把她當成一個蜂巢。他們想在她的梨形大腿上咬一口、想舔一下那道疤痕、想握住那胸部、想把自己的臉頰貼在她蜘蛛網狀的血管上。她的微笑令人目眩眼花；她的步伐如此優雅。當她看東西的時候，眼睛真的把所有被看見的東西收納進來。我再一次看見了自己學會忽視掉的事情：身體的力量。文化賦予身體的力量叫做「美麗」，但是身體「內在」的力量卻非常少見，因為多數人已經因折磨或羞見自己身體而趕走了這種力量。

野性女人只有在這種啟示之下才能探索自己體內的靈質生命，才能知道身體不是一個我們必須像扛負刑罰一樣扛負終生的啞鈴。它也不是終生扛負我們的馱獸（無論我們是否寵愛它），而是一長串的門、夢和詩，而我們經由它學懂萬事的諸般面向。對野性心靈來說，身體自是一種獨立生命。它愛我們、依賴我們，有時是我們的孩子，有時又成為我們的母親。

蝴蝶女人

為了讓你用另一種方法來瞭解身體的力量，我必須講一個真實而長的故事給你聽。

許多年以來，觀光客像打雷一般橫掃廣大的美國沙漠地區，匆匆經過所謂的「靈性環道」——碑石谷、恰可峽谷、綠岩台高原、可炎塔、碁姆斯峽谷、抹妝沙漠以及雪利峽谷。他們檢視大峽谷母親的骨盆、搖搖頭、聳聳肩、然後匆匆回家去，直到明年夏天大批人馬再度在沙漠地上橫衝直撞，這邊看看、那邊看看、看得更加仔細點。

這種行為源自人類從古以來對靈質生命所懷的渴望。但有時候這種渴望變得更加嚴重，只因為有許多人早已不識自己的祖先（註十四）是誰。他們往往不知祖父以前的先人之名；最重要的是他們失掉了家族的故事。在靈性上，這種失落造成悲傷……和渴望。因此許多人試著要為靈魂再創造出某種重要的東西來。

許多年以來，觀光客也來到菩業（Puyé）這個位於新墨西哥某一鳥不生蛋、灰沙滿布的大

註十四　失去祖先的一個方式就是不知自己的親人埋在何處。

塊岩石台地。古代先人曾在此站於台地上相互呼喚。據說，岩壁上千萬個齜牙咧嘴、橫眉斜眼、哀叫呻吟的嘴巴和眼睛都是由一座史前大海雕鑿出來的。

那瓦荷人、吉卡利拉阿帕契人、南裘地人、霍皮人、祖尼人、聖塔克萊拉人、聖塔多明哥人、勒古那人、皮古利斯人、特蘇克人——所有這些沙漠部落都來到這裡。他們在這裡跳著舞回到落葉松林中，回到鹿群、老鷹和大能的神靈那裡。

當然觀光客也來到這裡。他們當中有些人由於缺乏種族神話並與靈性胎盤遠隔而感覺飢餓難當。他們也忘卻了自己的古代神祇；他們來這裡觀看那些還沒有忘卻的人。

前往菩業的路是為馬蹄和鹿皮軟鞋建造起來的，但是，隨著物換星移，汽車在今日卻顯得較有效能。現在，當地人跟觀光客都駕著各式各樣的汽車、卡車、敞篷車、貨車在此進出。所有這些交通工具在路上或嗚咽、或冒煙地列隊在塵土飛揚中緩慢前進。

大家都隨意停車在起伏的小山丘上。到了中午，岩石台地的邊緣看來就像發生了千部汽車連環撞的意外事件。有些人就把車子停在約一百八十多公分高的蜀葵樹旁，以為他們只要推倒植物就可以下車出來。但是這些百年高齡的蜀葵樹卻像年老的鐵娘子；停車在樹旁的人身陷車中、無法脫身。

正午時刻，太陽轉成火紅的熔爐。人人都穿著熱鞋、步履維艱地走在路上，另外又身負著一把雨傘（為了防雨；雨是一定會下的）、一張鋁製的折疊椅（以防疲勞；疲勞是必然的）、一架相機（如果這些人是觀光客而且拍照可被容許的話）、以及像大蒜串一樣掛在他們脖子上的底片罐匣。

觀光客帶著各種期盼來到這裡，有神聖的期望，也有對神大不敬的期望。他們要來觀看一件不是每個人都看得到的事情、一件野中最野之事、一個活生生的靈質現象：蝴蝶女人。

當天的最後一場活動是「蝴蝶之舞」。每個人都十分欣喜地期盼這場獨人舞。舞者是一個女人——啊，多麼不凡的一個女人！當太陽開始沉落時，一個身披四十磅綠寶石（縫製在禮服上）、滿身華麗的老男人出現在大家眼前。在揚聲器像見到老鷹的小雞一樣發出嘎嘎叫聲的那一刻，他壓低自己的聲音、把它放進一九三〇年代製造的鉻色麥克風裡面：「我們下一個舞蹈是蝴蝶之舞。」他蹬著捲起的牛仔褲褲腳，一跛、一跛地走開去。

不同於芭蕾舞的表演——宣布演出、升起帷幔、然後舞者搖晃著身體出現在舞台上——菩業以及其他部落的舞蹈在宣布開始後可能要等上二十分鐘或甚至要等到永恆才見到舞者出場。舞者在哪兒？他們也許正在清理露營車。攝氏三十八度以上的氣溫極為常見，因此最後一刻在汗水淋漓的身體上補妝是必要的。如果在前來表演場的途中由祖父傳下的跳舞腰帶斷掉了，舞者就絕對不會現身，因為腰帶之靈需要休息一下。舞者遲到還可能有另外一個原因：陶斯鎮KKIT廣播電台（是以拓荒者Kit Carson的名字命名的）正在「東尼魯漢的印地安時段」節目中播放一首好聽的歌曲。

有時候由於舞者沒有聽見揚聲器的廣播，一個善跑的人必須跑去傳喚他。若是如此，舞者在前往表演場的路上當然還得向所有親戚說上一番話，更還得停下來讓小姪子、小姪女們仔細瞧上一瞧。當小朋友們看見高大的卡辛那雨靈（祂看來實在有點像湯馬斯叔叔）或一個玉蜀黍祈舞者（她跟亞姬阿姨十分神似）的時候，他們看得多麼目瞪口呆啊。最後，另一個普遍存在的可能性是：舞者還在特蘇克公路上，他的兩條腿盪掛在小貨車的咽喉外，而車子的消音器在下風一・六公里的路上把空氣全燻成了黑色。

大家一邊頭昏目眩地期盼「蝴蝶之舞」，一邊談論起蝴蝶少女們和美麗的祖尼女孩來——她們剛才跳舞時穿著紅黑相間的古老服飾、露出單邊肩膀、還在臉頰上畫著亮麗的粉紅色圓圈。大家稱讚那些跳鹿舞的年輕男性舞者——剛才跳舞時，他們的手臂和腿上都綁上了粗大的松樹枝條。

時間過去了。

時間繼續過去。

時間繼續過去。

人們撥動口袋中的硬幣，發出叮噹聲。他們吸吮自己的牙齒。觀光客已經等不及看這位神奇的蝴蝶舞者。

當大家都已不耐煩到面露怒容的時候，突然間鼓手的手臂開始敲起神聖的蝴蝶節奏，而吟唱者也開始喊求上帝賜給他們所應得之物。

對觀光客來講，蝴蝶是美麗的東西；他們夢想著：「啊，纖柔之美！」所以當馬利亞・魯漢〔註十五〕跳著出場的時候，他們當然大吃了一驚。她身材巨大，真是巨大，就像奧地利維倫多夫城的維納斯雕像、也像白晝之母、也像畫家狄亞哥・里維拉（Diego Rivera）筆下那位僅僅捲曲一下手腕就造起墨西哥城的偉岸女子。

而馬利亞・魯漢可真年老、真可說是年老非常；她就像從塵土復生的女人、就像那古老的河、就像森林界線上的那棵古老松樹。她赤裸著一邊肩膀，紅黑相間的衣毯隨著包裹在其中的她上下跳動著。她沉重的身軀和瘦極的雙腿使她看起來就像是一隻包裹在玉米粉蒸肉捲中跳動不已的蜘蛛。

她獨腳跳著，然後換上另一隻腳，前後擺動羽毛扇。她是駕臨的「蝶神」，要使弱者變為堅強。但在大多數人眼中她代表不具力量的東西：老年、蝴蝶、女性。

蝴蝶女人的頭髮長及地面，厚如十把玉蜀黍禾束，色灰如石頭一般。她戴著蝴蝶翅膀——就跟學校戲劇中扮演天使的小孩所戴的那種翅膀一樣。她的髖部兩側好像兩個跳動的木編食物籃，而臀股上方的一道橫肉竟然寬到可以容兩個小孩騎在上面。

註十五　這是她的假名，以保護她的隱私。

她跳啊跳，倒也不像是兔子，而是用留下回音的腳步跳著。

「我在這裡、這裡、這裡……

我在這裡、這裡、這裡……

醒過來，你、你、你、你！」

她上下搖動著羽毛扇，把蝴蝶傳播花粉的精神散播到大地和大地的子民身上。她的貝殼手環像響尾蛇一樣發出嘎嘎聲；她吊襪帶上的鈴鐺發出雨水般清脆的聲音；她那大肚細小腿的身影從舞蹈圓圈的這一邊跳向另一邊；她的雙足留下一陣陣小小的沙塵。

所有部落都充滿了敬意、都參與在其中。但是有些觀光客面面相覷並且低聲說：「就是這個嗎？這就是蝴蝶女人？」他們感到不解，有些人甚至感到失望。他們似乎早已忘記：在靈性世界裡，狼是女人、熊是男人、而身材龐大的老女人是蝴蝶。

沒錯，野性女人／蝴蝶女人應該擁有一把年齡和胖重的身材，因為她的一個乳房載著雷電世界，另一個乳房則載著無意識世界。她的背是地球的弧線，而這顆行星負載著所有莊稼、食物和動物。她的頸背扛著日出和日落，左大腿托住所有落葉松，右大腿托住世上所有母狼，腹部則容納所有將要出生的嬰兒。

蝴蝶女人代表女性的生殖力。在各處傳播花粉時，她造成異體受精，正如靈魂讓理智和睡夢結合受精，正如原型讓俗世受孕。她是中心，她結合對立的事物，從一方取一點東西後再將之植入另一方。轉變生命不會比這來得更複雜。這就是她教給我們的道理，這就是蝴蝶的做事方法，也是靈魂的做事方法。

人們以為只有受折磨的人、聖人或異常堅強的人才需要轉變生命。蝴蝶女人就是要糾正這個謬見。自性不需背負群山眾嶺才能獲得轉變；一點點就夠了。一點點就能走得很遠，就可以改變很多事情，就可以取代移山的力量。

蝴蝶女人把花粉授予大地的生靈。她說：事情比你想得簡單。她搖動著羽毛扇、她跳躍著，是因為她正在把靈性花粉散播給所有在場的人——北美原住民、小孩子、觀光客、任何人。她正在運用自己年老、軟弱、龐大、短腿、短頸、黑斑點點的身體，使之成為祝福的工具。這是一個連結於自己野性本質的女人；她是本能力量的傳譯者、傳精授粉的力量、修復者、古老觀念的記憶者。她是神話之聲，是野性女人的化身。

由於蝴蝶舞者代表歷史悠遠的靈魂，所以她必須是個老者。由於她身上負載了很多東西，所以她的大腿是寬的、臀部是廣的。她的灰髮證明她已能隨意碰觸別人而不必再遵循禁忌的規範。她可以碰觸任何人：男孩子、嬰兒、男人、女人、女童、老人、病人和死人。蝴蝶女人可以碰觸每一個人。她終於擁有特權可以去碰觸所有的人，這就是她的權能。她的身體就是蝴蝶的身體。

身體就像大地；它本身就是一塊土地。它跟任何大地一樣無法承受過度開發、被劃割成區塊、被斷離源水、被過度挖礦、被清除原有能力。較具野性的女人不會輕易聽信那些針對其身體所提出的更新計畫。對她來講，重要的不是形式，而是感覺。所有形狀的乳房都具有感覺和哺乳的功能。只要能哺乳和感覺，那就是美好的乳房。

寬臀是有原因的：臀部內有一個為新生命準備的、光澤如緞的象牙搖籃。女人的臀部是支撐上半身和下半身的樑架、是門戶、是柔軟肉感的坐墊、是做愛時的握把、是孩童躲藏在後的場所。雙腿則帶動我們、有時甚至像螺旋槳一樣把我們發動起來。它們是幫助我們立高起來的滑輪，是用來環繞情人的鐵環。它們不可能太這樣或太那樣；它們就是如其所是。

身體上沒有什麼「應該如何」的地方。問題不在於身材大小或年齡多寡，也不在於擁有雙份的每樣東西——因為就是有人無法擁有。野性提出的問題乃是：這個身體有感覺嗎？它能正確地連結於愉悅、溫暖的心、靈魂和野性嗎？它擁有幸福、喜樂嗎？它能用自己的方式移動、跳舞、抖動、搖擺、伸展嗎？其他就都無足輕重了。

小時候，我曾跟人到芝加哥的自然歷史博物館去遠足參觀。在那裡的一個大廳中，我看到瑪爾文娜・霍夫曼（Malvina Hoffman）的雕刻作品——那是好幾十個如真人大小的深色銅雕。她雕出幾近赤裸的人體，而她的的確確擁有野性灼見。

在獵人瘦細的小腿上、在兩個孩子已長成之母親的長形乳房上、在處女胸前的兩個肉錐上、在老男人垂至大腿中央的兩粒睪丸上、在鼻孔比眼睛還大的鼻子上、在鷹勾鼻上、在筆直如轉角的鼻子上，她大肆揮灑著自己的愛情。她愛上了長得像鐵路臂式信號機的耳朵、低得靠近下巴的耳朵、以及小如胡桃核的耳朵。她也愛上盤捲如蛇籃的頭髮、波浪如披散彩帶的頭髮、或直得像檸檬草的頭髮。她瞭解身體中的力量。

在安托莎琪・桑葛（Ntozake Shange）的劇本《彩虹艷盡半邊天》（註十六）中有句話。劇中身穿著紫衣的女人在奮力處理自己被文化忽視並貶抑的心靈和身體面向之後說了一番話。她用這些睿智而平心靜氣的文字道盡自己的一生：

以下即是我所擁有的……

詩

註十六　見安托莎琪・桑葛所寫《彩虹艷盡半邊天》（*for colored girls who have considered suicide when the rainbow is enuf*, New York: Macmillan, 1976）。

粗壯的大腿
小奶
以及
這麼多的愛

這就是身體的力量，也是我們的力量、野性女人的力量。在神話和童話故事中，神祇們和其他偉大的神靈為了考驗凡人的心腸，常偽裝成各種非神的形體出現在人世。祂們穿著袍服、破衣、銀色腰帶、或腳沾泥濘而現身。在祂們出現時，祂們的皮膚不是黑得像舊木頭、就是長滿玫瑰花瓣做成的鱗片。祂們裝成脆弱的孩童、膚色黃如酸橙的老女人、無能言語的男人、或能講話的動物出現在人世。神靈們正在做試驗，想看看人類是否已經能夠認出偽裝成不同樣貌的偉大靈魂。

野性女人用各種大小、形狀、顏色和狀況的身體現身於世。請你務必要保持清醒，以便能認出偽裝成各種形態的野性心靈來。

第八章

自保：如何辨認捕腿機、獸籠和毒餌

被野放的女人

在牛津英文字典裡，「凶猛」（feral）這個字起源於拉丁文的fer，意指「野獸」。在一般用法裡，a feral creature指的是被馴養後再被野放的動物。

我的看法是：被野放的女人曾經具有自然的心靈狀態（也就是正確的野性心智），後來卻遭遇不測而被俘虜，從此變得無比馴服而且無感於自己應有的本能。當她有機會恢復原始的野性本質時，她也同樣容易踏進各種陷阱和毒藥中。由於她的生命周期和保護機制都已遭到擺布，她原有的自然野性已經無法再保護她。由於她不再處處小心和警戒，她很容易變成被捕獵的對象。

失去本能的人都有一種明顯的模式。我們必須研究這個模式並實際記住它，如此我們才能守護自己和女兒的寶貴天性。在心靈森林裡，鏽鐵製成的捕腿機就隱藏在綠地叢林之下。就心理層面而言，更廣大的外在世界亦是如此。我們易於受到許多事情引誘：愛情、人、誘人的冒險。但是那些美麗的誘餌卻藏有尖器，等待我們一口咬下時就殺掉我們的精神。

無論屬於何種年齡層（但以年輕者為最），被野放的女人都受到一股強大力量的驅使，而想彌補長期的饑荒和放逐。當她們用愚蠢的方式去過度迎合那些無意關懷、沒有實質內容、無法持久的人或目標時，她們只會讓自己身陷危險之中。不管她們住在哪裡或生活在哪個時代裡，獸籠總是守候在那裡——這些獸籠就是女人或被誘入、或被推入的那些窄小生命。

如果妳曾經被捕獲、曾經忍受靈魂的饑餓、曾經掉到陷阱裡、尤其如果妳曾受過創造力的驅使，很可能妳曾經就是或現在就是一個被野放的女人。被野放的女人通常會格外渴望某種深情事物，也常常會吞下尖器偽裝的毒藥，以為那就是她深情靈魂所渴望的東西。

雖然有些被野放的女人在最後一刻得以逃開陷阱、只損失了若干毛髮，卻有更多人不知不覺一腳踏進陷阱裡，一時之間被敲昏過去。另有些人身受骨折之苦，還有些人則設法解脫纏綁、拖著身軀爬到山洞裡去獨自療傷。

曾經耗生命在俘虜之中並飽受靈魂饑荒的女人最容易絆倒於這些網罟和誘惑。為了避開，我們必須事先看見它們並繞道而行；我們必須重新開發自己的洞察力和警戒心，並且學會轉向。要曉得正確的轉角處在哪裡，我們必須先知道錯誤的轉角處在哪裡。

這裡有一則故事說明了饑餓和被野放的女人所遭遇的不幸。我相信它是古代女性用以誨人之故事的遺緒。它有各式各樣的名稱，如〈魔鬼的跳舞鞋〉、〈魔鬼的紅燙鞋子〉、〈紅鞋子〉。漢斯・克里斯欽・安徒生用最後一個名字去稱呼他自己為這古老故事寫出的版本。就像任何精湛的說故事者一樣，他把自己族群的智慧和感性圍繞在故事核心的四周。

以下是我的特蕾莎阿姨在我們小時候經常講述的〈紅鞋子〉故事，但它是匈牙利兼日耳曼人的版本。受到她的祝福後，我才在此使用這故事。她在開講故事時總會巧妙地說：「看一下你的鞋子，你要因為它們平凡無奇而心存感激……因為，如果你有雙大紅鞋子，你就必須活得非常小心了。」

紅鞋子

從前有個失去母親的窮小孩沒有鞋穿，但是這孩子把撿來的碎布存起來，最後為自己縫了一雙紅色的鞋子。她非常珍愛這雙手工粗糙的鞋子。雖然她每天都必須在荊棘叢林裡撿拾食物直到黑夜降臨，她卻因為擁有這雙鞋子而覺得自己非常富有。

然而，有一天，正當她穿著破衣和紅鞋在路上蹣跚而行的時候，一部鍍金的馬車停在她的身旁，坐在裡面的老婦人說要帶她回家並將待她如親生的女兒。於是她們一起前往這有錢老婦人的住家。女孩的頭髮被梳洗乾淨；她拿到純白的內衣、細緻的羊毛衫、白色的長襪和黑色的光亮鞋子。女孩問到自己的舊衣服、尤其她的紅鞋時，老婦人說：因為她的衣服太髒、鞋子太可笑了，所以它們都已被丟進火裡燒成灰了。

女孩非常傷心，因為儘管她被富麗堂皇包圍著，但只有她親手製成的那雙卑微紅鞋才能帶給她最大的幸福感。如今，她被迫成天端坐在那裡，走路時不得跳躍，也不能隨意開口說話——除非別人對她說話。但是有一團祕密的火開始在她心裡燃燒起來。她繼續想念自己的舊紅鞋子，遠遠超過任何東西。

當孩子長大到可以參加受難嬰兒日的堅振禮時，老婦人把她帶到一個跛腳鞋匠那裡去訂製一雙適合這種場合的鞋子。在鞋匠的鞋櫃裡立著一雙用最細緻的皮做成的紅鞋子，它們真的散發出紅色的光輝。因此，雖然紅鞋子在教堂裡會遭人用異樣眼光看待，女孩還是依饑渴的心選擇了這雙紅鞋。老婦人的視力不好，所以她沒看清楚鞋子的顏色就付了錢。老鞋匠對女孩眨眨眼睛並把鞋子包裝了起來。

第二天，教會成員無不對女孩腳上的鞋好奇有加。紅鞋像擦亮的蘋果、像心臟、像洗得發紅的李子一般閃著光。大家都瞪著眼睛，甚至連牆上的聖人畫像及雕像都用反對的眼光瞪著她的鞋子。但是她因此更愛這雙鞋子。因此，當主教開始讀經文、唱詩班開始哼唱、風琴開始上下唧壓的時候，女孩覺得這世上不會有比她的紅鞋更美麗的東西了。

這一天結束前，老婦人已經聽說了她的被監護人所穿的紅鞋。她威嚇說：「絕對不准再穿上這雙紅鞋子！」但是到了下一個星期日，女孩還是情不自禁地選擇了紅鞋、而非黑鞋。她跟老婦人照常步行到教堂那裡去。

在教堂門口有一個手臂掛在吊帶上的年老士兵。他穿著一件很小的夾克，下巴上長有一把紅鬍子。他鞠了一個躬，請求孩子容許他拭去她鞋上的灰塵。女孩伸出自己的腳，而他敲了她鞋子的後跟，輕輕發出「歪個啊吉個吉個」的聲音，使得她的腳跟搔癢起來。「記住，要留下來跳舞啊。」他對她微笑並眨了眨眼睛。

大家再一次用斜眼打量女孩的紅鞋子。但是女孩如此深愛這雙深紅到發亮、亮如覆盆子、亮如石榴的鞋子，以至於她幾乎心無旁念、幾乎聽不見主日崇拜的進行。她忙著來回轉動自己的雙腳、欽慕自己的紅鞋，以至於忘了唱詩歌。

在她和老婦人離開教堂的時候，受傷的士兵大喊道：「多麼美麗的舞鞋啊！」他的話使得女孩當下就地轉了好幾個小圈。但是一旦她的腳做了這些動作之後，它們就再也停不下來了。她一路跳著舞穿過花圃、穿過教堂的轉角，彷彿完全失去了自我控制。她跳了一個法國嘉禾舞步，然後換上匈牙利查達什舞步，然後再獨自跳著華爾茲舞步經過田野、越過大路。

老婦人的馬車伕從座椅上跳起來、追趕在女孩的後面、抓住她、把她抱回到馬車上。但是女孩穿著紅鞋的腳卻依然在空中舞動著，彷彿它們還踏在地面上。老婦人和馬車伕又拔又拉，想要扯下紅鞋子。他們的帽子無不歪來倒去，而另有一雙腿在空中踢蹬著，這真是一幅滑稽的景象。不過，女孩的雙腳終於還是安靜了下來。

回到家之後，老婦人把紅鞋重重地摔到一個很高的層架上，並警告女孩絕不可再摸它們一下。但是，女孩仍忍不住要盯著它們看、想念它們。對她來說，它們仍是世上最美麗的東西。

不久之後，大概是命中註定，老婦人開始臥病在床。醫生們前腳才離開，女孩就偷溜到紅鞋所在的房間裡。她偷瞧的眼神變成了凝視，而她的凝視變成了強烈的願望，最後她從層架上拿下鞋子，把它們繫上，以為這沒什麼害處。但是，當它們一碰到她的腳跟和腳趾時，她馬上就充滿了無可克制的跳舞慾望。

於是，先用嘉禾舞步，然後用查達什舞步，接著用大步快速的連番華爾茲旋轉，她舞出了房門、舞下了階梯。女孩神采奕奕，卻不知自己已經碰到了麻煩。當她想要舞向左邊的時候，鞋子竟然堅持要向右邊舞去；當她想繞圈而舞時，鞋子堅持要直舞往前。而且，當鞋子主導著女孩的舞步、而非女孩主導鞋子之際，鞋子已經帶著女孩舞到了馬路上、經過了泥濘的田野、遠至黑暗而鬱深的森林之中。

在那裡，那位臂膀掛在吊帶上、身穿小夾克的紅鬍子老兵倚在一棵樹上。他說：「喔，我的天，多麼美麗的舞鞋！」她在害怕之中試圖扯下鞋子，但是不管她怎麼拔，鞋子就是堅定不移。她先用單腳、再換另隻腳上下跳動著想脫下鞋子，但即使如此，她在地面上的腳還是舞個不停，而握在她手中的另一隻腳也跳著自己的舞步。

於是她舞啊、舞啊、舞個不停。她跳過最高的山丘、經過山谷、經過風雨、霜雪和陽光。她在最黑的夜晚中跳舞、在日昇期間跳舞、在暮色中還依然跳著舞。但那不是美麗的舞蹈，而是可怕之舞；她一刻也不得休息。

她舞到了教堂墓園中，那裡有一個惡靈不准她進去。這個惡靈對她大聲宣告：「妳要穿著紅鞋跳舞，直到妳變得跟幽靈或鬼魂一樣，直到妳的皮膚垂掛在骨頭上，直到妳全身只剩下內臟還能跳舞。妳要走遍所有村莊，挨家挨戶地一路跳下去；妳要在每一戶的門上敲三下，讓人們往外看到妳而怕自己也遭逢跟妳一樣的命運。穿著紅鞋跳舞吧，妳非跳不可。」

女孩懇求憐憫，但她還來不及進一步懇求的時候，她的紅鞋已經把她帶到別處去了。她跳著舞越過野薔薇荊棘、經過溪流、越過樹籬、繼續往前復往前，直到她回到舊家並看到許多悼念者，原來收容她的老婦人已經去世了。即使如此，她繼續跳舞而去。由於她非跳不可，她只得跳舞。在悲慘的疲乏和驚恐之中，她舞到了鎮上劊子手居住的森林裡。他牆壁上的斧頭一感覺到她的到來就開始顫抖起來。

她跳舞經過劊子手的門口時向他乞求：「求求你！求求你割斷我的鞋子，救我脫離這可怕的命運。」於是劊子手用自己的斧頭割斷紅鞋的鞋帶，但是鞋子依然附著在她的腳上。因此，她大喊說自己的生命不值什麼，並請求他切斷她的雙腳。於是劊子手切斷她的雙腳，而腳上的紅鞋繼續跳舞、經過森林、越過山丘、最後消失於眼簾之外。如今，女孩成為了可憐的殘廢者，必須靠服侍他人才能在世上混一口飯吃。她再也不曾想望過紅鞋子。

童話故事中的傷殘事件

我們很有理由問：為什麼童話故事會有這樣殘忍的情節？這種情節存在於全世界的神話和民間故事之中。當童話故事中追求靈性生命的主人翁無法完成意圖中的轉變時，類似上述故事的恐怖結局就會出現。

從心理學的角度來說，這殘忍的情節傳達了一個很重要的心靈真相。這個真相至為重要，但人們卻很容易一方面說「呃，嗯哼，我瞭解」，另一方面卻輕易將之打發，然後不顧一切照樣遊蕩著去跟厄運相見。因此我們必須用非常言語才能喚醒人們注意到它所發出的警訊。

在現代科技世界裡，童話故事的殘忍情節已經被電視廣告的畫面所取代，比如：為了防範酒駕，畫面上會出現一張其中一人被塗抹掉、而有一條血痕拖曳在其上的全家福照片；或為了勸止非法使用藥物，畫面上會出現一顆在平底鍋上滋滋冒泡的蛋，並註明嗑藥的大腦將會遭遇同樣的下場。這類殘忍的主題事實上就是人們自古以來用來提醒「情感我」要留意嚴肅訊息的方法。

〈紅鞋子〉故事所傳達的心理真相是：女人必須堅守或找回自己基本的喜樂和野性價值，否則她具有意義的生命很可能會被撬開來、遭到威脅、被奪走、或被誘使離她而去。這則故事警告我們：當我們處在野性心靈之饑渴時，特別容易招惹陷阱和毒藥。如果不曾堅定地跟隨野性本質，一個女人會倍感饑渴而執迷於「感覺好過一點」、「不要管我」、以及「愛我——求求你」這類的事情上。

當女人飢餓的時候，她會接受任何替代品，包括那些像無效定心丸一樣毫無益處的東西在內，也包括那些具有毀滅性、足以威脅生命、密謀浪費她的時間和才華、或置她的生命於實際危險中的種種事物。是靈魂的饑荒迫使女人選擇了那些令她狂舞不已而失控的事物——它們令她一直狂舞到劊子手的門口。

因此，為了更瞭解這個故事，我們必須明白女人何以能用如此激烈的方式丟棄自己的本能和野性生命而因此迷了路。要想持守我們所擁有的、要回到野性女人那裡去，我們必須察看被如此困住的女人會犯什麼樣的錯誤，然後我們才有辦法動身返回原處、與故人重逢。

正如我們將會讀到的，失去手製的紅鞋就等於失去女人熱情的活力和自行設計的生命、而同時接受了過於馴順的生命。這最終將會導致精確之感知能力的喪失，繼而導致行為過度，繼而導致雙腳的失去——而雙腳是我們站立的平台、我們的基地，是本能天性中撐持我們自由的一個深底。

〈紅鞋子〉故事告訴我們墮落是如何開始的，並告訴我們：如果不為自己的野性多加設想的話，我們可能會淪落到什麼地步。因此，毫無疑問地，當女人努力去阻遏並應戰自己的心魔時（不管那是什麼樣的心魔），那會是原型世界和人類共識世界裡所有戰爭中最值得一戰者之一。縱使她會像故事所說的一樣，因饑荒、囚禁、受傷的本能、毀滅性的選擇等等而墜落到地底下方的深處，但要記住：地底是心靈活根的所在，而女人的野性基石也位在那裡。地底有最適合播種和生長新生命的泥土。就這個意義而言，直墜地底雖然極為痛苦，但那畢竟也是播種的地面。

雖然我們絕不會祈求有毒的紅鞋以及它們所造成的生命削減降臨在自己和別人的身上，但是曾經跳過詛咒之舞、曾經失去本我與創造力、曾經乘坐著廉價（或昂貴）的提籃駛向地獄，但不知怎麼地竟還知道要抓緊一個字、一個思想、一個念頭、直到及時鑽過一條裂縫而逃離自己的心魔並活著回來傳講這件事情——這樣的女人在殘酷的熊熊大火中，終將可以獲得機會學習如何同時擁有凶猛和智慧。

因此，一個曾經跳舞到失控、曾經失去立足點及失去雙腳而在童話故事結束時體會那種喪親之痛的女人，她會擁有一種特別而珍貴的智慧。她就像是沙漠中細緻而美麗的巨大仙人掌：

雖然它們滿身都是槍彈洞口、雖然被人用刀刮開、被撞倒、被踐踏，但它們還是一樣活著，還是一樣貯存著生命之水，一樣野性盎然地成長，並隨著時間自我修復。

雖然童話故事在第十頁就結束了，我們的生命卻非如此；我們是多冊的套裝書。在生命中，縱使一個事件造成了墜毀和大火，但還有更多事件等候著我們。我們總會有更多機會去改正情況、照我們應得的方式打造自己的生命。不要為了痛恨一次失敗而蹉跎時間。比起成功，失敗是一個更偉大的老師。要傾聽、學習並繼續往前。而此時我們就是要用這方式閱讀這故事，傾聽它古老的訊息以悉知墮落的模式，好讓自己一路往前時，有能力在還未遇到或掉入陷阱、獸籠和誘餌之前即預知它們的存在。

且讓我們揭開這則非常重要之故事的涵義。為此，我們首先要瞭解：當我們最珍惜的生命力（不管別人如何看待它）被藐視、被燒成灰燼時會有什麼事情發生。

手製的紅鞋

在故事中，女孩失去了自己親手縫製、讓她自覺特別富有的紅鞋子。她很窮，但她具有創新的精神。她在尋找自己的路。她已從無鞋可穿的狀態進步到有鞋可穿，而這賦予她一種靈魂的感覺，雖然她的實際生活仍然非常困窘。手製的紅鞋象徵她已從卑微的心靈生命提升到由自己所設計的熱情生命。她的鞋子代表她邁出了真實的一大步，得以在日常生活中整合足智多謀的女性本質。即使她的生命不夠完美也無妨，因為她擁有自己的快樂。她將會不斷演變進化。

我們可以把這經常在童話故事中出現之窮苦但富於創造力的人物視為一種心理學上的主題，代表一個具有豐富靈性、並能隨時間逐漸變得更有自覺力與能力的人。這個人物可說把我們大家都精確地描繪了出來，因為我們每個人都在緩慢而穩定地向前進步。

從社會意義來說，鞋子是一個表徵，可以幫助我們分別不同類型的人物。藝術家穿的鞋子會與工程師穿的鞋子相當不同。鞋子也可以指出我們是什麼樣的人；有時它們甚至可以指出我們想成為什麼樣的人、亦即我們正在試戴的人格面具。

鞋子的原型象徵意義可以回溯到古代。古時候，鞋子意謂權威，因為只有統治者可以穿鞋子，而奴隸是沒鞋可穿的。即使到了今天，有大半現代世界還是根據鞋子之有無、或甚至根據穿鞋者是否「後跟有力」（富有）來大肆判斷一個人的智商和能力。

此一版本的〈紅鞋子〉故事是我們北方寒冷國度的產物。對我們而言，鞋子是生存工具。人要在寒凍潮濕中保持性命就必須讓雙腳保持乾燥溫暖。我記得我姨媽說過：冬天時去偷竊別人唯一的一雙鞋，就等於犯下謀殺的罪行。如果女人無法守住自己的創造力和熱情（她得以成長和喜樂的泉源），它們也面臨同樣的危險，因為帶給她溫暖和保護的就是它們。

鞋子這一象徵也可以被視為一個心理譬喻：它們保護並防禦了我們賴以站立的雙腳。在原型象徵符號裡，腳代表移動力和自由。從這層意義來說，有鞋子覆在腳上就等於擁有信念及擁有根據信念採取行動時所需的資源。若沒有心靈之鞋，女人就無法應付內在或外在狀況，因為她缺乏應付這些狀況所需的敏銳、知覺、謹慎和堅毅。

生命和犧牲是一體的兩面，而紅色代表生命和犧牲。要活出生氣勃勃的生命，我們便必須做出各種犧牲。如果你想讀大學，你就必須犧牲時間和金錢，並且專注在這場冒險上。如果你想創造，你就必須犧牲膚淺之事、某種安全感及被人喜愛的願望（這是很常見的願望），如此才能汲出自己最熾烈的洞察力、最無遠弗屆的視覺。

做了很多犧牲卻不見生命出現，這種情形會造成很多問題。這時候，紅色變成失血之色，而非生命之血的顏色。故事中的情節正是如此：當女孩手製的紅鞋被燒掉時，某種生動而心愛的紅色就不見了。一種渴望、偏執由此而生，而且最終演變成對另一種紅色的迷戀，亦即沉溺及心動於目不暇給而廉價之事、沒有靈魂的性行為、沒有意義的生命。

因此，如果把這則故事的所有面向視為個別女人的心靈組成元素，我們便能發現女孩在縫製鞋子時完成了一件大事：她從無鞋／奴隸的狀態——只知專心趕路、鼻子朝地、從不左顧右盼——轉變到知覺的狀態，曉得要稍停腳步去從事創造、留意到美麗之事而覺得快樂、並且充滿熱情而能記取滿足的滋味……以及所有構成本然野性本質的事物。

鞋子為紅色的這個事實代表這轉變過程將充滿生氣勃勃的生命，但其中也包含犧牲在內。

事情理當如此。這雙用碎布湊成的手製鞋讓我們可以想見那位象徵著創造精神的女孩。她在不明理由的失怙失學情況下用天生的覺能替自己拼湊出這一切。看啊，多奇妙！那是多麼美麗而靈魂款款的成就！

如果沒人來打擾這樣的「夠好」，具有創造力的本我會順應著這種狀況而繼續進步下去。故事中的女孩很高興看到自己的手工作品，很高興自己有辦法做出它來，也很高興自己曾用耐心去尋找、收集、設計、拼湊和拼合、以及表達出自己的創意。雖然成品最初頗為粗糙，但可別忘了歷史上所有文化的造物主當中，並沒有幾個能在第一次就創造出完美的世界。第一次的嘗試永遠可以接受改進。第二次、甚至往往第三次和第四次都是如此；這與個人的善良或技巧無關。生命就是如此，總是不斷勾喚其他事物、不斷進化演變。

如果不曾有人去干涉這個女孩的話，她應會不斷製造出一雙又一雙的紅鞋子，直到它們不再手工粗糙。她會愈來愈進步。比起她所展現的絕妙巧思和在困境中茁壯的情形，更為耀眼的一個事實是這些鞋子帶給她無比的快樂，而快樂是她的生命血脈、靈性食物及靈魂生命，而這三者又是相合為一的。

快樂就是女人在紙上一筆寫出心中的字句或立即敲中理想音符時的感覺：「唷！這是真的嗎？」它是女人希望懷孕而發現自己懷孕時的感覺，也是女人注視著自己所愛的人在那裡享受快活時的感覺。快樂也是女人處在以下情況時的感覺：完成了一件她覺得已經尾隨自己許久的事情、一件令她非常緊張的事情、一件需要冒險的事情、一件需要她用力戰勝自己而成功的事情——不管方式得體或不得體，她還是做成了它，還是創造出這某樣東西、這某個人、這件藝術品、這場戰爭、這個時刻，而這一切俱為她的生命。那就是女人天然而本能的生命狀態。野性女人經由那種快樂散發出來、冉冉上升。那種靈魂款款的情境呼叫著她的名字而把她召喚了出來。

但是命運使然，故事進行到某一天，有一個與破布拼成的簡樸紅鞋、與生命簡單的快樂完全相反的東西出現了：一輛鍍金的馬車吱吱嘎嘎地滾進女孩的生命之中。

陷阱

陷阱一：鍍金的馬車、價值被貶的生命

在原型象徵符號裡，馬車是一個實物意象，是載物於各地的運送工具。在現代的夢景材料中、在當代的民間傳說裡，它已大部分被汽車所取代，而汽車事實上也具有相同的原型「觸感」。古典心理學視這種「載物」的運輸工具為心靈的中央情緒，可以把我們從心靈某處載往另一處、從某一觀念載到另一觀念、從某一思想載到另一思想、從某種努力載到另一種努力。

爬上老婦人鍍金的馬車就如同進入鍍金的獸籠裡。它據稱可以提供更舒適、較不具壓力的

生活，而事實上它是一個捕捉器。它使人在一時難察之際掉入羅網，只因為鍍金最初看起來是如此耀眼閃亮。因此，想像一下這個情景：我們穿著手製的紅鞋走在人生道路上，突然一陣心緒籠罩下來，告訴我們世上「也許還有什麼更好的、比較容易的事情，比較不這麼花時間、力氣和努力的事情。」

這種事經常發生在女人的生命中。我們正努力於某件事情，對之抱著好壞皆有的想法。我們正一路上盡最大能力建立自己的生命。但是沒多久，有個東西像大水一樣沖過來，對我們說：「這還真困難。可是，你看那邊有個美麗的東西！那粉飾起來的東西看起來簡單、美麗、引人注目多了。」突然之間，鍍金的馬車疾馳而來，敞開門、垂下小梯，於是我們一腳就踏了進去。我們受到了引誘，而這種誘惑經常、甚至天天都會發生，有時真的很難拒絕它。

因此，只為了讓經濟生活好轉，我們便嫁錯男人。我們放棄正在打造的新傢俱，回頭再去使用那已在地板上被拖來拖去達十年之久、老舊不堪卻現成的傢俱。我們不去繼續把那首好詩寫到盡善盡美的地步，反而在寫到第三次草稿時就把它扔在一旁，而不想再把它扒翻一次。

鍍金馬車壓倒了紅鞋所帶來的簡單快樂。雖然我們可以認為這代表女人追逐物質享樂，但更常見的事實是：這代表女人的一種單純心理願望，不想為創作生命的基本要求投入太多力氣。便宜行事的願望並不是陷阱──自我本來就會有這種願望的。陷阱乃是──啊！──所付出的代價。所付出的代價就是陷阱。當女孩前去跟老婦人同住的時候，陷阱就彈跳了起來。

她在那裡必須行為端莊、保持沉默、不准公然渴望任何東西、不准實現那個渴望（更明確地說）。對創造力來講，這就是靈魂饑荒的開始。

古典榮格心理學強調中年——約在三十五歲或之後——是靈魂失落最可能發生的時間。但對於現代女性來講，靈魂失落是每一天都會發生的危險，不管妳是十八歲還是八十歲、已婚或未婚，不管妳的血統、教育程度、經濟狀況為何。但許多「受過教育」的人聽見「原始」人列舉後者心目中會偷走靈魂的經驗和事件時——比如在一年中某個不當時間看見熊，或走進一間還未被祈福過的喪宅——都會用縱容的微笑作為回應。

雖然現代文明中有許多賦予生命的奇妙事情，但人們於市街上在不當時間看見熊或進入還未被祈福之喪宅的機會也遠大於在二千六百平方公里邊陲地帶上的機會。最根本的心靈事實依然是：我們必須嚴加防守自己跟意義、熱情、靈魂以及深處本質之間的關係。有太多看似單純的事情試圖強奪、颳走、誘走那雙手製的紅鞋；它們會說：「以後我再來跳那個舞、再來種植物、再來擁抱、再來尋找、再來做計畫、再來學習、再來與人和好、再來淨化心靈……以後再說。」這一切都是陷阱。

陷阱二：乾枯的老婦人、老邁者的勢力

在夢和童話故事的詮釋裡，任何擁有「態度載具」（鍍金馬車）的人都被視為代表壓迫心

靈的主要價值觀——這個價值觀強迫心靈向前行或隨意驅動它的方向。在這故事裡，擁有馬車的老婦人所代表的價值觀開始駕馭心靈。

在古典榮格心理學裡，長者的原型有時被稱為「老邁」（senex）勢力。在拉丁文中，senex意指「老男人」。更恰當而不帶性別涵義地來說，長者這個象徵可以被視為**老邁勢力**，指的是年老者特有的行為方式。〔註一〕

在童話故事裡，這年老的勢力通常會體現在某一方面有所偏頗的老人身上，表示某人的心靈發展過程也是偏頗的。在理想中，老婦人象徵尊嚴、精神良導、智慧、自我瞭解、承擔傳統、明確的界限、以及經驗——除此之外，她還會用發怒的、門牙閃閃的、直言不諱的、賣俏的或突然丟來的粗魯言語做成良藥來奉送給我們。

但是當童話故事中的老婦人把這些特質翻轉成相反之事時——〈紅鞋子〉故事就是如此——我們就可以預知原本應該溫暖的心靈面向即將被凍結在時間裡。正常情況下在心靈中深具活力的某樣東西即將被漿直燙平、遭到洗腦、或被扭曲到不復原形。當女孩進入老婦人的鍍金馬車和房子之後，她的被捕已成無可避免之事，就有如她故意伸掌到用獠牙做成的可惡雙重掛勾陷阱中一樣。

正如我們在故事中所看到的，被老婦人收容不僅沒有讓新事物得到尊嚴，反而容許老邁的態度摧毀創新的可能性。老婦人不僅沒有成為被監護人的精神導師，反而企圖僵化她。故事中的老婦人不僅不是個賢者，反而一心一意只想重複使用某個單一價值觀而不知實驗或更新為何物。

發生在教會中的種種景象讓我們看見單一價值觀如何高捧集體意見於一切之上，甚至凌駕在個人野性心靈的需要之上。我們通常認為「集體」就是圍繞在個人四周的文化。〔註二〕雖然這並沒有錯，但在榮格的定義裡，集體指的是「相對於一個人的許多人」。我們受到許多「集體」的影響，有的是我們所屬的團體，有的是我們不屬於的團體。不管圍繞在我們四周的「集體」是學術性的、靈性的、金融的、工作世界的、家庭的、還是其他的，它們在成員和非成員身上都發揮強大的獎賞和懲罰力量。它們的運作可以影響並控制各式各樣的事情——包括我們的思想、我們選擇愛侶的方式、以及我們一生的作為。它們也能貶抑或阻擋一切不依隨其偏好的作為和努力。

在故事中，老婦人象徵集體傳統的刻板守護者或未受質疑之現狀的堅持者：「行為要端正；不可製造波瀾；不要想得太多；不要心懷大志；保持低調就好；當一份碳粉拷貝；對人要和善；雖然不喜歡某事、雖然它不適合你、雖然它的尺寸不對、雖然它令你感到疼痛，你還是

註一　「女士」（Señora）、「先生」（Señor）、「參議院」（senate）、「老邁」（senile）這些字都來自拉丁文字根 sen。

註二　有外在文化，也有內心文化；它們的運作方式相似到令人驚訝。

要說喜歡它。」

遵循這種缺乏生命力的價值系統只會讓靈魂完全失去它的鏈系。儘管我們與集體之間保持關係並受其影響，我們必須為野性心靈和創造力的緣故接受一個挑戰，那就是：決志不融入任何集體之中，反而要把自己跟周圍的人劃分開來——雖然我們偶爾還是會依照自己的心意搭座橋回到他們那裡。由我們自己來決定哪些橋要變得堅固並且常被行經而過、哪些橋則將永遠保持粗簡形式而無人行走於其上。我們願意去與之相屬而特別青睞的集體必須要能為我們的靈魂和創造力提供最大的支援。

如果一個女人在大學裡工作，她便處在學術性的集體之中。她絕不可融入這集體環境可能提出的任何要求，反而要在這環境中加進自己的特殊風味。做為一個完整的人，除非她在一生中創造了其他什麼可做彌補的有力事情，否則她絕不可放任自己退化成狹隘、易怒、一個只知「我盡忠職守、回家、回到辦公室」的人。如果女人試圖成為某一機構、協會或家庭的一分子，而這些團體從不曾仔細打量她以發現她的材質、也不曾問說：「是什麼東西使這個人奔跑？」、也不曾積極出力去挑戰或鼓勵她，那麼她用以茁壯與創造的能力必然會大受損害。她的環境愈是嚴苛，她就愈會被流放到長不出任何東西的鹽質荒地那裡去。

把自己的生命和心智從平板的集體思考中分離出來並且發展自己獨特的才能，這可說是女人可以完成的最偉大成就之一，因為這舉動會讓靈魂跟心靈都不致滑落到被奴役的狀態中。一個真正推動個人成長的文化絕不會讓任何群體或性別成為奴隸階級。

然而，故事中的女孩順從了老婦人枯槁的價值觀。她變成了被野放的動物，從自然狀態進入被捕狀態，但不久又將被丟回到邪惡紅鞋所代表的荒野之中，只是那時她將不再擁有天然的覺能，以至於她無法察覺危險的存在。

如果我們脫離真實而熱情的生命，踏進枯槁老婦人所乘坐的鍍金馬車，我們事實上就等於從這位難以相處的老完美主義者手中接收了她的面貌和願望。然後，就像所有被捕的動物一樣，我們會陷入一種導致偏執渴望的悲傷之中——這在我的心理分析專業中常被稱為「莫名的煩躁」。從此以往，我們隨時都面臨一個危險，總會一把抓住第一個看起來可以使我們再活過來的任何東西。

我們必須張開眼睛，小心衡量那些讓生命更為輕鬆或讓路途無憂無慮的獻禮——尤其如果在交換條件中我們必須把個人的創造喜悅丟進焚屍的爐火中、而非去點燃我們自己造就出來的爐火。

陷阱三：燒毀寶物、靈魂饑荒

有一種燃燒隨喜樂而生，而另有一種燃燒與消滅同在。其中一者代表生命變化，另一者則只代表殺害。我們要的是生命變化之火，但有許多女人卻放棄了紅鞋而願意變得一身乾淨、過分和善、過分順應別人的世界觀。當我們吃下大批販售的價值觀、宣傳口號、哲學以及心理學上的這一切時，我們就等於把自己所喜愛的紅鞋丟進毀滅的爐火中。一旦我們的繪畫、行動、寫作、做事和為人用任何方式使我們的生命變為渺小、削弱我們的視覺、擊碎我們的精神脊骨時，紅鞋就同時被燒成了灰燼。

然後女人的生命就會全然轉趨蒼白，只因她已成為饑餓的靈魂。她只想找回自己的深層生命，拿回手製的紅鞋子。但紅鞋所代表的野性喜樂也許因為荒廢未用或因為個人作品受到貶抑而被燒毀殆盡。它也可能已被個人自設的緘默所焚毀。

有太多、太多女人在少不經事時就向自己發出了可怕的誓言。當還年輕時，她們因缺乏必要的鼓勵和支持而感覺極度饑餓。因此，由於充滿了悲傷和聽天由命的想法，她們放下自己的筆、關上自己的言語、噤聲自己的歌唱、捲起自己的畫作、並發誓說絕不再碰它們一下。處於這種情境的女人已經不自覺帶著自己親手縫製的生命踏進火爐之中；她的生命從此變成了灰燼。

女人的生命可以被自恨之火燒死，因為心理情結會造成強烈的啃噬之痛，而且至少會在短時間之內嚇得她不敢接近任何對她而言最為重要的工作或生活。許多年的歲月都被虛耗在無所前往、無所行動、無所學習、無所尋找、無所獲得、無所擔當、無所轉變之中。

女人的個我生命觀也可能被別人的妒忌或別人清楚擺明的惡意所燒毀。即使家人、心靈導師、師長和朋友有可能心存妒忌，但他們不應該充滿毀人的惡意。然而有一些人的確用了狡猾或不那麼狡猾的方法想要毀人於一旦。在服事具有敵意的情人、父母、師長或朋友時，女人的創造力如同懸於一線之上，而這絕不是她們所應承受之苦。

個人的靈魂生命被燒成了灰燼之後，女人便失去生命之寶而開始變得如行屍走肉。在無意識裡對於紅鞋的渴望——那是野性喜樂的來源——並沒有停止；它的水位甚至升高到滿溢出來，及至最後它搖搖晃晃地站起來控制住一切，既凶猛又饑餓。

在靈魂饑荒時，女人會變得飢餓難捱、餓得發火、只想吃到任何可以讓她覺得再度活轉過來的東西。被捕的女人所知的事情也僅止於此。不管好壞，她會接受某個或任一個「看來」與原始寶物相似的東西。即使女人真正的靈魂生命慘遭饑荒之苦，她的外表仍可顯出一副「經過梳妝打扮」的樣子，只是她的內在卻處處可見乞求的雙手和空無一物的嘴巴。

在這種情形下，她會吃下任何食物，而不管它的狀況和效果為何。她只想彌補自己過去失落的東西。然而，雖然這情形非常可怕，野性的自性仍會一再嘗試拯救我們。它會在夜夢時在我們的耳邊低語、啜泣、呼喚、扯動我們無肉的身軀，直到我們察覺自己的情況並採取步驟去收復那個寶物。

我們在觀察饑餓而狼吞虎嚥的動物時可以更加瞭解那些沉淪於過度行為（最常見者為嗑藥、酗酒和無益的愛情）和倍受饑餓靈魂驅使的女人。如同饑餓的靈魂，狼向來被人形容為邪惡、貪吃無厭、只會虐害無辜和無防衛者、為殺害而殺害、從不知什麼叫做「夠了」。眾所皆知的，狼在童話故事和現實生活裡一向都莫名其妙地背負壞名聲。但事實上，狼是忠心的群聚動物。整群狼用本能把大家組織起來，讓健康的狼去獵殺生存所需的食物。只有當個別的狼或整群狼遭到重創時，這種正常模式才會鬆懈掉或有所改變。

狼在兩種狀況下會毫無節制地殺害其他動物，而這兩種狀況都跟牠們身體不適有關。狼只有在染上狂犬病、犬瘟熱時或經歷長時間饑荒後才會大肆殺戮。饑荒能改變動物行為的這件事實正好可用來比喻靈魂饑餓的女人。一個在靈性或心理上出了問題而掉進陷阱、身受重傷的女人有百分之九十的可能是在當下或在過去飽嚐了靈魂饑餓。

對狼來講，饑荒會降臨於雪太厚而難以捕獲獵物的時節。鹿和馴鹿是剷雪機，而狼會在厚雪之中追隨牠們的路徑。當鹿被紛飛的大雪困住時，雪中的路徑就無從被剷走，狼便因此同樣遭困，而饑荒也就隨之而起。對狼來講，最危險的饑荒時節就是冬天；對女人而言，饑荒則隨時都可能發生，也可能來自任何地方，包括她自己的文化在內。

對狼來講，饑荒通常結束於雪已開始融化的春天。饑荒之後，狼群有可能大開殺戒。牠們不吃大部分被殺死的動物，也不將其貯藏起來，而讓牠們散落一地。狼根本吃不完自己所殺害的動物，也根本不需要那麼多動物。〔註三〕同樣的事情也發生在被捕而飢餓的女人身上。突然間得到自由可以前往、可以做、可以當自己的時候，她會面臨一個危險：她開始橫衝直撞而自認合情合理。童話故事中的女孩也一樣自認為很有理由去不顧一切取得那雙有毒的紅鞋。饑荒會摧毀判斷力。

因此，當女人最富靈魂的生命被燒成灰燼的時候，她不但沒有接受預感的指使，反而被狼吞虎嚥的貪婪所控制。於是，舉例來說，一個不被容許去從事雕刻的女人會突然開始日以繼夜地雕刻，不眠不食到損及健康以及天知道的其他事情。她也許累得再也無法保持清醒——啊，她伸手拿禁藥吞下……天知道她還能擁有多久的自由。

靈魂饑荒也可指靈魂特質的挨餓狀態，而這些特質包括創造力、感官知覺以及其他的本能天賦。如果女人必須併起雙膝、端坐如淑女，如果她聽見粗話時必須轉過身體，如果她只能喝加溫殺菌的牛奶而不得喝其他任何飲料……那麼，一旦她得到了自由，你就得要加以留意！突然間，她喝再多的發泡野莓紅琴酒也不能盡興；她會像酒醉水手一樣四肢大剌剌伸開平躺在那裡，而她說的話足以刮下牆上所有的水泥漆。在饑荒之後，女人害怕終有一天會再度被捕，因此她會趁還能取得什麼東西的時候恣意享受一下。〔註四〕

註三　貝利・侯斯頓・羅培茲（Barry Holston Lopez）在《狼與男人》（*Of Wolves and Men*, New York: Scribner's, 1978）中將之定義為「肉食之醉」。

註四　無論是在街頭上長大的，還是穿著絲質長襪長大的，人人都可能成為「行為放縱」的人。誤交朋友、虛偽做作、麻痺自己的痛苦、自我防衛、看不清事實——人人都會遇到這些事情，不管出身背景為何。

饑餓到只想求得一次有意義生命的女人常會做出過度而沒有節制的行為。當女人長期失去生命循環力或創造力時，她就會開始大肆酗酒、嗑藥、發怒、追求屬靈、壓迫別人、雜交、懷孕、研究、創作、控制他人與事、求學、追求整潔、追求窈窕身材、吃垃圾食物——而這些只是最常見過度行為的一小部分而已。當女人這麼做的時候，她們只想彌補自我表達、靈魂表達和靈魂滿足所失去的正常運行而已。

饑餓的女人忍受一場又一場的饑荒。她也許想過脫逃之計，卻又認為逃亡的代價太過高昂，會耗去她太多欲力和精力。她也可能在別的方面還沒準備好，比如教育程度、經濟能力和靈性能力等。很不幸地，失去寶物以及無法遺忘饑荒之苦都可能使我們合理化自己的過度行為。於是，當終於能享受到任何快感時，我們自然會覺得無比舒暢和快樂。

剛從饑荒中脫身的女人只想享受不同的生命。然而，由於她在謀生存之道時看不清自己情感、理性、身體、靈性和財務各方面的界限，她反而身陷在危險之中。在她眼裡，那雙有毒的紅鞋正在某處發出紅光，而不管它們位在何處，她一定要取得它們。饑荒造成的問題就在於：如果有某個東西看起來可以滿足渴望，女人會問也不問地一把抓住它。

陷阱四：基本本能受傷、被捕捉的後果

我們很難為「本能」下定義，因為它沒有肉眼可見的輪廓。雖然我們知道有史以來它就是

人性的一部分，卻沒有人知道它位於神經系統的哪個地方，也無法確知它如何在我們身上發揮作用。就心理學而言，根據榮格的臆測，本能起源於心靈無意識，亦即生物體和靈性相觸的那個心靈層面。經過一番思索後，我也有同樣的看法，但我還想進一步提出一個大膽的觀點：具有創造力的本能尤其特別，因為它不僅是「自性」的抒情語言，也是夢境的象徵符號庫。

從字源學來講，「本能」（instinct）這個字源自拉丁文中的「衝動」（instinguere），也源自於拉丁文中的「煽動」（instinctus），亦即透過內在的激動去挑起或驅使。從正面意義來說，本能可以被視為內在某一彌足珍貴的東西；當它與慎思和意識結合的時候，它可以把人引向完整行為。一個女人生來就具有完美無瑕的本能。

雖然我們可以說〈紅鞋子〉故事中的女孩被席捲到一個新環境之後，她的粗野生命轉為平和而不再苦於貧窮，但事實上她的個體化過程也隨之停頓了下來。她不再努力去尋求自我成長。當代表鈍化力量的老婦人視創造力的產品為廢物而非財富、當她燒毀手製的紅鞋時，女孩就此陷入比沉默還嚴重的情況當中。她變得極度悲傷，而這正是我們在創造力被鎖離天然靈魂生命時可以預見到的狀態。更糟的是，女孩適時逃離這種困境的本能也被鈍化到絲毫不存。不但沒有努力走向新生命，她反而在一窪心靈黏膠裡坐了下來。在有絕對正當理由可以逃脫時沒有逃走，這就造成了沮喪——也就變成了另一個陷阱。

不管你想怎樣稱呼靈魂——個人與野性的結合、個人對未來的祈望、個人源源不絕的能量、個人的創造熱情、我的方式、我的作為、摯愛者、野性新郎，或「被上帝氣息吹動的羽毛」〔註五〕；不管你用什麼字眼或意象來描述生命中的這個經歷，它現在已成了一個囚俘，而這也就說明了為何心靈中的創造力會至感喪親之痛。

在研究野生物中各種被捕動物的時候，我們發現：無論人們用了多少體貼心意來打造動物園收容場、無論動物園管理員如何善待這些動物（他們的確如此），這些動物卻往往喪失了繁殖能力，而牠們的食慾和睡眠慾望也產生偏差，活力則弱化成懶散、慍怒、或難以應付的攻擊性。動物學家用「動物憂鬱症」來稱呼這些動物被捕之後的行為表現。任何時候，動物只要被關在籠子裡，牠在睡眠、擇偶、發情、整理毛髮、生育後代等各方面的機能運轉就產生退化現象。在自然機能的運轉消失後，空虛便隨之而至。空虛不是佛教中代表圓滿的神聖空寂，而是身處無窗之密閉箱子內所生出的空無感。

因此，當女人走進枯槁老婦人的屋子時，她體驗到決心之闕如、沼氣之惡臭、倦怠、憂鬱、以及突然興起的焦慮，像極一頭被捕或遭遇心靈創傷之動物所展現出來的症狀。過度被馴化使得嬉戲、建立關係、應付狀況、浪遊、親密相與等基本動力遭到剔除，就像人工培育過程中物種特性遭到剔除一樣。當女人願意變得極度「有教養」時，這些動力的本能就墜落到最黑暗的無意識之中，不再位於她自然可及的範圍之內。這時我們可以說她的本能受了重傷。原本可以自然發生的事完全無法發生，要不就是需要她或拖或拉、或為自己找正當理由、或跟自己作戰、一番大費周章之後才得以發生。

當我說到過度馴化就是被捕的時候，我指的並不是「社會化」（也就是兒童藉以學會文明行為的過程）這件事情。學習社會化是非常重要的事情；沒有這種學習，女人就無法在這個世界上立足。

但是過度馴化會禁止生命力的舞動。在正常而健康的狀態中，野性本我絕不是一個馴服而空洞的東西。它非常警敏，對於任何動靜或時刻都有所回應。對於任何情況，它都有一套不移的、絕對的、屢試不爽的模式。它所做的選擇皆具有創造力。然而，本能受傷的女人是毫無選擇的。她只有一個選擇：受困而動彈不得。

被困住的狀況有許多種。本能受傷的女人放棄本我的原因通常在於無處求援或無法認清自己的需要。她賴以抵抗或逃亡的天然本能驟然變得非常遲鈍，要不然就是不復存在。對於飽食、口感不對、疑懼、戒慎以及渴求豐富而自由之愛情這一切事情，她若不是完全認不出它們的感覺為何，就是用誇張的方式來表達自己對這些感覺的認知。

正如故事所示的，當野性本我被命令去做出「正確」行為以獲得獎賞時（如果真有獎賞的話），它等於遭到了最狡詐的攻擊。雖然這方法可能（我特別強調「可能」這兩個字）可以暫

註五　德國聖女希德嘉．賓更（Abbess Hildegard of Bingham, 1098-1179）之語。

時說服一個兩歲的小孩去清理自己的房間（「把床整理好之後才可以玩玩具」〔註六〕），它卻永遠不可能打動生命力強盛的女人。固然創造力的實現不能缺少一致性、貫徹力和條理能力，但老婦人「言行要恰當」的諭令卻足以抹煞任何擴充生命的機會。

嬉戲——而非恰當的言行——才是創造力的中央大動脈、核心、中樞腦幹。嬉戲的衝動是一種本能；沒有嬉戲，就沒有創造力。做乖女人就不會有創造力；安靜坐著，也不會有創造力；嫻靜地說話、思考、做事，便會缺少創造的甜汁。如有任何團體、社會、機構或組織鼓勵女人去羞辱或懷疑特立獨行、新奇異常的人或事，去迴避狂熱、活力和創新，去泯滅個人特色，那麼它們所追求的無疑就是要建立一個滿街盡是生命力微弱之女人的文化。

一九六〇年代的一位藍調歌手詹妮絲・卓普林（Janis Joplin）就是一個精神被外力壓垮而導致本能受傷的女人，是代表野放女人的最佳例子。在她成長的過程中，她的創造力、純真的好奇心、對生命的熱愛及某種玩世不恭的態度無不遭到無情的詆毀，而詆毀她的人正是她的師長以及那個時代包圍在她左右的白人南方浸信會「好女孩」文化。

雖然她是一個成績優秀的學生、也是一個才氣洋溢的畫家，她卻因不願塗上化妝品〔註七〕而遭到其他女孩的排擠。也由於她喜歡爬上城外一座裸露在外的岩脈、在那裡跟一群朋友大聲唱歌並聆聽爵士音樂，她因而無法見容於自己的鄰居。當她最後逃進藍調世界的時候，她已經饑不擇食到不知何時應適可而止。她無法掌握事情的分際；也就是說，對於性、酒精和藥物，

她不知道它們的界限何在。〔註八〕

我們在貝西・史密斯（Bessie Smith）、安・賽克斯敦（Anne Sexton）、伊迪絲・琵雅芙（Edith Piaf）、瑪麗蓮・夢露（Marilyn Monroe）、茱蒂・嘉蘭（Judy Garland）這些女人的身上也可以看到本能因靈魂饑荒而受傷的相同模式：企圖「配合」、變得不知節制、無法停下來。〔註九〕才氣洋溢而本能受傷的女人在脆弱的時刻做了可悲的選擇——這樣的女人可說多得不勝枚舉。就像故事中的女孩一樣，她們都在路上失去了自己手製的鞋子，而後卻發現一條通向有毒紅鞋的道路。她們無不充滿悲傷，只因餓到巴望得到靈性食物、靈魂故事、自然遊走、與自己需求相符的自我妝扮、對上帝的認識、以及簡單而健康的性生活。但是她們卻在不知不覺中選擇了邪惡的鞋子——亦即那些令生命不斷惡化的信念、行動和觀念——而變成了瘋狂跳

註六　「做完功課後才有餅乾吃」這種技巧在大學一年級心理學導讀課程中被稱為「普力馬克原則」（Primack Principle）或「外婆原則」。甚至連古典心理學都似乎認為這是年長者所訂的原則。

註七　詹妮絲・卓普林為了宣示自己的政治主張而不使用化妝品。就像許多青少年一樣，她曾經飽受青春痘之苦。在高中時代，她似乎視自己是男人的好朋友，而非他們可能的情人。

在一九六〇年代的美國，許多新起的好戰派女人拒絕化妝以表達自己的政治主張，也就是說，她們拒絕把自己變成可讓男人消耗的可口食物。相較而言，許多原住民文化中的男男女女在彩繪自己的臉孔和身體時可能懷著拒絕異性、也可能懷著吸引異性的目的。基本上，自我妝扮是女性的專門領域。不管她選擇如何打扮自己、或是否選擇打扮自己，她都在用語言傳達個人想要傳達的訊息。

註八　如果要找一本有關詹妮絲・卓普林的傳記佳作（卓普林的生平可說是「紅鞋子」故事的現代翻版），請讀麥拉・佛力曼（Myra Friedman）所著之《活埋：詹妮絲・卓普林的一生》（*Buried Alive: The Biography of Janis Joplin*, New York, 973）。一九九二年紐約和諧圖書公司（Harmony Books）將之更新再版。

註九　但我們也不能忽略她們某些人身上的生理病因和（在某些情況下）醫療所引起的惡化情形。

舞的幽靈。

當女人發狂或被執念控制時，或當她們受困於不是那麼邪惡、但也足以致命的模式之中時，我們必須要正視下面這一點：受傷的本能就是問題的根源。要修復受傷的本能，我們首先必須承認已經被捕的事實，承認靈魂饑荒已經隨之而至，並承認自己的洞察力及自我保護所必要的平常界限也已隨之遭到破壞。我們必須扭轉那導致女人被捕、令其陷於饑荒的過程。但首先，許多女人同時也經歷到故事所描述的以下幾個階段。

陷阱五：試圖偷享祕密生命、一分為二的人格

在這一段故事中，由於女孩即將接受堅振禮，她被帶到鞋匠那裡去訂做新鞋子。堅振禮是近代人們附加在故事上的一個主題。從原型學的角度來看，〈紅鞋子〉故事應是某一更古老的故事或神話在多次被粉飾後遺留下來的零星碎片，而這更古老故事或神話的主旨應與少女初潮有關，說到少女在經過女性長輩多年教誨後已經學會如何知覺及應對外在世界，而必須開始自行承擔較沒有母親保護的生命。〔註十〕

據說，古印度、埃及、亞洲部分地區以及土耳其的母權文化——據信它們影響到方圓好幾千公里內有關女性靈魂的觀念——都以傳贈指甲花和其他紅色顏料給少女（好讓她們染紅雙腳）的方式做為成年禮最重要的形式。〔註十一〕最重要的成年儀式之一與初次月經來潮有關，慶

祝女孩從童年跨入另一人生階段，自此她將具有奧妙的能力，可以從自己的腹部製造生命，可以承載繼之而起的性能力以及所有其他附屬的女性能力。儀式以紅血歷經的所有階段為內容：經血、分娩之血、流產之血，而這一切全都流下來直達腳邊。你看，原始的紅鞋子具有這麼多意義。

〈紅鞋子〉故事中的受難嬰兒日也是後人所加的修飾。在歐洲，這個基督教節日最終取代了古代異教徒的冬至慶典。在古代異教徒的慶典中，女人用儀式清洗自己的身體和靈魂／靈性以迎接來年春天象徵式的新生命和實際的新生命。這些儀式中很可能會有一群人為分娩過程所遭遇的折損大表悲慟的場面。(註十二)這些折損包括：嬰兒之死、流產、胎死腹中、墮胎、以及

註十　〈紅鞋子〉故事的最現代版本，可能比一千頁的歷史研究更能清楚告訴我們這些儀式的原始意義如何遭到扭曲和破壞。儘管如此，這些現存版本——雖然只是原物的殘餘物——還是極具價值，因為有時童話故事新加上的殘酷材料可以確切讓我們知道如何生存並茁壯於一種與故事中之破壞行徑相似的文化和（或）心靈環境。就這意義而言，能夠擁有一個殘缺不全、但可把我們四周各種心靈陷阱明示出來的故事，應該會讓我們不可思議地自覺幸運才是。

註十一　古代和現代的原住民女性儀式常被稱為「青春期」和「生殖力」儀式。然而，這些用語多是由十九世紀中葉以來之人類學、考古學及民族學中的男性觀點想像出來的。很不幸地，這些用語不僅無法呈現女性生命過程的真相，反而予以扭曲，並使之失去整體性。

用比喻來說，女人一生多次以不同的方式，上上下下來回於自己骨盆的骨孔之間，而每一次她都有機會獲得新的知能。這個過程在女人一生中都不會稍作停歇。所謂的「生殖力」時期並非始於初經之時，也非止於停經之日。所有「生殖力」儀式應該更恰當地被稱為「門檻」儀式，而每一次儀式都應根據它所造成的改變（不僅是外在的、也是內在的）被賦予名稱。那瓦荷人稱之為「美麗路徑」的祝福儀式，就是用語言和命名來說明儀式本質的絕佳例子。

註十二　榮格派分析師茱迪絲・薩為齊（Judith A. Savage）所著之《哀悼未曾活過的生命：分娩喪子的心理研究》（*Mourning Unlived Lives: A Psychological Study of Childbearing Loss*, Wilmette, Illinois: Chiron, 1989）是一本傑作；在其同類書籍中，它是少數討論此一問題對女性影響的書籍之一。

女人性生活和生殖能力在過去一年中曾經遭遇到的其他種種重要事件。（註十三）

故事發展至此的時候，有一段最能凸顯心靈壓抑的插曲出現了。女孩對於靈魂的饑渴之情已經到了饑不擇食的地步，以至於她竟然掙破了束縛在自己乾枯行為上的釘板條。在鞋匠那裡，她趁老婦人不注意時偷偷取下那雙奇怪的紅鞋。對於靈魂生命所懷的饑渴之情已經衝上心靈的表層，能抓住什麼都好，唯恐馬上又將受到壓抑。

一旦女人把大部分的「本我」壓抑到心靈的黑暗處，在心理上具有爆炸性的「偷取」行為就會發生。從分析心理學的觀點來看，如果一舉把負面和正面的本能、驅力和感覺壓抑到無意識裡，這些東西就會留在黑暗之處。自我和超我也許企圖控管這些躲在暗處的衝動，但壓抑所造成的壓力卻彷如輪胎壁上的一個小氣泡：當輪胎旋轉發熱時，氣泡背面的壓力會聚增起來，最終導致輪胎向外爆開以釋放所有內部的氣體。

陰暗之物也以類似的方式發揮作用。這也是為什麼一個像守財奴的人會出人意表地突然捐出幾百萬元給孤兒院；這也就是為什麼一個平時和氣的人竟會大發脾氣，有如突然捉狂的羅馬焰火一樣。我們會發現：只要我們為陰暗領域稍微打開門、每次只釋放出一些不同的元素、跟它們連結起來、替它們尋找用途、互相磋談，我們就能減少被陰影偷襲或任其意外爆炸的機會。

雖然各個文化互不相同的價值系統會在陰影領域建構不同的善惡觀，然而一般被視為惡質而遭貶至陰影區的都是那些會慫恿人去偷竊、欺騙、謀殺、用種種形式從事無節制行為的人性衝動。惡質的陰影面向總是較能引起奇特的興奮感，但其實際本質卻是使人怠惰無力的，總會從個人、愛情關係和群體那裡竊走心情和生命應有的平衡感及安定感。

然而，這個陰影區域也可以容納神聖之事、甘美之事、美麗之事、以及個人生命的有力面向。尤其對女人來說，陰影區域大概向來收容了那些被她的文化禁止或不予支持的優質生命面向。在太多女人的心靈井底躺著一位真知灼見的創造者、一位機敏的真相告示者、一位遠見者、一個能夠誇讚自己而不加詆毀的人、一個敢於面對自己而不畏縮的人、一個努力琢磨自己藝能的人。在我們的文化裡，位在女人陰影區域的那些優質衝動大多是為了可以打造樸質的手製生命而存在。

這些被丟棄的、被視為無價值的、不被接受的靈魂面向不會乖乖躺在黑暗之處；它們會共謀如何以及何時爭得自由。它們汩汩冒泡而沉入無意識裡，在那裡翻騰、煮沸，直到有一天——不管上蓋被封得有多麼緊密——它們向外及向上爆發開來，隨心所欲地四處宣洩出去。套句我們偏遠鄉下人所用的比喻，之後發生的事情就如我們想把十磅重的泥漿塞回五磅容量的麻布袋一樣。一旦被引爆之後，從陰影區域爆發出來的東西就很難再被罩蓋住。雖然最好

註十三　哈達瑜伽、密宗瑜伽、舞蹈以及其他可調節我們與身體之關係的舉動都能賦予我們極大能力。

的方式應是讓女人找到整合生命的方法，以充分意識活出創造力的喜悅、而非埋沒它，但有時候女人就是會被逼至牆角，而結果正如上面所述。

當作家、畫家、舞者、母親、追尋者、神祕主義者、學生或旅遊女子不再寫作、繪畫、舞蹈、為人母、尋找、細看、學習、冥想，陰影生命就隨之而起。她們停下來的理由可能是因為長時間從事的事情並沒有產生她們期望中的結果、也沒有得到應得的認可。當然還有無數其他的理由。當創作者因任何理由停頓下來的時候，原先自然流向她的能量便轉入地下；它在那裡總想伺機再冒出來。由於女人覺得自己無法在光天化日之下用全部心血去做自己想要做的事情，她便開始過起奇怪的雙面人生活，在大白天裝成一個樣子，有機會時又換成另一個樣子。

當女人做作地把自己的生命擠壓成一個整齊美觀的小包裹時，她只做成了一件事情：把自己所有生命能量壓縮起來、丟進陰影區域。這種女人口中說著：「很好，我沒問題。」我們從房間這邊遠望她或從鏡子裡看見她，卻怎麼都不覺得她沒問題。然後，某一天，我們聽到消息說她跟一個短笛樂手相好，並逃跑到提匹克奴那裡去當了某個彈子房的老闆娘。我們不知道發生了什麼事情，只知道她一向討厭短笛樂手，而且一直想住在歐卡斯島上、而非提匹克奴。而且，她從來都沒提過跟彈子房有關的事情。

就像亨利．易卜生劇中的海妲．蓋柏勒一樣，野性女人可以一邊假裝過「常人」的生活、一邊咬牙切齒，但是她必定要付上相當的代價。海妲偷得一段熱情而危險的生命，跟昔日情人和死神玩遊戲。在外表上，她假裝樂於戴上淑女帽、傾聽她無趣的丈夫抱怨他枯燥的生命。女人可以在外表上顯得嫻淑有禮或甚至多少帶點諷世的態度，但是她的內心卻在淌血。

或者，像詹妮絲・卓普林一樣，女人可以試著去順應一切，直到她再也無法忍受為止。於是，她那被迫進入陰影區域而遭到腐蝕和病變的創造天性會突然猛爆開來，開始反抗「教養」的信條，不計一切後果且置自己的天賦和生命於不顧。

不管你怎樣稱呼它，偷得生命的行為——只因為真實的生命無從伸展茁壯——對女性的活力是十分有害的。被禁俘而饑餓的女人會偷享任何東西：未被批准的書籍音樂、友誼、性感覺、宗教皈依。她們偷嚐不被視為正大光明的思想，夢想著要發動革命。她們從配偶和家人那裡私藏了一些時間。她們把寶物偷偷放進家裡。她們偷藏寫作時間、思考時間、靈魂時間。她們把一個幽靈偷偷帶進臥房裡。她們在工作前偷偷讀詩，在無人看到時偷偷跳躍或擁抱。

要繞道遠離這麼兩極化的行徑，女人必須放棄偽裝。偷享靈魂生命的贗品是毫無效益的事情。它經常只會在你最沒想到的時候爆開輪胎壁，造成滿目瘡痍。不管你的鞋跟墊是用多麼粗糙的手工做成的，你最好還是站起來、盡可能充實地活著、盡最大能力活著、並且不再偷享贗品。要堅定守候那對你而言具有意義和生命力的東西。

在故事裡，女孩暗藏著紅鞋、從視力不佳的老婦人身旁走過。我們在此看見枯槁的完美主義價值系統本身就缺乏密切觀察的能力，無法警覺周圍正在發生的事情。受傷的內在心靈和受傷的文化兩者一向都不會留心本我所遭逢的悲痛。於是，女孩在一長串錯誤選擇中又再做了一個極其糟糕的選擇。

讓我們假設她掉入陷阱的第一步——踏上鍍金的馬車——是出自無知；讓我們認為她之所以丟棄自己的手工作品是由於欠缺思考能力。但是，畢竟沒有生命經驗的人不多是如此嗎？如今她想取得鞋櫃裡的紅鞋。這個以新生命為目標的衝動難道不能算是正確而合理的事情嗎？但是，由於她在老婦人家裡已經待了太久，她的本能已經無力在她選擇這一致命力量時發出警告的喊叫聲。事實上，鞋匠還跟女孩共謀此事；對於她的錯誤選擇，他向她眨眼微笑。他們一起從老婦人身旁把紅鞋偷渡出來。

女人用這種方式讓自己中計。她們已經丟棄了寶物（不管是什麼），如今她們想用各種方法來偷取零星片段。她們有在寫作嗎？當然有，不過只是偷偷地寫。結果她們得不到任何支援和迴響。這個學生正在挑戰她自己的極限嗎？是的，但只是暗中從事而已。結果她得不到幫助和良師的引導。這個演出者正在冒險獻上完全原創的作品呢，還是只在展現蒼白的模仿之作，以至於無法成為典範而僅能做個摹仿者？那個很有野心、卻假裝沒有野心的女人又如何呢？她真心希望為自己、族人、甚至世界做些重要的事情；她是個有力的夢想者。但是她卻任憑自己不發一語地掙扎向前。沒有女性知己、沒有嚮導、甚至沒有一個小小的啦啦隊——這種狀況是可以致人於死的。

用這種方法去偷享碎布似的生命不是簡單的事情，但是女人每天都在這麼做。當女人覺得必須偷享生命時，她必是極度欠缺生命食物。為了偷享生命，她躲開「那些人」的聽覺範圍（不管「那些人」指的是她生命中的什麼人）。對外，她表現得無動於衷或心平氣和，但只要一有光隙，她饑餓的自我就會一躍而出去追趕最靠近的生命形式，全身散發光芒、向後踢腿、瘋狂向前衝、愚不可及地跳著舞、陷於筋疲力盡、最後則趁別人還不知她失蹤之前試著爬回那黑暗的囚室。

婚姻不幸的女人會做這種事情；被外界或他人搞得自以為卑微的女人會做這種事情；充滿羞恥的女人以及畏懼懲罰、恥笑或羞辱的女人會做這種事情；本能受傷的女人也會做這種事情。如果要讓偷取行為對一個被禁俘的女人有益，她所偷取的東西**必須**是正確並可賦予她自由的東西。事實上，偷取美好的、令人滿足的和勇敢的生命片段會使靈魂更能下定決心去停止偷取行為、去自由自在地用自己認為合適的方式把生命導向開闊的空間。

你看，野性心靈有某個部分不容許我們永遠用零星片段的食物來養活生命。因為事實上，一個爭取知覺的女人不會因為偷吸了幾口新鮮空氣就覺得完全滿足。記不記得你小時候曾發現沒辦法用屏息的方式讓自己死掉？雖然你試著只吸入一點點空氣，或甚至完全不吸入一絲空氣，卻有某個揮舞大拳頭的風箱掌控了局面，某個凶猛而嚴厲的東西逼著你最終用最快速度大口吞進空氣。你張口狂吸，緊緊咬住它，直到完全恢復了呼吸。

值得慶幸的是：我們的靈魂／心靈之中也存在著一個類似的東西。它會掌控我們、逼我們無所保留地吸入新鮮空氣。的的確確，我們無法只靠偷吸幾小口空氣就能存活下來。女性靈魂中的野性力量嚴命她必須獲得全部空氣；她可以因此保持警敏並把所有好的東西吸收進來。

故事中的鞋匠是一個伏筆，預示了那位後來把「舞到你瘋狂」的紅鞋帶進生命中的老兵。這個角色跟古老的象徵符號之間有太多巧合之處，所以我們不能只把他當成是一個無辜的旁觀者。心靈的天敵（還有文化的天敵）擅於變換形態，是一個善於偽裝的勢力——正如陷阱、獸籠和毒餌一樣，他用偽裝形式去誘惑無知者。我們必須記住：他在欺騙老婦人的時候還嘲弄了她一下。

不，他很可能是那個士兵的盟友，而士兵當然是魔鬼的化身（註十四）。古時候，魔鬼、士兵、鞋匠、駝背者以及其他意象都曾被用來描繪大自然和人性之中的邪惡勢力。（註十五）

雖然我們可以為那具有相當勇氣、敢在旱荒中去偷取某樣東西或任何東西的靈魂感到驕傲，但事實上單單如此並不能解決問題。健全的心理不僅必須涵蓋身、心、靈三方面，還必須涵蓋文化和環境。這樣看來，我們在每一個層面上都不得不問一個問題：為什麼女人竟然會覺得自己必須用畏縮、退避、卑躬屈膝、乞求這些方式去換得原本就屬於她的生命？文化中有什麼東西在要求這種事情？如果能探討內心世界和外在世界各個層面所創造出來的壓力，我們將能讓女人不再相信「偷穿魔鞋不論如何都是個有益的選擇」。

陷阱六：畏縮於群體之前、膚淺的反叛

女孩偷穿上紅鞋，邁步走向教堂，忽視周圍發生的任何事情，而後受到村民的謾罵。村民告發她，使她受到懲戒並失去了紅鞋。但為時已晚；她已經被騙上鉤。當時，執迷還沒有成為問題；但是當村民集體命她向他們狹隘的價值觀投降時，她內在的饑餓便愈發受到刺激和強化。

你可以試著擁有祕密的生活，但遲早超我、某種負面情結以及（或）文化本身會降冰雹在你身上。如果未經批准，你貪婪以求的東西是很難被隱藏起來的。偷來的快樂——即使沒什麼營養——也是很難被隱匿的。

在本質上，負面情結和負面文化就是要撲襲任何與眾人行為準則相違的個人衝動。就像有人一看見走道上有片落葉就不禁抓狂一樣，負面的公審一看到不肯順從的肢體就會拉出鋸子去

註十四　根據某些民間傳說的說法，魔鬼並不喜歡成為人形，因為與他不契合的人形會使他變得一瘸一拐。在〈紅鞋子〉童話故事裡，女孩被砍斷了雙腳，因此必須一瘸一拐地行動，這是因為她曾「跟魔鬼一起跳舞」、曾領受了他的「一瘸一拐」——也就是他那不具人性、放浪形骸、令一切失去活力的生命。

註十五　到了基督教時代，鞋匠的古老工具與魔鬼的酷刑工具開始變成同義字：銼刀、鑷子、鉗子、咬鉗、榔頭、鑽子等等。在非基督教的古代，鞋匠有向動物獻祭的靈性責任，因為製鞋所用的皮革、鞋底、內襯和包裝材料全都來自動物。到了十六世紀的最初十年左右時，所有信仰基督教的歐洲國家都已完全採信「假先知是由補鍋匠和鞋匠組成的」這種說法。

切除它。

有時，集體壓力會迫使女人變成「聖者」或變得「受到教化」、政治正確、願「與人相同」，目的則在於使她所做的每一項努力都變成集體作品的一部分。如果我們畏縮於群體，並屈從壓力去做一個沒有大腦的順從者，我們或許可以免遭放逐，但卻無可避免地危害到自己的野性生命。

有些人以為被人視為野性女人而遭詛咒的時代已經過去了（在以往，女人體現本然的「靈魂我」而被視為野性時，她總會被冠上「錯誤」和「壞」的稱號）。但這種時代並沒有過去，有所改變的只是人們對所謂「難以駕馭」的女性行為有了新的分類方式。舉例來說，今天在世界各地，如果有一個女人表明自己對政治、社會、靈性信仰、家庭和環境所採取的立場，如果她道破國王的新衣，如果她為那些受傷害或沒有聲音的人代言，人們往往就會查驗她的動機，看看她是否已經發瘋變野。

當一個充滿野性的孩子誕生在古板的社會中，最常見的遭遇就是被人迴避而自覺可恥。「迴避」就是用忽視其存在的方式來對待受害者；它從那個人身上收回靈性關注、愛以及其他心靈所需。它的目的在迫使她歸順，否則就要殺死她的靈性並（或）把她趕出村外，讓她在荒郊野外中憔悴至死。

如果一個女人遭到他人迴避，其原因幾乎都與她做了或即將做一件野性之事有關，而她常常只不過想單純地表達稍微不同的信仰或穿上不被認同的顏色而已——這種事可小可大，不一而足。我們必須記住：與其說一個被壓制的女人拒絕適應社會，不如說她無法適應社會，因為一旦如此她就會死去。她的靈性完整處在岌岌可危的狀態，因此她會用盡各種方法來維護自己的自由，甚至不惜置自身於危險之中。

最近有一個例子。根據美國有線新聞網CNN的報導，波斯灣戰爭剛開始的時候，那些被宗教教條嚴禁開車的沙烏地阿拉伯女性回教徒坐進車子並開起車來。戰爭結束後，這些女人被法庭宣判行為失當。經過幾番審訊和判罪之後，她們被釋放出來，但必須接受父親、兄弟或丈夫的監管，而這些男人也承諾在未來會管好他們的女人。

這個例子顯示：女人在這瘋狂世界中投注和發揚自己生命時所留下的印記常被定義為可恥、精神錯亂以及沒有自制能力。正因如此，我們絕不可像故事中的女孩一樣容許周遭文化把我們的生命壓擠得愈來愈乾枯，或容許自己畏縮在枯瘪的集體面前，反而應該選擇投入勇氣十足的行動之中。這個行動不必驚天動地；勇氣的意義乃在追隨心之所想。每天都有幾百萬個女人投入心靈的偉大行動。不僅單一的個別行動可以改造乾枯的集體文化，持續不已的個別行動也能如此。有一個年輕的佛教尼姑就對我說過：「滴水可以穿石。」

此外，大多數集體文化都包藏一個面向，即鼓勵人們去壓制女人野性的、靈魂款款的、有創造力的生命。在文化當中，這個面向鼓勵女人彼此「告發」，把她們的姊妹（或兄弟）獻祭給那些無能反映「相屬」之情的禁令——而「相屬」卻是女人天性中一個重要的家庭價值觀。文化所鼓勵的包括：鼓勵女人互相揭發，使她們在依循女性固有本能採取行動時或在對不公義之事表達適當的驚愕或反對時不得不冒著受到嚴懲的危險。尤有進者，這些鼓勵還包括：鼓勵年長女性共謀去惡待較無力量或無助的年輕女性並加諸後者肉體上、心智上和靈性上的折磨，卻同時也鼓勵年輕女性去輕忽遠比她們年長之女性的需要。

當女人拒絕支持乾枯的集體文化時，她也同時拒絕停下自己的野性思考，然後她會據此採取行動。〈紅鞋子〉故事基本上告訴我們：野性心靈必須受到適當保護——我們要靠自己盡力珍惜它、為它發言、拒絕臣服於不健康的心靈。我們也從故事中得知：由於它充滿活力和美麗，「野性」無時無刻不受到某個人、某件事或某個團體覬覦，被他們當成是志在必得的戰利品，或被他們當成是一個可以加以貶抑、改變、裁決、謀害、改造或控制的東西。「野性」永遠需要有一個警衛站在它的大門口，否則它會遭到摧殘。

當集體文化敵視女性的天然生命時，女人不應該接受堆在她身上的那些貶損或輕蔑的標籤，反而應像醜小鴨一樣堅忍堅持，去尋找自己的歸屬，並且最好要比那些謗譭她的人活得更久、更旺盛、更具有創造力。

紅鞋女孩的問題在於：她不但沒有以堅強的精神去應戰，反而跑到夢幻世界裡、被紅鞋的浪漫所擄獲。反叛必須首重效果的達成，但女孩對紅鞋的迷戀卻使她實際上無法從事有意義的反叛——亦即那些可以促成改變、提供新知、導致覺醒的反叛行為。

但願我們可以說：時至今日，所有誘捕女人的陷阱都已不再存在，而女人也已變得十分聰明，可以在老遠之處就察覺到這些陷阱。但事實並非如此。掠獵者依然存在於我們的文化中；它依然試圖暗中破壞及毀滅一切知覺以及所有求取完整的努力。下面這句話是很有道理的：我們必須每隔二十年便重新爭取自由一次。但有時候，我們似乎每隔五分鐘就需要爭取它。

但野性教導我們要隨機應對挑戰。當狼遭遇糾纏時，牠們不會說「喔，不！怎麼又是我？」牠們會一躍而起、衝過去、跑走、潛伏、又抓又爬、裝死、撲向對方的喉嚨——這一切都視當時的需要而定。因此，遇到退化、頹廢、困境的時候，我們不應大吃一驚。我們必須瞭解：讓女性的快樂困於陷阱中的那些問題一直是變化莫測、型態多變的，但我們可以在自己最深的本性中找到絕對的韌性和必要的欲力去發起所有必要的心靈行動。

陷阱七：裝假、試著做乖孩子、用平常心看待畸形之事

故事進行至此，女孩因為穿著紅鞋上教堂而受到了指責。此時，雖然她仰頭注視著架上的紅鞋，她並沒有碰觸它們。到此刻為止，她嘗試過著沒有靈魂生命的日子，但問題並沒有因此獲得解決。接下來，她試圖偷偷過一種雙重生活，但那也無濟於事。如今，為了最後一搏，她「試著做乖孩子」。

「太乖」之所以會成為問題，是因為這不能解決潛在的暗影問題，再且這個暗影會像海嘯一樣高漲起來，像一個巨大的滿潮之浪一衝而下並毀掉路徑上的一切事物。做乖女人的時候，女人閉著眼睛不看周圍那些冷酷的、扭曲的、有害的事情，而只想「逆來順受」。她為接受這種畸形狀況而做的努力反而更進一步傷害到她用來回應、指出、改變和影響錯誤與不正當之事的種種本能。

安・賽克斯敦寫了這首名為〈紅鞋子〉的詩來談論〈紅鞋子〉這則童話故事：

我站在這死亡城市的
圓形表演場中
並繫上紅鞋……
它們非我所有。
它們屬於我的母親，
以及之前她的母親。
它們像傳家寶一樣被留傳下來
也像可恥的信件一樣被藏匿起來。
它們所屬的房子和街道

被隱藏起來，而所有女人也一樣，
被隱藏起來……

女人若是想用表現良好、整齊有序、百般順從的方式去面對內在或外在的危險，或去掩飾一樁嚴重的心靈事件或一樁嚴重的外在生活現況，她必然會失去自己的靈魂以及自己的知能和行動能力。故事中的女孩不曾大聲抗議，反而試圖掩飾自己的饑餓，試圖裝出自己內心中毫無燃燒的渴望。現代女性也跟她一樣患了相同的失調症，偏於用平常心看待畸形之事。這種失調症遍布在所有文化當中。用平常心看待畸形之事的時候，原本在正常情況下會一躍而起去糾正事況的靈性精神就下沉到倦怠和無謂的滿足之中，而最終——就像那個老婦人一樣——會陷於盲目。

有一份很重要的研究可以讓我們對於失去自我保護本能的女性多一些深入的瞭解。在一九六〇年代早期，科學家們〔註十六〕進行了一些動物實驗以瞭解人類的「逃亡本能」。在一個實驗中，他們在一個大籠子底部的半邊加上電流線，使籠中的狗每踏到右半邊時都會受到電

註十六　有關暴力習常化和習得之無能（learned helplessness）這些方面的研究，是由實驗心理學家馬丁・賽利格曼（Martin Seligman）博士等人進行的。

擊。這隻狗很快就學會要停留在籠子的左半邊。

接下來，為了同一目的，籠子的左半邊被通上電流，而右半邊則不會產生電擊。狗很快就調整了過來，學會要留在籠子的右半邊。最後，整個籠子底部都被通上電流，隨處都有電擊的可能；無論狗或躺或站在任何地方，牠最終都會遭到電擊。狗最初表現得不知所措，而後開始驚恐起來。最後，這隻狗終於「投降」而躺下，只能忍受隨時而來的電擊，不再想要逃開，也不再想要以智取勝。

但是實驗並沒有結束。接下來，籠子的門被打了開來。科學家們期望狗會衝出來，但牠並沒有逃走。雖然牠可以隨意離開籠子，這狗卻躺在那裡，時時都可能遭到電擊。科學家們依據這個現象揣測：當動物面臨暴力時，牠會逐漸適應那擾動；而當暴力停止或動物獲准享有自由時，健康的逃跑本能卻已大為減弱，使得動物反而停滯在那裡、一動也不動。（註十七）

談到女人的野性本質，我們可以說：就是這種把暴力正常化的行為以及後來被科學家稱為「習得之無能」的心態影響了女人，不僅使她們離不開酗酒的配偶、惡意的雇主、以及利用和騷擾她們的團體，還使她們自覺無力站起來支持自己衷心信仰的事情——她們的藝術、她們的愛情、她們的生活格調、她們的政治立場。

即使明知對自己有害（註十八）、但還是要用平常心看待畸形之事，這樣的行為可以出現在所有肉體的、情感的、創作的、靈性的和本能的重創當中。任何時候，只要女人被震擊到無法保護自己的靈魂生命、無法令其免受文化投射或心靈投射的侵害，她所面臨的就是這個問題。

在心靈層面上，我們習慣了自己野性本質所遭受的電擊，適應了用來對付心靈知能的暴力。我們一邊用平常心看待畸形之事，一邊嘗試做好女人，結果失去了逃跑的力量。我們無力去為最寶貴的靈魂元素和生命從事遊說工作。當我們迷戀紅色鞋子的時候，所有個人的、文化的、環境的重要事情都被拋到路邊去。

因放棄手工打製的生命而失去意義，這對心靈、大自然、文化、家庭等等會造成各式各樣的傷害。大自然的受傷總是附隨著人類心靈遭受震擊而發生。大自然和人類並非、也不應被視為互不相關的兩碼事。當一個團體說自然原野是可怕的，而另一個團體堅稱自然原野受到太多伐害時，這之間一定出了什麼大問題。在本能心靈裡，野性女人向外凝視森林時看見了屬於自己和全人類的家園；但其他人在看到同一座森林時，很可能會想像它將成為一片禿地而自己將因此荷包滿滿。這代表「相安共存」以求萬物共榮的能力受到了嚴重的撕裂。

一九五〇年代，當我還是小孩、當工業羞辱大地的事情才剛開始發生之時，有一艘油船在芝加哥盆地附近的密西根湖沉沒了。孩子在湖岸上玩了一整天後，母親們回家後必須用力擦洗

註十七　在一九七〇年代，蕾諾爾・渥克（Lenore E. Walker）在她的里程碑著作《被施暴的女人》（*The Battered Women*, New York: Harper & Row, 1980）中用這個原理去解釋為何女人願意守在粗暴相待的伴侶身旁。

註十八　或對我們身邊年幼或無助的人有害。

自己的小孩，因為他們身上沾滿了油漬。而她們熱切擦洗的樣子就如同她們平日用力擦洗木頭地板一樣。

這艘沉船流出大片的黏性物質，宛如漂浮的島嶼，大小如同城市的街區。當這些物質撞到防波堤的時候，它們變成了碎片、沉入沙中、再隱藏在水浪之下而漂到岸邊。有許多年之久，游泳的人都會沾上一身黑色淤泥。在岸上築造沙堡的孩子們會突然間用勺子挖到一把黏滑的油汙；情人們再也無法在沙灘上打滾；狗、鳥類、水中生物以及人類全都遭殃。我記得當時我的感覺是：我的大教堂被炸毀了。

母親們之所以會竭盡所能要從孩子身上、衣物上、甚至家人的內心深處擦除油船溢出的汙漬以及後來由工廠、煉油廠、精煉廠造成的更多罪汙，原因無他：她們的本能已經受傷，而且她們用平常心來看待畸形之事。她們雖然感到不知所措而且憂心忡忡，但她們一舉切斷了自己正當的憤怒。雖然不是所有的人，但大多數人都已習慣於「自己沒有能力干預任何可怕事件」的這種想法。而如果有人要打破沉默、逃出獸欄、指出錯誤、要求改變，她必會遭到嚴厲的懲罰。

我們這一生經歷過的類似事件告訴了我們一件事情：當女人不出聲、當沒有足夠的人出聲時，野性女人的聲音也就沉默了下來，而世界也開始對大自然和原野默不作聲。最終，它對狼、熊和猛禽也不再發出一言一語；它對愛、修復和相擁再也無言。它已痛失清新的空氣、流水和知覺的聲音。

但是，在那些日子裡——今天也很常見——女人雖然充滿了對野性自由的渴望，她們在外表上卻繼續不惜使用腐蝕性的清潔劑擦除瓷器餐具上映現的「ＳＯＳ」（「拯救吾人靈魂」），而讓自己變得像希薇亞・普拉斯（Sylvia Plath）詩中所言：「被綁在班迪克斯洗衣機上。」她們在洗衣機裡注入過燙的水來洗滌衣物，卻同時夢想著一個不同的世界。〔註十九〕當本能受傷時，人類會一而再、再而三用平常心看待外來的侵犯、不公不義之事，以及任何毀滅他們自己、他們的後代、他們的至親、他們的土地、甚至他們的上帝的事物。

只要修復受傷的本能，我們就能不再用平常心看待可怕而惡意的事情。本能被修復時，固有的野性本質就得以復原。我們不會再穿著紅鞋一路舞進森林裡，直到全盤生命飽受折磨而變得毫無意義。我們反而會回到手工打製的、全心全意的生命那裡，重新縫製自己的鞋子，走自己的路，說自己的話。

雖然我們的確可以在化解心理投射（「你很卑鄙，你傷害了我」）、細察自己如何自蔑自傷時學到很多東西，但這絕不應該是自我檢視的終點。

註十九　女權運動、全國婦女組織（N.O.W.）和其他機構——有些偏重生態維護，有些以教育為重，有些力爭女權——過去和現在都是由許多冒險發言並繼續用全部力氣發聲（這最為重要）的女人所組成、領導、發展和開拓。在女權這方面，有許多聲音和指令則同時來自於男人和女人。

陷阱之內的陷阱是：自以為化解心理投射和找到自覺就可以解決一切問題。這種想法有時對、有時不對。比起「非這樣、即那樣」（「若非世界出了問題，就是我們自己出了問題」）的思考模式，「既這樣、又那樣」應是較為有益的一種思考模式。內心「和」世界的問題同時俱在。這種思考模式容許我們去探究全方位問題；它更能治療各方問題。這種思考模式支持女人以信心去質疑現狀，讓她們不僅檢視自己，同時也檢視這個在無意間、不知不覺中或心懷惡意壓迫她們的世界。這個「既這樣、又那樣」的模式並非以究責（責己或責人）為其目的。它是用來衡量與判斷內在與外在責任的方法，藉以決定什麼樣的事情是必須加以改變、爭取或勾勒出來的。當女人努力修復所有自己能力所及之事而同時兼顧自己的需要和世界時，這種思考模式可以制止支離零碎的發生。

許多被禁錮的女人似乎用某種方法維繫住了自己的生命，但她們過的卻是二分之一、四分之一、甚至無限分之一的生命。她們設法維繫生命，但很可能心懷怨恨直到入棺之日。她們很可能覺得無望，而且往往就像哭泣不已卻得不到援手的嬰兒一樣變得死沉無聲，充滿絕望。身心俱疲和聽天由命於是而生，而籠子的鎖也就牢牢銬上了。

陷阱八：失控的跳舞、執迷和溺癮

老婦人犯了三個判斷上的錯誤。雖然在理想中她應該是心靈的守護者和嚮導，她卻盲目到看不清自己出錢購買的那雙鞋子的本質。她沒看到女孩被鞋子迷住，也沒看穿那個等在教堂附近的紅鬍子男人的性格。

紅鬍子老男人在女孩的鞋跟上敲了幾下，而這令人發癢的震動使女孩的雙腳開始舞動起來。她跳起舞來——啊，她跳得多熱烈！只是最後她想停也停不下來。應該是心靈守護者的老婦人和應該傳達心靈喜樂的小女孩都失去了一切本能和一般判斷力。

之前，女孩已經試過所有行徑：順應老婦人、不願順應、私密行事、「做好女孩」、失控而跳舞離開、重新站穩並想再成為好女孩。此時，靈魂饑餓和意義闕如這兩者所帶來的尖銳痛苦迫使她再度抓起紅鞋、繫上鞋帶，開始跳起那最後之舞、那進入死亡空無的舞蹈。

她曾用平常心看待枯燥而殘忍的生活，卻因此在黑暗無意識裡更加渴望那雙狂肆的紅鞋。紅鬍子男人讓某種東西得到了生命，但得到生命的不是女孩，而是令她痛苦的紅鞋。女孩開始在急轉和轉圈之中消耗生命，就像耽溺在癮頭上的人一樣，找不到豐盛、希望或快樂，而只經歷到創傷、恐懼和疲憊。她得不到休息。

當她旋轉到教堂墓園之際，有一個可怕的幽靈不准她進去。這個幽靈宣示她身上的詛咒：「妳要穿著紅鞋跳舞，直到妳變得跟幽靈或鬼魂一樣，直到妳的皮膚垂掛在骨頭上，直到你全身只剩下內臟還能跳舞。妳要走遍所有村莊，挨家挨戶地一路跳下去；妳要在每一戶的門上敲三下，讓人們往外看見妳而害怕自己遭逢跟妳一樣的命運。穿著紅鞋跳舞吧；妳非跳不可。」

可怕的幽靈因此把她密封在跟溺癮相似的執迷當中。

許多有創造力的女人就過著這種模式的生活。十幾歲的詹妮絲・卓普林曾試著迎合小鎮的道德規範，然後她稍稍反叛起來：夜間爬到山上去唱歌並跟「藝術家之流」混在一起。在她的父母被請到學校去說明她的行為之後，她開始過雙面生活：表面上不爭風頭，晚上卻偷越州界去聆賞爵士音樂。她去讀大學，開始濫用各種藥物而生了一場重病，而後「洗心革面」想回歸正常。逐漸地，她又開始飲酒。她創立了一個小小的路上巡迴樂團，偶爾玩用藥物，但非常認真地繫上紅鞋子。她舞著、舞著，直到二十七歲時死於用藥過量。

使卓普林失去生命的不是她的音樂、她的歌唱、或她最後跳躍而出的創造力。她之所以失去生命，是因為她缺乏某種本能而無從察覺陷阱、無從知道何時適可而止、無從知道要為自己的健康和福祉設下防護線。她無從知道無度的行為會先折斷小支的心靈骨骼、然後折斷大支的心靈骨骼、最終折斷整副心靈支架而令其一垮塗地並使整個人變成一窪泥濘而非一個巨大的力量。

事實上，她當時所需要的只不過是一個能讓她緊緊攀附的心靈智慧架構、一絲可讓她持守到願意不惜時間去重建內在知覺的本能。有一個野性聲音活在我們大家的心裡，低聲對我們說：「要留在這裡夠久……久到可以讓你恢復希望、可以讓你放下病入膏肓的不以為意、可以讓你丟掉自我辯解所用的半吊子真理、可以讓你或爬或刻或擊地走出一條路來。要留在這裡夠久，直到你知道什麼對自己是有益的，直到你變得堅強、願意去試用有效的方法、願意一直跑到終點。不要管所花的時間有多長或所用的行事風格為何……」

溺癮

〈紅鞋子〉故事中消滅女孩靈性的東西不是生命的喜樂，而是這種喜樂的闕如。當女人意識不到自己的饑餓或不知使用致死媒介和藥物有何後果時，她的所為就是跳舞不停。無論是長期的負面思考、可悲的情感關係、充滿惡意的情境、嗑藥、酗酒——這一切都有如紅鞋子，使人一旦抓住它們後就難以釋手。

在這類源於補償心理、執迷於過度行為的溺癮之中，年老枯槁的心靈女人扮演了主要的角色。一開始，她是盲目的；如今，她得了重病。她無法動彈，因而在心靈中留下整片空虛。如今再也沒有人可以跟毫無節制的心靈講道理。最後老婦人全然死去，使得心靈中再也沒有任何安全地帶，而女孩狂舞不停。最初，她回眸轉動的眼睛充滿狂喜；之後，當鞋子讓她舞到筋疲力盡的時候，她翻白的眼睛充滿了驚恐。

女人最凶猛的生存本能存在於野性心靈的深處。然而，除非她定時運用內在和外在的自由，否則她與生俱來的真知灼見、透視力、自信等這些可助她自立的天賦將會因順服、被動、長時間被禁錮而變得遲鈍。

本能天性會告訴我們何時應該適可而止；它用深思熟慮保存生命。女人不可能用過度的歡愉、憤怒或否認來彌補一輩子遭遇到的背叛和傷害。年老的心靈女人本應該計時並說出到此為止的時間。但故事中的老婦人卻失去了作用；她已經完蛋了。

有時我們難以知道何時正失去自己的本能，因為那個過程經常是暗中進行的，不是只有一天之久，而是經過了很久時間。同時，本能的喪失或鈍化經常受到周遭文化、有時甚至受到其他女人一臂之力的推助——這些女人自己吞忍本能生命的失去，只求融入那不能為野性女人提供健康居所的文化中。〔註二十〕

女人在失去手工打製而具意義的生命之後會執意用盡辦法拿回任何與之相似的東西。在這種情況下，癮念便出現了。故事中的女孩一再試圖拿回那雙邪惡的紅鞋，儘管它們愈來愈讓她失去節制。她已失去了明辨的能力，無法察知事情真正的本質。由於失去了原有的生命力，她願意接受一個致命的替代品。從分析心理學的觀點來看，她已經失去自性。

溺癮和野放是彼此相關的。大多數女人都曾至少遭到短期禁錮，有些女人則遭到漫無盡期的禁錮，另有些女人只在母親子宮裡享受過自由。無論時間長短，所有女人都在那段期間或多或少地失去了本能。對有些女人而言，由於分別好人、壞人的本能受了傷，她們常會被人導入歧途。對其他女人而言，由於她們用來回應不公不義之事的本能變得愈來愈遲鈍，她們常常在身不由己而做狀回擊時成為了殉道者。更有其他女人由於逃跑的本能變得非常虛弱而受害不起。我們可以不斷列舉下去。反過來說，一個野性心靈健康的女人則會摒棄既不營養、又不合理的傳統規俗。

濫用藥物是一個真實的陷阱。藥物和酒精非常像暴力情人。最初它們十分善待你，而後痛打你一頓、向你道歉、善待你一陣子、然後再痛打你一頓。陷阱就在於你企圖留在那裡而忽視醜惡的事實。你錯了，這根本行不通的。

卓普林一開始也幫別人實現了他們的野性期望。她揹起一個其他人不敢單獨揹負的原型生命。他們替她的叛逆歡呼，彷彿她在替他們變為狂野之際也為他們贏得了自由。

在長期陷於癮溺之前，詹妮絲曾再一次試圖順應規範。她加入一些本身心靈受傷、但頗有權威架勢之女人的行列——這些女人漫天飛行著，自視為拯救群眾的薩滿巫師。但她們也同

註二十　這種由同年齡和較年長女性束約女人的作法可以讓生活在不利狀況中的女人減少爭議並得到安全保障。但在其他狀況下，這作法卻讓女人在心理上不惜一切互相背叛，因而切斷了另一種女性傳統：在此傳統中，長者會為了維持社會平衡和大家的權利，而代年輕女性發聲、介入仲裁、並陪同她參加調解會議。在兩性各自以兄弟或姊妹相待的文化裡，年齡和權力所造成的階級差異會因照顧他人和對他人負有責任而變得較不嚴重。

童年時遭到背叛的女人會繼續認為自己將遭到情人、雇主和文化的背叛。她的第一次背叛經驗常常來自女性長輩或家中長輩所做的一件或多件事情。但心靈也有另一讓人覺得無比驚訝之處：一個遭到如此嚴重背叛的女人仍然能夠對人懷有深度的信心。

當有權力的人看到麻煩而視若無睹時，背叛於焉而生。背叛也發生在下列狀況中：人們破壞承諾、不願說出幫忙的誓言、不願給予保護、不願代為發言、不願站在一起、不採取勇敢的作為。另一種背叛狀況則是：用心不在焉、冷漠和無知無覺等方式採取行動。

樣因筋疲力竭而從天空墜落了下來。法蘭西絲・法默（Frances Farmer）、比莉・哈樂黛（Billie Holiday）、安・賽克斯敦、希薇亞・普拉斯、莎拉・逖思戴爾（Sara Teasdale）、茱蒂・嘉蘭、貝西・史密斯、伊迪絲・琵雅芙、芙烈達・卡蘿（Frida Kahlo）——很可惜地，這些我們最喜愛的、代表野性不馴而才華洋溢的女性典範最後都以悲劇的方式提早結束了自己的生命。

野放的女人沒有力氣去替他人揹負人人渴慕的原型。她一定會因此崩潰的。野放的女人應該專心於療傷的過程。我們不會要求一個正在復原的人把鋼琴搬到樓上去，因為正在復原的女人必須得到足夠的時間去茁壯起來。

被紅鞋抓住並帶走的人在最初往往會覺得：不管她們的溺癮是什麼樣的藥物，這東西仍然是某種偉大的救主。有時，它會賜予一種奇異的力量或虛幻的感覺，讓她們覺得自己有力氣熬夜、可以創作到黎明時分、可以不吃不喝。或者，它可以讓她們不怕惡魔而睡得安穩、可以撫慰她們的神經、幫助她們不再那麼關注自己深切關注的事情、或幫助她們不再冀望愛情。然而，正如故事所示的，它最終只能創造出一種模糊、迴旋而逝的背景，卻不能讓真實的生命發生。溺癮〔註二十二〕是一個發狂的芭芭雅嘎；她吞吃迷途的女孩並將她們丟棄在劊子手的門口。

劊子手的家

想要脫掉鞋子，但為時已晚

當野性本質幾乎被根除的時候，在最極端的情況下，女人很可能會被壓垮在精神分裂和（或）精神異常之下。〔註二十二〕她很可能會突然不願起床、穿著浴袍四處遊蕩、心不在焉地把燃燒的香菸留在菸灰缸裡、不停哭泣、披頭散髮去遊街、突然離家出走等等。她可能想自殺，可能意外或有意地致自己於死地。但最常見的是：她變得麻木無覺。她不覺得好，也不覺得不好，就只是沒有感覺。

因此，當女人生動的心靈色彩變成一團糊狀時，到底發生了什麼事情？當你把大紅色、青藍色和黃玉色混成一團的時候，到底發生了什麼事情？只有畫家曉得。當你把生動的色彩攪和在一起時，你得到的只是泥漿色。那不是肥沃的泥漿，而是不能孕育生命的泥漿——無色、死

註二十一　溺癮是任何讓生命「看來」更好、實質上卻削弱它的東西。

註二十二　飢餓、野放或溺癮都不是精神病態本身的原因，而是持續攻擊心靈能力的主要力道。投機情結因此在理論上有可能淹沒弱化的心靈。這就是為什麼一個人必須修補受傷的本能，讓自己的情況盡可能不再繼續惡化或處於危險中。

沉而怪異、散發不出任何光采。當畫家在畫布上塗出泥漿色的時候，他們必須全部重頭再來一遍，重新作畫。

這就是最困難之處，也是必須斬除紅鞋的所在。脫離自暴自棄的溺癮是件令人痛苦的事情。沒人知道為什麼會如此。你以為被禁錮的人應該會為自己有所改變而感到欣慰；你以為她們會慶幸自己適時獲救；你以為她們會欣喜若狂。錯了，她們反而驚恐不已。她們聽見磨牙切切的聲音，結果發現自己就是那個聲音的製造者。她們覺得自己好像在流血，雖然一滴血也沒見到。然而，我們正需要經歷這種痛苦、這種斬除、這種「失去立足點」（可以這麼說）、這種無家可歸，而後才有可能重新開始、展開新生、收復手工打製的生命——那個我們小心翼翼、全力以赴、日日縫紉出來的生命。

然而，與紅鞋切斷關係的確是件令人非常痛苦的事情。可是斷然棄絕溺癮卻是我們唯一能寄託希望之所在。只有斬除才能帶來絕對的祝福。雙腳會再長回來；我們會再找到自己的路；我們會康復。我們有一天會再度奔跑、躍起和蹦蹦跳跳。到那時候，我們手工打造的生命將已完成。我們可以把它套在身上，然後會因自己有幸得到第二次機會而感到驚喜不已。

回到手工打製的生命、治療受傷的本能

當一個童話故事以主角的死亡和肢解做為結束的時候，我們不禁要問：可能有別的結局嗎？

對心靈而言，在逃脫饑荒之後，一個人最好能找到一個中途站、一個驛站、一個挑選過的地方來讓自己休息和復原。花一、兩年去評估自己的傷口、尋找引導、敷傷、思考未來，這並不能算是太長的時間。一、兩年其實只是很短的時間。野放的女人正在試圖找到來時路。她努力著要醒過來、要留意、要放棄天真和無知。她拿起生命放在自己的手中。要重新瞭解深處的女性本能，我們一定要首先瞭解這些本能是如何被解除職令的。

不管受到傷害的是你的藝術、文字、生活風格、思想、還是觀念，不管你是否已經把自己編織成了一件多隻袖子的怪毛衣，現在就剪斷那個糾葛並繼續向前走吧。擺脫掉現在的慾求和想望，擺脫掉我們喜歡談論並精心設計的一套方法，我們會發現前面有一扇簡單的門正等待我們穿過它。新的雙腳就在門的另一邊。去到那裡吧！必要的話，爬到那裡去。不要再說東道西或執意在某件事情上。做了就是。

我們無法決定由誰把我們帶到這個世界，也無法影響他們撫養我們的方法是好是壞。我們

無法強迫文化立即變為友善。但好消息是：即使受了傷，即使處在野放的狀態，即使還在被禁擄之中（就野放這點而言），我們還是有辦法拿回自己的生命。

在心理上，恢復本我所需的靈魂計畫是這樣的：在逐漸把自己歸放到野性之中時，要特別謹慎小心，要設置倫理的和保護的架構，用其做為衡量的工具，以便讓自己知道何時某件事情已經過分逾度（通常，對於何時事情變得太少或不足，你早就具有極端的敏感度）。

因此，要回到野性而自由的心靈，你必須兼具勇敢的精神和思慮的能力。我們在心理分析這門學問裡喜歡提到：要被訓練成一個治療師／協助者，一個人必須學會該做什麼和不該做什麼。要從禁擄回歸到野性，我們也需要這相同的惕勵。且讓我們再更仔細地探討下去。

每個文化都為野性女人設下獨特的陷阱、圈套和毒餌。在本書裡，我已經列舉過大多數文化所共有者。來自不同族群和宗教背景的女人會提供更多特殊見解。就以象徵的方式來說，我們正在為自己所居的森林畫出一幅地圖，描繪出掠食者居住之處和他們的行事作風。據說一頭母狼對自己領土方圓數里之內的各種動物都能瞭若指掌。就是這種知識給了她一把利器，讓她可以自由自在活著。

我們確實有能力去重拾失去的本能並治癒受傷的本能。當女人用傾聽、細看和感受周圍世界的方式去小心留意時，當她繼而用有效率、講求效果和靈魂款款的方式（她從別人身上觀摩到的）有所作為時，本能就回來了。收復本能的重點工作就在於有機會去觀摩本能完整的人。最終，當傾聽、細看和作為成為一體行動的時候，一種有節奏的模式就會產生。

如果我們的野性本質曾遭受某事或某人的傷害，我們應拒絕躺下來等死、拒絕用平常心看待這個傷口。我們要喚起本能，做我們該做的事情。個性不羈的女人在本質上是一個情感強烈而深具才華的人。但是，由於被切斷了跟本能之間的聯繫，她也是一個天真者，並習慣於暴力和屈從於放逐的命運（被放逐於男性和女性世界之外）。情人、藥物、酒精、名利和權力都無法弭平傷害，但逐漸回復本能生命卻可以弭平它。要完成這件事，女人需要一個母親、一個「夠好」的野性母親。猜猜看，誰正等著做這個母親？野性女人想不通為什麼你要花上這麼久的時間才去到她那裏、**真的**去到她那裡——不是有時或方便時才過去，而是持續一貫地前往。

如果你想努力完成一件自己所看重的事情，你必須找到一些站在你周圍並真正支持你的人。如果所謂的朋友也受過同樣傷害、卻沒有意願療傷，那麼她們將成為陷阱和毒餌。這種朋友會鼓勵你做出令人愕然的事情、脫離你的生命自然運轉、違背你的靈魂需要。

野放的女人不能太天真。當她返回自己的內在生命時，她必須用質疑的眼光打量無節制的行為，必須明白靈魂、心靈和本能可能要為這些行為付出的代價。就像小狼一樣，我們要記住陷阱所在、陷阱是怎樣做成的、陷阱是怎樣被擺放的。這就是我們保持自由的方法。

因此，失去的本能在消失之際還是留下了回音和感覺的痕跡；我們可以追隨在後，把它再度找回。雖然女人可能被規矩和禁令包著絲絨的拳頭抓得死緊，儘管無節制的行為已經使她離毀滅只有一息之遙，或儘管她才正要掉進這些無節制的行為之中，她依然聽得見自己血脈中那位野性上帝的低語。即使處在〈紅鞋子〉故事中所描寫的最惡劣情況裡，連最受重傷的本能都還能獲得治療。

為了補正這一切，我們會一而再、再而三地讓野性本質復活過來。每一次我們都可能過分偏向一方而致失去平衡，但我們會知道何時需要特別小心，因為一般而言，平衡能擴大我們的生命，而失衡會縮減它。

我們可以做的一件重要事情就是瞭解生命及生命的全部，並視它自成一個活的身體，有它自己的呼吸、細胞輪生、蛻皮和排泄物。一個愚不可及的想法就是以為我們的身體不會每五年至少排出它的廢棄物一次。而另一個神智不清的想法則是：既然前一天吃了東西，今天我們就不會覺得飢餓。

以下兩個想法也是一樣愚蠢：我們一旦解決了某一問題，那個問題就永遠得到解決；我們一旦學會了什麼，我們就會永遠保持清醒。錯了。生命是一個偉大的身體，它在不同的方面、以不同的速率隨時有所消長。如果——跟身體一樣——我們能進行新的生長、從糞屎中奮力走過、且單純地呼吸或休息，那麼我們就是活的生命並身處於野性女人的生命周轉之中。**如果我**

們能瞭解「心靈功課就在於日新又新」，我們就有機會變得更凶猛有力、更心平氣和。

要持有喜樂。我們有時可能需要奮戰以求；我們需要強化自己、全力以赴、並用盡所有精明來作戰。在準備圍攻之際，我們也可能需要長期忍受不舒適的生活。我們可以長期拋掉大部分東西、幾乎任何東西，但不可拋棄我們的喜樂、那用手工打造的紅鞋。

在個體化和恢復野性女人本質的過程中有一件令人驚訝的事：我們都是在還未準備好、還不夠堅強、所知還不夠多的情況下投入這個過程之中。當我們內在的思想和感覺還在一面呵癢我們、一面威嚇我們的時候，我們就開始與這些思想和感覺對話。在我們還不知如何使用那對話語言、還不知全部答案、還弄不清說話對象究竟是誰之前，我們就已經開始有所回應。

但是就像那教小狼如何打獵和照顧自己的母狼一樣，野性女人就用這種方式湧現在我們的生命之中。我們開始用她的聲音說話，接收她的觀點和價值觀。她教我們如何把我們回到她身邊的消息傳達給那些跟我們一樣的人。

我知道有好幾個作家把下面這句人生指標貼在書桌上方，還有個女人把它摺放在鞋子裡以便隨身攜帶。它出自查爾斯・席密克（Charles Simic）的一首詩，可以當做我們的終極指示：「不能嗥叫的人將找不到自己的狼群」〔註二十三〕。

註二十三　見查爾斯・席密克《詩選》（*Selected Poems*, New York: Braziller, 1985）。

如果妳想重新召喚野性女人，那麼妳就要拒絕被捕。〔註二十四〕只要擁有可以平衡自我的敏銳本能，妳就可以跳往任何地方、任意嗥叫、任意拿取、發現事情的完整真相、讓眼睛流露出自己的感覺、洞悉每件事情、明白所見之事。妳要穿著紅鞋跳舞，但要確定它們是妳自己親手縫製出來的。我保證：妳會成為一個有生命活力的女人。

註二十四　見克萊麗莎・平蔻拉・埃思戴絲博士後研究論文《俘虜元素》（*The Elements of Capture*，版權日期一九八二年）：

去找來一個原味女人。
盡早馴化她，最好在她還不會說話或動作之前。
用盡方法使她過於被社會同化；
使她的野性遭饑荒之苦；
把她跟他人的痛苦和自由隔絕開來，使她無從比較自己的生命；
只教給她一個觀點；
讓她變得喜歡乞人憐愛（或變得冷淡乏味），並讓大家都看見這一情形，卻無人將之告訴她；
讓她跟自己的肉體劃分為二，藉以使她與肉體不再有關聯；
把她野放到一種環境中，讓她在那裡可以大啖之前她不得享有的東西——它們既令人感到興奮、也極具危險性；
讓同樣飽受饑荒之苦並鼓勵她不守節制的人成為她的朋友；
讓她謹慎和保護的本能繼續受到傷害而不得修復；
由於她的過與不及（吃得過少或過多、嗑藥、睡眠不足或過多等），就讓死神偷偷靠近她；
慫恿她試圖恢復「好女孩」的外表，並容許她偶爾成功於此；
然後——最後——讓她狂亂地再度陷入心理上或生理上的溺癮之事。這些事情（酒精、性、憤怒、順服、權力等）
無論在本質上或在被濫用時都足以毀掉個人的生命。
至此她已遭到囚捕。但只要倒轉這個過程，她就能學會爭得自由。只要修復她的本能，她就能再度堅強起來。

第九章

候鳥返巢：回歸本我

世上有凡人時間和野性時間。當我還是北方森林地區中的一個孩子時，在我曉得一年有四季以前，我以為世上有好幾十個時節：夜間大雷雨時節、熱閃電時節、林中營火時節、雪上有血的時節；樹木結冰、彎腰、哭泣、發出微光、被塗上麵包粉、只有頂部會搖動的各種時節，以及樹木扔下孩子的時節。我喜愛雪如鑽石的季節、白雪冒氣的季節、白雪發出嘎吱嘎吱聲音的季節、甚至髒雪和石頭雪的季節，只因為它們代表河邊百花盛開的時間快到了。

這些季節有如重要而神聖的訪客，每一個都派出一位報告駕到的信差，如綻放的松果、闔起來的松果、腐葉的氣味、雨將來臨的氣味、斷裂的頭髮、直而塌的頭髮、蓬鬆的頭髮、鬆掉的門、緊閉的門、關不上的門、覆滿冰之髮的窗玻璃、覆滿濕花瓣的窗玻璃、覆滿黃色花粉的窗玻璃、被樹膠輕吻過的窗玻璃。而我們的皮膚也有自己的季節循環：乾裂的、流汗的、沙礫密布的、被太陽曬傷的、柔軟的。

女人的心靈和靈魂也有季節循環：行動與獨處、奔跑與停留、參加與被除名、尋找與休息、創造與孵育、屬於世界與回到靈魂的家。當我們還是孩童和少女的時候，本能天性會留意所有這些時節和運轉。它盤旋在我們附近，因此我們每隔不同的時段（由我們決定適當的時間）會特別充滿知覺、特別活躍。

兒童本就是野性本質；不需別人告知，他們早就曉得要為這些季節的來臨做準備、歡迎它們、與它們共處、並且從它們那裡取得藉以回憶的紀念品，如壓在字典中的紅葉、銀楓種子做成的「天使翅膀」項鍊、冷藏櫃中的雪球、奇特的石頭或骨頭或枝條或豆莢、奇特的貝殼、葬鳥之後留下的絲帶、季節留下的一本氣味日記、平靜的心、興奮的血液、以及他們心中所有的圖畫。

我們曾經年復一年依照這些循環和季節過日子，而它們也活在我們裏面。它們平撫我們的心情、舞動我們、搖晃我們、向我們提出保證、讓我們按照動物的方式學習事情。它們是我們靈魂肌膚的一部分（是包裹在我們、野生物和大自然世界身上的毛皮），直到別人告訴我們說一年實際上只有四季，女人實際上只有少女、成人、和老婦三個季節，而且這是當然之理。

但是我們不能容許自己把這種淺薄而不明真相的虛假說辭穿裹在身上、然後夢遊度日，因為這只會使女人偏離天然而充滿靈性的生命運轉並因此遭受乾枯、疲乏、思鄉成疾之苦。我們最好還是定期回到自己獨有的、充滿靈性的時序那裡——所有時序和任何時序。下一則故事談到的是女人生命運轉中最重要的一個時程：返回野性之家、靈魂之家。

世界各地都有故事提到某些動物跟人類具有神祕的親屬關係；這些動物代表一種原型，一種關乎靈魂問題的普世知識。有時，童話故事和民間故事會突然從某一地方意識中迸發出來，尤其那地方如果特別充滿靈魂的話。下則故事流傳在北方寒冷的國度裡、留傳在任一個擁有冰海和冰洋的國度中。它的不同版本在塞爾特人、蘇格蘭人、美洲西北部印地安人、西伯利亞人和冰島人之間廣為流傳。這則故事一般被稱為〈海豹女孩〉、〈小海豹〉或〈海豹的肌膚〉。我特別為我的被分析者寫了這個文學版本。為了表演之用，我把它稱為〈海豹皮、靈魂皮〉。這個故事把我們真正的故鄉和本質揭示出來，並告訴我們大家應如何定期利用自己的本能找到回家的路〔註一〕。

海豹皮、靈魂皮

在曾經存在、如今已永久消失、但將會很快再臨的一個時代裡，白色的天空和白雪日復一日、永無止境，而所有出現在遠方的小黑點都是人類、狗或熊的身影。

如果你問起的話，我可以告訴你：在這裡，什麼東西都長不好。風狂吹不已，以至於人們必須刻意斜穿毛皮外套和靴子；話語會凍結在空中，以至於完整的句子必須從說話者的嘴唇上被敲碎，然後被放在爐火邊融化，這樣大家才能知道剛才說過什麼。在這裡，人們住在老安那樂珂這位老祖母雪白而豐盛的頭髮中，而這位年老的女魔法師就是大地本尊。有一個孤獨的男人生活在這片土地上。他是如此孤獨，以至於多年來眼淚雕出的深溝已經刻入他的雙頰。

他試著微笑、試著快樂。他去打獵、網補動物並睡得香甜。但是他渴望有人為伴。有時他坐在小船上、踏在淺水中；當一頭海豹接近他的時候，他想起古老的故事說過海豹曾經也是人類，而唯一能讓人記得那時代的就是海豹的眼睛。牠們的眼神與人類的一樣：聰明、野性而充滿情愛的眼神。他有時因此更加覺得孤獨而痛苦，以至於眼淚再度從他臉上的溝痕流下來。

有一晚，他已打獵至黑夜，但仍然一無所獲。當月亮在空中升起、浮冰發出亮光的時候，他來到海上一大塊布滿斑痕的岩石那裡。他銳利的眼睛似乎看見有些東西在這古老的岩石上優雅無比地移動著。

他緩慢而深深地划槳趨近，發現一小群女人正在巨岩頂端跳著舞。她們赤裸著身子，正如出生後第一天躺在母親肚腹上的孩子一樣。喏，他是個孤獨的男人，唯一的人類朋友只留存在記憶中。於是，他留下來觀看。這群女人看起來像是由月亮的乳汁製造出來的，她們的皮膚閃

註一　這個故事的核心主題——找到愛和家鄉以及面對死亡——在世界各地都可以找得到。（同時，世上所有寒冷的國家都曾聽說過：「凍結的話語必須從說話者的嘴唇上被敲碎下來，然後放在爐火邊融化，好讓大家知道剛才說過什麼。」）

著微光，上面有小小的銀色斑點，就跟春天鮭魚身上的斑點一樣。她們的手腳修長而優雅。

她們是如此美麗，以至於這個男人呆坐在船上，任輕輕拍打的海水帶他離岩塊愈來愈接近。他聽見美麗女子的笑聲……至少似乎是她們的笑聲。或者，那是岩畔海水的笑聲？男人感到十分迷惑，因為他為眼前所見驚豔不已。但不知怎麼地，曾像濕漉漉獸皮一樣重壓在他胸膛上的孤獨感此時被舉起並移開了。就在當下，他不加思索地——彷彿他註定就該如此——跳上岩石並偷走一塊放在那裡的海豹皮。他躲在一處岩脈的後面，用力把海豹皮塞進自己的毛皮外套裡。

不一會兒，其中一個女人用他聽過最動聽的聲音呼喚著——那聲音就像黎明時分鯨魚的呼叫聲……喔，不，或許更像春天時滾下山來的新生小狼的聲音……喔，不，更像某種更美好的東西。但這都不重要，因為……這些女人現在正要做什麼？

啊，她們正在穿上海豹皮！這些海豹女人一個接一個地滑入海水中，快樂地長呼短叫著，但其中有一個例外。她們當中身材最高的那一位四處尋找她的海豹皮，卻怎麼也找不到。男人突然膽大起來（為何會如此，他也不清楚），並從岩石上走下來對她懇求：「女人……嫁給我吧！我……是一個……孤獨的……男人。」

「喔，我不能嫁人為妻，因為我屬於異類；我們住在海水之下。」她說。

「嫁……給我吧！七個夏季之後，我會把妳的海豹皮還給妳；那時妳可再依照自己的心意留下或離去。」男人堅持不捨。

年輕的海豹女人深深注視他的臉孔；她的眼睛——如果暫不提她真正的出身——長得跟人類相像極了。她很不情願地答應說：「我跟你去。七個夏季之後，我再做決定。」

他們不久生了一個孩子，並替他取名叫歐路克。這孩子身體肥胖而柔軟靈活。冬天的時候，母親講海底動物的故事給歐路克聽，而父親則在旁邊用長刀在白石臼裡削熊肉或狼肉。當母親送孩子上床的時候，她會指向煙囪孔外的雲朵和它們各式各樣的形狀，但是她描述的不是烏鴉、熊或狼的形狀，而是有關海象、鯨魚、海豹和鮭魚的故事……因為這些是她熟悉的動物。

但是她的肉體隨著歲月逐漸乾枯，先是脫皮，然後龜裂。她的眼瞼皮開始剝落，頭髮開始掉落到地上。她變得極度蒼白，豐腴的身形也開始萎縮。她試圖掩飾自己的不良於行。每一天，她的眼睛變得愈來愈遲鈍，而這絕非是她所願意的。她也開始伸手去摸索前面的路，因為她的視力愈來愈朦朧。

於是，某一個晚上，歐路克被叫喊聲驚醒。他穿著皮製的睡衣直坐起來，聽見父親用熊般的吼叫斥責母親，也聽見母親用銀環敲在石頭上般的聲音哭喊著。

「七年前你把我的海豹皮藏了起來，如今第八個冬季已經來臨。我要你把我的生命原質還給我。」海豹女人哭喊著。

「女人，我如果把它還給妳的話，妳不就要離我而去了嗎？」丈夫用隆隆聲叫罵著。

「我不知道我會怎麼做，我只知道我必須拿回我所屬的那個東西。」

「妳會讓我失去妻子，讓兒子失去母親。妳是個壞女人。」

說完這話，她的丈夫扯開門的皮罩，消失在黑夜當中。

小男孩很愛他的母親，他很怕失去母親，於是哭著睡著了……不料卻被一陣強風給驚醒過來。那陣風非常奇異……似乎在喊：「歐歐路克，歐歐路路克。」

於是他爬下了床。由於爬得太匆忙，他穿反了毛皮外套，並且只拉上一半厚底靴。在聽見自己的名字不斷被呼喚之際，他衝到布滿星星的黑夜下。

「歐歐歐歐路路路克！」

孩子跑到俯瞰海水的懸崖邊。就在颳風的海上，他看見一頭巨大而毛茸茸的銀色海豹……牠的頭無比龐大，鬍鬚垂到胸前，牠的眼睛是暗黃色的。

「歐歐歐歐路路路克！」

男孩倉促地爬下懸崖，在崖底被一個從岩石縫中滾出的石頭——不，是一個包袱——給絆倒了。男孩的頭髮像一千條冰製韁繩一樣拍打他的臉孔。

「歐歐歐歐路路路克！」

男孩扯開包袱，把裡面的東西搖晃出來——那是他母親的海豹皮。啊，他透過它聞到了她。當他把海豹皮緊貼在自己臉上、吸入她的氣味時，她的靈魂猛穿過他，就像夏日的驟風一樣。

「啊！」他在痛苦與快樂中高喊，再次把海豹皮舉起放在自己的臉上，而她的靈魂再次穿過他的靈魂。「啊！」他又高喊，因為母親無盡的愛正在充滿他。

而那頭年老的海豹愈行愈遠……逐漸沉入海中。

男孩爬上懸崖，奔跑回家，而海豹皮在他的身後飛揚著。他跌進家門裡；他的母親把他跟海豹皮一起清理乾淨，然後為兩者都平安無事而閉上眼睛謝天謝地。

她拉起海豹皮穿上。「喔，母親，不要！」孩子哭喊著。

她用雙手掬起孩子，把他塞到自己的手臂下，半跑半跌地往怒吼的海洋前去。

「喔，母親，不要！不要！不要離開我！」歐路克哭喊著。

你馬上就發現她是想留下來跟孩子在一起的。她真的想，但是有一樣東西在呼喚她；這東西比她和他年老，也比時間還要古老。

「喔，母親，不要！不要！不要！」孩子哭喊著。她轉向他，眼中充滿了深得嚇人的母愛。她用雙手抱住孩子的臉，把自己甜蜜的氣息一次、兩次、三次吐進他的肺裡。然後，就如同拿著一個寶貴包袱似的，她用手臂挾著孩子潛到海裡，往下、再往下、更往下。海豹女人跟她的孩子在水面下輕鬆自在地呼吸著。

他們力氣無窮地往深處游去，最後來到深水中的海豹洞穴，那裡有各種生物在用餐、唱歌、跳舞和說話。曾經在黑夜海上呼喚歐路克的銀色大海豹擁抱孩子、稱他為自己的外孫。

「妳在陸地上過得如何，女兒？」銀色大海豹問。

海豹女人望向別處說：「我傷了一個人的心……那個為了得到我而獻上一切的男人。但是我不能再回到他那裡，因為如果我回去的話，我必將成為囚犯。」

「孩子呢？」老海豹問。「我的外孫呢？」他說話的口氣十分驕傲，連聲音都顫抖了起來。

「他必須回去，父親。他不能留在這裡；他跟我們共同生活的時間還沒有到。」她哭了起來，大家都哭了。

過了一些日夜之後——正確說來，是七天七夜——海豹女人的頭髮和眼睛又現出了光澤。她變成美麗的黝黑色，視力也復原了，身體再次豐腴起來；她再也不用跛著腿游泳。但是送孩子回陸地的時間也來臨了。在那個晚上，年老的海豹祖父和男孩美麗的母親游在孩子的兩側。他們向上游，往上、再往上、更往上，終於回到上方世界。他們輕輕地把歐路克放在月光下的岩岸上。

他的母親向他保證說：「我隨時都在你身邊。只要摸一下我摸過的東西、我的揀火棒、我的刀子、我雕刻的石水獺和石海豹，我就會對著你的肺吹進一陣風，讓你可以唱出你自己的歌。」

年老的銀色海豹和他的女兒不斷親吻孩子。他們終於依依不捨地放下他、游向大海。看了孩子最後一眼之後，他們便消失在水面下。而由於歐路克的時間還沒有到，他就留了下來。

時光冉冉，他變成了一個偉大的鼓手、歌唱家和編故事者。據說，他所有成就的起因都在於他曾被偉大的海豹靈帶到海中、而後卻能活著回來。如今，在清晨的灰霧中，人們有時還會看見他，只見他的小船被拴在一旁，而他則跪在海中一塊岩石上，似乎在對一頭經常上岸的母海豹說話。雖然有許多人想要捕獲她，他們卻一再無功而返。她被人稱做「那聰明的海豹」、「那聖潔的海豹」。據說，雖然她是頭海豹，她的眼睛卻呈現人類的神情；那是聰明、野性而充滿情愛的眼神。

失去靈魂感覺：啟蒙之始

在所有象徵野性心靈的意象裡，海豹是最美麗的意象。正如女人的本能天性一樣，海豹這種奇特生物曾在億萬歲月中多所演化和適應環境。就像海豹女人一樣，真正的海豹只有在繁殖和哺育後代時才會登上陸地。母海豹大約會花兩個月時間專心照顧小海豹，完全靠著自己體內貯存的養分來餵養牠、愛牠並保護牠。在這段期間，小海豹三十磅的體重將增為四倍。之後母親就會游回大海，而已能存活並已長大的小海豹將開始獨立生活。

世界各地——包括極地和西非——有許多族群都認為：除非靈魂生出靈性精神並去照顧和哺育它、賦予它力量，否則人類無法有生氣和動作能力；而當靈性精神開始在世上獨立生活的時候，靈魂最後將會回到它更遙遠的家。〔註二〕

作為靈魂象徵的海豹之所以更加引人注目的原因是牠們具有一種「溫順」的特質，讓附近的人類容易接近牠們。海豹也具有狗的某種特性，天生就情感豐沛。牠們身上散發出一種純潔的光輝。但在受到威脅時，牠們也可能用最快的速度發出回應、退卻或反擊。靈魂也是如此，它盤旋在我們附近，哺育我們的靈性。當它見到新奇、不同尋常或困難的事情時，它並不會逃走。

但有時候，當海豹還不熟悉人類、只知幸福知足地隨地徜徉時（海豹們似乎常常如此），她就無法預測人類的作為。就像故事中的海豹女人，或像年輕且（或）涉世不深的女人一樣，她不知道他人的意圖或可能的危險，而這種時候總是海豹皮遭竊之時。

在多年研究「禁錮」和「寶物遭竊」這些主題、以及在分析過許多男人和女人之後，我發現：幾乎每一個人在個體化過程中都至少遭遇過一次重大的失竊。有些人將之描述為個人生命中「重大機會」遭竊；其他人將之定義為愛情的失竊、個人靈性精神被剝奪、自我價值感被削減等。另有些人則將之描述為個人生命中最重要的事情——藝術、愛情、夢想、希望、對人性本善的信念、成長、榮譽、努力——遭到分心、破壞、干預或擾斷的經歷。

大多時候，偷竊事件會從我們的盲點爬到我們的身上。它發生在女人身上的原因就跟故事中偷竊發生的原因是一樣的：天真、看不清別人的動機、缺乏經驗而無從預測未來可能發生的事情、不知注意各種環境線索等。而另一個原因則是：命運總想把教訓織進生命的緯線當中。

遭遇這般偷竊的人並不是壞人。他們沒有做錯事、也不笨，但他們在重要關頭過於缺乏經驗或容許心靈沉睡不醒。如果我們認為只有年輕人才會如此，那就大錯特錯了。這些狀況會發生在任何人身上，無關年齡、族群、教育程度、甚或意圖之好壞。我們可以很清楚地知道：對陷在其中的人（幾乎每個人）而言，失竊的經驗毫無疑問會演變成一種奇妙的原型啟蒙機會〔註三〕。

取回寶物並想出方法重新充實自己，這樣的過程會在心靈內發展出四個重要架構。當迎面遇上這種困境、當已潛入河下之河的時候，我們力圖收復知覺的決心會大為增強。隨著時間過

註二　在許多族群中也有一個說法：除非靈魂確信它將棲息的身體是健康的，否則它不會化形為某人的肉體或生出某人的靈性。這也就是為什麼在我們最古老的傳統中，小孩在出生七天、兩個月輪或甚至更長的時間後才會獲得命名，因為如此才能證明肉體是否具有足夠的能力來承擔靈魂，而後靈魂才能生出人的精神靈性。此外，許多人都合理地認為：絕對不要體罰小孩，否則小孩的靈性會被趕走，而收復它並讓它歸回原位將會是件極漫長而艱辛的事情。

註三　啟蒙的過程——**啟蒙**的英文字 initiation 起源自拉丁文的 initiare，意指開始、引介和教導。一個被啟蒙者是一個開始走新的道路、上前接受引介和教導的人。啟蒙者則致力於傳述她所知道的路徑、指引方法、並帶領被啟蒙者，使後者可以克服挑戰而變得愈來愈有能力。

去，我們會愈來愈清楚什麼事情對自己最為重要、會急切尋找計畫來從心靈層面或其他層面解放自己並實踐自己最新得到的智慧。最後也最為重要的就是：人性的中介本質——亦即心靈中具有野性和知能、可以橫越靈魂世界和凡人世界的那一部分——將會成長茁壯。

〈海豹皮、靈魂皮〉這則故事中的核心原型意義極具價值，因為它提供了清晰而簡潔的指示，告訴我們要採取何種明確的步驟去創造和找到藉以完成這些工作的途徑。女人所面臨的一個具潛在破壞力的重要問題是：當她們展開各種心理啟蒙過程的時候，帶領她們的啟蒙者本身卻並未完成啟蒙過程。她們找不到經驗豐富、知道過程為何的人。當啟蒙者本人還沒完全受到啟蒙時，她們不知不覺會省略過程中重要的一些面向，因而有時令被啟蒙者遭受重大的傷害。這是因為她們用不完整而多少受到汙染的啟蒙觀念（註四）來從事她們的工作。

另一個極端是：女人經歷失竊後試圖瞭解並掌控全局，但她失去了方向而不知仍須進一步練習以完成學習，因此她會不斷重蹈失竊發生的第一階段。無論何種狀況，她被糾葛在韁繩之中而不能脫身。基本上，她缺乏教導；不僅無法發現健康的野性心靈需要什麼，她反而在未完成的啟蒙過程中變成傷亡者。

由於女性世代相傳的啟蒙教育——由年長女性把某些心靈真相以及野性女人的作為傳授給年輕女性——這麼多年來對許多女人而言早已變得支離破碎，我們應該慶幸自己還能從童話故事的考古學中學到一些東西。我們從這些深不可測的古石板記載中所獲得的知識可以呼應女性最完整心理過程所呈現的本然模式。就這個意義而言，童話故事和神話就是啟蒙者；它們就是教導後人的智者。

因此，〈海豹皮、靈魂皮〉這則故事的蘊意對於那些未完成啟蒙或半完成啟蒙的女人而言特別具有價值。一旦能瞭解什麼樣的必要步驟能圓滿完成歸鄉的任務，女人甚至可以解開錯誤的啟蒙所造成的糾結、重新設定它、而後正確完成它。且讓我們來看看這則故事如何教我們進行手中的工作。

失去自己的皮

正如〈藍鬍子〉、〈長髮姑娘拉龐莎〉、〈魔鬼的接生婆〉、〈荊棘薔薇〉等故事的不同版本所示的，知能的開發總是以受苦為其出發點。它始於無知、繼而被騙、然後以重新拿回力

註四　在搞砸的啟蒙儀式中，啟蒙者有時只注意到被啟蒙者的弱點，而忘了啟蒙儀式中佔百分之七十重要性的一件事情，即如何強化一個女人的才華和天賦。啟蒙者常常創造困難而不給予支持，或設計出危險的情境之後就坐下來袖手旁觀。這是抄襲不完整之男性啟蒙儀式的結果，認為羞恥和屈辱可以強化一個人。它們帶來困難，卻沒有送來支援。或者，由於過於注重過程步驟，感覺和靈魂生命這兩者的重大需要只在事後才被想起而加上。從靈魂和靈性的觀點來看，一個殘忍或不人道的啟蒙儀式絕不可能強化姊妹之誼或相屬之情；它根本無法讓人理解。

在啟蒙者能力不足的情況下，或當啟蒙者建議和支持惡意的過程時，女人會用自己的方法來接受啟蒙。即使她只達成四分之三，她的作為依然值得我們尊敬，而且是了不起的成就。她之所以極度值得讚揚，是因為她仔細傾聽了野性心靈對未來的指示，而且在未有千百成功先例做保證的情況下，她還是依照指示而行。

量並（這更為重要）回到深處的家為結束。在以女性為主角的童話故事中有一個亙古常新的主題：致命的被捕可以考驗知覺意識，最終帶來深層知能。這類故事對我們大家傳達了一個強烈的教訓，指示我們在被捕時應當做什麼、應如何運用「像狼一樣溜過森林」的能力和銳利的雙眼以求脫逃。

〈海豹皮、靈魂皮〉的故事含有一個反轉式的主題；我們有時稱這種故事為「後轉故事」。在許多童話故事中，我們看見人類被魔法變成動物，但在這則故事裡，情況卻正好相反：一個動物被帶進人生經驗中。這故事讓我們得以深入瞭解女性的心靈結構。海豹少女就像女性心靈裡的野性本質，用神祕的方式把以下兩者結合了起來：動物本能以及用智謀生存於人世的能力。

故事中的海豹皮與其說是一樣物件，不如說它代表完整的、靈魂款款的、屬於女人野性本質的感覺狀態和生命狀態。當女人處於這種狀態時，她感覺全然堅定並為自己所有，而不會覺得身心相離且不知自己是否做對事情、是否行為恰當或思想正確。雖然女人偶爾會離開這種「堅定自知」的狀態，但她曾經在這些狀態中度過的時間卻足以支持她去應付外在世界中的責任。定期回到野性狀態可以幫她充實上方世界之工作計畫、家庭、感情和創作生命所需貯存的心靈準備金。

每一個離開靈魂故鄉過久的女人最後都會感到疲憊不堪，這是理所當然的。而後她會重新尋找自己的皮，以重振本我和靈魂的感覺，恢復自己眸深如海的知能。這去了又回、去了又回的偉大循環反映在女人的本能天性中，是所有女人在其一生中——從小女孩、少女、少婦到為人愛侶和為人母，到身為藝術家、智者、年長者、以及隨後的任何身分——都具有的本然特質。這些人生時期的先後不一定要按照時序，因為中年女人常是新生之人，年老女人常是熱烈的情人，而小女孩卻常十分瞭解老巫婆誘人的魔法。

但是，由於之前談到的種種原因以及由於長期遭受監禁，我們總是一再失去這種「全然身在皮中」的感覺。那些辛勞過久而不得喘息的人也有同樣的危險。當我們不留意自己真正在做些什麼、尤其不顧其後果時，靈魂之皮就會消失不見。

我們也會由於下列原因而失去靈魂之皮：過度倚賴自我、過分苛求、過於講求完美（註五）；沒必要時自成烈士；被盲目野心驅使；對自己、家人、社會、文化或世界心生不滿卻不發一言或不採取行動；假裝自己是別人取之不盡的資源；不盡力助自己一臂之力等等。啊，世上有多少女人，就有多少失去靈魂之皮的方法。

唯一能讓我們保有這張靈魂之皮的方法，就是對它的價值和用途保持一種純樸清明的知

註五　完美主義有負面和正面的兩種。負面的完美主義常常害怕被人發現不夠完美；正面的完美主義會努力以赴，為了超越現況而持續從事一件收穫可期的事情。正面的完美主義鼓舞心靈去學會用更好的方法做事、寫作、說話、繪畫、吃東西、休憩、禮拜等等。正面的完美主義用一致的方式行動，以實現夢想。

覺。但是，由於沒有人能夠始終保持敏銳的知覺，因此也就沒有人能在日夜之間的每一時刻都絕對擁有靈魂之皮。但我們可以讓它失竊的機率降至最低。我們可以培養一雙精明之眼，用來觀察周遭一切狀況並藉此保衛我們的心靈疆土。只是，〈海豹皮、靈魂皮〉這故事說的乃是我們可稱為「重大竊案」的事件。如果我們留意自己的生命運轉，傾聽「歸去來兮」的呼喚，我們在未來才有可能用知覺意識去解決這嚴重的竊案。

地球上的每一個動物都需要回家。諷刺的是，我們為朱鷺、鵜鶘、白鷺、狼、鶴、鹿、老鼠、麋鹿和熊建造野生動物庇護所，卻沒有在我們日復一日的居住之處為自己建造同樣的庇護所。我們知道失去棲息地對任何自由的動物而言都是一場大災難，並熱切指出其他動物的天然領域如何遭到城市、牧場、公路、噪音和其他混亂之事的包圍。然而我們表現出的熱切情狀卻像是自己還未遭到同樣事物的包圍、像是自己還未遭到相同的影響。我們都知道動物必須不時回家一下——回到那讓牠們感覺受到保護並享有自由的地方——才能繼續生存下去。

傳統上，我們在失去安靜的棲息地後所想出來的彌補之計就是渡假或放假，想藉此提供自己一些樂趣。可惜的是，渡假經常無法帶來樂趣。為了彌補工作日中的不悅之事，我們刻意減少那些讓三角肌和斜方肌緊張到糾結起來的工作。這個方法還不錯，只可惜對「靈魂／本我／心靈」而言，渡假還不能算是庇護所。「暫停」或「休假」不等於回到家中，平靜也不等於獨處。

我們可以打從一開始就緊緊貼近靈魂皮以防靈魂失竊。舉例來說，我在執業生涯中曾看到擁有才華的女人由於經歷了「皮不附焉」的情感關係而被竊去靈魂之皮。有些情感關係十分具有毒性。如果要戰勝這類情感關係，我們或許必須具有極堅強的意志和力量，但這畢竟是可以達成的，尤其我們如果能像故事所說的一樣，去聽故鄉的呼喚——它要我們回到核心之我、回到立即智慧依然完整且伸手可及的所在。女人可以從彼處用清澈視覺決定自己應該擁有什麼以及自己真心想做什麼。

海豹皮的重大竊案也會以更難令人察覺的方式發生在女人身上，而被竊取一空的則是她的資源和時間。整個世界都至感孤寂而想尋求安慰、想尋求女人的臂和乳房。世界伸出一千隻手和張吐出百萬個聲音，對我們招手，拉扯我們，尋求我們的注意。有時，好像我們無論轉向何方，世上都會有一個人或一件事在那裡有所需要、有所冀求、有所祈望。有些人、有些問題、有些世事顯得動人而令人著迷；其他的則咄咄逼人而怒氣高張；還有更多的則顯得楚楚可憐，使我們情不自禁地流露同情心、流出我們的乳汁（它沿著我們的腹部流下來）。但是，除非那是生死大事，我們最好還是稍安勿躁，最好還是騰出時間來「穿上銅製的奶罩」（註六），千萬不要發動運送奶水的火車。轉往歸鄉的路才是我們該做的事。

雖然靈魂之皮會因一場令人傷心欲絕的錯誤情感而告失竊，它也可能會因一場正當的深情

註六　「穿上銅製的奶罩」是燕西・埃利絲・史多克威爾常說的一句話。她是一個生動活潑的心理治療師和絕佳的說故事者。

關係而消失。我們所愛之人或所愛之事的對與錯並不是造成靈魂之皮失竊的原因；原因乃在我們為了他們而在下列事情上所做的付出：時間、精力、觀察、注意、盤旋、敦促、指引、教導和訓練。心靈動作就像從心靈存簿提領現金一樣；問題不在於這些精力現金的提領，因為這本是生命施與受之中重要的一部分。問題在於「超支提領」，它讓靈魂之皮消失不見，並讓最敏銳的本能變得蒼白而遲鈍。讓女人覺得心靈垂死的原因是無法拿出更多精力、知識、感謝、想法和振奮之情來存入銀行帳簿裡。

在故事中，當年輕的海豹女人失去外皮時，她正在從事一件非常美麗的事情：享受自由。她不斷跳著舞，沒有注意到周圍發生的事情。當我們與可敬的野性本質同在時，每個人都會感受到這樣光明的生命；它代表我們非常靠近野性女人。我們都是舞動著進入這世界的；我們一開始時都攜帶著自己完美無瑕的靈魂之皮。

至少在我們變得更有知覺之前，我們都會經歷到以下這個個體化過程。我們全都游到岩石上、跳舞、無所留意。就在此時，心靈中較為狡詐的那個面向開始降臨。之後我們一路走到某處而突然開始找起東西來，卻再也找不到那屬於我們、也為我們所屬的東西。我們的靈魂感覺就此莫名地失去了蹤影；更有甚者，它似乎被人藏了起來。從此，我們在半錯愕之中開始四處遊蕩。雖然我們不應在錯愕之中做出選擇，但我們還是做了。

我們知道人們用各種方式做出錯誤的選擇。有一個女人結婚過早，另一個女人過早懷孕生子，另一個女人找到一個惡劣的伴侶，另一個女人則放棄藝術而去追求物質享受。有女人被各種假象或承諾所引誘，另有女人受制於那個過於想做「好女人」而無法自足的靈魂，還有女人過於不食人間煙火而不夠腳踏實地。當女人的靈魂之皮一半披在身上、另一半不知所終的時候，我們與其說那是因為她曾做了錯誤的選擇，還不如說那是因為她久離了靈魂故鄉而變成乾枯的生命，並因此失去用處——尤其對她自己而言的用處。失去靈魂之皮的方法有好幾百種之多。

如果探究獸皮這個象徵符號，我們就會發現：在包括人類在內的所有動物之中，毛髮豎立是針對所看見和所感知之事而發出的反應。豎起的皮毛在動物身上傳輸一股「寒顫」並激起懷疑、警惕以及其他自我保護的性能。印紐特人認為獸毛和羽毛都能察知遠方發生的事情，因而他們的薩滿巫師身上總是披戴了許多獸毛和羽毛，希望能用千百個眼睛洞察神祕世界。做為靈魂象徵的海豹皮不僅提供溫暖，同時也透過它的視能提供了一套預警系統。

在捕獵文化裡，獸皮和食物都被視為最重要的生存依靠。獸皮可用來製作靴子或充作毛皮外套的防水裡布，讓人的臉部和手腕不致被冰霜凍著。它也可保持小孩子的安全和乾燥、保護並暖和人類脆弱的腹部、背部、腳、手和頭。失去獸皮就等於失去保護、溫暖、預警系統、本能的視覺。在心理上，失去外皮會讓女人去追逐她以為應該追逐的東西，而非她真正想要追逐的。它也會使她去追隨任何在她眼裡看來最為強大的人或事，不管那對她是否有益。如此一來，只見她不斷跳躍，卻不見她多方察看；她喜歡開玩笑，卻說不出一針見血的話。她用笑聲打發問題並延宕問題；她縮回邁出的腳步、不敢在必要時潛入深處、不敢長留在那裡直到重大事情發生。

於是，由於這個世界極力推崇被責任感驅使前進的女性，你會發現靈魂皮的失竊是如此輕易而常見，輕易到女性在七歲至十八歲之間就會遭遇第一次偷竊之事。在這段期間，多數年輕女性早就開始在海中的岩石上跳舞；在這段期間，多數都已伸手去尋找自己的靈魂皮，卻在當初放置它的地點找不著它。雖然這情況的最初目的似乎在於啟動心靈中一個中介架構的成長、讓女人有能力學習如何同時生活在靈性世界和現實世界之中，但是這個過程卻常常不得完成，甚至其餘階段的啟蒙過程也無從進行完成。女人因而在生命中徘徊流浪，身上孑然無皮。

雖然我們可能曾經試著把自己和靈魂皮實際縫在一起，以防失竊一再發生，卻只有極少數女人到成年時候還能保留住幾簇完整的原皮。我們跳舞時把自己的皮放在一旁。我們學會了世事，卻失去了自己的皮。我們發現自己在無皮的狀態下逐漸乾萎。由於大多數女人都曾被教導要刻苦忍受這些事情——就像之前她們的母親一樣——沒有人注意到死亡正在逐步逼近，直到有一天……

由於我們年少時用靈魂生命去迎合周遭文化和世界的願望與要求，我們確實覺得自己被擱淺在離故鄉非常遙遠的一個地方。然而，到了成年時期，即使我們能在人、事、地點和用時長短上自行選擇，我們還是一樣驅使著自己更加遠離家鄉。如果沒有人教我們要回到童年時期的靈魂故鄉，我們將會不斷重複「失竊、流浪、迷路」這一模式而永無止境。但是，即使我們自行做出的悲慘選擇曾把我們颳到正軌之外、使我們離自己的所需過於遙遠，我們還是要保持信心，因為靈魂內有一個導引我們回家的裝置。我們每一個人都能找到回家的路。

孤獨的男人

在另一個跟這個故事核心意義極為相似的故事中，事實上是一個女人偷了一個鯨魚形男人的魚鰭，藉此誘使他與自己交配。在其他故事裡，他們所生的後代有時是個人類女孩，有時是個魚類男孩。有時海中的老者是位令人敬重的老女人。由於故事中的人物性別多所互易，因此人物的性別比起故事所述的過程就顯得不足輕重了。

因此，就讓我們把那偷取海豹皮的孤獨男人當成女性心靈自我的象徵。自我的健康與否端賴一個人能否妥善衡量外在世界裡的各種界限，端賴他／她的自我認知能否被堅固地建立起來，端賴他／她能否區分過去、現在和未來，以及端賴他／她的感官認知是否與多數共識的真實相符。人類心靈中的一個永恆問題就是自我與靈魂總是爭著要控制生命能量。在生命早期，自我常常挾著它的各種欲望而得以處於領先地位。它總能烹煮出一些聞起來真的很香的東西來；在這時期，它孔武有力地把靈魂趕去做後陽台廚房裡的工作。

但是到了某一階段——有時在我們二十幾歲或三十幾歲、最常在我們四十幾歲的時候（雖然有些女人需要到五十歲、六十歲，甚至七十、八十幾歲時才會準備好）——我們終於開始願意讓靈魂來帶領我們。權力終於從不打緊的小玩意那裡移轉到款款的靈魂身上。靈魂並沒有殺死自我以取得權位，但自我仍可說是遭到了降級，被派去擔當心靈中的另一份職務，而基本上必須服從靈魂的考量。

從我們一出生開始，內心中的一個野性驅力就不斷渴望由靈魂來引導我們的生命，因為自我實在所知不多。想像一下：自我被繫在一條相較甚短的永久狗鍊上。它無法行遠而真正踏入生命和靈性的奧祕之中。通常它會變得害怕；它的壞習慣是把所有靈質世界之事貶抑為「不過爾爾」。它只要求可見之事，跟感覺有關或具神祕意味的證據通常會跟自我格格不入。這就是自我感到孤獨的原因。它建構起來的東西有太多囿限，以至於不能讓它充分參與靈魂和心靈更神祕的作業過程。可是，這孤獨的男人渴望靈魂；當靈魂和野性鄰近它的時候，它可以模糊地意識到它們。

有些人在使用**靈魂**（soul）和**靈性**（spirit）這兩個名詞時並不多加區分其間的差異。但在童話故事裡，靈魂永遠是靈性的生母暨生父。在古代的奧義聖經詮釋學裡，靈性是由靈魂所生；靈性承接物質或形化為物質，以便蒐集這個世界的訊息，然後帶回去交予靈魂。在不受干擾的時候，靈魂與靈性之間的關係是完美均衡的，彼此輪流充實對方。它們一起形成一個美好的生態環境，就像池塘水底的生物孕育著池塘上方的生物；反之亦然。

在榮格心理學中，自我常被描繪為漂浮在無意識大海中的一座意識小島。然而，在民間傳說中，自我大多是一個貪婪的生物，常以一個愚鈍的人或動物為其象徵，而這人或動物雖被自己難以瞭解的力量所包圍，卻企圖掌控這些力量。有時候，自我使用了最殘酷而具殺傷力的方法得以掌控一切，但最終它會隨著女主角或男主角的成長而失去掌控權。

人生初始的時候，自我對於靈魂世界充滿了好奇心，但它經常只想滿足自己的飢渴。當自我最初出現在我們生命中的時候，它原是一種潛力，由我們周圍的世界——父母、師長、周遭文化——在它內中建立、培植並注入各種觀念、價值觀和責任感。這是理所當然之事，因為它是我們在現實世界中的護衛者、盔甲以及偵察機。然而，如果野性本質不被容許透過自我向上流露出來，不得把自己的色彩、活力和本能反應賜給它，那麼即使周遭文化對於建構於自我內的一切大表贊同，靈魂卻不願、不能、也不會贊同自己就如此功虧一簣。

故事中的孤獨男人試圖參與靈魂生命，但就像自我一樣，他生來就不是特別適配這種生命，所以他只好一把抓住靈魂，而非與之建立良好關係。自我為什麼要偷走海豹皮？就像其他孤獨或飢餓的東西一樣，它愛慕光明。當它看見了光明以及接近靈魂的可能性，它便偷爬到後者身邊，偷走了它最重要的一個保護色。自我這麼做卻是身不由己。它生來即是如此，總是受到光的吸引。雖然它無法在水底生活，卻還是渴望跟靈魂建立愛情關係。比起靈魂來，自我是很粗俗的；它的做事方法通常一點也不含蓄或善體人意。但它對於美麗的光明具有某種微小而莫名的渴望；單單這一點就不知怎麼地可以讓自我安靜好一陣子。

所以，因為渴望靈魂的緣故，我們的自我偷了海豹皮。它低聲說：「留下來陪我；我會帶給你幸福——而我的方法是不讓你跟你的『靈魂我』保持聯繫，也不讓你周期性地回到你的靈魂故鄉。我會使你非常、非常快樂。求求你，留下來吧。」於是，靈魂被迫跟自我締結了關係。這發生在女性個體化過程之初的事情並無任何不當之處。靈魂在俗世之中服侍自我的目的是要讓我們在擁有一份職業、抱著孩子、照顧好自己的身體、照顧好事業之餘還能瞭解這個世界，曉得如何謀取事情、如何工作、如何區分好壞、何時必須遷移、何時必須停住不動、如何與他人相處，並明白周遭文化運作的方式和其暗藏的計謀，而這一切都是我們在外在實際生活中必須備有的知識。

女性心靈之所以會發展出這麼重要的一個架構——也就是海豹女人與孤獨男人結合並明顯屈居於服侍者的角色——是有其最初目標的。那就是：這暫時的婚姻安排是一個途徑，可用以達到「生出靈性孩子」的最終目標，而這孩子將兩棲於凡俗世界和野性世界，並居中做這兩個世界之間的翻譯者。這具有象徵涵義的孩子一旦被生出來並受到栽培和啟蒙，它將會再浮出於外在世界，而這時自我和靈魂的關係才能癒合。即使自我這孤獨的男人在跟海豹女人／靈魂女人相處期間無法永遠保持支配者的地位——總有一天它必須在女人餘生中聽命於靈魂——它畢竟還是受到了偉大靈魂的感召而因此深感滿足、充實和自謙。

靈性孩子

我們因此發現自我和靈魂這兩個對立者在結合後竟然生出了一個無比珍貴的東西：靈性孩子。即使自我曾用粗暴的方式闖入而打擾了心靈和靈魂較細膩的面向，然而異體受精的事情還是發生了。頗為弔詭的是：由於偷取了靈魂的保護皮與其遁入水中的能力，自我反而得以參與孕育一個擁有世界和靈魂雙重繼承權的孩子的生命，而這孩子將往來於兩個世界之間，負責傳遞信息和禮物。

在一些最偉大的故事中——比如蓋爾人（Gaelic）的〈美女與野獸〉、墨西哥人的〈女巫奇術〉和日本人的〈熊〉——恢復完整心靈秩序的方法首先在於餵飽、關懷一個孤獨及（或）受傷的女人、男人或動物。一個女人在失去保護皮而「嫁與」自己內心或外在世界中某個孤獨而愚鈍的東西時竟能生出這樣一個能夠縱橫在兩個迥異世界中的孩子，這難道不是無時不發生在心靈之內的奇蹟之一嗎？當我們處在相同情境時，我們的內心也會一樣發生一種變化，產生一種感覺狀態。有一個小小的新生命、一朵小小的火焰將在不完美的、艱困的、甚至殘忍的環境中成長茁壯起來。

這個靈性小孩是奇蹟小孩；他能聽見遠方的呼喚在告訴他返回本我的時間已經到了。這孩子是諄諄敦促我們的中介本質的一部分，因為他能聽見正傳來的呼喚。他從睡夢驚醒、下床、走出房子、走進狂風不斷的夜晚、走到洶湧的海洋邊、聽見海洋把這些自信放進他的心裡：「上帝為證，我將朝這方向前進」、「我將堅忍下去」、「我不會因事轉向」、「我將找到繼續前往的路」。

把海豹皮、靈魂皮帶回給他母親的就是這個孩子；讓她有能力回到故鄉的也是這個孩子。這孩子是一個靈性力量，敦促我們繼續完成重要的工作、用力推向回家的路，並敦促我們要藉著返鄉改變自己的生命、改善社會和參與平衡世界的工作。如果我們要參與這些事情，即使再困難，也要讓靈魂和自我結合起來，讓靈性孩子得以誕生。我們之所以願意學習以求自主，就是為了要完成「找回」和「返回」的目標。

不管女人處在什麼情境裡，靈性小孩、從海中浮起以呼喚女兒回家的老海豹、以及大海無不就在她身旁。它們永遠都在她身旁；甚至在她最沒想到的地方或時刻，它們也在她身旁。

自從一九七一年開始，我都在全國各地的監獄和感化院從事「以寫作為凝想行為」的教學。有一次我跟一群藝術家／治療師（註七）特別去訪問一座聯邦女子監獄，打算用表演的方式教導當時正在密集參與靈性成長課程的一百名女囚犯。一如往常，我並沒看見幾個「鐵石心腸」的女人，反而看見好幾十個女人正各自處於海豹女人生命的各階段之中。有許多女人由於曾經做出極天真的選擇而遭到象徵意義的和真實的「禁錮」。不管她們為何入監，即使環境非常狹迫，每個女人依然各用自己的方法創造一個靈性小孩，小心翼翼並痛苦地從自己的骨和肉中把他打造出來。每個女人都正在尋找自己的海豹皮，也都正在回憶起返回靈魂故鄉的路。

我們的表演隊伍中有一位藝術家——名叫印蒂亞．庫克的年輕黑人小提琴家——為那些女人演奏了小提琴音樂。我們大家都在戶外露天院子裡，天氣極為寒冷，而風在露天舞台背景周圍發出「嗚嗚嗚嗚嗚嗚嗚」的聲音。小提琴家拉弓在她那通了電的琴弦上，用短音階拉出刺穿胸骨的樂曲。她的小提琴真的在哭泣。一個身材龐大的拉寇答原住民女人用拳頭重敲我的手臂，用粗啞的聲音低聲說：「這個聲音……那把小提琴把我心中某個地方的鎖打開了。我原以為自己會一輩子被牢牢鎖在裡面的。」她寬大的臉龐顯得既惶惑又出塵不染。我的心碎了開來，但也充滿了欣慰之情，因為我發現：不管她之前經歷過什麼事情——她確實歷盡滄桑——她依然能聽見海上傳來的呼喚聲、那來自家鄉的呼喚。

在〈海豹皮、靈魂皮〉的故事裡，海豹少女把那些在海水之下成長茁壯的生命當做故事講

註七　這場訪問是由婦女聯盟（Women's Alliance）和許多才華卓越的治療師所贊助，其中有為人極其溫和的監獄醫師翠西．湯普生和活力充沛的治療師兼說故事者凱西．帕克。

給她的孩子聽。她用故事教導並栽培這個由她和自我結合所生的孩子。在培塑這個孩子的同時，她把那「他鄉」的疆土和風俗教給他知道。靈魂正在訓練這個心靈的野性孩子，要他準備好迎接大事。

乾萎而不良於行

女人大部分的沮喪、倦怠和惶不知所終都起因於嚴重受限的靈魂生命——這樣的生命會限制或禁止她們有所創新、衝動或創作。而女人都是從創造力的運用當中得到巨大之行為衝動的。我們不能忽視的一個事實是：即使在今日，文化還是經常透過限制和懲罰的手段讓女人的才華遭到被竊或被切斷腿脛的命運。

但只要有一條地底之河、甚或一小段山洪之水從靈魂某處傾湧而出並流入我們的生命，我們還是有辦法破除這種情形。可是，如果「離鄉甚遠」的女人放棄所有力氣的話，她先會變成一隻青蛙，然後變成一團水氣，而最後變成她昔日野性本我的一縷炊煙。

女性天然皮的失竊和女人接著必須面臨的乾萎與不良於行，讓我想起我們家族中幾個鄉下老裁縫師所傳講的一則古老故事。我已去世的維爾莫斯叔叔有一次為了要安撫並教訓大家庭中某個憤怒的成年人——當時他用過分嚴厲的態度對待一個孩子——而講了這個故事。維爾莫斯叔叔對人和動物都具有無比的耐心和慈愛之心。他是匈牙利說書者傳統中的佼佼者，天生就擅長說故事，並擅於拿故事當溫和的藥劑來使用。

有一個男人到裁縫薩諾那裡試穿一套衣服。當他站在鏡子前的時候，他發現背心的底部有一點不對稱。

裁縫說：「噢，不用擔心。你只要用左手把短的那一端向下拉，就不會有人注意到它了。」

這位顧客正想這麼做的時候，他又發現外套的翻領捲了起來、而不是平坦的。

裁縫說：「噢，那個嘛？那沒什麼。你只要稍微轉過頭去，然後用下巴壓住它就可以了。」

顧客正要照做的時候，他又發現褲管內側有點短而褲襠則有點緊。

裁縫說：「噢，不用擔心。你只要用右手把褲管內側往下拉，一切就都沒問題了。」顧客同意這麼做，於是買下了這套衣服。

第二天他穿上新套裝，並不斷用自己的手和下巴去「修改」它。當他一跛一跛、下巴壓著翻領、一手扯著背心、另一手抓著褲襠經過公園的時候，有兩個老人停止下棋而轉身去看他從旁邊搖晃而過。

第一個老人說：「唉呀，我的上帝！你瞧那可憐的跛子！」

第二個老人想了一下後低聲說：「沒錯，跛腳真慘。可是，你知道，我真不明白……他是從哪裡弄到這麼一套漂亮衣服的？」

文化在面對一個表面上無可指摘、但卻為維持這完美表面而變瘸跛的女人時，它的一般反應正與第二個老人的反應一模一樣：啊，沒錯，她是個跛子，但你瞧，她看來多麼友善、多麼善良、多麼能幹。我們在乾萎之時常為了表現自己依然可以顧管所有事情、為了假稱一切安好而跛著腳走路。不管是靈魂皮被偷走了、還是文化所製造的皮不合身，我們都因假裝一切無事而變成跛子。只是，當我們這麼做的時候，生命會遭到削弱，而且我們將要為此付上昂貴的代價。

當女人開始乾萎的時候，她將愈無能力運作自己健壯的野性本質，因為想法、創造力和生命本身都必須依賴濕氣才能茁壯。乾萎的女人常夢見黑暗男子；夢中的惡棍、潛行者或強姦犯會威脅她、綁架她為人質、偷竊她的東西、或做出其他更可怕的事情。有時，這些可被稱為創傷夢境，源起於某一真正的攻擊事件。但女人更常在下列情況中遇見這樣的夢境：正趨於乾萎、不注意自己的本能生命、從己身竊走東西、剝奪自己的創造力、有時不願費力去助自己一臂之力、或埋頭苦幹卻不聽回歸大海的呼喚。

執業多年以來，我看過許多陷於這種狀況的女人；有些只是受到些微影響，有些則大受影響。同時，我也從這些女人那裡聽說了許多跟受傷動物有關的夢境，而這樣的夢境在過去十年以來急速遽增（在女人和男人身上都是如此）。我們不難發現：受傷動物夢境的增加恰好都發生在人類內心和外在之原野俱遭浩劫的時候。

在這些夢裡，母鹿、蜥蜴、馬、熊、公牛、鯨魚等動物都跛著身體行動，就像裁縫故事中的男人一樣，也像海豹女人一樣。雖然跟受傷動物有關的夢境可以註解女人的本能心靈以及她與野性本質之間的關係，但這些夢境也同時反映出集體無意識在失去本能生命時所遭受到的撕裂傷。如果文化無論如何就是不讓女人獲得完整而明心見性的生命，女人將一定會夢見受傷的動物。雖然心靈盡一切力量定期清洗和強化自己，但外在世界所遭受的每一道鞭笞都會駐留在個人內在的無意識中。因此，作夢者除了因個人失去與野性女人之間的聯繫而必須承擔其後果外，他／她也會因世界與這奧祕野性失去聯繫而不得不承擔其後遺症。

因此，有時不是只有女人正在經歷乾萎之苦。女人所處的小型環境——比如家人或職場

——或更廣大的周遭文化中，有一些基本面向也同樣正在龜裂成灰土，而這一切都會影響到她並且折磨她。如果要能盡一份心力去改正這些情況，女人必須找回自己的靈魂皮和本能判斷力，並且要親自回到故鄉。

我們之前已經看到：除非我們跟海豹女人一樣陷入苦惱——脫皮、跛行、失去活力、眼睛變瞎——否則我們很難認清自己的實況。基於這個原因，活力無限的靈魂於是賜予我們一個禮物，也就是那居於深層無意識中的呼喚者、那位上升到意識表面來不斷呼喚我們回歸真實本性的老者。

聽見老者的呼喚

那海上的呼喊聲是怎麼一回事？把男孩從床上喚起並叫他走進黑夜的風中呼喚就是某種以無形之聲的形式走進作夢者知覺的夜夢。這是作夢者所能夢到的最強勁夢境之一。在我的文化傳統裡，夢中這個聲音所說的任何事情都被認為是靈魂直接發出的一個訊息。

據說無形之聲的夢境隨時都可能發生，但特別會發生在靈魂苦惱之時。這時，深層之我——可以這麼講——二話不說就切進問題之所在。女人的靈魂「碰！」地一聲開始說話，告訴她接下來會發生什麼事情。

故事中，老海豹從他生命所繫的海水中升起，開始發出呼喚。野性心靈有一個奧祕的特色：如果我們無法自行前往，如果我們不留意自己的季節變化和返回的時間，有一位老者便會來尋找我們，一再呼喚，直到我們內心某個東西發出回應。

真是謝天謝地，在我們愈是需要返回的時候，這天然的歸去訊號器就會變得愈來愈大聲。當每一樣事情都開始變為「太過」的時候——無論是好是壞——這個訊號器就會發出聲音來。無論生命充滿太多正面的刺激或無止境的不諧之事，這些狀況都表示歸鄉的時間已然來到。我們可能曾把注意力過度投注在某件事情上，也可能曾被某件事情搞得筋疲力盡；我們可能過於被人所愛，也可能過於不為人所愛；我們可能太投入工作，也可能太疏於工作——這每一種情況都會要我們付上昂貴的代價。在面臨「太過」的狀況時，我們會逐漸變得乾枯，我們的心會逐漸感到疲憊，活力會開始變得不足。而一種神祕的渴望——我們幾乎說不出自己在渴望什麼，只能稱它為「某種東西」——會愈來愈在我們的內心上升起來。然後，那位老者開始發出呼喚。

故事的有趣之處在於：聽見並回應海上呼喚的是那位靈性小孩；冒險爬到冰凍峭壁和岩石上、默默追隨呼喚、並在無意間被母親的海豹皮包袱絆倒的也是這個孩子。

孩子不得安眠的這節故事深刻而精確地刻畫出女人在渴望回歸心靈原鄉時所感受到的心神不寧。由於心靈是一個完整的系統，它的所有元素都會對這呼喚發出共鳴。女人在這段期間感到的心神不寧常與易怒一起發生；她感覺每件事情不是近到讓她受不了、就是遠到讓她不得安寧。她不是覺得有些失落、就是大為失落，都只因為她離家已經太久。這些都是正確的感覺；它們的訊息乃是：「現在就到這裡來吧。」我們之所以會有那種矛盾兩難的感覺，正是因為我們在意識和無意識中聽見有東西在呼喚我們回去，而我們如果拒絕它的話，我們將必會傷害自己。

正如〈湖下之女〉（Woman Who Lives Under the Lake）這首詩所說的，如果時間到了而我們卻不動身，靈魂會來找我們：

……某晚
門口有個心跳聲；
外面，有個女人在霧中。
她有細樹枝之髮和水草之裳；
她滴著綠色湖水。
她說：「我是你；
我千里迢迢而來。
請跟我來；我要給你看樣東西……」

她轉身走開，她的披風落下而敞開，

剎那間，金色光芒……無所不在；金色光芒……（註八）

老海豹在夜間從水中升起，小男孩也在夜間踉蹌前進。這個故事和其他許多故事的主角都在黑夜摸索時發現一個令人驚訝的真相或找回一個無價之寶。這種主題在童話故事中無所不在，而且無論如何都會出現。沒有別的東西可以比黑暗更能襯托光明、奇蹟和寶藏。「靈魂的黑夜」幾乎已成為文化某些領域的標語。神性的復原必須發生在死亡女神亥爾、冥王海地斯或「彼方」的黑暗領域中；基督再臨必須以地獄暮色中閃出的一道彩光為其形式；日本的太陽女神——天照大御神——必須從山下的黑暗中迸發出來；蘇美人伊娜娜女神的水樣身軀「躺在新犁過的黑土田畦上時，熾燃成一片白色黃金」（註九）；墨西哥齊亞帕斯省的山區居民說：每一天「黃色的太陽必須在顏色最黑的短衫上燒出一個洞來，以便升上天空。」（註十）。

註八　擷自〈湖下之女〉一詩；版權日期為一九八〇年。見克萊麗莎・平蔻拉・埃思戴絲所著《黑夜航海的船歌：當代吟唱調》（*Songs For the Night Sea Journey: Contemporary Chants*，一九八九年私人出版）。

註九　擷自〈請用你的野性來蓋住我〉（Come Cover Me With Your Wildness）一詩；版權日期為一九八〇年。見克萊麗莎・平蔻拉・埃思戴絲所著《黑夜航海的船歌：當代吟唱調》。

註十　由西班牙文詩黑色小袋子英譯而來；版權日期為一九七〇年。見克萊麗莎・平蔻拉・埃思戴絲所著《黑夜航海的船歌：當代吟唱調》。

這些在黑暗中進出的意象攜帶著一個古老的訊息：「不要畏懼『不知』。」在我們生命不同的階段和時期裡都理當如此。這個在故事和神話中常見的主題鼓勵我們要去追隨呼喚，就算當時我們完全不知將要何往、將去向何方、或將花上多少時間。我們只知道：就像故事中的男孩一樣，我們要坐起來、站起來、動身去看。因此，即使我們為了找到那呼喚我們的東西而在黑夜中踉蹌了好一段時間，但只要設法不去說動自己掩耳不聽野性的召喚，我們必定會一腳絆到那塊靈魂之皮。當我們用氣息吹起那個靈魂狀態時，我們將自動進入「這就對了；我知道自己需要什麼」這樣的感覺狀態裡。

對許多現代女性而言，最可怕的事情倒不是在黑夜中駕著車子去尋找靈魂皮，而是潛入水中、真正回家。尤其更可怕的是真正告別。雖然女人回到自己內在、穿上靈魂皮、把它拍緊貼在身上、並準備好出發，她們卻依舊寸步難行。她們真的很難放手、很難交出自己一向忙著從事的事情而斷然離開。

停留太久

故事中的海豹女人由於停留太久而變得全身枯萎。我們如果停留太久，也會遭遇跟她一樣的痛苦。她的皮膚乾萎起來，而皮膚正是我們最重要的感官，告訴我們寒冷、溫暖、興奮和害怕的知覺。當女人離家太久的時候，她用來察覺自己真正感覺以及對自我和其他所有事情真正看法的能力都會因乾裂而受損。她跟跳崖自殺的旅鼠一樣，察覺不出過與不及之事為何，以至於奔越自己的崖限而縱身躍下。

在故事中，海豹女人的頭髮變得稀疏，體重直落而下，以至於現在的她跟過去的她相比起來不過是後者的貧血版本。當我們停留過久的時候，我們也一樣失去了自己的創意。我們與靈魂之間的關係變得骨瘦如柴，而血液也流動得愈來愈稀薄、愈來愈緩慢。海豹女人開始不良於行，她的眼睛失去了潤澤，開始失去視力。當我們離家太久的時候，我們的眼睛看不見任何可以讓它們再為之一亮的東西。我們的骨頭感到極度疲勞，神經鞘也彷彿遭到剝離，以至於我們再也無法專注在自己的親人或自己所做之事的上面。

在印第安納州和密西根州的山區森林裡住著一群引人注目的農夫。他們的祖先很久以前從肯塔基州和田納西州的丘陵地區遷移到這裡。雖然他們的言語由於自創的文法而糾結不通，但他們卻是聖經的忠實讀者，而這正說明了為何他們也會使用一些非常美麗而且音長起伏的字眼，比如：邪惡（iniquities）、馨香的（aromatical）、雅頌（canticle）〔註十一〕等等。此外，他們也有許多用來描述疲憊無覺之女人的形容語。他們在切肉板上把這些形容語切成塊狀，再把

註十一　他們意象明顯的用字和詞彙也影響到那個地區中的西班牙裔和東歐裔族群。

它們串成他們口中所謂的句子，然後將之重重摔下。「被馬具套得太久」、「勞累到後腿都斷了」、「疲憊到看不見回大紅穀倉那邊的路」，以及「吸吮一團死垃圾」（這是最為殘酷的形容語），都是指女人在沒希望的或無益的婚姻、工作或努力中汲乾了自己的生命。

女人離家太久之後，就會在生活中愈來愈無趨前的力氣。不但不能披著自己選擇的馬具向前拉行，她反而掛在馬具上來回擺盪。她由於疲憊而變成鬥雞眼，以至在蹣跚前進時竟然錯過了可以提供援助和安慰的地點。她的那團「死垃圾」是由行不通、沒有生命、無法帶來生命的觀念、雜務和要求所構成。這樣的女人不僅變得愈來愈蒼白，也變得愈來愈喜歡爭論不休、愈來愈無法妥協——儘管她已全身碎散一地。她的燈蕊愈燒愈短。大眾文化稱這種狀況為「燒壞了」，但她其實不止如此。她的靈魂備受飢渴之苦。這時只有一條求助之路：她終於知道自己必須——不是或許、大概、多少應該，而是必須——回到故鄉去。

故事中的承諾後來並沒有被遵守。那個男人本身就曾因長期孤獨而乾枯到滿臉裂痕，但他承諾會在一段時間後把她的皮歸還給她並容許她依照自己的意願留下或回鄉。他用這樣的藉口把她騙到自己的家和自己的心裡。

有哪個女人不熟知這種沒有被遵守的承諾？「只要我一完成這個，我就可以走了；只要我能離開⋯⋯春天來的時候，我就會走；夏天過後，我就會走；孩子們上學之後⋯⋯秋天將盡、樹木最美的時候，我就會離開；啊，沒有人能在冬天時去到什麼地方，因此我就等春天吧⋯⋯

這一次我是真的要離開。」

如果女人一向被束縛在俗事之中而逗留過久，歸鄉對她而言將更形重要。多久的時間算長？每個女人的情況不同，但我們可以說：女人自己知道、絕對知道自己何時已經在俗事中逗留太久。她們知道自己何時已經離家太久。她們的身體也許還在此時此地，但她們的心早在老遠之外。

她們痛不欲生地渴望新生命。她們渴望著大海。她們活著只想等到下一個月、等到這個學期結束、迫不及待希望冬天終能結束而讓她們的生命再次復活、熱切盼望未來某一天某一神祕期限終於降臨而讓她們可以重獲自由去做一件奇妙的事情。她們覺得自己如果不……（就請你來補填這處空白吧），她們就會死去。而這一切都充滿了一種悲愴之情、一種焦慮的抑鬱、一種失去親人之苦、一種悲傷的渴念、一種嚮往。有人似乎正在撥扯女人裙裾上的線絲，而女人在窗口久久凝望遠方。這不僅只是短暫的不適；它將佇留不去，會隨著時間變得愈來愈強烈。

但是女人繼續做著日常慣事，自覺愚蠢而充滿罪惡感，但又一面扮出嘻笑的神情：「是、是、是，我知道我應該，但是、但是、但是……」就是她們話語中的「但是」了無生氣地洩漏了她們逗留過久的真相。

當一個還沒有經過完全啟蒙的女人處在這種虛耗狀態的時候，她會誤以為自己可以從留下、而非離去一事中獲得更多靈性嘉獎。另有其他女人則像墨西哥人所說的「總是拉扯著聖母瑪利亞的袖子」，不斷更努力證明自己是值得被人接納的好人。

但是令女人矛盾的還有其他原因。她也許不習慣讓別人搖槳；她也許一天到晚唸著「孩子經」、吟誦著「但我的孩子需要這個、我的孩子需要那個等等」〔註十二〕，卻不知道當她放棄自己回鄉的需要時，她的孩子也學會在成年之後放棄自己在同一方面的需要。

有些女人擔心她們周圍的人不瞭解她們多麼需要回到故鄉。事實上，並非每個人都能瞭解。但女人自己必須知道：當她照著自己的生命運轉返回故鄉時，她周圍的人會因此得到機會去經歷他們自己的個體化過程，並處理他們自己的生命問題。她的返鄉會讓別人也得到成長的空間。

狼就不會對於離開和逗留充滿這麼多矛盾的感覺，只因為牠們依照生命周期來工作、生養小狼、休息和漫遊。牠們的群體會分擔工作和照顧的責任，好讓其他的狼能到別處休息。這是理想的生活方式，具現了原始不馴而完整的女性本質。

我們要知道：返鄉對於不同的女人具有不同的意義。當我的羅馬尼亞畫家朋友看到自己的祖母拿了一把木椅坐在後花園裡、瞪大眼睛對著太陽看的時候，他知道她正處於返鄉的情態裡。她說：「它是我的眼藥，對你也一樣有用。」別人知道這時不可去打擾她。即使不知道，他們也會很快就知道那是怎麼一回事。我們必須曉得：返鄉未必要花上一大筆錢，但它將花上許多時間，並要我們拿出堅強的意志來，要我們在說「我回去了」的時候真心照做。就像我的朋友琴所推薦的方法一樣，你可以轉過頭來大喊：「我暫時出門去了，但我會回來的。」你必須一路如此跋涉以返回靈魂故鄉。

有許多返家的方法，其中有不少凡俗的方法，也有神聖的方法。我的病人告訴我凡俗的作為讓她們得以回去。但我必須警告你：故鄉入口的確切位置會隨時間而有所變易，以至於它在這個月的位置不會相同於上個月的。這樣的入口包括：重讀書中或詩中感人的段落；在河川、溪流、淺溪附近停留幾分鐘；躺在陽光斑斑的地面上；跟相愛者獨處而沒有孩子在身旁；坐在迴廊上剝殼、編織、剝水果皮；隨興散步或潛水一個小時後回來；搭乘不知所往的公共汽車；一邊製鼓、一邊聽音樂；迎接日出；開車到都市燈光打擾不到夜空的地方；祈禱；某位特別的朋友；坐在橋上並讓雙腿懸盪在水面上；抱著嬰兒；坐在咖啡館的窗旁書寫；坐在一圈樹木當中；在太陽底下晾乾頭髮；把手放在雨水桶當中；為植物換盆並執意讓手沾滿泥巴；凝視美麗、優雅以及令人動容的脆弱人性。

因此，返鄉未必是一趟要在陸上艱苦前進的旅程，但我也無意讓這旅程看來過於簡單。不管它簡單與否，我們對於返鄉總是充滿抗拒的心情。

註十二　她吟誦的不一定是「孩子經」，也可以是：「我的室內植物、我的狗、我的學校功課、我的伴侶、我的矮牽牛花」。一切都只是託辭；事實上，女人既迫不及待想要離開，也迫不及待想要留下來。

女人還有另外一個延遲返家的理由，而這個理由極令人難以理解，那就是：女人過分認定自己應該扮演「治療者」這種原型角色。原型本是一個既神祕且能訓誨我們的巨大力量。在我們接近它、效法它到某種程度、與它維持平衡關係時，我們可以貯存大量的心靈資源。每一個原型的所有特徵都符合我們賦予它的名稱：偉大的母親、神聖的孩子、太陽英雄等等。

「偉大的治療者」這個原型帶有智慧、善心、知能、慈愛、以及其他所有與治療者有關的特質。因此，如果我們能像「偉大的治療者」這個原型一樣慷慨、仁慈、願意助人，那應是一件很好的事情。但這也只能到一個程度；超過了這個程度，它便會在我們身上形成阻礙力。女人那種「治療一切、修補一切」的強迫行為，是文化置於她們身上的種種要求所架設起來的一個大陷阱。最主要地，這些要求形成一些壓力，迫使她們想要證明自己不是單單站在那裡占據空間、享受人生，而是具有可以變為現金的實際價值——平心而論，也就是要證明她們頗具價值，因而應該被容許生存在這個世界上。這些壓力在我們還很年幼、還不知判斷和抗拒時就被引進至我們的心靈之中。它們成為我們的法律……除非或直到我們挑戰它們。

但是單單一個人不可能隨時回應痛苦世界的全部哭喊聲。事實上我們也只能回應那些容許我們定期返鄉的哭叫聲，否則我們心中的光明會幾乎滅絕掉。我們心中想要幫忙的事情有時並不與靈魂的資源相稱。如果女人珍惜自己的靈魂皮，她會根據自己與「故鄉」接近的程度以及自己「回家」的頻率來決定這些事情。

原型也許會在短時間內透過我們流露出來——亦即我們所說的靈質生命——但沒有女人能夠持續流露出某種原型。只有原型本身才能時刻都行、無所不給、永遠有活力。我們或許想效法這些特點，但它們是人類無法達到、也不應達到的理想。可是，陷阱卻要求女人耗盡力氣去試著達到這些不切實際的境界。如果要逃開這個陷阱，我們要學會說：「停住！」和「不要再播放那音樂！」並且要心口如一。

女人必須離開、獨處、並檢視自己一開始是如何陷溺在某種原型之中的。(註十三) 那個能判定「以此為界、到此為止」的野性本能必須被找回來並予以開發。這就是女人確定自己方位的方法。比起留下來衰頹不振而最終一身襤褸地爬開，我們最好還是返鄉一下——縱使有人會因此非常不悅。

因此，疲憊、一時對這世界感到厭煩、不敢休息、不敢停下來的女人啊，你們要及時醒過來！拿一條毛毯去蓋住那震天價響而不停呼叫你去幫這事、那事或另一事的銅鑼。如果你希望

註十三　「對所有的人都有求必應」的情結會攻擊女人在能力方面的自信，並逼使她要表現得有如「唯一」的「偉大治療者」。但是，企圖扮演原型角色的人類事實上就是想成為上帝，而這是不可能的事情，而且這種企圖所耗去的力氣會汲乾並摧毀心靈。

原型可以抗拒人類的心理投射，但人類卻無法在承擔別人派給的原型角色時（而因此被當成是可取之不竭的不倒翁）不受到傷害。當女人被請求或被期望去扮演那永不疲倦的偉大治療者原型時，她必會在扮演多重沉重的負面完美主義角色中倒地不起。如果別人要求你把自己裝束在任何理想原型的袍子之中，你最好把眼睛轉向遠方，搖搖頭，繼續朝家的方向行進。

的話，等你回來時，它還會在那裡等著你把毛毯掀開來。如果我們在是時候的當下不返回故鄉，我們將會失去重心。再度找回靈魂皮、穿上它、把它拍緊貼身、回到故鄉，這個過程會讓我們在回來後做事更有效率。有句話說：「你不可能再回到故居」，這是錯誤的說法。你也許無法重新爬進子宮裡，但你可以回到靈魂之家。那不僅是可能的，更是必要的。

切斷繫繩、潛入

什麼是候鳥返巢？那是一種讓我們回到思憶之地的本能動作，是一種讓我們無論在白天或黑夜都能找到故居的能力。我們人人都知道如何回家；不管路程有多遠，我們總能找到歸去的路。我們行經夜晚、橫越陌生的土地、經過陌生的族群、不需地圖、也不需向路上碰到的陌生人問說：「我該怎麼走？」

「家在哪裡？」這個問題的正確答案比較令人傷腦筋……但就某方面來講，它是心中的一個所在，是時間而非空間中的某處，而唯有在此，女人才會自覺是完整的。安身在家的時候，我們的思想和感覺會歷久耐持，不會因為有別事來強求我們的時間和注意力而遭打斷或拉走。世世代代以來，即使女人必須承擔無止境的責任和雜務，她們早已發現無數的方法來擁有或替自己打造這樣的家。

我童年時的周遭人物讓我第一次懂得這件事情。許多虔誠的女人在清晨五點前起床，然後穿著黑色的長衣在灰濛濛的曙色中走去跪在教堂寒冷的中堂裡。她們的眼角餘光被垂下的頭巾給遮斷，而她們的臉深埋在紅色的雙手裡。她們向上帝祈禱，向上帝述說故事，並把平安、力量和悟見拉進自己的心中。我的凱特玲阿姨常帶著我一起去。有一次當我說：「這裡好安靜、好美麗。」她示意叫我不要說話，並對我眨了眨眼睛：「不要跟別人說；這是個重要的祕密。」原來如此。在清晨走在前往教堂的人行道上時、當身在教堂陰暗的內部時——時間當中也唯有這兩個所在是不准女人受到打擾的。

女人必須費力爭取、釋放、接起、創造、謀求和維護自己回鄉的權利。「在家」是一種經久的心情或知覺，讓我們能體驗到凡俗世界不一定能支撐得住的許多感覺，如：驚喜、灼見、寧靜、無慮、擺脫外來要求而得的自在、或免聽外在不停之叨擾而得的自在。所有這些來自故鄉的寶物最後都要被貯藏在心靈當中，以便來日可被運用在上方世界之中。

雖然我們可以去到世界許多真實地方，讓自己用「感覺」摸索回到那特別的家，但那些物質世界的地點並不是我們的家，而只是搖著自我入睡的工具，以便讓我們能夠自行完成其餘的路程。女人用來返家的工具有很多種：音樂、藝術、森林、浪花、日出、獨處。它們把我們帶回到一個提供養分的內心世界中，而這世界擁有完全屬於它自己的思想、秩序和維生系統。

家就是原始的本能生命；它輕鬆運作一切，好比在抹油軌道上輕滑的接榫一樣，一切都順理成章。在它那裡，噪音聽起來恰到好處，光線十分美好，而各種氣味聞起來只會帶給我們平靜、而非緊張。一個人在返家期間做了什麼並不重要；重要的乃是任何可以讓平衡得以恢復的事情。家就是如此。

在家時，我們不僅擁有沉思的時間，還能擁有時間去學習並重新發現那些被遺忘、被棄置荒廢和被埋藏起來的東西。我們可以在那裡想像未來並研讀心靈的傷疤地圖，瞭解因果並知道自己將走向何方。愛甸・瑞琪動人的詩〈潛入沉船中〉（Diving Into the Wreck）告訴我們如何取回本我〔註十四〕：

有一把梯子。
梯子一直在那裡，
無辜地掛在
帆船身邊不遠之處……
我爬下去……
我要探索那艘沉船……
我要察看受損之處
和持久不搖的實藏……

關於生命周期中的返鄉時機，我只能告訴你一件最重要的事情：即使你還沒有準備好，即使手中的事情還沒有做完，即使你的船今天才正要入港，當時間已到之時，你就必須出發。時間一到，你就必須返鄉。海豹女人之所以回到大海，並不是因為她想這麼做，不是因為今天是出發的好日子，也不是因為她已經把自己的生命打理得乾淨整齊——沒有人會遇上乾淨整齊的時刻——而是因為時間到了，她必須這麼做。

我們每個人都會用自己最喜歡的方法勸阻自己不去接受返鄉的時機。但是，一旦我們恢復了本能的和野性的生命周期，我們就有心靈責任要去依照周期安排生命，使自己的生命更加豐富。我們毋須多談出發返鄉時機的對或錯。簡單的事實乃是：時間一到，你就必須前去。〔註十五〕

有些女人從來不曾返鄉，而只活在行屍走肉的境況裡。這種殭屍狀態最殘酷之處在於：女人可以正常運作、走路、說話、行動、甚至成就許多事情，但是她再也無法感覺到一路上的錯

註十四　見愛甸．瑞琪所著《門框的事實》（*The Fact of Doorframe*, New York: Norton, 1984），162頁。

註十五　在其他故事裡——如〈睡美人〉——睡著的年輕女人之所以醒來，不是因為王子親吻了她，而是因為時間到了。百年的詛咒已經逾時，而她必須醒來。環繞城塔的荊棘森林之所以消失，不是因為男主角英勇過人，而是因為詛咒已經結束而且森林消失的時間已到。童話故事不斷教導我們：時間到時，就是時候。

誤所帶來的後果——假如她能的話，她的痛苦應會驅使她立即轉頭修正它。

但是，不，處於這種情況中的女人繼續跛行著、向外伸出雙臂、避而不知失鄉之苦、失去視力，而且正如巴哈馬群島人所說的「魂不守舍」，讓她無論做什麼都不覺得自己的生命是真實的。在這種狀況中的女人會有一種怪異的感覺：雖然很有成就，她卻不覺得滿足。她正在做自己認為應該做的事情，但手中的寶貴事物卻不知為何變得跟塵土一樣分文不值。這種狀況對女人而言應是一個很好的覺醒機會；不滿足是一扇祕門，通往重大且能帶來新生命的轉變。

我曾經輔導過一些二十多年都未曾返鄉的女人；一旦踏上那心靈土地，她們沒有一個不掩面而泣的。由於各種原因——當時看來都是合理的原因——她們日復一日、年復一年接受這遠離故鄉的永久放逐。她們早已遺忘雨水落在乾涸大地上是多麼美好的事情。

對有些女人來講，回家是件需要費點力氣才能做成的事情。多年來用盡藉口不張嘴唱歌的她們開始唱起歌來；她們開始專心去學自己長期嚮往的某一樣事情；她們找回生命中失去的人與事；她們取回自己的聲音後開始寫作；她們停下來休息；她們把世界某一個角落占為己有；她們做出重大或緊張的決定；她們去做某種會留下足跡的事情。

對另一些女人而言，家就是森林、沙漠、海洋。事實上，家有如全像攝影術中的被攝體，以各種面向展現出來。一棵樹木、一株在園藝店櫥窗裡被單獨擺放的仙人掌、一池止水，這些都可以承載它的全部力量。躺在柏油路上的黃葉、等待一把植物根填入的紅土花盆、掉在肌膚上的一滴水也一樣見證它全部的潛能。當你用靈魂之眼凝視的時候，你會在許多、許多地方看見家的存在。

我們要回家多久？能回去多久就回去多久，或是直到我們尋回自己之時。我們需要多久回家一次？如果你很「善體人意」而活躍於外在世界，你就需要更常回去。如果你皮厚而鈍感，不常「在外」與人周旋，那麼你就不用經常回去。每個女人從心裡知道自己需要回去多久、需要多常回去；她在評估自己的眼神光彩、心情活力和五官靈活度時就已經心知肚明了。

我們要如何在返鄉的需要和日常生活之間取得平衡？我們事先就要把返鄉列在生命計畫中。令人訝異的是，女人在有人生病時、孩子需要她時、汽車壞掉時、牙痛發作時都能很輕易地「騰出時間」來。返鄉這件事情必須也得到同等的評價，甚至在必要時還必須被視為緊急狀況，因為我們確信：如果女人不在時間已到時返鄉，她靈魂／心靈中細如髮線的裂縫將會成為縱谷，而這縱谷亦將成為咆哮的深淵。

如果女人真的珍惜自己的返鄉周期，她周圍的人也將學會尊重它們。只要能從日常生活的雜音中抽出時間來，我們就一定可以回到意義重大的故鄉，而這抽出來的時間是神聖不可侵犯的並且單屬我們所有。「單屬我們所有」對不同的女人而言具有不同的意義。對有些人來說，美好的返鄉經驗就是把自己關在房裡、但仍容許自己能被他人找到。然而對其他人來說，她藉以潛入故鄉的地點不能容下一絲紛擾，不可以有「媽咪、媽咪，我的鞋子在哪裡？」，也不可以有「親愛的，我們需要到雜貨店去買些什麼嗎？」

對這個女人而言，引她進入深處故鄉的出海口只能在「不要打擾我」和「完全安靜」的氣氛中被召喚出來。對她來說，在眾樹之巨大紡梭中吹過的風聲是一種安靜；對她來說，雷聲是一種安靜；對她來說，井然有序而不求人回報的大自然是一種可以賦予她生命的安靜。每個女人都是依照自己所能和所必須來做出選擇。

不管妳能否回去一個鐘頭或數天之久，要記住下列的事實。縱使妳的貓說只有妳會用正確的方法照顧牠們，仍有別人也曉得如何寵愛牠們。妳的狗也許想讓妳相信妳正把孩子丟棄在大馬路上，但牠終究會原諒妳的。院子裡的草會發黃，但它會再長好的。妳跟孩子會互相想念對方，但當你回來的時候，大家都會非常開心。妳的伴侶也許會鬧情緒，但他事後就忘了。妳的老闆也許會恐嚇妳，但事後也會一樣記不得這件事情。若妳遲遲不肯離去，妳就等於發了瘋；返鄉才是神智清楚的作為。

當周遭文化、社會或自己的心靈不支援這返鄉的生命周期時，許多女人學會不計一切都要跳過大門或從籬笆下方挖爬而過。她們開始罹患慢性疾病，然後躺在床上偷取閱讀的時間；她們微笑時露出虎牙，彷彿一切安好，但在同時卻悄悄降減自己的做事效率。

當返鄉周期被打擾時，許多女人會覺得：如果要爭得離去的自由，她們非得跟老闆、子女、父母或伴侶大吵一架之後才能堅守自己的心靈需求。因此，女人常在盛怒大吵之際硬不肯讓步：「好，我走。既然你是這樣一個……而且根本不關心……（請讀者自行填入省略掉的字眼），我乾脆一走了之。多謝了！」於是在砲聲隆隆、怒氣沖沖、碎石揚起之中，她離去了。

當女人需要用大吵的方式來爭得權利時，她總覺得自己理直氣壯，並覺得自己的返鄉心願絕對要受到維護。我們在狼的身上也看到有趣的一點：必要時，狼會為自己想要的東西大打一架，不管那是食物、睡眠、性、還是安靜。看來，為自己所要的東西爭吵打架是動物受阻時的正當本能反應。然而，在許多女人身上，這場爭鬥也應發生在她們的內心之中，甚至只應發生在那裡：她們必須奮力對抗那打從一開始就否決她們所需的全套內在情結。而在另一方面，一旦女人返鄉後又回到日常生活中，她們將會更有能力驅退那咄咄進逼的外在文化。

如果妳在每次返鄉時都必須打上一仗，那麼妳需要審慎評估一下自己跟親近者之間的關係。如果做得到的話，妳最好告訴這些人以下的事實：當妳回來時，妳將變得更充實而有所不同；妳並不是想棄他們而去，而只是想重新瞭解自己，並讓自己回歸到真實生命中。尤其如果妳是個藝術家，妳最好讓自己身邊多一些可以瞭解妳返鄉之必要性的朋友，因為妳很可能會為了瞭解創造力的運轉而比大多數人更常需要回到心靈家鄉去掘礦。因此，要言簡意賅並且堅定有力到不容他人抗拒。我的朋友諾曼蒂是個很有才氣的作家。她說：練習許久之後，她已經把要說的話縮減成「我走了」三個字。這就是最棒的說法。說出這三個字之後，就離去吧。

不同的女人用不同的標準來決定多長的返鄉時間是有益且（或）必要的。我們大多數人無法每一次都能按自己的心願離開太久，因此只能盡可能離開久一點。偶爾，我們需離開多久時間就可以離開多久時間。其他時候，我們在還未開始想念留在後方的人或事之前都可以不用回來。有時我們則會密集地在海水中躍進躍出。大多數生命周期已恢復自然運轉的女人會輪流使用這些方式，試圖在環境和自己的需求之間找到平衡點。有件可以確定的事情是：我們最好在自家門口擺上一個小小的手提旅行袋，為出發做好準備。

中介女人：在水下呼吸

故事中有一個很奇怪的妥協：不但沒有永遠離開孩子或帶走孩子，海豹女人帶了孩子去拜訪住在「水下」的親人。由於母親血緣的關係，孩子被認可為海豹家族的成員，在水底故鄉接受野性靈魂方面的教育。

這孩子代表一個新的心靈境界。他的海豹母親把自己的氣息、自己特別的生命力吐進他的肺部。用心理學的用語來說，她是藉此把他變成一個中介生命〔註十六〕，亦即溝通兩個世界的橋樑。但是，雖然這個孩子被啟蒙引進下方世界，他並不能留在那裡，而必須回到陸地上。從此之後，他扮演了一個很特別的角色。這潛入深海後又浮上陸地的孩子並不全然是自我，也不全然是靈魂，而是一介於兩者之間的生命。

根據二十世紀前半期一位榮格學派心理分析師托妮．沃爾夫（Toni Wolffe）的說法，在所有女人的核心深處住著一個「中介女人」。這個中介女人站在共識世界和神祕無意識世界之間，做為這兩個世界之間的媒合者。她是兩組（或更多）價值系統或觀念系統之間的發報器和接收器。她把新的觀念帶到生命中，用新的觀念取代舊的觀念，並擔當理性世界和想像世界之間的翻譯任務。她「聽見」事情、「知道」事情，並「感知」下一步應該會發生的事情。

中介女人的家就位於理性和意象、思想和感覺、物質和精神之間的中途點上，也介於我們所能想像出來的所有對立之事和所有意義的細微差異之間。故事中的海豹女人是流露出來的靈魂，她可以住在任何世界中，無論是上方的物質世界、還是遠方的世界（或水中世界、她的靈性家鄉），但是她無法在地球上停留太久。她和漁夫——心靈的自我——生出一個也可以活在兩個世界之中、但無法長期停留在靈魂故鄉的孩子。

海豹女人和孩子一起在女人心靈中形成一種類似水桶接力隊的系統：海豹女人所代表的靈魂我把思想、觀念、感覺和衝動從水中向上傳給中介之我，而後者再把這些東西舉傳到陸地上以及外在世界的意識狀態中。這個系統也能倒轉運作。我們日常的生活事件、過去的創傷和快

註十六　傳統榮格心理學可能會稱這個孩子為靈魂嚮導，視其為阿尼瑪（anima）或阿尼姆斯的一個面向，並將之比擬為帶領靈魂進入冥間的赫米斯（Hermes）。在其他文化裡，這位靈魂嚮導被稱為侏侏（juju）、布琉哈（bruja）、安卡溝克（anqagok）、查蒂克（tzaddik）。這些字眼不僅是專有名詞，有時也是用來描述人或物之神奇能力的形容詞。

樂、對未來的恐懼和希望也全部一手接一手地傳到靈魂那裡，而靈魂用夜夢來註記它們，把自己的感覺向上透過我們的身體散發出去，或用剎那靈感——這靈感的頂端尚且勾掛著一個創意——來刺透我們。

野性女人把判斷力和靈魂力結合起來。中介女人是她的替身，也一樣擁有這兩種能力。就像故事中的孩子一樣，中介女人屬於這個世界，但她也能輕易地遠遊到心靈更深的領域。有些女人生來就具有這樣的稟賦，其他女人則必須用學習技能的方式來學習它，但這種差異並沒有什麼重要性。定期返鄉的一個結果是：每當女人返鄉後並回到世界時，心靈中的中介女人都會被強化起來。

浮上水面

在返回野性故鄉這件事情上，有一令人覺得奇妙也令人痛苦的地方：我們只能拜訪而不能留下。不管置身在所能想像出的最深故鄉是多麼美好的事情，我們不可能永遠停留在水中；我們必須向上游回水面。就像被輕放在岩岸上的歐路克一樣，我們在回到凡俗生活的時候充滿了新的生命力。即使如此，當被放回岸上而需再度自力更生時，我們還是非常悲傷。在古老而神祕的儀式中，被啟蒙者回到外在世界時也有一股酸甜交雜的心情滲過他們，一方面他們因重獲新生而感到高興，另一方面也會在第一時間感到悲傷。

為了治療這小小的傷痛，海豹女人教導她的孩子說：「我隨時都在你身邊。只要摸一下我摸過的東西、我的揀火棒、我的刀子、我雕刻的石水獺和石海豹，我就會對著你的肺吹進一陣風，讓你可以唱出你自己的歌。」〔註十七〕她的話是一個很奇特的野性承諾，暗示我們不要立即就渴望再回故鄉而依依不捨。我們反而應該要瞭解這些工具、跟它們互動、藉以感覺她的存在、並想像自己就是一張被狂野之手敲打的鼓皮。

印紐特人認為這些工具屬於「真正的女人」所有。它們是女人用來「為自己雕刻生命」的工具。她的小刀可以用來敷藥以及切斷、鬆解、設計和剪裁東西。她對揀火棒的知識可以讓她在最嚴苛的氣候中點木成火。她的石器雕刻代表她的神祕知識、醫療技能、以及她個人與靈性世界之間的融和關係。

從心理學的角度來看，這些象喻代表了野性本質最常見的能力。在古典榮格心理學中，有些人會認為這種象與義的結合就是自我和本我（ego-self）共成的相參軸線。在童話故事的行話

註十七　在故事中，海豹皮的氣味讓孩子充分感覺到他母親的靈魂之愛。有一個狀似她靈魂的東西從他的身體吹拂而過，不僅沒有傷害到他，反而使他產生知覺。在現代某些印紐特家族裡，當親人死去時，活著的人會穿戴死者的獸皮、頭飾、綁腿襪等個人用品。如此裝束的家人和朋友認為這是靈魂交接的方式，是生命所必要的。人們相信死者用過的布、獸皮和工具保存了一部分靈魂，其力量不可小覷。

中，除了其他意義之外，小刀還象徵一種用來割破昏矇以透視隱密之事的視覺工具。點火工具象徵自我餔養、轉換舊生命為新生命、以及祛除無益之負面能量的能力。它們也被視為代表那用熱力強化心靈基本物質的內在驅力。在傳統的童話故事中，神物和法寶的製作都可以幫助故事中的男女主角記得靈性世界的能力就在他們身旁不遠之處。

對現代女性而言，她的小刀象徵洞見以及她切除多餘之事時所需的能力和甘願之心，讓她可以在清楚截斷事情之後雕刻出新的開始。她的生火動作宣示她能夠從失敗中再起、能夠為自己創造熱情、也能夠在必要時燒光某件東西。她的石器雕刻表示她記得自己的野性意識以及她與天然本能生命之間的聯繫。

就像海豹女人的孩子一樣，我們學到：只要接近靈魂母親所創造出來的東西，我們就能被她充滿。雖然她已經回去與她的家人同住，我們還是可以透過女性的洞見、熱情和我們與野性本質之間的聯繫去感受到她的全部力量。她許下的承諾是：如果我們去接觸心靈力量所使用的工具，我們就可以感受她的精神；她的氣息會進入我們的鼻息、用神聖的風充滿我們、使我們得以歌唱。老印紐特人說：當一個神祇的氣息跟一個人的氣息相融的時候，這人會創造出熱烈而神聖的詩篇。〔註十八〕

我們尋求的就是那神聖的詩篇和歌唱。我們想擁有那在水中和陸上都能被人聽見、大有能力的文字和歌聲。我們希望用野性來歌唱，渴望有機會去使用我們在水底學得並記住的野性語言。當女人講出自己的真話、用熱火煽起自己的意念和感覺、並與本能天性保持密切關係時，她就是在歌唱，就是活在靈魂的野性氣流之中。這樣的生命本身就是運轉循環；它會不斷行進，往前復往前。

這就是歐路克在母親游到外海而消失時並沒有試圖潛回水中或要求與她同去的原因，也是他留在陸地上的原因。他擁有一個承諾。當我們回到喋喋不休的世界時——尤其如果我們在返鄉過程中曾經與人稍稍斷絕來往的話——人們、機器和其他事物都會顯得稍為陌生，甚至我們周圍的喧嘩聽來都會有點奇怪。回到俗世的這一階段可稱為「返回大氣層」，而這是必經的一個階段。這種從外星世界回來的感覺會持續好幾個小時或好幾天；自此而後，我們將在凡俗世界待上好一陣子，一方面用我們在返鄉時聚集起來的能量做為生命的動力，一方面則用獨處來練習讓自己在過渡期間仍能和靈魂短暫結合。

在故事中，海豹女人的孩子開始扮演中介的角色。他成為一個鼓手、歌唱者、說書人。以童話故事的意義來說，鼓手在打鼓時會化身成所有需要湧現並發出迴響之新生命和新感覺的中央心臟。鼓手可以嚇跑東西，也可以召喚東西。至於歌唱者，他在偉大的靈魂跟凡俗世界之間來回傳遞訊息。憑藉著自己的本然和音色，歌唱者可以拆解、破壞、建造和創造事物。至於說

註十八　這是瑪麗・烏卡拉告訴我的。她也告知我一個古老觀念：我們的氣息是用詩形成的。

書人，據稱他可以爬到諸神身邊去偷聽祂們的夢囈。〔註十九〕

於是，透過這一切藝術形式，孩子把海豹女人吹進他裡面的氣息活出來。他把自己在水中學到的事情——與野性靈魂相與的生命——活出來。我們這時發現自己被以下的事情所充滿：鼓聲節奏、歌唱、傾聽和表達、新詩創作、新的視覺方式、新的行為和思想方式。不但沒有試圖「讓魔法不散」，我們反而只求簡單的生活；不但沒有抗拒或恐懼自己選擇的工作，我們流入其中，滿懷新生命和新觀念，並對未來充滿好奇心。畢竟，返鄉者已經安然度過了自己被偉大海豹靈魂帶至海上時所遭遇的大風大浪。

意在獨處

在清晨灰霧中，已經成年的孩子跪在海中岩石上跟海豹女人說話。這種每日刻意為之的獨處和溝通讓他得以在關鍵時刻接近家鄉。他曾經長時間潛水到靈魂之鄉；如今，他也能夠把靈魂短暫喚回到上方世界。

為了要跟野性女人對話，女人必須暫時離開世事而停留在孤獨之中，而這是指古人最早所說的孤獨。很早以前，**孤獨**（alone）這個英文字被認為是由兩個字組成的：all和one。〔註二十〕當處於all one的狀態時，一個人會成為整合為一的生命（可能只是短暫如此，但也可能是根本的改變）。而這也正是獨處的目的：整合為一。它可以治癒現代女性常見的散脫狀態——這種狀態中的她非常符合古老諺語所云的「跳上馬匹後四處亂騎」。

獨處並不像有些人以為的那麼缺乏活力或行動，反而是靈魂傳達野性補給品給我們時的一種恩賜。在古代醫生、宗教師和神祕主義者的記載中，刻意獨處具有緩和及預防的作用。它可以治療疲乏和預防倦怠感。它也可作為神諭的使者，讓人傾聽內在我的聲音，以求取在日常嘈雜聲中聽不到的勸告和指引。

古代女人和現代的原住民女人都會特別為這樣的溝通和詢求準備一個神聖的地點。傳統上，女人會在月經期間為自己做這種準備，因為她們在這期間會比平日更易於瞭解本我，而無意識和意識之間的介膜也會大幅度變薄。平常被阻擋在意識之外的感覺、記憶和感官知覺會越界並長驅直入認知的範疇中。在這段期間獨處時，女人會得到更多的省思材料。

然而，在我跟北美洲、中美洲和南美洲的原住民女人以及斯拉夫裔的女性交談之後，我發現：「女人的地方」在任何時間都可發揮作用，不限於月經期間；而且更重要的是，每個女人都擁有自己的「女人的地方」——那也許是一棵樹、水之濱、某一天然林區、沙漠中的房間或

註十九　同上。
註二十　見牛津英文字典。

海邊的岩洞。

多年為女性進行心理分析的經驗使我相信：現代女性經期前的鬧情緒有一大部分不僅是生理症狀，也可歸咎於她因得不到充分時間去更新自己並使自己再度充滿活力而感到的挫折。〔註二十二〕有人引述早期人類學家的意見，認為不同的族群都曾視經期中的女人為「不潔」之人而強迫她們在經期結束前離開村子。聽見這種說法時，我都會大笑不已。任何女人都曉得：即使真有這種強迫放逐的儀式，所有女人（沒一個例外的）在輪到自己之時都會裝出一副垂頭喪氣的模樣離開村子，但一走出了別人的視線範圍，她們必會突然沿路跳起吉格舞來，一路咯咯笑著而去。

正如故事所示的，如果我們定期刻意獨處，就能建立自己和野性靈魂——它不時會靠近我們的海岸——之間的對話關係。我們這麼做的目的有二：「接近」那野性而靈魂款款的本質並透過這種親密關係去提出問題及聽取靈魂的建議，正如神祕主義之傳統千古以來所示於我們的。

我們要如何喚出靈魂？方法有很多種：打坐、有節奏的跑步、敲鼓、唱歌、寫作、繪畫、創作音樂、觀看極美麗的景物、祈禱、靜思、參與儀式、站立不動、沉醉於某種心情或觀念之中。這一切都是心靈所發出的傳票，要把靈魂從它的棲居之地傳喚出來。

然而我還是要建議：我們使用的方法最好不要用上太多道具或太過講求特別地點，而且最好在一分鐘或一天之內就能完成；也就是說，我們要用自己的心去召喚靈魂。每個人都至少擁有一個熟悉的心境可以去完成這樣的獨處。就我自己而言，獨處就像是一座對摺起來的森林，可讓我隨處攜帶，也可讓我在需要之時將之展開在自己的四周。我會坐在童年老家的巨樹腳邊，然後藉著這制高點提出問題並接收答案，再把我的森林凝聚成一紙情箋的大小，將它善加保存到下一回獨處之時。這樣的經驗直接而簡短，又能增進我的認知。

的確，在刻意獨處時，我們唯一必須做的就是關掉分神之事的音頻訊號。不管女人是否正在參加一場爭論不休的董事會，是否甩不掉那需要用推土機才能打掃得乾淨的房子，是否身邊正聚滿了一群健談的親戚（他們在三天守靈期間又爭吵、又唱歌、又跳舞），她仍然可以學會讓自己跟人、跟噪音、跟喋喋不休的說話聲分隔開來。如果妳曾有過少年歲月，你必然知道相應不理是怎麼一回事。如果妳曾是兩歲失眠小娃的母親，妳也一定知道如何刻意找出獨處的時間。這並不難做，難處在於記得這麼做。

雖然我們更希望前往無人知道之處、用較久時間暫居在靈魂故鄉、稍後再回來，但我們若

註二十一　女人習慣於騰出很多時間去處理身體的危急狀況（尤其是別人的身體健康），卻沒想到要用時間去維繫自己和靈魂之間的關係。她們不知靈魂就是自己生命和活力的磁力發電機或中央發電機。許多女人不把自己和靈魂之間的關係當成是一個非常重要的工具。正如任何有價值的工具一樣，它需要遮護、清洗、上油和修理。否則，就像汽車一樣，這樣的關係會累積許多汙穢的沉澱物，進而減緩女人的日常生活速度，令她在最簡單的工作上都需耗盡巨大能量，以致最後拋錨在距城遙遠而沒有電話的傷心山嶺上。那時，徒步回家將是迢迢漫長之路。

能在擠滿一千個人的房間裡進行獨處，那會是件同樣難能可貴的事情。這話在乍聽之下也許顯得很奇怪，但老實說，我們無時無刻都在跟靈魂對話。只是，許多人並不是在有意之間進入這種情境，而是在突然一陣恍神中掉了進去，或在突然「聚精會神」之際「發現」自己已經身在其中。

由於這不被人認為是合宜之舉，我們常為了掩飾而學會用凡俗字眼去稱呼這暫時性的靈魂溝通：「自言自語」、「不知在想什麼」、「神遊象外」或「作白日夢」。我們的文化中有許多面向把這種掩飾之詞灌輸給大家。很不幸地，從小到大，當我們與靈魂溝通的事被人發現時（尤其在職場或學校這些一般環境中），我們都已被洗腦到只會為之感到羞慚。

不知為何，教育界和工商界都認為花在「整合為一」上的時間是沒有生產力的，卻不知它事實上具有最豐富的產能。野性靈魂把觀念輸送到我們的想像力之中，我們繼而挑揀這些觀念，以找出哪些可以實踐、哪些最具有實用性和產能。只有在跟靈魂相融之時，我們才能散發出靈性的光輝並樂於掌握自己的才華——不管那是什麼樣的才華。這短暫甚至剎那即逝的刻意親密關係可以做我們的後盾，讓我們活出內在生命。我們非但不應將之掩埋在羞愧、害怕報復或攻擊、懶散、自以為是、或其他種種框限的理由和藉口之中，反而應該讓內在生命向外揮手、閃出火光、炙燃起來，讓所有的人都能看見。

因此，除了可以讓我們瞭解自己想要深探的任何事情之外，獨處也可以用來評估我們在自己選擇的各種領域中有何表現。我們稍早在故事中看到男孩在海中待了七天七夜以學習大自然最古老的一種循環。「七」這個數字常被視為屬於女人所有，而這神祕數字符合月亮周期的四個等分，也相當於女人的生理周期：由虧漸盈、半滿、全滿、轉缺。在古老部落的女性傳統中，女人通常會在滿月時省思自己的生命、朋友關係、家庭生活、伴侶和子女的各般狀況。

我們也可以在獨處時做到這一點，因為我們可以利用獨處時間把自我的所有面向攤在某一特定時間當下去看出它們的意義；我們要對它們做民意調查、詢問它們的意見、找出它們／我們／靈魂此刻冀望什麼、然後盡可能獲致這些被冀望之事。我們用這種方式來嚴格探視自己的現況。事實上，我們的生命中有許多面向必須持續接受評估：住處、工作、創造力、家人、伴侶、子女、母親／父親、性生活、靈性生活等等。

評估所用的衡量標準相當簡單：何者的要求可以減少些？何者的要求可以增加些？我們不用僵硬的邏輯或自我的方法來發問，而要用本能之我、野性女人的方法。我們的靈性跟靈魂還位於正確的軌道上嗎？我們的內在生命有展現出來嗎？有什麼需要被養肥一點、被保護、用重物加以穩住的地方？有什麼需要被處理掉、被移走或被改變的？

進行一段時間之後，刻意獨處所累積的成效會開始像生命呼吸系統一樣發揮作用，變成一種可一再增添知識、略做調整、刪除無用的自然循環節奏。它不僅具有潛在能量，也非常實際划算，因為獨處僅需依賴食物鏈最下方的生物為其食物。雖然它需要我們在意願和實踐上多花點力氣，它卻不計較時間和地點。只要持之以恆，你會在一段時間之後發現自己已能向靈魂自行提出問題。有時你只有一個問題，其他時候你則全無問題，而只想靠在靈魂旁邊的岩石上休息、跟它一起呼吸。

女人內在的生態環境

故事告訴我們：雖然很多人想追捕並殺掉靈魂，但沒有一個捕獵者有能力做到這一點。像其他童話故事一樣，這則故事讓我們知道野性靈魂是難以被摧毀的。即使我們又工作、又做愛、又休息、又在有違生命運轉的情況下玩樂享受，野性女人並不會因此死去，反倒是我們會因此感到筋疲力盡。值得慶幸的是，我們可以做一些必要的修正以恢復自己原始的生命周期。我們只有在珍惜並看守自己的自然季節時才能保護自己的生命，使它免受他人之生命節奏、他人之舞蹈、他人之生命饑荒的影響。只有在確信自己的性生活、創造力、休息、娛樂和工作具有獨特的運轉周期時，我們才能重新學會去界定及細察我們所有的野性感官和季節變化。

我們都知道自己無法過一種被沒收充公的生活。我們都知道到了一個時候，男人、他人和世界都必須暫時被拋在腦後。我們都已知道自己是兩棲動物；我們住在陸地上，但並非永遠如此，因為我們必須偶爾前往水底故鄉。然而，高度文明和過度施壓的文化一再企圖不讓女人返鄉，而她往往又愛聽從「請勿戲水」的警告，以致日漸削瘦而形如鎳幣、盡失一切光采。

但是，當長假返鄉的呼喚來臨時，她內心某處必然會聽見（且一向等著聽見）這個呼喚。當返鄉的呼喚來臨時，她將會隨之而去（而事實上，她暗地裡或不那麼暗地裡早就準備好要跟隨而去）。她跟自己心靈中的所有盟友將一起收復她返鄉的能力。這個獲取能力的過程不僅發生在幾個女人的身上，也發生在我們所有人的身上。雖然大家都被陸地上的責任糾纏住，但深海老者會向每一個人發出呼喚，而大家因此都必須返回故鄉。

所有回鄉的方法跟經濟能力、社會地位、教育程度或身體活動的自由度無關。即使我們只見一莖小草、即使只見頭上八公分的天空、即使只見人行道裂縫裡冒出來的蔓岔野草，我們還是看到了大自然，還是在其中發現了自己與大自然同行並進的生命周轉現象。我們大家都能游到外海，都能在岩石上跟海豹女人交談。所有女人——帶著孩子的女人、擁有情人的女人、單身女人、有職業的女人、意志消沉的女人、一帆風順的女人、內向的女人、外向的女人、身負重責大任的女人——都必須擁有這種親密關係。

榮格說：「如果能承認自己靈性貧乏，這再好也不過……當靈性感到沉重時，它會轉往水之所在……因此，靈魂之路……總是引人向水前往。」（註二十二）我們原始且完整的生態機制在發揮作用時會有兩種表現：返鄉以及偶爾在海中岩石上跟海豹對話。這兩者都容我們回到水中去跟那位野性好友見面，而這位朋友比任何人都更有恆心、更無防範之心、更帶深刻耐心來愛惜我們。我們只需凝視那雙靈魂款款、「既野性、又有智慧、又充滿深情」的眼睛就可以獲得重要的知識。

註二十二　這是羅伯特・布萊在一次訪談中向我提及的。見一九九一年一月份《布倫斯伯利書評》（*The Bloomsbury Review*）中《穿黑色大衣之野性男人的轉身：一場對談》（*The Wild Man In the Black Coat Turns: A Conversation*）。版權日期為一九八九年。

第十章

清澈之水：為創造力提供養分

創造力的形態千變萬化，每一分鐘都以不同形式改變面貌。它就像一個在眩目光環中向每個人現身的精靈，而大家對於自己在閃亮剎那究竟看到什麼東西都持莫衷一是的說法。揮灑顏料和畫布、善於挑選色卡和壁紙——這就能證明它的存在嗎？用紙筆寫作、用花朵替花園小徑鑲邊、建立一所大學——這些也是證明嗎？答案皆是。把襯衫領子燙得平整無瑕、推動一場革命——也算嗎？是的。用愛心去觸摸植物的葉片、嘲弄「了不起」的人或事、為織疋打結、找到自己的聲音、鍾情某人——也算嗎？是的。照顧婚姻如同照顧果園一樣、挖掘心靈的黃金、找到勻稱美好的文字、縫製藍色的窗簾——也算嗎？這一切全都是創造力的展現，全都源自野性女人、源自那不斷流入我們生命之中的河下之河。

有些人認為創造力存在於想法中，而另有些人認為它存在於作為之中。然而，在大多數情況下，它存在於簡單事物裡。它不需精湛的才藝——雖然那會是很了不起的事情；它需要愛——當你對一個人、一個字、一個意象、一個想法、大地或人類深愛到情愛滿溢出來時，你唯一能做的事情就是創造。那並不是你可以靠意願或意志力就可以做的事情；那是你情不自禁會做的事情。

創造力一邊流經我們的心靈版圖，一邊尋找天然窪地、亦即那些存在於我們內心深處的水道。我們成為它的支流流域、它的盆地；我們是它的水坑、池塘、溪流和自然保護區。這野性的創造力流入我們為它準備的所有河床，而這些河床有些是與生俱來的、有些則是由我們親手挖掘出來的。我們不需要灌注它們，只需要建造它們。

原型傳統中有一個說法，認為如果我們在心靈中準備好一個特別場所，創造力——亦即源水靈魂——就會聽到它存在的消息，聞悉前來的路徑，然後入住在它裡面。只要準備好適當地點，我們就能把偉大的創造力量引誘過來，不管那召喚它的是聖經中「前去為靈魂準備地方」的一聲諭令，還是《夢幻成真》（註一）影片中農夫所聽見的指示（要他為昔日棒球員的鬼魂蓋一座球場：「如果你建造它，他們就會來到」）。

一旦這條地底大河在我們的心靈內找到出口和支流，我們的創造力就會像自然河川一樣隨著季節時滿時空、時起時落。在這樣的周期中，所有事情都會在適當時機周而復始地發生、成長、衰退和死亡。

註一　英文片名為*Field of Dreams*，改編自金塞拉（W. P. Kinsella）的小說《赤腳喬》（*Shoeless Joe*）。

我們在這條河流的某一段創造出來的東西可以餔養所有來到河邊的人、所有遠在下游河域的生物、以及所有位於深處的其他生命。創造力不是踽踽獨行的運河，而這正是它擁有力量的原因。任何碰觸到它、聽見它、看見它、感覺到它、知道它的東西都會從它獲得養分。這就是何以我們在注視別人創造出來的文字、意象和觀念時會大感滿足而深受啟發，並因此創造出自己的作品。單一的創造行為有足夠能力去餵飽一整座大洋洲；單一的創造行為可以讓巨流破石而出。

因此，女人的創造力是她最寶貴的資產。它能對外施展影響力，也能在心靈、精神、心智、情感和經濟各個層面上餵養她。這種野性本質釋放出無限可能性、充當生育生命的產道、強化生命、解渴、並滿足我們對深處野性生命的渴望。在理想情況下，這條創造力大河是沒有水壩和分洪道的，尤其不應遭到誤使錯用。（註二）

野性女人的河流把我們孕育成跟它一樣的生命供給者。當我們從事創造的時候，這個原始而神祕的生命也在創造我們、用愛充滿我們。正如動物被太陽和水喚醒生命一樣，我們的生命也因它而被喚醒。在被生命充滿之餘，我們也向外散播生命；我們迸發出去、綻放起來、分裂而繁衍、使生命發源、孕育生命、傳輸生命、讓生命誕生。

很明顯地，創造力源起於一條上漲、水波起伏、奔騰並溢入我們生命的河流，而非來自某個靜止不動、等待我們百般周折後找上門去的東西。就這層意義而言，我們永不可能「失去」

創造力。它永遠都在那裡，一邊充滿我們，一邊沖擊水道上的所有障礙物。如果它找不到進入我們的通口，它會後退、養精蓄銳，然後再一次向前衝過來，直到衝入為止。唯一可讓我們避開它前仆後繼之氣勢的方法是：不斷設下阻礙來對抗它，或容許它遭到負面思維和疏忽的毒害。

如果我們因呼吸不到創造力之能量而大口吸氣，如果我們無法輕易獲取肥沃的想像力和觀想力，如果我們無法輕易專注在個人的真知灼見上、無法依據它去採取行動、甚至無法徹底實踐它，那麼源水跟支流之間水花濺灑的交界處必定出了什麼大問題。也許我們的創造之河正流經一個受到汙染的環境，以至於想像力的生命形式在還未成熟之前就被消滅殆盡。這常是女人痛失創造力的問題根由。

另外還有更為隱匿的原因。我們可能在過於羨慕某人的才華和（或）某人表面上所獲的利益時變成了模仿高手，滿足於僅做一個平庸的「凡人」，而不去深入開發自己獨特而耀眼的才華。我們可能高度迷戀或崇拜一些偶像，卻一點也不知如何去挖掘自己無可模擬的才華。我們

註二　創造力停滯的原因有好幾個：內在的負面情結、缺乏外在支援，以及（有時如此）直接的破壞行動。至於外力對創新之努力和想法的破壞，就我所知，「非此即彼」的思考模型最能造成創造探索的停頓和有始無終。先有雞還是先有蛋？這類問題常使人不願繼續深思一件事情，也不想繼續發現其意義。它使人不想再去探索一件事情的建構和其可能的用途。時常，合作式和相仿式的「既是又是」模型才是更為有用的。一件事情是這、「也是」這、「也是」這。我們可以用這方式「和」這方式「和」這方式來使用它／不使用它。

可能因水太深、夜太黑、路太長而感到害怕，卻不知這些正是發展個人寶貴天賦的必要條件。

由於野性女人就是河下之河，因此當她流入我們的生命時，我們也會開始流動起來。如果她與我們之間的通口遭到阻塞，我們也會遭到阻塞。如果我們負面的內在情結和周圍的人像毒劑一樣汙染它的流水，那麼用來把我們的創意打造成器的過程也一樣會受到汙染。在這種情況下，我們會變成一條逐漸乾死的河流。任何一絲一毫這樣的問題都不容受到忽視，因為失去清澈的創造力之河必會造成心理和靈性上的極大危機。

當河流受到汙染時，所有生命都會開始死亡，因為——正如環境生物學告訴我們的——每種生命形式都倚賴其他生命形式來決定存亡的命運。如果一條真實河流上的河畔蘆葦由於缺氧而變成了焦褐色，花粉就會找不到任何有生氣的東西來授精，車前草就會向前傾倒而無法在其根部為睡蓮準備搖籃，柳樹就會長不出柳絮，蠑螈就會找不到交配的對象，而蜉蝣就會無法孵卵。從此，魚兒再也無法跳躍，鳥兒再也不會俯衝下來，來此喝水的狼和其他動物則會遷移到他處或因喝了有問題的水、吃了曾經吃過水邊垂死植物的動物而告死亡。

當創造力遇到各種淤塞時，結果也是一樣：渴望清水而不可得、盛產力變為脆弱、較大的生命體上再也找不到可以支援較小生命體的隙縫、不同想法無法互生成新的創意、而孵化和新生命都成為不可能之事。我們因而覺得自己得了重病，但又想繼續前進。我們漫無目標地遊走，假裝自己雖失去了豐富的創造力卻還混得不錯，或假裝自己仍擁有豐富的創造力。但我們不能、也不應該這麼做。我們必須涉水到爛泥之中、清除汙染、重啟通口、確保水流在未來不會再受到破壞。

西般牙語族群有一則名為〈哭泣之女〉（註三）的古老故事。有些人說它源起於西班牙征服者侵略墨西哥阿茲塔克族的十六世紀早期，但事實上它的歷史應該更為久遠。這是一則有關生命之河變為死亡之河的故事；故事主角是一個出沒無常的河邊女子，她擁有強盛的生育能力、性情寬大、總是從自己的身體創造出新生命。她雖然非常貧窮，卻擁有令人驚嘆的美貌和富足的靈魂與靈性。

〈哭泣之女〉這則古老故事在歷史中不斷沿革，彷彿自有一巨大的內在生命。它有如在大地之上向前推進的偉大沙丘，不斷攻占前面的土地並在其上堆建新的沙丘，直到大地成為它身體的一部分。這故事建立在歷代的心靈議題之上。但有時候，人們也認為〈哭泣之女〉所描繪的女主角即是傳說中曾任西班牙征服者赫南・柯泰斯的翻譯者、而後成為其情人的瑪麗娜莉或瑪陵契。

我聽到的第一個〈哭泣之女〉故事版本與我的故鄉（即北方森林地區）某次解散工會之衝突中的女主角有關。我第二次聽說這故事時，〈哭泣之女〉變成了一九五〇年代墨西哥人從美

註三　其西班牙文為*La Llorona*，發音如「拉憂若娜」，重音落在「若」這個捲舌音節上。

國被遣返事件中的一個反派人物。我另外在美國西南部聽到這故事的各種版本，而其中之一來自一個曾接受政府撥贈土地的年老西班牙裔農婦（據她自己說，她參加過新墨西哥州的贈土戰爭）。在這故事中，一個貧窮而美麗的西班牙女孩被一個富有的土地開發商始亂終棄。

此外還有鬼故事版本：夜晚時，哭泣之女會在拖車公園內遊蕩並悲泣。還有一則〈愛滋病妓女〉的故事，其中哭泣之女把生意擴展到德州奧斯汀市的城河旅社那裡。最令人訝異的版本則是由一個小男孩告訴我的。以下我將先介紹〈哭泣之女〉這偉大故事眾多版本的概要情節，然後再把最令人訝異的故事轉折講給大家聽。

哭泣之女

有一個富有的貴族追求著一個美麗而貧窮的女郎，最後贏得了她的芳心。她為他生了兩個兒子，但他不打算娶她。有一天，他宣布自己將返回西班牙迎娶一個由家人為他挑選的富有女子，而且他將攜帶兩個兒子前往。

年輕女子發了狂，幾乎是有史以來尖叫聲最淒厲的瘋女人。她抓傷那貴族的臉孔，也抓傷自己的臉孔；她撕裂他的衣服，也撕裂自己的衣服。她抓起兩個小男孩，跑到河邊，把他們丟入洪流中。孩子溺斃後，哭泣之女悲慟地倒在河畔氣絕身亡。貴族回到西班牙後娶了那富有的女子。哭泣之女的靈魂升上天堂時，天堂的守門者對她說：她可以進來，因為她經歷了很多痛苦，但她在進天堂之前，必須先從河裡找回她兩個兒子的靈魂。

這就是為什麼現在有人會說哭泣之女正在用她的長髮打掃河畔、並把她像枯枝般的長手指放入水中去打撈河底的亡兒。這也就是為什麼活的小孩不可以在入夜之後靠近河邊——因為哭泣之女可能會誤認他們為自己的兒子而永久帶走他們。〔註四〕

註四 〈哭泣之女〉的故事流傳已久，而某些微小的改變大多與她的衣著有關。「她的穿著有如妓女。有個男人在艾爾帕索城的河流附近發現她。哇，他可大吃了一驚！」、「她穿著白色的長睡袍」、「她穿著新娘禮服並戴著長長的白色面紗」。同時，許多西班牙裔父母拿神祕的「哭泣之女」來教訓孩子。多數孩子在聽到故事說她抓小孩以取代自己的孩子時莫不感到十分害怕，以致河畔各城鎮的孩子們在入夜後都會紛紛離開河邊而準時返家。

有些研究這些故事的人說它們深富教誨意味，目的在威嚇人們循規蹈矩。但有鑑於這些故事的原創者都是些熱情洋溢的人，我認為它們應是革命故事——旨在提升意識以促成新秩序產生。有些說書人就稱〈哭泣之女〉這類故事為「革命故事」。

有關心靈爭戰或其他爭戰的故事都出自非常古老的傳統，早於墨西哥被西班牙人征服的年代。有些年老的西班牙裔說書人（即我自墨西哥移入的家人）說：所謂的阿茲塔克手稿並不是許多學者所認為的戰爭記錄，而是描述男人和女人共同面臨之靈性戰爭的圖片故事。許多舊派學者覺得這不可能，因為他們深信原住民文明不具有抽象和象徵思維的能力。他們認為古老文化的成員只能瞭解事物的粗淺意義，跟小孩一樣。然而，在研究拿華陀和馬雅人在同一時期所寫之古詩時，我們可以發現譬喻的用法可說是無所不在，而且詩中常見令人讚嘆的抽象思想和說話方式。

現在且讓我談一談現代版的〈哭泣之女〉。當文化受到各種外力影響時，我們的思維、態度和議題也會跟著有所改變。哭泣之女的故事也一樣隨時間不同於前。去年當我在科羅拉多州蒐集鬼故事的時候，丹尼・沙拉查這個十歲、沒有門牙、超級大腳、骨瘦如柴但終有一天會長得非常高大的男孩告訴我說：哭泣之女並不是為了舊故事所述的理由而殺掉自己孩子的。

「不對，不對！」丹尼矢口咬定自己的說法。哭泣之女跟一個在河邊開了許多工廠的貴族同居，但後來出了事情——她在懷孕期間誤喝了河水，造成她的雙胞胎兒子一生下來就是瞎子，而且他們的手指間還帶有蹼狀組織。這都是因為貴族用工廠廢棄物毒害了河川。

貴族說他不要哭泣之女和她的孩子。他接著娶了一個富有的女人，而這女人想要擁有工廠的一切產品。哭泣之女害怕孩子將來會活得很苦，於是她把他們都丟進河裡，而她自己也因傷心過度而倒地不起。她到了天堂那裡，但是聖彼得對她說：除非她找到自己兒子的靈魂，否則她是不得進天堂的。如今哭泣之女還在被汙染的河水中尋找自己的孩子；她找了又找，但是她根本無法看清一切，因為河水又骯髒又黑濁。如今她還在河岸上徘徊，不斷呼喚她的孩子。

野性靈魂受到汙染

在我家族的說書人眼中，如果要加以分類的話，〈哭泣之女〉是一則「令人顫慄的故事」。這類故事表面上讓人聽得津津有味，事實上卻意在讓聽者感知到某個問題而心感顫慄，使其願意思考及凝視問題並繼而採取行動。這故事的題材也許會隨時間有所改變，但它的主題——女性生育力被毀——卻始終不曾稍改。不管是內心世界的野性之美、還是外在世界的原野之美遭到汙染，那都是慘不忍睹的景象。現代文化有時認為其中一者的創傷應比另一者的更為嚴重，但事實上兩者都同樣在告危之中。

雖然我有時在其他場合把這故事的兩種意義講給人們聽〔註五〕，但聽眾一旦瞭解它是在比喻創造之河的衰亡時，無論男女都因有所領悟而感到顫慄。如果將這故事視為代表個別女人的心靈狀態，我們便可充分瞭解女人的創造力是如何衰退和荒廢的。正如其他殘酷的故事一樣，這則故事可以用來教導女人「不該做」什麼事情、並如何退出錯誤的選擇以減輕負面後果。一般而言，只要採取相反於故事主角所選擇的策略，我們應該就能知道如何乘浪而起、而非溺斃

註五　其中一個場合是一九九一年在洛磯山脈之大陸分水嶺（Continental Divide）舉行的綠色全國大會。

於其中。

這故事用美麗的女人和純淨的河水來比喻正常狀態下的女性創造力。但在故事裡，由於與具有殺傷力的阿尼姆斯基質發生互動，女人跟河流一起走向衰亡之路。於是，創造力日漸微弱的女人會像哭泣之女一樣體會到中毒和畸形的滋味並企圖抹煞一切。接著，她會不由自主地在失事地點拚命尋找自己從前的創造潛能，幾乎無法自已。

如果要讓她的心靈生態恢復生機，她需要整治內在的河川。這則故事告訴我們：我們與其關注創作作品的品質，不如認知自己獨特的天賦並找到方法去維護那環繞在這些天賦周圍的創造力。在寫作、繪畫、思考、自我復原、做事、烹飪、說話、微笑、製作東西這些行動背後，河下之河永遠在那裡提供我們所需的力量。

在象徵符號中，巨大的水域代表生命源起之處。在美國西南部的西班牙裔族群中，河流代表活著——真正活著——的能力。它被人稱為母親或「偉大的女人」；它的水不僅在溝渠和河床中流動著，也在女人生產嬰兒之際從她的身體流洩出來。人們視河流為「貴婦」，一邊扭擺著她藍色或銀色（有時金色）的大圓裙，一邊昂首闊步於大地之上。她跟土地相擁而眠，讓後者可以生長萬物。

我在德州南部的一些老年女性友人告訴我：美國西部邊界上的格蘭達（El Río Grande）大河不可能是條男性河川、一定是條女性河川。她們邊笑邊說：河流不就是位於地球大腿之間的那道甜蜜裂口嗎？它有可能會是別的東西嗎？在新墨西哥州北部，暴雨中的河流、風中的河流、驟漲的河流，無不被人說成是發情的女人；它在情慾高漲之際，急急衝向自己所能觸碰到的任何東西，想要使之長出生命來。

因此，我們發現河流象徵女性慷慨施予的精神——這種精神可以使人振奮、可以刺激人心、也可以使之充滿澎湃熱情。所以在創作的時候，女人的眼睛閃閃發光、她的言語充滿節奏感、她的臉孔洋溢生命的紅暈、她的髮絲散放出更多亮澤。她感受創意的刺激及種種可能性的挑逗，並被思想挑起熱情。此時，就如大河一樣，她註定即將在自己獨特的創造航道上不停往外流出。這樣，女人就能覺得自己的能力獲得暢達的機會。而這也正是哭泣之女在毀滅還未發生時所棲居之河流的原況。

但有時候，正如故事所述，女人的創造力會被一個只想生產自我、只想為自我從事生產、但產品均毫無長久靈魂價值的念力所取代。有時候，她的周遭文化施壓在她身上，指稱她的創造意念沒有用途、不會被人接納、不值得她恆心以赴。這就是環境汙染；這就是將重金屬傾入河中；這就是心靈飽受劇毒之害的原因。

自我的滿足本是可被容許而且重要的事情。但問題在於：當負面情結噴發出來的時候，一切初生、清新、富潛在力的東西——那些尚處蛹繭階段的事物、那些孕藏著細胞的骨中腔隙——以及所有長成一半和已經年高德劭的事物都會受到攻擊。當沒有靈魂的或虛偽的生產製造業過度盛行時，有毒的廢棄物就會傾倒於純淨的河水中，把創造動力和生命力一起抹殺掉。

河水中的劇毒

有許多神話跟受汙染和被封閉的創造力及野性本質有關，如命運三女神貯存生命紡線所在的媟紗島（Lecia）被籠罩在毒霧之中（象徵純潔受到汙染）〔註六〕或惡棍堵塞村中水井、造成痛苦和死亡的故事。《戀戀山城》和《瑪儂的復仇》〔註七〕則是現今時代最具有深意的兩則故事。在故事中，有一個駝背男子和他的妻女打算種植花木讓土地復活過來，但另兩個男人為了從他們手中奪取這塊土地而前去堵住灌溉的泉源，導致這個靈魂富有並辛勤工作的家庭毀於一旦。

女性創造力受到汙染最常見的後果就是失去生命力，使女人無法在外在世界中發揮創造力或積極作為。擁有健康創造力的女人也許在某段周期內會發現自己的創造之河消失於地面之下，但她內在仍然具有某種可以成長無礙的東西。這是她孵育生命的時期，在感覺上絕對與靈性危機不同。

自然周期中也許會出現煩躁不耐的心情，但絕不會出現野性靈魂已經奄奄一息的感覺。我們可以用盼望之有無來分辨自己的狀況。當我們的創造力長期處在孵育狀態而沒有動靜時，我們仍會對未來的結果充滿期待，仍會感到翻轉和吟唱的新生命正在自己體內踢動和湧現，而不會絕望到不顧一切地伸手去亂戳亂抓。

但是，如果我們不守護河流的健康而因此失去創造力，情況就大為不同了。在那種情況下，我們會感覺自己就像瀕於死亡的河水一樣，沒有活力而且疲憊；我們感覺不到有任何生命在那裡爬動、攪動沉水、翻動樹葉、降溫和升溫；我們變得濃濁、遲緩、身受汙染之毒害（或因自己寶貴的天賦遭到堵塞而中毒）。我們覺得一切都受到汙染而失色，一切都變得混濁而含有劇毒。

女人的創造力怎麼會遭到汙染？當創造力成為爛泥流時，創作的五個時期全都遭到侵蝕：靈感、專注、整合意念、實現、維續。只要失去其中一個階段，女人都會發現自己「無法思

註六　這是希臘哥林多的說書人瑪麗克・帕潘第雅思・安卓波羅斯告訴我的。她則是從同樣來自哥林多的安德莉亞・扎葛克利斯那裡聽來這個故事。

註七　《戀戀山城》（*Jean de Florette*）和《瑪儂的復仇》（*Manon of the Spring*）為馬叟・班佑（Marcel Pagnol）所著，由海寧根（W. E. van Heyningen）譯成英文（San Francisco: North Point Press, 1988）。這兩部作品都曾由克勞德・貝里（Claude Berri）改拍成電影（一九八七年獵戶座經典〔Orion Classic〕影片公司發行）。

在第一部作品中，兩個惡棍阻絕了一條水源，使一對年輕夫婦無法實現他們在原野上自由生活、種植食物並與野生動植物同居共處的夢想。由於水無法流入他們的土地，年輕夫婦的家庭後來幾乎餓死。一旦他們的土地成了眾所皆知的荒地，兩個惡棍希望就此用最便宜的價格買下它。年輕的丈夫不久就死了，妻子也很快成了衰老的女人，而他們的孩子就在沒有家產的情況下長大。

在第二本書裡，這個孩子——是個女孩——長大後發現了惡棍的陰謀，便開始為家人復仇。她站在及膝的泥濘裡、雙手流血把水泥挖開。泉水再度湧現，噴注在整片土地上，沖起滾滾黃沙，讓惡棍昔日的惡行昭現。

考」任何新的、有用的、對她們重要的事情。她們很容易被感情事件、過多工作、過多玩樂、疲憊以及害怕失敗的心理「分神」〔註八〕。

有時她們沒有足夠的技巧去整合創造意念，以至於手中計畫散落四處而一團零亂。有時問題來自女人對於自己的外向性格所持的天真想法：她們以為自己在外在世界中做幾個動作後即可稱得上是真正的有所成就者。這就像只給某個東西裝上手臂、而不給它裝上頭部和腿部、卻說大功告成一樣。她們當然還是會覺得自己不夠完整。

有時女人敗於自己的內向性格，以為心想便可事成。她也許認為構思本身就是一樁好事，不必再求其外在的呈現。然而，她無論如何還是覺得自己若有所失而不曾完成使命。這一切都表明河水已受到汙染；被生產製造出來的不是生命，而是某種遏止生命的東西。

其他時候，她被周遭的人或自己腦海中的抱怨聲攻擊：「你做得不夠對、不夠好、不夠這個、不夠那個。你的計畫太浮誇、太渺小、太無意義、花太多時間、太簡單、太困難。」這就像是把重金屬鎘倒入河中。

另有一則描述相同狀況的故事，但它使用了不同的象徵比喻。希臘神話中有下面這一段故事：諸神命令一群鳥身女妖〔註九〕去懲罰菲尼厄斯這個人；每當魔法把菲尼厄斯的食物擺放出來時，鳥群就飛進來偷走一部分食物、亂丟一部分食物、然後在其餘部分上拉屎，使得這可憐人餓得飢不擇食。〔註十〕

我們也可視這穢物汙染為一種比喻，象徵心靈中那一串以搞砸事情為畢生志業的心理情結。這毫無疑問是一則「令人顫慄的故事」，它使我們在認出自己的狀況時不寒而慄，只因為我們都曾有過相同的經驗。「鳥妖症候群」用貶抑個人才華及努力的方式、透過輕蔑至極的內心對話來毀掉一個人。女人才提出一個想法，鳥妖就拉屎在上面。女人說：「啊，我想我要做

註八　像其他許多通俗用語一樣，「害怕失敗」並不能說明女人真正的恐懼為何。通常，單一的恐懼可分為三部分：一部分來自於過去（常是某種羞恥之源）、一部分對目前缺乏信心，而另一部分則害怕未來的結果不如所願。至於創造力的問題，最常見的恐懼之一並不是恐懼失敗，而是恐懼自己的勇氣受到考驗。其中的思考是這樣的：如果你失敗了，你可以振作起來並重新開始，而你仍擁有無限的機會；但是，如果你成功了，但你的成功卻落在平庸的範疇內，那該怎麼辦？如果你努力了，也做成了一些事，但水準卻不如自己的預期，那該怎麼辦？對於創作者來講，這才是最惱人的問題。當然，還有許多、許多惱人的問題，這就是為何創作本身即是一條深幽而艱難的道路。但是，即使有這種複雜性，我們不應該就此遠離它，因為創造力就位於野性本質的正中央。儘管我們懷有許多最糟糕的恐懼，本能天性仍會妥善照顧我們。

註九　鳥身女妖曾經是風暴女神，也是生與死之神。很不幸地，她們後來都不再被人認為是生死的原動力，而變成了只具片面意義的神話生物。正如我們在「生而死而生」本質的各種詮釋中所看到的，任何掌管生命誕生的力量也掌管死亡。然而，當少數人的思想和理想開始支配希臘文化之後，人們便開始特別強調鳥身女妖的死亡面向，而將她們妖魔化為帶來死亡的鳥女，剝奪其孵育、生產和哺幼的天性。到了奧瑞斯提（Orestes）在戲劇中描寫鳥身女妖被殺或被追逐至地極的山洞時，這些神話生物賦生的本質就已被徹底掩埋了。

註十　這個版本出現於奧瑞斯提以後的時代。容我順便說一下：在原故事上增添負面的意義，並不一定都與父權思想有關，而父權思想當然也不全是負面的。舊日父權思想在神話上動手腳而把神話中堅強健康的女性一筆抹消，這種事情說來也有它的價值。那些增改的東西不僅讓我們看見征服者的文化如何斬斷前人的智慧，也讓我們看見屈從的女人或本能受傷的女人在當時以及今日如何受此影響而看待自己，更讓我們知道她應如何得到痊癒。
在一個不接納女性本質的文化中，一套對女人不利、具有摧毀力的諭令（也、或對男人不利）會留下某種原型式的X光，可以照出女人的生命發展過程中遭到這些諭令扭曲的地方。因此我們無需猜測就可得知真相；一切都記錄在童話故事和神話增改的意義當中。

這和做這。」鳥妖說：「那是愚蠢的念頭；沒有人會在意它的；它既可笑、又過於幼稚。喏，記住我所說的：妳所有的想法都笨得可以，別人一定會嘲笑妳，妳根本沒什麼值得表達的東西。」鳥妖就是用這種口氣說話。

藉口是另一種汙染形式。從女性作家、畫家、舞者和其他藝術家那裡，我聽見打從地球冷卻以來曾被編造過的所有藉口。「喔，某一天我一定會回頭來做它的。」但在同時，露齒微笑的她卻無法掩飾沮喪的情緒。「我一直都很忙；沒錯，我只能東一點、西一點地湊時間寫作。但去年我不是寫了兩首詩嗎？在過去一年半的時間裡，我不是完成了一整幅畫和另一幅畫的一部分嗎？對了，房子、孩子、丈夫、男朋友、貓、學步的小嬰兒都需要我全心照顧。我一定會回頭來完成它的。但我缺錢、缺時間、找不出時間、騰不出時間。我一定要在找到最好及最貴的工具或經驗時才要開始；我現在就是不想做它；我的心情還沒準備好；我至少還需等上一天時間才要去完成它；我就是還需等上幾天時間才要去完成它；我就是還需等上幾週時間才要去完成它；我就是、就是、就是……」

河上大火

一九七〇年代時，克里夫蘭州的庫雅荷加河在飽受汙染之後發生火災。同樣地，飽受汙染的創造力之河也可能爆發毒性四溢的火災，不僅在河中垃圾形成的燃料上焚燒，也會焚盡所有生命形式。當太多心理情結在同一時間發生作用時，重大燬亡事件就會出現在河流之上。負面的心理情結會突然現形來質疑你的價值、你的意圖、你的誠懇和你的才華。它們也會送給你一些勸誡，斷然告訴你說：你必須費力去「謀生餬口」，去做一些讓你筋疲力盡、不容你有時間創造、卻讓你完全失去想像力的事情。

惡意心理情結最愛用來竊取和懲罰女人創造力的方法就是向「靈魂我」打包票說：在霧茫茫的未來某一天，她一定會「有時間創作」。要不然就是承諾說：一連好幾天自在快活之後，創造力必會敲鑼打鼓地開張。但這一切都是鬼話連篇；心理情結根本口是心非，只不過想用另一個方法悶死創造動能罷了。

或者，有聲音會說：「只有博士學位才能讓你的工作有正當性、只有當女王讚揚你的時候、只有當你獲得這個或那個獎的時候、只有當你能在這個或那個雜誌發表文章的時候、只有、只有、只有。」

這些「只有當如何、如何」的說法用垃圾食物填塞靈魂。吃過時的東西是一回事，而真正飽餐營養食物又是另外一回事。儘管心理情結會嘗試一切方法讓你相信它言之成理，但它的邏輯經常是漏洞百出的。

創作時所遇見的最嚴重心理情結之一會指控說：你所做的一切都行不通，因為你的思考沒有邏輯、你現在毫無邏輯可言、你所做的一切由於不合邏輯而注定會失敗。然而，最重要的事實是：創作的開始階段本來就不應該合乎邏輯。如果心理情結用這方法就可以讓你裹步不前，那麼你已然就是它的囊中之物。你應該命令它坐下閉嘴或在你完工之前滾到一邊去。要記住：假如邏輯是世界上最重要的東西，那麼所有的男人都應該像女人一樣側坐在馬鞍上。

我見過許多女人為了替自己的房子、配偶或子女購買昂貴物品而每天逾時從事自己所不屑的工作，把自己可觀的才華放在次要位置上。我也見過女人堅持把房子打掃得乾乾淨淨後才能坐下來寫作。但你知道的，打掃房子可是一件很會捉弄人的事情；它總是沒完沒了。這是讓女人停步不前的最完美手段。

女人不可讓過度的責任感（或過於看重別人觀感的心態）偷走她創造力所需的休息、間奏和狂喜時刻。她必須堅定立場，向半數她自認為「應該」做的事情說不。藝術不應只在偷閒時刻中被創造出來。

計畫或進行中的工作之所以像被大風吹過一樣散漫凌亂，原因在於：當女人試圖把自己的創造意念整合起來時，這個意念卻不斷遭到外力的吹移，以至於變得愈來愈混亂不明。她無法具體追溯它的原貌，因為她仍然找不出時間來記下它和架構它，或因為她有那麼多其他要務在呼喚她，以致她迷失了方向而無法把它重拾回來。

女人的創作過程也有可能遭到四周人物的誤解或輕視。她有責任告訴他們：當她的眼睛充滿那種「空洞眼神」的時候，那並不表示她是一塊有待他人占據的空地。那種眼神的涵義是：她正試著像疊造紙牌房屋一樣把許多創意架構起來、正要將這架構穩穩地掂在自己的一隻指尖上；她正小心翼翼地用細小晶瑩的骨頭和一些口水把所有這些似同紙牌的創意串連起來；如果她能把這整個東西移到桌面上而沒讓它倒下或飛散出去，她就可以把不可見世界裡的一個意象變成有生命的東西。如果這時有任何聲音對她說話，這聲音必然就是一股鳥妖之風，會把整座架構吹得七零八落。這時對她說話的任何聲音只會讓她的心支離破碎。

然而，女人自己也可能是罪魁禍首：她說服自己拋棄創意，直到它們不再讓她覺得興奮；她無法堅守立場來對抗那些偷走她的創作工具和材料的人；她忘了取得正確的工具來妥善完成自己的創作；她不斷停頓、不斷開始、容許每個人和每個人的貓任意打斷她，以至於她的工作只能用一塌糊塗來形容。

如果女人周遭的文化攻擊其成員的創造能力，如果它裂解或粉碎任何原型基質或扭曲其設計和意義，這些被攻擊的東西會在破碎狀態中被文化成員的心靈所吸收，變成某種折翼的力量、而非一種充滿生命和可能性的健康力量。

當這些原可促成和補給創造力的受傷元素在女人心靈內被啟動之後，女人將根本無從得知自己到底出了什麼問題。困於心理情結就跟困於黑色袋子一樣：妳只覺一片漆黑、不知自己被什麼東西困住、但知有東西抓住了妳。在這種情況下，我們會暫時無法組織自己的思想和做事的先後順序。如同被俘虜在袋中的動物一樣，我們會開始不加思索地採取行動。雖然未經思考的行動偶爾很有益處（比如「靈機一動」的情形），但在這件事情上卻非如此。

在創造力受到毒害或被遏止的期間，女人在美麗的靈魂我面前「假裝吃」它餵的東西。她試著不理阿尼姆斯基質的情況；她在這裡或那裡丟給它一個小工坊或擲給它一點閱讀時間，但最終這些都不具實質意義。女人最終也只騙到她自己而已。

因此，死去的創造力之河是不會流動的，也不具生命動能。印度教徒說：若沒有代表女性生命動能的莎克緹，代表行動力的濕婆就是一具屍體。前者就是那發動陽性本質的生命能量，之後陽性本質才能發動世界上的一切行動。〔註十一〕

因此我們發現：我們必須用合理的方式在河流汙染和淨化之間取得平衡，否則一切都將化為烏有。但是，如果要持續這麼做，眼前的環境就必須含有營養成分，讓人可以接近。就生存條件而言，我們相信：當食物、水、安全和庇護這些生命基本所需愈是缺乏時，可能的選擇就會愈加缺乏；當選擇愈少的時候，創造力就會更形式微——因為它必須依靠眾多事物及所有事物無窮的組合才能旺盛起來。

故事中的殘忍貴族代表位於受傷女性心靈深處、但立即可被辨識出來的某一部分：他是她的阿尼姆斯基質，使她在困頓中得不到明確的准許和健全的內在支援系統以資盡情創作——此時的她並非困頓於創作，因為她往往還來不及抵達這一階段。健康的阿尼姆斯基質本應參與創作之河的運作；在平衡相融的情況下，他原本應該是個幫手，在旁緊盯著、看看自己能否助上一臂之力。但在〈哭泣之女〉的故事中，偏頗的阿尼姆斯主宰了大權、抑制了有活力的新生命、並堅持控制心靈生命。當惡毒的阿尼姆斯擁有這種權力的時候，女人會貶抑自己所做的事情或採取另一極端做法，亦即造假及模擬真實的作品。這種事情發生時，女人將會更缺乏創作所需的選擇。阿尼姆斯用自己獲得的權力去恫嚇女人、貶抑她的作品、並藉此剝奪其合法性。而他使用的手段就是毀損創造力之河。

讓我們先大致瞭解阿尼姆斯的特點，然後再讓我們去認識負面的阿尼姆斯影響力如何造成女性創造力的毀損、而女人又能做什麼或必須做什麼。創造力應是意識行為；它的行動反映河水的清澈度。提供外在行動金援的阿尼姆斯應是船伕、膳務總管及河水保護者。

註十一　許多象徵符號都具有陰陽兩性的特質。重要的是，人們必須自行決定要選用何者來當做審視靈魂和心靈的放大鏡。爭論任何象徵符號為陰性或陽性（正如許多人慣做的）並沒有多大意義，因為這些符號最終不過是觀察事情的新方法。而實際上，它們本身還包含了我們因缺乏全知觀點而無從探知的其他力量。然而，按陰性或陽性來使用象徵符號還是必要的，因為這兩者是互不相同的鏡片，可以讓我們分別知悉許多事情。這也是我找出所有象徵符號的原因；我可以知道從中能學到什麼、如何運用它們、如何把它們當成草藥敷在適當的傷口上——這點最為重要。

河上的男人

在瞭解〈哭泣之女〉中的男人在汙染河水時造成何種後果之前，我們必須先知道：他所代表的意義在何種情況下才能算是正面的女性心靈架構。在傳統榮格心理學的定義中，阿尼姆斯是女人內在的靈魂力量，本質是陽性的。然而，經過直接觀察後，許多女性心理分析師——包括我在內——都開始駁斥這個傳統觀點而認為女性內在的生命原動力並不是一個陽性而異類的東西，而是一個陰性並為她所熟悉之事。〔註十二〕

不過，我認為陽性阿尼姆斯仍然是個非常有用的概念。害怕創作的女人不敢向世界表現自己的創意；即使有所表現，也是用瞧不起自己或但憑運氣的方式為之。這些女人彼此之間有非常相似之處：她們的夢境中常出現許多受傷男子或傷人男子的意象。反過來說，具有強盛外在表現能力的女人則常夢見以不同身分出現的強壯男性人物。

阿尼姆斯最好的定義就是：幫助女人向外在世界表現自己的一股力量。它幫助女人在情感、性生活、金錢、創造力和其他各方面都能運用具體方式來表達自己獨特的女性思想和感覺，而非被禁錮在一個事事以文化所訂之男性發展準則為其行動範本的心理架構之中。

女人夢境中的男性人物似乎意謂阿尼姆斯不是女人的靈魂，而是「屬於、來自」女人的靈魂並且「為之存在」。〔註十三〕在平衡而未遭扭曲的狀態下，阿尼姆斯基本上是一個「架橋者」；他具有驚人的能力可以完成「帶貨者」和「架橋者」的使命。他是靈魂的商人，輸入和輸出知識及產品。他選擇最好的貨品、安排最好的價錢、監督貿易的正當性、追蹤後續步驟、完成整樁生意。

我們可以用另一些方式來瞭解這一點：做為「靈魂自性」（soul-Self）的野性女人是藝術家本人，而阿尼姆斯是藝術家的手臂〔註十四〕；野性女人是司機，阿尼姆斯則為車子加速；她創造歌曲，他為之寫譜；她有所想像，他提供建議。如果沒有他，劇本只能被創造於想像之中，卻永遠無法見諸文字或舞台；如果沒有他，舞台上也許站滿了演員，但舞台的帷幕永遠無法開啟，而劇院看板也永遠一片漆黑。

用西班牙語來說，健康的阿尼姆斯應可被比喻為測量員。他知道土地分布的狀況，並用羅盤和尺線測量兩地之間的距離。他確立邊緣之所在並界定範疇。你也可稱他為競賽策略家，他

註十二　見吉娜特・鍾斯（Jennette Jones）和瑪麗・安・馬頓（Mary Ann Mattoon）合寫的〈阿尼姆斯已過時了嗎？〉（Is The Animus Obsolete?）。選錄於秀莉・尼可斯（Shirley Nichols）所編之《復甦的女神》論文集（*The Goddess Reawakening*, Wheaton, Illinois: Quest Books, 1989）。這一章詳述了至一九八七年為止所有關於阿尼姆斯的討論概況。

註十三　在神話中我們常會看到偉大的女神自行從自己的身體產下一個兒子，然後這個兒子會成為她的情人／同居人／丈夫。雖然有人直接照字面把這解釋成亂倫的故事，但我們最好認為它是一個描述靈魂生下陽性潛能的故事。隨著成長，這個潛能會變成一種智慧和力量，並用許多方式讓她和其他力量結合起來。

註十四　有時候，阿尼姆斯也可以是那手臂的衝動力量。

研究並熟知如何以及在何處放置界標，以求得分或獲勝。這些都代表健壯的阿尼姆斯某些重要的面向。

因此，阿尼姆斯奔波於兩個或有時三個領域之間：無意識世界、內心世界、外在世界。他把女人的所有感覺和創意捆成一個包袱後背在身上，然後東奔西跑於這些範疇間——對所有這些世界，他都充滿了情感。他從外在世界把觀念帶回來給她，也從她的「靈魂自性」那裡把創意帶出來，經過橋樑而來到實現之境和「市集」之處。如果沒有這一位陸上橋樑的建造者和維護者，女人不可能用心向外在世界表達自己的內在生命。

你不一定要稱他為阿尼姆斯。你也可以用你喜歡的任何字眼或意象來稱呼他。但你必須瞭解：當今女性對於陽剛事物充滿了不信任之情。有些女人害怕自己「需要男人」，另有些女人則由於曾經大受男人打擊而還在痛苦復原中。一般說來，這種不信任起源於一種幾乎尚未開始癒合的創傷，而這創傷又源起於先前世代的家族和文化——它們曾經視女人為農奴、而非獨立的個我。野性女人記憶猶新的是：在人類歷史上，擁有天賦的女人曾經像垃圾一樣遭人丟棄，被禁止不得擁有創意思想——除非她把自己的創意偷埋在一個男人身上並使之受精、然後再由這個男人用他的名字將之發表於世界上。

但是，任何譬喻只要能幫助我們看清真相並擁有真實的自我，我們終究不應將之棄而不用。一個缺少紅色、藍色、黃色、黑色或白色的調色盤是不值得信任的，而阿尼姆斯是女性心靈調色盤上的一個主要顏色。

因此，被稱為女性陽剛特質的阿尼姆斯並不是女性靈魂本質的全部面貌，而是一種具有行動力的奧祕心靈智慧。它在不同的世界、不同的心靈節瘤之間穿梭往返。這個力量具有外向的能力，可以用行動表達自我的欲求、實現靈魂的衝力和創意、也可以用顯然而具體的方式誘出女性的創造力。

阿尼姆斯朝正面發展的一個重要面向是：真實彰顯內心中互為一體的思想、衝動和創意。雖然我們在這裡談論正面發展的阿尼姆斯，但我們仍須警覺到一件事情：完整的阿尼姆斯是在充分意識中發展出來的、極度憑賴自我檢視的過程。如果我們每踏出一步時，不仔細察看自己的動機和欲求，一個發育不全的阿尼姆斯就會被製造出來。這個有害的阿尼姆斯能夠、也將會用瘋狂的方式把自我未經檢視的衝動表現出來、抽唧出種種盲目的野心、並滿足種種未經檢視的欲求。而在另一方面，阿尼姆斯也是女性心靈中需要鍛鍊、需要定期操練的一個元素，好讓女人和它都能用健康的方式採取行動。如果女人的心靈忽視有益的阿尼姆斯，它就會像長期一動也不動的肌肉一樣萎縮起來。

雖然有些女人論說亞馬遜女戰士或女獵人似的本質可以取代這個「陰中之陽」的元素，但我認為：陽剛本質具有不同的色度和層次，如現代女性亟需的智性尺度、律則規範、以及分辨界限的能力。這些陽剛特性從女人本能心靈上升的時候，它們的形式和色調絕對不會相同於她

的柔性特質。〔註十五〕

因此，由於我們活在世上必須同時擁有內省和外向的行為能力，我認為女性身上的陽剛本質或阿尼姆斯基質是一個非常有用的概念。一個平衡的阿尼姆斯會以幫手、合作夥伴、情人、兄弟、父親、國王的身分發揮作用。這並不是說阿尼姆斯是女性心靈的君主——失衡的父權觀點就會如此認為。它所指的乃是女性心靈中某個高貴面向、一個態度高貴而用行動者和中介者的角色忠誠為野性本質服務的元素。從原型意義來說，國王象徵一種為女性利益和幸福服務的勢力，統管女人及其靈魂交託的工作，並治理任何他獲賜的心靈土地。

這就是阿尼姆斯應有的相貌。但故事中的阿尼姆斯卻不以此為圖，因而傷害了野性本質。當廢棄物滿布河流之上時，河水本身便開始去毒害創造心靈的其他面向，尤其是女人尚待出生的孩子。

心靈把河流的力量賜給阿尼姆斯，他卻濫用它——這有什麼涵義呢？當我還是小孩的時候，有人告訴我：創造有益之事跟創造惡果都不是難事。但我後來發現這不是真的。保持河水清澈是一件更為困難之事，而使它腐朽卻簡單多了。且讓我這麼說：保持流水清澈是我們每個人都須面對的一個天然挑戰。但願我們能盡快並盡量大範圍來改善混濁情況。

但如果有某個東西掌控了創造力之河、使之愈來愈混濁，那該怎麼辦？如果我們因此動彈不得；如果我們不知為何竟然開始自甘墮落到從中獲取利益，不僅開始喜歡它，甚至還倚賴它、靠它維生、靠它維持活著的感覺——那該怎麼辦？如果我們必須靠它才能在早上起床、才能去到什麼地方、才能覺得自己是個重要人物，那又該怎麼辦？而這一切都是等著我們落入的陷阱。

故事中的貴族代表一個「已經變壞」的女性心靈面向。它已經敗壞到不在乎從製造毒物之中去獲取利益；它已經依附在不健康的生命之上。像權力飢渴的國王一樣，它採取無情的統治方式，既缺乏智慧、也永遠得不到它原本打算服侍之女子的愛情。

女人最好在自己的心靈內擁有一個忠誠的阿尼姆斯。他能看得遠、具備外在世界和無意識世界的聽覺、能預測下一步可能會發生的事情、並根據他在眾世界中所得的全部聽聞和知覺來建立規範和公平正義。可是故事中的阿尼姆斯卻是一個背叛者。女人心靈中那個由貴族（國王或心靈導師）所象徵的阿尼姆斯本應幫助她實現她的潛力和志向、彰顯她所珍惜的創意和理想、衡量事情的公正性和完整性、維護她所使用的武器、幫她設想對策以應付威脅、以及幫助她統一所有心靈疆土。

當阿尼姆斯像故事所述一樣變成一個危害者的時候，女人就會對自己所做的決定全然失去

註十五　基本上，如果我們忘記陽性本質這個概念，就會在思考和瞭解人性各個層面的雙重本質時失去一個最有力的對立觀點。然而，如果女人很難吞嚥「女性本質參雜了男性本質」這種想法的話，我倒很贊成她用自己喜歡的名稱去稱呼這個中介本質，以免完全不能想像及瞭解互相對立的本質是如何合作的。

信心。當她的阿尼姆斯由於偏頗之故——它的偏頗表現於謊言、偷竊、對她並為她裝模作樣——而愈趨衰弱之際，河水就從生命必需品變成了一個必須嚴加防範的職業殺手。然後，饑荒出現在土地上，而汙染則出現在河川上。

創造一詞的拉丁文是creare〔註十六〕，意為生產、製造生命、由無生有。內在生命停頓以及外在生命亦因此停頓的原因就在於我們喝了汙染的河水。在故事中，汙染製造出畸形的孩童，而孩童代表新的創意和理想、代表我們從無創有的能力。當我們開始質疑自己的能力，尤其質疑自己的思考、行動和身為一個人的正當性時，那也正是新的潛力被扭曲變形的時候。

即使恢復了創造力，即使當雙手、筆尖、自己的身體正流露出美麗的作品時，具有天賦的女人還是會懷疑她們自己是否真能稱得上是作家、畫家、藝術家、人。當然，她們再真實也不過，但她們很可能為了找出「真實」的涵義而把自己搞得焦頭爛額。當農婦審視眼前一大塊土地而計畫春耕時，她已是真正的農人；當女跑者邁出第一步時，她已是真正的跑者；當花朵還在莖梗之中時，它已是真實的花朵；當樹木還是松果中的一粒種子時，它已是真實的樹木。老樹也是一個有生命的真實存在。所有具有生命的東西都是真實的。

阿尼姆斯在每個女人心中的發展過程是不同的。它不是從上帝大腿間一躍而出的完美受造物。它看來具有某種與生俱來的特質，但也需要「長大成人」、受教育、被訓練。它必須成為堅強而直接的力量。然而，當文化和個我用種種力量傷害阿尼姆斯時，某種令人不耐的東西、卑鄙的東西、被人稱為「中立無意見」的死沉氣息就會橫梗在內在心靈世界和外在的白紙、畫布、舞蹈地板、會議室與集會世界之間。這個「某種東西」——這個瞇縫眼、遭人誤解、被人誤用的東西——就會把河水凝結成塊、阻塞思考、卡住鋼筆或畫筆、緊鎖關節不放、硬化新鮮的創意、使我們因而受苦。

有一個奇怪的心靈現象：當女人深受負面阿尼姆斯之苦的時候，她的每個創作努力都會觸發它並使它攻擊她。她拿起一枝筆時，河上的工廠就開始釋出毒劑；她想申請入學或選修一門課，卻發現自己因缺乏內在食糧和支援系統而受阻不前。女人轉動引擎而想加速前進，卻發現自己不斷落回到原點。此外，她還有那麼多尚未完成的針織作品、從來沒有完工的花圃、從來不曾從事的徒步旅行、從來不曾寫成的「我關心」小卡片、從來不曾學會的外國語文、再被放棄的音樂課、久被懸掛在紡織機上的緯線……

這一切都是畸形的生命形式，都是哭泣之女被毒害的孩子。它們全被投入河中，被投回到打從一開始就危害它們生命的汙水之中。在最佳原型情境下，它們應該在汩汩漩渦中像火鳳凰一樣從灰燼中重生。可是，阿尼姆斯就在這裡出了問題，以至於女人無法區分不同的衝動、更不用說把自己的創意彰顯和實現於外在世界中。而河流上處處都是心理情結的排泄物，以至於

註十六　見牛津英文字典。

沒有東西可以從中升起並轉化為新生命。

於是我們在此遇見了挑戰：我們必須走入爛泥中去尋找埋在其下的寶貴天賦。像哭泣之女一樣，我們必須在河水中尋找自己的靈魂生命、我們的創造力。另一個同樣困難的挑戰則是：我們必須整治河川，好讓哭泣之女可以看得清楚，好讓她和我們自己能夠找回孩子的靈魂而因此心平氣和地再度從事創作。

由於周遭文化大力貶抑女性本質，也由於它誤解陽剛基質的中介角色（註十七），因此它通常會使「工廠」和汙染的問題更加惡化。文化經常強逼女人回答一些無解且無理、但被心理情結宣稱為合法、令女人十分害怕的問題：「但妳真的可以稱得上是一個作家（藝術家、母親、女兒、姊妹、妻子、情人、工作者、舞者、人）嗎？」、「妳真的有才華（天賦、價值）嗎？」、「妳真的有什麼值得表達的（具有啟發性的、有益人類的、可治療炭疽病的）的話要說嗎？」。

當女人的阿尼姆斯忙於製造負面心靈產品時，女人的外在表現自然就會隨著她逐漸減弱的信心和創造力萎縮起來。處於這種困境中的女人告訴我：她們不知如何從寫作靈感受阻的情況中「破門而出」，也無從知道其原因為何。她們的阿尼姆斯正在吸光河中所有的氧氣，致使她們覺得「極端疲憊」、深受「了無活力」之苦、似乎無法「再繼續下去」、或覺得自己「被什麼東西給拖住了」。

拿回河流的所有權

「生而死而生」的本質使命運、人際關係、愛情、創造力和其他一切事情在廣大而原始的模式中循環不已，用創造、增盈、壯盛、病衰、死亡、孕育、創造這樣的順序周而復始。創意、思想、感覺的失竊或欠缺都起因於河水受到擾害。以下是拿回河流所有權的方法。

要開始整治河川，就請先**接納精神食糧**。當女人拒聽別人對她的創造力所發出的誠懇讚美時，她的河流顯然已經遭到汙染。有些汙染狀況也許還算輕微，比如她隨口說：「噢，謝謝你這樣稱讚我」。也有些汙染狀況已達十分嚴重的地步，比如：「喔，這個舊東西」、「你沒搞錯吧」、或（自衛性極強的）「我當然很優秀，你以前怎麼會看不出來呢？」這些回應全都代表了受傷的阿尼姆斯。美好之事一流入女人的心中就立即遭到毒害。

要反轉這個現象，女人必須練習接受讚美（縱使她一開始好像為了保住這次的讚美而迫不及待地撲向它）、品嚐它、驅退那惡意的阿尼姆斯。它總想對讚美者說：「那是你的看法、你

註十七　我認為這陽剛基質是男性強大且能解決衝突的本質。在許多文化裡，由於男人所從事的日常勞力工作既無意義、也於靈魂無益，他們都已失去了這一本質。另一個讓他們失去它的原因是：文化誘使他們自甘於接受拘束和役使，直到他們一無所有。

根本不知道她犯了多少錯誤、你根本不知道她有多麼軟弱和缺乏效率……」

甜美多汁的創意、革命性的偉大創意、以及不受拘束的創造力尤其容易吸引負面的心理情結。因此，我們沒有第二個方法可循；我們唯一必須做的就是召喚出行動較為明確的阿尼姆斯，讓年老的阿尼姆斯壽終正寢——也就是說，把它送到心靈的舊檔案室那裡，把它跟其他已經洩氣和失去作用的衝動與促動力一起歸檔存放。它們在那地方將只會成為歷史文物，而非行動者或影響者。

「**有所反應**」是整治河川的第二個方法。狼的生命極富創造力：牠們每天要做出幾十個選擇、決定做事的方法、測量距離、專心在獵物身上、計算機率、把握機會、以敏捷的反應能力完成目標。如果要徹底實現創造力，人類正需要狼所具有的以下特點：找到躲藏之物的能力、協調意圖的能力、專注在所期結果之上的能力、以及為己身之利益採取行動以達目標的能力。

要有所創造，我們就必須擁有反應能力。創造力即是回應四周正在發生之事的能力，一種可以從心中千百個思想、感覺、動作和反應中做出選擇的能力，以及將之用獨特的反應、表達方式或訊息組合起來以傳達動能、熱情和意義的能力。從這層意義來看，創造氛圍的闕如即指我們僅有單一選擇、缺少（或壓制、查禁）感覺和思想、不採取行動、不說話、沒有作為、不具意識。

「**保持野性**」是整治河川的第三個方法。河流最初並無汙染，是我們造成汙染；河流最初並沒有乾涸之虞，是我們將之阻塞起來。如果想讓河水自由流動，我們就必須容納萬物而不先行查禁任何東西，進而容許創意生命能夠自由流動。這就是創造力；它充滿了神聖的矛盾語法，全然是一個內在心靈過程。要能創造，我們必須笨如石頭而甘之如飴、坐在笨驢身上的寶座而口中吐出紅寶石來。這樣一來河水才會流動，而我們也才能站在它傾洩而下的溪流中、展開自己的裙子和襯衫來盡情接取它。

「**開始**」是整治河川的第四個方法。如果你害怕失敗，我勸你現在就開始行動、必須失敗時就讓自己失敗、但務必要站起並重新開始。如果你又失敗了，那又怎樣？重新再開始吧。制止我們的不是失敗，而是不願重新開始——就是這種不願讓我們成為一灘死水。如果你覺得害怕，那又怎樣？如果你怕有什麼東西會跳出來咬你，那麼，看在老天爺的份上，現在就處理掉它吧。就讓你害怕的東西跳出來咬你，好讓你將它處理掉並繼續向前走。你會忘掉它的；恐懼會過去的。你最好面對它、感受它、結束它，而非不斷用它當理由去迴避河川的整治工作。

「**保護自己的時間**」是驅離汙染物的第五個方法。我認識一位住在洛磯山脈這裡、創造力旺盛的畫家。在她作畫或思索期間，她會用一條鐵鏈鎖住通向她房子的大路，並在鐵鏈上掛起一個告示：「今天是我的工作日，恕不待客。我知道你或許自認是我的理財專員、代理人或最好的朋友而不應受此限制，但你確實也是受限者之一。」

我認識的另一位雕刻家則在她的大門掛上這個告示牌：「請勿打擾，除非我中了樂透，或有人在舊的陶斯公路上看見了耶穌。」你瞧，健康的阿尼姆斯對於界限是非常講究的。

如何進一步驅除汙染？「**持之以恆**」。無論我們是否覺得自己夠堅強或已經準備好，我們必須堅決不讓任何事情阻止自己去運用完整的阿尼姆斯。我們必須繼續從事冒險以編織靈魂和長出羽翼、繼續發展自己的藝術、並繼續縫補自己的心靈。無論我們在何處創作，必要時我們也可將自己綁在船桅上、椅子上、書桌邊、樹木旁、仙人掌上。雖然經常極為辛苦，我們還是應該投注必要的時間，不迴避在追求造詣的努力中必然會遇到的困難。真實的創造力不會只用一種方式發出光熱。

沿途出現的負面情結會因你站穩立場並斷然宣告「我愛我的創造力更甚於我愛壓迫自己」而遭驅離或轉化（你的夢境將在路的最後一程如此引導你）。我們如果虐待自己的孩子，社工人員就會出現在我們的家門口；我們如果虐待寵物，動物保護協會就會前來把我們帶走；但如果我們堅持不餵飽自己的靈魂，卻沒有一個創造力巡邏隊或靈魂警察隊會前來加以干涉——除了我們自己以外。我們是唯一可以守護「靈魂自性」和英勇阿尼姆斯的人。僅僅每一星期、每一個月或甚至每一年才給它們澆水一次，這都是非常殘忍的行為。它們的生命在二十四小時之中各有其節拍律動；它們每天都需要我們，也需要我們用精心創作來給它們澆水。

「**保護你的創造力**」是整治河川的另一個方法。如果你不想受困於飢餓的靈魂，那麼就說出問題的真相並糾正它。每天實踐你的工作，不要讓思慮、男人、女人、伴侶、朋友、宗教、職責或任何怨尤的聲音逼迫你掉入靈魂饑荒中。必要時，把你的前齒露出來。

「**精心打造真實的作品**」。建造那溫暖而充滿知能的茅屋；把你的生命力從彼方拉向此處；堅持在凡俗責任和個人喜樂之間求得平衡；保護靈魂；堅持創作生命的品質；不讓自己的心理情結、周遭文化、陳腐的思想，或任何崇高的、貴族般的、課本上的或政治上的說辭偷走它。

「**準備創造力所需的營養品**」。有許多東西對靈魂來講是有益並有滋養作用的，而它們大多數可以被歸類到野性女人所需的四個基本食物項目之下：時間、歸屬感、熱情和主權。要把它們囤積起來。它們可以維持河水的清澈。

河水被整治後就能流水無礙，而女人的創作產量也將有所增加並自此在「增而減而增」的自然運轉中持續不已。沒有一樣東西會長期遭到滅絕或汙染；任何天然產生的汙染物都會被中和乾淨。做為我們營養系統的河流會有返回的一天。我們將無畏地走入其中，無憂地樂飲其水，並在河畔安撫哭泣之女痛苦的靈魂、治癒她的孩子、送他們回到她那裡。我們將解除工廠的汙染行為並擁立一位新的阿尼姆斯。我們將可以在河邊按照自己的心願、也按照自己認為適當的方式過日子，並且滿手抱著我們生出的許多嬰兒，一邊將他們在清澈水中的倒影指給他們看。

專注與幻想工坊

在北美洲，〈火柴女孩〉以安徒生的版本最為人所熟知。此故事的核心告訴我們缺乏照護和缺乏專注力是怎麼一回事、以及它們會帶來什麼樣的後果。它是一則以各種形式在世界上廣為流傳的古老故事。有時主角是一個用炭火取暖的男人，在他的木炭即將用罄之際，他夢想著過去的美好時光。在有些版本中，火柴這個象徵符號換成了別的東西，比如〈小賣花人〉故事講的便是一個心碎的男人凝視著最後幾朵花的花蕊而離開人世。

雖然在初讀故事表面意義時，有人會認為這些故事的目的只在賺人眼淚（也就是說它們太訴諸人類情感的「可愛」面向），但如果你因此認為它們沒什麼了不起的話，那你就大錯特錯了。基本上，無論版本為何，這些故事都曾用非常深刻的方式表達出心靈如何受到負面因素的催眠、而致真實生動的靈性生命開始萎縮起來。（註十八）

下面這則〈火柴女孩〉的故事是我的姨媽凱特麗娜告訴我的。她在第二次世界大戰結束後來到美國。在戰爭期間，她的家鄉（一個簡樸的匈牙利農村）曾經三度被三個不同的敵軍入侵和占領。每當她講這個故事的時候，她總會說上這一段開場白：人在艱困時期所作的美夢是一無用處的；在這種時期，我們必須作艱苦的夢、真實的夢、那種只要我們努力和只要用牛奶代酒來祝禱聖母健康就可以成真的夢。

火柴女孩

有個無父無母的小女孩住在黑暗的森林裡，而森林旁邊有一個村莊。她得知自己可以在村中用半便士買得一把火柴，然後可以在街上以一便士的價格賣掉它們。如果她賣掉足夠的火柴，她就可以買一片麵包皮、回到森林中那僅有半邊屋頂的小陋屋、穿著她僅有的衣服躺下來睡覺。

冬天來了，天氣非常寒冷。她沒有鞋子，而她的長外套也薄到讓人可以看透它。她的腳已經由藍轉紫絳，而她的腳趾、手指、鼻尖都已變成了白色。她在街上徘徊，向陌生人乞求說：「請買我的火柴吧。」但沒有人停下腳步，也沒有人注意她。

於是，某個傍晚，她坐下來對自己說：「我有火柴；我可以點起火來暖和自己。」但是她

註十八　根據我的探討，這些可能都是古代關於「舊年／新年」的冬至故事。在故事中，被用罄的東西死亡後，又重生為活力充沛的事物。

沒有引火物，也沒有木材。她決定無論如何都要把火柴點燃起來。

她直伸雙腿坐在那裡，然後點燃了第一根火柴。就在火柴點燃的一剎那，寒冷跟雪似乎一併都消失了。她眼前所見的不是迴旋的雪花，而是一個美麗的房間，房裡一個爐門上有鐵螺旋紋的墨綠色大陶爐。火爐冒出如此多的熱氣，以致空氣像波浪一樣起起伏伏。她依偎到火爐邊，覺得自己好像在天堂一般。

但是火爐突然間熄滅了，她又再度坐在雪地中，不住地打顫，連臉頰上的骨頭都發出敲打的聲音。於是她又點燃第二根火柴，而火光落在她身旁建築物的牆上。她突然間可以透視這道牆：牆後的房間裡有一張鋪著雪白桌布的餐桌，而餐桌上擺置了最為純白的瓷餐盤，而一個大餐盤上則擺放了一隻剛煮熟的鵝。當她正要伸手去享用大餐之際，幻影就消失了。

她又再度坐在雪地中。但現在她的膝蓋和臀部都已不再有疼痛的感覺；如今寒冷已沿著她的手臂和上半身刺進身體。於是她點燃了第三根火柴。

一株美麗的聖誕樹出現在第三根火柴的亮光中，上面綴飾著配有蕾絲般羽飾的白色蠟燭、美麗的玻璃飾品、以及成千上萬她無法分辨的小光點。

她向上仰望這株巨大的樹，而這株樹愈變愈高、一直延伸到天花板，最後變化成她頭上天空中的繁星。突然有一顆星星火光閃閃地劃過天空。這時她想起母親告訴過她：當有人死去時，某顆星星也會在同一時間殞落。

這時小女孩的祖母突然出現在她眼前。她非常慈祥和藹，因此小女孩見到她時十分高興。祖母拿起自己的圍裙來包裹住孩子的身體，並用雙臂緊緊抱住她。女孩因此感到無比滿足。但是祖母也開始消失了。女孩點燃一根又一根的火柴，希望能夠留住祖母。她繼續點燃更多火柴，直到最後她跟祖母兩人一起開始飛上天空，飛到那沒有寒冷、饑餓和痛苦的天上。到了早晨，人們發現孩子一動也不動地躺在巷弄中。

制止創造力生命中的幻想

這個女孩生活在一個無人關心她的環境中。如果你也生活在同樣的環境裡，趕快脫離它。這孩子的周遭環境根本不珍惜她所擁有的東西：火柴棒上的小火光、亦即所有創造力的發源點。如果你也處在這種困境中，轉身走開吧。女孩處在沒有多少選擇的心靈情境中，並已無可奈何地接受了自己的生命地位。如果你也如此，趕快唾棄「無可奈何」的心態，並要昂首闊步地走出來。當野性女人被逼到死角的時候，她不會投降，反而會張牙舞爪並充滿戰鬥意志地向前邁進。

火柴女孩應該怎麼做？如果她的本能未曾受到傷害，她本應擁有許多選擇。她可以步行到另一個城鎮、偷溜上一部運貨馬車、躲在煤炭地窖裡。野性女人知道下一步該怎麼做。但是火柴女孩卻已不認得野性女人。這小小的野性孩子已經凍僵了，只剩下一副恍惚的軀殼而已。能讓創造力流動起來的基本條件，就是接近那些讓我們覺得溫暖、可以支援並提振我們創造力的活生生人物。若非如此，我們就會凍結起來。我們所需的成長環境是內在和外在兩個世界共同組成的合唱團；它應注意到女人的生命狀況、設法鼓勵她、並在必要時給予她安慰。我不確定一個人需要多少朋友，但你絕對需要一、兩個視你的天賦（無論那是什麼樣的天賦）為天賜之聖餅的朋友。每一個女人都有資格遇見一個對著她唱「哈利路亞」的合唱團。

當女人暴露在寒冷之中時，她們會很容易依賴幻想而不採取行動。這一類幻想是施用在女人身上最可怕的麻醉劑。我認識一些天生就具有美麗歌喉的女人，也認識天生就擅長說故事的女人——從她們口中說出來的每一句話都是那麼有創意、那麼巧妙而恰到好處。但是她們孤獨無助或總覺得自己是沒有投票權的邊緣分子。她們非常害羞，而這害羞又常被用來掩飾饑餓的阿尼姆斯。她們無從知道自己能從內心得到什麼支援，更不用說從朋友、家人和社群那裡得到支援。

如果不想成為火柴女孩，你必須採取一個重要行動：若有任何人不支持你的藝術或你的生命，這個人就不值得你再花時間在他身上。這種說法也許無情，卻離真實不遠。如果不這麼做，你將穿著火柴女孩的破衣服，被迫過著四分之一的生活，而自己所有的思想、希望、天賦、寫作、玩樂、設計和舞蹈都呈凍結狀態。

火柴女孩最應該追求的東西是溫暖，然而故事中的她卻不這麼做。她反而打算賣掉所有火柴，雖然火柴是溫暖的來源。這麼做並不會使女性本質變得更溫暖、更豐富、更聰明、更有發展。

溫暖是一個神祕的東西。它多少可以治療、孕育我們。它可以鬆解太緊的東西、促進流動、促進生命意識、加快新創意的首航飛翔。不管是什麼樣的溫暖，它都能吸引我們愈來愈靠近它。

火柴女孩所處的環境不利於她的成長。那裡沒有溫暖、引火物及木材。如果我們是她的話，我們該怎麼做？首先，我們不可以沉浸在女孩點燃火柴後建起的幻想國度裡。幻想有三種，第一種是歡娛幻想，是一種心靈冰淇淋，只有享樂的用途，而白日夢就是其中之一。第二種是刻意擬想，有如擬定一部計畫書；它是一種把我們運送到行動那裡去的交通工具。所有心理上、靈性上、錢財上以及創作方面的成功之事都以這種幻想為起點。第三種幻想則使一切事情停頓下來；它會在重要時刻阻攔正確的行動。

很不幸地，火柴女孩編織的就是第三種幻想。這種幻想跟現實完全脫節，只會讓人覺得無計可施或困難重重，而唯一可行的就是沉浸在無謂幻想之中。這幻想有時存在於女人心中，有時則透過酒瓶或注射針頭——或因缺乏它們——來到她那裡。有時大麻煙或許多隨即被遺忘的旅社房間（其中總有一張床和一個陌生人）也是某種可讓女人移入幻境的交通工具。處於這些情境中的女人，在每一個充滿幻想的夜晚都盡情演出火柴女孩的戲碼，而又在每一個清晨醒來時發現自己早已凍死。有很多方法可以讓一個人失去意向、失去她的重心。

因此，有什麼方法可以恢復我們對靈魂和自己的尊重？我們必須找到一個完全不同於火柴女孩所擁有的環境，將自己的創意拿到一個能夠支援它們的地方。尋找有利的生命環境是我們必須專注踏出的重大一步。很少有人可以只依賴自己的蒸汽動能來從事創作；我們需要所有可以被找得到的天使翅膀來給我們拍肩鼓勵。

大多時候，人們都有很好的創意：我要用我喜歡的顏色來粉刷那面牆壁、我要設計一個全體鎮民都能參與的計畫案、我要為我的浴室製作一些磁磚（如果我真喜歡它們的話，我還要賣一些給別人）、我想回學校讀書、我想賣掉房子去旅行、我想生孩子、我想放下這個而開始做那個、我想走自己的路、我想整頓一下自己的行為、我想貢獻一份心力去改革這件或那件不公平的事情、我想保護需要保護者。

這些計畫都需要有利於它們的環境；它們需要「溫暖之人」所提供的養分支援。火柴女孩衣不蔽體；就像一首老歌所說的，她的生命「已經低靡到無以復加的地步」。若是處在她的境況中，沒有一個人可以成長茁壯。我們都想跟植物和樹木一樣置身在面向陽光的環境中，但我們必須先找到太陽。要做到這一點，我們就必須移動自己的身體，而不能只坐在那裡。我們必須做某件事情以讓情況有所改變。如果不移動的話，我們又會回到街上去兜售火柴。

世上最好的太陽就是那些愛你的朋友；他們會用溫暖之心善待你的創造力。當女人像火柴女孩一樣沒有朋友的時候，她會因痛苦、有時也因憤怒而凍結起來。就算一個人有朋友，這些朋友也未必是太陽。他們也許能給予安慰，卻無法把她日漸凍結的狀況告訴她。他們所給予的安慰大大不同於我們所說的營養供給。營養會讓你從一個地方移動到另一個地方；它是心靈所吃的早餐麥片。

安慰跟營養供給之間的差別是：你如果把植物養在黑暗櫥櫃裡而讓它變得病懨懨的，然後你對它說些撫慰的話，這就是安慰；但如果你把植物從櫥櫃中拿出來、放在太陽下、給它喝點水並對它說話，這就是給予它生命所需的營養。

一個沒有生命支援而凍僵的女人會很容易轉去依賴一個又一個「如果那樣」的白日夢。但是，即使她處於這種凍僵狀態中——尤其如果她已處於這種狀態中的話——她還是應該拒絕這些慰藉她的幻想。慰藉人的幻想必然會取人性命。你知道的，致命的幻想都會這樣說：「總有一天……」、「假如我有……」、「他會改變的……」、「只要我學會控制自己……」、「等我真正準備好的時候……」、「等我擁有足夠的……」、「等孩子長大了……」、「等我更安定的時候……」、「等我遇到另一個人的時候……」、「一旦我……」等等。

火柴女孩的心靈祖母不但沒有對她大吼：「醒過來！站起來！不管有多困難，妳還是要去尋找溫暖！」，反而把她帶到幻境生命中、帶到了「天堂」那裡。但是天堂幫忙不了野性女人——那動彈不得的野性孩子、故事中的火柴女孩。這些慰藉人的幻想是不應該被點燃起來的；它們的致命吸引力只會讓女人偏離真正該做的事情。

我們發現故事中的火柴女孩做了某種交易、某種思慮不周的買賣行為：她兜售唯一可以讓她保暖的火柴。當女人失去野性母親的呵護時，她們只會吃到生存所需的最起碼食物（就跟現實世界中的窮人一樣）。自我只能餬口謀生、只能從外界得到最低限度的營養、只能每晚回到自己的原出發點。筋疲力盡的她就在那裡睡下。

她在醒來時無法看見生命的未來，因為她日復一日鉤掛在自己的悲慘生命上。在心靈啟蒙的過程裡，若要切斷自己跟安逸和自滿之間的關係，我們必然會經歷一段艱困時期，但這過渡階段總會有結束的時候，而後方才「被磨亮」的女人才能更充滿智慧地展開一頁新的靈性和創造力生命。然而，處在火柴女孩情境中的女人所參與的卻是一個脫離正軌的啟蒙過程，其間的逆境只有毀滅作用、卻無深化作用。她必須選擇另一地點和另一環境，以獲得不同的支援和引導。

歷代以來，尤其在男性心理發展過程中，疾病、放逐和苦難常被認為是啟蒙所需的「肢解」儀式，有時具有非常重大的意義。但對女人而言，女人的內在心理和肉體構造卻能生出更多啟蒙原型，如生育、經血的力量、以及愛與被愛。接受自己所敬重之人的祝福、聆聽年長者深刻而有扶持力的教誨——這些都可說是深刻啟蒙的一部分，各有其內在張力和起死回生的效力。

火柴女孩可以說已經十分接近、卻也十分遠離啟蒙過程中的移動和行動階段，因而無從完成啟蒙。雖然她的悲慘生命具備啟蒙所需的材料，但她的內心世界和外在世界裡都沒有人可以來引導這個心靈過程。

對心靈而言，從最負面的意義來看，冬天把死亡之吻——也就是寒冷——帶給所有被它碰觸到的東西。寒冷意表一切關係的結束。如果你想殺掉什麼東西，對之抱以冰冷的態度就好。一旦人的感覺、思想或行動被凍結了起來，任何情感關係都會變為不可能。人們如果想放棄自己心中某樣東西或置某人於寒冷之中，他們就會採取忽視的態度、拒不邀之入內、繞路不想聽其聲音或不想看見他們。這就是火柴女孩遭遇的心靈情境。

火柴女孩徘徊在街道上，乞求陌生人購買她的火柴。這個情景讓我們看到女性受傷本能最令人不安的一個事實：廉價地把自己的光芒施放出去。火柴棒上的小火光跟〈薇莎莉莎〉故事中插在木棒上較大的頭骨火炬是相似的東西。它們代表智慧；更重要地，它們可以點燃生命意識、用光明取代黑暗、重燃已經熄滅的事物。火象徵那賦予新生命於心靈的一股力量。

在故事中我們看到極度貧窮的火柴女孩乞求別人的施予，想以事實上價值更高的東西——

火——來交換一個便士。無論我們是在內心世界或在現實世界中碰到這種「以高價換取微價」的事情，其結果都一樣會使生命活力更加流失。之後女人再也無法針對自己的需要有所反應。想要活下去的某樣東西在那裡乞求不已，卻得不到任何回應。我們看到女人像希臘智慧女神蘇菲亞一樣從黑暗深淵中取出光明，然而她們卻在無益的幻想中隨興將之賤賣。各種差勁的情人、可惡的老闆、剝削人的環境、狡猾的心理情結都在引誘女人做出這種選擇。

火柴女孩決定點燃火柴的時候，她並沒有運用自己的資源去採取行動，而是將之運用在幻想之上。她僅僅在剎那運用了一下自己的生命力。這在女性生命中是極常見的情形。她決定進大學讀書，卻花三年的時間來決定上哪一所大學；她打算畫一系列作品，卻因為找不到展覽場所而不把繪畫當做自己的優先要務；她想做這做那，卻不願花時間去學習、去開發自己的敏感度或技巧；她有十本夢的筆記，卻忙於解析自己的夢而無法將其意義付諸行動；她知道自己應該離去、開始、停下來、前往，卻無法做到。

而我們知道原因何在。當女人的感覺被凍結了，當她再也感覺不到自己，當她的血液、熱情再也無法傳達至她的心靈角落處，當她深感絕望之時，這時幻想生命便成為她視覺範圍內最能讓她感覺愉悅的事情。由於沒有可燃的木材，她的火柴便把她的心靈當成一大段乾木燃燒起來。

而心靈也開始對自己玩起把戲來；它開始活在可讓全部渴望都獲實現的幻想之火當中。而這種幻想跟謊言沒有兩樣：謊話說久後，你就會開始相信它。

這種「轉移焦慮」——也就是熱切幻想一些無可實現的解決方法或美好時光來減弱難題或重大問題的急迫性——所攻擊的對象不限於女人。它是人類共同面對的重大障礙。火柴女孩幻想中的火爐代表溫暖的思想，也代表中心、人的心、家中壁爐。它告訴我們：她幻想所求的就是真實之我、心靈之心、以及心中之家的溫暖。

但火爐卻突然熄滅了。就像所有陷在這種心靈困境中的女人一樣，火柴女孩發現自己仍然坐在雪地上。我們可以發現這種幻想雖然短暫、卻極具毀滅力；它所燃燒的就是我們的生命力。即使女人可能用幻想來取暖，她最終仍將發現自己身陷在寒凍之中。

火柴女孩點燃更多火柴，而每一個幻想仍然紛告熄滅，女孩也一再重新坐在雪地上飽受寒凍之苦。當心靈凍結的時候，女人只能轉求於己而無法求助於他人。她點燃第三根火柴，而「三」是童話故事的魔法數字，是新事發生的轉折點。但在故事中，由於幻想壓制了行動，並沒有任何新事發生。

反諷的是，故事中竟然有株聖誕樹。聖誕樹是由長青樹演變而來的，而後者在基督紀元之前本是永續生命的象徵符號。我們可以說：火柴女孩若能想到靈魂／心靈具有長青、不斷成長和不斷移動的本質，她原本是可以獲救的。但是那個房間的天花板沒有擋止的作用，意謂她的心靈無法容下生命這個觀念。催眠已經發揮了效力。

祖母非常慈祥和藹，但她是促成幻境的最後一劑嗎啡、最後一杯毒胡蘿蔔素，把女孩拉進死亡之眠中。從最負面的意義來看，這代表了自滿、麻木不仁的昏眠（「沒關係，我可以忍受」），或不敢面對現實而否認其存在的昏眠（「我只要朝另一個方向看就沒問題了」）。這是惡意幻想所造成的昏眠，讓我們期盼所有痛苦會奇妙地消失不見。

心靈的一個真相是：當欲力或生命力銷蝕到不能再於鏡面上呵出氣息時，某種代表「生而死而生」本質的東西就會出現——也就是故事中的祖母。她的工作是：每當有什麼東西死亡時，她就要現身並孕育那已脫去種子外皮的靈魂，去照顧靈魂直到它能重獲新生為止。

每一個人的心靈都擁有這樣的福賜。甚至在火柴女孩悲慘的下場中，我們也看見一道光線。當不滿和壓力累積了一段時間而達到相當程度時，心靈的野性女人就會把新生命擲入女人心中，容許她有再一次為自己謀幸福的機會。我們可以從故事中的苦難得知一件事情：我們最好還是先治好幻想之癮，而不要坐等並癡想自己會從死裡復活。

重添創造力之火

因此，讓我們想像一下：我們已經把所有東西收攏在一起、清楚知道自己的意圖、沒有沉溺在逃避主義者的幻想中、且擁有整合的心靈和旺盛的創造力。但即使如此，我們仍需擁有另一個特質：當（而非如果）我們的重心已變模糊時——也就是說，當我們消沉了一段時間之後——我們必須知道該怎麼做。什麼？經過一番努力之後，我們還會失去重心？沒錯，我們仍會暫時失去重心，但這是自然的循環法則。以下是一則美麗的故事，我的家人稱它為〈三根金髮〉。

我的家人說：「故事都長有翅膀」。我所攜帶的許多故事都是隨著我的匈牙利寄養家庭在一次逃離戰難的越洋遷徙中先飛越了中歐卡帕西山系、而後暫棲於俄國的烏拉山脈、最後乘船越洋來到北美洲。然後，這一小群衣衫襤褸的人再帶著他們的故事（其形式莫不受到他們人生經歷的影響）一起翻山越嶺來到這大湖區盆地的廣大森林區。

〈三根金髮〉的核心故事是由我的卡妲姑媽告訴我的。她在東歐長大成人，是一個稟賦超常的治療者和感人心弦的祈禱師。我稍加擴充了她所說的故事核心部分。我在研究中發現條頓人和塞爾特人也有許多以「金髮」為核心主題的故事。一個故事的核心主題，代表心靈中一個原型交錯點。原型的本質就是這樣：它們把自己的某些微義放置在自己與心靈相交的所在；當它們走進生命故事、夢和每個人的意念中時，作為象徵符號的它們有時會留下一些蛛絲馬跡。沒有人知道原型居留在何處；我們只能說：它們構成一套穿越時空的心靈訓誨書，教育每一個新世代而將智慧賦予他們。

這則故事的主題是：如何在失去重心後重新把它聚集起來。專注是由感知能力、聽覺以及遵循靈魂訓誨這三部分所組成的。許多女人均擅長於專心一意，但一旦失去重心時，她們就變得一團紛亂，好像是爆開在整個鄉野上的羽毛墊一樣。

我們最好要為自己從野性本質那裡感知到和聽到的一切事情準備一個容器。某些女人把它們寫在雜記裡，以記錄飄過的每一根羽毛；其他女人則利用藝術創作來把它們舞動出來、圖繪出來、或寫入劇本。還記得芭芭雅嘎嗎？她有一個大鍋子；她坐在一個事實上既為缽又為杵的大釜裡在天上飛來飛去。換句話說，她也有一個放東西的容器：她有一套思考方式、一整套在思想空間移動的方法。沒錯，有框範作用的容器可以解決生命力喪失的問題以及……就讓我們來瞭解一下吧。

三根金髮

從前有一天，在一個漆黑無比的晚上——那種大地如墨、樹木映在深藍色天空中有如扭曲之手的晚上——就在這樣的夜晚，有一個孤獨的老人在森林中踉踉蹌蹌地趕路。雖然大樹枝刮破了他的臉孔、幾乎弄瞎了他的眼睛，他還是在自己面前打著一個小燈籠向前挺進。只是，燈籠中的蠟燭愈燃愈微弱。

老人金黃色的長髮、缺縫很大的黃牙齒、以及捲曲的琥珀色指甲都使他格外引人注目。他的背部拱起像一袋麵粉，而他已經老到連下巴、手臂和臀部的肌膚都像皺摺一樣垂掛了下來。

老人在森林裡抓住一株小樹，拉著自己的身體往前，然後再抓住另一株小樹，再拉著自己的身體往前。他就用這種划船似的動作並靠著自己剩下的一點呼吸，在森林裡找出一條出路。

他的每一根腳掌骨都痛得燃燒了起來。當他在黑暗中向前推進的時候，他的關節跟林中的貓頭鷹一起尖叫了起來。遠方有一個閃閃的微光、一個小木屋、一個火爐、一個家、一個休憩的地方，因此他努力朝那微光走去。才剛抵達門口，他就已經累得只能一頭跌進房裡、癱倒在地上，而小燈籠中的微弱燭光也就熄滅了。

房內有個老婦人坐在熊熊的爐火邊。她匆忙來到那老人身邊，把他抱到自己的臂彎裡，然後抱他到爐火邊。她用抱孩子的方式抱住他，並坐在搖椅上搖晃他。那可憐、虛弱的老人不過只是一袋骨頭罷了，而那強壯的老婦人不斷前後搖晃著他，一邊還說：「沒事、沒事；沒事、沒事；沒事、沒事、沒事。」

她整晚都搖晃著他。到天快亮的時候，他竟已變得十分年輕，已成為一個四肢健壯修長的美麗金髮青年。但她還是繼續搖晃他：「沒事、沒事；沒事、沒事；沒事、沒事。」

當清晨愈來愈接近時，年輕男子已經變成了一個美麗的小男孩，而他的金髮有如麥穗一樣被編結了起來。

> 就在破曉的那一剎那，老婦人迅速從孩子美麗的頭上拔下三根頭髮，接著將之丟在地磚上。它們發出這樣的聲音：「的的叮！的的叮！的的叮！的的叮！」
>
> 她臂中的小男孩從她膝上爬了下來並跑向門口。他回頭望了一下老婦人，對她燦爛一笑，然後轉身飛入天空，成為那閃耀的太陽。（註十九）

萬物在夜晚時都會成為不一樣的東西。因此，若要瞭解這個故事，我們必須潛入黑夜意識之中——我們在這樣的意識裡，會變得更敏於察覺每一個嗶哩嘎拉的聲音。在夜晚時，我們更接近自己、更接近那些在大白天時不怎麼被我們察覺到的根本意念和感覺。

在神話中，夜晚就是創造宇宙之黑夜母親的世界。她也是白晝之母，是掌管生與死的老女人之一。從解析的角度來看，童話故事中的夜晚代表無意識。而西班牙聖徒「十字架約翰」曾稱它為「靈魂之黑夜」。在上則故事中，夜晚則代表老朽生命力愈趨虛弱的期間，而在這期間我們在重大問題上幾乎難以自立。

失去重心就是失去生命力。此時我們絕對不可忙亂地想將它重新裝合起來；忙亂是絕不被容許的。正如故事所示，坐著搖晃才是應做的事；我們要用耐心和安靜去搖出新的意念來。但某些女人就是不敢奢望自己能抱著創意和耐心坐在搖椅上。然而，野性女人卻說這是必要之事。

狼最瞭解這種事情。當闖入者出現的時候，狼可能會低吼、狂叫、甚至去抓咬這個不速之客。但牠們也可能從遠處退回到自己的群體中，跟家人坐在一起。牠們似乎只是坐在一起呼吸空氣。牠們的胸膛縮進和突起、上下起伏；牠們全神貫注、重新落實自己、找回自己的重心、決定何事最為重要、以及下一步要怎麼做。牠們決定：現在不要做任何事情、單單坐在這裡呼吸就好、僅僅在一起搖動身體就可以了。

許多時候，當創意不得展開或運作時，或當我們無法善用它們的時候，我們就會失去重心。而這是生命自然運轉的一部分。若不是創意已變得陳腐，就是我們已經無法再用清新的眼光看待它。我們像〈三根金髮〉故事中的老人一樣變成了一把搖搖欲墜的老骨頭。雖然很多人對創造力阻塞的現象有不同的解釋，但事實卻是：溫和的阻塞現象總是來來往往，跟天氣或季節的變化模式是一樣的；但我們先前談到的心理阻塞卻不是如此，只會使我們不面對自己的真相、害怕被人拒絕、害怕說出自己知道的事情、擔心自己力有未逮、汙染自己深處的河流、安於平庸或蒼白之模仿等等。

註十九　這故事是慈愛的凱妲告訴我的。她在一九四〇年代時曾在俄國勞改營裡捱過四年歲月。

〈三根金髮〉是一則很棒的故事，因為它描繪出創意的起伏運轉、創意所擁有的微光（這當然就是創意本身）、以及創意如何在起伏運轉中變得乏弱而幾近熄滅。在童話故事裡，壞事的發生都代表新事將起，新的生命力將被引進，以及幫手、治療者、魔法即將現身並接受求助。

我們在這裡再次遇見年齡已達兩百萬歲的「女知者」。來到她的爐火前並躺在她的懷抱中——這可以修復我們並增進我們的復原能力。〔註二十〕老人拖著自己虛弱的身體想要前往的地方就是這爐火和她的雙臂。沒有它們的話，他將死去。

老人由於長時間為我們工作而變得疲憊不堪。你曾否見過一個被魔鬼抓住大腳趾而發狂工作的女人在眨眼間倒地不起？你曾否見過一個為了某一社會議題在那裡搧風點火的女人有一天突然拋出一句「去他的」而轉身離去？她的阿尼姆斯已經筋疲力盡，需要被「女知者」放在懷裡搖晃入睡。創意和生命力都已疲弱、萎縮或停頓的女人必須找到這位女治療師，必須帶著疲憊的阿尼姆斯到那裡去尋求復元。

我輔導過許多熱切參與社會運動的女人。毫無疑問地，她們的生命周期已經運轉到了一個讓她們覺得疲憊不堪的時刻；她們在此時刻只能拖著格格作響的雙腿行經森林之中，而手中一閃一閃的燈籠隨時都有熄滅之虞。此時她們會說：「我受夠了、我不幹了、我要繳回我的記者證、我的徽章、我的工會制服、我的……」她們打算移居到奧克蘭市，每天看電視、吃豆腐酥餅、再也不要看到窗外世界。她們打算買難看的鞋子、搬到什麼事都沒發生過的社區裡、每天盯著購物頻道直到老死。從今而後，她們只想照料好自己的事情，對其他事情一概視而不見……

不管她們心中想的是什麼樣的休息計畫，或即使她們用疲憊不堪且深感挫折的口吻說話，我還是認為「休息」是個好主意，而且她們也真該休息一下了。但她們通常會高聲大叫地回應我：「休息？當全世界都即將在我眼前墜入地獄的時候，我怎麼能休息？」

但終究女人需要休息一下、搖一搖自己的身體、重新找回重心。她必須變得年輕起來，重拾生命力。她也許認為自己做不到這一點，但她確實可以的，因為有另一群女人——不管她們是母親、學生、藝術家，還是社會運動人士——必會為了接替請假休息的人而前來幫忙。有創造力的女人必須休息一下，然後再回去完成自己專心以赴的作品。她必須去見森林中的老婦人，也就是那位經常出現在她作品中、能將生命復原的野性女人。野性女人**預期**阿尼姆斯會在固定時刻筋疲力盡。當野性女人看見他從她的房門跌入倒地時並不會感到驚訝。當我們也如

註二十　在火旁、火上方或火中尋得生命轉化是一個普世的主題。希臘神話中有一故事跟〈三根金髮〉頗為相關。它描述偉大的母親女神德米特每晚**在火中**抱著一個人間男孩，以求讓他長生不死。他的母親米坦內拉在撞見他們時大喊：「殺人啊！殺人啊！」而打斷了儀式。德米特十分謹慎地放棄了這過火儀式，並對米坦內拉說：「真可惜！如今這孩子將只能當個凡人。」

此跌入倒地時，她也不會感到驚訝。她早有準備，不會驚恐地衝到我們面前，只會把我們拉起來、擁抱我們、直到我們恢復元氣。

而我們自己也不應在失去動能或失去重心時感到驚恐。跟野性女人一樣，我們應該平靜地抱住自己的創意、跟它共處一下。不管我們專注的焦點是自我成長、世界問題、還是感情關係，阿尼姆斯總有筋疲力盡的一天。問題不在於**是否**、而在於**何時**會發生這樣的事情。所有費時長久的努力——如完成學業、寫出手稿的結論、演出自己的音樂作品、照顧病人——都會有段時間讓我們曾經年輕的活力變老、跌倒、再也無法繼續前進。

對女人來講，由於她們很容易被自己的疲憊嚇到（她們會因此哭泣、咕噥發牢騷、低聲談論自己的失敗和不足等等），因此她們最好在一開始從事某項努力時就能瞭解這一點：失去活力是理所當然的事情，那是人類天性。

有一個錯誤的想法以為陽剛本質永遠具有飽滿的精神。這種想法是文化造成的內攝想像，我們必須把它從心靈版圖驅離出境。這種謬見不僅讓心靈版圖上的陽剛活力不當地充滿失敗感，也會讓社會上的男人在疲倦和需要休息時感覺如此。「生而死而生」的本質是以周期循環模式來發揮作用的，而這種模式適用在每一個人和每一件事情上。

在故事中，有三根頭髮被擲到地板上。我的家人常說一句話：「把一些黃金丟到地板上」。它起源於西班牙語「釋放字語」（*desprender las palabras*），意指「丟掉故事中的一些字句，使故事變得更為有力」，而這是說書者和我家族中的治療師向來都相信的事情。

頭髮象徵思想以及一切從頭中生出來的東西。丟掉一些頭髮或將之擲到地上可以使男孩更為輕盈、更有光采。同樣地，只要能從你陳舊無力的想法或努力中拿出一小部分來扔掉，你也可以使它們發出更閃亮的光芒。這跟雕刻師除去更多大理石以充分展現下方隱藏的紋路是一樣的道理。足以更新或強化陳腐意念或行動的一個有力方法就是丟掉一些想法後專心一意。

從你的努力中拔出三根頭髮，再把它們丟到地上。它們當下變成了促醒的呼叫聲。丟擲的動作在心靈中製造出一個聲響、一個鐘鳴、一個在女人靈性中迴響而使活動再次發生的共振音。我們眾多想法中某些想法的掉落聲響宣告了新紀元和新機會的來臨。

事實上，「女知者」只替陽剛本質做了一番輕微的修剪。我們都知道修剪枯枝可以讓樹木長得更結實，也知道摘掉某些植物的花苞可以讓它們長得更厚密、枝枒更茂盛。對野性女人來說，阿尼姆斯的損益轉變是很自然的事情。那是古之又古的運轉。自遠古以來，女人都是用這方法來面對自己的意念世界以及這些意念於外在世界中的表現。這是女人做事的方式。〈三根金髮〉故事中的老婦人一再教導我們事情是怎麼做成的。

那麼，這番復原、專心一意、與狼同奔的作為有何重要性呢？它的目的是要我們直咬頸靜脈、直入生命所有事物的種芽和骨髓之中，因為那裡才是我們的歡愉和喜悅之所在，那裡才是女人的伊甸園，在那裡我們才能享受到為人、浪遊、感受驚奇、寫作、歌唱、創作和不感害怕的時間和自由。當狼發現快樂或危險時，牠們剛開始會全然靜止下來，變得跟雕像一樣，全神貫注以求能看見、能聽見、能感知位在彼處的東西為何物、能感知位於彼處以最原始形式現身的東西為何物。

野性本質給予我們的禮物讓我們可以經由全神貫注、停頓、察看、鼻嗅、傾聽、感覺和口嚐以發現前方的事物。全神貫注需要運用所有的官能，包括直覺在內。女人來到這個世界的目的就是要宣揚自己的聲音、自己的價值觀、自己的想像世界、自己的透視力、自己的真知灼見、自己的故事、以及女性古老的記憶。這一切都是全神貫注和創作的成果。如果你失去了重心，只要坐下並保持安靜，拿起你的創意並前後搖晃它，保留它的一部分，也丟掉它的一部分。你無需再多做任何事情，它便會自動轉變成新生命。

第十一章

熱能：找回神聖的性動力

淫蕩女神

有一個東西住在女人天性的原始深淵裡。這個生命體就是我們的感官本質，而就像所有完整的生命一樣，它也有自己先天和後天的生命周期。這個生命充滿好奇心、與外界保持聯繫、有時活蹦亂跳、有時安靜無聲。它能回應感官刺激，如音樂、動作、食物、飲料、寧謐、靜默、美麗的事物以及黑暗。〔註一〕

女人身上擁有熱能的就是這個面向。但它不是「寶貝，讓我們做愛吧」這種場景中的烈火，而是時熾時弱在地底燃燒的火，自有其循環機制。女人利用它所釋放的活力去適時採取行動。她的熱能不是一種性慾發動的狀態，而是一種強烈的感官知覺，包括、而不僅只是她的性

註一　能啟動快樂和愉悅感的東西向來也是「後門祕道」；人會因它們遭到利用和擺布。

動力。

我們可以寫一大篇文章來討論女性感官本質的用途和它遭到誤用的情形、以及女人和其他人如何試圖完全澆熄它或在違背其自然律動的情況下煽動火苗。但在此，且讓我們專談它那充滿熱力、絕對野性、並可釋放熱能而使我們覺得溫暖舒適的面向。現代女性早已斷然拒絕這種感官表達方式，並在世界各地和不同時期裡對它發出絕對禁令。

女人的性動力有一個面向曾在古代被視為淫蕩而神聖。它並非我們今天所說的淫蕩，而是指一種性生活方面的聰黠智慧。另外，某些敬拜女神的古代祕教尊崇無所畏懼的女性性動力。它們的儀式不僅沒有撻伐之意，反而把無意識中某些至今仍然不明的區塊勾勒了出來。

對野性本質而言，神聖的性動力或（更明確來講）神聖性動力中的淫蕩面向是其最重要的一部分。在古代的女性文化中有許多「淫蕩女神」，以其無邪而狡黠的好色行為著稱。然而，除了視之為粗鄙之外，人類語言——至少就英文而言——卻很難瞭解「淫蕩女神」的涵義。以下是「淫蕩」和其相關字眼在字典中的定義；你可以從中發現古代女神崇拜的這一面向是如何被壓制成了非法的地下信仰。

請你思索一下以下三個字典定義並找出你自己的結論：

Dirt：在中古英文中為drit，可能起源於冰島語言。意為排泄物，衍生為骯髒之義。一般指泥土、塵土、以及任何形式（尤其語言上）的放蕩淫穢。

Dirty word：淫穢字眼，或指現今世界中由於胡亂批判和抹黑他人、或由於不合潮流而致在社會或政治上不受歡迎或啟人疑竇的言詞。

Obscene：源自希伯來文。已廢之義為巫師、法師。

這些定義都是抹黑之作，但在各種清算鬥爭之後，世界各文化仍然保存了不少殘存的故事。這些故事告訴我們淫蕩並非粗鄙之事，卻更像是某種你恨不得它能探訪你、並成為你最好朋友的奇妙自然生物。

幾年前，當我開始講〈淫蕩女神〉的故事時，女人們在聽到真實世界和神話世界中其他女人的成就時無不先微笑以待、而後則大笑不已。這些女性成就俱在於善用性動力和肉體感官以表達立場、減輕悲傷、製造笑聲、並藉此修正某種心靈問題。我很驚訝女人能如此笑對這些事情，因為她們必須先摒棄「如此大笑不合淑女之道」的教誨才能做得到這一點。

我發現錯誤場合中的淑女行為只會讓女人感到窒息、而不能讓她呼吸。要能大笑，你必須能夠接二連三快速地呼氣和吸氣。我們從身體運動學和其他各種身體治療法（如哈科米身心治療法）得知：吸氣可以讓我們感受自己的感覺，而閉氣會讓我們失去感受。

女人可以在大笑中暢快呼吸，而這時的她就能開始感受到不被許可的種種感覺。這些會是什麼樣的感覺呢？它們原來竟只是輕鬆和復原的感覺，經常可以釋放被遏制的眼淚、收復被遺忘的記憶、或掙破肉體我之上的枷鎖。

我發現：這些淫蕩女神的重要意義即在她們能夠鬆綁過於嚴緊的事物、掀開沉悶、把肉體帶至一種專屬於肉體而非理智的幽默感之中、並保持通道暢通。對著土狼故事、宗巴叔叔說的故事〔註二〕及喜劇女星梅蕙絲的台詞大笑不已的是我們的身體。淫蕩女神的惡作劇和幽默感可以將一種注入生命力的藥劑散播到身體整個內分泌和神經系統之中。

下面三則故事把我們在此所談的「淫蕩」——即一種可以導致美好情感知覺的性／感官愉悅——具體表達了出來。其中兩則故事來自於古老時代，另一個則為現代故事，都與不潔的女神有關。我之所以如此稱呼她們，是因她們在地下祕密世界裡已經浪蕩了很久。從正面的意義來說，她們屬於心靈的肥沃泥土、泥巴和爛泥，而這些都是藝術源起所必須用到的材質。事實上，不潔如泥的女神代表野性女人既富性趣、也極為聖潔的那個面向。

波波：肚皮女神

有一句震動人心的話：「她從自己的兩腿間開口說話」。世界各地都找得到這類「兩腿之間」的小故事，其中之一就是古代希臘女神波波的故事。除了被稱作「淫蕩女神」之外，她還有更古老的名字，如愛安比（Iambe），而希臘人似乎是從更古老的文化那裡借用了她。打從人類有史以來，具有神聖性慾和「生而死而生」繁殖力的原型野性女神就已存在於人間。

現存的古代文字中只有一次較為人知地提到波波。這直接告訴了我們：對於她的崇奉早就遭到摧毀，並在多次征戰的鐵蹄下被埋沒殆盡。我深信：我們在歐洲和東方所有山林及森林湖的底部都應該還可以找得到她那備有一切聖器和骨雕偶像的神廟。〔註三〕

因此，自然只有少數人聽說過波波。但要記住：單單一個原型碎片就足以把整體之形象呈現出來。我們也擁有這個碎片，也就是波波現身於其中的那則故事。她是所有住在奧林帕斯山上的神祇中最可愛也最放浪不羈的一位。我們在母權社會消失後產生的希臘神話和荷馬史詩中〔註四〕仍然可見古老野性波波的殘片在那裡熠然發光。以下就是我根據這個殘片寫出的故事。

註二〈宗巴叔叔〉的故事據說源起於西藏，是「藍色」搗蛋鬼的故事。世界所有民族都有搗蛋鬼惡作劇的故事。

註三 土耳其查塔霍域克（Çatal Hüyük）的考古遺址有一個「兩腿之間」的神像高掛在牆上。這是個兩腿大開的女人，露出她的「下部嘴巴」，很可能代表某個神諭。單單想到這樣一個神像就足以讓許多女人露出心知肚明的微笑。

註四 見查理・玻爾（Charles Boer）所譯之《荷馬詩篇》（*The Homeric Hymns*, Dallas: Spring Publications, 1987）。這的確是一部才華洋溢的譯作。

大地之母德米特有一個名叫波賽芬妮的美麗女兒。有一天，當波賽芬妮在草地上玩耍的時候，她看到一朵特別美麗的花而伸出指尖去劃傷了它美麗的臉龐。此時大地突然搖撼起來並現出一條巨大的曲折裂縫。地底深處的冥王海帝斯威武挺立在一輛由四匹色如鬼魂的馬所拖馳的馬車上、疾衝而出。

海帝斯把波賽芬妮抓進自己的馬車，留下她的面紗和涼鞋四處亂飛。他駕著馬車一直往下復往下駛去。當大地的裂縫逐漸癒合、似乎不曾發生過任何事情的時候，波賽芬妮的尖叫聲也變得愈來愈微弱。

女孩哭喊的聲音在山石間迴盪、在海底激起汩汩哭喊的水泡。德米特聽見石頭的哭喊聲，也聽見水的哭喊聲。而後一陣詭異的安靜和一股花朵被壓碎後散發出的氣味籠罩在整個大地上。

於是，德米特扯下頭髮上的花環，從雙肩拉出自己黑色的面紗並將之展開，一飛而出後像大鳥一樣凌飛在大地之上，尋找並呼喚自己的女兒。

那晚，住在山洞旁的一個老嫗對她的姊妹們說那天她聽見三個喊叫聲：一個是驚恐呼叫的年輕聲音，一個是充滿悲傷的呼喚聲，而另一個則是母親的哭泣聲。

波賽芬妮失去了蹤影，於是德米特用好幾個月的時間瘋狂找尋自己的寶貝女兒。德米特怒氣沖沖、泣聲連連。她不時尖叫、求問於人、遍尋於各種地形的上上下下和裡裡外外、乞憐、乞死。但不管她怎麼做，她就是找不到自己心愛的孩子。

於是，曾令萬物生長無盡的她開始詛咒世上所有的肥沃土地。她尖聲悲叫著：「死去吧！死去吧！死去吧！」因為德米特詛咒的緣故，沒有嬰兒可以誕生於世，沒有麥穗可以長高而被製成麵包，沒有花朵可以被擺置在筵席上，沒有大樹枝可用於死者的火葬。萬物都枯萎於地，吸吮著乾涸的大地或乾癟的乳房。

德米特自己也不再沐浴洗身。泥濘滲透她的衣袍，而她的頭髮凝結成一束束厚捲並垂掛下來。雖然她心痛如絞，卻不肯屈服。在多番徒勞的詢問、請求和歷險之後，她終於在一個陌生村莊的水井旁不支倒地。當她正將自己疼痛的身軀倚在冰涼的井石上時，有一個女人——算是一個女人吧——走了過來。這個女人一邊用性交之姿扭動自己的臀部並搖晃自己的乳房、一邊跳著舞來到德米特面前。德米特看見她時不禁露出了一點點笑容。

這跳舞的女人真是神奇：她沒有頭、她的乳頭是她的眼睛、而她的陰唇是她的嘴巴。她就用這張可愛的嘴巴開始對德米特說了一些動聽的黃色笑話。德米特開始微笑，繼而吃吃地笑，繼而捧腹大笑。矮小的肚皮女神波波和全能的大地母親德米特這兩個女人一起開懷大笑起來。

就是這番開懷大笑讓德米特脫離了沮喪，讓她擁有了繼續尋找女兒的力量。而靠著波波、巫婆海克蒂和太陽神赫利奧斯的幫助，她終於找到了女兒；波賽芬妮終於回到了母親身邊。世界、大地和女人的腹部也再度充滿了欣欣向榮的生命力。

在希臘神話的所有女神當中，我向來就最偏愛這個矮小的波波。毫無疑問地，她的前身是新石器時代那些無頭、有時也無腳無臂的肚皮女神。說她們是「生殖力的象徵」並沒什麼意義，因為她們所代表的涵義遠超於此。她們守護女性之間的交心對談——你也知道的，除非在特別狀況下，女人絕不會當著男人的面前談論某些話題，而這裡說的就是這種交談。

這些小小的形象符號代表了世上獨一無二的敏感力和表達力：乳房及其內部的敏感知覺、陰唇及其內部唯女人能感知而他人只能想像的興奮感、以及可做為女人最佳良藥之一的開懷大笑。

我一直認為喝咖啡閒聊是古時女性聚會儀式的殘存形式。就像古老的儀式一樣，這種閒聊儀式讓女人有機會彼此用腹部交談、挖心掏肺、說真話、傻氣地大笑不停、感覺生氣勃勃、重獲歸屬感——也就是說讓她們有機會覺得一切都變得豁朗起來。

有時，打發男人而讓女人單獨相處並不是件容易辦得到的事情。我知道古時的女人會鼓勵男人到遠方去捕魚。這是女人自古以來為打發男人以求獨處或與其他女人單獨相處所使用的策略之一。無論獨處或與其他女人在一起，女人不時希望能生活在純女性的氛圍中。這也是一種自然的女性生命運轉現象。

陽剛活力是件好事情。它是件非常好的事情；它既華麗、也很壯觀，但有時候它卻像吃了太多的Godiva巧克力，使我們極想吃幾天乾淨的冷飯和喝碗熱湯來清洗一下自己的味蕾。我們必須常常這麼做。

此外，矮小的肚皮女神也引出一個有趣的想法：少許淫蕩可以打破沮喪。的確，某些令人大笑的故事——女人彼此互傳的那些骯髒到毫無品味的故事——可以把欲力激動起來。它們可以重新點燃女人的生命之火。我們要跟隨肚皮女神去尋找開懷大笑的機會。

因此，你應在自我療癒所使用的寶盒裡裝進幾則小小的「骯髒故事」、波波樣式的故事。這種小故事是效果強大的藥物。這種趣味橫生的「骯髒」故事不僅可以移走沮喪，並能迅速把灰心喪氣從憤怒中切除出來，使女人比從前更為快樂。你可以試試看。

現在我無法再多談波波故事的另兩個面向——因為它們只適於小組討論，也只適合由女人來加以討論。但我還是要提到波波的另一個面向：她用乳頭來看事情。男人無法瞭解這是什麼意思，但每當我跟女人講到這點的時候，她們都會拚命點頭說：「我完全瞭解妳的意思！」

無疑地，用乳頭看事情也是一種感官能力。乳頭是心靈器官，能夠回應溫度、恐懼、憤怒、雜音。它們就跟腦袋上的眼睛一樣是一種感覺器官。

至於「用陰唇說話」，它的象徵意義是：說出最基本和最誠實的真話。它是散發生命力的嘴巴。我們只能說：波波從礦脈之母、最深的礦源、亦即深淵那裡對女人說話。在德米特尋找女兒的故事中，沒有人知道波波到底對德米特說了什麼，但我們多少可以猜得到一點。

狄克土狼

我想波波對德米特說的笑話是女人每當說到生殖器官這樣形狀美麗的話筒和聽筒時都會說的笑話。若是如此，也許波波也講了下面這則故事。幾年前我從墨西哥北部奴加利斯城的一位拖車公園管理員那裡聽到這則故事。他的名字是老紅番，自認是道地的原住民。

他沒戴上假牙，也好幾天沒有刮鬍子。他為人親切的妻子名叫葳羅汀，有一張美麗但傷痕累累的臉龐。她告訴我說她的鼻子在一次酒館打架中被人打斷了。他們擁有三部凱迪拉克汽車，但沒有一部可以上路。她養了一隻吉娃娃狗，把牠放在廚房中的一個嬰兒柵欄裡。他則是一個坐在馬桶上還必須戴帽子的男人。

我正在做故事的田野研究，於是我把自己的拿班尼拖車開到他們的土地上。我開口問：「關於這一帶地方，你們有什麼可以告訴我的故事嗎？」我指的是那片土地和它的鄰近區域。

老紅番非常狡猾地看著妻子，臉上還帶著一抹似笑非笑的神情。他用嘲弄的口吻向妻子挑釁：「我要告訴她狄克土狼的故事。」〔註五〕

「老紅番，不要告訴她那個故事！不要告訴她！」

「不管怎樣，我就是要告訴她狄克土狼的故事。」老紅番堅不讓步。

葳羅汀用手抱住頭、對著餐桌說：「不要告訴她那個故事，老紅番！我說真的。」

「我現在就要告訴她，葳羅汀。」

葳羅汀側身坐在椅子裡，用一隻手遮住雙眼，好像它們剛才突然瞎掉了。

下面就是老紅番告訴我的故事。他說他「從一個那瓦荷人那裡聽來這個故事，那瓦荷人則從一個墨西哥人那裡聽來這個故事，而墨西哥人又是從一個霍皮族人那裡聽來這個故事。」

從前有一頭名叫狄克的土狼。他可能是你所見過的動物中最聰明、也最愚蠢的一個。他總覺得自己沒有吃飽，總是用捉弄人類的方法取得自己想要的東西。其他時候他都在睡覺。

有一天，當他正在睡覺的時候，他的陰莖開始覺得十分無聊並決定離開土狼的身體、自行去冒險一番。於是，陰莖從狄克土狼的身上分離出來並朝路上跑去。事實上，它只能在路上一

註五　傳統上，人們「只在」冬天時講土狼故事。

蹦一跳，因為它只有一條腿。

於是它一蹦又一跳、一蹦又一跳地向前走。它一路上十分開心，從大路上跳出來後又跳進森林裡。喔，天啊，它一跳就跳進了一個長滿刺人蕁麻的小樹林裡。「噢！嗚、嗚、嗚！救命啊！救命啊！」它大聲呼喊。

它哭喊的聲音驚醒了狄克土狼。當他伸手向下、想用那把慣用的曲柄來啟動自己的心臟時，他發現它不見了！狄克土狼緊緊夾著身體一路跑下來，終於找到自己的陰莖——你可以想像它當時處於多麼可怕的險境之中。狄克土狼從蕁麻當中輕輕拿起自己的陰莖、拍拍它、安撫它、然後把它放回原來的地方。

老紅番笑翻了，像瘋子一樣。他咳個不停，連兩眼都突了出來。「這就是狄克土狼的故事。」

葳羅汀告誡他：「你忘了把結局講出來。」

「什麼結局？我已經把結局告訴她了。」老紅番發脾氣說。

「你忘了把真正的結局告訴她，你這老汽油桶。」

「如果妳記得那麼清楚，妳來告訴她。」門鈴這時發出聲響，於是他從吱吱作響的椅子上站了起來。

葳羅汀直視著我，兩眼閃閃發光。「故事的結局才是寓意之所在。」就在此時，葳羅汀受到了波波的控制；她開始神經質地發出格格的笑聲，繼而縱聲大笑，最後又用丹田笑了好久的時間。在眼中甚至帶淚的情況下，她足足花了兩分鐘時間才說出下面這幾句話——在間歇吸一口氣時，她甚至還需把每個字重複說上兩、三遍。

「寓意就是：即使狄克土狼拔出了那些蕁麻，他的陰莖從此還是癢個不停。這就是男人總帶著那種『我癢死了』」的眼神往女人那裡偷溜過去、想在她們身上磨擦一下的原因。妳知道，那無所不在的陰莖打從它第一天跑走開始就再也無法止癢了。」

我到現在還是不知道她的說法中有什麼東西大大打動了我。我們兩人坐在她的廚房裡，一邊尖聲怪叫、一邊捶打餐桌，直到我們真的失去了所有肌肉力氣。在事後回味時，當時的感覺總會讓我想起一大口咬下風味絕佳的辣根時所感受到的嗆味。

我真的認為這是波波會講的一種故事。她的所有故事劇碼都會讓女人如此開懷大笑、無拘無束、不在乎露出自己的扁桃腺、突出自己的肚皮、搖晃自己的乳房。性意味濃厚的大笑不同於較規矩之事所引起的大笑。它似乎可以既深且遠地觸及心靈、把所有事情都搖鬆開來、彈奏我們的骨頭、並在身體中創造出一條愉悅的感覺通道。它是每個女人的全套心靈劇碼都能釋出的一種野性歡愉。

在心靈中，神聖本質和感官／性動力本質彼此相去不遠。它們都因引起驚奇感而使人注目，而這驚奇感不可能產生於理性思考。它產生於肉體之感官通路所傳來的一種體驗，而這體驗——無論是一個親吻、一個心像、一個開懷大笑、還是其他任何東西——可以在當下及永遠改變我們、振動我們、帶我們到巔峰、撫平我們的皺紋、送給我們一個舞步、一個口哨聲、一場真實的生命迸放。

神聖、淫蕩和性意味濃厚的事物總蘊藏著野性的笑聲。它或是短暫無聲的笑、或是像老女人一樣不懷好意的笑、或是氣喘吁吁的笑、或是動物般野性的笑、或是一串全音階起承轉合的顫音笑聲。笑聲是女性性動力隱而不顯的一個面向；它屬於肉體，由化學物質組成，充滿熱情而能夠振奮生命，也因此能夠喚發欲力。跟性亢奮不一樣的是：它是一種不具目標的性動力。作為一種充滿喜悅的性動力，它只為此刻存在，是一種自由飛翔、依賴自己的活力而生而死而生的真實感官之愛。它能治癒創傷疾病，因此極為神聖；它能喚醒肉體和情緒，因此它是感官性的；它具有激發的力量並能促動一波波的歡愉感，因此它與性動力有關；它可以由個人獨享，也能由眾人分享，因此它是多元的。它是女人最狂野的性動力。

我們可以從另一個角度來瞭解女人所說的故事及淫蕩女神的故事。下面這則故事是我在小時候聽到的。小孩總會令人驚訝地聽見大人認為他們聽不見的事情。

盧安達之旅

我當時大概是十二歲，而我們一群人在密西根州的大鱸湖畔遊憩。在替四十個人煮完早餐和午餐之後，我那些慈愛而圓滾滾的女性親人們——包括我的母親和阿姨們在內——全都躺在長躺椅上曬太陽，一邊談天說笑。男人們則都正在「釣魚」，也就是說他們已經樂不可支地跑到別處去說髒話罵人、並在那裡大聲說著男人們的笑話和故事。我則留在離女人不遠的地方玩耍。

突然我聽見刺耳的尖叫聲。我驚慌地跑到女人們所在的地方，但她們並非在痛苦喊叫，反而是笑得人仰馬翻。我的一個阿姨在一邊尖叫、一邊換氣呼吸時不斷大喊：「……遮住她們的臉孔……遮住她們的臉孔！」而這神祕的話語又再度引得大家嘩然大笑。

她們尖叫、大喊、大口吸氣、繼續尖叫，就這樣過了好長一段時間。有一本雜誌擺在我某個姨媽的膝上。許久之後，當所有女人都開始在太陽底下打起瞌睡時，我從她睡著的手中偷偷取下那本雜誌，並躺在躺椅下瞪大眼睛讀它。那一頁登載了一則第二次世界大戰的趣聞，其內容如下。

艾森豪將軍正要到盧安達去視察他的部隊（也許是婆羅洲，也許是麥克阿瑟將軍，但地名和人名當時對我來講都沒什麼意義）。總督希望當地所有女性都能站在泥巴路旁揮手歡迎開著吉普車經過的艾森豪。唯一的難題是：當地女人除了戴珠子項鍊（有時還穿一小片丁字褲）之外是從來不穿衣服的。

不行、不行、絕對不可如此。於是總督找來部落的酋長，把這問題告訴他。酋長說：「不要擔心。」只要總督提供幾打裙子和女上衣，他就會負責叫女人為這千載難逢的特別場合穿上它們。於是，總督和當地傳教士開始設法準備這些衣服。

然而，到了大遊行這一天，離艾森豪開著吉普車沿長路而來不過只有幾分鐘的時間，此時大家卻發現：雖然當地所有女人都奉命穿上了裙子，她們卻因為實在無法忍受上衣而將之丟置在家中。現在所有列隊在路旁的女人都穿著裙子並裸露著乳房；她們全身上下再也找不到任何有根縫線的東西來，更甭說內褲這玩意了。

總督聽說這事的時候幾乎中風倒地。他憤怒地把酋長叫來，但酋長向他保證：酋長太太跟他商量後，保證女人們已經共同想出一個方法來遮住自己的乳房，以便讓將軍開車經過。總督怒吼道：「你確定嗎？」

「我很確定，非常非常確定。」酋長說。

喏，沒時間可讓他們再爭執下去了。至於艾森豪將軍——當他的吉普車噗噗駛來，而裸露著乳房的女人紛紛優雅地掀起圓裙前擺以遮住臉孔時——會有什麼樣的反應，我們就只能靠猜測才能得知了。

我在躺椅下盡可能憋住自己的笑聲。那是我聽過的所有故事中最愚蠢可笑的一個，但它也是一個奇妙而令人覺得興奮的故事。不過，我直覺知道它是走私貨品，因此往後好多年我都把它當成祕密保存起來。有時，在諸事不順、精神緊張、或甚至在大學各種考試前夕，我都會想起那些用裙子遮住臉孔且必然躲在其中大笑的盧安達女人。我也因此大笑起來，而開始覺得自己找到了重心，並因此變得堅強而腳踏實地。

毫無疑問地，這也是女人在開玩笑和分享笑聲時留下來的禮物。它成為艱難時期所需的補藥以及來日所需的強心針。它是一個有益人心、既乾淨又骯髒的玩笑。我們可以把性和褻瀆不敬的行為想像成神聖的事情嗎？可以的，尤其如果它們具有治療的功用、可以使人變得完整並修補其心靈。榮格曾經說過：如果有人到他的診療室來抱怨性生活的問題，真正的問題常出於靈性和靈魂；但當一個人談論靈性問題的時候，真正的問題則常跟性生活有關。

從這層意義來說，性動力可以被打造成靈性的醫藥，因而它是神聖的。當性意味濃厚的笑聲可以治癒人心的時候，它就是神聖的笑聲。而任何帶來笑聲以治癒人心的東西也都一樣是神聖的。當笑聲可以助人而不害人，當笑聲可以使人輕鬆、使人重新對準目標、使人重整自我、使人重獲力量時，它就是帶來健康的笑聲。當笑聲使人珍惜自己的生命、使人因為活在世上而感到快樂、使他們更能感受愛並藉愛慾而提升心靈，當它移走人們的悲傷和斷絕他們的憤怒時，它就是神聖的。當人們因此變得更寬廣、更好、更慷慨大度、更敏於感受一切，它便是神聖的。

野性女人的原型有很大的空間可以容得下骯髒女神的本質。在野性本質裡，神聖和褻瀆不敬的事情、或神聖的和性慾的事情並沒有分別開來，而是共存的。在我的想像中，它們就像一群在路的彼端等候我們路過探訪的老女人。它們就藏在大家的心靈裡，正等著大家前來互相傳述它們的故事後笑得人仰馬翻。

第十二章
劃清疆界：憤怒和原諒的界線

月牙熊

我們在野性女人的教導下找回古老的事物、直覺和熱情。當我們的生命反映她的生命時，我們的行為會有一致性，我們會貫徹始終——即使還不知方法為何，我們仍會學著去貫徹始終。我們會採取行動去向世界表達自己的想法、會在失去重心時重新找回它、會留心自己的生命律動、也會自動接近那些具有完整野性生命律動的朋友及伴侶。我們會選擇足以孕育自己創造力和本能生命的感情關係。我們會伸手去豐富他人的生命，願意在必要時去向有接納意願的伴侶談論野性的生命節拍。

但女人還需要擅長另一件事情：面對自己的憤怒。她必須釋出怒氣。女人在想起自己怒氣的來源時總感覺恨得牙癢癢的。但反諷的是，我們也會焦急地想打發怒氣，因為怒氣總讓人感覺喪氣和身心受傷。我們希望快點終結它而繼續過日子。

但壓抑怒氣是沒有用的；那就跟在麻布袋裡放一把火沒什麼兩樣。如果我們用它去燒傷自己或別人，那也同樣沒有什麼益處。這不受歡迎的強烈情緒有點像有毒廢棄物：沒有人要它，但也沒有多少可以收容它的處理場，使得我們必須長途跋涉才能找到一個掩埋場。以下是一則簡短日本故事的文學版本，是我花了許多年時間詳描細節而改編的。我稱它為〈月牙熊〉，並相信它可以幫助我們看清憤怒的意義。核心故事的原名為「熊」，是一位多年前因病住在伊利諾州罕斯榮民醫院的二次大戰老兵佐賀士官講給我聽的。

很久以前，有個年輕女人住在一個芬芳的松林裡。她的丈夫已經出外打仗好多年了。當他最後退伍時，他懷著最惡劣的心情跋涉歸來。他拒絕進到屋內，因為他已習慣露宿在岩石上。他不跟人來往，從早到晚都留在森林裡。

他的年輕妻子聽見他終於回來的消息時感到十分快樂。她煮菜、買菜、煮菜、買菜，煮出一道又一道的菜、一碗又一碗美味的雪白豆腐，以及三種魚、三種海帶、灑了紅辣椒的白飯、和橙色鮮美的大冷蝦。

帶著害羞的笑容，她擔著食物來到森林裡，跪在因戰爭而疲憊不堪的丈夫身旁，向他奉上她所準備的美食。但是他一躍而起並踢翻了飯盤，使豆腐噴濺了出來、魚躍上天空、海帶和白飯噴到泥土中、橙色的大蝦滾到小徑旁。

「不要管我！」他大吼並背對她。他是這般怒氣沖沖，以至於她甚感害怕。這事冉三發生，最後絕望的年輕妻子找到村外巫醫所住的山洞。

妻子說：「我的丈夫在戰爭中受了重傷；他不斷發怒並不肯吃東西。他想留在戶外，不願像以前一樣跟我住在一起。妳可不可以給我一帖藥，讓他吃了後可以又變得多情和好脾氣？」

巫醫對她保證說：「我可以幫妳，但我需要一份很特殊的材料。我現在正好缺少月牙熊的毛。因此，妳必須上山去找到那頭黑熊，帶回一根月牙熊的喉毛給我。那樣，我才能把妳需要的東西給你，而妳也才能再擁有幸福的生活。」

有些女人會被這樣的任務給嚇跑；有些女人會覺得自己根本無法完成這個任務。但是，只因為她深愛一個男人，她竟與她們有所不同。她說：「啊，非常謝謝你！我真高興還有辦法可行。」

於是她為出發做好準備，第二天就往大山走去。她吟唱著「阿里嘎多在所」，這是向高山打招呼的一種方法，意謂「謝謝你讓我爬到你的身體上」。

她爬到矮山上；那裡的石塊狀如巨大的長條麵包。她爬上一個森林密布的高原；那裡的樹木擁有長而低墜的大樹枝以及看來像星星的樹葉。

她吟唱著「阿里嘎多在所」，這是感謝樹木高舉自己的頭髮而讓她行經下方。就這樣，她成功地走出森林，開始更往上爬。

路程愈來愈困難。山上那長著荊棘的花朵拖住她和服的裾緣、岩石磨破她的手、奇異的暗色鳥類在暮色中飛向她並嚇著她。她知道牠們是無親人之死者的鬼魂，於是她為牠們吟唱祈禱：「我會成為你們的親人，我會讓你們安息。」

只因為她深愛一個男人，她繼續往上爬。她一直爬，直到看見山頂的白雪。不久後她的雙腳變得又濕又冷，但她依舊往上爬，只因為她深愛一個男人。一場大風雪降落下來，而雪花直接吹進她的眼裡，並深深吹入她的耳中。視茫茫中，她繼續向上爬。當風雪停下來的時候，女人高唱「阿里嘎多在所」以感謝風不再弄瞎她的眼睛。

她想藏身在一個很淺的山洞裡，但幾乎無法把自己塞進其中。雖然她帶了滿滿一包食物，但她並沒有吃，而是用樹葉遮住自己的身子後睡著了。到了早晨，空氣顯得十分平靜，甚至有小小的綠色植物透露在雪地各處。她想：「啊，現在該去找月牙熊了。」

她搜尋了一整天。太陽下山後沒多久，她發現了粗條狀的糞便。她不用再尋找了，因為有一頭巨大的黑熊正蹣跚走在積雪當中，留下深深的掌印和爪印。月牙熊凶猛咆哮後進入牠的窩裡。她伸手到包袱中，把帶來的食物拿出來放在一個碗裡，再把碗放在熊窩外面，然後跑回山洞躲起來。熊聞到了食物的氣味，從熊窩內搖擺走出來，並大聲咆哮到小石子都鬆落了。牠遠遠繞著食物打轉，試了好幾次風的味道，然後一口吞下食物。大熊用後腳直立起來，再次聞一聞空氣，然後消失在自己的窩裡。

第二個傍晚，女人同樣放好食物，但是這次她並沒有躲回山洞，而只後退了一半距離。熊聞到了食物，從熊窩裡聳著身軀走出來，大聲咆哮到天上的星星都紛然落下。牠轉了好幾個圈子，小心翼翼地試探空氣，終於大口吞下食物，然後爬回窩裡。這種情形持續了好幾個晚上。直到某個深藍色的夜晚，女人覺得自己已有足夠的勇氣去守候在更靠近熊窩的地方。

她把碗裝的食物放在熊窩外面後就直接站在洞口邊上。當熊聞到食物的味道而蹣跚走出來時，牠不僅看到那常見的食物、也看到一雙小小的人腳。熊側轉牠的頭，然後大聲咆哮，直到女人身裡的骨頭都發出嗡嗡的聲音。

女人全身顫抖不已，但她堅守立場而沒有移動。熊用力站起身子，大聲張合自己的下巴，然後全力嘶吼起來——女人甚至因此可以看見牠那紅色和褐色的上顎。但是她沒有跑走。熊因此嘶吼得更加大聲，並伸出前腳來，似乎要抓住她。牠的十根腳爪像十把長長的小刀一樣高掛在她的頭皮上。女人顫抖得像狂風中的一片樹葉，但她依舊站立在原地。

她乞饒說：「噢，求求你、求求你，親愛的熊！我這一路跑來都是為了要治癒我的丈夫。」熊把前腳掌放在地上時激起一陣雪花：牠深深注視女人驚恐的臉孔。一剎那間，女人覺得自己在非常年老的熊眼中看見了倒映在其中的所有山脈、山谷、河流和村莊。於是她的顫抖停止了。

「求求你，親愛的熊！我餵了你好幾個晚上；我可不可以從你喉上的新月那裡拔一根毛呢？」熊停住不動；這個小女人應是很容易得手的食物，但牠突然對她充滿同情心。月牙熊說：「沒錯，妳對我很好。妳可以拔一根我的毛，但妳要快快拔，然後離開這裡、回到妳的小鎮上。」

熊抬起自己的巨大口鼻，顯現出喉嚨上的白色新月。女人可以在那地方看見熊心臟劇烈的脈動。她將一隻手放在熊的脖子上，用另一隻手抓住一根光澤的白毛，快速地拔下它。熊向後舉起身體，彷彿受傷似地大叫一聲，然後將疼痛轉為不悅。

女人鞠躬又鞠躬說：「啊，謝謝你，月牙熊，真謝謝你。」但是熊低吼了一聲，向前沉重地跨了一步。牠向女人吼叫出一些她無法理解、但將一輩子都至感熟悉的字語。她轉身用最快速度逃到山下。她在長滿星形樹葉的樹下奔跑，一路上喊著「阿里嘎多在所」，以感謝樹木舉起大樹枝讓她經過。她顛簸於形似長條麵包的巨石上，嘴裡喊著「阿里嘎多在所」，以感謝高山讓她爬到它的身上。

雖然她衣衫襤褸、頭髮凌亂、臉龐沾滿汙泥，她還是奔下通往村莊的石階、奔下泥巴路、奔越村莊到它的另一邊、奔進老巫醫的茅屋——她正坐在那裡照顧著爐火。

年輕女人高喊：「妳看！妳看！我拿到它了、我找到它了、我取得了它的所有權，一根月牙熊的毛髮！」

巫醫面帶微笑說：「啊，很好。」她審視著女人，拿起那根純白的熊毛，伸手把它放到光亮中。她用自己年老的一隻手掂秤這根長毛的重量，又用一根手指測量它的長度，然後大叫一聲：「啊，沒錯，這確實是月牙熊身上的毛。」然後她突然轉身把這根毛丟進爐火最深處。它啪地一聲爆裂了，而後被亮橙的火焰燒得一乾二淨。

年輕的妻子大喊：「不！妳做了什麼？」

巫醫說：「安靜下來；沒問題、沒關係的。妳還記得自己上山所走的每一步路嗎？還記得妳用來擄獲月牙熊信任所佈下的每一個步驟嗎？還記得所看見、所聽見、所感覺到的每一件事情嗎？」

女人說：「是的，我記得很清楚。」

年老的巫醫對她微笑並說：「現在，我的女兒，請妳帶著新的認識回家去，就用同樣的方法去對待妳的丈夫吧。」

以憤怒為師

我們在世界各地都可以找到這故事的中心主題：尋找具有魔力的物品。有時，前去冒險犯難的是一個女人，有時則是一個男人。具有魔力的物品可能是眼睫毛、鼻毛、牙齒、戒指、羽毛、或其他身體器官。在韓國、德國和烏拉山脈，我們都可以找到形形色色視動物器官或皮毛為神奇寶物的故事。在中國，捐贈者通常是老虎；在日本，故事中的動物有時是熊、有時是狐狸；在俄國，被尋找的東西是熊鬚；在我家族流傳的故事中，被尋找的毛髮是芭芭雅嘎下巴上的一根鬍髭。

〈月牙熊〉可被劃歸於我稱為「光圈故事」的類別之下。光圈故事讓我們在表層內容之外瞥見其隱密的癒療層構和深奧涵義。這則故事的內容告訴我們：耐心可以拯救憤怒。但它所傳達的更重要訊息是：為了恢復心靈平靜，女人必須有所作為，藉以治療憤怒的自我。

光圈故事只會暗示事情，而不會將它平鋪直敘出來。這則故事的深層結構揭示出一個處理憤怒和使人從憤怒中痊癒的完整模型，那就是：尋求明智安靜的治療力量（拜訪巫醫）、接受挑戰並走入從未接近過的心靈領域（爬上高山）、認出幻覺（爬上巨石並在樹下奔跑）、放下自己陳舊執著的思想和感覺而令之安息（與孤魂野鬼相遇）、向偉大而具有同情心的自性求情（耐心餵熊，而熊也有所回報）、瞭解深具同情心的心靈也有發怒咆哮的面向（發現那代表仁慈自性的熊並非乖馴的動物）。

這故事也告訴我們：我們必須把心理知識運用在真實生活的實際層面上（下山回到村子裡）；必須瞭解痊癒只會發生於追尋和實踐的過程中、而非在一個單一想法中（被燒毀的毛髮）。故事的中心意義是：「把這一切運用在自己的怒氣上，那麼問題就能迎刃而解」（巫醫的勸告：回家把這些原則運用出來）。

有許多故事都以主角向某個受傷而孤獨的生命發出懇求為其開始點，而這故事就是其中之一。如果我們把這故事的所有組成元素看成是單一女人的心靈元素，就能發現心靈中有一個非常憤怒並痛苦的區塊（那位從戰場返鄉的丈夫）。心靈深情的那一部分——那位妻子——便擔負起尋找解藥的責任，試圖救治這種憤怒，好讓自己跟自己所愛者能再度過著相愛而平靜的生活。這對所有女人來講都是值得努力以赴的目標，因為它可以治療憤怒，並經常能讓我們找到饒恕之道。

這故事告訴我們：對於新舊怨憤而言，耐性和出發去尋找治療都可說是最好的敷藥。雖然每個人各有不同的痊癒過程和了悟，這故事仍就饒恕的過程提出了一些很有趣的觀點。

日本在第六世紀末時有一位哲學家王子，人稱為聖德太子。他的教誨之一是：每個人都須在內心世界和外在世界中做心靈功課。更重要的是，他教我們要容忍所有人類、所有生物、甚至「所有情緒」。用平衡的態度去珍惜所有情緒無疑是一種自我尊重的行為。

甚至連赤裸裸而混亂的情緒都可以被當成是光明啟示的一種形式；它會在充沛的能量中劈啪爆裂開來。我們可以善用憤怒所發出的火光，用以察覺平常看不到的事情。而負面處理憤怒則只會讓我們專注在一個小點上，直到它像胃潰瘍中的胃酸一樣在心靈所有柔嫩的層面上燒出一個黑洞來。

所有情緒，包括憤怒在內，都能帶來知識和洞見，也就是有些人所說的「啟示」。我們的憤怒可以暫時成為一位老師。我們不需那麼快就把它打發掉，而應把它當成是我們上山的動機，並用各種意象將它擬人化，好讓我們向它學習、在心內跟它打交道、把它捏塑成世上的一個有用東西、否則就讓它歸於塵土。在完整的生命裡，憤怒不是一個孤立的東西；它是等待我們加以轉化的一種材質。「憤怒」的生命周期跟其他任何生命周期是一樣的；它有升有落有死，會再度以新生命形式被釋放出來。注意到自己的憤怒就是生命轉變的契機。

當我們願意讓憤怒成為自己的老師並藉以轉化它的時候，我們就可以解散它。我們的生命力便會回到其他用途中，尤其是創作的事情上。雖然有些人自稱能利用長時間的憤怒來從事創作，問題卻在於：憤怒會限制我們進入集體無意識的機會，而集體無意識乃像無窮水庫一樣聚集了無數意象和思想可供我們想像。一個利用憤怒從事創作的人只能不斷創造相同的事物，而不可能出產新的東西。未經轉化的憤怒會不斷念誦著我們有多麼受壓制、多麼受傷、多麼受折磨。

我有一個自稱一輩子感到憤怒的朋友——她也是我表演藝術的夥伴。她拒絕別人幫忙她解決問題。當她寫到跟戰爭相關的劇本時，她會描寫人類有多麼邪惡；當她寫到跟文化相關的劇本時，類似的邪惡角色便會出現在劇本中；當她寫到跟愛情相關的劇本時，同樣的邪惡角色帶著同樣的惡意再度現身。憤怒會腐蝕我們的信心，讓我們不相信任何好事會發生，而希望也就因此受到重創。憤怒通常是失去希望的原因，而痛苦通常又是憤怒的原因。而在痛苦的背後，我們通常會見到某種折磨——有時是新近所受到的、但更常是很久之前受到的折磨。

我們都知道：在肉體的後創傷復原工作中，傷害若能愈早接受處理，它的後效就愈無法擴散或惡化。而且，某種創傷如果能愈快受到圈限和處理，復原的速度就會愈為加快。心理創傷亦是如此。如果我們在孩童時期斷了一條腿而在三十年後依然沒有將它妥善接合起來，那會是什麼樣的情景呢？

那原始創傷必然會在身體其他系統和其他律動上——如免疫系統、骨骼系統、動作模式等——造成巨大的傷害。舊的心理創傷也是一樣的情形。許多人在當時或許由於無知、或許出於疏忽而沒有去注意它：如今，從戰場回來之後（可以這麼說），他們覺得自己在身心上似乎依舊充滿戰亂紛爭。然而，如果我們堅守憤怒（它是創傷的副產品）而不去尋找解決之道、不去探究原因、不去思索自己可以採取什麼作為，我們就會一輩子把自己封鎖在一個滿是憤怒的房間裡。不管是否斷斷續續如此，這絕不是活著的方法。在愚蠢的憤怒以外，我們還是可以採取另一種生命方式的。正如故事所示，我們必須有意識地去圈範和治療憤怒。我們有能力可以做到這一點，只需一步一步爬上山去。

引進治療者：攀爬高山

因此，與其為了「循規蹈矩」而壓抑自己的憤怒、或與其用怒火燒毀方圓百里內所有具有生命的東西，我們最好先請憤怒坐在自己的身邊，一起喝個茶，一起聊一聊，以找出召喚這位訪客到來的是什麼東西。最初，憤怒有如故事中滿懷怒氣的丈夫，不願談話也不肯吃東西，只想枯坐瞪眼、滿腹牢騷、或不想理人。我們應該在這關鍵時刻呼喚那位治療者，也就是我們最富智慧的本我以及我們在越過自我的惱怒而力求遠眺時不可缺少的最佳資源。這位治療者永遠是一位「遠見者」；她會讓我們知道探勘這洶湧的情緒可以帶來什麼益處。

童話故事中的治療者代表心靈平靜安謐的那一面向。就算外在的世界正崩解成碎片，這內在的治療者卻不為所動，力持鎮靜以找出前進的最佳方法。這位「修正者」存在於每個女人的心靈中；它是野性心靈的一部分，而且我們生來就擁有它。如果我們找不到它的下落，我們可以在心平氣和注視那令我們動怒的情境時再度召喚它。我們可以把自己置身於未來，並從這個制高點判斷自己過去的行為有何值得驕傲之處並據以採取行動。

如果我們在童年時期頻頻遭遇輕蔑、磨難、忽略或高度模稜兩可的情境〔註一〕，那麼我們對生活和文化之各面向不自覺感到的憤恨將會因此加劇惡化。一個受傷如此嚴重的人將十分敏感於進一步傷害的可能性，因而會運用所有自衛機能去迴避它們。〔註二〕當一個人完全喪失能力，亦即無法相信自己值得被人照顧、尊重和關懷時，他會在自己悲傷憤怒的年幼心靈中立誓絕不讓自己在長大後遭遇同樣的傷害。

此外，如果一個女人在成長過程中比其他家庭成員得到較少的正面期望，或在自由、舉止、言語等方面受到嚴厲的約束，她原本正常產生的憤怒很可能會由於某些議題、某些說話口吻、某些手勢、某些言語、以其他足以令她憶起原始往事的官能刺激而被觸動開來並一發成不可收拾的局面。〔註三〕有時，在仔細觀察那些令成年人盛怒發狂的事況時，受過專業訓練的人應能猜得到這些成年人曾經遭遇過何種童年傷害。〔註四〕

我們希望能把憤怒當成一種創造力來運用，運用它來改變自我、發展自我和保護自我。因此，無論女人面對的是子女此刻帶給她的不悅、還是某種依然灼痛不已的舊日怒火，本我這個

註一　由家庭或周遭的文化環境造成。

註二　本能、自我和靈性在孩童時期所受的傷害都來自成人對孩子兇惡斥責、不聞不視、不平心靜氣（更不用說深思熟慮）地給予理會。許多女人所受的傷害使她們無法合理期望別人會兌現承諾或自己會受到尊重，也不期望自己在飢餓時會得到食物，或自己能擁有說話、思想、感覺和創作的自由。

治療者都只持守一個觀點：只有平靜可以帶來新的認識及富於創造力的解決方法，而任何藏於內或現於外的盛怒之火只會把一切東西燒成灰燼。我們希望能帶著驕傲去回顧自己過去的行動；我們希望在感覺憤怒時能看到某種有益之事。

沒錯，有時我們在進展到平靜求知這個階段之前必須先發洩一下自己的憤怒。但在這麼做的時候，我們必須有所節制，否則那就會如同把一根點燃的火柴投到汽油上一樣。本我這個治療者說：沒錯，我可以改變這個憤怒，但我需要先從另一個世界——亦即本能世界、那個動物依然會說話而幽靈依然擁有生命的彼方世界、也就是人類的想像世界——那裡取得某樣東西。

佛教修行中有一個舉動叫做「入峰修行」，也就是入山以追求自我認識並重建自己與偉大宇宙之間的關係。這是一種非常古老的儀式，跟犁地、播種、收成這樣的農事循環有關。雖然我們應盡可能走入真正的大山中，然而我們的無意識裡也有大山存在。慶幸的是，我們生來就具有走進心靈無意識世界所需的堅忍毅力，因此可以立即迅速走入山中、更新自己的生命。

在神話中，山脈有時象徵進階前必經的其他造詣層次。山的底部通常象徵尋求意識的驅力；所有在山底發生的事情都被視為逐漸茁壯之意識的一部分。山腰通常象徵過程中陡峭而危險的部分，用來考驗山下所學到的知識。山的較高處代表更需專注力的學習階段；在此空氣稀薄之處，我們需要極大的毅力和決心方能堅持不懈。山峰代表我們與終極智慧相見，而神話中住在山頂的老婦或這則故事中的聰明老熊即是此種智慧的象徵。

因此，當我們不知所措的時候，走入山中是件有益的事情。當我們被自己不甚瞭解的追尋

註三　在某一方面，舊日的情緒在心靈內就像一組鋼琴琴弦。從上方傳來的一點咕隆聲就可以讓心靈中這些琴弦發生巨大的振動。它們不需受到直接撥弄便能發出喊唱的聲音。凡是與原始事件帶有類似意味、字句、視覺特色的事件都足以促使一個人「全身備戰」，以防舊日經驗「喊唱出來」。

在榮格心理學中，這種巨大情感音調的爆發被稱為某一情結的情意叢。佛洛伊德稱此為神經過敏，但榮格認為它事實上是一種凝聚而成的反應，類似先前受過騷擾、虐待、驚嚇或傷害之動物的反應。動物會對類似於原始傷害情境的氣味、動作、工具和聲音發出反應，人類也有相同的認知和回應模式。

許多人為了壓抑舊日的情結經驗而遠離那些觸動他們情緒的人或事件。有時這是理性而有用的做法，有時則否。一個男人會避開所有跟他暴力的父親同樣擁有紅髮的女人；一個女人會盡量遠離所有爭執場面，因為那會使她想起很多往事。然而，儘管有許多情結，我們還是應該嘗試停留在各種情境中以強化自己，因為這種停留的力量會讓我們在世界上得到說話的聲音，讓我們有能力去改變周圍的事情。如果我們只是向自己的情結做出反動，我們將一輩子躲藏在洞裡。如果能稍稍忍受這些情結，把它們當盟友來加以利用——比如，用昔日的憤怒來增加自己主張的銳氣——我們就能創造或改革很多事情。

註四　盛怒難抑確實可能是一種明顯的大腦生理病症，必須接受藥物治療，而非心理治療。但我們在此所說的乃是由從前某種心理折磨所導致的憤怒。此外，我也可以說：家庭中或有一個「敏感小孩」，但家中其他具有不同心理構造的兒童雖受到相同待遇，卻未必會感到同樣的痛苦。

兒童各有不同的需要，不同的「皮膚厚度」、不同之「感知痛苦的能力」。最不具有「接收器」的小孩在意識中最不容易受虐待行為的影響。擁有最多感應器的小孩則會不斷對這種行為心感身受，而且還可能強烈感受到別人的傷痛。這不是事實或非事實的問題，這是個人接收周遭電訊之能力的問題。

在這教養兒童的問題上，古老箴言提供了一個很好的勸告：我們在教育個別孩子時不應採用「照本宣科」的方法，而應根據在孩子身上所觀察到的敏感度、個性和才華而予以施教。在大自然世界裡，即使一樣美麗，一株瘦長的蔓綠絨似乎可以永不需要澆水而長存，但一株大上很多且重上很多的柳樹卻不能。在人類身上也有這種自然差異。

此外，我們不可誤以為：當成人感覺或表達憤怒時，那就一定代表了他／她未解決的童年問題。有許多場合需要人們恰當而明顯地把憤怒表達出來，尤其當先前用悅耳或溫和的聲音要求注意卻不得要領時更應如此。在喚醒注意力的步驟當中，憤怒是第二步驟。

然而，負面情結卻會把正常的憤怒煽動成沸騰而具有摧毀力的怒火。觸媒幾乎都是微不足道的事情，但卻會像重大事情一樣引起激烈的反應。但在許多方面，童年時期的不睦和暴力還是可以正面影響我們在成年後所擔負的理想。許多領導大型政治、學術或其他部落與「家族」的領袖人物就是用比他們的原生家庭更富於支持力的方式來扮演他們的角色。

所吸引時，我們的生命和靈魂事實上可因此得到成長。我們在攀爬不知名的大山時可以真正瞭解本能心靈以及它的創造之舉，而這正是我們追尋的目標。每個人的學習過程都不盡相同，但由野性無意識散發出來並起伏運轉的本能觀點將能使我們明白生命——我們的生命——的意義，也將能賦予意義於這生命。它會毫無差錯地告訴我們如何走出下一步。要在哪裡才能找得到這可讓我們重獲自由的學習過程？在山上。

我們在山上發現其他可以轉化傷口、負面心態和怨怒的方法，而事實上我們通常一開始就能感知到它們必然的效力。其中一個方法就是開口說「阿里嘎多在所」。女人用吟唱的方式把它說出來，去感謝樹木和高山容許她從中經過。這句口語可以被轉譯成一個美麗的說法，意謂「謝謝你，幻覺」。在日文中，「在所」的意思是：看穿那些讓我們無法更深認識自己和世界的障礙物。

當某種東西創造出一個不真實的心象時，這個心象就叫做「幻覺」，例如，地面熱浪使道路看來像是起伏的波濤。熱浪確實存在，但道路卻非波濤，那只是幻覺。第一個資訊是正確的，但做為結論的第二個資訊卻不是。

故事中的高山容許女人經過那裡，而樹木也舉起枝條讓她走過。這象徵幻覺被揭起、讓女人可以進行她的追尋。佛教教義認為人類受到七種幻覺面紗的矇蔽；當幻覺一一被丟棄的時候，個人就可以進一步瞭解生命和自我本質的另一個新面向。掀起面紗可以使一個人有足夠的力量去接受生命的實情，並使他看清世事和人和物的真實模式，最後則使他學會不再那麼死板嚴肅地相信第一印象、並學會看得更深更遠。

佛教教義認為掀起面紗是獲得啟示的必要步驟。故事中的女人歷經千辛萬苦要把光明帶給黑暗中的憤怒。要達成這個目標，她在山上必須看穿掩飾真相的多層面紗。我們對生命充滿太多幻覺。「她很美麗，因此每個男人都想得到她」可能是個幻覺，而「我是個好女人，因此別人一定會接納我」也可能是個幻覺。只要我們尋找真相，就能驅散幻覺；只要我們能看穿這些幻覺——佛教徒稱之為「識障」——就能發現憤怒之隱祕面向。

關於憤怒，我們常會有以下的錯覺：「如果我失去憤怒的話，就會變成另一個人；我會變得非常軟弱」（前提是對的，但結論卻不正確）、「我從我的父親（母親、祖母等）那裡學會憤怒這件事，因此這輩子註定丟不掉這種感覺」（前半句是對的，後半句結論卻是不對的）。要打破這些幻覺，我們必須尋找、問路、細思、在樹下尋視、並爬上大山的身體。當我們冒險去跟自己真正的野性本質相遇時，我們就能驅散自己的幻覺。而這野性本質——月牙熊——就是我們的心靈導師；它把生命、憤怒、耐心、警疑之心、謹慎、守祕、遠離、和資源運用的能力全盤傳授給我們。

女人在山上的時候，一群鳥飛出來撲向她。牠們是無親人祭祀、安慰和安葬的死人亡魂。當她為牠們祈禱的時候，她成為了可以照顧及安慰牠們的親人。我們也可以用這方法來瞭解心靈中那些無主的亡者。它們就是女性生命中原本充滿創造力、卻提早夭折的思想、言語和想法——它們曾因此帶給她無盡的憤怒。就某種意義來說，憤怒是由那些沒有被安葬的鬼魂所造成的。在本章結尾「安息」的段落中，我會提出一些建議來幫助女人處理這些心靈中的孤魂野鬼。

正如故事所示，我們應該跟智慧之熊、我們的本能心靈談和；我們應該繼續用教會、祈禱、原型心理學、夢、藝術、攀岩、泛舟、旅行等方式來向它獻上靈性食物。要接近熊的祕密，我們就須先把食物獻給牠。治療憤怒確是一趟艱辛的旅程；這旅程包括了：盡除幻覺、以憤怒為師、求助於本能心靈、安葬死者。

靈熊

不同於狐狸、貛或綠咬鵑，熊這個象徵符號將能如何教導我們去處理憤怒的自我？對古人而言，熊象徵復活。在牠長久的冬眠期間，牠的心跳數會減少到幾近於零。就在冬眠之前，公熊會讓母熊懷孕，但神奇的是，牠們的卵子和精子不會馬上結合在一起，而是長時間分別漂浮在母熊的子宮液中。冬眠快結束時，卵子和精子開始結合在一起並產生細胞分裂，這樣小熊就能在春天母熊醒來時誕生於世，而醒來的母熊也正好來得及照料和教導新生的後代。不僅因為牠們會從死亡般的冬眠中甦醒過來，更因為母熊會帶著新生的小熊一起覺醒，我們因而無法不把熊這種動物視為生命最奧妙的一種譬喻。狀似死亡的東西能夠恢復生命並增加生命——唯有熊可以深刻表達這種涵義。

熊跟許多狩獵女神有關，如希臘羅馬神話中的阿蒂米絲和黛安娜，以及拉丁美洲文化中泥雕的死亡女神和黑卡蒂女神。這些女神賜能力給女人，使她們能夠追蹤、知曉和「挖掘」一切事物的心靈面向。日本人則視熊為忠誠、智慧和堅強的象徵。日本北方的愛奴族認為熊可以直接與上帝對話，並可以把神諭帶給人類。月牙熊之所以被人視為神聖的動物，是因為佛教女神觀音菩薩把白色印記放在牠的喉部，而觀音菩薩的印記就是月牙。觀音是慈悲女神，而熊是她的使者。〔註五〕

對心靈而言，熊代表規範自我生命（尤指感覺生命）的能力。熊活在規則的生命周期中，而這就是牠的能力之所在。牠有能力從活躍警敏進入冬眠的偃息中，為下一個生命周期更新自己的活力。熊這個意象告訴我們：我們可以隨時測量自己的情緒壓力，但更重要的是，我們可以在同一時間內既兇猛、又寬容大度；我們可以既沉默寡言、又為人所看重；我們可以保護自

註五　我從日裔的年老說書人那裡聽到〈珍貴之熊〉的另一種故事說法。熊被某一邪惡力量扼斃，好讓新生命無從盛行在崇拜「熊先生」的部落中。人們用極盡哀悼的心情埋葬了熊的屍體，但一個女人落在墳墓上的眼淚卻讓熊復活了過來。

己的疆土、宣示疆界、必要時撼動天空，但同時也可樂於助人、為人可親，並願助長一切事物。

熊喉部上的毛是一種護身符，一種幫助我們記住新知識的方法；它是無價之寶。

轉變事物的火和正確的行動

熊對女人表現出極大的慈悲心，容許她從牠的身上拔下一根毛。她匆匆跑下山，但不忘把她在上山時自然流露的所有手勢、吟唱和讚美沿途施放出來。她焦急地奔向巫醫所住之處。她可能這麼說：「妳看，我做到了；我做到了妳吩咐的事情。我持之以恆而終於凱旋歸來了。」一年老的巫醫十分仁慈；她等了一等，讓女人品嚐自己的成功滋味，然後把那好不容易取得的毛髮丟進火裡。

女人大吃一驚：這個發瘋的巫醫做了什麼？巫醫說：「回家去吧；要實踐妳所學到的知識。」在禪學思想中，毛髮被丟進火中和巫醫說出簡單話語的那一剎那就是頓悟的時刻。頓悟並非發生在山上，你注意到了嗎？當月牙熊的毛髮被燒毀時，渴望神奇治療的預期心理也就同時銷融為烏有，而這正是頓悟之時。我們都會面臨這個問題，因為我們都希望自己在辛苦努力、經過一番神聖追尋之後將會撞見一個實質事物、一個物質性的東西，可以讓一切事情在一道閃光之中永遠變得井然有序。

但真正的運作方式並非如此，而是完全如故事所告訴我們的：我們可以擁有宇宙間所有知識，但這一切知識都必須歸宗於「實踐」之上、總結於「回家去把知識按部就班實踐出來」。必要時要盡可能常常這麼做、長期這麼做、甚至要永遠這麼做——全憑你自己如何選擇。當我們怒氣方盛之時，我們必須精確且靈活地確知如何處理它，而這處理方法就是：等它結束、釋出錯覺、攀上高山、與怒氣對話、尊它為師。知道自己能掌握方法會使我們感到十分心安。

這故事中有許多觀念跟自我平衡（亦即透過內省和追尋、用耐心和仁慈使憤怒隨時間消失）有關。有句古老的諺語是這樣說的：「打禪之前，見山是山，見樹是樹；打禪之中，見山是神靈之寶座，見樹是智慧之聲音；打禪之後，見山是山，見樹是樹。」

當女人在山上的時候，一切事情——包括學習在內——都是神奇的。如今她已下山，而所謂的神奇毛髮也已被摧滅幻覺的爐火燒毀。這顯然就是「打禪之後」的階段，而生命在此時應該又歸於平淡。不過，她仍擁有在山上得到的豐富賞賜：知能。曾經困在憤怒中的生命力現在可以被運用在其他事情上。

此時，已經與憤怒和好的女人帶著知能回到凡俗生活中；這個新的知能使她自認可以用更熟練巧妙的方式過日子。但在未來某一天，某個東西——也許是一個眼神、一句話、某種口吻，或某種被人侮慢、不被欣賞、被人操縱的感覺——照樣會突然冒出來，使她殘餘的痛苦又

再度著火起來。〔註六〕

舊傷所留下的憤怒可以相比於砲彈傷口造成的創傷。你幾乎可以除盡發射器所留下的所有金屬碎片，但卻無法除盡那些最細小的碎渣。你也許以為：只要大部分被除盡了，就沒事了。並非如此，在某些情況下，這些細渣會在內部扭曲轉動，重新造成一種跟原始傷口（憤怒）相同的痛苦。

因此，造成洶湧情緒的並不是那原始巨大的憤怒，而是它的細小分子，也就是那些殘存在心靈中、永遠不可能被根除的刺激元素。它們所造成的痛楚跟原始傷口的痛楚一樣強烈。在這種情況下，一個人會全身緊繃並唯恐痛苦會排山倒海而來，而事實上這會帶來更大的痛苦。這人不得不在三個陣線上急遽調動部隊：試圖控制外在事件、試圖控制舊傷正在散播的痛苦、試圖抱頭逃跑（心理上如此）以確保自己地位的安全。

要一個人單獨面對三人幫並同時擊昏其中每一個人，這可是過分的要求。這就是為什麼我們應該立即停止、撤退、並設法獨處的原因。我們無法一邊作戰，一邊又要照顧內臟中彈的感覺。一個曾經上山過的女人會退下來，先處理先前的事件，之後再處理最近的事件，接著判斷一下自己的戰場優勢，抖開自己的頸毛並豎起耳朵，然後以尊嚴之姿重新出場並採取行動。

沒有人可以逃離個人的歷史。我們當然可以把它放在不顯眼的背景當中，但它並不會因此就不存在。然而，只要你願意為自己完成上述步驟，你還是可以架橋跨過憤怒，而最終一切都將平靜下來而無大礙。雖不完美，但畢竟沒有大礙；你還是可以前進，還是可以度過槍彈碎片所引發的憤怒。以後每一次這種憤怒發生時，你將會愈來愈擅於處理它，因為你將知道何時該喚請治療者、何時該上山去解散幻覺——這些幻覺總讓你以為目前的狀況跟過去一模一樣，好像有人刻意用錄音機把過去播放出來似的。女人應該記住：她在同一時間可以既凶猛又寬宏大量。憤怒不像腎結石，它不會在你等上一陣子後就不藥而癒。你必須採取正確的行動，然後它才會過去，然後更多創造力才會流入你的生命中。

正當的憤怒

把臉頰的另一邊轉過來讓人揮打、面對不公或惡意待遇時保持緘默——我們必須慎思是否

註六　把已經鈣化的舊日憤怒一片一片、一層一層地釋放出來，是女人必須做的一件事情。她們最好在空地上引爆這個炸彈，而不要讓它在無辜的人附近爆炸開來。用一種有益而無害的方式釋放它才是有意義的事情。很多時候，不斷聽見或看見某個人或某件事情會更加激怒我們，這時最好離開這個刺激源，不管那是什麼人或什麼事情。我們可以有很多做法：換房間、換地點、換議題、換場景，這些都能大大幫助我們。古老的格言告訴我們要慢慢數到十，這是很有道理的。在憤怒剛剛升起時，如果我們甚至可以暫時打斷腎上腺素的流動、或截止其他湧入體內的「戰鬥」化學元素，我們就不致被趕回到昔日創傷所引起的感覺和反應那裡。如果我們不制止自己，那些化學元素就會繼續濺灑出來好長一段時間，而因此迫使我們實際上採取愈來愈敵對的行為，不管我們是否真心想要如此。

應該這樣做。消極抵抗是甘地教導群眾使用的政治工具，但如果女人在家庭、社會或世界中為了在腐敗或不公正的勢力下求生存而被慫恿或被迫保持緘默，這與前者絕對是兩碼子不相同的事。在此情況下，女人切斷了自己跟野性本質之間的關係，而她的沉默不是心平氣和、卻是在害怕傷害時所採用的巨大防衛機制。其他人如果認為沉默的女人對於生活毫無不滿之處，他們可就大錯特錯了。

有些時刻我們必須把撼動天際的怒氣釋放出來。即使這種時刻並不多見，但我們總會遇到必須把自己所有火藥施放出來的時刻。但我們必須針對重大的冒犯來發射火藥，而這冒犯必須嚴重到足以侵凌我們的靈魂或靈性。無論如何，我們必須先行試用其他合乎常理的改變途徑。當這些途徑不能發揮作用時，我們還必須擇時發射火藥；我們當然要為全力擊發的怒氣慎選時刻。當女人像下則故事中的男人一樣關注本能之我時，她就會知道什麼時候是適當時刻。她會憑直覺知道並憑直覺採取行動。這是像雨水一般理所當然的事情。

下面這則故事來自於中東。它的各種版本也流傳在伊斯蘭教蘇菲派信徒、佛教徒和印度教徒之間。〔註七〕有一類描述禁忌行為如何拯救生命的故事，而這則故事就是屬於這一類型。

枯樹

有一個人的壞脾氣——比起他其他的性格因素來講——讓他虛耗了生命，也讓他失去了更多朋友。他求教於一個衣衫襤褸的智者：「我要如何才能控制住這個憤怒惡魔？」老人訓令這個年輕人到沙漠中很遠的一個乾涸綠洲中待下來、坐在所有枯樹之間、並汲取帶有鹹味的水給任何路過的旅人喝。

為了征服自己的憤怒，這人騎馬來到沙漠中滿是枯樹的地方。有數個月之久，他穿著可以對抗飛沙的袍子和斗篷，在那裡把汲出來的酸水送給所有走近的人喝。幾年過去了，他的壞脾氣再也沒有發作過。

有一天，有一個黑暗騎士來到這毫無生氣的綠洲，並且傲慢地俯視這個用碗盛水給他喝的男人。騎士嘲笑那混濁的水、拒絕喝它、並開始繼續往前騎。

這獻水的男人馬上動了怒。他怒火中燒，把騎士從駱駝背上一把抓下來，當場就殺死了他。啊，想到自己竟然被怒火吞噬，他馬上悔恨不已：「你看看現在的結果！」

突然，又有一個騎士快速地騎了過來。那騎士俯視死者的臉孔後大喊：「感謝阿拉，你殺

註七　蘇菲神祕主義的偉大說書人暨治療者伊德里斯・夏（Indries Shah）在《愚者的智慧》（*Wisdom of the Idiots*, London: Octagon Press, 1970）一書中為這古老的故事提供了另一版本。

了這打算殺掉國王的男人！」就在當下，綠洲上的渾水變得清澈而甜蜜，而綠洲上的枯樹開始染上綠色並綻放出快樂的花朵。

我們可以從象徵意義來瞭解這個故事。它講的不是殺人故事，而是告訴我們不要不分青紅皂白就發怒、但要在適當時刻發怒。我們在故事開始時，看到一個男人在乾旱的環境中把水（亦即生命）分送給他人。分送生命是大多數女人與生俱來的本能行為；她們通常都擅於做這樣的事情。然而，總有一天她們的臟腑會颳起狂風，總有一天她們會充滿正當的憤怒和合法的怒氣。〔註八〕

許多女人天性敏感，就跟沙岸敏感於海浪、樹木敏感於空氣狀態、母狼聽得見另一頭動物正在一・六公里外踏進自己的領域是一樣的。經過如此精準調頻的女人具有一種奇妙的天賦，可以用光速般的速度看見、聽見、感知、接收，並傳送意象、想法和感覺。大多數女人可以覺察到他人心情中最微妙的變化、可以讀懂人的臉孔和身體（這就是所謂的直覺）、可以從眾多一起提供訊息的細小線索中得知他人的心思。為了要運用這些野性天賦，女人會敞開心胸去接納一切事情，但也就是這種敞開的態度使她們無法嚴守自己的界線，也因此使她們的靈性容易受到傷害。

就像〈枯樹〉故事中的男人一樣，女人也可能或多或少面臨同樣的問題。她可能會帶著一種胡亂四射的憤怒，不斷挑剔這、挑剔那，要不然就是用冰冷的態度來麻木自己，或用甜言蜜語去懲罰或貶抑他人。她可能會把自己的意志強加在依賴者的身上，要不然就是用斷絕關係或親情來威脅他們。她可能會吝於讚美值得讚美的人或事。她可能會在一般行為上失去自己健全的本能。我們都知道：用這些方式對待他人的女人事實上正受到自己心靈惡魔的猛烈攻擊，而這惡魔也正在用同樣方式對待她。

許多遭受此種磨難的女人決定展開一場清理運動，下決心要脫離「小心眼」、要變得「更和善」和更能幫助他人。這種作法是值得稱讚的，通常也會讓她周圍的人如釋重負——只要她不像故事中的男人一樣開始過度認同施予者的角色。這個男人到綠洲那裡去服侍他人，因而覺得自己愈變愈好。他開始認同那平和而單調的生活。

同樣地，迴避一切衝突的女人也會開始覺得自己愈變愈好。但那不過是暫時的現象，而不是我們所要追求的學習。我們所追求的學習應能讓我們知道何時可以及何時不可以發怒。這故

註八　有幾個因素會影響她們是否決定這麼做，包括了傷害者的自覺、傷害者能否繼續施害、傷害者未來的意圖、以及彼此權力是否對等。這一切都會被她們納入考量。

事的目的不在教人如何努力成為溫良的聖人，而在教人如何用本然的野性方式採取行動。狼在大多情況下都會避免衝突的發生，但當牠們必須強力維護疆域、當某事或某個動物不斷追逼牠們或逼牠們落入絕境時，牠們的憤怒就會凶猛地爆發出來。這種情形很少發生，但表達憤怒是牠們的十八般武藝之一；我們也應具有這樣的能力。

許多人都以為憤怒的女人之所以可怕是因為她們會讓周圍的人顫抖恐懼，但這是旁觀者所投射出來的過度個人焦慮。持平而論，沒有任何女人需要承擔這樣的投射。女人的本能心靈自會在受到挑釁時知道如何慎行以表達憤怒。在創造及保存自己所珍惜的內在平衡時，憤怒是女人會使用到的一種天生能力。它是一種權利，而在某些時候或在某些狀況下，它也是一種道德義務。

對女人來說，這代表的意義就是：總有一刻妳必須露出門牙、必須展現守疆護土的凶悍能力、必須說：「到此為止、不可再進一步、互推責任就到此結束、仔細給我聽好、我有話要說、這絕對需要改變。」

就像〈枯樹〉故事開始時的那個男人、也像〈月牙熊〉中的那個戰士，許多女人的心中也常有一個疲憊厭戰的士兵，不願再聽別人談論到戰爭、自己也不願再談論到它、更不想面對並處置它。心靈中的乾涸綠洲就因這個緣故冒了出來；無論在內心世界或在實際世界中，這樣的綠洲都是一片寂靜至極的區域，靜靜守候著或乞求一聲雷吼的出現，而這雷吼之聲可以用震碎或搖撼的力量來重新創造生命。

故事中的男人原先為了殺掉騎士而感到十分驚恐，但當他瞭解到「初念即正念」這句話非常適用於自己的情況時，他就不再受到「絕不可憤怒」這一簡單規則的束縛。就像〈月牙熊〉這個故事所示的，頓悟並非發生於行動的過程中，而是發生在幻覺被毀、真知被見之際。

安息

因此，我們希望自己的憤怒可以變成烹煮東西時所使用的火、而非災難之火。我們發現：若要圓滿處理自己的憤怒，我們必須仰賴寬恕的儀式。之前我們說過女人的憤怒經常可以溯及她的原生家庭、周遭文化、有時則是成年時遭遇的創傷。但無論憤怒的根源為何，我們都必須先經歷某事後才能察覺它、祝福它、規範它和釋放它。

經歷過痛苦的女人常會養成一種令人驚訝、而且深度和廣度都異乎尋常的透視力。雖然我並不希望有任何人為了要瞭解無意識的詳情內幕而先經歷折磨，但不容否認地，過去飽受壓抑的痛苦經驗常會導引出一些具有彌補作用和保護作用的個人才華。

在這一方面，一個曾經飽受折磨、深入痛苦之中的女人必然會擁有難以測量的深度。雖然她用痛苦換得這種深度，只要她曾努力保持清醒意識，她將會擁有一種深奧而壯大的靈魂生命並對自己保持強烈的信心——即使她的自我偶爾還是會搖擺不定。

女人的生命會走到一個她必須做決定的階段。通常在中年之際，她必須替自己的未來做出最重大的心靈抉擇，那就是：她是否還要繼續做一個充滿怨恨的人。女人常在近四十歲或四十歲出頭時來到這個關口；她們深陷在所有事情中，感覺「受夠了」、「最後一根稻草已經壓垮了駱駝」、「怒不可遏」而且「筋疲力盡」。她們二十幾歲時的夢想可能早已崩散一地。她們也可能歷經了心碎、婚姻破裂和諾言毀損的種種痛苦。

一個人在活過一段很長時間之後無可避免地會累積許多殘渣碎片。但只要女人願意回到本能那裡而不沉淪在怨恨之中，她就能重拾生命力並獲得重生。每一年我們都能見到小狼的誕生；牠們原本還是喵嗚低鳴、睡眼惺忪、毛色深黝、覆蓋在泥土和稻草之下的小東西，但轉眼之間牠們即變成了兩眼圓睜、嬉戲頑皮、深情相與、彼此依偎的動物。牠們想要玩耍、想要長大。回到本能和創造力那裡的女人將會重獲生命力；她也會想要玩耍戲樂、想要成長得又寬又深。但首先她必須淨化自己。

我希望讓你瞭解一下我之前的作品中曾經談過的一個觀念：安息。如果你曾在墨西哥、新墨西哥州、科羅拉多州南部、亞歷桑納州、美國南方某些區域旅行過，你應見過路旁的許多白色小十字架。〔註九〕你也會在希臘、義大利和其他地中海國家一些危險但風景絕佳的道路旁看到這樣的十字架插在懸崖邊上。有些時候，這些十字架會三五成群地聚在一起，上面註明了人名，而這些名字有時是用鐵釘拼字出來的、有時則是被畫或刻在木頭上的。

它們上面往往飾滿了一簇又一簇的人造花或真花。或者，由於上面飾滿了黏在小木片上的新稻草碎段，它們會在陽光下閃閃發出金色光芒。有時這些安息記號只是由兩根木枝或兩段水管交叉扭綁後插入地面而成。在岩石最多的山隘處，十字架乾脆被畫在路旁的一個大岩石上。

這些安息記號代表的意義是：某個人的生命就在這裡意外結束了。這裡可能發生過一場車禍，可能有一個人行經此路時中暑而死，也可能有人在這裡打架互毆過。某件事情在這裡發生後永遠改變了一個人和其他人的生命。

女人在二十歲以前都曾死上千遍。她們東奔西跑而身心相離。她們的希望和夢想也一樣從生命中被切離了出去（任何不信這說法的女人都還未醒覺過來）。而這一切都是要送到安息磨坊去磨碎的穀物。

這一切雖然可以加深個體化、差異化、成長、超越舊我、綻放異彩、醒覺和知覺等種種過程，但它們也是非常沉痛、值得我們為之感到心傷的悲劇。

為自己製作安息記號，其意義就是：好好打量自己的生命，並把所有小的死亡和大的死亡事件標記出來。我喜歡在屠夫所用的白色長形大紙張上把一個女人的生命大事年表畫出來，把

註九　這些路邊紀念碑的西班牙文 descanso 意謂「安息處」，就像墳場或墓園一樣。

她從出生到現在所有個我和生命受損事件的時間點用十字標記在圖表上。

我們把沒有被採行的路、被切斷的路、暗襲事件、背叛和死亡都標記出來。我在大事年表上那些曾應被悼念而至今仍未被悼念的事件旁擺上小小的十字架。至於那些已被女人感覺到、但還無法浮現的事件，我就在年表上較不明顯處寫上「不記得了」這幾個字。我也在女人已大部分釋放出來的事件旁寫上「已被原諒」這些字。

我希望你也來製作安息記號、也拿著你的大事年表坐下來說：「十字架在哪裡？哪些時間點是必須被記住、被祝禱的？」所有這些事情已經成了你現在生命的意義。它們既需要被記住、也需要被遺忘，而你則需要投注時間和耐性。

要記得：〈月牙熊〉故事中的女人說了一句祈禱文而讓飄蕩的孤魂野鬼安息。這就是我們在製作安息記號時要做的事情。安息記號可以幫助我們用意識行為向自己心靈中的無主亡魂表達同情和尊敬，並讓它們終得安息。

對你自己要溫柔；要製作安息記號——要為你心靈中那些飄蕩而不知所終的面向提供安息場地。安息記號雖然標出死亡地點和黑暗時期，但它們也是你向自己的痛苦寄上的慰問卡。它們可以轉化生命。把某些東西釘在泥土裡，不讓它們跟隨我們，但讓它們安息——其義至深無比！

本能受傷和憤怒

女人（還有男人）在試圖結束往事時常說：「我／他／她／他們已經盡了最大力量。」但是「他們已經盡了最大力量」這種說法並不代表寬恕。就算那是事實，一個人若是強要自己接受這種說法，他／她將會切斷自我痊癒的可能性。這就像在很深的傷口上加貼止血帶；若這止血帶被貼了一段時間後也不被取下來，血液就會循環不良而導致壞疽病。否認憤怒和痛苦並無益處。

如果一個女人的本能受了傷，她通常會在憤怒這件事情上面臨幾個挑戰。首先，她常常難以辨識「闖入事件」。對於「領土遭到侵犯」這類事情，她反應遲鈍到無法感覺自己的憤怒——直到憤怒撲到她的身上為止。就像〈枯樹〉故事開始時的那個男人一樣，她的憤怒用偷襲方式制服了她。

這種遲誤是本能受傷的結果，而本能受傷的原因又可追溯到女人在小女孩時期所聽到的訓誡：不要管那些擁有自主意見的人、無論如何要創造和平氣氛、不要管閒事、在事情安定下來或暫時消失之前務必要忍受痛苦。通常，這樣的女人不會在感到憤怒的當下採取行動。她不是在槍聲未響之前就拔腿奔跑起來，就是在反應延誤好幾個星期、好幾個月、甚至好幾年之後，才領悟到自己當初應該、應能、或應可能怎麼說或怎麼做。

這個狀況通常不是由害羞或內向所造成，而是由「左思右想」——過分想討人喜歡而不利於己、或缺乏由靈魂直接指揮的行動——所帶來的結果。女人只要願意傾聽，野性靈魂一定會讓她知道何時以及如何採取行動。正確的憤怒反應會帶有真實的認知及以恰好分量融合在一起的仁慈和凶悍。要醫治受傷的本能，我們必須盡可能強力地守護疆界，也要盡可能運用堅定和寬容（若可能的話）的方式來做出反應——這種寬容方式也一樣能發揮具體的效用。

也有女人在憤怒已經阻礙生命時都還難以鬆手放掉憤怒。她可能過度執著在陳年往事上，好像它們昨天才發生似的。用一段時間密切關注自己的創傷，這是痊癒過程中很重要的一個步驟，但最終我們要用手術縫合所有傷口並容許它們癒合為傷疤組織。

集體憤怒

集體憤怒也是一種人性功能。群體受傷或群體傷痛的現象的確存在；在社會、政治或文化議題上，有充分知覺的女人常常發現自己必須處理一種不斷從身上滲透出來的集體憤怒。

對這種憤怒有所感覺可說是健康心靈的一種反應。運用這種針對社會不公而生的憤怒以創造有益的改變方式，這也是一種心靈健康的表現。但是，如果女人壓抑這種憤怒而不去感覺它、並因此不去推動進步和改變，那麼她就無法享有健康的心理。就像個人的憤怒一樣，集體憤怒也可做我們的老師。女人可以在獨處或與人共處時求教於它、向它發問、然後依據結論來採取行動。帶著深入肉中的長久憤怒在各處走動、或用一根新的木條攪動它並發現它的建設性用途——這兩者之間的確有一百八十度的差異。

集體憤怒可以被善加利用成一種契機，以促使我們去尋求或給予支援、去設法促進群體或個人之間的對話、或去要求明定責任歸屬以及追求進步和改善。這一切在女人的自覺模式中都是正當的作為。當她們關心那些對她們而言最基本而重要的事情時，這一切也是她們該做的。健康的本能心靈對於輕視、威脅、傷害都會從深處發出反應；在學習瞭解靈魂和心靈的集體面向時，秉衷而做出反應是自然且理所當然的事情。

困在舊怒之中

如果或當憤怒再度成為阻礙創意思想和創意行動的水壩時，我們必須軟化或改變它。對那些花了相當時間處理創傷的人而言——不管這創傷是由別人的殘忍、忽視、缺乏尊敬、魯莽、倨傲、無知所引起，還是甚至由命運所引起——她們總會面臨一個時刻，到時必須用寬恕去釋放自己的心靈，使它可以回到寧靜和平的正常狀態中。〔註十〕

如果女人無法放下憤怒，最常見的原因是她用憤怒做為自己力量的來源。雖然一開始時這可能是個聰明作法，但現在她可就要小心點，因為持續的憤怒會燒毀她最主要的生命力。她會像賽車選手一樣在生命中疾馳，一邊腳踩加速器到底、一邊卻想維持生命的平衡。

我們也不可錯把凶猛的憤怒當做熱情的生命。它並不是最佳的生命形態，而是一種防衛機制；一旦它已失去保護作用而我們還想繼續保存它時，我們將會因此付上昂貴的代價。它不久後就會炙燃起來，用它的黑煙汙染我們的想法，阻擋我們另外用來看見和理解事情的途徑。

我不會對你說：今天或下個星期你就可以清除一切憤怒，而且它將就此永遠消失。這會是個大謊言。昔日的焦慮和痛苦將會周而復始地出現在我們的心靈當中。雖然深層清洗可以清除大部分舊時的創傷和憤怒，我們卻無法完全掃除它們的殘餘物。但它們應該只留下薄薄的灰燼，而非一團噬人之火。因此，清除殘餘的憤怒應該成為定時舉行、用來釋放心靈的保健儀式。繼續背負著已經失去作用的憤怒只會讓我們永遠不知不覺地背負著某種焦慮。

有時我們誤以為困在舊時憤怒中的行徑就是大驚小怪、怒氣沖沖、暴跳如雷、亂摔東西。事實上，大多數案例都非如此。不斷感覺疲乏，帶著深深的譏世心態，並摧毀希望、柔情和可能——這些才是受困於舊時憤怒的表現。如此受困時，一個人會害怕自己還未開口就已敗下陣來、內心達到一觸即燃的地步（無論是否表現於外）、滿腹怨氣而陷入深不可拔的沉默之中、覺得全然無助。但解決之道是存在的：寬恕可以帶人找到出路。

你會說：「什麼？寬恕？」除此之外就沒別的嗎？但你內心深處知道：某一天、某一時，事情會來到這地步。它也許在你臨死時才走到這一步，但它還是走到了。想想看：很多人一向以為寬恕是他們必須在坐下的一段時間中完成的單次行為，因此他們覺得難以施行寬恕。這是錯誤的認知。寬恕有很多層面和很多季節。我們的文化有一種「寬恕是絕對的邏輯命題」的觀念：若非全部寬恕，即無寬恕可言。我們也一直聽說：寬恕意謂忽略或假裝某事不曾發生。這也是錯誤的看法。

女人如能努力讓自己百分之九十五原諒一個人或一件傷害她的悲劇，她幾乎就有資格去接受天主教的宣福大禮，即使她還不能稱得上是一個聖人。如果她能原諒百分之七十五，而另外百分之二十五的「我不知道自己能否或願否完全原諒」，她也可算是超乎常人了。百分之六十原諒和百分之四十的「我不知道、我不確定、我還在努力」當然也很好。百分之五十或以下的原諒則可稱得上是「進行中」的事。少於百分之十呢？那妳只是才要開始或還未認真嘗試。

但無論如何，只要妳做到的比百分之五十稍多一點，其餘部分就會隨著時間漸增而告完

註十　如果女人曾經遭受亂倫、性侵或其他重大傷害，她會需要花上許多年時間才能完成整個寬恕過程。在某些情況中，不願予以寬恕可以暫時讓女人得到更大的力量；這是可以被接受的。我們不能接受的是：用一生所剩時間持續對事件抱持憤怒的態度。這種過度沸騰對靈魂和心靈都是非常不利的，更不用說對身體的健康。女人必須在這方面重新獲得平衡，而方法有許許多多種。她必須就教於一位身心堅強並有專業素養的心理治療師。遇到這樣一位專家時，她必須問：「請問你在減少憤怒和強化靈性方面有何經驗？」

成。「開始且繼續」是寬恕工作最重要的一部分。要完成這個工作需要我們花上一輩子的時間。你還有這一生其餘的時間可用來完成剩下的百分比。的確，要是能瞭解事情的全盤始末，我們應能原諒所有一切。但是，若要獲得這種瞭解，多數人還是不得不在這像煉金術一樣可以變化生命的淨浴之中度過相當漫長的時間。沒關係的，我們有靈魂做為治療者，因而我們會用充分的耐性去等候徹底瞭解的到來。

有些人在天生氣質上就比別人容易原諒他人。對有些人來講，那是一種天賦；對大多數人而言，那是一種必須學會的技能。基本的生命力和敏感度似乎會影響我們的寬恕能力。生命力愈強、敏感度愈高的人並不會輕易原諒不對的事情。如果你無法輕易原諒，那並不代表你是個壞人；如果你能，那也不代表你是個聖人。每個人都有各自的特點，而一切事情都有其發生的適當時間。

然而，要想真正痊癒，我們便必須說出真相。我們不僅要說出自己的遺憾和痛苦，還要說出：什麼樣的傷害已被造成，什麼樣的憤怒、厭惡、自我懲罰或報復的願望曾在心裡升起。心靈中那位年老的治療者瞭解人性的所有弱點，並會根據我們所說出的赤裸裸真相來給予寬恕。她不僅會給予第二次機會，還會常常給予無數次機會。

讓我們來瞭解一下寬恕的四個層次。過去多年來，我在輔導創傷者時研究出這四個層次並運用在治療工作中。每個層次又具有好幾個層次。我們可以按照任何順序以及按照自己願意花費的時間來完成它們。但我還是把它們列舉如下，順序正如我鼓勵我的個案開始照做的一樣。

寬恕的四個階段

一、放下：不管它。

二、忍耐：不施以懲罰。

三、忘卻：從記憶中移走，不願滯留在其中。

四、原諒：丟棄某人某事對我的虧欠。

放下（註十一）

我們必須先「放下」一陣子才能開始原諒某人或某事；也就是說，我們可以暫且不要想到它們。這並不是要丟開某事而不管它，而是要我們像渡假一般離開一下。這樣我們才不至於筋疲力盡，才有機會在別的方面變得更為堅強，才能在生命中擁有其他的快樂。

為了最後的完全放手（它會與寬恕同時發生），我們必須做此練習。盡量經常遠離某個情境、記憶或問題。關鍵不在於「忽略」，而在於巧妙並堅定地離開那個問題。「放下」的意思

註十一　「放下」在牛津英文字典中為forego，源於古英文的for gán或forgáen，意為「經過」、「離開」。

就是：開始去從事某個編織手藝或寫作計畫、航行到大海上、用愛與學習來賦予自己力量、容許問題暫時擱置一旁。這樣做是正確、有益而具有療效的。如果女人向自己受傷的心靈保證說她現在只想為它敷藥療傷、暫時不想追究「是誰造成了什麼傷害」這種大問題，那麼過去的傷口就不致成為她心頭上的一大煩擾。

忍耐（註十二）

忍耐是第二個階段，尤指克制自己、不去施予懲罰、不讓自己思及懲罰、也不讓自己做出大大小小的懲罰行為來。這種自我約束非常值得我們練習，因為它可以把問題集中到一個地方而使其無從氾濫成災。它並可以讓我們專注在其次必須採取的步驟上。這並不是說我們就可以盲目或麻木無覺地失去自我保護的警覺心，而是說我們應該在自己所面臨的情境中加入一點點優雅的成分，並看看那是否有所助益。

忍耐在於用耐心去歡喜忍受自己的情緒、甚至去疏通情緒。這些作法具有強大的療效，你一定要盡力而為。你不需要做足這全部的洗滌療程，而可以只選擇一個項目——比如耐心的訓練——而後多加練習。你可以克制自己，不去用言語或低聲抱怨來懲罰他人，也不在舉手投足之間充滿憎恨和敵意。克制自己、避免不必要的懲罰動作——這可以增強行動和靈魂的完整性。忍耐就是發揮寬宏大度的精神，藉以讓慈悲心進入先前曾令你感到微怒或盛怒的所有事情當中。

忘卻（註十三）

忘卻就是「從記憶中移走、不願滯留在其中」，也就是鬆開自己抓住記憶不放的手。忘卻並不是說你必須讓自己變成腦死的狀態。有意識的遺忘會使你不再緊握往事，使你不再堅持把它放在舞台前方，而是把它移到舞台外面、容許它被貶謫到背景區域那裡。

我們可以用拒不召喚憤怒和拒不回想往事的方式來練習有意識的忘卻。忘卻是一個主動、而非被動的努力行為。它使我們不再把某些經驗拖到地面上，不再繼續翻動它們，不再用一再重複的思想、心像或情緒來鼓動自己。用清楚的意識忘卻事情時，我們會堅定地拋棄執念、刻意跑到前面老遠處以求不再見到它。由於不再回頭，我們便可以去到一個新天地，在那裡創造新的生命和經驗以供回味，而不再停留在舊的生命和經驗之中。這種遺忘並不會抹煞記憶，而只是讓記憶周邊的情緒安息下來。

註十二　「忍耐」在牛津英文字典中為 forebear，源於中古日耳曼語的 verbern，意為「忍受」、「有耐心」。

註十三　「忘卻」在牛津英文字典中為 forget，源於古條頓語的 getan，其意為「握住」或「抓住」，但在添上字頭 for 之後則變成「不握住」或「不抓住」之意。

寬恕〔註十四〕

我們可以用許多方法來原諒對不起我們的個人、社會和國家。我們必須記住：「最終」的寬恕並不是屈服放棄，而是有意識地決定不再心懷怨恨、願意原諒虧欠我們的人或事、並放棄復仇的意念。只有你自己可以決定原諒的時間點、以及應該用什麼儀式來標記這件大事。也只有你可以決定如今不必再追討哪一份虧欠。

有些人選擇全盤原諒、永遠免除對方的補償責任。其他人則終止正在進行的賠償作為、放棄債權、認為過去的錯誤已經無法更改而償還也已然足夠。另一種寬恕則是在對方從未以情感或其他形式做出補償動作的情況下放他一馬。

對有些人來說，最終的寬恕意謂用極寬容的心情看待對方，但這方式較容易施行在比較輕微的冒犯行為上。意義較深的寬恕形式則是以各種方式給予冒犯者仁慈的援助。〔註十五〕這並不是說你應該把自己的頭伸近蛇籃裡，而是說你用一種悲憫、安全並有所準備的立場去回應對方。〔註十六〕

寬恕是經過放下、忍耐、和忘卻之後所達到的最後境界。它並不是要我們放下自我保護，而是要我們放下冰冷之心。不再排斥對方是一種較具意義的寬恕形式；一方面我們不再伸臂拒擋、忽視或冰冷對待對方，另一方面則堅持不向對方擺出一副施恩或虛偽作態的樣子。對於那些難以相處的人，你與其表現得像是一具沒有情感的人體模型，還不如自動限縮你的靈魂／心靈願意賦予他們的時間和幽默談話。

寬恕是一種具有創造力的行為。你可以從許多經過時間考驗的方法中擇一而為。你可以只原諒此刻、原諒到某時、原諒到下一次、或原諒後不給予第二次機會（也就是：如果再犯，那就換上另一遊戲規則）。你可以給對方另一個機會、另外好幾個機會、另外許多機會、或有條件下再另給機會。你可以原諒罪行的一部分、罪行的全部、或罪行的一半。你可以想出一個全盤寬恕的計畫。一切都由你做決定。（註十七）

我們要如何才能知道自己已經寬恕了某人或某事？在寬恕之後，我們對那情況會感到悲傷，而非憤怒；我們會為對方感到難過，而非對他發怒；我們會忘記往事而再也無話可說；我們會瞭解當初促使對方犯錯、隱藏在他心中的痛苦是什麼；我們會希望走出痛苦的情境；我們

註十四　**寬恕**在牛津英文字典中為forgive，源於古英文的forziefan，意為「給予」或「賜予」、「放棄」、「不再懷恨」。

註十五　這一個特別的「寬恕」定義出現在牛津英文字典中，所引範例為一八六五年格羅特（J. Grote）在其《道德概念》（*Moral Ideas*, 1876）一書之第八冊第114頁中所言：「積極的寬恕——即以德報怨」。在我看來，這是和解的最高形式。

註十六　我們不僅發現人們會各用不同的步調寬恕他人，也發現犯行本身亦會影響寬恕所需時間的長短。寬恕別人的誤解絕不等同於寬恕他人所犯下的謀殺、亂倫、虐待、不公、背叛和偷竊等行為。根據犯行的性質而定，單次的惡行有時會比累犯的惡行更容易受到寬恕。

註十七　由於肉體也具有記憶力，我們也應該關心肉體才是。這並不是說我們要逃離自己的憤怒，而是要耗盡它、拆解它、而後再重新設定那因此獲得全新自由的欲力。這種身體上的釋放必須與心靈的認知同時進行。

不再有所等待、也不再有所企求。在過去與現在之間，再也沒有一條很長的套索捆綁著你的腳踝；你可以自由來去。即使這算不上是「從此幸福一輩子」的圓滿大結局，但毫無疑問的是：從今而後，有一個嶄新的「從前有一天」、一個新的人生故事在等候著你。

第十三章

戰爭傷痕：傷痕氏族的成員

眼淚是一條可以把你帶到他處的河流。哭泣在你靈魂生命的小船旁創造出一條河流來；那些眼淚把你的小船高舉起來，越過岩石、越過旱地、帶它順流而下、直抵一個更新更好的地方。

由於女人被人教導要背負父母的祕密、男人的祕密、社會的祕密以及自己的祕密直到老死，她們不曾掉過的眼淚可以積聚成無數海洋。女人的哭泣一向被認為具有危險性，因為那會把她祕密之上的門鎖和門栓敲鬆開來。但事實上，為了女人野性靈魂的益處，哭泣是必要的。對女人而言，眼淚是啟蒙儀式的開端，讓她可以加入傷痕氏族——這是一個歷史久遠，由各種膚色、各種民族、各種語言的女人一起組成的部落，而這些女人多少世代以來沒有一個不曾經歷過重大生命事件，但她們傲然挺立如昔。

所有女人都擁有一些生命故事，其廣度和撼人心弦的程度可以比擬童話故事中的神祇力量。但特別有一類故事跟女性的祕密（尤其跟恥辱有關者）脫離不了關係。它們當中有些故事非常值得女人花時間仔細思索。對大多數女人來說，這些祕密故事就是她們自己的故事——它們是鑲在靈魂皮膚下的黑色碎石，而非鑲在王冠上的寶石。

具有殺傷力的祕密

我在二十年的執業歲月中聽過成千上萬的「祕密故事」——那些被隱匿多年、有時幾乎一輩子的故事。不管女人是自動用沉默封閉自己的祕密、還是受到較有權力者的威脅，她都深怕一旦揭露祕密，她就會失去投票權、被人視為可恥、斷送自己所看重的一切人際關係、有時甚至會遭到身體傷害。

有些女人的祕密是說了一個無恥的謊言、或做了一件刻意卑鄙的事情而給他人帶來難題或痛苦。然而，在我的經驗中，這些情形並不常見。有更多的女性祕密是跟違背文化、宗教或個人價值觀中的社會和道德規範有關。這些違抗性的行為、事件或抉擇——尤其當女人在任何或所有生命領域中爭取自由時——常會被周遭文化標示為錯誤而可恥之事。然而做了同樣事情的男人卻可以免受此種批判。

被羞恥包圍的祕密故事所造成的問題在於它們切斷了女人和本能之間的關係，而本能基本上是自由快樂的。當心靈中出現了一個黑色祕密時，女人根本不敢靠近它——事實上，對於任何足以讓她想起它或加劇她長年痛苦的事情，她都避之唯恐不及。

這種自衛性的動作極為常見，而且（就像餘波盪漾的創傷一樣）會不知不覺地影響到女人在現實世界中所選擇的一切作為或不作為。她會決定涉入或不涉入哪些書籍、影片和事件；她會決定什麼事情是她可以或不可以大笑以待的；她也會決定自己可以投身於哪些興趣之中。從這點看來，原本應該自由行事、自由存在和自由觀看的野性本質便面臨到隨時被捉捕的危險。

一般來說，女人的祕密故事常與情節多變的戲劇主題有非常類似的地方。這些主題包括：背叛、禁忌的愛情、不被允許的好奇心、絕望一搏的舉動、被迫而為的事情、單戀、嫉妒和被拒、報復和憤怒、對自己和他人殘忍、不被認可的慾求（或願望與夢想）、不被認可的性偏好和生活方式、意外受孕、怨恨與攻擊、意外死亡或傷害、破損的諾言、勇氣的喪失、發怒、半途而廢、沒有能力做到某事、暗中干涉和操縱、漠視、惡意對待等等。大多數這些主題都可歸類為「令人悲傷的錯誤」〔註一〕。

就像童話故事和夢境一樣，祕密跟戲劇具有相同的能量模式和結構。但是祕密缺乏勇氣的結構，只有悲劇結構。以勇敢女性為題材的戲劇常以女主角步上旅程為開始。有時她缺乏心理覺醒、過於討人喜歡而不察危險；有時她因遇人不淑而做出不顧一切的行為，如同被捕的動

註一　我同意榮格的說法。當不公不義之事發生在一個人的身上時，這人能否痊癒端賴他能否講出絕對真相和直接面對它。

物。不管她出場時是什麼狀況，女主角終會掉入某事或某人的掌控之中而受到痛苦的考驗。然後，藉著她自己的智慧和關心者的幫助，她終於重獲自由並因此更加挺立於世。〔註二〕悲劇的女主角則遭遇被抓、被迫的命運，或者她自行駛入地獄而遭滅頂。沒有人聽見她的哭喊；要不然，別人根本不理睬她的呼救聲。她失去希望、不再知道自己生命的價值、因而完全崩潰。不但無法品嚐困境得勝的滋味或品嚐自己明智的選擇和堅忍的毅力，她反而身陷羞辱之中並變得麻木不覺。女人的祕密原本幾乎都可成為頌揚勇氣的戲劇，但後來卻被扭曲成無路可走的悲劇。

但令人慶幸的是，打開祕密、對人談論它、為它擬寫新的結局、檢視自己在其中所扮演的角色以及自己的忍耐特質——這套方法可以把悲劇變回英勇的故事。學習做這些事情雖會讓我們感到痛苦，但也會為我們帶來智慧。只有在我們經歷苦難歸來時，深處的野性精神才算獲得大勝。

女人背負在身上的難堪祕密無一不是非常、非常古老的故事。任何守密而對自己不利的人都曾被埋沒在難堪之下。這個無所不在的災難具有一個原型模式：女主角不是被迫做了什麼事情，就是在失去本能能力時掉入某個陷阱之中。她通常沒有力量來匡正悲慘的情況；某種原因使她發誓要保守祕密，或使她在羞恥中藏身到祕密裡。她因害怕失去親情、愛情、關心或基本的心靈支援而屈從照做。為了更進一步封鎖祕密，別人警告她：所有揭發祕密的人都將遭到詛咒。他們拿出可怕的事來威脅她，不准她洩露祕密。

女人也被給予下面的警告：如果她們生活中的某些事件、選擇和情境跟性、愛情、暴力和（或）其他人生常見的難題牽扯上關係的話，她們將會因此被冠上不知羞恥之名並永遠得不到原諒。但這話絕非事實。

在我們更瞭解事情或在明白後果之前，我們都曾在言語和行為上做過錯誤的選擇。而在地球上或宇宙中，沒有一件事情是不能被原諒的。沒有一件事情。你說：「可是，我做的這件事情就完全不值得被原諒。」我還是要說：我們曾經做過、正在做、可能會做的所有事情當中，沒有一件是不能被原諒的。沒有一件。

「自性」不是一個跑來跑去到處懲罰女人、男人和小孩的懲處力量。「自性」是一個瞭解生物天性的野性上帝。「行為正確」往往是很難做得到的事情，尤其當我們跟自己的基本本能（包括直覺在內）失去關係的時候。我們很難在事先（而非事後）揣知後果。慈悲為懷的野性靈魂當然會為我們思考到這一點。

在「祕密」這個原型裡，各種迷惑像黑網一樣罩住女人的心靈，使她相信自己絕不能洩露

註二　我在艾力克・伯恩（Eric Berne）和克勞德・史坦那（Claude Steiner）的作品中第一次發現有人討論這種以個性瑕疵為劇情發展主軸的無趣劇本。

祕密。尤有進者，她必然也認為如果她洩密的話，她遇見的所有正派人物都將不斷詆毀她。後者這個威脅跟隱藏的恥辱一起構成女人心頭上的雙重負擔。

這種令女人心生迷惑的威脅可以使那些心眼又小又黑的人感到樂不可支，但那些充滿仁慈和溫暖的人則會用相反的方式看待它。他們會幫忙揭發祕密，因為他們知道：除非這事情能在有人證的情況下被說出來，否則它所造成的傷口是不會復原的。

死亡地帶

持守祕密使女人失去某些可以提供她關愛、救援和保護的人際關係，使她必須獨自擔負悲傷和恐懼，有時甚至要為整個群體（家族或文化）擔負這一切。此外，正如榮格所說的，持守祕密會斷絕人與無意識之間的聯繫。只要有令人感到羞恥的祕密存在，女人在心靈中就必然會劃出一個死亡地帶——這個沒有感覺的區域將無法正常回應她自己持續進行的感情生活，也無法正常回應他人的感情事件。

死亡地帶被小心翼翼地保護了起來。它有無數的門和牆，而每個門和每道牆都鎖上了二十道鎖。女人夢境中的小侏儒則不停忙著築起更多門、更多擋壩、更多安全設施，以防祕密逃脫。

然而，野性女人是絕對不會輕易上當的。她知道女人心中有許多用繩索和布條捆了又捆的黑暗包袱。這些全然被覆蓋起來的心靈空間根本無法回應光明和恩典。當然，由於心靈喜歡彌補過與不足，祕密無論如何還是會找到一個脫逃之處——如果不是透過實際的言語逃出來，就是透過下列方式表現出來：急性憂鬱、間歇發作和不明原因的憤怒、身體的各種抽搐以及痛苦、東扯西扯而突然終止的對話、或對於電影（甚至電視廣告）突發的莫名其妙反應。

祕密總會找到脫逃之路，而這些路徑若不是直接的話語，就是某些身體疾病——通常又都是一些難以直接處理或診治的疾病。那麼，當女人發現祕密洩露出去的時候，她會怎麼做？她會費盡力氣去追它回來；她會捶打它、把它捆成包袱、為它挖個地洞、再把它藏回到死亡地帶、然後建起更嚴密的防衛裝置。她呼喚心中的小侏儒（也就是自我的保護者），要求它們再建更多的門和牆。女人則倚在她最新完工的心靈墳墓上，流著汗血並像火車頭一樣氣喘吁吁。背負著祕密的女人是一個筋疲力盡的女人。

我的姨媽們以前常會講一則跟祕密有關的小故事。她們稱之為〈金髮姑娘〉。

金髮姑娘

有一個奇異而美麗的女子，她長了一頭細如金縷的長髮。無父無母的她很貧窮，獨自住在森林裡。她的紡織機是用黑色的胡桃木樹枝做成的。有個燒煤者的兒子是一個粗暴的討厭鬼；他企圖強迫她嫁給自己為妻。為了買通他、讓他打消此意，她拿了一些自己的金髮去送給他。她拿給他的金髮只有精神價值而沒有金錢價值。但他不知道、也不在乎這種價值。因此，當他在市集中打算拿這金髮去換取商品時，人們對他百般嘲笑並當他是瘋子。

盛怒之下，他趁夜回到女子所住的木屋，在那裏親手殺死了她，並把她的屍體埋在河邊。過了一段很長的時間，但始終沒有人注意到她已失蹤，也沒有人來探訪她或問候她。但在墳墓裡，女人的金髮不斷成長。那美麗的頭髮捲曲起來並呈螺旋狀上升；它穿透黑色泥土，繼續長出更多捲髮並轉動不已，向上復向上，直到一片搖擺的金色蘆葦蓋住了她的墳墓。

牧羊人割下捲曲的蘆葦來製造長笛。當他們吹奏音樂時，那些小小的長笛唱起歌來而不肯罷休：

這裡躺著那金髮姑娘，
躺在她的墳墓裡；
將她殺害的是燒煤者之子的手，

只因她熱愛生命。

殺掉金髮姑娘的凶手因此被人揪出來而受到法律的制裁。從此，那些住在蠻荒森林中的人們——包括我們在內——得以重享安全。

雖然這則故事表面上提供了一個很普通的寓意，教我們在森林無人之處時要小心，但它卻有一個非常深刻的內在涵義，就是：雖然表面上美麗的野性女子遭到殺害滅口並被掩埋起來，但她的生命力——以她的頭髮為象徵——卻繼續成長並散發出意識知能。這則故事的許多主題很可能來自一個範圍更大、更古老、並以某位女神為主角的復活故事。

這則故事既美麗、又有意義。此外，它說明了祕密的本質，甚至讓我們瞭解：當女人的生命沒有受到適當尊重時，她的心靈會遭到什麼樣的荼害。故事中的祕密就是獨居森林的女子被人謀害的事件。這個女子與不肯結婚的少女可蕾（Kore，亦即波賽芬妮）代表的意義是相同的，那就是：女性心靈中有一個希望獨處的面向。這個神祕而孤獨的面向是有益的，因為不肯結婚的少女所專注的事就是整理自己縷縷的創意、思想和努力而將之紡織成疋。

而創傷或守密最能傷害這樣一個自給自足的野性女子——這個以獨處換取快樂的完整自我，這個在森林中用黑色胡桃紡織機編織東西而享有寧靜的女性心靈。

在這個童話故事中，沒有一個人對於這活潑少女的失蹤提出疑問。這在童話故事中或在真實生活裡都是常見的事情。〈藍鬍子〉故事中的女人被殺死後，她們的家人也未曾上門來尋找她們。我們不需用文化角度來解釋這一點；我們嘆一口氣就能瞭解那是什麼意思。許多女人、太多女人也都曾親身經歷無人聞問的滋味。身藏祕密的女人常會遭到相同的待遇；雖然他人察覺到她的內心已經撕裂受傷，他們還是無意或有意地對之視而不見。

但野性心靈令人驚歎佩服之處就在於：不管女人受到什麼樣的荼害、不管她受傷的情況有多嚴重，她的心靈生命仍然可以持續不息、仍然可以上升到地表、仍然可以在充滿靈魂力的環境中唱歌而起並再度現身。然後，女人將能用意識知覺去瞭解自己所受到的傷害，而心靈也才能開始復原。

即使女人看似了無生命，她的生命力仍然繼續成長——這難道不讓我們覺得驚訝嗎？我們所得到的一個應許是：即使在最虛弱的情況下，野性生命仍將保存我們的思想意念並繼續令之成長——即使為時不長或僅在地面下進行。生命終究會在地表上撬開或扒開一個出口。在女人的下落和真相大白之前，它不會讓事情罷休。

就像故事中的牧羊人所做的一樣，我們必須吸一口氣、然後用蘆葦把靈魂氣息吹送出來，藉以獲知心靈的實況以及下一步該做什麼。也就是：我們必須喊叫出聲，繼而才能展開挖掘的工作。

雖然有些祕密可以使人興奮（例如：為達競爭目的而使用的某種策略、或讓人可以回味無窮的私密快樂），令人覺得羞恥的祕密卻完全不是這個樣子。它與前者的相異處就像飾著緞帶的徽章跟帶血小刀之間的差異一樣。它必須被拿起來、並放到同情者的目光下、得到寬宏的處置。當女人背負著令她覺得羞恥的祕密時，她所忍受的自責和自我折磨是難以想像地可怕。縱使她沒有向任何人吐露祕密，那些據稱會因她說出祕密而降臨在她身上的責難和折磨還是照樣降臨在她身上。她受到的攻擊來自她的內心。

野性女人不能忍受這種狀況。令人覺得羞恥的祕密總會陰魂不散地跟隨某人，使她無法入睡。當她想要逃跑時，它會像殘忍的鐵絲網一樣鉤住她的五臟內腑。它不僅傷害女人的心理健康，也傷害她們與本能之間的關係。但野性女人會把東西挖出來、把它們丟向空中、追趕它們。她絕不會掩埋或故意遺忘它們。如果她將它們掩埋起來的話，她會記得自己在哪裡掩埋了什麼東西。沒多久，她會再把它們挖出來。

把羞恥當成祕密隱藏起來是最令心靈感到不安的事情，因此祕密總會在夢境中爆發出來。心理分析師常必須越過明顯的事情、有時甚至越過夢境的原型內容，才能發現夢境事實上正在廣播作夢者無法或不敢大聲說出來的祕密。

我們在分析夢境時常發現其中有許多都跟無邊擴散的感覺有關，而這些感覺又都是作夢者在實際生活中無從大聲說出來的。有些這樣的夢便與祕密有關。在我聽過的夢境意象中，最常見的是閃爍和（或）正將熄滅的燈光（也許是電燈、也許是其他光源）。而在夢中，作夢者常有下列狀況：吃了某種東西後生病、處在危險中無法動彈、或想要呼喊卻發不出聲音來。

還記得「深處之歌」和「飢餓的靈魂」嗎？這兩股力量終會透過夢和女人自身的野性生命力上升到心靈表面、爆發出必要的呼喊聲——那可以解放生命的呼喊聲。女人在那時會找到自己的聲音。她開始把祕密唱出來、喊出來，而別人也聽見她的聲音。她的心靈將能重新站穩立場。

在我家人的民族和宗教傳統中，上述童話故事及其類似者是用來治療祕密傷口的良藥。在祈禱治療中，它們被用來鼓舞人、勸導人或化解問題。童話故事所蘊含的智慧告訴我們：無論男女，大多數人的個我、靈魂和心靈都會遇到由祕密和其他事情所帶來的傷害，而且無可避免會結疤累累。但是這些傷口可以被診治，也絕對可以痊癒。

有些傷口是屬於大家的，有些傷口則分別屬於男人跟女人所有。墮胎會留下傷疤；流產會留下傷疤；失去兒女（無論他們死於什麼年齡）也會留下傷疤。有時候，與某人的親近關係會造成傷疤組織。幼稚的選擇、身陷某種情境而無法脫離、正確而困難的抉擇——這些也會造成範圍廣泛的傷痕。傷疤的形式就跟心靈創傷的形狀一樣多變。

如果我們壓抑那由羞恥、恐懼、憤怒、罪惡感或羞辱所圍起來的祕密，我們就會把無意識中接近祕密的那些區域完全封閉起來。〔註三〕這跟我們為了動手術而把麻醉藥注射到腳踝是很相似的：由於受到麻醉藥的影響，腿部和腳踝以下都將失去知覺。祕密就是用這種方式在我們的心靈上發揮作用。它像終日不斷注入靜脈的麻醉藥點滴，讓問題以外的其他區域變得沒有知覺。

不管是哪種祕密、不管保守祕密造成多大痛苦，心靈受到的影響都是一樣的。這裡有個例子：有一個女人的丈夫在四十年前、婚後三個月就自殺身亡。從那時開始，他的家人要求她不准對外談及他患有憂鬱症的事實，更不可吐露自己沉重的哀傷和憤怒。結果她闢出一塊「死亡地帶」來回應他和她自己的痛苦、以及她對文化貼在自殺事件上的恥辱標籤所感到的憤怒。

在她同意丈夫家人的要求、絕不洩露他們多年施加在他身上的殘忍作為時，她事實上容許他們做出對她自己極為不利的事情。這些家人在她丈夫每年忌日那天都不會捎來任何音訊；沒有人打電話來說：「妳好嗎？妳需要人陪伴嗎？妳懷念他嗎？我知道妳一定會的。我們要不要一起出門去做些什麼事情？」一年復一年，這個女人都得再次挖開丈夫的墳墓、獨自掩埋自己的

註三　榮格的「字語聯想實驗」（Word Association Experiment，或簡稱為WAE）也發現這是真的。在測驗當中，令人不快的經驗不僅會因聽到引起負面聯想的字眼而發出迴響，甚至在幾個較「中性」的字眼一再被提及時也是如此。

悲傷。

最後，她開始逃避所有的周年紀念日，如結婚紀念日和生日（包括她自己的生日）。死亡地帶從祕密的中心點向外擴散，不僅明顯蓋沒了具有紀念意味的事件，也一併蓋沒了慶祝活動和其他活動。女人對所有家族或朋友的活動都不屑一顧，視其為浪費時間的事情。她的無意識視這些活動為空洞之舉，因為沒有人曾在她絕望無助時前來靠近她。她多年的悲傷——那個可恥的祕密——已經吞噬了心靈中統管「人情關係」的那塊區域。我們常常把自己所受到的傷害或類似的傷害施加在別人身上。

然而，如果女人想要守住自己所有的本能和能力、以便在心靈中自由往來，她可以把自己的一個或多個祕密向值得相信的人吐露出來。必要時，她還可以將之多次講出而不為過。一個傷口不可能一次就被消毒完畢而遭遺忘；在痊癒過程中，我們必須三番兩次看護它和清洗它。

當祕密最後被說出來的時候，靈魂需要從說者和聽者那裡聽到的回應絕對不只是「嗯，那真不幸」或「唉，活在世上本來就不是一件簡單的事」。說者不可試著自貶事情的重要性，而聽者最好能用全心全意去傾聽，隨著所聽到的事情倒退一步、打顫、感到心痛、但不至哭得潰不成形。要從祕密中痊癒，有一部分工作就在於吐露它並打動別人。女人只有用這種方法才能得到她在原始創傷中不曾得到的支援和照顧、才能因此從羞恥中復原回來。

在互相信任的小型女性團體中，我要求女人們把母親、姨媽、姊妹、伴侶、祖母或其他她們認為重要的女人照片帶過來、彼此交換意見。我們把所有照片列掛起來。有些照片已經裂開、有些表面已經脫落、有些沾了水痕或咖啡杯底的圈痕、有些被撕成兩半後又用膠帶給黏上、有些則包在玻璃紙當中。許多照片的背後都用美麗的古典字體寫上「啊，你這孩子」、「愛你無限」、「我和喬在亞特蘭大市」、「我和我可愛的室友」，或「這些全是工廠的女同事」。

我建議每個女人開口這麼說：「這些女人跟我屬於同一血脈」或「我從這些女人那裡繼承了一些東西」。女人們注視著女性家人和友人的照片，然後帶著深深的同情心說出每個女人的故事和祕密，包括重大的快樂、重大的傷害、重大的艱辛、重大的勝利在內。在整個過程中，我們好幾次都必須停頓下來，因為有太多、太多眼淚把一艘又一艘的小船從乾旱的船塢上揚起。暫時之間，我們大家都得以駕帆而去。〔註四〕

在這裡，最寶貴的事情是女人的髒衣服真正被一勞永逸地洗乾淨了。一般人常聽到的誡命「不要在大庭廣眾前清洗家中的髒衣服」（家醜不可外揚）是語意相當不清的一個說法，因為通常這「髒衣服」也沒有在家中被清洗乾淨。家中的「髒衣服」只是躺在地下室最黑暗的角落

註四　有時候，屬於父親的、兄弟的、丈夫的、叔父的、祖父的（有時還有兒子和女兒的）照片和故事也會跟著被提出來討論。主要的學習功課還是跟女性前輩有關。

裡，而祕密永遠沒有被清除掉。堅持私藏祕密是有害人心的。事實上，這樣做的女人只能孤立無援地面對痛苦的問題。

家人和朋友也不一定具有充分的能力可以商討女人的許多私人祕密。他們不是流露出難以置信的神情，就是不以為意或轉變話題。但他們的確有理由這麼做。如果他們討論這些故事、用燭光檢視它們、面對它們，他們自己也就不得不和女人一起分擔那個悲傷。他們再也無法若無其事地站在那裡、再也不能在說出「啊，那……」之後就默不作聲、再也說不出「我們最好還是去忙別的事情、忘掉這些吧」。事實上，如果女人的伴侶、家人和社會前來分擔她為金髮女郎之死所感到的悲傷，他們將因此全都必須站到送葬隊伍中並到墳前流淚一番。沒有人可以從隊伍中設法逃脫。他們如何能忍受得了這種情況呢？

當女人比其他家人或社會成員更關注自己的羞恥祕密時，她只能獨自有意識地承受痛苦。〔註五〕家人所代表的心理意義——守望相助——也就無法獲得展現。但是野性本質仍然命令我們要去掃除心靈氛圍中那些激怒和威脅我們的東西，要盡可能化減壓力。因此，女人遲早會從靈魂骨骼那裡喚起自己的勇氣，為自己割下一根金色的蘆葦，並用自己堅定的聲音把祕密吹奏出來。

要如何處理充滿羞恥的祕密？〈藍鬍子〉、〈狐狸先生〉、〈強盜新郎〉、〈瑪麗．柯漢〉〔註六〕等童話故事中的女主角都曾用各種方法拒絕持守祕密，因而得到自由並得以充分享受生命。同類的故事有幾十個之多。我在研究它們所蘊含的原型告誡後，提出下面的建議。

正視你所知道的事情並告訴別人。從來沒有「為時太晚」這種事情。如果你無法大聲講出來，那麼就寫下來告訴他們。要選擇一個你的本能認為值得信賴的人，丟出你害怕打開的那罐蛆蟲；這會遠遠強過你讓牠們在你裏面化膿潰爛。如果你願意的話，去找一個知道如何處理祕密的心理治療師。這個人必須具有同情心，不會拿著偏頗的鑼鼓大聲敲打以告示他／她所相信的是與非；他／她能瞭解罪惡感和自責之間的差異，也能瞭解悲傷和靈性復活的真義。

無論祕密為何，我們知道它已是我們這一生必須處理的功課。清洗祕密可以治癒裂開的傷口，但那裡將永遠留下一個疤痕。它可能會隨天氣的改變再度疼痛起來。真實的悲傷本來就是如此。

許多年以來，各種古典心理學都犯了一個錯誤，認為悲傷只是某段時間內（最好為期一年）的心理經歷；如果有人過了這段建議的期間還不能或不願結束悲傷，他／她就應該算是出了問題。但如今我們已瞭解人類幾千年來單憑本能就能知道的事情：即使有人憑弔，某些傷

註五　女人獨自扮演「替罪羔羊」和「食罪者」的痛苦角色，卻無法從社會那裏獲得這兩種角色應得的權益——即來自社會的感恩、尊敬和力量之補充。

註六　見《瑪麗・柯漢與死去的男人》（*Mary Culhane and The Dead Man*）。這是芭芭拉・佛里曼（Barbara Freeman）和康妮・雷根布萊克（Connie Regan-Blake）這兩位來自北卡羅萊納州、才華洋溢而文筆生動的女作家（她們自稱為「民間說書者」）所寫的代表性故事之一。

口、傷害和羞恥仍不可能一了百了。例如，兒女死亡或棄養兒女就是最持久不散的傷痛之一。

保羅・羅森布拉特博士在研究那些記載多年的日記之後發現：只要擁有別人的支持或其他幫助，人們在悲劇發生後的最初一、兩年就可以從靈魂悲傷中復原，但往後他們還是會斷斷續續經歷難以平復的悲痛感覺。〔註七〕雖然發作的時間間隔愈變愈長而發作的時間愈變愈短，然而每一次發作所帶來的刻骨銘心之痛並不會比最初的痛苦來得輕微。

這份研究資料可以讓我們知道長期悲傷是正常的。祕密若是不被說出來，悲傷就無論如何都會延續下去，甚至一輩子如此。持守祕密會妨礙心靈和靈魂天然的自療系統。這就是我們必須說出祕密的另一個理由。吐露祕密並感到悲痛才能讓我們從死亡地帶復活過來、讓我們終於可以丟棄那崇奉祕密的死亡信仰。我們將可以用力把悲痛表達出來，並在斑斑淚水中離開它。離開它之後，我們的生命會變得更深化、全然被接納、並充滿新的活力。

在我們悲痛之時，野性女人會扶持我們。她是本能自性，可以忍受我們的尖叫、號啕大哭、欲死而未死的痛苦。她會把最有效的藥塗在最受傷的地方；她會在我們耳邊輕聲細語；她會為我們的痛苦感到痛苦並忍受它。她不會跑開。雖然疤痕累累，我們還是要記住：疤痕比皮膚更能承受張力和吸收壓力。

替罪外套

在輔導女人的時候，有時我會教她們用布或其他材料製做一件全身的「替罪外套」。女人用繪畫和文字裝飾這件替罪外套；她在上面釘上各式各樣的東西，縫上她這一輩子曾經忍受過的所有辱罵字眼、侮辱、鄙夷、創傷、傷口、疤痕。這是她用來述說自己曾是「替罪羔羊」的一份宣示書。有時候女人只需花上一、兩天就可以製成這樣的外套，有時則需花上數月的時間。在細數女人生命曾經遭受過的痛苦、惡言和割傷時，這是一個很有用的方法。

我最初替自己做了一件替罪外套。它不久就變得十分沉重，沉重到只有眾繆思女神組成的合唱團才能抬得動它的下襬。我原來的打算是：製成這件外套、把所有心靈垃圾堆放在這個心靈物件上、然後燒掉它以解除一部分生命舊痛。但你知道，我還是留下了這件外套，把它掛在走道的天花板上。每當走近它的時候，我就覺得十分開心，一點也不覺得難過。我發現，如果女人穿上這樣的外套後還能四平八穩地走路、唱歌、創作和搖擺她的尾巴，那她的「卵巢」

註七　見保羅・羅森布拉特博士(Paul C. Rosenblatt, Ph.D.)所著《痛之又痛的眼淚：十九世紀日記作者與二十世紀的悲傷理論》（*Bitter, Bitter Tears: Nineteenth-Century Diarists and Twentieth-Century Grief Theories*, Minneapolis: University of Minnesota Press, 1983）。這資料是茱迪絲・薩為齊向我提及的。

（相對於男人的雄性勇氣而言）必有值得佩服的過人之處。

我發現我所輔導的女人也跟我一樣。做成替罪外套之後，她們根本不想把它毀掉，而只想永遠保存它。外套愈是齷齪和血腥，她們就愈喜歡它。有時候我們也稱它為戰爭外套，因為它代表每個女人和她的姊妹們身經百戰時披上的所有毅力、挫敗和勝利。

女人也應該用戰爭疤痕——而非歲月——來數算自己的年齡。有時別人問我：「你年齡多大？」我說：「十七個戰爭疤痕那麼老。」通常別人不但不會倒退一步，反而會依照我的方法開始高興地數算起她們自己的戰爭疤痕年齡。

拉寇答部族在獸皮上畫標記以記錄冬天所發生的事件，而拿華陀部族、馬雅部族和埃及人也有自己一套用來記載大事、戰爭和勝利的書簡。女人亦復如此；她們擁有自己的替罪外套、戰爭外套。我很想知道我們的孫女或曾孫女將會如何看待我們如此記載下來的生命。我希望有人會對她們解釋一切。

但願她們不會生出任何誤解，因為這一切都是靠種種困難的生命抉擇才換得的。如果有人問起你的國籍、種族或血統，你不妨露出令人難懂的微笑，回答說：「傷痕氏族。」

第十四章

地下森林中的啟蒙

無手少女

如果故事是種子的話，我們就是泥土。在聽故事之際，我們會身歷其境而變成故事中失去勇氣或終究得勝的女主角。如果我們聽到狼的故事，我們在之後的一段時間內就會像狼一樣遊走四方或充滿知覺。如果我們聽到一隻鴿子終於找到她的雛鳥，我們在之後的一段時間裡總會覺得有什麼東西在我們長有羽毛的胸脯中動來動去。如果故事講的是如何從第九條龍的爪子當中奪走神聖的珍珠，我們聽後也同樣覺得筋疲力盡但心滿意足。只要聽人講故事，我們就能真實地獲知一些事情。

榮格學派的學者稱此為「心嚮往之」，這是從人類學家列維布留爾（Levy-Bruhl）那裡借來的一個名詞，意謂在某種相對關係中，「人不知自己與所看見的事物是對立相異的」。佛洛伊德學派的學者有時稱之為「投射性認同」（projective identification）。人類學家有時稱之為「同理心的魔法」。所有這些名詞都意指心靈暫時離開自我而與另一實體融合的能力，而這實體則代表另一種瞭解方式。我家族中的傳統治療師認為這就是透過祈禱心境或奇幻心境去體會和學習新觀念，然後再把在那種情況下學會的知識帶回到共識世界中。〔註二〕

在〈無手少女〉這樣一則奇妙的故事中，古人崇奉黑夜的宗教信仰依稀可以從故事的層層涵義中透露出來。故事的形式使聽故事者不得不和女主角面臨同樣的毅力考驗。它完整而豐富的意義使得說故事者必須花上相當長的時間才能講完它，而聽故事者則必須花上更長的時間才能吸收它。我習慣用七個晚上的時間來教這則故事，但有時候為了適應聽者的需要，我會花上七星期或七個月的時間——在故事所示的每一個努力項目上則各花一個晚上、一個星期或一個月的時間。我有充分的理由這麼做。

這則故事吸引我們進入到一個比樹根還要深遠的世界中。從這個角度來看，〈無手少女〉為女人提供了生命整體經歷所需的內容。女性有許多重要的心靈旅程，而這則故事論及其中的大部分。本書中的其他故事都各自提到一個可以在幾天或幾星期內解決或學習到的確切問題，但「無手少女」與它們不同。它所涵蓋的是女人必須一輩子從事的一個長久旅程。因此這是一個特別的故事。若要吸收消化它，你必須調整自己的節拍，跟你的靈感女神一起坐下來閱讀它，用長時間從容不迫地把它一頁一頁翻開來。

〈無手少女〉講的是女人經過毅力考驗後被帶進地下森林的故事。「**毅力**」兩字聽來像是指「繼續不停」。雖然「繼續不停」是故事所描述之奮發努力不可或缺的一部分，但毅力也具有「使其堅硬、使其堅固、使其健壯、使其堅強」的意義，而這才是故事的主要重點，也是女人長久的心靈生命所具有的一種生發能力。我們不只是繼續活著而已；毅力乃指我們使某種事物產生實質意義的過程。

毅力的教導和學習在大自然中隨處可見。小狼的蹠墊在牠剛出生時柔軟得跟泥土一樣。經過四處蹓躂和遊走後，經過有雙親在前引導的長途跋涉後，牠的蹠墊逐漸堅硬起來。牠開始可以絲毫無傷地在尖銳的碎石上爬行和跳躍，也不畏刺人的蕁麻或碎玻璃。

我曾經看到母狼把小狼丟進最冰冷的溪水中。她也會一直奔跑到那外八字腿的小狼幾乎跟不上為止，然後又繼續奔跑。母狼正在調教那些可愛的小心靈，要使牠們堅強起來。她正在把力量和不屈不撓的精神贈予小狼。在神話中，偉大的自然母親——也就是野性女人這個原型——會用許多儀式教導生命體，而毅力就是她賜予的一個訓練項目。她用永恆的儀式使自己的後裔強壯。使我們堅強起來、使我們變得有力量並堅忍不拔的就是她。

這樣的學習是在哪裡發生的？這些特質又是在哪裡學來的？在地下森林裡，在女性知能的

註一　榮格對於「心嚮往之」的瞭解是建立在十九世紀末和二十世紀初的人類學觀點之上的。那時，許多研究部落文化的學者感覺自己與這些部落有很大的區別（事實上他們也真的距離後者相當遙遠），卻沒有認知到：部落的行為模式具有人類共通性，是可以發生在任何地方和任何文化當中，而不涉及種族或國籍的差異。

無意識世界裡。野性世界位於這個世界的下方、位於自我所察之世界的下方。當我們留在它那裡的時候，本能的語言和知識就會充滿我們；站在那樣一個有利的位置上時，我們就能瞭解上方世界的觀點所不能瞭解的事情。

故事中的少女潛入地底世界好幾次；她精曉潛入的方法。每當她才完成一回合的潛入和變化過程，她就再跳入另一個回合。這些使生命產生變化的回合本身各自形成一整套程序，各自包含失落、犧牲和重見光明這些階段。國王和母后也曾各自潛入地底世界一次。所有這一切潛入、失落、尋見和變為堅強都代表了女人這一生不斷探進無意識以更新本我野性的過程。

〈無手少女〉在世界許多地方被改稱為〈銀製的手〉、〈無手新娘〉或〈果園〉。民俗學專家發現這故事有一百多個版本。我根據我的姨媽瑪德列娜（她是我年幼時見過的許多偉大農婦／田野工作者之一）所告訴我的故事要義而寫出以下的文學版本。東歐和中歐也有許多其他版本。事實上我們在任何觸及「尋求野性母親」的故事中都可以發現這故事的基本主題——也就是「女性的無意識經驗」這一主題。

瑪德列娜姨媽說故事時有一個相當狡猾的習慣。她總是用「這發生在十年以前」做開場白，然後說起一個中古世紀的故事，其中不缺騎士、護城河等等。這總讓她的聽眾感到不知所措。有時她則會說：「從前、就是上個星期……」，然後開始講起一個原始人類時期的故事來。

以下就是既現代又古老的〈無手少女〉故事。

從前、幾天前，住在路那一頭的男人還擁有一個可以替全村村民磨麵粉的大石頭。這個磨粉匠由於走霉運的關係而失去了大部分家產，只剩下棚子裡的那個大磨石以及它後方那棵會開花的大蘋果樹。

有一天，當他正要拿著銀色嘴唇的斧頭走進森林去砍些枯木時，一個陌生的老人從樹後走出來。老人討好地對他說：「你不需要這麼辛苦地劈木頭。只要你肯把站在你磨坊後面的那個東西給我，我就能讓你披金戴玉。」

磨粉匠想：「除了那棵開花的蘋果樹之外，還會有什麼東西在我的磨坊後面？」於是他同意了老人的交換條件。

陌生人哼哼大笑：「三年之後，我會回來拿那屬於我的東西。」他一跛一跛地消失在樹幹之間。

磨粉匠在小路上碰見了自己的老婆。她從他們的房子那裡奔跑過來，披頭散髮而圍裙飛揚著。「老公、老公！時鐘正敲響的時候，有一個更美麗的鐘跑進我們的房子裡、掛到我們的牆壁上，我們粗陋的椅子變成了鋪著絲絨的椅子，寒酸的廚櫃此刻裝滿了肉品，我們的木箱和盒子都裝不勝裝而滿溢了出來。請你告訴我，這究竟是怎麼一回事？」甚至就在那時候，金戒指突然出現在她的手指上，而她的頭髮突然被拉高成高捲的圓形髮髻。

「啊！」磨粉匠驚恐地看著自己的外衣變成了緞衣。就在他眼前，他那雙跟部早已磨損、使他走路時身子必須往後傾斜的木鞋也頓時變成了美麗的鞋子。他深吸了一口氣：「啊，這是一個陌生人給我們的。我在森林裡遇見一個穿著黑色僧袍大衣的奇怪男人。他承諾要送我一筆很大的財富，只要我把磨坊後面的東西給他。沒關係的，老婆，我們當然還可以再種下另一棵蘋果樹。」

「唉呀，老公！」女人悲叫了起來，神情像極了遭重擊而死的人。「穿著黑色大衣的男人是魔鬼呀。沒錯，站在磨坊後面的是那棵蘋果樹，但是我們的女兒也正拿著一支柳樹掃帚在那裡掃地。」

於是這對父母跌跌撞撞地跑回家去，淚水不斷落在他們美麗的衣服上。他們的女兒從此守貞三年不嫁，而她的脾氣就像春天第一批甜蘋果那般美好。魔鬼前來帶走她的那一天，她把自己沐浴乾淨，穿上白色的長袍，站在她用粉筆畫出的一個圓圈當中。當魔鬼伸手去抓她的時候，有一個隱形的力量把他摔到院落的另一邊去。

魔鬼高聲大叫：「她不可以再洗澡，否則我沒辦法靠近她。」雙親和女孩都嚇壞了。過了幾個星期，由於沒有洗澡的關係，女孩的頭髮都打結成塊起來，她的指甲長出黑色的弦月，她的皮膚變成灰色，而她沾滿汙泥的衣服變得又黑又硬。

當女孩變得愈來愈像一頭野獸的時候，魔鬼又駕到了。女孩哭了又哭。眼淚流下她的手指和手臂——她流了那麼多眼淚，以至於她骯髒的雙手和手臂變得雪白又乾淨。魔鬼非常生氣：「切斷她的手，否則我沒辦法靠近她。」父親嚇壞了：「你要我切斷我親生女兒的手？」魔鬼大吼：「這裡的一切東西都將死去，包括你、你的老婆、以及你所能看到的一切田地。」

害怕到極點的父親遵從了命令，一邊請求女兒原諒、一邊開始磨銳他那把有著銀色嘴唇的斧頭。女兒順從了父親，對他說：「我是你的女兒；做你覺得應該做的事吧。」

於是他做了。最終沒有人曉得誰喊得比較大聲：是女兒、還是父親？而女孩所知的快樂生命就此結束了。

當魔鬼再度駕到時，女孩所流的眼淚又已將她失去雙手的殘臂洗得乾乾淨淨，而魔鬼在試著抓她時又再次被摔到院子的另一邊去。他口出惡咒（這些咒語在森林中引發了小小的火災），然後就永遠消聲匿跡了，因為他已經失去了擁有她的權利。

父親活到一百歲，母親也一樣。就像道道地地的森林居民一樣，他們盡自己所能地繼續活在世界上。老父親提議讓女兒終其一生住進一座非常美麗而富足的城堡，但女兒說她寧可做一個乞丐、仰賴他人的善良來餬口維生。於是，她叫人用乾淨的紗布綁好自己的手臂。清晨一到，她就步行離開了她曾經熟知的那段生命。

她走了又走。正午的太陽使她的汗水在臉上畫出一道道泥痕。風吹亂她的頭髮，直到她的頭髮變成白鸛鳥用橫豎糾纏的枝條編織起來的鳥巢。她在子夜時刻抵達一座皇室的果園。那裡的月亮讓樹上掛著的所有水果都閃爍著微光。

由於果園周圍有一道護城河的關係，她無法進到裡面去。她跪了下來，因為她實在太餓了。這時出現了一個白色鬼魂；它關掉其中一個閥門，讓護城河的河水盡洩而空。

少女走在梨樹林當中。她約莫知道每一顆完美的梨子都曾被人數算過並寫上數字、而且還有人在守衛著它們。可是有一根大樹枝低垂了下來，它的細枝發出吱吱軋軋的聲音，因此她可以碰得到枝端那顆美麗的果實。她把自己的雙唇放到梨子金色的果皮上並站在月光下吃起它來。這時她的手臂被綁在紗布中，她的頭髮驚慌莫名。這位無手的少女十足就是一副泥巴女人的樣子。

園丁看得一清二楚，但他也看出引導少女的鬼魂擁有一種魔法，因此他並沒有採取任何行動。女孩吃完那顆梨子之後就越過護城河退了回來，睡在森林的庇護之下。

第二天早上，國王前來數算他的梨子而發現少了一顆。一番東張西望後，他還是找不到那顆失蹤的水果。園丁解釋說：「昨晚有兩個鬼魂放空了護城河的河水。月亮高照時他們進到園子裡，然後其中那個沒有手的鬼就吃了自動送到她嘴邊的那顆梨子。」

國王說那晚他要親自守夜。天黑時，他帶著他的園丁和曉得如何跟鬼魂說話的魔法師來到園中。三人就坐在一棵樹下觀望著。到了子夜時刻，少女從森林中飄浮而來——她的衣服骯髒破爛、她的頭髮一片凌亂、她的臉孔泥痕斑斑、她的雙臂缺手，而白色鬼魂就在她的身畔。

他們用之前的方法進到果園裡。有一棵樹再次向她優雅地彎下一根大樹枝、彎到她可及的範圍之內。於是她吃下枝端的那顆梨子。

魔法師走了上來，但並沒有靠得太近。他問：「妳是這世上的人嗎？」女孩答道：「我曾是世間之人，但我並不屬於『這個』世界。」

國王問魔法師：「她是人、還是幽靈？」魔法師答說她既是人、也是幽靈。國王的心臟砰然跳了起來；他衝到她的面前大聲說：「我不會丟棄妳。從今而後，我要照顧妳。」在他的城堡裡，他為她訂做了一雙銀質的手，並把它們固定在她的手臂上。於是國王娶了這個失去雙手的少女。

不久，國王必須到一個遙遠的王國那裡去作戰。他請求自己的母親照顧年輕的王后——他可是全心全意愛著她的。「如果她生孩子的話，一定要馬上捎個訊息給我。」

年輕的王后生下一個快樂的嬰兒。國王的母親派了一個信差去告訴國王這個好消息。但是信差在半路上感到非常疲倦；他來到一條河的岸邊，就在那裡沉沉睡去。魔鬼從一棵樹的後方走了出來，把信息改成「王后生下了一個半人半狗的孩子」。

國王看到信息後感到十分害怕，但他回了一封信，告訴母后要在這困難時刻好好照顧王后。帶著信息奔跑的少年再一次來到河邊；他覺得自己頭昏腦脹，好像飽餐過一頓大餐似的。他很快又在水邊睡著了。此時魔鬼又立刻走了出來，把信息改成「殺掉王后和她的孩子」。

老母親接到兒子的命令時不禁發起抖來。她送了一封求證的信給國王。信差們來回奔跑了好幾回，而每一個信差都累倒在河邊並昏睡過去。魔鬼因此得以不斷偷改信息，使其內容變得愈來愈可怕。最後的信息是「留下王后的舌頭和眼睛，以證明她已被處死」。

年老的母后不忍殺掉討人歡喜的年輕王后，於是她殺了一頭母鹿，挖下牠的舌頭和眼睛，並把它們藏了起來。然後她幫年輕的王后把嬰兒縛在胸前，給她披上面紗，告訴她必須逃命到別的地方去。兩個女人相擁而泣並互相吻別。

年輕的王后不斷流浪，最後來到一座她所見過最廣大且最原始的森林那裡。她上下左右尋找路徑而徒勞無功。天色將黑的時候，從前那個白色的鬼魂又出現了。他帶領她到一個由仁慈的森林住民所經營的破舊客棧那裡。另一個穿著白色長袍的少女——她知道王后的名字——把王后帶進客棧裡。孩子被安放了下來。

年輕女人問：「妳怎麼知道我是一個王后？」

「我的王后，我們住在森林裡的人都非常清楚這些事情的。妳現在休息吧。」

於是王后在客棧待了七年。她快樂地撫養孩子，非常滿意自己的生活。她的手逐漸長了回來：最初是嬰兒的手、色澤如同粉紅色的珍珠，然後是小女孩的手，最後則成為女人的手。

在這期間，國王也從戰場上返回祖國。他的老母親對他哭訴：「你為什麼要我殺掉兩個無辜的人？」她拿出眼睛和舌頭給他看。

聽見這可怕的故事時，國王步履踉蹌並嚎啕大哭。他的母親知道他是真心悲痛，於是對他說：那些是母鹿的眼睛和舌頭，而她早已讓王后和孩子逃到森林區去了。

國王發誓要走遍天下、不吃不喝地去尋找他們。他尋找了七年之久；他的手變成了黑色，他的鬍鬚變得像黴褐色的青苔，他的眼眶泛紅而乾澀異常。他在這段期間裡不曾吃喝，但是有一股比他更強大的力量幫助他活下去。

最後他來到森林住民所經營的客棧那裡。白衣女人請他入內後，他便疲憊不堪地躺了下來。女人把一張面紗覆蓋在他臉上，於是他就睡著了。他發出最深沉睡眠的呼吸聲，而那張起伏如海浪的面紗就從他的臉龐滑了下去。他張開眼睛時發現有一個美麗的女人和一個美麗的孩子正低頭注視著他。

「我是你的妻子，而這是你的孩子。」國王很想相信這是真的，但那是一個擁有雙手的年輕女人。年輕女人說：「經由我的苦難和我的悉心照顧，我的手已經長回來了。」白衣女人則從一個存放貴重物品的木箱裡拿出那雙銀製的手。國王站起來去擁抱他的王后和孩子。那一天，森林裡充滿了歡欣鼓舞的氣息。

客棧中所有的神靈和住客都享受了一頓美好的筵席。之後，國王帶著王后和孩子一起回到母親那裡，舉行了第二次婚禮，並且生下更多孩子——每個孩子又將故事講給一百個人聽，後者再將它講給另一百個人聽，而你正好是我傳講這故事的一百個聽眾之一。

第一階段：無知中達成的交易

在故事的第一階段中，容易受騙又貪心的磨粉匠跟魔鬼達成了一個很糟糕的交易。他想成為富人，卻太遲發現自己要付上很高很高的代價。他以為自己可以用蘋果樹換得財富，卻發現自己竟然將女兒送給了魔鬼。

原型心理學視一則童話故事的所有元素均在描述單一女人的心靈面向。因此，關於這個故事，做為女人的我們必須一開口就問自己：「女人會做出什麼樣糟糕的交易？」

雖然在不同的日子裡我們會有不同的答案，但有一個答案在所有女人的生命中都是歷久不變的。雖然我們不願意承認，但我們在生命中一再做出的最糟糕交易就是：放棄自己深處的知能生命而去換取一種遠較它脆弱的生命。我們放棄自己的牙齒、爪子、官覺、氣味——這些都屬於我們較原始的天性——而去換取某種看來豐富但實際空洞的承諾。就像故事中的父親一樣，我們在達成交易時沒有察覺它將帶來的悲傷、痛苦和流離失所。

我們也許非常精明於世事，但只要一有機會，幾乎每一個母親的女兒都會在一開始做出錯誤的交易。但是很弔詭地，做出這麼可怕的交易卻可以帶來生命意義。雖然錯誤的選擇可以被視為一種病態的自毀行為，但它更有可能會成為生命的分水嶺，讓人掌握充分的機會去重新開發自己的本能力量。在這一方面，雖然錯誤的交易會帶來失落和悲傷，但它從懸崖跳下的那一步——就像生與死一樣——也可說是自性為達成某一有用目的而精心策畫的動作。這個目的就是：讓女人深潛到她的原始野性中。

女人的啟蒙就發生在多年前她於昏沉中做出錯誤交易的那一刻。由於選擇了在她眼裡看來富有的一樣東西，她在回報之中便放棄了自己部分或全部的熱情、創造力和本能生命。女人的心靈昏睡狀態跟夢遊症非常相似。當它發生時，我們可以走路、可以說話，但我們是睡著的。我們可以愛別人、可以工作，但我們所做的選擇卻透露我們的真相。我們的感官、好奇心以及其他有益而熱情奔放的天性失去了大部分知覺。

故事中的女兒就是處於這種狀態。在別人眼中，她是一個純真美麗的女孩，但她可能永遠會在磨坊後面打掃院子——掃前掃後、掃前掃後——而永遠無從意識到任何事情。她的轉變所需的某種新陳代謝根本就不存在。

因此，我們在故事一開始就看到年輕純真的女孩遭到非故意但十分令人痛心的背叛。〔註二可以說那位父親（他象徵心靈中引導我們生存於外在世界的那個功能）事實上根本不瞭解外在和內在世界是如何一前一後發揮作用的。當心靈內扮演父親的這個功能無法瞭解靈魂問題的時候，我們就很容易遭到出賣。那位父親不瞭解有一個非常基本的事實存在於靈魂世界和實際世界之間，那就是：許多出現在我們眼前的事情實際上並不同於它們在初時所展現出來的外表。

即使我們遲早會經由啟蒙接收到這樣的認識，我們當中並沒有人想要得到它。有太多故事——如〈美女與野獸〉、〈藍鬍子〉、〈狐狸雷那〉——都以父親危及女兒做為開始。（註三）不過，即使女人心靈中的父親面向由於不知外在世界或無意識世界的黑暗面而誤入陷阱並簽訂一個致命的交易，那可怕的時刻對她而言卻也代表了一個戲劇性的開始：知覺意識和精明知能即將隨後而至。

沒有一個有知覺的生命可以被容許永遠處於無知之中。為了要讓我們茁壯起來，本能天性會驅使我們去面對「事情不同於它們最初外表」的這個事實。野性創造力會推使我們去瞭解生存、覺察力和知能的許多狀態，而這些狀態也正是野性女人用以對我們發聲的管道。在一個漫長的啟蒙過程中，失落和被出賣是最初必要的下滑腳步；我們因此被投進地下森林裡。在那裡，有時我們生平第一次有機會不再撞入自己築起的牆壁，而是學會如何滲透它的防線。

雖然現代社會常不重視女人失去天真這回事，但在地下森林裡，一個失去天真的女人卻是被另眼看待的。這一部分是因為她受過傷害，但大部分是因為她並沒有停下來、因為她努力想瞭解並層層剝開自己的覺察力和防衛機制以發現隱藏於其下的真相。在這個世界裡，她失去天真的這件事情被當成是通過人生關卡的一個重要儀式。〔註四〕她現在可以看得更清楚——這足以讓她獲得讚揚。她曾經堅苦卓絕，而至今仍然不斷學習——這足以讓她贏得身分和尊榮。

不是只有年輕女性才會做出錯誤的交易。只要從未經歷啟蒙、或在這些事情上搖擺於不完整的啟蒙過程，任何年齡的女人都會如此。女人是怎麼涉入這種交易的？我們在故事一開始就看到磨坊和磨粉匠這兩個象徵符號。心靈就是創意和想法的細磨機；它絞磨觀念，把它們分解成可用的營養品。它納進原料——意念、感覺、思想和明察所見——然後將其分解成有用的養分。

註二　我在這裡所提出的討論一點也不支持下面的說法：如果一個人所受到的傷害最終使他／她變得更為堅強，那麼這個傷害是可以被接受的。

註三　有關真實父親所犯的亂倫行為和它所造成的心靈創傷，請見貝絲（E. Bass）、桑頓（L. Thornton）、布李斯特（J. Brister）等人所編的《我從未告訴任何人：童年受虐之女性倖存者文集》（*I Never Told Anyone: Writings by Women Survivors of Child Abuse*, New York: Harper & Row, 1983）。另見柯亨（B. Cohen）、吉勒（E. Giller）、林恩（W. Lynn）等人編集之《多重人格探究》（*Multiple Personality Disorder from the Inside Out*, Baltimore: Sidran Press, 1991）。

註四　失去天真（這可說是令人十分不快而苦惱的經驗）的原因，絕大多數應是來自家庭以外。它幾乎是每個人都會經歷的漸次過程，最終會使人痛苦地看到一個真相：世界上沒有一樣東西是安全或美麗的。發展心理學認為這種認知跟認知到自己並非「宇宙之中心」是同一回事情。然而，就靈性而言，這種認知所覺察到的應是神性與人性的差別。天真熟落之時，父母不可在旁做個笨手笨腳的收拾者。天真熟落有時；當那時節來臨時，父母應該盡可能從旁引導和協助。最重要的是，他們應該拾起碎片，讓孩子再度站立起來。

這種心靈機能常被稱為「加工」。我們在加工時會彙整所有心靈原料，所有我們在某段期間內學到、聽到、盼望和感覺到的事物。我們把它們分解成各部分，並自問：「我要如何善用這個？」我們用這些加工過的想法和能量來完成與靈魂最相關的工作，來充實各種創作努力所需的資源。這樣一來，女人就能永遠保持自己健康而活潑的生命力。

但故事中的磨坊已經失去磨麵粉的功能。心靈的磨粉匠處於失業狀況中，無人處理每天進入我們生命中的一切原料，而從世界和無意識世界那裡吹到我們臉上的所有知能穀粒也無從產生意義。一旦磨粉匠（註五）不再工作，心靈在非常重要的事情上就無法滋養自己。

磨碎穀物才能提振創造驅力。當女人不知何故而讓心靈之創造力停頓下來的時候，她會覺得自己不再充滿創意的香氣、不再擁有發明的熱情、不再細磨事物以發現它們的精髓本質。她的磨坊變得沉寂無聲。

昏睡情形似乎會自然發生於人生某些階段。根據我撫養自己的孩子和長期輔導一批才華卓越之孩子的經驗，我發現這種昏睡似乎發生在孩子十一歲左右時。那正是他們開始敏銳觀察自己與他人之間有何差異的年齡。在這段期間，他們的眼睛從清澈轉為矇蔽。雖然他們總是像墨西哥跳豆一樣活潑好動，他們卻患了末期的冷淡症而瀕臨於死亡。無論他們是過於冷淡，還是過於中規中矩，他們在這兩種狀態中都無法回應自己內心深處正在發生的事情，因此昏睡便逐漸掩蓋住他們眼神中明亮而反應活潑的天性。

讓我們進一步想像一下：這時有人願意給我們某樣東西而不求回報，而我們也不知何故竟然違背己意去相信某種東西會在我們昏睡之際堆積起來、成為我們的財富。女人們都知道這是什麼意思。

當女人不理那些可以告知她何時說不、何時說是的本能知覺時，或當她放棄自己的透視力、直覺和其他野性特質時，她會發現自己處在一個向她承諾黃金、最終卻帶給她悲傷的情境之中。有些女人為了一樁怪異的財富婚姻而放棄自己的藝術；有些女人為了變成別人口中的賢妻良母、乖女兒、好女人，而丟掉一生的夢想；有些女人則為了過一種她們認為更能被人接受、更能實現自我、更乾淨衛生的生活而放棄自己真正的天命。

我們用這些和其他方式丟掉自己的本能，不但無法讓自己的生命充滿啟示的可能性，反而讓自己被籠罩在黑暗之中。我們可以看穿事情本質的外在與內在能力都在鼾聲隆隆中睡著了，而結果是：當魔鬼前來敲門的時候，我們夢遊著走去幫他開門。

魔鬼象徵心靈中的黑暗勢力、掠食者，但在這個故事中沒有人看穿他的真面目。魔鬼是一個需要、渴望和吸盡光明的原型強盜。理論上，如果有人賦予他光明——也就是愛與創造力的

註五　故事中的磨粉匠通常具有正面和負面的象徵意義。有時他／她是個守財奴，有時則是個慷慨的善士——例如某些故事中的磨粉匠會替精靈們種下穀物。

可能性——那麼魔鬼就再也不是魔鬼了。

在這個故事中，魔鬼之所以出現，是因為年輕女孩美麗的光芒吸引了他。她的光芒可不是任何一種光芒，而是困在夢遊症之中的少女靈魂。啊，多麼可口的食物！她的光芒散發出令人心碎的美麗，但她並不曉得自己的可貴。這樣的光芒——不管那是女人的創造力、她的野性靈魂、她的形體之美、她的聰慧、還是她的寬宏大度——永遠都在誘惑掠食者。如此不自覺而缺乏保護的光芒永遠是掠食者的目標物。

我輔導過的一個女人可以說被其他人佔盡了便宜——被她的丈夫、孩子、母親、父親和陌生人。她已經四十歲，但還是沒有脫離這個「交易與被出賣」的內心發展階段。由於她具有愉悅可親的個性、溫暖而接納他人的說話聲音、以及優雅的風度，因此她把大家都吸引了過來。其中有些人偷了她爐中一塊將熄的木柴，但有更大一群人聚擠在她的靈魂之火前面而堵住它，讓她自己無法接收它的溫暖。

她所簽下的錯誤交易是：為了保持別人對她的愛戴，她絕不對任何人說「不」。她心靈中的掠食者送給她「被愛」這塊黃金，以交換她那能夠說出「到此為止」四個字的本能知覺。她作了一個夢，夢見自己爬行在一群人當中、試圖穿過大腿形成的樹林去拿回別人丟到角落去的一個貴重冠冕。就是這個夢讓她完全瞭解到她對自己做了什麼事情。

她的本能心靈向她指出：她已經失去自我生命的主權；她必須手腳並用、爬著去把它找回來。要取回她的王冠，這個女人必須重新評估自己投注在別人身上的時間、注意力以及無私的付出。

故事中開花的蘋果樹象徵女人身上某種美麗的面向，也就是我們天性中願意將根部深植在野性母親身上、從根部吸收養分的那一面向。蘋果樹是象徵個體化的一個原型。它代表不朽，因為它的種子會生生不息，根部系統會自行找到庇蔭而復甦；它是一整套生命食物鏈的家。就像女人一樣，一棵樹也有自己的季節和成長階段；它擁有自己的冬天和春天。

明尼蘇達州北林區的蘋果園農夫稱他們的母馬和狗為「女孩」，並稱那些開花的果樹為「女士」。果園中的果樹則是春天裡赤裸著身體的年輕女孩，也就是我們昔日所謂的「第一嗅所聞到的酒香」。在所有最能代表春天的事物中，群簇的果花所散發的香氣比起在側院中雀躍不已、不時做出三滾翻跳水動作的知更鳥更要名列前茅，也比在黑色泥土中冒出的綠色小火焰——那些新生的農作物——要得到更高的分數。

人們對於蘋果樹也有一番說法：「春天時年輕有勁，果實卻是苦的；收成季節時，果實甜如冰雪。」意思是說：蘋果的本質是二元的，它在春末時顯得渾圓而可愛、盈潤得有如朝陽在它上面灑下一陣霏霏細雨，但它的味道卻酸得難以入口；但當季節再度轉冷時，咬一口蘋果就好像咬破流著糖汁的甜蜜糖果一樣。

蘋果樹和少女都象徵女性的自性，而其果實則象徵養分和圓熟的自性知識。如果我們對自己的靈魂沒有圓熟的知識，我們就無法受到它的餵養，因為知能還未熟透。跟蘋果一樣，知能需要時間才能成熟，而它的根部必須至少費上一個季節、有時甚至好幾個季節的時間才能著床入地。如果處女般的靈魂知覺一直不曾受到考驗的話，我們的生命就不會再有任何事情發生。但如果我們能植根在無意識裡，我們就可以轉趨成熟，可以為自己的靈魂、自性和心靈提供養分。

沒錯，開花的蘋果樹是多產之義，但它更代表具有強烈感官訴求的創造驅力和逐漸成熟的創意。這些工作都由「根部之女」、那些深居於無意識峭壁和高山中的女人來完成。她們在那裡挖掘無意識的礦藏，然後將其工作傳遞給我們。我們再繼續做成她們傳遞過來的工作，而結果是：一團旺盛的火——精明的本能和深沉的知能——躍然成形，讓我們的內在和外在生命都更往深處成長。

我們在這裡雖看見一棵象徵女性心靈原始和自由面向的樹，但心靈卻不瞭解這個面向有何價值。可以說，一整個心靈都睡著了而不知道女性本質所擁有的無限可能性。當我們用樹這個象徵符號來談論女人的生命時，我們想要指出的重點是：女人所擁有的綻放活力是以周期運行的方式出現在其生命之中，並在漲退之間定期回到她的身上。心靈春天總會隨著心靈冬天來到。如果我們的生命缺乏這種重新綻放的動能，希望就會完全被掩沒，而我們知性和感性的泥土將永無動靜可言。開花的蘋果樹代表我們深處的生命。

故事中的父親說：「沒關係，我們當然還可以再種下另一棵蘋果樹。」心靈低估了年輕女性本質的價值，造成難以彌補的傷害。它沒有在這棵開花的樹上看見自己的創造女神就體現在其中。那年輕的本我——它也是野性母親從根部派遣的信差——就在不受重視的情況下被出賣了。但是，讓女人進入毅力考驗以獲得啟蒙的契機也正是這種無知。

那位失業又運氣不佳的磨粉匠到森林裡劈砍木柴。劈砍木柴是非常辛苦的事情，不是嗎？抬起落下、又拖又拉是其中免不了的事情。但是「劈柴」的象徵意義是：我們的心靈有無限資源，而且它有能力提供我們完成任務所需的力量、開發我們的創意、並實現我們的夢想（不管那是什麼樣的夢想）。因此，當磨粉匠開始劈柴的時候，我們的心靈也可說就在同一時候開始不畏辛勞地要為它自己帶來光明和溫暖。

但是，可憐的自我總想投機取巧。當魔鬼說只要磨粉匠把女人深層本性的光明送給他、他就可以解除他的辛苦時，無知的磨粉匠竟然答應了。我們也是用這種方式決定了自己的命運。在較具寒冬氣質的理性思維深處，我們自認生性刻苦耐勞並知道天下沒有不勞而獲的生命變化。我們知道自己無論如何必須盡力燃燒到塗地的地步、把從前的自己燒成灰燼、然後坐在灰燼中重新出發。

但是，我們的天性有另一個面向比較貪圖安逸；它希望不會有此情況，並希望一切辛勞可以結束、好讓我們繼續昏睡過去。當掠食者前來的時候，我們早已感到迫不及待。一想到可以用較輕鬆的方法過日子，我們就大大鬆了一口氣。

在我們避開而不去劈柴的時候，心靈的手反而被砍掉了。這是因為心靈如果不工作的話，心靈的手一定會萎縮。但是，希望用某種交易免去辛勞本就是人之常情；這種事是如此常見，以致我們無法相信有任何活著的人不曾簽訂過這種契約。這是如此常見的一個選擇，以至於我們處處都可以發現女人（或男人）由於不想繼續劈柴、只想求得更舒適容易的生活，而失去了雙手和她們對自己生命的掌握能力。若要一一細數這些例子，那我們可要在這裡逗留上好長一段時間才辦得到。

舉例來說，有一個女人為了錯誤的理由而結婚，因此切斷了自己的創造力。有一個女人有某種性向認同，卻強迫自己接受另一種認同。有一個女人想要做自己、出發到某處、做一番大事，卻留在家裡數著剪報。有一個女人想要真正活著，卻只保留下碎紙片的生命，把它們串在細線上。有一個女人屬於她自己所有，卻隨意將自己的一隻手臂、一條腿或一個眼球送給從交流道開車而下的每一個情人。有一個女人流露出耀眼的創造力，卻邀請吸血鬼般的朋友們聚在一起大吸特吸。有一個女人需要另謀出路，但她心中有個聲音說：「不，困在這裡還是比較安全。」這就是「只要你給我那個，我就給你這個」的魔鬼伎倆。女人在無知中出賣了自己。

因此，一棵原本應該提供養分並能開花的心靈樹就此失去了力量、失去了花朵、失去了活力、遭到出賣、被迫放棄自己的潛能、卻不瞭解自己做成了什麼交易。這整齣戲劇幾乎總是發生在女人毫無意識的情況下，並在她不知不覺中變得牢不可破。

但我還是要強調：這也正是每個人重新開始的契機。故事中的父親代表現實世界的觀點，也就是那讓女人在壓力下變得頹喪而不再具有野性的社會集體理想。即使如此，你不用為了曾丟棄那花朵盛開的樹枝而感到羞愧或自責。是的，你無疑為此受了許多苦，而且可能也已經將它丟棄了好幾年、甚至好幾十年之久，但是你仍然還有希望。

故事中的母親向心靈大聲宣告發生了什麼事情：「醒一醒！你看看你做了什麼！」大家都立刻驚醒了過來，卻也因此形成了某種痛楚。〔註六〕但它依然是個好消息，因為柔弱無能的心靈母親——她也曾幫忙去稀釋和鈍化我們的感覺功能——剛剛才醒來並發現交易中的可怕意義。這時，女人開始明瞭自己的痛苦，也才能開始處置它。她可以用它做為學習的工具，讓自己變得堅強並成為有知能的女人。

在很長的未來時間內，還會有更好的消息在前方等候我們。我們曾經丟棄的東西可以再被拿回來；它會歸位到專屬於它的心靈位置上。你且等著瞧。

註六　逐漸醒覺——也就是說，慢慢花上一段時間去卸下自我防衛機制——要比一下子就刺穿自我防衛機制來得不那麼痛苦。然而，在心理治療和修復的過程中，雖然快速覺醒在最初會造成痛苦，但某些時候療程才會因此展開而得以較快完成。然而，一切都還是因人而異。

第二階段：肢解

在故事的第二階段中，雙親跌跌撞撞地跑回家裡，顧不得眼淚流在他們的華服上。整整三年後，魔鬼前來準備帶走他們的女兒。她已經沐浴淨身完畢，穿上了白色的長袍，站在自己用粉筆畫出來的一個圓圈當中。當魔鬼伸手抓她的時候，有一個隱形的力量把他摔到院落的另外一邊。他命她不得洗澡，於是她整個人退化到跟畜生一樣骯髒。但她的眼淚掉在雙手上，致使魔鬼無法碰觸她。他命令父親切斷她的手，讓她無法再落淚在手上。這事做成後，她從前所熟悉的生命便完結了。但她繼續流淚在自己的殘臂上，令魔鬼依然無法抓住她，只好棄她而去。

就當時的情況來說，女兒表現得相當不錯。但一過了這階段，我們（女兒）就開始感到不知所措。我們這才明白自己身上發生了什麼事情，也才明白自己如何屈從了魔鬼和驚慌的父親而失去雙手。

之後，我們的靈性隨著我們的動作而動作。我們伸手，它就伸手；我們走路，它就走路。但它的感覺是麻木的。當我們明白發生了什麼事情的時候，我們就變得不知所措。我們發現這場交易竟然是用此種方式獲得實現，因此感到十分害怕。我們以為內心中扮演父母的那些心理機制應該永遠保持警覺、永遠知所回應、永遠可以保護開花的心靈，但如今我們發現失職的它們帶來可怕的災難。

在達成交易和魔鬼回來之間過了三年。在這三年時間內女人不知道自己已成為犧牲品。她是在一場錯誤交易中被獻上的燒祭祭品。在神話中，三年代表破壞動能逐漸加劇的時間，如斯堪地那維亞的〈眾神之沒落〉神話故事即以三年冬天為其序曲。在這類神話中，某件事情發生達三年之久，然後毀滅降臨，然後一個新的和平世界從廢墟中誕生。〔註七〕

在這象徵性的三年時間內，女人不知道自己當前會遭遇什麼事情，也不知道自己最害怕的事情——完全被毀——是否真的會發生。童話故事中的「三」代表以下這種模式：第一次嘗試，沒有結果；第二次嘗試，也沒有結果；第三次嘗試時——啊！——事情將發生了。

不久之後，生命能量終於被攪動了起來。足夠的靈魂風力已經被揚舉起來，足以讓心靈之船遠航他去。老子〔註八〕說：「一生二，二生三，三生萬。」當我們抵達任何事情的「三次方」時——也就是到達轉化的那一剎那——原子就會跳躍起來，而無精打采的地方亦會充滿動力。

用三年時間守貞不嫁可以代表正在孵育新生命的心靈。在這段期間內，它沒有能力、也無法分出時間來進行另一種情感關係。我們在這三年之內必須盡一切所能讓自己堅強起來，必須

註七　在其他故事裡，三年代表奮發的作為終於有成，也代表某種犧牲最終促成新生命的來臨。

註八　老子是古代哲學家暨詩人。見英譯之《道德經》（*Tao Te Ching*, London: The Buddhist Society, 1948）。此書有許多譯本，由不同的出版社發行。

用盡所有心靈資源讓自己的知覺盡可能變得清明。也就是說，我們必須跨出痛苦來檢視它的意義、它的來龍去脈、它的模式、同時研究有過相同經驗模式之其他人的故事以學習我們認為值得一學的地方。

女人獨守其身的原因是她需要觀察前人的痛苦以及前人所使用的解決方法。這是應該的，因為我們在故事後段裡發現女人必須在地底世界、而非在上方世界中找到自己的新郎。在事後回想時，女人發現自己必須花費許久時間——有時甚至是好幾年——才能累積起必要的準備，才能讓自己有膽潛入下方以求取啟蒙經驗。一旦準備充分，女人終於得以從崖邊倏忽掉入激流之中——經常是被人推下去的，但偶爾是自己從懸崖上翩然跳水而下（不過這種情形並不常見）。

有時女人在這段期間會充滿倦怠無力感，經常會說：她們的心緒狀態使她們無從知道自己在工作、愛情、時間和創作方面究竟想要什麼東西。她們無法專心，做事亦沒有成效。這種神經不安的狀態在此一靈性發展階段中是很常見的事情。只要時間一到——通常我們還沒在路上走幾步路——我們就會到達崖邊，從那裡落下、跳下或俯潛向下。

我們在故事此處約莫看到古老的黑夜崇拜儀式：年輕的女人沐浴淨身，穿上白衣，並在自己周圍畫上粉筆圈。古老的女神敬拜有以下儀式：沐浴（淨化）、穿上白衣（這是潛往死者國度時必須穿的衣著）、在自己四周畫上一個具有魔法保護力的圓圈（神聖的思想）。少女在做這一切事情的時候都處在恍惚狀態，好像她所接收到的訓諭都來自遠古時代。

在我們坐等自己的災難或毀滅降臨之際，有一個轉機會隨之出現。我們會像故事中的少女一樣豎起耳朵，細聽從遠古時代傳來的一個聲音。這個聲音告訴我們當如何堅定意志、如何保持靈性的單純。我有一次在絕望中夢見一個聲音對我說：「去摸太陽。」夢後的每一天，無論何往，我都會把自己的背、腳底或手掌放在牆上、地板上或門上的長方塊陽光之中。我倚在或躺在那些我稱為「太陽貓」的金黃色形狀上，而它們開始像渦輪機一樣轉起我的靈性精神。我不知道為何如此，只知道事情就是這樣發生了。

如果我們傾聽夢、意象、故事（尤其自己的故事）、和我們的藝術作品所發出的聲音，如果我們傾聽前人所說並相互傾聽，某個東西（甚至好幾樣東西）就會被交託在我們的手中。這些東西屬於個人心靈啟蒙儀式的一部分，用來穩定整個啟蒙過程中的此一階段。〔註九〕

這個故事的骨幹源起於遠古時代，也就是女神們依然像慈母一樣替凡間女子梳理頭髮的時代。從這層意義看來，故事中多次潛往深處的舉動就是要把女人帶往遠古時代，帶她至無意識世界中的母系祖先那裡。她的任務是要穿過時間之霧而回到「女知者」所在的地方，而後者正

註九　不同的人要用不同的方法。有些方法是活潑的外在行為，如舞蹈；有些方法則具有大不同的活潑形式，如祈禱中之靈舞、思想之舞、詩作之舞等等。

在等候著她。「女知者」手中握有廣博的無意識知識，對我們的靈性和現實生活都極具價值。

在古老宗教裡，穿上白衣為死亡做準備可以使人不受邪惡的侵犯。把野性母親的保護力環繞在自己的四周——也就是用粉筆畫上一個以祈禱文、崇高思想或企求靈魂善果的意願為宗旨的圓圈——這可以讓我們在潛入心靈深處時不至於偏離軌道，也可以讓我們的生命活力不致被邪惡的心靈天敵滅絕掉。

穿上白袍並盡一切所能受到保護的我們如今在此靜候自己的命運。但是少女哭了起來，眼淚落在她的手上。最初，當心靈不知不覺哭泣時，我們並不能聽見其聲，只是覺得自己充滿無助感。少女繼續哭泣，而它的眼淚讓某種可以救她一命、洗淨她傷口的東西開始萌芽。

英國作家路易斯（C. S. Lewis）曾經說過：只要從一瓶孩童的眼淚中倒出一滴來，我們就可醫治任何傷口。在神話中，眼淚可以融解冰冷的心。在〈石頭小孩〉這則故事裡（多年前，我曾把我親愛的教母、身為印紐特人的瑪麗．烏卡拉告訴我的一首詩歌改編成這個故事）〔註十〕，一個男孩的熱淚破解了一塊冰冷的石頭，令它釋出一個守護精靈。在〈瑪麗．柯漢〉這則故事裡，抓住瑪麗的魔鬼無法進入任何掉過真心眼淚的房子，因為魔鬼視這樣的眼淚為「聖水」。在人類歷史中，眼淚曾經做成三件大事：呼喚神靈到自己身邊、袪除那些打算悶死或捆綁純真靈魂的惡靈、以及治癒人類在錯誤交易中所受到的傷害。

女人在生命某些時刻會哭個不停。即使她不缺親人的慰助，她還是一樣不斷哭泣。哭泣之中，有某種東西擋住掠食者——那足以毀滅她的不健康慾望或利益——而讓它不得接近。生命能量不斷從心靈撕裂處流失，而眼淚是修補那傷口非常重要的一部分。情況雖然很嚴重，但最糟糕的情況還未發生。我們的生命光芒還沒有被竊走，因為眼淚使我們清醒而有知覺。哭泣時，我們就再也不可能重回到昏睡之中。往後的一切睡眠都只是為了讓我們的身體得到休息。

有時候女人會說：「我已經哭煩了；我不想再哭了。」但製造眼淚的是她的靈魂，而眼淚可以保護她，因此她必須繼續哭泣，直到無此需要為止。有些哭泣的女人對於自己的身體能製造那麼多眼淚感到驚訝不已。但眼淚不會永久流個不停；一旦靈魂用智慧充分表達了己意，眼淚就會停住。

魔鬼不能靠近少女的原因是她曾沐浴淨身且哭泣不已。他承認這些聖水大大削弱了他的力量，於是命令她不可再洗澡。但這不但沒有羞辱到她，反而產生了相反的效果。（註十一）她開始變得像一頭野獸，被潛在的野性力量所充滿，而這正是保護她的方法之一。女人在這一階段可

註十　請參考克萊麗莎・平蔻拉・埃思戴絲所錄製之錄音帶《送暖給石頭小孩：棄兒和失去母親之孩子的神話與故事》（*Warming the Stone Child: Myths and Stories of the Abandoned and Unmothered Child*, Boulder, Colorado: Sounds True, 198[illegible]）。

註十一　值得注意的是：正在經歷嚴肅心靈轉變的女人和男人常對外在世界不再那麼感興趣，因為他們正在極深之處思索、作夢、釐清事情，以至於外在世界的一切附屬品就簡簡單單不見了蹤影。靈魂似乎對日常行事不再懷有多大興趣，除非有某種靈質生命附著在它們上面。

然而，有一種早期精神症狀卻不可與此混為一談。有些人之所以不再梳理外表和行使其他日常所為，是因為他／她在心理和社會功能上已經明顯發生了嚴重問題。

能會較不關心自己的外表，或會用不同態度來看待自己的外表。她可能會不成人形並身披一團雜亂的樹枝四處走動。當她凝思自己的困境時，從前所在乎的許多事情都變得不重要了。

魔鬼說：「哼，只要我撕掉妳的文明外表，我或許可以永遠奪走妳的生命。」掠食者想要屈辱她，想用命令削弱她的生命力。魔鬼以為不洗澡而骯髒的少女會失去自我，然而卻發生了正好相反的事情。這是因為滿身汙泥的女人——泥巴女人——受到野性女人的疼愛，且不容置疑地受到她的保護。〔註十二〕魔鬼不知道自己的命令竟會讓她更接近強大的野性本質。

魔鬼無法接近野性本我。後者具有一種純潔本質，最終可以驅退愚蠢或毀滅性的能量。這個本質與她純潔的眼淚可以合力制止那企圖毀滅她以充實自己生命的卑鄙東西，使它不得向前接近。

於是魔鬼命令父親切斷女兒的雙手。如果父親不從的話，魔鬼發誓要殺死整個心靈：「這裡的一切東西都將死去，包括你、你的老婆、以及你所能看到的一切田地。」魔鬼只有一個目的，就是要讓少女失去她的雙手，使她的心靈不再有能力去掌握、支持和幫助自己與他人。

心靈中扮演父親的那個面向不夠成熟，無法對抗這強大的掠食者，因而他砍下了女兒的手。他試著為女兒求情，但是所要付出的代價是心靈全部的創造力都將被毀。這代價實在太過高昂。女兒忍受了這樣的侵犯作為，讓血祭得以完成。在古代，血祭所代表的意義就是徹底潛入地底世界。

在失去雙手之際，女人闖路來到地下森林，亦即地底啟蒙儀式的所在地。如果這是一齣希臘悲劇的話，悲劇中的合唱者應該會在此時高喊哭泣，因為：即使失去雙手可以讓她獲得強大的力量，但女人的天真也在這時慘遭殺害，再也無法恢復原狀。

銀唇斧頭屬於我們在挖掘古老原始女性本質時所挖到的一個考古地層，而銀色是靈性世界和月亮的特別顏色。「銀唇斧頭」這個名稱的由來是：古時候的斧頭是由鍛燒成黑色的鋼鐵所製成的，而斧身在磨刀石上一直被磨利到發出亮晶晶的銀色光澤，成為鋒利之所在。在古代希臘克里特島的宗教中，女神的斧頭被用來標記啟蒙儀式之入門者所必須行經的路徑，也被用來標記神聖的地點。有兩個年老的克羅埃西亞說書人告訴我：在古代女性信仰中，女人必須用一把小小的儀式斧頭來切斷嬰兒的臍帶，讓嬰兒可以從地底世界中被釋放到這個世界上。（註十三）

斧頭的銀色跟少女後來獲得的銀手是有關聯的。這一段故事值得我們仔細推敲，因為它告訴我們：心靈之手慘遭切除應是啟蒙儀式的一部分。在東歐和北歐古老的治療儀式中有一個觀念，即樹木的幼苗必須用斧頭來加以修剪，以促進它的生長。（註十四）古人非常崇拜活的樹木，

註十二　有一件讓我覺得奇怪的事情是：三K黨在試圖貶抑非白人族群時，竟然稱他們為「泥巴人」。在古時候，「泥巴」帶有非常正面的意義。事實上，它可能正是用來增強原本充滿智慧之強大本能的最恰當字眼。多數的創世紀故事都認為人類和世界是用泥巴（和其他大地物質）創造而成的。

註十三　雙頭斧、斧頭和陰唇全都具有相似的形狀。

因為它們象徵死而復生的能力。由於樹木可以提供人類生活所需的物資（比如取暖用的木頭、點蠟燭的木棒、行走用的手杖、避風雨所需的牆壁、治療發燒的藥物），它們非常受到人類尊敬。它們也是人類爬上去以遠眺的所在。在必要時，人類還可隱匿其中以逃避敵人。樹木的確是偉大的野性母親。

在古老的女性信仰裡，這樣的斧頭天生屬於女神所有，而不屬於父親。但這則童話故事讓父親擁有斧頭；很明顯地，它應是古老和較新宗教信仰相混的結果。當然，較古老的信仰不是早已變得零碎不堪，就是早已失傳。但是，儘管古人對女性啟蒙的想法已經被時間形成的大霧或歷史累積的覆蓋物所遮蔽，只要我們跟隨在這則故事或其他類似故事之後，我們還是可以從一團糾纏當中擷取我們的所需。我們還是可以把標示潛入和返回路徑的地圖重新拼湊起來。

我們也可以用古人的方式來瞭解心靈之手被切除所代表的意義。在亞洲，神聖之斧被用來切除無明之我。這個「切斷以求知」的旨意也是我們正在討論之故事的中心主題。如果在現代社會裡我們必須先切斷自我的雙手才能恢復野性功能、亦即我們的女性知覺，那麼就讓它們被切斷吧，好讓我們可以遠離身邊那些無意義的誘惑（我們曾因為不想成長而緊緊依附在它們身上）。如果雙手的確需要消失一陣子，那麼就讓它們消失吧。

父親揮動那把銀色的刀器。雖然他知道自己事後會極度悔恨，但他更想保全他自己以及全盤心靈的生命。（不過，我家族中的某些說書者斷言說他其實最怕失去自己的性命。）如果把這父親視為生命的某種治理原則、掌控著我們的外在或世俗心靈，那麼我們就可以曉得女人的表我——她那握有掌控力、屬於現實生活的自是本我——並不想死掉。

這完全是可以被理解的。這是潛入深處時必然會發生的狀況。我們生命的某一部分對於下潛充滿嚮往，認為那是美麗、深不可測、苦中帶甜的事情。但同時，我們憎惡它，甚至拚了命奔過心靈馬路、公路及大洋洲以求逃開它。然而，我們在這裡看到：肢體必須從開花的蘋果樹上被切除。唯一可讓我們忍受這一想法的就是這個承諾：有一個人正在心靈某個深處等候我們，要來幫助並治癒我們。的確如此。有一個偉大的某人正等候著：她要來恢復我們的生命力，要來轉腐為新，要來包紮受傷的肢體。

在我成長的偏遠農野上，雷電和冰雹被稱為「帶來割傷之痛的風暴」，有時也被稱為「收割者風暴」，因為它們就像那拿著鐮刀、被稱為「恐怖收割者」的死神一樣把周圍所有一切砍倒於地，而受害者包括了牲畜、人類（有時）和果實纍纍的植物和樹木（大多數時候）。在一場大風暴之後，全家人都從地窖裡爬出來、彎身在土地上、察看農作物和花草樹木有什麼需要救助的地方。最年幼的小孩撿起長滿樹葉和果實而散落一地的大樹枝。較年長的小孩扶起被劈

註十四　女神使用的雙頭斧是一個古老的象徵符號。當今有許多女性團體也拿它來象徵女性力量的復原。此外，我的故事研究和訓練小組 Las Mujeres（意為「一群女人」）中的成員根據各種資料而大加猜測：雙頭斧和陰唇的蝴蝶翅膀應該自古就是相似的象徵符號——而在古代，靈魂的形狀被人認為就像展翼的蝴蝶。

斷但還活著的植物，用木樺、點火木片和白色破布條綁好它們。大人們則拆掉那些倒塌而無法復原的東西，並把它們埋起來。

在地底世界也有這麼一個慈愛的家庭在等候著故事中的少女。我們在「切斷雙手」這個譬喻中看到新生命的可能。在地底世界或無意識世界裡，任何無法生存的東西都會被砍倒或鋸開，以便重新被利用。故事中的女人還年輕、也還健康，但她必須遭到拆解，因為她有必要去改變自己一直以來的生命態度。但也有很多力量在那裡等候著，要幫助她恢復健康。

事實上，父親在切斷她的雙手之際也深化了那潛入的動作，並讓她得以盡速拋棄自己最珍惜的一切價值觀——這原本是何其困難的事情！這意謂她必須失去一切，包括高處觀點、地平線視野、以及信念和理由的立足點。在世界上所有原住民的儀式當中，這個「切斷」的觀念就是要打亂人的平常心態，以期讓神祕事物能輕易地被啟蒙儀式中的入門者領會。〔註十五〕

當雙手被切斷之際，心靈軀體上其他器官的重要性和特色才能獲得重視。而心靈中扮演治理者的愚蠢父親也不會活得太長久，因為深處那位失去雙手的女人即將自行展開工作，不管有沒有父親的協助和保護。即使最初看起來十分恐怖，但她身體的這個新樣式將對她有極大的助益。

因此，我們就在潛入深處之際失去心靈之手。在我們的身體上，手本身就像是兩個小人兒。古時候，手指被比做腿和手臂，而腕關節則被比做頭部，它們會跳舞，也會唱歌。有一回我跟著名的佛朗明哥吉他手芮妮・海瑞迪亞一起用手掌打拍子。在佛朗明哥舞當中，手掌是會說話的。它們發出的聲音就是它們的語言，如：「快點，啊美麗的人兒，飛翔起來、深沉一點！啊，感覺我，感覺這音樂，感覺這個和這個！」雙手本身就具有自己的生命。

如果你研究地中海人民想像中的耶穌誕生場景，你常會發現牧羊人和東方智者的手掌或瑪利亞和約瑟的手掌全都面向聖嬰，彷彿這嬰兒是一個能被手掌皮膚吸收的光源。墨西哥著名的瓜達露佩（Guadalupe）聖母雕像總是張開她的手掌，把她治癒身心的光芒向下撒落在我們的身上。歷史上有許多記載都談到手的力量。在那瓦荷族保留區的卡央塔鎮上，某個小屋的門邊貼著一個古老的手印，意謂「我們在此很安全」。

女人經常用手掌觸碰他人。我們知道手掌是一種感覺器官；無論是擁抱、拍拍對方、還是輕觸其肩膀，我們都藉此評估一下被我們碰觸到的人。如果我們跟「女知者」保有良好關係的話，我們就能用自己的手掌測知他人的感覺。對有些人來說，資訊必須用意象和文字語言的形式傳達到他們那裡，讓他們知道別人的感覺狀態。但我們也可以說人的雙手即藏有某種雷達在其中。

註十五　神祕主義從兩方面來瞭解俗世和靈性的事情：理性思考以及靈性和心靈方面的第一手經驗。實用的神祕主義尋找完整的真相（而非單面的真相），然後再衡量應有的立場和行動的方式。

手不僅是接收器，也是發報機。當與人握手時，我們常會不自覺用緊握與否、密切與否、時間長短和體溫高低的方式把訊息傳送出去。有意或無意中意圖對人不利的人在用手碰觸他人時會讓人覺得自己的心靈軀體被戳出了好幾個洞口。反之，放在別人身上的手也可以表達安慰、除去痛苦和治療傷口。這是幾千年來女人在母女傳承之中學習到的知識。〔註十六〕

心靈的天敵非常清楚雙手所具有的神祕意義。世界各地都可見到一種猖狂病態的殘忍作為：綁架無辜的人並切斷其雙手，藉以截去被綁架者的感覺、理解力和痊癒能力。謀殺者不具有感覺，因此他也不希望受害者具有感覺。魔鬼的意圖也正是如此。心靈中未得救贖的那個面向是沒有感覺的，因此它在瘋狂嫉妒擁有感覺者之際會不由自主地充滿肅殺的恨意。許多故事都以用鐵器殺害女人為主題，但這裡的魔鬼不僅只是一個謀殺者，他也是一個斷人手足者；他所冀求的不是一個張燈結彩的獻禮或簡單的啟蒙獻禮，而是一個讓女人永遠失能的祭禮。

女人的雙手被切除後，她的傷口就被捆縛起來，她也因此失去自我安慰和立即自我痊癒的能力，只能在無助之間循靠舊路而行。因此，在這段期間，我們應該繼續流淚哭泣。面對一個惡意如此重大的魔鬼，無人能瞭解他的動機何在或他存在於世的理由為何。我們只能用這單純的方法來保護自己。

童話故事中常見的一個主題往往與「被擲之物」有關。被人追趕的女主角會從頭髮上拿下一把魔梳並把它丟到身後，而這把梳子會變成一座濃密無比的森林，濃密到你無法用乾草叉去戳透樹與樹的間距。或者，奔逃的女主角會拔開一個小水瓶的瓶蓋並把其中的水灑向後方，而小水滴轉眼間變成洪流，讓追趕她的人只好放慢腳步而無計可施。

這則故事中的女主角則不斷落淚在自己的殘臂上，讓魔鬼遭到她周邊某種力場的逼退而無法稱意抓住她。在這裡，眼淚就是「被擲之物」。它形成一座擋住魔鬼的水牆——這倒不是因為魔鬼受到了眼淚的感動或軟化（他根本沒有），而是因為真誠的眼淚擁有足以擊敗魔鬼勢力的純淨度。我們也曾經歷過相同的情景：我們哭求上帝憐憫，因為我們在地平線彼方只見最荒涼、最黑暗和最受詛咒的可能性；這時只有眼淚拯救了我們，讓我們不至於毫無意義地被燒成灰燼。〔註十七〕

故事中的女兒必須悲痛不已。有一件事情讓我感到十分驚訝，那就是現今的女人很少流淚；即使流淚，她們竟覺得自己必須為此向人表達歉意。我擔心羞恥感和不哭這兩樣事情會奪走流淚的天賦。你一定要成為一棵開花的果樹並保持自己的濕度，否則你將會折斷不起。哭是有益的、也是應該的。它雖不能解決困境，但它可以讓過程不斷進行而不至於功虧一簣。如今，少女所熟知的生命方式和她至今對生命的瞭解都已告一段落；她必須繼續走到地底世界更

註十六　古老的故事似乎認為這種感覺和知覺不僅可以由母親傳給下一代，也可以由父親傳承下去。

註十七　正如我們所看到的，眼淚具有多重目的：它有保護的作用，也有創造的功能。

深一層的地方。我們也追隨她的腳步而繼續前往。雖然此時的我們由於被剝去了自我的保護而暴露在危險之中（就像被剝掉樹皮的樹一樣），但我們要繼續往前。我們力大無比，才剛學會了如何把魔鬼丟擲到院子的另一邊去。

此時的我們會發現：無論我們做什麼事情，我們開始鬆手放棄自我的所有圖謀。無論自我這個壞脾氣的小指揮家對於下一樂章設計了什麼美好的計畫，我們都覺得自己的生命已經到了必須改變的時候。我們重大的命運歸屬——而非磨坊、打掃或昏睡——將開始掌管生命。我們從前所熟知的生命已經結束了；我們希望獨處，或不希望受到打擾。我們再也不能依賴父權文化；我們正開始初次瞭解自己真實的生命。我們繼續前往。

在這段期間，我們過去所珍惜的一切事情都不再發出輕快悅耳的聲音。榮格告訴我們古希臘哲學家赫拉克里特斯（Heraclitus）用emantiodromia這個字來表達「反向流轉」的意思。但這個「反向流轉」所指的不僅是倒回到個人的無意識之中；它也可指一個人用心回到依然有效的原始價值觀和更深的信念之中。(註十八)如果我們認為考驗毅力的這一啟蒙階段代表「向後退一步」，我們也必須瞭解這一步所代表的意義乃指向下走五百公里後回到野性母親的疆土那裡。

這一切都將使魔鬼轉身重步離去。在這點意義上，即使女人覺得自己失去對外界的掌握能力或無法用她慣常的方法與世相處，她純潔的靈魂仍然可以讓她充滿力量。當她持續悲痛時，她會充滿力量，而這可以讓那想要摧毀她的東西退卻三步。

沒錯，心靈的軀體失去了它的雙手，但心靈的其餘部分會來彌補這個損失。我們的腳仍然知道前往之路何在，靈魂仍然可以望向遠方，乳房和腹部仍然可以感覺事物，就像那位奇異而神祕的肚皮女神波波一樣（她代表女性的深層本能，而且她也沒有雙手）。

我們帶著這非肉體而詭異的身軀向前走去；我們即將更進一步向下潛入。

第三階段：流浪

在故事的第三階段，父親願意用財富來保護女兒一輩子，但女兒說她要離家遠去，並將自己託付給命運。黎明時，雙臂包紮在乾淨紗布中的她步行離開了自己所熟悉的生命。

她又變得一身凌亂，跟動物沒什麼兩樣。到了深夜，她在飢腸轆轆中來到一個果園那裡，而這果園中的梨子全都被編上了號碼。（註十九）有一個鬼魂放空環繞在果園四周的護城河河水。就在那惶惑園丁的注視之下，女人把自行送上的梨子給吃了。

在啟蒙的過程裡，我們會轉身拋卻自己喜歡停留在無知覺狀態的那個天性，決定不計任何

註十八　有一大部分女性文化確實曾被埋沒了好幾百年之久，而我們對於埋在下方的東西實在所知不多。女人應該有權去探勘這文化遺址；在她們還未畫出考古座標平面之前，不容有人打斷她們。重點在於：女人必須根據自己神祕的本能去擁有完整的生命。

註十九　數字擁有強大的力量。希臘數學家畢達哥拉斯（Pythagoras）和猶太教奧義學者都曾試圖瞭解數學的奧祕。被標上數字的梨子很可能帶有神祕主義的涵義，也很可能與聲調音階有關。

代價（受苦、辛勞、堅忍等）去尋求在知覺中與野性自性結合的可能性。故事中的母親和父親試圖把少女重新拉回到無知覺狀態中：「啊，留下來陪我們。妳受了傷，但我們可以使妳忘卻這件事情。」既然她已擊敗魔鬼，難道她會就此頂著勝利的桂冠而罷休嗎？難道缺手、受傷的她會退到心靈的角落，在那裡一輩子受人照料，漫無目標而只聽他人吩咐做事？

當然不；她絕不會像一個被硫酸毀容的美女一樣永遠躲進昏暗的小房間裡。她反而穿上衣服，盡可能用心靈藥方為自己敷傷，然後走下另一個石階並來到心靈更深層的一個領域中。心靈中原先掌控一切的那些舊有面向願意永遠保護、隱藏她，但她的本能對其說不，因為她的本能覺得必須不顧一切去努力取得全然清醒的生命。

少女的傷口被包紮在白色紗布中。白色是死亡國度的顏色，也是煉金術折射光的顏色，代表靈魂從幽冥之界復活。這個顏色預示「下潛和返回」這一循環運轉的開始。就在這循環之始，少女變成流浪者，而這事本身就含有重獲新生以及向舊事死去的意義。流浪是一個非常好的選擇。

在這階段，女人常會覺得自己在不惜一切去繼續完成這場內心旅程時既滿懷絕望之情、又充滿不屈不撓的精神。當她們拋棄舊的生命以迎向新生命，當她們離開生命的一個階段以走向另一個階段，有時甚至當她們放棄某個情人以追求沒有情人（除自己之外）的生活時，她們都會有此感受。從青春期轉到少婦時期、從已婚婦人轉成獨居女人、從中年轉入老年、跨過老嫗的年齡分野、在受傷中出發但帶著新的價值觀——這一切既是死亡，也是復活。離開一段感情或離開父母的家、拋棄過時的價值觀、找回本我、有時甚至只因必要而深深駛入蠻荒野性之地——這一切都是我們向深處潛入時所經的命運變化。

於是我們出發了，向下走到一個不同的世界、來到不同的天空之下、靴子踏著一塊不熟悉的土地。但我們暴露在危險之中，因為我們在失去雙手之際也失去一切掌握、依附和知能。

故事中的父親和母親——也就是心靈的集體文化面向和自我本位面向——不再擁有他們曾經擁有的權力。經由他們的魯莽和輕忽而噴灑出來的鮮血已經讓他們深感良心不安。即使他們願意照顧和保護少女，他們也已沒有能力可以指揮她的生命，因為命運要帶領她去做一個流浪者。在這層意義上，她的父母算是死了，而風和路將成為她新的父母。

「流浪者」這個原型形成一個星群；也就是說，它衍生出另一個原型，亦即「孤狼」或「孤立於外者」這樣的原型。少女孤立於快樂的村莊家庭生活之外、在溫暖的房間之外、在天寒地凍的荒野上，而這就是她現在的生命狀況。（註二十）這生動的譬喻描繪出一個正在流浪追尋的女人所處的光景。我們開始不再感覺到身旁熱鬧如嘉年華會的生命現象，而馬戲團的汽笛風

註二十　在許多方面，〈無手少女〉、〈金髮女孩〉和〈火柴女孩〉全都因被社會所拒而面臨許多相同的問題。到目前為止，〈無手少女〉的故事所涵蓋的心理歷程最為完整。

琴似乎也已遠去。當我們步步下降到無意識世界之際，市集上招徠客人或兜售商品的大呼小叫聲、那絢爛如馬戲團的整個外在世界都將搖晃起來並隨之崩塌在塵土之中。

在此，我們在路旁又遇見了古代的黑夜宗教信仰。雖然冥王海帝斯把波賽芬妮強行帶往地底世界的古老故事極具戲劇張力，但某些源自女性崇拜的更古老故事——如巴比倫人的伊士妲（Ishtar）女神或蘇美人的伊娜娜女神故事——卻指向另一個完全不同的主題：少女渴望在幽冥世界中和國王共結連理。

在這些古老的宗教故事中，少女並不一定要被一個黑暗的上帝強行拖往幽冥的地底世界。少女知道她必須前往，知道那是神聖儀式的一部分。雖然她會感到害怕，但她從一開始就想在地底世界裡遇見她的國王、她的新郎。她用自己的方式潛入深處，在那裡取得深沉的知能，然後再上行回到外在世界中。

無論是古典神話中的波賽芬妮故事、還是〈無手少女〉這則童話故事所代表的核心涵義，它們都是更古老宗教所形塑之完整戲劇故事的斷簡殘篇。原本故事中到幽冥世界尋找愛人的情節不知何時在後世的神話裡變成一場情慾和爭奪的戲碼。

在母權盛行的時代裡，大家共知一件事情：女人天生就會被導引到地底世界中，在那裡接受深沉女性本質的教誨。這是她受教的一部分，也是她應該努力獲得的最高成就，讓她可以用第一手經驗取得知識。這種意義的「潛入」才是童話故事〈無手少女〉和德米特／波賽芬妮神話故事的原型意涵。

此時在故事中，四處流浪的少女第二度讓自己變得髒如動物。這是「潛入」時必要的模式，也就是「我不在乎世界」的態度。而我們發現，她的美麗光彩並沒有因此減弱。「不洗澡」這個觀念也是源自古老的宗教儀式——這些儀式的高潮就是沐浴更衣，代表一個人已經跨入嶄新的或更新的自性認識之中。

我們發現無手的少女已經完成一個「潛入和轉化」的階段、已經醒覺過來。根據某些煉金術文獻，生命的轉化必須經過三個階段：黑色或黯淡消形的階段、紅色或獻祭階段、以及白色或復甦階段。跟魔鬼訂交易是轉黑時期，雙手被切斷是獻祭時期，而穿著白衣離家則是新生命時期。如今，做為流浪者的她又回到黑色階段，但舊我已經不見蹤影；深處的本我——那赤裸的本我才是意志堅強的流浪者。〔註二十一〕

少女此時不僅是個下等賤民，而且是個飢餓之人。她跪在果園的面前，彷彿那是一座祭壇——而它的確是座祭壇，屬於地底野性神祇所有。當我們潛入原心本性時，原先不自覺用來餵

註二十一　你也許會問：心靈內究竟有幾個「自我」——也就是意識的中心？答案是「很多」，但通常會有一個自我最具主導力。就像墨西哥的村莊和農舍一樣，心靈向來處於至少三個階段之中：破舊倒塌的那一部分、你住在其中的那一部分，以及正在興建中的那一部分。就是這樣。

同時，在榮格心理學中，大寫的自性（Self）代表廣大的靈魂力量，而小寫的自我／本我（self）則代表我們所是的狹隘個我。

養自己的方法就全部遭到剔除。我們原本用來充當食物的世間事物也失去了美味。我們的目標再也不能激勵我們。我們的成就也無法再引起我們的興致。即使四處張望，我們在上方世界就是找不到可吃的食物。因此，在心靈中發生的一個完美奇蹟就是：援助就在如此缺乏保護之時來到，而且來得正是時候。

有一個靈魂派來的使者——白衣幽靈——來探問暴露在危險之中的少女。這個白衣幽靈除去了障礙，讓她可以得到食物。它調整閥門以放空護城河的水。護城河也有隱藏的涵義。古代希臘人認為幽冥世界有一條劃分活人世界和死人世界、名叫斯地刻思（Styx）的河流。它的河水滿布有史以來所有死者生平事蹟的記憶。只有死者可以解讀這些記憶並將它們整理成序，因為脫離肉體之後的亡魂才得以享有某種靈視的能力。

但這條河對活人來講是有劇毒的。除非有幽靈嚮導陪伴渡河，否則活人會淹死在這條河中並淪落到幽冥世界中的另一層次、另一個霧氣渺渺的地方，而將永遠在那裏流浪。詩人但丁的嚮導是前輩詩人維吉爾，而蔻特莉鳩女神的嚮導是一條陪她前往火域的活蛇。無手少女則有白衣幽靈為其嚮導。因此，你看，女人才逃開一個昏昧的母親和一個貪婪而笨拙的父親，而她現在竟然把自己交付給野性靈魂，用它當自己的嚮導。

在故事中，幽靈嚮導護衛著無手少女，讓她跨入幽冥世界的果樹區，也就是國王的果園。這一橋段也是源自久已消失的古老宗教，其中年輕的被啟蒙者一定會被派給一位靈性嚮導。希臘神話則常常報導年輕女人如何從狼女、獅女或其他人獸互形的動物那裡得到啟蒙。即使在今天與大自然密切結合的宗教儀式中（如那瓦荷族的儀式），野獸形狀的神靈還是出現在啟蒙儀式或治療儀式之中，具有陪導的作用。

在這裡，我們明確地瞭解到一個心靈事實：在無意識的渦流世界裡盡是奇異而引人注目的形體、意象、原型、誘惑、威脅、寶藏、折磨和考驗。因此，在個體化過程中，女人必須具備充分的靈性感知力，或者從一個具備這種感知力的嚮導那裡得到協助，以免她墜入無意識走馬燈似的漩渦當中、以免她在這樣一個誘人而望之不可得的情境中迷失了方向。正如故事所示，我們最好還是暫忍飢餓並以此做為前進的根據。

就像之前的波賽芬妮或之前所有代表「生而死而生」本質的女神們，少女找到一條路，來到一個處處都有神奇果園的國度，而這裡的國王也正在等候她。古老宗教的微光開始在這故事中發出愈來愈強烈的光芒。希臘神話（註二十二）告訴我們：有兩株糾纏在一起的樹懸掛在幽冥世

註二十二　古老儀式最廣泛的「文字」記錄之一來自古希臘人。雖然大多數古代文化也曾廣泛記錄它們自己的儀式、儀式規則和歷史，雖然它們也曾擁有記錄工具（雕刻、書寫、繪畫、遊吟詩人、建築等），但一批又一批各具動機和意圖的征服者即使未曾將這些全部摧毀，也已摧毀了多數。（要推翻某一文化，首在斬盡殺絕其中神聖的社會階級，即：藝術家、作家及其作品、男女祭司、巫醫、演講家、史官、故事保存者、歌者、舞者和詩人——這些人全都具有撼人靈魂和靈性的能力。）然而，幾千年歷史中的故事方舟還是保存了許多被毀文化的殘骸，並將它們直接送達於我們的時代。

界的大門上。有德之人死後所去的極樂世界是由什麼造成的？沒錯，就是果園。

極樂世界中只有白晝；那裡的靈魂可以隨時選擇重新誕生於世。它是上方實際世界的翻版。這裡也會發生困難的事情，但它們的意義和它們所提供的見識卻不同於上方世界。在上方世界裡，一切事情的意義都產生於利害得失的簡單考量；但在地底世界或另一個世界裡，一切事情的意義乃決定於真知灼見、正確行動、以及個人能否成為一個具有強健心靈和知能的人。這些都不是淺顯簡單、容易被人瞭解的事情。

現在，故事的情節以蘋果樹為中心，而蘋果樹在古代曾被稱為生命之樹、知能之樹、生命與死亡之樹、或知識之樹。不像針葉樹木或葉木，果樹會結出眾多可供食用的果子，而除了可食之外，它的果實還蘊藏著豐富的水分。水分是成長和繼續生存所需的主要流體；它被根部吸收，而後根部再透過毛細管作用（這是由幾十億肉眼難見的細胞叢組成的網狀組織）把營養物送到樹身，而水分則更進一步到達果實的核心並使它飽滿圓潤起來。

基於這個原因，人們認為果實內充滿了靈魂，充滿了一種由水、空氣、泥土、營養素和種子發展起來的生命力，而這個生命力也同時包含了所有這些元素。最重要的是：果實的味道實在美好得令人陶醉。女人在地下樹林中做工而得到的果實、水分和種子可以餵養她，使她的心靈因此變得飽滿圓潤、孕藏生命種子、並持續趨於成熟。

果園中的梨樹彎身把自己的果實送給少女吃，就像一個把乳房送進嬰兒嘴巴的母親。這個母親的乳汁是賜予新生命的乳汁。吃食梨子讓女人得到營養，但更令人感動的是：無意識彎身來餵她。在這層意義上，無意識親吻了她的嘴唇，讓她嚐到「自性」的滋味——也就是她自己的野性上帝所吐出的靈氣、祂的本質。這是一場最原始的聖餐儀式。

新約聖經中聖母瑪利亞受到她的親戚以利莎伯歡呼致敬的那一幕（註二十三）很可能也是源自古代女性對上述意義的一種認識。以利莎伯說：「妳腹中的果實是有福的！」在早先崇奉黑夜的宗教信仰中，一個剛受到啟示、孕懷知能的女人在回到現實活人世界時必會受到女性親戚們的熱切祝福。

這童話故事引人入勝的文意告訴我們：在最黑暗的時刻，女性無意識——或稱子宮無意識、大自然——會來餵飽女人的靈魂。根據女人的描述，當她們正往下潛入的時候、正處於最黑暗的黑暗時，她們感到有隻羽翼的尖端輕觸和拂過她們，使她們頓時變得輕盈。她們覺得自己的內心得到了食物，並有一道被祝福加持過的泉水迸流出來（但不知來自何處），流過整片乾涸之土。這道泉水並不能消除痛苦，但此時唯獨它能提供養分。它是沙漠中的聖食嗎哪；它是岩石縫中的流水；它是憑空出現的食物；它止住飢餓，讓我們可以繼續前進——而「繼續前進」就是重點之所在。我們要繼續前進到「知能」那裡，那是我們註定的命運歸宿。

註二十三　以利莎伯也在年老時從約翰那裡受了孕。聖經中她丈夫驚訝而啞口無言的那段記述充滿了神祕的涵義。

這個故事讓我們想起一個古老的應許：即使潛入之路十分黑暗，即使我們自覺已經迷路，「潛入深處」這個行為仍然可以為我們提供養分。即使我們正處於無所知和無所見的狀況中，即使我們正在「盲目徘徊」，但「某個東西」或「某個人」（它無所不在到放肆的地步）會趕上來陪伴在側。我們向左走，它就向左走；我們向右走，它就緊跟在後、背起我們、為我們開路。

我們現在正處於流浪和不知何去何從的黑暗階段，但是就在這崎嶇的困境裡，我們被帶到生命樹那裡去吃它的果實。在亡魂國度裡吃生命樹的果實，這是古人為解說「受孕」而使用的一個譬喻。據說：在亡魂國度裡，靈魂可以用果實或其他任何可食之物把自己包裹起來，以期它未來的母親會將之吃下，而躲藏在果實之中的靈魂就有機會在她的身體中展開自己的重生之路。因此，如今在幾乎已走到路程正中央的時候，我們在吃下梨子之際也就等於獲得了野性母親的身體；我們正在吃自己將要變成的那個東西。〔註二十四〕

第四階段：在地底世界中找到愛情

國王在第二天早上前來數算梨子而發現其中少了一個。園丁於是把自己看到的事情告訴國王：「昨晚有兩個鬼魂放空了護城河的河水；他們在月亮高照時進到園子裡，然後其中那個沒有手的鬼就吃了自動送到她嘴邊的那顆梨子。」

那晚，國王帶著他的園丁和魔法師（他知道如何跟鬼魂通話）一起守夜。到了子夜時刻，少女從森林中飄浮而來——她的衣服骯髒破爛、頭髮一片凌亂、臉孔泥痕斑斑、雙臂缺手，而白色鬼魂就在她的身畔。

再一次，有一棵樹對著她優雅地彎下一根大樹枝，彎到她可及的範圍內，於是她吃下枝端的那顆梨子。魔法師走了過來，但並沒有靠得太近。他問：「你是這世上的人嗎？」女孩答道：「我曾是世間之人，但我並不屬於『這個』世界。」

國王問魔法師：「她是人、還是幽靈？」魔法師答說她既是人、也是幽靈。國王衝到她的面前宣誓自己的忠誠和愛情：「我不會丟棄妳。從今而後，我要照顧妳。」他們結了婚，而且他為她打製了一雙銀質的手。

國王代表地底心靈世界中一個智慧日增的生命體。他可不是任何普通的年老國王；他是女性無意識的主要看守者之一。他看守著靈魂植物園的成長狀況——他的（也是他母親的）果園長滿了生命和死亡之樹。他屬於野性神祇的家族。他像那位少女一樣堅忍不拔，也跟少女一樣將會再度潛入深處，但我們現在暫且不談這個問題。

在某種意義上，他可說一直在追蹤這個年輕女子。心靈總在明查暗訪自己內在發生的事

註二十四　有時，我們並不是隨著年齡，而是隨著心靈和靈性的需要與時機進入這些階段。

件，而這是一個神聖不可冒犯的前提。這表示：就在你流浪的同時，有一個（至少一個、但經常更多）經驗老練的心靈面向會等你前去敲門、敲擊石塊、吃個梨子、或僅是出現在那裡以宣告你已來到地底世界。這個慈愛的面向總在那裡守候流浪的追尋者，總在那裡張望著等她出現。女人非常瞭解這一點；她們稱之為一個小火光、一閃而過的洞見、一種預感，或某種神明。

園丁、國王和魔法師是代表原型男性本質的三個成熟人物。他們對等於那傳統上代表女性本質的神聖三位一體，即少女、母親和巫婆。在這個故事中，傳統的三女神或三位一體女神觀念是如此被呈現出來的：無手的年輕女子代表少女，而國王的母親則代表母親和巫婆。但這故事有一個變化之處，使它頗具「現代感」：魔鬼這個意象所扮演的角色在古時的女性啟蒙儀式中通常是由一個雙重角色的巫婆來扮演——她既是生命賜予者，也是生命剝奪者。但這故事中的魔鬼則只是一個生命剝奪者。

然而我們可以打賭，在無可追溯的古代，這一類故事原先都應含有一個既是啟蒙者、又是麻煩製造者的巫婆角色。為了啟動從生者國度到死者國度的遠航，她讓年輕而美麗的女主角面臨種種困難。就心靈層面來看，這應符合榮格心理學、神學和古老之黑夜崇拜所蘊含的觀念。在古老的黑夜崇拜中，「自性」——或我們所稱的「野性女人」——會在心靈裡播撒危險和挑戰的種子，讓絕望的女人敦促自己回到原心本性去尋找答案和力量，藉以重新與偉大的野性自性結合，並從今而後盡可能與它同進同出、如為一體。

在某一方面，故事的變動也讓我們更不清楚古代女性是以何種方式返回地底世界的。但事實上，用魔鬼取代巫婆卻更符合現代人的真相，因為當我們想要瞭解古人對無意識的認識時，我們卻經常發現自己必須奮戰以驅退來自文化、家庭或精神內在（intra-psychic）的種種誡命，而它們無疑就是那位蔑視野性女人之靈魂生命的魔鬼。就這一點而言，這故事發揮了雙面功用。它一方面保留了夠多的遺骨，讓我們可以重建古代儀式；另一方面，它則讓我們看見心靈天敵如何設法斷絕我們的天賦能力、以及它如何想破壞我們為靈魂所做的工作。

此時於果園中發生的生命轉變來自幾個主要作用者。按照他們出現時間的大概順序來說，他們分別是：少女、白衣幽靈、園丁、國王、魔法師、母后／巫婆、和魔鬼。傳統上，他們代表下列的內在心靈力量。

少女

我們已經知道少女代表誠懇但睡著的心靈，但是在她溫和的外表下隱藏著一位女戰十。她擁有孤獨之狼所具有的毅力，能忍受一個被啟蒙者必須經歷的種種汙垢、背叛、傷害、孤獨和放逐。她有能力在地底世界流浪，並帶著更豐富的生命返回上方世界。雖然她最初在潛入深處時弄不清野性母親的教誨和指引為何，她還是遵行無誤。

白衣幽靈

在所有的傳奇故事和童話故事中，白衣幽靈扮演的都是嚮導的角色，具有天然而溫和的知能，就像是女人旅程上的開路者。有些匈牙利的說書人認為這個幽靈是古代一位可敬的神祇在被打碎後留下的殘片，至今仍然存在於每個人的心裡。它的衣著跟不同文化中眾多穿著燦白衣裳的「生而死而生」女神有關（如哭泣之女、條頓人的命運女神柏賀塔、北歐死亡女神亥爾等）。這暗示我們：白衣幽靈是母親／巫婆的幫手，而在原型心理學裡，後者也是一位「生而死而生」女神。

園丁

園丁是靈魂的耕作者；他是種子、泥土和根部的守護者，讓它們有重生的可能性。他是霍皮人口中的「扣扣佩力」（Kokopelli），一個每年春天來到村裡為農作物施肥、也為女人增強生命力的駝背神明。園丁的職責就是賦予新的生命。為了汰換老舊且已破損的生命力，女人的心靈必須不斷種下新的生命力、培植新的生命力，並收割新的生命力。心靈某些部分會自然毀朽、耗損和用盡，這是好事情，是心靈原本就該有的運作方式。但我們也必須儲備好補充用的新生命力。園丁在心靈工作中就是扮演這樣的角色，他隨時留意何時需要更動和補充。精神內在是一個生死不斷的世界，其中的意念、意象和生命力總在頻繁更替。

國王

國王〔註二十五〕代表地底世界的知識寶庫。他有能力把內心知能帶到實際世界中去運用它，絲毫不飾言迴避、不囁囁嚅嚅、也不帶有任何歉意。國王是母后／巫婆的兒子；跟她一樣（他也很可能以她為模範），他十分關注心靈生命的運作過程——亦即意識的衰退、死亡和復原。在故事後段，當他為尋找王后而浪跡天涯時，他將經歷一種死亡，把他的身分從文明社會的國王轉變為野性世界的國王。他將找到自己的王后而獲重生。就心靈而言，這代表心靈中那具有中心地位、但已過時的面向將會死去，但同時心靈也將獲得更多新知。舊的面向會被新的或更新過的觀點所取代——這些觀點則攸關女人生命的所有事情。從這一點來說，國王所代表的意義就是：女性心靈中具有領導力量的面向和律法必須有所更新。

註二十五　羅伯特・摩爾（Robert L. Moore）與道格拉斯・吉列特（Douglas Gillette）在《國王、勇士、魔法師、情人》（*King, Warrior, Magician, Lover*, San Francisco: Harper, 1990）一書中對「國王」的原型意義有詳細探討。

魔法師

幫國王解釋眼前現象的魔法師（註二十六）代表神奇的女性能力，諸如：剎那記起的能力、無遠弗屆的視力和聽力、能用他者（人類或動物）之眼瞭解事情的同理心。這些能力都屬於女性本能所有。在傳統看法中，魔法師在分享這些能力時也同時維護了它們，並在實際世界中將其體現出來。雖然魔法師可男可女，但這故事中的魔法師是一個有力的男性人物，類似其他童話故事中盡一切所能幫助妹妹的魁梧兄長。但魔法師的性別或屬性總是變化莫測。在夢中或在童話故事中，他以男人身分出現的次數不亞於他以女人身分出現的次數。他可以是男人、女人、動物或礦物。在這一點上，他與他的女性對等者——巫婆是一樣的。巫婆也能很輕易地變裝易容。在意識生命中，魔法師協助女人，讓她能夠成為自己希望成為的一個人，也讓她能夠在任何時刻按照自己的意思去扮演自己。

母后／巫婆

故事中的母后／巫婆就是國王的母親。這個人物代表很多事情，其中有：豐富的生產力、看穿天敵伎倆的無邊能力、以及減緩詛咒的能力。意為「豐富生產力」的英文字fecundity被大聲唸出時，聽起來就像鼓聲。它的意義不僅指稱土地肥沃，也指「能夠受孕」，就像泥土可以孕育生命一樣。母后／巫婆就是黑色大地——它因為蘊含雲母石、黑色髮狀樹根、及所有已被分解為芬芳腐質土的往昔生命而發出亮晶晶的光澤。意為「肥沃」的英文字fertility背後隱藏著種子、卵子、生命和想法等種種意義。受孕能力或肥沃的生產力是種子被播下時所需的基材；種子將在其中等候發育、獲得所需的溫暖、被孕育、被存放起來。這就是為什麼人們常用這位老母親最古老的名字來稱呼她：泥土母親、大地母親、姆媽、媽。她是讓想法成真的堆肥。

魔鬼

在這故事中，女人靈魂既是折磨者、也是治療者的雙面本質被一個單面角色所取代，也就是魔鬼。正如我們之前說過的，這個魔鬼角色代表女人心靈的天敵，是一個阻礙心靈發展並試圖謀害靈魂的「反自然」面向。它是一股從自己「予生」之面向分裂出來的力量，也是一股必須被征服和圈範的勢力。魔鬼跟女性心靈中另一個天然折磨者及誘惑者——我稱之為「第二靈魂」——是不一樣的。「第二靈魂」雖是對立者，但它的作用是正面的。它經常以一種形體多變的巫婆模樣出現在女人的夢中、童話故事中和神話故事中，並且在引誘和折磨兼施的情況下

註二十六　園丁、國王和魔法師是男人及女人共有的象徵符號。他們能夠同時引起兩性的共鳴，而不專屬某一性別。但男人和女人有時對其意義會有不同的瞭解和運用。

讓女人不得不潛往深處去找回自己最深奧的資源。

因此，現在在這個地底世界裡，果園等候著心靈那些強大的面向（男女皆有）來此一聚。這些相異的元素將結合並轉化成更高層次的複合體（這讓我們想到煉金術的奧妙）。當它們互相揉擠在一起時，它們會啟動某些心靈成長過程，其作用就像燧石敲打在岩石上，可以造出火源。唯有透過心靈中這些相異元素的結合和彼此施壓，我們才能獲得靈魂款款的生命力、洞見和知能。

故事中的結合轉化代表「生而死而生」循環的啟動。當這種稀奇而珍貴的聚合出現時，我們知道靈性之死將要發生、靈性的結合立即將至、而新的生命也將誕生出來。這些元素的聚合預告未來要發生的事情。但它們的結合轉化不是出門就可以碰得到的事情，而是我們辛勞努力的成果。

因此我們穿著滿是泥濘的衣服走在陌生的道路上，而同時野性本質的印記開始透過我們發出愈來愈明顯的光輝。這種結合轉化打定主意要大大修正我們的舊我。如果你現在就在果園中，而且身旁有這些可以認得出來的心靈面向陪伴著你，那麼你就再也不能回頭，只能繼續向前走。

關於梨子，我們還能多說些什麼？它們是為那些在地底世界長途跋涉而感飢餓的人所準備的。有好幾種水果在傳統上被視為象徵女人的子宮，尤其是梨子、蘋果、無花果和桃子——雖然任何兼具內外形式、中心有種子可以發育成生命的東西（如蛋卵）都可代表這種「女性生命內的生命」。梨子在這裡所代表的原型意義乃指新生命的迸發、新自我之種子的萌生。

在許多神話和童話故事裡，果樹都是由大地之母、年老的野性母親來管轄，而國王和他的大臣則是她的總管。果園中的梨子都被數算過，因為在這轉化過程裡沒有一件事情不受到密切注意。這裡沒有「碰運氣」這種事情；一切都被記錄有案並被貼上標籤。年老的野性母親知道自己手中有多少這些轉化所需的元質。國王來數算梨子的原因不是因為他在乎自己的所有權，而是因為他要看一看是否有新人來到地底世界追求深刻的啟蒙。靈魂總是在那裡等候著新人和流浪者。

彎下來給少女食用的梨子好比是響徹地底果園的一個大鐘，在那裡呼喚出所有資源和力量——國王、魔法師、園丁和年老的母后（她不久就出現了）。他們都急忙前來向這個新受教者打招呼、提供她食物並協助她。

歷史上的聖徒們不斷向我們保證：在生命轉變的大路上有一個早已為我們準備好的地方。命運會拉著我們向前或為我們打氣，希望我們藉著嗅覺和直覺找到這個地方。我們最終都會抵達國王的果園；這是應該而必然的事情。

在故事這一橋段裡，女性心靈的三個陽性面向——園丁、國王和魔法師——是地底旅程

（其間發生的一切事情都深具意義）的守護者、提問者和協助者。當女性無意識心靈中的國王面向知道果園出現變化時，他帶著心靈的魔法師趕到那裡，因為魔法師對人世和靈性世界都瞭若指掌，並能仔細區分無意識心靈中的各事各物。

於是，當幽靈再次放空護城河河水時，他們在旁密切觀察。正如我們之前提過的，護城河和斯地刻思河——死者必須乘船橫渡這條毒河後才能從生者國度抵達死者國度——具有相同的象徵意義。因此千萬要小心，不要讓一時的成就感和稍事休息的想法誘使你去覺得單項靈性成就或單次靈性甦醒就值得讓你永遠停下腳步去安享得勝的桂冠。護城河是死者安息的地方，是生命的終結處。一個活著的女人不可以在它旁邊停留太久，否則她在打造靈魂的過程中會失去一切活力。〔註二十七〕

故事透過這條環狀河的象徵意義警告我們：這裡的水不是一般的水，而是非比尋常的水。它是界限之水，就如少女圈畫在自己周圍以驅退魔鬼的那個圓圈。當我們跨進或穿越一個圓圈時，我們有如進入或穿越前往另一種生命境界、另一種知覺狀態、或另一種無知覺狀態。

少女在此正經歷死者特有的無意識狀態。她並不是要去喝這個水或涉水而過，而是要行經乾涸的河床。由於女人在潛入深處時必須經過死者國度，有時她會因此感到惶恐而以為自己死定了。但這不是事實。我們的任務就是要用生命之軀行經死者國度；唯有如此才能獲得知覺意識。

因此，護城河是一個非常重要的象徵符號。故事中幽靈放空河水的情節也讓我們瞭解自己在旅程上應該怎麼做。我們不可以躺下來安然睡去，以為目前的成就已告足矣；我們也不可以跳到河水裡、瘋狂地想要加快過程的進行。意謂「死亡」的英文字death，其第一個字母時而小寫、時而大寫。心靈在「生而死而生」周轉過程中所追求的是小寫的暫時死亡，而不是大寫的永遠死亡。

魔法師走近幽靈和年輕的女人，但並沒有靠得太近。他問：「你屬於這個世界呢，還是不屬於？」被剝去自我的外衣、穿著有如骯髒動物、但身旁有潔白發光之幽靈體相伴的少女答說：她雖是活人，卻身在死者的國度裡。「我曾是世間之人，但我並不屬於這個世界。」國王問魔法師：「她是人、還是幽靈？」魔法師答說她既是人、也是幽靈。

少女模稜兩可的答覆說出一個事實：她屬於活人的世界，但她正依照「生而死而生」的節拍在踏步前進；因此她一方面是個潛入死亡之區的活人，另一方面也只是從前之我的幽魂。她可能還繼續活在上方的實際世界裡，但生命的轉化卻發生於地底世界中。她有能力活在兩個世界之中，就跟「女知者」一樣。這一切都是為了讓她能夠清理出一條路、找到那通向真實本我

註二十七　我從詹姆斯・希爾曼（James Hillman）那裡第一次聽見有人用「打造靈魂」這樣的說辭。他本人就是一個不斷湧出想法、煽風點火的能人。

或野性本我的路。

若要挖掘〈無手少女〉這故事的意義，這裡有一些問題可以幫助女人瞭解自己在地底世界的旅程。我在設計這些問題的用字遣詞時希望女人既可以私下個別回答這些問題、也可以在團體場合中回答它們。當問題被提出時、在女人互相談論之際，有一張非常明亮的魚網會隨之被編結起來。女人們把這張魚網丟進自己的集體心靈中，然後在將它收起並拉上來時發現其中盡是閃閃發光、滴著水、一動也不動、被勒斃或還在呼吸的內在生命形式。在有目共睹的情況下，女人將一起設法處置它們。

在回答一個問題時，往往會有其他問題被引發出來。而為了瞭解更多，我們也會一併回答這些問題。以下是其中一些問題：一個人如何能每天同時活在上方世界和地底世界裡？一個人在獨自潛入地底世界時該怎麼做？生活中有什麼環境可以協助女人潛入深處？我們可以在前往和不動之間做一個選擇嗎？你在這種期間曾經從自己的本能那裡接收到什麼自發性的協助？

當女人（或男人）處在這種雙重國籍的狀態時，她們有時會誤以為離開這個世界、離開這個充滿雜務和責任（它們不僅在那裡招手，還百般令人不悅）的凡俗世界是個絕佳想法。但這絕不是最好的方法，因為在這種時刻——當女人正在地底世界中流浪、追尋、並在絕壁上倒吊著身體時——外在世界是唯一還掛在女人腳踝上的繩索。這段時間既具有重大意義，又令人痛苦不堪。這時，凡俗世界必須發揮「另一世界」才能提供的張力和平衡感，在協助達成目標這件事情上扮演好它適當的角色。

因此，當我們在流浪途中問自己（事實上是口齒不清地自言自語）「我是屬於這個世界、還是不屬於這個世界」時，我們要回答說：「我屬於兩者。」我們一路走去時都要這麼提醒自己。一個經歷這種過程的女人必須屬於兩個世界。用這種方式流浪才能幫助我們扭乾最後一滴抗拒心理和所有殘餘的驕傲，也才能幫助我們擺平自己在最後可能設想出的任何反對理出——都因為這樣的流浪實在太辛苦了。但這種不尋常的疲累最終會讓我們願意丟開自我的恐懼和抱負、去追隨將要發生的事情。我們對於地下森林歲月的瞭解將會因此變得更深刻和更完整。

在故事中，第二顆梨子也垂下來給少女食用。由於國王是年老野性母親的兒子，也由於這個果園屬於她所有，少女事實上嚐到的是生死奧祕的果實。由於果實這個重要意象充分代表了開花、成長、成熟和退落的生命周期，「吃掉果實」就會讓受啟蒙者的內心生出一座鐘或計時器來。而這座鐘或計時器熟知「生而死而生」的模式；以後每當死生交接之際，它都會發出清亮的鐘響聲。

我們要用什麼方法找到這個梨子？我們要深察女性的神祕本質及以下事物的生命周轉方式：大地、昆蟲、動物、鳥類、樹木、花朵、季節、河流的流動和水位。我們除了要深曉動物的季節性長毛和掉毛以及我們自己在個體化過程中必須經歷的昏矇和清明，也要熟悉我們在性生活、宗教虔誠、進入上方世界、潛入下方世界這些事情上的種種起伏情況。

我們想要寫作、繪畫、雕刻、編織、抒發自己的看法；我們想要站起來維護或傳達這個世界從來沒有見過的希望、創意和作品。這樣的創造力飢渴必須用「吃梨子」來解除。要餵飽我們的創作驅力，我們應該把任何可以豐富生命的古代女性原始感性和靈命循環的模式及原則重新融入到我們現代生命中。

心靈之樹的真正本質是這樣的：成長、給予、被用盡、留下種子、愛我們。這就是「生而死而生」的奧祕；它是一種模式，一種在世界有水有光之前就已存在的模式。它是那屹立不搖者。我們一旦懂得這些循環模式和其象徵符號（不管那是梨子、樹、果園、還是女人的生命階段和年齡），我們就會相信它們將不斷以同樣的周期和模式出現在生命之中。其模式是：在所有凋零之中都存在著一種無用的情狀，但這種無用會因我們努力闢路向前而轉成有用。我們將獲得的知能會在闢路向前時就現身出來。在所有生命體的身上，減損都會帶來豐收。我們的責任在於詮釋這個「生而死而生」循環、盡可能姿態優雅地把它活出來（當我們不能時，便要像瘋狗一樣大聲咆哮）、並繼續向前走——因為心靈的地下家族正情意深切地等在前方，想要來擁抱和幫助我們。

國王幫助少女，讓她更有能力在地底世界完成工作。這是好事，因為在潛入深處時，女人有時會覺得自己不像是一個被啟蒙的初學者，倒像是一個從科學怪人實驗室裡意外走失的大怪物。然而，從地下家人的角度看來，我們將會從掙扎痛苦中獲得祝福。在他們的眼裡，我們就像那在黑色玻璃杯中不斷拍打、想要弄碎玻璃以獲自由的強烈火焰。而下方家庭中所有可以助上一臂之力的人都趕忙跑來幫我們的忙。

在古代，所有女人進入地底世界的故事都指出一點：女人啟程前往的目標就是要嫁給國王（但某些儀式中並無國王這樣的人物；被啟蒙者很可能就改嫁給代表野性女人的任何原型芻像）。這則故事保留了一點這樣的涵義：國王只看了少女一眼，就馬上毫不膽怯、也毫無疑慮地愛上她並視她為親人。他並不是因為「不計較」女人缺手、像一頭動物且流離失所的情狀而視她為親人。他之所以視她為親人，正是「因為」他看上了她現在的這個模樣。這個「一無所有、卻得眷顧」的主題歷久不衰。即使我們在身體骯髒、孤苦無依、半盲、無手的狀態下四處流浪，源自「自性」的一股強大力量還是會來愛上我們並將我們緊擁在胸前。

在這種狀況中的女人常會感到十分激動，就像遇見自己夢寐以求的伴侶一樣。這是一段奇異而充滿矛盾的時間：我們既在地上、也在地下；我們四處流浪，但有人愛著我們；我們不富有，但卻得到飽食。用榮格心理學的術語來講，這種狀況叫做「對立事物之間的張力」（tension of the opposites）。在此狀況下，心靈的兩極面向在某一時刻相聚在一起，創造出新的場域。佛洛伊德心理學則稱之為「岔異」（bifurcation），也就是心靈的基本氣質或態度被分裂成黑與白、善與惡這類的兩個極端。我的文化傳統中的說書人則稱這狀況為「兩度誕生」。在這種狀況中，某種魔法使第二次的誕生得以發生，而靈魂從此可自稱擁有兩條血統脈路，一條始於現實世界，一條則始於那不可見的世界。

國王說要保護她和愛她。心靈此刻變得更有知覺意識，而一場很有趣的婚姻即將發生——死亡國度具有生命力的國王將和活人國度的無手女人結成連理。如此相異的雙方如果結為夫妻，那麼連最偉大的愛情故事都會相形失色，不是嗎？但這樁婚姻跟童話故事中所有美麗的婚姻是一樣的，講的也是兩個活潑但迥異的生命結合在一起的故事：灰姑娘和王子、女人和熊、年輕女孩和月亮、海豹女人和漁夫、沙漠少女和土狼。靈魂從雙方那裡接收知能；這就是所謂的「兩度誕生」。

童話故事的婚姻就跟現實世界的婚姻一樣：兩個相異者之間的偉大愛情和結合可以持續到海枯石爛，也可以只持續到學會功課之時。在煉金術裡，性質相反之物的熔合代表了一生一死即將發生。我們在故事的下一部分就可看到這種情形。

國王為少女訂製了一雙靈手；這雙手將替她在地底世界中做一切事情。在這時期，女人開始在旅程中顯得明快起來。她完全接受了它，並找到了人們所說的立足點以及「著手點」。她在地底世界能夠找到「著手點」的原因是她學會了去召喚、指引、安慰和求助於那個世界裡的所有力量。她同時也學會了去擋開那些不受歡迎的心靈面向，如疲憊欲睡等等。如果手在上方世界裡象徵一個觸知他物的感覺雷達，那麼地底世界的手就象徵一種跨越黑暗和時間的視覺。

自古以來人類就用銀、黃金或木頭來取代失去的四肢。在歐洲和北極圈的童話故事中，妖怪、地下精靈、淘氣精靈、仙子都是擅長銀工的好手。用心理學的語言來說，這些都是心靈深處的靈性元素；它們在心靈深處採礦、尋找珍貴的想法。這些生命體是小小的靈魂引領者；它們是穿梭在靈魂力量和人類之間的信差。自遠古以來，用貴重金屬打造出來的東西都跟這些勤奮但也經常脾氣暴躁的地底挖尋者（就像人類獵兔時所利用的雪貂）脫不了關係。這也證明了心靈是如何辛勤地為我們工作——縱使我們本人常常不在工作崗位上。

正如所有靈性事物一樣，銀手有長遠的歷史淵源和奧祕的涵義。有許多神話和故事都在描述魔法義肢的來源：是誰來給它們塑形、鑄造、拿在手中、灌模、冷卻、拋光和固定在人身上的？古代希臘人認為銀是金屬工匠海飛斯特斯所使用的貴重金屬之一。跟故事中的少女一樣，海飛斯特斯這位神祇也在一場由父母造成的悲劇中變成了殘廢。他和故事中的國王很可能是可以互相取代的角色。

在原型上，海飛斯特斯和銀手少女互為兄妹；他們的父母都不知他們的可貴之處。當海飛斯特斯誕生時，他的父親宙斯下令丟棄他，而他的母親希拉也遵命照做。等到孩子長大後，希拉才把他帶回到奧林帕斯山；那時他已是一個手藝精湛的金匠和銀匠。有次猜疑心很重的宙斯和希拉大吵了一架。海飛斯特斯在這場爭吵中站在母親那一邊，以致宙斯將這個年輕人扔到山腳下，弄斷了他的雙腿。

兩腿不良於行的海飛斯特斯堅守生命而不自暴自棄。他用最高溫度的火點燃自己的熔爐，用之為自己打造了一雙自膝蓋以下都是金銀製成的腿。他在後半生繼續製造各種神奇的東西，並且成為一個代表愛和神祕復原的神祇。他可以說是一位守護神，在那裡看顧著所有肢體不全、被撕裂、被割開、被擊碎、被砍傷和被扭曲的人與物。他對於天生不良於行的人和心碎夢碎的人特別懷有感情。

他為所有這樣的人提供治療，而這些治療形式都是他用那神奇的鍛鐵熔爐打造出來的。他用最精細的金工打造血管，用以縫合一顆破碎的心；他在瘸跛的肢體上塗上金銀，然後賦予它神奇的功能，藉以彌補之前的傷害。

自然而然地，獨眼的人、跛腳的人、肢體萎縮的人、或有其他肢體障礙的人在歷史上經常被人視為具有特異知能。他們所受的傷害或與常人不同的身體狀況逼使他們在年紀很輕之時就進入到心靈中一般只有老人才會進入的區域，而海飛斯特斯這位慈愛的心靈藝匠就在那裡照顧他們。海飛斯特斯曾經製造出十二個有著金銀手腳、會走路、會談天說話的少女。傳說他愛上了其中一位，並要求眾神把她變成人類。不過這可是另一個完全無關的故事了。

得到銀手就等於得到了靈手的技能，其中包括：觸摸治療、夜視的能力、用身體感官取得強大知能的能力。它們攜帶著所有可以潤養、治療和扶持的藥方。在這個階段，少女充滿一種觸覺，而這觸覺乃屬受傷之治療者所有。這雙心靈之手會讓她更能把握地底世界的奧祕；而且，將來一旦完成工作並回到地面後，她仍可保有這份禮物。

在潛入深處的這個階段中，奇異的治療作用不理自我的旨意而出現在我們的生命裡。這是我們得到靈手——也就是一種神祕的痊癒能量——之後自然會見到的結果。在古時候，這些神祕能力只見於村中的老婦人，但她們也不是在白髮一出現時就馬上得到這些能力的。她們必須長年累月透過考驗毅力的艱辛旅程才能累積它們。我們也必須經歷這樣的旅程。

你可以說這雙銀手表示女人戴上了另一角色的冠冕。但她戴上的不是頭上的冠冕，而是手臂末端的銀手；這是冊封她為地底王后的加冕儀式。在此，若我們稍稍運用一下古神話學的知識，我們便會發現希臘神話中的波賽芬妮不僅是母親的女兒，也是亡者國度的王后。

在一些跟波賽芬妮有關、但較不為人知的故事裡，她必須忍受各種折磨，如她曾被吊掛在「世界之樹」上達三天之久，以救贖那些因受苦不夠而不能深化自己靈性的人。〈無手少女〉可說模擬了這位女性基督的故事。波賽芬妮在地底的居處叫做「極樂之土」，其意即為「蘋果之鄉」。這更可印證兩者之間的相似處。古代高盧人所說的極樂之土和亞瑟王傳奇中所說的愛佛朗仙島都與蘋果有關。無手的少女也跟開花的蘋果樹有直接關係。

這就是古人的密碼學。一旦我們知道如何去解讀它，我們就會發現蘋果之鄉的波賽芬妮、無手少女、以及開花的蘋果樹都可被視為是同一位野地居民。我們發現童話和神話故事為我們留下一張非常清楚的地圖，讓我們可以找到古人所具有的知能和行事方法，也讓我們在今天知道如何向前走去。

如今當無手少女的第四項勞苦快要結束時，我們也許可以說：既然她已被冊封為生命與死亡的王后，那麼她的潛入旅程應該算是完成了。她成了一個瞭解黑夜之事的月亮女神；甚至連太陽都必須運轉到地底、經過她、得到更新、然後迎接白天。然而，這一切都還不能算是最終結局。我們只不過才走到生命轉化的中途點而已。在這裡，雖然被人所愛，我們還是要擺好姿勢，準備慢慢向下潛入到另一個深淵。因此，我們還是要繼續往前走。

第五階段：靈魂遭受苦難

國王到一個遠方王國那裡去作戰，要求他的母親照顧他年輕的王后，並要求她把王后生子的消息盡快傳信給他。年輕王后生下快樂嬰兒的消息被派送了出去，但信差卻在河邊睡著了。魔鬼從後方出現，並把信息的內容竄改為「王后生下了一個半人半狗的孩子」。

國王嚇壞了，但他回了一封信告訴母后要在這困難的時刻好好照顧王后。但信差再度又在河邊睡著了，魔鬼又立刻走了出來，把信息改成「殺掉王后和她的孩子」。老母親接到兒子的命令時不禁發起抖來；她送了一封求證的信。信差們來回奔跑了好幾趟，而每一個信差都累倒睡著在河畔，魔鬼因而得以不斷竄改信息，使其內容變得愈來愈可怕。最後的信息是「留下王后的舌頭和眼睛，以證明她已被處死」。

國王的母親不忍殺掉那討人喜歡的年輕王后，於是她殺了一頭母鹿，留下牠的舌頭和眼睛，並把它們藏了起來。她幫年輕的王后把嬰兒縛在胸前，為她披上面紗，告訴她必須逃命到別的地方去。兩個女人相擁而泣並且互相吻別。

就跟藍鬍子、偷取金色羊毛的傑森、〈哭泣之女〉中的貴族、以及其他童話和神話故事中的丈夫／情人一樣，國王在結婚後不久就因事離家而去。神話中的這些丈夫們為何總在新婚之夜後不久就匆匆騎馬離去？每個故事所說的理由都不一樣，但基本的心靈事實卻是相同的：心靈中的君王能量必須退到一旁，好讓女人可以展開追尋過程的下一步驟並去考驗自己才建立起來的心靈立場。在國王這一方面，他並沒有丟下她，因為他的母親會在他離家期間照顧她。

下一個步驟就是要讓少女跟野性母親建立關係，讓她知道「分娩」的深義。在此期間，少女和國王之間的愛情以及少女和老母親之間的感情都會受到考驗。其中一種情感是兩個相異者之間的愛情，而另一種則是女性自性的深情。

童話故事最常見的主題之一就是「國王離去」。當我們感覺自己曾經得到的支持不是被撤走、而是離我們較遠的時候，我們可以確信考驗時期即將來臨。我們將只能仰賴靈魂記憶來供給自己養分，直到愛人回來。在此期間，我們唯一得到的關愛將來自夜裡所作的夢，尤其那些最生動、最能探入真相的夢。

根據女人的說法，有許多夢境在這段期間大大扶持了她們。

有一個溫和而精神奕奕的中年女人夢見自己在大地的沃土中看見一雙嘴唇。當她躺在地面上時，這雙嘴唇輕聲對她說話，然後它們突然親吻她的面頰。

另一個非常努力工作的女人作了一個看似簡單的夢：她夢見自己整晚酣睡不醒。當她從夢中醒來時，她覺得自己得到了最完美的休息，全身上下沒有一束肌肉、一根神經、一個細胞是不自在的。

另一個女人夢見自己動了一個大型開心手術。手術室沒有屋頂，而太陽就是頭頂的手術燈。她可以感覺到太陽碰觸她那敞開的心臟，並聽見外科醫師說進一步的手術已無必要。

這一類的夢讓女人體驗到野性本質，也就是那賜覺明於一切的女性本我。這些夢都是非常深刻的感情和身體經驗。這樣的感覺狀態就像一個食糧貯存所，可以讓我們在靈性食物不足時從那裡獲取補充。

當國王騎馬到遠方探險時，他對下潛心靈所提供的服務就暫由愛情和記憶來維繫住。少女知道地底世界的君王本質對她忠心耿耿，不會離棄她，就像他在婚前所立的誓言一樣。在這個時期，女人通常會「滿懷自性」：她有了身孕，也就是說她對於未來（只要她堅持下去的話）開始萌生出某種瞭解。正如我們在後文中將會發現的，這是一段既奇妙、又令人感到挫折的時期，因為在潛入復潛入的周轉中，我們總在路坡的下方發現另一個下坡處。

新生命的萌發正是讓女人再度踉蹌走近懸崖邊並躍入深淵的原因。但這一次，她內心中的陽性元質和年老的野性自性將會把她之前不曾享有的支援提供給她。

地底世界的國王和王后在結合後生下了一個孩子。在地底世界誕生的孩子是一個神奇的孩子，擁有一切跟地底世界有關的潛能，如敏銳的聽覺和心靈感應，但它現在還處於「將要成形」的階段。正走到這段旅程的女人往往會充滿了令人驚訝、甚至令人歎為觀止的想法——這是因為她這時擁有了新穎而年輕的觀點和期望。對非常年輕的女人來說，這可能指新的興趣和新的朋友；但對較年長的女人來說，它可能代表離婚、重新來過以及再婚（這次的「幸福久久」可全是按自己的意思訂製的）這一串既悲且喜的過程所帶來的啟發。

靈性嬰兒可以使一個久坐不動的女人在四十五歲時去攀登阿爾卑斯山，使一個以地板打蠟為生活中心的女人拋棄這種生活而去念大學，也可以使一個懶散、貪圖安全的女人背著沉重的工具背包行走在空曠的道路上。

在心靈意義上，分娩就是「成為自己」、成為單一之我或完整合一的心靈。在這個新生命誕生於地底世界之前，女人很可能認為自己的所有人格面向是一群烏合之眾，像遊民一般在她的生命中進進出出。但當地底世界生出新生命時，她會知道任何與她擦肩而過的都是自己的一部分。有時我們很難用這種態度去認知心靈的所有面向，尤其那些我們不願面對的習性或驅力。能夠去愛自己不堪的面向的確是個很大的挑戰，但它絕對是一個女英雄必須完成的使命之一。

有時我們不敢指認心靈中的多個自我，因為那可能意謂著精神異常。但是，當精神異常的人用非常生動的方式去認同或抗拒自己的多重人格時，精神正常的人會有條有理而理性地去包容所有內在自我。在有效運用這些自我時，一個人就可以成長並茁壯起來。對大多數女人來講，像母親一樣去照顧和撫養內在之我是一種創造行為，也是獲得知識的一種途徑，而不是她們失志喪膽的原因。

因此，無手少女等待生子、等待生出一個小小的新野性之我。懷孕中的身體會做自己想要做以及知道要做的事情。新生命著床、分裂、鼓脹起來。在這個心靈階段的女人會再次進入「反向流轉」的狀態。在這種狀態中，她以前所珍惜的一切事物都不再具有價值，甚至會進一步被極端的新渴望所取代——她渴望非比尋常的視覺、經歷和冒險。

比如說，結婚對有些女人來講曾是生命的全部和目的，但是「反向流轉」會使她們希望從婚姻中脫身：婚姻是很糟糕的事、婚姻很無聊、婚姻是不能帶給人快樂的狗屎。你如果用「情人」、「工作」、「肉體」、「藝術」、「生活」和「選擇」這些字眼去取代「婚姻」這兩個字，便會發現女人在這階段的真實心態是什麼。

然後渴望便湧上了心頭。女人可能想要走近水邊或仆倒在地上、把臉孔埋在泥土中、然後去聞那野性的味道。她可能需要把車子開進狂風當中；她可能需要去種下什麼東西、拔掉什麼雜草、從土裡挖起一些東西、或把它們放進土裡；她也可能需要去揉麵並烘烤東西，一邊喜孜孜地讓麵糰漫過自己的雙肘。

她可能需要徒步走進山中、在石塊間跳來跳去、試聽自己的聲音在山中迴盪；她可能需要在星夜中度過很久、很久的時間，而那裡的星星就跟灑在黑色大理石地板上的化妝粉沒什麼兩樣；她可能覺得自己即將死去，除非她能在雷雨中裸舞，能完全安靜地坐上一陣子，能全身沾滿墨漬、顏料汙漬、淚痕或月光痕之後返回家中。

一個新的自我即將誕生。我們從前所熟知的內在生命即將有所改變。雖然這並不表示說我們需要用瘋狂大掃除的方式丟掉那些彬彬有禮、尤其那些特具扶持力的生命面向，但在潛入深處時，上方世界和所有理想的確會失去它們以往的重要性。有好一陣子我們會感到煩躁不安和不滿足，這是因為滿足和自我實現正要誕生在我們的內心世界裡。

伴侶、工作、金錢、新的這個或那個都無法滿足我們的渴望。我們渴望的是另一個世界——那可以做為女性生命之後盾的世界。我們所等候的這個幼小自性也只能在等候中降臨。隨著我們日復一日在地底世界生活和學習，這孩子會逐漸發育到可以誕生於世。在多數情況裡，女人的夜夢會預示這個誕生。她們會真的夢見一個新生嬰兒、一個新家、一個新生命。

國王的母親和年輕的王后現在相守在一起。你猜國王的母親是誰？就是年老的「女知者」。她對整件事情瞭若指掌。這位母后在女性無意識裡扮演兩個角色：像德米特一樣的慈母和像海克蒂〔註二十八〕一樣的巫婆〔註二十九〕。

我們也可在無手少女和國王母親兩人的關係中看到少女、母親和年老女巫師這三種女性身分的互相轉化。無手少女和國王母親實際上具有相同的心靈意義。雖然故事對於國王的母親著墨不多，但就像那在故事之初穿著白衣並用粉筆畫圓圈的少女一樣，這位年老的母親也熟悉自己的古老儀式。我們在後面將會看到這一點。

年幼的自性一生出來，年老的母后就派人向國王報告這個嬰兒的消息。信差最初顯得很正常，但他一接近溪水就變得沉沉欲睡，忍不住昏睡了過去。這時魔鬼也就跳了出來。這暗示我們：在地底世界的下一個考驗中，心靈還是會遇到新的挑戰。

在希臘神話中，地底世界有一條叫做忘川的河；只要一喝了它的水，人就會忘掉自己曾經說過的話和做過的事情。從心理學的角度來看，這表示一個人對於自己的實際狀況失去了意識。原本應在新心靈的兩個主要元素間建立溝通管道的信差本身就無法對抗心靈中那個具有破壞力／誘惑力的力量。心靈的溝通機能在昏昏欲睡中躺了下來、睡著了、並忘掉了一切。

因此，猜猜看誰一直都在附近出沒？就是那一向追蹤年輕女孩的貪婪魔鬼。我們從故事使用「魔鬼」這個名詞就可知道這故事被加進了一些後世的宗教材料。但故事中的信差、溪流和那造成遺忘的睡眠都告訴我們：較古老的宗教被埋沒在故事情節的下方、就在下一層土壤之中。

自遠古以來，潛入深處的原型模式一直都是如此，而我們也遵循了這不朽的模式。我們已經經歷了許多可怕的考驗：我們見識過魔鬼怒氣沖天的樣子，也曾勇敢面對勾爪眾多的森林、排山倒海而來的樹木、絆腳的樹根和使人盲目的大霧。我們是心靈女英雄，手提箱裡裝滿了勳章。現在有誰還可以指摘我們？我們想休息一下，並有資格好好休息一下，因為我們已經吃了那麼多苦頭。我們於是躺了下來，躺在美麗的溪水邊。我們並沒有忘記那神聖的行程，只不過……只不過……哎呀，我們想休息一下，就一下下而已，你知道的，就只瞇一下眼睛而已。

然後，就在我們還不知道的時候，魔鬼四腳一跳就跳了進來，並把原本傳達愛和賀意的信改成了一封使人心生厭惡的信。魔鬼代表心靈中一股氣惱的力量，在嘲弄我們之際使我們至感痛苦：「現在雖然有人愛妳，雖然妳已生下新生命，妳可曾拾回舊日的純潔和天真？妳這個蠢女人，妳以為考驗都已經過去了嗎？」

由於我們就在忘川旁邊，因此我們繼續打鼾昏睡。這是所有女人都會犯的錯誤——不只一次，而是很多次。我們忘記了魔鬼的存在，以至於讓一個得勝的信息（「王后生了一個美麗的孩子」）變成了咒罵之語（「王后生了一個半人半狗的孩子」）。在這故事另一個版本中，更改後的信息更是露骨難堪：「王后生了一個半人半狗的孩子，因為她在森林裡跟野獸雜交」。「半人半狗」這個意象不是一個偶然；事實上，它是古代歐亞大陸之女神崇拜的珍貴遺

註二十八　巫婆海克蒂是古希臘中一位三位一體的女神。

註二十九　在古希臘詩人赫西俄德（Hesiod）的作品《神譜》（*Theogony*）第四一一到四五二行中，波賽芬妮和海克蒂兩位女神最喜歡彼此作伴。

產。在那些時代裡，人們崇奉一個有三個頭的女神。這三頭女神在不同的文化裡分別被稱為海克蒂、芭芭雅嘎、荷拉媽媽、柏賀塔、阿蒂米絲等。她們若不是形狀似狗，就是跟狗有密切的關係。

在古代宗教裡，這些或其他法力強大的野性女神莫不跟傳統女性啟蒙儀式有關。她們被用來教導女性，讓後者瞭解自己的生命如何由少女漸次變化為母親及老嫗。「生出半人半狗」這個情節事實上扭曲並侮辱了古代的野性女神，不知她們的神聖本能原是人類膜拜的對象。新的宗教為了汙衊三頭女神的神聖涵義，堅稱這些神祇不僅跟動物雜交、還鼓勵她們的信奉者有樣學樣。

野性女人的原型就這樣被推落並被埋在地下深處，以致女人的野性本質不僅逐漸縮小消失，還成為禁忌的話題。在許多情況中，敬愛野性母親的女人必須小心保護自己的生命。到了最後，我們只能在童話故事、民間傳說、神入狀態和夜夢中發現知能的存在。而關於這一點，我們還得謝謝仁慈的老天爺。

我們在〈藍鬍子〉故事裡看到天敵如何切斷女人的想法、感覺和行動。在〈無手少女〉故事中，我們則對天敵更狡猾、但甚為強大的面向有了另一種瞭解。我們不僅必須面對心靈中的這個面向，也必須更加在日常生活中去面對存在於社會中的這個面向。

〈無手少女〉告訴我們靈魂天敵如何扭曲人類的覺察力以及理解力——這不可或缺的理解

力原可幫助我們發展精神尊嚴、廣視能力、及心靈中與生活中的行動反應力。在〈藍鬍子〉故事中，天敵殺人不眨眼；在〈無手少女〉故事中，魔鬼雖然手下留情，卻試圖阻止女人重新跟本能的奧祕知識（它含有一種自然正確的覺察力和行動力）建立關係。

因此，魔鬼在故事中所竄改的信息在某種意義上可能就是某件歷史實際事件的原本記載，而這記載本可為現代女性潛入深處心靈和追求知覺的努力提供特別的指引。令人頗感訝異的是，文化（意指共處而相互影響之人群所持的集體和主流信仰系統）仍然在女性之心靈運作、個人生活和靈性過程各方面扮演魔鬼的角色。文化中的「魔鬼」和心靈內的天敵在削掉這個、抹煞那個、斷掉這裡的根、封鎖那裡的通口之時，就讓世世代代的女人陷入恐懼之中，使她們流離失所卻不知原因何在、更不知自己早已失去那可以揭示答案的野性本質。

雖然天敵在尋找獵物時對於靈魂飢渴、靈魂孤獨或失能軟弱的人特別感興趣，然而許多童話故事也告訴我們：天敵一樣會受到知覺意識、重整之生命、釋放和新得之自由的吸引。只要一察覺到這些事物的存在，它馬上就會當場現身。

許多故事——包括這個童話故事和其他童話故事（如〈戴著藺草帽的姑娘〉和〈披著萬獸之毛的女孩〉），也包括希臘神話中有關安卓蜜妲的故事和阿茲塔克神話中有關瑪陵契的故事——都指出這個天敵的存在。它所使用的手段包括：貶抑主角的行動目的、嘲弄或辱罵獵物、盲目審判、頒布誡命、施以不公的懲罰。天敵利用這些方法去竄改靈魂與靈性之間的生命訊息，將之變造為處死的命令，使我們情感受到傷害、充滿羞恥感、並禁止我們採取正確行動。而這最後一點乃是最為可怕者。

在文化層面上，有很多例子可以告訴我們天敵用什麼方法去塑造觀念和感覺，用以偷竊女人的生命之光。有許多特別引人注目的例子告訴我們天然覺察力是怎麼喪失的。其中之一讓我們看到：在面對女兒的初經時，多少世代的母親背棄了古老傳統（註三十），不用古人的方法來教導、預備和歡迎女兒進入月經這最基本的女性身體經驗。在我們的文化和其他許多文化裡，魔鬼竄改了訊息，讓初次的經血和以後的所有經血周期都被籠罩在恥辱而非神奇的意義之中。這讓千萬年輕女人無法繼承神奇的身體感覺，而只讓她們念茲在茲地害怕自己會死掉、患病、或會被上帝懲罰。文化和文化中的個人未經深思就接收了魔鬼的訊息，並熱切地再把它傳給下一代，結果把女人的情感和性動力原本應具有的強烈感覺變成了羞恥和受懲的感覺。

正如故事所示，當天敵入侵某一文化時，不管那是個人心靈文化、還是社會文化，那個文化的不同面向或其中的個人就有責任去運用自己靈敏的洞見、去明察字面下的隱義、去站穩自己的立場，好讓自己不致被天敵可惡但令人興奮的說法給沖昏了頭。

在天敵當道、野性靈魂卻步之處，文化中的經濟、社會、情感和宗教結構會逐漸扭曲個人心靈和外在世界中最富於靈魂生命力的資源。天然的生命周期會因得不到養分而變成不自然的形式、或因愚蠢的誤用而遭到傷害、或由於其他原因而遭到處死。野性本質和真知卓見的能力則會遭到藐視，而各種陰險的揣測之詞將宣稱本能有多麼危險。在真實之神聖和意義完全闕如的情況下，具有破壞力並令人痛苦的手段和方法就會被人合法化成至高的準則。

然而，不管魔鬼如何用連篇謊話把女人真實生命的美麗訊息竄改為卑鄙的、嫉妒的、剝奪生命的訊息，國王的母親還是看穿了實情並拒絕犧牲自己的女兒。用現代的話來講，她不會去壓制女兒的聲音，不會警告她並叫她不要講真話，也不會鼓勵她裝出柔弱的樣子以扮演操弄者的角色。這個來自地底世界的野性母親冒著被懲處的危險去遵循她所知道的最明智方法。她看穿天敵的計謀，而沒有成為它的共謀者、沒有被它懾服。她知道什麼東西是完整的，也知道什麼東西可以幫助女人茁壯起來。她能一眼認出天敵並知道該怎麼做。即使有最扭曲的文化或心靈訊息在逼促我們，即使有一個天敵橫行在文化或個人心靈之中，我們還是可以聽見並遵從她原始而野性的教誨。

這就是女人在挖掘自己的原始本能天性、在潛入深處以開發知覺意識時所學到的事情。她們在開發自己的洞察力、聽覺、生命和作為時獲得無比巨大的能力。女人學會去尋找天敵，而不是用噓聲去趕走它、忽視它、或對它和顏悅色。她們開始熟知天敵的詭計、偽裝和思考方

註三十　琴・心諾達・玻倫（Jean Shinoda Bolen）在她用清晰文筆討論女人停經的作品中說到：年長女性把經血的能量保存在體內以創造內在智慧，而不再生出外在的孩子。見其《智慧女性原型：停經即啟蒙之始》（*The Wise Woman Archetype: Menopause As Initiation*, Boulder, Colorado: Sounds True, 1991）一書。

式。至於那些早被扭曲失真或意在操弄的訊息、誡命、期許和習俗，她們也學會了去讀懂隱藏在其「字面下」的含義。然後，不管天敵是出自個人內在的心靈環境、還是出自外在的文化環境、或是出自兩者，她們都將變得精明能幹，有能力對它迎頭痛擊並做出該做的事情。

故事中的魔鬼象徵任何讓我們無從瞭解深處女性心靈發展的事物。你要知道，我們不一定需要找一個像托奇馬大〔註三十二〕的人來追捕女性靈魂。追捕者也許只是一些新穎而不自然、但用意良好的做事方法。如果過分採用這些方法的話，女人即會失去哺育她的野性本質以及自己打造靈魂的能力。女人不必活得像一個西元前一千年誕生的女人，但古老的知能是不分古今中外的；它是永恆不朽的知識，既適用於五千年前、也適用於今天、更適用於五千年後。它是原型知能；這種知能超越在時間之上。但我們也該記得：天敵也是永恆而不受時間侷限的。

從另一個完全不同的意義來說，由於這個信息竄改者是心靈內和世界中固有的一個反對勢力，它自然會反對幼小的新自我。但是，頗為矛盾而弔詭的是：由於我們必須回應、必須對抗它或與它相持不下，這場戰爭本身反而會大大增強我們的力量。我們在做個人心靈功課的時候會不斷從魔鬼那裡接到反覆變更的訊息：「我夠好、我不夠好；我的工作很有意義、我的工作很愚蠢；我做的事情會使世界不一樣、我做的事情不會有結果；我很勇敢、我很懦弱；我擁有知能、我應該自覺羞愧。」不要說別的，單單這些訊息就已經夠讓我們覺得頭昏腦脹而不知所措了。

國王的母親殺了一頭母鹿，而沒有殺掉年輕的王后。在心靈內和在整體文化中，人心常會生出一種奇怪的拗性：魔鬼不單在我們飢餓貧窮的時候出現，它有時也出現於美麗之事發生的時候。就這故事而言，它就出現在美麗的新生兒誕生之時。容我再說一次：天敵總是受到光的吸引。有什麼比新生命更能散發光明的？

然而，我們的心靈中還有別的大騙子在那裡試圖羞辱或抹黑新生命。我們常在女人潛入深處的學習過程中發現一個心靈事實，那就是：每當她生出一個美麗的東西時，一個醜陋的東西也會隨之而起（即使為時甚短）。那是一個充滿妒忌心、缺乏理解能力、面帶輕蔑之色的東西。一個或更多這樣頑強的反派角色會跑出來責難這個新生兒、說他很醜、並稱他為無用之物。新生命的誕生會使許多心理情結（除了負面的母親情結或父親情結之外、還有許多其他負面事物）從心靈的垃圾掩埋場爬出來，試圖嗆責新的秩序（這是它們至少會做的事），或試圖使女人灰心喪志，令她新生出的後代、新想法、新生命或新夢想失去血色活力（這則是它們所要達成的最終目的）。

我們可以在古代父親的身上發現同樣的場景。希臘神話中的克羅諾斯、烏拉諾斯和宙斯三位男性神祇都因為暗地裡害怕王位會遭篡奪而企圖吃掉或逐出自己的後代。以榮格心理學的用

註三十一　托奇馬大（Torquemada）是西版牙宗教大審判的首腦。他病態而殘忍，在其時代卻是為人所讚許的一個連續殺人犯。

語來講，這種毀滅力量就是一種心理情結，是心靈中一整組沒有被自我察覺到而因此可以對我們任意妄為的感覺和觀念。心理分析對此所提出的解毒劑就是自我知覺（consciousness）——我們要瞭解自己的缺點和天賦，使這種心理情結無法獨行其事。

用佛洛伊德心理學的用語來講，這種毀滅力量出自本我（id）；那是一個黑暗、無形但無限廣邈的心靈版圖，在它上面散落著（就像失事後的機船殘骸一樣）所有被遺忘、被壓抑和面目可憎的想法、衝動、願望和行動，全都因為缺乏光照而失明。心理分析領域認為要消弭這個毀滅力量，我們必須回憶起底下的思想和衝動，把它們置於意識之中，並去描述、指稱和列舉它們，藉以瀝除它們的能量。

冰島人的一些故事把這個具有魔法的心靈毀滅力量稱做冰人布拉克。其中一個古老故事描述布拉克所犯下的一件完美謀殺案。他用匕首一般的冰柱殺害了一個不願回報他愛情的女人。第二天當太陽升起後，冰柱和這個男人就一併融化不見了；可以定罪的凶器和凶手的身影都不知去向。

神話世界中的這位邪惡冰人跟人類心靈中的情結一樣都具有神出鬼沒的奇特本領；他的操作使倆也跟〈無手少女〉故事中的魔鬼一模一樣。這就是為什麼魔鬼的出現會使被啟蒙者感到不知所措。他跟冰人一樣來無影、去無蹤，但還是完成了他的殺人任務。

然而這個故事還是留下一些重要的線索：當你覺得自己失去了使命感、活力，當你覺得不知所措、有點失魂落魄，這時你就要在四周找一下，看看魔鬼這個心靈伏襲者是否就在你身旁。如果你無法在它正在犯案時看到、聽到或抓到它，你還是要認定它正在積極辦事。最重要的是，不管你再怎麼疲憊、再怎麼想睡覺、再怎麼想閉上眼睛而不顧自己的重大責任，你還是要保持清醒。

事實上，女人的魔鬼情結都是以下面這種方式發生的：她一路走著、做事順遂、處理好自己所有的事情，不料魔鬼卻蹦地一下跳了出來，然後她所有的工作成果頓失力量、變得癱軟、不停咳嗽、最後倒地不起。我們所說的魔鬼情結會用自我的聲音攻訐我們的創造力、想法和夢想。在故事中，它嘲笑並貶抑女人的世界經驗和無意識經驗，試圖撕裂理性和靈性渾然為一的狀態。魔鬼大言不慚地說女人在地底世界所花的時間只不過讓她生出了一頭怪獸，雖然事實上她生出了一個美麗的孩子。

有許多聖徒寫到自己為了堅守對上帝（他們所選擇的那一位）的信心而跟某種勢力互相扭打、整夜被魔鬼攻擊不已。魔鬼用鬆懈其決心的話語燃燒他們的耳朵，用恐怖的鬼魅撼動他們的眼球——總而言之，就是把他們的靈魂在碎玻璃上拖行。他們所描述的正是「魔鬼一躍而出」的心理現象。這種心靈伏襲的目的就是要鬆解你對自己的信心，更要讓你對自己在無意識中小心翼翼完成的美好工作產生疑慮。

在這時候，我們確實需要極大的信心才能繼續往前，但我們必須如此，而且也做到了。國王、王后和國王的母親這些心靈元素都一齊朝著一個方向走來，也就是我們的方向；我們必須跟他們一起堅持下去。此刻的我們正跑在終點線之前的直線跑道；如果現在就放棄，那將會是何等浪費而令人心痛的事情。

我們心靈的國王面向具有堅毅的氣質；他不會在碰到第一個打擊時就昏厥過去，亦不會如魔鬼所願的帶著仇恨和報復心態而萎縮。深愛妻子的國王看到偽造的信息時大吃一驚，但他在回信中還是希望母親在他離家期間好好照顧王后和孩子。我們的內在信心正在受到考驗：當兩個力量中的一個被指為可憎可鄙時，這兩個力量還能相連相屬嗎？其中一方還能不顧一切衷心對待另一方嗎？當有人正在努力播下懷疑的種子時，婚姻關係還可以維持嗎？到目前為止，答案都是肯定的。堅定不移的愛情能否存在於野性的無意識世界和屬世的心靈之間——這是一個我們正要通過的考驗，而我們的表現令人刮目相看。

在回到城堡的路上，信差又在河邊睡著了，而魔鬼再把信息改成「殺掉王后」。在這裡，天敵希望心靈會陷於兩難而自行了斷生命並摒棄自己的某一完整面向——也就是那個重要面向、那個最近才醒覺過來而懷有知能的女人。

國王的母親收到信息時感到非常震驚。她跟國王來來回回通信了好多次，雙方都想澄清對方來信的意涵。最後魔鬼把國王的信息改成了「殺掉王后並割掉她的眼睛和舌頭以做為證據」。

在這裡有一個女人曾因魔鬼下令而失去了雙手並且不再緊握世俗之事。如今魔鬼也要她失去真正的說話能力和視覺能力。他的確是邪惡的魔鬼，但他的要求卻也值得我們停下來好好思考。事實上，他希望發生的事情在長久的人類歷史中一直都是女人極其沉重的負荷。他要求少女服從以下教條：「不要正視生命；不要瞭解生與死的循環；不要追尋所渴望的事情；不要談論所有這些野性之事。」

由國王母親所代表的野性老母親怒斥魔鬼的命令、說那個要求實在太過分了。她斷然予以拒絕。在女人的靈性鍛鍊中，心靈會說：「這太過分了，這絕不是我能容忍或願意容忍的。」於是，由於心靈已經在這個毅力考驗過程中累積了相當多的靈性經驗，它開始用更精明的方式採取行動。

這個野性老母親原可以兜起自己的裙子、把馬鞍放置在兩匹馬的身上、然後衝到遠方田野上去尋找自己的兒子、去看看他到底是被什麼鬼迷了心竅而想殺掉自己美麗的王后和初生的孩子。但她並沒有這麼做。憑著先人傳承下來的智慧，她反而把年輕的被啟蒙者送往另一個具有象徵意義的啟蒙地點：森林。某些啟蒙儀式的地點可能是山洞或山下，但在充滿樹木象徵符號的地底世界裡，森林通常是那啟蒙地點。

即使魔鬼沒有跳出來更改信息，把少女送往另一啟蒙地點本來就是事情自然發展的必然一步。在潛入深處的過程中，有好幾個需要我們一一前往的啟蒙地點，每一處都有我們待學的功課和所需的安慰。那麼魔鬼出現的意義何在呢？我們可以說，他的出現事實上只為了確定一件事情：我們會在急迫的感覺中起身急往下一個地點。

要記住：地底世界的女人在生下孩子後會經歷一段與鐘錶無關的自然時間。在生產中見識過生與死、苦與樂的奧祕後，她身上披著地底世界的灰塵並沾滿地底世界的水。（註三十二）因此，有一陣子她會「不在這裡」而「仍在那裡」。再度現身是需要花上一些時間的。

這位少女就像是產後不久的女人。生下新的想法和新的生命觀之後，她從地底世界的產椅上站起來，披上面紗，把乳房塞進嬰兒的嘴巴，然後就繼續上路。在格林兄弟的〈無手少女〉故事版本中，新生下來的是個男孩，被取名為「充滿悲傷」。但在女神信仰中，女人在地底世界冒險時與國王生下的靈孩叫做「喜樂」。

我們再次看到古老宗教的一條流蘇在此從地面上曳過。在少女生下新的自我後，國王的母親把她送往另一個為時甚久的啟蒙儀式中，讓她學習去瞭解女性完整的生命周期。我們將在後文中談到這一點。

野性老母親賜給少女雙重祝福：她把嬰兒繫在少女脹滿的乳房上，讓這年幼的自性可以在任何情況下都得到哺養；然後她根據女神崇拜的古老傳統為少女披上面紗——這是女神們在朝聖之途中為防被人識出或防止自己分心所穿上的主要服飾。希臘有無數雕像和浮雕顯示伊盧西斯祭典中的被啟蒙者都戴著面紗等候下一階段的啟蒙。

戴上面紗有什麼象徵意義？它標記著「隱藏」和「偽裝」之間的差異。它意謂保護私密、內斂、不輕易揭露自己的神祕本質。它意謂保護情愛動力和野性本質的神祕。

有時我們的問題在於無法在轉化鍋中把自己的新生命能量放上夠久的時間、好讓自己能夠積累些什麼東西。我們務必記得要守它在旁邊，千萬不要輕易把它送給任何前來相求的人、或獻給任何埋伏許久而突然出現的隨興念頭——這些念頭總是要我們相信自己應該掀起鍋蓋、把我們最美麗的靈魂生命倒進別人的嘴巴中或倒在地上。

世界各地的女人都曉得用布遮住某樣東西可以增進它的作用或感覺。我的祖母喜歡說：「用布把碗蓋上。」她的意思是要我們把白布蓋在裝有揉麵糰的碗上，讓麵糰可以發酵膨脹。麵糰上的布和心靈上的面紗具有相同的功用：潛入深處時，女人的靈魂內會蘊藏效力強大的發酵粉，讓巨大的發酵得以發生。戴上面紗可以強化一個人神祕的洞察力。所有戴著面紗的人看來都像霧氣一樣縹緲，而在她們那裏，一切事件和物品都像染上了曙光中或夢境中的顏色。

一九六〇年代的時候，女人用頭髮遮住自己的臉孔。她們蓄起長髮、燙平它、把它當成窗簾披在臉前、用以遮住自己的臉孔，彷彿她們不忍注視這傷口裂開而赤裸裸展露在眼前的世界，也彷彿她們可以用頭髮隱藏並保護柔嫩的自我。中東有一種面紗舞，而當然今日的回教女

註三十二　灰與水是我天主教家族中的年老治療者施行在初為人母之女人身上的儀式。

性也戴著面紗。東歐女性的頭巾和中、南美洲女性戴在頭上的妝束可說是面紗的紀念品。印度女性習慣戴上面紗；非洲女人也是如此。

在我環顧世界的時候，我不禁替今天沒有面紗可戴的女人感到難過，因為自主而隨時可依己意使用面紗的女人才算是握有神祕能力的女人。若能看到戴上面紗的這種女人，那必然會是一個令人無法忘懷的經驗。

當年我堂姊伊娃準備夜間婚禮的景象使我終生迷戀上面紗。那時，大約八歲的我坐在她的旅行箱上，我的花童頭飾早已歪到一邊，而我的一只船形襪被高高拉起，另一只則吞沒在鞋子當中。伊娃首先穿上背後有四十顆小緞包扣的白色緞質長禮服，再戴上各有十顆緞包扣的緞質手套。她把長至地板的面紗拉起，掛在自己美麗的面龐和肩膀上。我的嬸嬸特蕾絲拍撫整張面紗，讓它向外鬆展開來，一邊低聲請求上帝保佑一切完美無瑕。我的叔父席巴斯丁滿臉驚慌地停在門口，因為這時的伊娃已經不再是一個人間女子了；她變成了一位女神。她的眼睛在面紗後彷彿發出奕奕的銀光，她的頭髮也彷彿閃著燦爛的星光，而她的嘴巴看來像是一朵紅花。那時她只屬於她自己、自給自足而充滿能力、並且恰如其分地讓人覺得不敢親近。

有些人說處女膜是面紗，另有人說錯覺才是面紗。雙方都言之有理，但還有更多東西也是面紗。頗令人玩味的是，雖然面紗被用來防範貪圖美色之徒，但它也是嬌嬈女子的裝備之一。一個女人如果在某個特定時刻、為了某個特定情人而擺出某些特別神情並戴上某種特別面紗，她必然會散發出一種強烈到冒煙的情慾激素，使他人的呼吸壓低至無。從女性心理學的角度來說，面紗這個象徵符號代表女人有能力去承接任何她們所冀求的神性或本質。

戴著面紗的人會散發出一種奇異的靈質氛圍。她所激發的敬畏感會讓所有與她相遇的人不敢再追蹤她。他們在驚鴻一瞥之際所感到的震撼會讓他們卻步、不再騷擾她。故事中的少女戴上面紗後才展開旅程，因此無人能夠侵犯她，也沒有人敢在未獲她允許的情況下掀起她的面紗。儘管魔鬼已經發動了這麼多攻勢，她還是再次受到保護。女人也以這種方式經歷生命的改變；當她們處於這種以面紗自蔽的情況時，明理的人都知道不要去侵犯她們的心靈空間。

因此，在心靈發出種種錯誤訊息後、甚至在我們的放逐途中，我們一樣受到那可以給予我們智慧、供給我們豐富營養的最高本我的保護——而這個本我、這個遺世獨立的我則是從我們與野性母親的親密關係那裡汲取生命。我們又上路了，並且得到安全的保護。我們經由戴面紗這個舉動成為野性女人的跟隨者；我們屬於她。雖然沒有拒人於千里之外，但在某些方面我們已不再完全被淹沒在俗事生活之中。

上方世界的娛樂不再令我們感到眼花撩亂。我們正在流浪探險途中，想要尋見位於無意識中的故鄉。有人認為果樹在開花時就形同戴上了美麗的面紗。我們可以引申其意為：我們跟少女現在都是正在趕路的盛開蘋果樹，一心一意要尋見我們所屬的那片森林。

殺鹿曾是復活儀式的一部分，而這儀式很有可能是由一個像國王母親一樣的老女人來主持的，因為人們奉她為熟悉生死循環的「知者」。我們在犧牲母鹿這個情節上看到更多古老宗教的痕跡。在古代儀式中，用鹿獻祭的用意就是要釋出鹿身所具之溫和而豐富的生命力。

就像潛入深處的女人一樣，這個神聖的動物夙來就以能夠容忍酷寒和嚴冬著稱於世。牠被認為擅於搜尋食物、生育後代、以及按照內建的季節循環模式生存於天地之間。參與儀式的眾人很可能屬於同一個氏族，而獻祭的意義則在教導被啟蒙者，要他們瞭解死亡，並要他們充滿鹿的野性生命特質。

獻祭在這裡代表一個雙重血祭（我們之前曾經提到血祭跟煉金術所謂的「紅色過程」是彼此相當的）。首先，被獻祭的是鹿——牠自古以來即被野性女人的後裔當成神聖動物看待。在古代儀式中，不按季節殺鹿即是違背野性老母親。殺害動物是一樁危險的事情，因為各種仁慈助人的神靈都化身為動物在各處往來。不按季節殺害一頭動物將會危及大自然微妙的平衡並引來神靈的報復。

更重要的，故事中被獻祭的是一頭雌性動物、一頭代表女性肉體知能的母鹿。吃掉牠的肉、披上牠的皮毛以取暖並證明自己是氏族的一份子——在這麼做的時候，個人就變成了那頭動物而與牠合而為一。這是遠古以來就有的一種神聖儀式。保留牠的眼睛、耳朵、鼻子、角以及各種內臟，就等於擁有這些器官所代表的各種能力，如：遠視力、遠覺力、敏捷、堅韌的身體、以及呼朋引伴的能力等。

當少女被迫離開慈愛的老母親和國王時，第二個**紅色過程**就發生了。在這段期間，即使我們失去了那些曾經支援過我們的心靈力量，我們仍然受命要記住它們、要繼續餵養自己的靈性。我們不可能永遠停留在完美結合的狂喜之中；對大多數人來說，那不是該採行的途徑。我們必須在某一時刻離開這些美好力量所提供的奶水，但同時意識清楚地繼續跟它們保持聯繫、繼續往前去完成下一個工作。

的確，我們有可能會偏執地固守在心靈和融的某一特別美麗面向上、試圖永遠不離開它、永遠在那裡吸吮它神聖的乳頭。但這並不意謂哺養是有害的。正好相反，我們在探險旅程上絕對需要哺養，而且需要大量的哺養。事實上，如果分量不足的話，探險者會失去活力、陷於沮喪、並變得像游絲一般虛弱。但如果我們一直不肯離開心靈中某個最可愛的地點（比如美麗或狂喜），我們的個體化過程就會減緩成膠著不前的旅程。我們必須面對的真相是：有一天我們終須離開（至少短暫的離開）那些我們在自己心靈中發現的神聖力量，以便讓過程的下一步驟得以發生。

故事中的兩個女人在淚水中互相告別。我們也應如此向心靈中那些提供我們極大幫助的可貴力量告別。然後，一邊把幼小的自性抱在胸前和乳房前，一邊我們就上路了。少女再度走在流浪的路上、走向一座巨大的森林。她內心堅信那座森林大廳將會帶給她某種可以打造靈魂的寶物。

第六階段：野性女人的畛域

年輕的王后來到她所見過最大、最原始的森林中；她看不到任何可通行的路，只好上下四方摸索通路。將近天黑時，曾在護城河上幫助她的白衣幽靈把她帶到一個由仁慈的森林居民經營的破客棧。一個白衣女子請她入內並直呼她的名字。當年輕的王后問女子如何知道自己的名字時，白衣女子回答說：「我的王后，我們住在森林裡的人都非常清楚這些事情的。」

於是王后在這森林客棧停留了七年之久，跟她的孩子過著快樂的生活。她的手逐漸長了回來：最初像嬰兒的手、然後像小女孩的手、最後則是一雙女人的手。

雖然這段情節只短暫出現在故事中，但它所跨越的時間和完成最後工作所需的時間卻是最長的。少女再度流浪後返回心靈之家（可以這麼說），在那裡停留達七年之久。雖然離開了丈夫，她卻在其他方面經歷了增長和復原。

她的情況也曾再次引起白衣幽靈的同情。在它的引導之下，她來到這個森林之家。深層心靈總是在女人的探索過程中扮演慈悲為懷的角色；它會不斷為我們提供幫手。這個在此時帶領她和保護她的幽靈是野性老母親的屬民。正因如此，它就是那隨時都能預知未來會發生什麼事的本能心靈。

少女來到的這片廣大原始森林是神聖的原型啟蒙之地。它就像古希臘神話中那片生長在幽冥世界、名叫露契（Leuce）的原始森林，其中盡是古老的聖木以及或馴或野的動物。無手少女就在這裡享受到寧靜平安，為時達七年之久。由於這塊土地上長滿樹木，也由於開花的蘋果樹就是她的象徵，我們可以說她終於抵達了故鄉。她熱情而盛開的靈魂將在這裡重新扎根。

那在密林當中經營客棧的女人是誰？就像那穿著燦白衣服的幽靈一樣，她是古代三頭女神的一個面向。如果這個童話故事還完全保有原始故事的每一個細節的話，我們在故事中應該還能見到另一個仁慈／凶猛的老女人在客棧內擔任某種職務。但故事的這一部分已經佚失了，就像一份被撕掉若干頁的手稿一樣。當古老的自然宗教和晚近以教條為中心的宗教雙方發生大戰時，這不見的一部分很可能就是在一場戰爭風暴中被埋沒掉了。但所留下的碎簡還是非常具有意義；這故事的河水可說是既深且清。

我們看到兩個女人用七年時間來瞭解對方。白衣女人就像〈薇莎莉莎〉故事中擅長讀心術、代表野性老母親的芭芭雅嘎。芭芭雅嘎對未曾謀面的薇莎莉莎說：「啊，沒錯，我認識妳的家人。」作為地底世界客棧主人的這位白衣女子也早已認識年輕的王后，因為她也是那位神聖知者的屬民。

故事在這裡又再一次遭到嚴重的打斷。故事中並沒有確切提到什麼樣的工作和學習是在這七年中完成的，只說到這七年帶來平安和復原。雖然我們可以說這個中斷之所以會發生是因為故事所蘊含的古代自然宗教在傳統上不輕易洩露啟蒙知識的內容，以至於我們在這樣的故事中無從獲知那是什麼樣的知識。但更有可能的是：這故事原本應該記載了另七個面向、工作或橋段，而少女用自己在森林所度過的七年學習時間一一完成這七個項目。不過，我們不要為失去這段篇章感到氣餒。記不記得心靈是不會遺漏任何東西的？

我們可以從其他有關女性啟蒙的資料中搜集到一些碎片；這些碎片足以幫助我們回憶和重建這七年當中所發生的一切事情。女性啟蒙是一個原型。雖然單一原型常具有多種變化形式，但它的核心意義是不會改變的。因此，在用燭光審視其他口傳或以文字書寫的童話和神話故事之後，我們對於啟蒙得到以下的瞭解。

少女停留了七年之久，而七年是女性生命的一個季節。七這個數字跟月亮的周期有關。它也代表其他神聖時間：宇宙被創造於七天之內、一星期有七天等等。但在這些神祕的意義之外，它還有一個更重要的意義。

女性的生命是以七年為一期來劃分階段的；每七年時間代表某組經驗和知識的學習期間。這些階段可以用來描述實際的年齡成長，但它們更適於代表靈性成長而未必跟女人的實際年齡有關（雖然有時是如此）。

自有時間以來，女人的生命都被劃分成不同階段，而這也多半與她的身體變化能力有關。把女人的肉體生命、靈性生命、情緒生命和創造力依序劃分為階段是很有用的，因為她可因此有能力去預期和準備「下一步將要發生的事」。「下一步將要發生的事」是屬於本能野性的管轄範疇；它永遠知道那會是什麼。但是，當古老的野性啟蒙儀式在歷史歲月中逐漸淡去之際，年長女性用來讓年輕女性知曉女性天然變化的教誨也就失傳了。

在實際觀察女人的不安、渴望、變化和成長後，我們可以重新發現女性深層生命的古老模式或面向。雖然我們可以給每一階段加上個別名稱，但它們全都具有「圓熟、老化、死亡、新生」這樣的轉變過程。少女在森林中度過的七年讓她瞭解這些階段的細節和中間所發生的故事。以下列出的周轉時期都各以七年為期，跨越女人一生的時間。每一次周轉都各有其儀式和工作，而我們的責任就在於賦予它們豐富的內涵。

下面所列旨在譬喻心靈的深度。女人在不同的年齡和生命階段都有必須完成的工作和必須學習的態度（那些可以幫助她扎根的態度）。舉例來說：如果我們根據下列的時間表，可以活到「萬事如霧」的那個年紀——在這境界裡，一切皆新如明天、亦古老如時間之初——我們將會發現自己事實上還正在進入另一種態度和另一種視覺，發現自己在那個年齡的制高點上仍然繼續在發掘與完成知覺的工作。

下列的譬喻只是片段的，並不周全。但只要這些譬喻的意義具有足夠的延展性，我們還是可以從已知之事和對古老知能的感知當中替自己建構新的認識——不僅是對靈質世界的認識，也是對當下實際生活有所幫助的認識。這些譬喻大略取材於生活經驗、實際觀察、發展心理學以及創世神話——所有這些神話都蘊含著古老的人類心靈痕跡。

下列這些階段並非一成不變地依附於歲月年齡之上，因為有些八十歲的女人在心理發展上還依然是個少女，有些四十歲的女人則早已進入「萬事如霧」的心靈境界中，而有些二十歲的女人則像高齡老女人一樣滿身都是戰爭的傷痕。這些年齡階段不分高低順序而純粹與女人的意識狀態和靈魂生命的增長有關。每一個年齡階段皆代表態度的一個轉變、靈性功課的一個轉變、以及價值觀的一個轉變。

〇至七歲：身體的年齡以及作夢／社會化的年齡；仍然保有想像力。
七至十四歲：劃分理性和想像、但又將之編織在一起的年齡。
十四至二十一歲：新的身體／少女／展現但亦保護感官慾望的年齡。
二十一至二十八歲：新世界／新生命／探索世界的年齡。
二十八至三十五歲：為人母親／學習像母親一樣照顧他人和自己的年齡。
三十五至四十二歲：成為尋求者／學習照顧自我／尋求自我的年齡。
四十二至四十九歲：初為老婦／尋找遠方營地／鼓舞他人的年齡。
四十九至五十六歲：地底世界／學習其語言和儀式的年齡。
五十六至六十三歲：選擇／選擇自己的世界及決定何事尚待完成的年齡。
六十三至七十歲：成為守望者／重鑄一切所學的年齡。

七十至七十七歲：重新變年輕／更成老婦（cronedom）的年齡。
七十七至八十四歲：「萬事如霧」／從微知著的年齡。
八十四至九十一歲：用鮮紅色的線織布／瞭解命運之梭的年齡。
九十一至九十八歲：心境空靈／少說多活的年齡。
九十八至一百〇五歲：靈性氣息的年齡。
一百〇五歲以上：時間消失、不朽的年齡。

對許多女人來講，女性知能發展的前半時期——約莫至四十歲左右——會明顯讓她們從嬰兒本能理解力所聚成的肉體生命移轉到深處母親的肉體知能。但在後半時期裡，肉體幾乎只成了心靈的一個感知工具，而女人則會變得愈來愈深奧微妙。

當女人漸次走過這些周轉階段之際，她的自衛防護層和厚重的保護膜會變得愈來愈透明，直到她的靈魂開始照透出來。在漸趨老化的時候，我們可以感覺到並看到靈魂如何在肉體與心靈之間奇妙轉化。

所以，七是啟蒙的數字。我們的確可以在原型心理學裡找到數十個跟「七」這一象徵符號有關的說法。在幫助女人認清眼前的工作、並對她們說明目前位於地底森林何處時，我發現有一個說法特別值得一提，那就是：古人曾經認為人有七種感官，而每種感官各有其特性，這些具有象徵意義的特性為每個人所擁有，而且它們似乎透過跟身體有關的譬喻以及身體的實際構造成為靈魂啟蒙的重要元素。

例如，墨西哥納華族的古老治療儀式認為這些感官代表靈魂或「內在聖體」的諸般面向，因此它們需要受到訓練。我們無法在此細論這需時甚久的訓練過程，但這七種感官可以說代表了七個工作項目：活力、感覺、言語、味覺、視覺、聽覺和嗅覺。〔註三十三〕

每一個感官都被認為受到某種穹蒼能量的影響。如今，當參與團體治療的女人談論這些事情的時候，如果我們要把此能量巧妙地引至人間，我們可以要求女人用下列源自前述儀式的譬喻來描述、探討、整理這些感官，以便察看它們的奧祕之處：火賦予活力、土賦予感覺、水賦予言語、空氣賦予味覺、霧賦予視覺、花賦予聽覺、南風賦予嗅覺。

古老啟蒙儀式遺留在這個故事裡的一小片破布——「七年」這個字詞——這使我深信古代啟蒙儀式的中心內容應該同時涉及女人的生命周期、七種感官、以及其他在傳統上以「七」為數的周期與事件。克蕾丁安娜是我們大家庭裡一個來自德國史瓦賓、受人愛戴的年老說書人。她提到古代故事留下來的一個碎片，使我著迷不已。她說：很久以前的女人都有一個習慣，就是到山中某處去住上好幾年，如同男人隨著國王的軍隊出征多年一樣。

當少女在深鬱的森林裡學習的時候，另一個奇蹟出現了：她的手開始漸次長了回來，最初有如嬰兒的手。這可以代表她最初對於所發生的事情只有模擬式的瞭解，與嬰兒的行為是一樣的。當她的手長成小孩子的手時，她開始對一切生出了一種具體但還非絕對的瞭解。當她的手最後長成女人的手時，她對於非具體世界的事情、譬喻性的事物、以及她所行經的神聖道路開始有了更深而經驗老到的掌握。

只有當我們以本然知能去瞭解這一生所學到的諸般事情時，我們的手——女人的手——才算是長了回來。我們第一次進入個體化的某一心靈階段時多半只會笨拙可笑地去模仿我們想要精通的行為。但在繼續努力之後，我們的生命將會擁有屬於自己的靈性語言、長成我們自己專有而獨一無二的樣式。

我有時會在演出和從事分析時使用我替這故事寫出的另一文學版本。年輕的王后走到水井旁邊。當她彎身取水時，她的孩子掉進井中。當年輕的王后尖叫時，有一個幽靈現身問她為什麼不救自己的孩子。她喊說：「因為我沒有手！」幽靈大聲說：「妳試試看！」當少女把手臂放入水中、伸向她的孩子時，她的手就在那裡和那時重新長了出來，而孩子也因此獲救。

這個清晰有力的譬喻可以幫助我們瞭解如何去挽救年幼的自性（靈魂自性），使它不會再次淪亡於無覺之中，並使我們不致忘卻我們是誰和我們的工作是什麼。在這個生命階段裡，我們甚至可以把最有魅力的人、最迷人的想法、最誘人的馬戲團汽笛音樂都輕易地丟到一旁去

註三十三　見聖經〈訓道書〉第十七章第五節。

——尤其如果他們不能提供我們養分、不能讓我們與野性本質結合的話。

對許多女人來講，從一個輕信任何想法或任何人（甚至受其驅使）的女人轉變成一個深知自己命運而閃亮發光的女人，這樣的轉變會是一個奇蹟。但只要眼睛直視前方、手掌向外、佩帶著本能我的完整聽覺，女人便可以用這種嶄新而有力的方式走進生命之中。

在這個版本中，少女已經做了該做的事。因此當她需要自己的雙手來幫助她感知和守護自己的行進時，它們就出現在那裡。它們之所以獲得重生是因為她害怕失去那年幼的自性。有時候，在重新掌握生命和靈性工作時，女人會短暫停下這個工作，因為她可能還不完全相信自己已經擁有了新的能力。她也許還需要花點時間來試用它們，以確知它們真的是法力無邊。

我們常常需要改掉「（雙手）一旦無力、便永遠無力」的這種想法。經歷了所有的失落和痛苦之後，我們會發現只要我們願意伸出雙臂，我們就能抓住我們最珍愛的那個孩子。女人會發現自己最終還是重新握住了生命、擁有了能夠幫助她「看見」並打造生命的手掌。一路走來，她曾獲得心靈各種力量的幫忙，而如今她也已擁有可觀的成長。她現在的確位在「本我自性之內」。

因此，我們在這個長篇故事的廣大土地上幾乎已經走到了盡頭，但最後仍有一長段進入高潮和完結的路程。由於這個儀式是要把我們引進毅力的奧義之中，要鍛鍊我們的毅力，就讓我們奮力向前、繼續走完這最後一段地底行程吧。

第七階段：野性新娘和新郎

國王回來後，他和他的母親才知道魔鬼在他們的信件上動了手腳。國王發誓淨身；他要不吃不喝走遍所有在藍天底下的地方，去尋找少女和他們的孩子。他尋找了七年；他的雙手發黑，鬍鬚變成青苔般的黴褐色，眼眶發紅而乾枯。他在這段期間不吃不喝，但有一股比他更強大的力量支持著他活下去。

他終於走到森林居民所經營的客棧這裡。在那裡，他被蓋上面紗、睡了過去，然後醒來時發現一個美麗的女人和一個美麗的孩子正在低頭注視他。年輕的王后說：「我是你的妻了，而這是你的孩子。」國王很想相信這是真的，但他發現少女有手。少女說：「經由我的苦難和我的悉心照顧，我的手已經長了回來。」白衣女人則從一個存放貴重物品的木箱裡拿出那雙銀製的手。大家享用了一場靈性饗宴，然後國王帶著王后和孩子一起回到母親那裡，並舉行了第二次婚禮。

在這結尾之處，曾經不辭漫長艱辛向深處潛入的女人終於把四股靈性力量聚合成堅固的一體：有如國王的阿尼姆斯、年幼的自性、野性老母親和得到啟蒙的少女。她已經被洗淨了好幾次。她的自我所想望的安全生活已不再是那隻帶頭拉縴的狗。如今引導心靈的是這個「四位一體」。

國王的受苦和流浪讓最後的重逢和二度婚姻得以發生。他，地底世界的國王，為什麼需要流浪？他難道不是國王嗎？事情的真相是這樣的：國王們——即使是原型的國王——也需要讓自己的心靈得到成長。我們在這故事中看見一個古老而極其神祕的觀念：當心靈的一個力量發生變化時，其他的力量也會隨之發生變化。現在的少女已不再是他曾經迎娶的女人，也不再是那柔弱的流浪靈魂。她如今已獲得啟蒙，已經瞭解女性在所有事情上應有的作為。如今她已從野性老母親所說的故事和所提示的勸告那裡汲取到靈性智慧。她擁有了雙手。

因此國王必須經歷苦難，好讓自己也能成長。在某些方面，這個國王留在地底世界裡，但身為阿尼姆斯的他也代表女人對集體生活的適應力。他身上攜帶著女人在回到上方世界或外在社會的路途上所學到的重要觀念，只是他還不曾循著她的腳步而行。他必須這麼做，這樣他才能把現在的她和她所獲得的知識帶往世界。

在他從野性老母親那裡得知自己被魔鬼欺騙之後，他本人也藉流浪和尋覓投入了生命轉變的行程，就像少女在他之前所做的一樣。他並沒有失去雙手，但他失去了王后和子嗣。因此，阿尼姆斯踏上了一條與少女行經之路非常相似的道路。

這個「重行其路」以很有力的方式重組女人在世上的生存方式。用這種方法調整阿尼姆斯就是要把它引進並融入女人的心靈功課中。這可能就是為什麼古代伊盧西斯的女性啟蒙儀式中也有男性被啟蒙者的原因——這些男人經歷女性在啟蒙過程中所經歷的考驗和痛苦，以求找到他們的心靈王后和心靈子嗣。阿尼姆斯也進入一個為期七年的啟蒙過程。就這樣，女人學習到的知識將不僅反映在她的內在靈魂中，也會被謄寫在她的外表生命上、成為她外在生活的準則。

國王也在啟蒙森林中流浪。在此，我們再次覺得故事好像少了七個橋段，也就是阿尼姆斯接受啟蒙的七個階段。但我們還是可以利用斷簡殘篇來推論事情；我們自有方法和工具。其中的一個有用線索是：國王不吃不喝達七年之久，但他的生命還是得到維繫。「不吃不喝」代表的意義是：伸手去索取那存在於驅力和欲望背後及其下方的某種更深意義。國王的啟蒙會讓他對於欲望（性方面的〔註三十四〕和其他方面的）擁有更深沉的瞭解，也讓他知道那些維繫人類希望和幸福的周期有何價值而他應如何保持這些周期之間的平衡。

此外，由於他是阿尼姆斯，他的尋覓可以讓他找到心靈中已完全得到啟蒙的女性本質。不管在路上會遇見什麼事，他都要以此為主要目標。他也可因此進入野性本我之中：他成為大自然動物達七年之久，有七年時間不曾洗澡，只為了要剝除過度文明所帶給他的角質積層。這個阿尼姆斯正在做好實際準備，要讓自己可以在日常生活中把最近得到啟蒙之女子的靈魂白性展

註三十四　舉例來說，有些現代男人已經對自己性能力應有的起伏循環失去了感知能力。有些人一無感覺，有些人則陷在縱慾之中。

現出來，並用行為對它宣示忠誠。

國王睡著時披上面紗的這個情節也很可能是古老神祕儀式的遺跡。希臘有一座美麗的雕像就是這個形態：有一個被啟蒙的男子戴上面紗並垂著頭，好像在休息或等候，也像是睡著了。〔註三十五〕我們在此發現阿尼姆斯的所作所為不能低於「她」的知能水準，否則她會再度分裂為二，無法把她內心所感覺和所知道的事情結合於她透過阿尼姆斯所表現出來的行為之上。因此，阿尼姆斯必須在大自然中四處流浪——流浪於它自己的陽性本質之中，也流浪於森林之中。

難怪少女和國王兩人都需要被帶到啟蒙所在的心靈大地上去流浪。啟蒙只能發生在野性本質之中，只能在野性女人的身旁發生。一個受到如此啟蒙的女人通常會發現自己在野性本質找到的地底愛情竟然正逐漸冒出在她的上方世界生活中。她的心靈飄散出一股木火香氣。通常她會把自己在「那裡」學到的事情實踐在「這裡」的生活中。

在這個漫長的啟蒙過程中，最令人感到驚訝的一件事情是：在過程中，女人仍然可以在上方世界裡從事所有慣常活動，如愛自己的情人、生孩子、追逐小孩、追尋藝術、追尋文字、搬拿食物、攜帶顏料、拿取毛線球、為這或那爭取權利、埋葬死者。她一方面盡責完成日常生活的工作，一方面到深處和遠處去流浪尋索。

此時女人常會面臨兩個讓她不知如何是好的選擇。這時的她有一個衝動，想要走入森林之海並在綠色中游泳，也想要爬到峭壁頂端、迎風坐在那裡。心靈之鐘在這時也會敲起報時，使她突然覺得有必要去找一片她可以擁有的天空、一棵她可以環抱的樹、一塊她可以把臉頰貼在上面的岩石。但這時的她也必須生活在上方世界中。

而女人在這時是非常令人敬佩的。即使她有好幾次都想把車子開到夕陽之中，但她並沒有這麼做（至少她暫時沒有這麼做）。這是因為唯有外在生命才能在我們身上施加適當的壓力，使我們願意接起地底世界的工作。在這時期，我們最好還是留在世界上、不要離開它，因為壓力的存在是更為有益的。唯有壓力可以在深處創造出寶貴的生命變化。

因此，我們看到阿尼姆斯正在經歷自己的生命轉變、把自己準備妥當、以求能夠成為少女和年幼自性旗鼓相當的同伴。他們終於重逢，並一起回到野性老母親那裡——那位充滿智慧且堅忍不拔、用機智和智慧從旁幫忙的母親。他們全部團聚在一起，相愛不渝。

魔鬼捕捉靈魂的企圖終告失敗而無能挽回。靈魂的毅力已經成功地通過了考驗。女人每七年需要經歷一次這樣的過程；第一次有些模模糊糊，而後通常至少會有一次令她至感艱辛，其後的則大多值得回味並帶來新的生命契機。我們在此終於可以休息一下，環顧一下這鬱鬱蔥蔥

註三十五　在這個故事的某些版本中，面紗被手帕所取代，而且它不是被男人的氣息掀落的。在旁玩耍的小男孩把這手帕時而蓋在父親臉上，時而又將它掀起來。

的女性啟蒙大地和其中的考驗。一旦我們完成了一個周期，我們可以在任何時候、為任何理由再度選取任一或所有可以更新我們生命的心靈功課，以進入另一個周期之中。這些心靈功課可以包括：

- 離開心靈的舊父母，潛入不知名的心靈領域，同時仰賴一路上所遇之陌生人的善意。
- 把我們在某次愚蠢交易中遭到的傷害包紮起來。
- 在心靈飢渴的狀態中流浪，相信大自然（我們的野性本質）會來餵飽我們。
- 找到野性母親並尋求她的救助。
- 聯繫地底世界中那位可以提供庇護的阿尼姆斯。
- 跟靈魂嚮導（那位魔法師）對話。
- 凝望野性女人的古老果園（強大的生命力）。
- 孕育並生出年幼的自性。
- 忍受誤解；一再被迫失去所愛。
- 變得面目汙黑、滿身泥濘而骯髒。
- 留在森林居民的領土上達七年之久，直到孩子長大到理性的年齡。
- 等待。

- 讓內在視覺和知能獲得重生；讓心靈之手復原。
- 即使失去所有，還是要帶著靈孩繼續前進。
- 回顧童年、少女歲月和成年歲月並把握其意義。
- 重新把阿尼姆斯改造為野性自然的力量；愛他（而他也回報以愛）。
- 在野性老母親和年幼本我的面前完成野性婚禮。

無手少女和國王兩人同樣在七年啟蒙過程中受苦受難的事實告訴我們心靈中的陽性本質和陰性本質具有共通之處。我們可以清楚知道：這兩股力量並非對立相向，反而互相深愛著對方——而這深情則是深植在本我追尋的旅程之中。

〈無手少女〉是我們這些真實女人的真實故事。它所說的不是我們一部分的生命，而是一輩子必須經歷的所有生命階段。它的根本意義告訴我們：女人必須一而再、再而三流浪到森林區域去；這是她的職責。我們的心靈和靈魂特別適合做這樣的事情，好讓我們有能力橫越心靈的地下世界，在其間走走停停、傾聽野性老母親的聲音、吃靈性果實、並與我們所愛的每一件事物和每一個人團聚在一起。

剛開始跟野性女人相處的時候，我們都會覺得十分艱苦。修復受傷的本能、驅除天真、花時間瞭解心靈和靈魂最深的面向、堅守自己已知的事情、不轉身離去、為我們所支持的理念發聲——這一切都需要用上無限而神祕的毅力。當我們結束一次地底世界的探險而回到上方世界時，雖然在外表上可能沒有什麼改變，但我們在內心中卻已收復了一大片廣袤的野性之地。我們在表面上依然對人保持友善的態度，但在表皮之下我們絕不再甘於馴服。

第十五章

如影隨形：深沉之歌

「影隨」是指動物或人由於手腳輕盈而可以任意穿梭在森林裡，並可以觀察他物而不為對方所察覺。狼會影隨任何經過牠領域的人或物，藉以蒐集資料。牠就像現形後變為一縷輕煙、然後又再現形的幽靈。

狼可以無聲無息地四處移動。牠發出的聲音就像「最害羞的天使」所發出的聲音。牠會先退到後方去影隨想要打探的動物，然後出其不意地出現在那頭動物的前方，並從樹木後面露出半張臉孔和一隻金色眼睛。突然，牠會來個大轉身而失去蹤影，但見牠白色的頸毛和扇羽般的尾巴像快鏡頭模糊影像般一閃而過。而牠這個動作的目的只不過是想在折回後再突然出現在陌生客的背後。這就是影隨。

野性女人已經影隨女人許久。我們一下瞥見她、一下又看不見她，然而她在我們生命中出現的次數和形式何其多，以至於我們覺得四周盡是她的意象和動能。她在夢境或故事中（尤其是我們自己的生命故事）出現在我們眼前，想要看看我們是何許人，也想看看我們是否已經準備好與她相屬。我們只要好好注視一下自己的影子，就可以發現它們不是兩腿人類的影子，而是某種自由野性的美麗形式。

我們應是她領土上的永久居民、而非觀光客，因為我們出生於那片土地。它既是我們的母親國度，也是我們所繼承的財產。我們被靈魂／心靈的野性力量影隨，這絕不是沒有理由的。中古世紀有人說：如果你在潛入深處時遭到一個巨靈的追逐、如果這個巨靈可以抓住你的影子，那麼你也將自成一個巨大的力量。

我們心靈中那既偉大、又慈愛的野性力量打算用她的獸爪抓住我們的影子，這樣她才能接收我們為她所有。一旦野性女人抓住我們的影子，我們就會找回自主能力，並安身立命在自己的家園裡。

大多數女人並不害怕這樣的事情。事實上，她們希冀這樣的團圓。如果她們可以在此刻就找到野性女人的窩居之處，她們會馬上潛水而下並快樂地跳到她的膝蓋上。她們只需要被導引到正確的方向，而這方向永遠是往下再往下、直抵她們的心靈鍛鍊場、直抵她們的內在生命、並經過地道直達野性女人的窩。

不管我們是在童年或成年時開始尋找，我們之所以尋找這野性本質的原因是：在我們熱切從事任何事情的時候，都感覺到有一個支持自己的野性神祇就在身旁。也許我們在夢中的雪地上看到她的足跡。或者，我們在心靈遍地看到彎折的樹枝和被踩翻的卵石（它們潮濕的那一面現在都面向上方），因而知道某個神聖的東西剛從我們眼前走過。我們在自己的心靈內感知從遠方傳來而為我們所熟悉的氣息。我們覺察到地面的顫動，因而打從心底知道我們內在有某個強大的東西、某個重要人物、某種野性自由正在那裡出沒。

我們無法轉身離它而去。我們只想追隨它，去學會如何跳躍、奔跑和影隨所有從我們心靈土地經過的東西。我們開始影隨野性女人，而她也慈愛地回頭來影隨我們。她發出嗥吼聲，而我們在還不記得如何講她的語言之前、還不清楚自己說話的對象究竟是誰之前就想回應她。而她等候我們並鼓勵我們。野性本能的奇妙處就在於：在所知還不完整之時，我們就已知道；在視覺還有所不足之時，我們就已明白有一個奇妙而慈愛的力量獨自存在於自我的疆域以外。

女作家奧波・懷特萊（Opal Whitely）在童年時寫下這些句子來描述自己與野性本質和好的情形：

今天近晚時刻
我帶著眼睛失明的女孩
稍稍走進森林——
那只有黑暗和影子的地方。

我帶她走向一個
朝我們走來的影子。
它輕觸她的臉頰，
用它柔軟的手指。
如今她
也喜歡上了影子，
再也不見昔日的恐懼。

若想找回她們失去已久的東西，女人可以追隨自己的影子。妳要向哇拉露佩城的聖母雕像獻上一根蠟燭祈求，只因為這些不見和失竊的寶物仍然把它們的影子投向我們的夜夢、我們充滿意象的白日夢、老之又老的故事、詩和任何靈感乍現的剎那。世界各地的女人——包括妳的母親、我的母親、妳跟我、妳的姊妹、妳的朋友、我們的女兒、以及所有我們還未見到的女性部族——都夢到那不見的東西，也夢見那即將從無意識世界中起身醒來的東西。全世界各地的女人都夢見同樣的夢。我們不缺少地圖，也不缺少彼此；我們透過夢境結合在一起。

夢有補償作用。它們是探入無意識深處的鏡子，可以映顯失落的以及仍須修正和平衡的事物。透過夢，無意識不斷製造出可以啟示人心的意象。因此，就像傳說中沉沒的大洋洲，冒著水氣和水流滂沱的野性夢世界就從我們睡著的身體中浮現出來，像母親國度一樣庇佑我們。這是代表我們知能的大洋洲；它是我們的「自性」所擁有的土地。

我們夢見的是原型野性女人和團聚。每天，我們藉著這個夢被生出來並重獲生命；我們藉著它的能量創造白晝所需的一切。我們也夜復一夜藉著這同一個野性之夢被生出來並重獲生命。當我們回到曙光那裡的時候，會發現自己手中握著一根粗糙的毛髮，腳底沾著濕黑的泥土，頭髮上則有股海洋或森林或炊火的味道。

我們就是從那片土地踏回到我們在白晝所穿的衣服、亦即我們的白晝生命之中的。我們從那個蠻荒地區旅行回來就是為了要坐在電腦、煮鍋、窗子、老師、書本和顧客的面前。我們把野性的氣息吹進我們的公司職務、我們的商業創意、我們的決策、我們的藝術作品、我們的手和心所做的工作、我們的政治立場、靈性、計畫、家庭生活、教育、工業、外交、種種自由及權利及義務等一切事情之中。野性女人不僅可從所有世界獲取養分，它也養育所有世界。

就讓我們承認：女人正在建起一個母親國度。每個人手中拿著的泥土是從一夜之夢和一日之作為所取得的。我們以自己為中心，慢慢地把這泥土一圈又一圈、圈圍愈來愈大地灑向四方。總有一天它將成為一整片連續的土地、一片從死亡中復活的大地。它將成為心靈的母親國度，與其他所有世界共存而平等。這個正在被建起的世界所使用的建材就是我們的生命、我們的哭喊、我們的笑聲、我們的骸骨。這是一個值得建造的世界，也是一個值得居住的世界。在這個世界裡盛行一種令人尊敬的野性智慧。

當我們說到「土地再生」時，我們第一個念頭大概會想到挖土機、木匠或老建築物的復建。但這是現代人的看法。意為「土地再生」的英文字reclamation起源於古法文中的reclaimer這個字，意為「喚回被放飛的老鷹」，也就是用呼喚的方式令某種野性事物返回。這個意義對我們來講再適切也不過了。我們正在用心智、生命和靈魂的聲音呼喚直覺和想像力，希望它們能夠返回。我們呼喚野性女人，而她也應聲來到。

女人無法逃避這樣的事情。如果世界有所改變，我們就是那個改變。我們懷有「女知者」在身上。如果內心世界需要改變，那麼個別女人必須完成它；如果外在世界需要改變，那麼我們全體女人將用自己的方法來促成它。野性女人會輕聲把方法告訴我們，而我們將遵照而行。她一直在奔跑並時而停下等候，想看看我們是否就快趕上她。她要把某樣東西、許多東西指給我們看。

因此，如果妳正想掙脫舊規、想要冒險一下（也就是膽敢違背誡命行事），那麼就請妳盡可能掘起埋藏得最深的骨骸，好讓女人、生命、男人、兒童、大地這一切的原始自然面向都得以開花結果。運用妳的深情與本能去知曉何時應該低吼、躍起、攫取、揮擊、殺害、撤退或長嘯到天明。如果想讓自己的生命盡可能貼近靈質野性，女人就必須更常甩頭、更常讓自己淚水盈眶、更具有嗅能和創造力、更盡情讓自己沾滿泥巴、更擁有獨處時間、更常與女人為伍、更親近大自然、更具有熱火和精神、構思出更多文字和創意。她必須更認識女人的姊妹情誼、播下更多種子、貯存更多用以接枝的種木、寫更多的詩、繪出更多想像的和寫實的畫作、更深入野性女人的領域。她要參加更多由恐怖分子組成的縫紉姊妹會；她要更常嗥叫。最重要的，她要更常吟唱深沉之歌。

她必須抖動身體以豎起自己的皮毛、昂首闊步在古老的路徑上、相信自己的本能知識。我們全都有資格自稱是傷痕氏族的一員，並驕傲地在四處展示我們生命中的戰爭傷痕。我們把自己的祕密寫在牆上，一點也不覺得羞愧，而且還能自行走完全程並找到出路。我們不要在憤怒上耗盡自己的力氣，反而應該從它那裡獲得力量。最重要的，我們要多使用巧思並善用女性的機智。

讓我們記住：最好的東西是藏不住的、也是不應被藏起來的。如果我們只願獨享或僅與極少數密友分享，那麼打坐、受教、夢的解析以及對於上帝綠茵之地的認識都將變得全無意義。因此，無論妳在哪裡，請妳走出來，留下妳深深的腳印吧，因為妳做得到。就讓自己成為那坐在搖椅中、搖著自己的意念而使它重返年輕的老女人吧。讓自己成為〈月牙熊〉故事中那位勇敢且韌性堅強的女人、學會不為幻象所惑。不要像火柴女孩一樣用火柴的微光和自己的幻想來逃避問題。

要像醜小鴨一樣堅持，直到妳遇見與妳同氣相通的家人。要疏濬創造力之河，讓哭泣之女可以找到那原屬於她的東西。要像無手少女一樣跟隨毅力的引導、走過森林。要像狼女一樣蒐集失落之寶物的骸骨、用歌聲唱回它們的生命。盡力原諒過往、稍微忘掉一些、大大創造一番。妳今天的作為會影響未來的女性。妳的女兒的女兒的女兒極可能會記住妳，但更重要的是，她們會追隨妳的足跡。

跟本能天性相處的方法有千千萬萬種，因此妳深處問題的答案會隨著妳和世界的改變而改變。妳不可以說：「做這和這，而且一定要照特別的順序來做，這樣一切就會有完美的結果。」在我一生與狼相處的時間裡，我一直想明白為何牠們——在多數情況下——可以如此平靜地過日子。因此，為了讓妳能夠平靜度日，我建議妳現在就開始做以下的任何一項事情。至於那些正感到掙扎痛苦的人，她們最好從第十項開始做起。

狼的生活準則

一、吃東西

二、休息

三、在上述兩事的相隔期間漫遊各處

四、對同伴忠誠

五、愛子女

六、在月光下小題大作地發出抗議聲
七、調整聽覺
八、看住骨頭
九、做愛
十、常常嗥叫

第十六章 狼的眼睫毛

如果你不到森林裡去，那麼任何事情都將無法發生，而妳的生命也將無從起始。

他們說：「不要到森林裡去，不要去。」

她問：「為什麼？為什麼今天晚上我不能去到森林裡？」

「那裡住著一頭大野狼，牠專吃像妳這樣的人。不要到森林裡去、不要去。我們是說真的。」

想當然地，她還是去了。無論如何，她還是去到森林裡。當然她也碰見了那頭野狼；他們的警告可一點也不假。

他們幸災樂禍地說：「妳瞧，我們不是告訴過妳嗎？」

她說：「這是我的生命，不是童話故事，你們這些笨蛋們。我必須到森林裡去，我也必須與那頭狼相見，否則我的生命將永不得開始。」
但是她遇見的那頭狼掉在陷阱裡。這頭狼的一條腿掛在陷阱裡。
狼大聲哭喊：「救命啊、救命！唉唷、唉唉唷、唉唉唷！救命啊、救命！我一定會公平回報妳的。」在這類童話故事裡，狼都是這個樣的。
她問（她有責任提出問題）：「我怎麼知道你不會傷害我？我怎麼知道你不會殺了我、然後留下我的屍骨？」
狼說：「錯誤的問題！妳只要相信我說的話就好。」狼又開始哭喊了起來。

啊，唉唷、唉唉唷、唉唉唷！
只有一個值得問的問題，
美麗的女孩！
噢嗚噢嗚噢嗚
唉唉唷
那那那那那靈魂何在？

「唉，你這頭狼！我就冒個險吧。準備好！」她解開陷阱，讓狼拉出牠的腳爪。她用蘩草和青草包紮狼的腳爪。

狼吐了一口氣說：「啊，謝謝妳，仁慈的女孩，謝謝妳。」因為她讀了很多觀念錯誤的故事，所以她哭了出來：「殺掉我吧；就讓我們把這件事情做個了結吧。」

但這事並沒有發生。狼反而把自己的腳爪放在她的手臂上。

牠說：「我是來自另一時空的狼。」牠從自己的一隻眼睛上拔下睫毛、拿給她、並說：「使用它，並做個有智慧的人。從今而後，妳會知道誰是好人、誰是壞人。妳只要透過我的眼睛來看這世界，就會把事情看得一清二楚。

由於妳救我一命，
我也要讓你
用全新的方式活著。
記住，只有一個問題
值得被妳問起，美麗的女孩：
噢嗚噢嗚噢嗚
唉唉唷
那那那那那靈魂何在？」

於是她回到村莊裡，
慶幸自己還活在這世上。
現在，每當他們說：
「不要走，做我的新娘吧」，
或「照我的意思做」，
或「說我要妳說的話；
永遠做一張未經書寫的白紙，
就像妳降生於世的那天一樣」，
她就會拿起狼的眼睫毛，
透過它去注視
並發現他們的動機——
她從來都不曾這樣看透他們過。
當賣肉的屠夫下一次秤肉的時候，
她透過狼的睫毛凝眸而視，
竟發現他把自己的大拇指也一併秤了進去。

她凝視求婚者——
對方說：「我會帶給妳很多好處」——
而發現這位求婚者
一無是處。
就這樣，
她避開了許多——雖非所有——
不幸的事情。

此外，她用這新的視覺不僅看見狡猾和殘忍的事情，也因此變得心胸開闊。這是因為她用她曾經救過的那頭狼所送給她的禮物去注視每一個人並重新衡量他們。

她也發現誰是真正善良的人；
她與他們接近
而找到自己的愛侶，
並與他終生相守。
她發現勇敢的人

而接近他們；
她察覺忠誠的人
而加入他們；
她看到憤怒之下的惶恐
而急忙趕去安慰；
她看見害羞者眼裡的深情
而向他們伸出雙手；
她看見嘴唇緊抿之人心中的痛苦
而試著逗他們大笑；
她看見口拙者的需要
而為他說話；
她看見深懷信心
卻說自己一無信心的女人，
而用自己的信心重新點燃她的；
她用狼的睫毛
審視一切事情——

所有真實的
和所有虛偽的事情，
所有對生命不利的
和所有迎向生命的事情。
一切都是透過
那雙用心（而不單用理性）去衡量心的眼睛
被她看見。

她就這樣證實了別人所說是對的：狼是萬物中最有智慧者。如果你仔細傾聽的話，你會發現嗥叫中的狼總在問一個最重要的問題；牠不是問下一餐食物在哪裡、下一場打鬥在哪裡、也不是下一場群舞在哪裡，

而是問那最重要的問題
以求看見事情的內在和背後，
以衡量所有活著之物的價值。
噢嗚噢嗚噢嗚

唉唉唷
那那那那靈魂何在？
噢嗚噢嗚噢嗚
唉唉唷
那那那那靈魂何在？
靈魂在哪裡？
靈魂在哪裡？

走到森林裡去、快去！如果妳不到森林裡去的話，
任何事情都不會發生，妳的生命也永不會開始。
走到森林裡去，
快去！
走到森林裡去，
快去！
走到森林裡去，
快去！

（摘自克萊麗莎・平蔻拉・埃思戴絲原創的散文詩〈狼的眼睫毛〉，版權日期一九七〇年，出自其詩集《黑夜航海的船歌：當代吟唱調》。）

最終章

從容吃下新的食物：「狼吞虎嚥」不同於「用野性智慧活著」〔註一〕

半屏山

如前面曾提到的，長期饑荒——沒有食物或沒有足夠食物可提供充分營養——會使狼變得消瘦虛弱。日夜都不得足夠生命滋養的人也是如此。生命滋養是種喜樂，來自生活、野性藝術的創造、以及費時把自性所觀見的某些或全部意象實踐出來而取得生命意義。

對狼來講，饑荒會因棲息地被毀而發生，如伐木工業在摧毀整片森林地時就常使所有動物都失去了永久棲居處和遷徙路徑。我們可以說，就像處於類似情況——面臨突來劇變而缺乏食物——的人類一樣，動物會在突然失去最心愛的奔馳狩獵場時感到驚惶失措，更不用說失去了那些讓牠們得以養育幼兒、尋求遮蔽、在月光下和自己同伴一起共舞的特別所在。

註一　編註：此最終章是作者為台灣讀者特別撰寫的增訂內容。

有時候，狼之所以會面臨饑荒，是因為暴雪突然降臨而形成高聳的雪丘和冰壩，致使動物無法在沉重的厚雪中用夠快的速度奔跑獵食。之後，由於吃不飽，狼毛變得稀薄乾枯，狼眼變得遲鈍，狼性變得過分安靜，以致天然本能隨之轉趨無力。

我們也曾提到，有些狼在饑荒過後——在狼群找到棲息地遍布的新環境後，或在厚雪融化、雪水洗淨地面而使之再度宜於往來奔走之後——會興奮過頭而做出不可思議的事情。

那時，某些餓極的狼會瘋狂咬住獵物，邊撕邊大口吞下，直到牠連連作嘔、甚至生起病來。有時候，一些飽受饑荒之苦的狼會不停捕獵，甚至不找地方把獵來的肉貯藏起來，彷彿以為不斷把肉收集起來要比從肉中獲取營養更為重要。捱過饑荒的餓狼如果有這種超過所需的過度囤積行為，我們稱之為「肉醉者」。

曾在在靈性、身體、情感、心理和環境上飽受饑荒之苦的人——男人或女人——也會掉入這種狀況。當食物現身時，他們會到處「收刮」它，卻無法與整體資源維持平衡關係，因而也無法從新出現而有益並神聖的食物中取得豐富滋養。

這裡有個論及善用和濫用野性資源的故事，與一座古老的山和住在其附近的古老村民有關。

請聽……

半屏山

你和我，讓我們一起走進南臺灣的高雄，因為在那裡我們可以見到名為「半屏山」的那座山。

這山的形狀跟一般的山很像，只是缺了一整片山面，彷彿有隻拿著巨劍的手從空中伸出來削掉了半座山。

有個故事說到這是怎麼發生的。從前，當半屏山還是一整座山的時候，山腳下有個小村莊。

有一天，在村中出現了一個非常非常老、滿頭雲髮和白色長鬚垂掛的老人。他褪色的棉襖上有許多補丁，但都縫補得相當細緻。但他神情十分疲憊，彎腰挑著一大擔熱騰騰、看起來和聞起來都很美味的水餃。

然而，村裡的每個人都覺得這老人十分愚蠢，因為他大喊著：「熱騰騰的好吃水餃！一顆十分錢，兩顆二十分錢，三顆免費！」

村民開始更向前靠近並互相耳語：「三顆水餃免費？這老人瘋了嗎？還是他想騙我們？這

免費可是真的？」

村民開始點買老人的水餃，每個人都要三顆。沒人要買一顆或兩顆，也就是沒人想出十分錢或二十分錢。

一眨眼間，所有水餃都賣光了。

老人卑微地說：「希望大家吃得開心。」

有個剛吃下三顆水餃的村民突然大叫：「看！村後方的山怎麼缺了一塊？」

但沒人聽他講話，因為村民們開始議論那老人。有些人說：「哈！我無法相信這世界竟有這樣一個瘋老頭、免費送人三顆水餃。」

另外的人說：「這老人是從哪來的？我希望他天天都來。」

瘋老頭第二天、第三天和第四天都來到村裡。他喊著：「好吃的熱水餃！花生加芝麻加高麗菜！一顆十分錢，兩顆二十分錢，三顆免費！」

貪心的村民圍在老人身旁，有些人推擠著想要站到前排。每個人都點了三顆水餃，這樣就不用付老人錢。他們囫圇吞下水餃，然後繼續點免費的三顆水餃。一眨眼間，水餃就賣光了。

第五天也是同樣情形。村民開始盡量吃而不付錢。就在他們正把老人所有的水餃都「狼吞」到肚子時，突然有人出聲說：「先生，請你好心賣給我一顆水餃，可以嗎？」

每個人都盯著那懇求老人的年輕人。年輕人也很窮，襤褸的衣服上也有多塊仔細縫上的補丁。

老人溫和地問他：「年輕人，你沒聽見我說的話嗎？一顆水餃十分錢，兩顆二十分錢，三顆免費。你可以免費拿到三顆的時候，為什麼要花錢買一顆水餃？」

年輕人答道：「我有聽見，但我看到你每天挑了沉重的水餃擔子來這裡，卻沒賺到一分錢。我知道你很窮，很同情你，因此想幫助你。我很抱歉，我的錢只能買一顆水餃。」

每個貪心的村民聽到年輕人這麼說時都感到非常慚愧。

但老人讓他們全吃了一驚。他向年輕人大叫：「啊哈！我終於找到你了！」

年輕人和村民都感到很不解。臉色變得平和、眼睛像鑽石一樣閃亮的老人繼續說：「你正是我想要收為學生的人。我是村莊後方半屏山的山神。」

這時大家才知道老人原來是山神。他親自來到村裡，想找一個觀察力敏銳、心地好和值得信任的學生，要教他珍惜山的野性智慧並把這智慧傳給下一代。

因此山神為了想測試人心而假扮為襤褸老人，但祂也想教他們學會互相關心的功課：年輕人關心老人，老人關心年輕人，強者關心弱者，弱者關心強者……

老山神的功課只教給眼睛看得到、耳朵聽得到的人。它教人知道：使人能夠從容處事並關心自己和他人的古老野性智慧從遠古以來就已結合了所有人心。

但山神的第二個測試也令人感到驚訝。山神的水餃不是真的水餃，而是用祂從山上掘出的泥土做成的。它們事實上是用山土做成的。

因此，由於年輕人有健康和野性的本能（雖然經驗不足），山神把年輕人帶到山上的修院中，準備把自己所有的法術以及美麗的野生樹木、花朵、蝴蝶、鳥類及山中所有四腳動物的用途傳授給這善良的年輕人。

至於村民們，有些人沒通過山神的第二個測試，因為他們在發現自己吃了那麼多泥土後感到十分噁心，完全忘了水餃有多美味。

但另有許多人則因為自己從未明白老人所說的智慧——老人需要年輕人、年輕人需要老人——而感到羞愧。這種相互需要是真正能滋養心靈的食物。

還有些人體會到：他們吃下去的正是這古老的大地，也就是容許他們在上面播種收成以獲取食物、免於饑荒的那片土地。這土地如今既在他們的「體內」，也在他們身外，使他們能維繫著平衡的生命力，正如古老醫學會要求人們吃下一茶匙富含鐵質的泥土來強化血液一樣，而山神對村民所做的事也多少帶有這樣的目的。祂希望他們記住：原野上的種子、雨水、太陽、以及一切滋養人類的野性東西都不可能生長在空氣中，只能生長在土裡。

現在，正當我們要離開這小村莊時（它的許多村民這時都已得到了啟示，知道取之夠用就好，也知道細品慢嚐、感恩和回報的重要性），且讓我們這麼說：在山神用不只一種方式向村民現身後、也在祂給予教誨後，許多人都稱那座野山為半屏山，一半是山，一半是位在人心的野山。

因此，為了對你真實而狂野的自性時時有所幫助……但願你能聽見呼喚，帶著泥土氣息和野性活著，並不斷接受古老意象的指引——這些意象代表了野性善意、以關懷為形的思慮、以及源於野性的創造力（它不僅對你自己有益，還能教導及幫助他人）。

尾註

一九六六年、當我住在芝加哥時，我在常去買香料的一個亞洲華人商城那裡聽到半屏山這個故事。這些華人是群善良、可愛、充滿愛心和幽默感的人，他們當中許多人都能說上不少英文，而我卻只學會了兩個中文字詞：「謝謝」和「請」。不過我還是可以聽得出中文美麗的音樂性。

下面這個故事跟上述的民間故事及我用心理學觀點對它所做的詮釋頗有關連。我想用這故事來證明古老知識及所有既野性又美麗實用的東西都不會消失；它們只會暫時沉睡，但仍可再度被喚醒。我們為此能做的就是：暫停腳步並聽從那時而沉重、時而不尋常的呼喚，前去把古老且能重新整合本能、直覺和創造力的古老野性教誨傳播開來。我們為此也有必要聽見和看見表面現象以外的事情，並用關懷及善意當作行為準則。無論身處幽暗或光明，我們應在一切事情上持守野性、滋養它以保持平衡、步履堅定並充滿活力。

這是一個真實故事。我的孩子隆和塔珈以及他們已成年的兒子奇哥最近正在熱誠招待一個從台灣來美國學英文的二十五歲年輕學生。他個性溫和，也很聰明，因而我們全家人都對他讚不絕口，也很欽佩他的父母和他的手足。在他現在住著的這個「家外之家」裡，我們為他提供庇護，把他當成自己親愛的兒子、孫子、和兄弟。

他的名字是吳致易，大學主修的是化學工程。

有一天我對致易談起民間故事這個他不熟悉的話題，並把半屏山故事的大要（註二）告訴他。當年在香料鋪工作、讓我懷念的那位林先生曾要求我把這故事收藏在「我的紅色口袋」中，也就是「我的心」中。我在一九六六年的當時根本不知自己收藏在「紅色口袋」中、從林先生那裏聽來的故事會在二〇一六年的某一天為了某種美好的理由被再度取出而再度展露光芒。

如今，經過幾十年後，在二〇一六年聽到這故事的年輕人致易興奮地寫了封信給我，告訴我那半座山的真名是我原先不知道的「半屏山」：

親愛的奶奶，

這山離我家很近很近!! 開車只要五分鐘！

你講這故事給我聽，我非常驚訝和歡喜☺

謝謝奶奶幫了我很多忙，

愛你。

你可以從他短短的信中讀到他學到東西時的那番快樂，而他學到的便是跟他家鄉有關的一則故事。致易現在勤於練習，想學會如何大聲傳講半屏山的故事。他在國際演講協會（Toastmaster）的聚會中用英文對著一群不同年齡的成人（其中有年長者）講這故事；許多人在聽到年輕人關懷老人、年老的野性山神關懷年輕人的那部分時都哭了出來。

致易在當晚因為講了這故事而得到最佳演說者獎，但更重要的是，他當時也讓老老少少的聽者獲知了真實野性指的是什麼：花時間以真正看見、真正消化融合眼前的食物、追隨深處的直覺和本能（它們會讓人察覺事物和眾人的真相）、為自己和他人從事創作並終生服膺不馴的自性，而非僅知狼吞虎嚥、不知回報或不知稍停腳步以尋見經得起時間考驗的真正了悟。

註二　譯註：原文 bones 意為骨頭、架構、大要。作者在此用雙關語提醒讀者本書就像古生物學研究，在挖掘古代故事的碎簡殘篇（遺骸）時鑑識其真義。

這是最好的學習形式——在學習後把所學到的轉授他人，或運用所學到的去幫助他人。這就解釋了為何全世界會有幾十萬人把本書讀者聚集起來、經常要他們在每週聚會時一起閱讀本書……時間常可達一年或更久時間。他們這麼做的目的就是要把他們自己的生命放在書中我親寫的故事、我的概念、我的詩學、我的評述和我的祝福旁邊，以期更潛入發現自己的野性以及自己的處境。他們也希望大聲說出之前不曾說過的事情，重訪已取得新意義的舊夢，到森林裡去遇見自己完好如昔的天生野性——這視一切奇妙無比的野性充滿了好奇、歡欣、和能力——以期用至高的創作方式來重新打造自己的生命。

我想對你說或用祝福的形式對你說……即使我們不認識野性，即使我們的生命曾經歷過某種饑荒（自己造成的或環境造成的），我們仍可透過學習和再學習認識它。即使我們已遺忘古老野性的做事風格，我們仍可透過學習重知它們。我們可以在生活中逐漸採用它們而令之再度成為我們的風格、某種健康與真實自我的風格。我們為此必需付出的是：不馴靈魂之間的相互善意、一點點相互教誨、一點點相互學習、一點點相互鼓勵（必須帶著一點點幽默感和若干耐性）。

願這世界富有創造力並可信賴的野性母親和野性父親們隨時隨刻保守你。

克萊麗莎·平蔻拉·埃思戴絲博士

後記

以故事為藥方

我用以寫故事和寫詩的思想根源都來自我家人所屬的族群傳統。現在我要把這些傳統所傳誦的故事特質展現給讀者，並同時說明一下我在協助他人開發靈魂生命時運用文字和故事的情形。

在我眼中，故事就是良藥。

「……一旦有人開始說童話故事，黑夜就隨即降臨。無論地點何在、無論時間和季節為何，說故事的行為會讓星星遍布的天空和銀白的月亮從屋簷上爬下來、盤旋在聽者的頭上。有時在故事結束之際，滿室會充滿曙光。另有些時候，只見星星留下一個碎片，或見暴風雨天空留下一絲磨損的雲線。任何被留下來的東西都是一份慷慨的餽贈，讓我們可以用來打造靈魂……」〔註一〕

註一　擷自〈站在說書人之神的城門口〉一詩（At the Gates of the City of the Storyteller God，版權日期為一九七一年）。見克萊麗莎・平蔻拉・埃思戴絲所著《黑夜航海的船歌：當代吟唱調》（私人出版）。

在故事的腐質土壤中深耕，這不僅與我做為心理分析師所受的訓練有關，也與我經年累月受教於深厚但文盲的家族族群傳統有關。雖然我的家族成員不會讀寫或讀寫不流利，但他們在許多事情上所具的智慧卻常是現代文化無從得知的。

在我成長的歲月中，故事、笑話、歌唱、舞蹈常會出現在餐宴的桌畔、婚禮之中或守靈時刻。但大部分被我蒐集於手、直接轉述或改寫成文學版本的故事都不是在正式的圍坐場合中、而是在需要全神貫注的辛苦工作中獲得的。

我認為無論在哪一方面，故事只能透過辛苦才能被發揚光大，不管這辛苦是智性方面的、靈性方面的、家庭方面的、體力方面的、還是身心靈統合方面的。它從來不是輕而易舉即可獲得，也從來不是「隨手拈來」或可在「工作之暇」加以研究的。它的精義不可能產生於、也不可能被保存於舒適的冷氣房裡。它不可能在一個滿腔熱誠但缺乏專注執著的心靈中發展出任何深度，也不可能存活在終日群居而膚淺的環境裡。故事不能被「研究」；我們必須透過吸收的方式學會它，也就是說我們必須與熟知它、活出它並教導它的人們相處——尤其要在大大小小的日常生活形式中與他們相處，而不單單在節慶期間——才得以浸淫其中而終至通曉它。

具有療效的故事不是憑空存在的〔註二〕；它不可能脫離它的精神源頭而存在。我們不能用「混搭」的方式來處理它。當故事由一個真正在其氛圍中長大的人說出時，它自會具有一種完整性。一個在故事中被撫養長大的人才能清晰地闡明故事。

在我家族最古老的傳統中——套用我祖母輩們所說的，這些傳統可以遠溯到「與人類同樣古老的時代」——講故事的時間、故事的選擇、用來傳達故事的正確詞句、講每則故事時所用的口吻、結尾和開始、文字的展現、尤其每則故事背後的**用意**等，經常都是由個人敏銳的內在

註二　以下這篇難能可貴的證言是由一位見證者所寫，清楚說明了說故事藝術的中心思想，亦即：人格特質、社會文化和個人技巧這三項元素是互不可切割的。作者是精湛的詩人暨說書人史提夫・山費爾得。他用數十年光陰在心靈荒地辛苦耕耘。

說故事大師

「要精通任何事情，一個人必須花上一輩子時間，而非短短幾年或一個十年的時間。他／她需要完全浸淫在這技能之中。短短二十年或三十年後就自稱為『專家』，這無論在個別說書人或整個專業領域方面，都可稱得上是大言不慚。如果真的出現了一位說故事大師，那一定是件無庸置疑的事情；他／她會具有一種可能難以捉摸、但一眼就能被人認出的『特質』。多年或一輩子浸淫在某一特殊故事中會使那故事成為說故事者心靈的一部分，使說故事者得以講出故事的『內在』精神。這種特質並不常見……

單單熟練還不夠。精通並不等於能言善道、玩弄巧妙花招、或聽眾得以參與的一些噱頭。說故事不是為了讓人愛戴，也不是為名為利。大師講的不是別人的故事；他／她不會想去討好某一聽者或一部分聽者；他／她不想討好任何人。他／她傾聽自己內在的聲音，然後把感情和靈魂放進每一個故事中，即使那只是一則趣聞或笑話。

一個說故事大師應擅長於表演、動作、優雅之姿、適當之口吻和用字。他／她會像詩人一樣去努力『延伸語言』，也會像魔法師一樣，從第一個字眼開始到最後一個縈繞的意象為止忙於編織魔法之網。藉著俗世中的工作以及充實的生活經驗，說故事者會擁有一種透視能力，讓他／她具有一種可以馬上感知聽者為何種人、其需要為何的異能。一個真正的大師會為那個聽者和那個時機選擇最適當的故事。要能做出這樣的選擇，他／她必須擁有龐大而有意義的故事庫。使大師與眾不同的正是其故事庫的範疇和品質。

偉大的故事庫是慢慢建立起來的。最優秀的說書人不僅瞭解故事的核心意義，也瞭解故事的背景。故事絕不存在於真空之中……」

擷自鮑伯・詹金斯（Bob Jenkins）所錄之〈威利大夫酒吧談話記〉（Notes from a Conversation at Doc Willy's Bar；版權所有人為史提夫・山費爾得，一九八四年）。

感性來決定的，而非受到外力的牽引或可以「隨機」變化。

某些傳統會為說故事設定特別的時間。對我的一些撇布羅族朋友來說，土狼的故事要留到冬天再來講述。我住在墨西哥南方的鄰居和親戚只會在春天時講〈從東方吹來的巨風〉故事。在我的寄養家庭中，某些由其東歐傳統醞釀出來的故事只能在收成之後的秋天來講述。在我的西班牙裔血親家庭中，我聽來的〈死者之日〉故事傳統上只會在冬季之初開講，然後續講於黑暗的隆冬期間，最後結束於春天返回之際。

在拉丁美洲民俗療法和匈牙利說書人所熟知的古老身心靈統合治療儀式中，下列每一細節的取決都必須仔細對應傳統：何時說故事、哪一則故事、說給誰聽、說多久時間、用何種形式、用什麼詞句、在哪一種情況下等等。我們會小心考量時間、地點、對象的健康情況、對象之內在與外在生命所承受的制約狀況、以及其他若干關鍵因素，以便達到所需的醫治效果。最根本的是，有一個既神聖且完好的神存在於我們歷史悠久的儀式背後。只有在感受到祂的應許召喚時——而非我們去召喚祂——我們才會講故事。〔註三〕

在嚴謹的心理分析訓練課程、以及在其他接受嚴謹傳授和監督的治療方法中，我們若要使用故事為藥方，都會被慎重告知該做什麼和該何時做。但最重要的是，我們也被教導**什麼事不能做**。或許比起其他任何事情來說，這一點最能顯示娛樂性的故事（它本身亦深具價值）和治療性的故事之間的差異。

我「最古老」的文化傳承——雖然我們也與現代世界相通——在其根本處存在著一個悠久說書者傳統。在這個傳統中，某個說書人會把自己的故事以及這些故事所藏的治療效能傳給一個或一個以上的「種子」人物。這些種子是一些「打從出生就天賦異稟」的人；他們是長者們衷心期待的未來故事保存者。這些擁有異稟的人是可以被辨識出來的。若干長者會在共同認定後去陪守他們，在他們學習期間幫助並保護他們。

這些幸運兒將要在困難、缺乏安適、生活不便的情況下走進一場歷時多年的嚴謹訓練課程。而後，具備了一切應有的準備、祝福、震撼、基本見識、職業倫理以及態度之後（這種種都是整體治療知識的構成要素），他們將從訓練中繼承所學到的傳統，並嚴格遵守這傳統的要求（而非他們自己的需求）、它所給予的啟蒙經驗、以及它的禁命。

這些「學習」的形式和漫長時間是不能被改道繞行或用現代方式加以改變的。它們無法在幾個週末或幾年時間裡就被學會。它們費時如此漫長是有其理由的：只有如此，這份工作才不會被輕忽、擅加改變或誤用——在不對的人身上、在使用理由不正確的情況下、或當好意與無

註三　原型——亦即那無法用言語描述的生命能量——具有喚起多重意義的能力。說它力量無窮，實際上還小覷了它。我必須一再強調：治療者的訓練必須由一個瞭解原理以及實際方法的人來提供；這人必須確實活在原型力量中達一生之久。

知結合而擅用它時，這些情形常會發生〔註四〕，以至於無法導致任何益處。

「種子」的揀選是一個無法明確定義的神祕過程；也只有那些熟知這過程的人才會不覺如此。整個過程並非依賴一套規則或人的想像，而是依賴長期面對面、人與人之間的信任關係。長者選擇較年輕者，或某人選擇另一人。有時是他們找到我們，但更常是我們彼此不期而遇、彼此彷彿穿越億萬年而認出對方。「想要和這一樣」畢竟跟「就是這」有所不同。

習慣上，家人中具有天賦者會在童年時就被點選出來。擁有此種天賦的長者經常會張大著眼睛尋覓那個「沒有皮膚」的人，那個有豐富和深刻感覺的人，那個既關注生命較大形式、也關注生命較小細節的人。他們的尋覓就像如今五十歲的我在尋找那些累積數十年及一輩子仔細傾聽他人之經驗而擁有敏知能力的人一樣。

拉美文化中的巫醫、故事保存者和說書人所受的訓練是非常類似的，因為我的文化傳統認為故事像「命運之刺青」一樣，被輕輕刻畫於那曾在故事中度過生命歲月者的皮膚上。

據信，治療的才能就在於能讀懂這印在靈魂上的輕描淡寫，並在於能進一步開拓這樣的自我認知。做為治療訓練課程五部分中的一部分，故事被認為是身上帶有這種印記之人的命運歸宿。並非所有的人都帶有這種印記；那些帶有這種印記的人會看見自己的未來被刻寫在身上。他們被稱為「獨特之人」，是世人中稀有的。〔註五〕

因此，我們遇見一個說書人／治療者時，最先提出的問題之一是：「你的族人是誰？」換言之，你來自哪一支治療者家族？這並不是指你讀過哪一所學校、修過什麼課、參加過什麼工作坊。它直接問道：你的靈性先人是誰？我們向來在下列指標中尋找「道地的真貨」：年紀、知曉人心的能力（而非智力上的聰明）、堅定並深植在日常生活中的宗教虔誠、溫和的禮貌和態度——我們在真正認識救贖之源的人身上都可發現這些特質。〔註六〕

在故事保存者／說書人的傳統中，一個故事會有父母和祖父母，有時還甚至有教父教母。這些人把故事和它的意義及動能教給你、把它的能力當禮物贈給你（故事的母親或父親），或曾把它傳給那位將它傳給你的人（故事的祖父或祖母）。事情理當如此。

獲得明確的允許去講別人的故事、並在得到允許後適當表明故事來源，這是絕對必要的，因為這樣才能讓家族傳承的臍帶維繫住：我們在這一端，而賦予生命的胎盤在另一端。這代表

註四　我的祖母凱特琳說：最無知的並不是那一無所知的女人，而是那「不知自己有所不知的女人」。而「知道自己有所不知、但絲毫不在乎的女人」則對他人構成更大的危險，是最糟糕的一種女人。

註五　我們可用西班牙文稱之為「一向將生命融入故事中的人」。

註六　做為一輩子的天主教徒，並在少年時曾透過墨西哥瓜達露佩學會（La Sociedad de Guadalupe）正式獻身給聖母瑪利亞，我生命的主根和我所講故事中最被人熟知者，都出自我對聖母之子以及聖母的信仰——這位聖母素有各種神聖的名字和面向，諸如「尊貴的女人」、「瓜達露佩人」、「有福的母親」等等；在我所有知識之中、在我陷於危險時，她所代表的就是野性和力量之極。

尊重，也可以說這代表一個在故事中被養育長成的人應有的禮節：請求和接受允許（註七）、不隨意取用未獲贈予的作品、並尊重別人曾經從事過的努力——因為他們結合了自己的努力和生命後才打造出他們所傳講的作品。一個故事不僅只是一個故事。在它最本然和最特別的意義上，它是某人的生命。讓故事成為「藥方」的就是一個人生命的創造能量和這人對自己的故事所具備的第一手瞭解。

故事的教父教母是那些一邊贈予故事、一邊贈予祝福的人。有時，在我們開始講述正式故事前，我們要先花上很長時間來列數故事的先人。這樣去列數故事的母親、祖母等並不會形成一篇冗長而煩人的導言。它本身反而會自行生出許多小故事而增加分外的滋味。之後形成的較長故事便像是饗宴中的第二道美食。

在我所知的每一個純正的故事治療傳統中，故事的傳講都以道出、費力從深處拉起集體和個人的心靈意象為開始。這個過程需花上許多時間和智性與靈性的力氣，絕非等閒之事。它需要付出很高的代價和花費很長的時間。雖然有所謂的「故事交換」，其間兩個變為熟識的人彼此像交換禮物一樣拿故事贈予對方，但他們這麼做是因為他們——如果他們生來沒有親屬關係的話——已經發展出了一種親人關係。事情理當如此。

雖然有人只取用故事的娛樂價值，雖然電視（尤其）常用故事劇情來描繪生命的壞死面向，但故事在其最古老的意義上是一種治療藝術。有些人受到召喚而從事這治療藝術，而其中最優秀者（依我之見）就是那些真正曾與故事同躺同臥、並在自己的內在深處發現自己與一切故事元素都能有所相應的人。他們曾經長期受教於某人門下、做為某人的靈性門徒、並精進自己的所學。只要一出現，他們就能馬上被人辨認出來。

處理故事的時候，我們面對的是原型的能量，而這能量可以被比喻成電流。這種電力可以賦予生命和啟示，但如果使用的地方和時間不對、分量不正確、講者或故事不對、講者沒有充分準備（他也許知道一些應做之事，卻不曉得什麼事「不該做」（註八）），那麼就像任何藥物一樣，它不會產生預期的效用，反而可能產生有害的後果。有時，做為「故事蒐集者」的人在求取這種性質的故事時不曉得自己所求為何或試圖在未獲祝福的情況下使用它。

原型會使我們發生變化。它會注入一種明顯的誠實、一種明顯的毅力。如果講者未因此有所改變，那麼他從來就不曾具有真實性，從來不曾與原型有過真實的接觸和溝通，而只會用文藻釋譯其意或加油添醋以圖一己之利。故事的傳承是一個重大而影響深遠的責任。如果我想詳述其中細節、想完整描述那些除了故事之外也運用其他要件的療程，那麼我將必須寫上好幾本厚重的書。但如今在這受限的空間內，就讓我只說出最重要的一點：我們有責任讓人為他們所

註七　有鑒於法律問題，我們也應常常這麼做。
註八　治療師的主要專業信念是：如果你無法幫助別人，就不要造成傷害；如果不想造成傷害，就應知道什麼是不可以做的。

擁有和所傳講的故事做好充分而完整的通電準備。

我有幸認識許多最優秀的說書者／治療者。**他們都是用自己的生命培植出故事**，就像樹根生出樹木一樣。而故事也栽培他們，把他們培植成現在的他們。我們可以區別用輕佻態度「培植」故事的人和真正被故事栽培生命的人。被故事栽培生命才是身心靈統合治療傳統的基礎。

有時，陌生人會要求我送給他一個被我挖掘出來、賦予形式並帶在身邊多年的故事。做為這些故事的保存者（當初它們是在要求承諾和守諾的基礎上被贈予的），我不會讓它們遠離圍繞在其左右的字句和儀式——特別是那些吸收家族根部養分而形成者。這個決定跟任何「五步驟計畫」無關，而是關乎靈魂學。家族關係和故事整體性乃是最重要之事。

師徒模式提供了一種慎重的環境，讓我得以幫助學習者尋找及開發那些可以接納他們、可以在他們身上發光的故事，而不是那些像十元商店所售珠寶一樣擺在他們生命外表上的故事。方法有許許多多種，但簡單的方法卻不多，而我所曉得的簡單方法沒有一個是具有完整性的。那些較痛苦並困難的方法才具有完整性、才值得一試。

毫無疑問地，在治療藝術及故事醫學中，一個人願意犧牲和付出多少自我——我所說的「犧牲」包含一切細微涵義在內——會決定他所學到的能力。犧牲不是個人選擇的受苦受難，也不是「擇宜受苦」（用「犧牲」的多少去控制結果）。犧牲不是一種刻苦努力或甚至一種沉重辛苦的感覺。在某方面，它是「不由自主下到地獄中」，而後在去盡妄念、完全專注、完全奉獻的情況下返回。不能多也不能少。

在我的家族中有一個說法：故事的守門人會要求你付費。也就是說，他們會強迫你過某種生活、每天接受某種訓練、經年累月學習功課——不是自我隨興找來的愜意學習，而是建立在嚴格模式和嚴格要求之上的學習。我必須再三強調這一點。

在處理故事時，我匈牙利和西班牙家族的說書人傳統（這些傳統是我自幼學會後一直運用至今的）都有一個「受邀者」、也就是一張空椅子的存在，而這會以不同的方式出現在每一個說故事的場合中。有時，在講故事當中，一個或更多聽者的靈魂會因為有所需要而來到那裡坐下。雖然我可能先前在仔細思量後準備了一整晚的教材，但我也可能改變進程以順應或修復那個坐到空椅子上的靈覺，甚至與它玩遊戲。「受邀者」為所有的人說出他們的需要。

我要人們從自己的生命中自行挖掘故事。對於我所教的學生，我更是堅持他們要這麼做，尤其要他們從自己的文化傳統中去挖掘故事，因為：如果一個人總是直接從格林兄弟的翻譯者（例如）那裡尋找故事，那麼一旦他們的長者紛紛凋零後，他們將會永遠失去自己文化傳統中的故事。我大力支持那些將自己文化中的故事予以復原和保存、使之不因忽略而亡佚的人。當然，在這地球上的每一個地方，所有心靈治療及靈性的架構都是以年長者為支柱的。

去注視自己的族人、自己的生命吧。偉大的治療師和作者都曾聽過這相同的勸告，而這並不令人感到意外。轉眼去看你生活於其中的**真實**吧。在那裡被發現的故事絕不可能來自書本；它們來自目擊者的證言。

在自己的生命、族人的生命、以及與己有關的現代世界中去真正挖掘故事，這意謂著辛苦和試鍊。如果你經歷到下面的事情，你當能確知自己走在正確的道路上：磨破皮的手指關節、睡在寒冷的地面上（不只一次，而是一次又一次）、在黑暗中摸索、在黑夜中繞圈、令骨頭寒顫的啟示、以及一路上讓毛髮豎立不已的危急狀況。這一切都是值得的。如果故事和生命能攜帶靈質生命，如果一個人要能攜有真實的藥方，那麼每一個故事和你生命的每一面向都必須多少被鮮血濺到，甚至在許多情況下還被大量鮮血濺到。

我希望你走出去並讓故事——就是生命——發生在你身上。我也希望你用這些出自自己生命、而非他人生命的故事來做功課，用你的血和淚和笑來澆灌它們，直到它們綻放出花朵、直到你自己的生命盛放開來。這就是功課，唯一的功課。〔註九〕

註九　「最完美的學習不是依照／學習者的形狀剪裁而成／而是依照上帝的形狀。」擷自西文詩〈克萊麗莎的聖母：一個小小宣言〉（*La Doisa de la Clarista, un manifiesto pequeño*，版權日期一九七一年）。見克萊麗莎・平蔻拉・埃思戴絲所著《黑夜航海的船歌：當代吟唱調》（私人出版）。

附錄

回應……

有讀者問及我作品和生涯的種種問題。為了回應這些讀者，我們稍微擴充了這本書的某些部分，在其中添加了一些趣聞、說明以及不同的註解，並擴充了「後記」及首次發表了原稿中的一首散文詩。這一切有助解決問題的作為都是在謹慎中完成的，沒有改變這作品的流動節奏。

三年後……

有許多讀者寫信表達她們對此書的喜愛、傳來她們閱讀《與狼同奔的女人》的讀書會訊息、送來祝福、以及詢問我未來的作品。她們詳讀了這本書，而且常常讀上好幾遍。〔註一〕

整體來講，雖然我作品的靈性根源只隱含在書文中，但讀者卻對之瞭然於心，這令我微微

註一　對我而言——以及對許多人而言——只有重讀才是真正讀懂一本書的開始。

感到驚訝。我誠摯地感謝讀者送來的祝福、鼓勵的話語、深思洞見、慷慨的心思、美麗的手製禮物，以及她們在每日祈禱中為我的作品、我的家人和我自己求取力量和保護時獻上的豐富祝念。這一切所為都被珍藏在我的心裡。

很久以前，但距此並非那麼遙遠……

我在此要就讀者感興趣的一些問題做些回覆。

許多人問《與狼同奔的女人》的書寫是如何開始的。「作品的起源遠在書寫之前」（註二）；在我出生於命運為我準備的那唐吉訶德式的不尋常家族之中時，它就開始了。在數十年之間，當我胸中充滿令人心悸的美麗事物、而同時又眼見太多希望失落在文化、社會以及其他風暴之中時，它就開始了。它開始於既艱苦又珍貴的愛情和生命故事。「作品的起源遠在書寫之前」——我可以很有把握地這麼說。

我真正開始用手寫書則始於一九七一年，晚於我從沙漠前往故鄉的一場朝聖之旅——在這旅程中，我向故鄉的長者請求並接受祝福，好讓我能夠寫出一部作品，而它是深植在我靈性根源之「詩歌語言」中的。我接受了來自各方的承諾，而我歷年來也一字不差地持守這些承諾……其中最重要的是：「不要忘掉我們和我們受苦的目的」（註三）。

《與狼同奔的女人》是一套五部書系列中的一部，而這系列共包括了一百則有關心靈生命的故事。全部二千二百頁的作品花了剛好超過二十年的時間才告寫成。在其本質上，這作品努力要為內建於人性的本能除去病態之名，並將它與自然世界共有的那些靈魂和心靈意義展示出來。我所有作品中的一個基本理念就是：每一個人生來都被贈予了這個本能。

作者的聲音……

我有意在本書中把我接受心理分析師訓練而獲得的學者聲音和足以反映我族群根源的治療傳統及勞工傳統混合在一起。我的家族是一群移民者，屬於低下的勞工階級，而且全是天主教徒。我在勞動傳統的節奏中長大成人；也就是這個傳統把我塑造成一個詩人——在它將我塑造成的身分中，沒有比這更重要的了。

由於《與狼同奔的女人》探討的既是心理學、也是靈性問題，許多書店曾把它同時放在心理學、詩、女性研究和宗教研究的類別之下。有些人說它是不可分類的，或說它已經自創了一種新的文類。我不知道是否真的如此，但就此書的源起來講，我希望它既是藝術作品，也是探

註二　擷自〈詩作以先的評註〉（Commenting Before the Poems；版權日期一九六七年）一詩。見克萊麗莎・平蔻拉・埃思戴絲所著《百香果花詩集》（*La Pasionara, Collected Poems*；紐約諾福〔Knopf〕出版社即將發行）。

註三　在我的家人中，受苦並不等同於做一個受害者；受苦的意義在於用勇氣面對不幸。即使無法完全瞭解自己的處境或命運，一個人還是要全力以赴。我說的「受苦」就是這個意思。

討靈性的心理學作品。

致讀者……

《與狼同奔的女人》旨在協助人有意識地完成個體化。在閱讀本書時，讀者最好把它當成是一部由二十幾個大段落形成的沉思錄。每一個段落自有其獨立性。

我們接到的來信中，有百分之九十九的讀者都說到如何閱讀此書，以及她們如何把它讀給親人聽或與之共讀——母親對女兒、孫女對祖母、情人對情人、以及每星期或每月的讀書會會員彼此對讀。由於這本書無法在一星期或一個月內讀完，因此它比較適合細究深讀。它邀請每位讀者用書中的建議去衡量、判斷、深化、回歸和審視自己的生命，並盡可能依據所言去經歷生命，藉以完成正在進行的成長過程。

請慢慢閱讀本書。它是歷經一段漫長的時間才告寫成的。我會寫上一段，然後走開去思考〔註四〕，再回來繼續寫，然後再走開、再思考、再回來、再繼續寫。大多數人閱讀此書的方法就跟我寫成它的方法是一樣的：每次讀一點點，然後走開並思考，然後再回來。〔註五〕

記住……

在其最古老的意義上，心理學指的是靈魂研究。雖然自十九世紀以來，人們已經貢獻了許多重要的基本發現，而且還將繼續貢獻更多，但若要為形式多變而因此珍貴的人性繪製地圖，這種努力的完成仍是遙遙無期的。心理學的歷史不是只有一百多年之久；它已有幾千年的歷史。許多對心理學知識貢獻甚多者的高貴名字如今受到應得的尊敬，但心理學並非起源於他們；它乃起源於任何聽見比自己更偉大的聲音後自覺必須去尋找其來源的人。

有些人說我的作品形成了「一門新興學問」。我必須懷著當有的敬意說：我被賜予機會來完成的這部作品在本質上來自於古老傳統。這種作品並不能心安理得地被劃分到任何「新興」的類別下。在這世上，每一世代都有成千上萬的人——大多數往往是「未受教育」、卻在許多方面深具智慧的老人——曾經守護著它的實質意義和複雜元素。正因為他們一直生氣蓬勃地活著並賦予這作品某些形式和技巧，它才得以持續擁有充沛的生命力。〔註六〕

註四　身兼父母之職的作家常會問：「妳在哪裡寫作？又是利用什麼時間寫作？」我的答覆是：我在深夜、日出以前、小睡時間、公車上、走去教堂的路上、下班後、上班前、上班期間、任何時候、任何地方寫我能夠寫的任何題目。

註五　以下是我溫和的告誡：由於一個人在關注個體化問題時可能會生出極強烈的思想和感覺，我們必須小心，不但要讓自己變成想法和經驗的累積者，也要花足夠的時間把我們對這些想法和經驗的瞭解運用在日常生活上。我每天必做的和我教別人每日必做的，就是如何在世俗生活中靜思，其中當然也包含了靜思的所有細膩面向。不管你在哪裡或如何開始這麼做，你必須把靜思變成規律的作為。你不需要用到極長的時間，但要在進行時精神專注，盡可能保持心靈純淨，並且每天做這件事情。

警告……

個人成長是一件需要量身打造的事情，不可依照「做這、然後做那」的成規。每個人的過程都是「獨一無二」的，無法簡化成「做完這十個簡單步驟就完全沒問題」的招數。這種工作不是簡單的事情，也不是每個人都可從事的。如果你想找一位靈醫、分析師、精神治療者或諮商師，你必須確定他們所受的訓練來自功夫深厚的前輩，同時他們必須真正瞭解自己所從事的事情，而非只在外表上看來有能力那麼做。去請你所信任的朋友、親戚和同事推薦人選。務必要確定：無論你選哪一位老師，他／她必須在方法和工作倫理上受過充分的訓練。（註七）

現在的我……

我現在大部分時間都潛沉於寫作和工作，但是……「偶爾還是會現身一下」。我繼續照我過去行之多年的方式過生活：肆意享受內向的生活，但同時積極努力參與世界。我繼續從事分析師、詩人和作家的工作，並照顧我的大家族。我繼續討論社會議題，也同時不放棄錄音、繪畫、作曲、翻譯、教書、以及協助訓練年輕心理分析師。我以訪問學者的身分在許多大學教文學、寫作、心理學、神話詩學、靜思這些課程。（註八）

有時，有人問我近年來最令我難忘的事情是什麼。確實有許多這樣的事情，但真正穿透我心而令我難忘的是家中長者在本書初版後所流露的快樂神情——對他們而言，那是有史以來第一次他們的自己人之一有書印刷問世。我還記得一個特別的景象：當我八十四歲高齡的父親第一次看到這本書的時候，他用結巴的英文大喊：「一本書、一本書、一本真正的書！」他當下就在自己的花園裡開始跳起古老的匈牙利舞西巴拉幾。

本書……

身為古老故事的保存者，以及做為一個出身於兩種族裔文化的女性，我不難認知人類在文化、心理和其他方面的多元性。既然如此，我覺得若有人認定某一道理就是唯一道理，那將會是個莫大的錯誤。這本書希望增進既有知識並彌補所缺，藉以幫助建立一種真正的女性心理學、一種涵蓋世上**所有**類型女性以及她們**所有**生命型態的女性心理學。

在二十多年幫助女人及男人的執業生涯中，我觀察和經驗到的一切使我相信：不管一個人在世生活時的心境、生命階段或地位為何，他／她必須具備心理和靈性上的力量才能往前走

註六　見〈後記：以故事為藥方〉中所述。

註七　某些憂鬱、偏執、以及其他心靈不豫的情況在本質上是與生理問題有關，也就是說它們起因於身體某一系統功能的失常。出自生理原因的問題必須找醫生來評估。

註八　我在大學、研討會和學院裡遇見的年輕人都渴望去愛這個世界、去學習、去教導別人、去創作、去幫助別人。由於他們代表了未來，我確信未來握有令人驚奇的寶藏。

——在小事上如此，在面對時而影響到每個人生命的風氣潮流時也是如此。力量並不是在一個人爬上梯子或爬上山頂「之後」、或在一個人「做成那事之後」——不管那是什麼事情——才出現的。增加自我的力量除了會在努力之後發生，也是努力過程不可或缺的一部分，尤其是在努力「之前」和努力「期間」。我深信關注和致力於靈魂的本質就是力量最完美的呈現。

在任何時候都有許多事情試圖摧毀我們的意願或迫使我們忘卻重要問題，而使得靈性和靈魂陷於混亂之中。除了生命情境的現實問題之外，這些重要問題之一就是「靈魂在這件事情上的地位為何？」只有透過靈性力量，我們才能在生命中前進、找到進階的落腳點、扭轉不公的事情、以及對抗風氣潮流。

這種自我力量的取得——不管是透過文字、祈禱、各種形式的靜思、還是其他方式——乃是源自一種靈質生命，也就是那位於心靈中央、卻較整個心靈更廣大的偉大本質。這個靈質生命完全是可親近的，但必須受到關注和呵護。儘管它有許多不同的名稱，但它的存在是不容置疑的心靈事實。

「艱難而豐富」，這就是正經歷真實心靈成長的人對於這成長經驗本質的體會。一個努力於此的人會在內心和外表上都流露出這種經歷。我們知道：在用心的深度生命和胡思亂想的生命之間是有很大差異的。在這個返回「真實故鄉」的旅程上，雖然我們有時會回頭去記錄或測量出發後行經的距離，但我們不是為了回頭而回頭。

參考書目

以下的參考書目〔註一〕中有些是最易取得的有關女人和心靈的書籍。我常把它們推薦給我的學生和分析對象〔註二〕。除了名家文選之外，許多書籍如今已成經典的作品——作者包括美雅・安哲羅（Maya Angelou）、西蒙・波娃（Simone de Beauvoir）、關朵琳・布魯

註一　在研擬這份參考書目時，我希望能讓讀者就「本能天性」這個問題的研究發展取得概觀。在討論其他女性議題時，我提出的參考書目都以這份書目為核心而加以變化。本參考書目中的一部分資料也經常出現在其他女性作者所著的女性議題書籍之參考書目中。這些不斷被引述的作品已成為某種書目聖典，而它們的作者多半都是已去世的女人，雖然她們的作品仍然活在人間。

註二　雖然我並不反對把男性和女性各自的觀點或理論（或任何學派的）納入考慮，但有許多資料並不值得花太多時間去閱讀，因為它們事先就已「解體」了。它們本來就沒有精義，徒具空殼，就好像那沒有木馬、沒有音樂、沒有鈴聲、沒有乘客的旋轉木馬——雖然還能繼續不斷轉動，卻不具有任何生命。

有些作品則吃別人已經吃過的東西。它們把所聽說的、所讀到的或他人告知的事情重述一遍，卻問也不問：「這是真的嗎？這有用嗎？這還有相關性嗎？這是唯一的觀點嗎？」這一類的作品處處可見，而這讓我想到有些人手中的祖傳銀礦：有些礦藏已經使用殆盡，因而不值得被繼續保有；有些則自始就不可能充分生產值得保留的礦石。第三種礦屑則是「稀釋」的作品。這樣的作品抄襲傑出的原創作品而面露蒼白病色。原作品那種把其初衷、意義和藥方傳達並注入到讀者心中的能力，到了「稀釋」作品的身上卻急遽減縮、破損或遭到扭曲。不管何時，只要你做得到，請你務必只讀一流的作品——這種作品的作者畢竟曾經親身經歷它、將它書寫成冊、分析它，不僅愛它，也曾為它有所犧牲。正如我們已經知道的，收復野性本質的一部分工作就在於重建個人的明辨能力。我們不僅要把這種能力運用在已知的事情上，也要運用在我們打算吸收的知識上。

克斯（Gwendolyn Brooks）、愛琳・克來蒙・卡斯提列荷（Irene Claremont de Castillejo）、葳拉・凱瑟（Willa Cather）、菲莉絲・柴思樂（Phyllis Chesler）、貝蒂・傅利丹（Betty Friedan）、埃絲特・哈丁（Esther M. Harding）、艾瑞卡・鍾恩（Erica Jong）、榮格（C. G. Jung）、湯婷婷（Maxine Hong Kingston）、羅蘋・摩根（Robin Morgan）、帕布羅・聶魯達（Pablo Neruda）、艾力克・紐曼（Erich Neumann），以及波琳蓋西・叩亞微瑪（Polingaysi Qoyawayma）——都曾在我於一九七〇年代早期所授的女性心理學課程中被我大聲地唸給學生聽，做為他們的「靈魂營養品」。當時，「女性研究」還未成為一個普遍的名詞，而許多人不解為何它有存在的必要。

自從那時至今，不同的出版社已經出版了許多有關女人的書籍。這些書籍在二十五年前很可能是以簡陋的油印謄本形式流傳於世，或由我們昔日稱為「蜉蝣印刷廠」的出版社所印行——這些出版社都是勇氣可嘉的事業，通常資金短少、人手不足，而致開店後才不過印了幾本重要的書籍後就不知所終，其開始跟結束可說是同樣快速。即使女性生命（心靈生命或其他）的研究在過去二、三十年間在出版界已取得進展，但這方面的研究畢竟才剛起步，仍然離完成階段十分遙遠。雖然世界各地針對女性生命和不少昔日的禁忌題材正在出版許多觀察入微和誠實面對問題的作品，但我們仍需見到更多作品在未來問世。女人有權利、也有義務就自己和文化這兩個題目來發表權威意見；她們也必須打入出版業以及傳播作品的管道。

參考書目不應是一篇令人生厭的目錄。它不應教人思考何種問題，卻應助人取得可用來思考的豐富材料，並盡可能使人能接觸新觀念而因此遇見更多選擇和機會。一個好的參考書目會努力呈現過去與現在的全貌，以提供有關未來的清晰視野。下面的參考書目雖然以女性作者為主，但它並不排斥男性作者。書目中的作品在整體上都是優秀、熱情和富有創意的作品；其中有許多是跨文化研究，但所有的作品都具有多重意義。它們滿載資料、見解和熱情。有一些作品所反映的是已經消失的過去以及非位於北美洲的某個地方，因此我們必須根據這些時空背景來讀它們。為了比較的目的，我也加上了兩、三本在我看來寫得奇差無比的作品。當你讀到它們的時候，就會認出它們來——即使你所提名的壞書可能跟我所提名的大不相同。

在此被列出的作者各有特色。他們大多數是專家、先驅；有些則是反權威者、被社會所不容者、主流人士、學術人士、非學院派的學者、或臨時在大學內兼課的學者。有許多詩人也出現在這份參考書目中，這是因為他們是心靈生命的先知和歷史學家。許多時候，他們的觀察力和洞察力總能切中要害，以致在精確度和深度上都足以取代學院派心理學的見解。無論如何，大多數作者都是心旅和靜思的同伴；他們的結論都來自深處生命的經歷，也因此能詳述深處生命的實情。〔註三〕雖然必有遺珠之憾，但以下的書目閱覽室總共容納了兩百多部作品。

註三　通常我用下面的方法進行：我會要求我的學生從書目中一次選出三本書來，並把它們當做謎語看待；然後，無論他們選了什麼，我會再加上康德（Kant）、齊克果（Kierkegaard）、孟肯（Mencken）和其他人的論述。我們如何可以將這一切相提並論？何者可以賦意義於何者？做一番比較後，結果為何？在這種相提並論的練習中，有些成果極具爆炸性潛力，有些則成為思想種子的原料。

legria, Claribel. *Woman of the River*. Pittsburgh: University of Pittsburgh Press, 1989.
——. *Louisa In Realityland*. New York: Curbstone Press, 1989.
——. *Guerrilla Poems of El Salvador*. New York: Curbstone Press, 1989.
llen, Paula Gunn. *The Sacred Hoop: Recovering the Feminine in American Indian Traditions*. Boston: Beacon Press, 1986.
——. *Grandmothers of the Light: A Medicine Woman's Sourcebook*. Boston: Beacon Press, 1991.
——. *Shadow Country*. Los Angeles: University of California Press, 1982.
llison, Dorothy. *Bastard Out of Carolina*. New York: Dutton, 1992.
ndelin, Helen B. *Fascinating Womanhood*. Santa Barbara, Calif.: Pacific Press, 1974.
ngelou, Maya. *I Shall Not Be Moved*. New York: Random House, 1990.
——. *All God's Children Need Traveling Shoes*. New York: Random House, 1986.
——. *I Know Why the Caged Bird Sings*. New York: Bantam, 1971.
nzaldúa, Gloria, and Moraga, Cherrie, eds. *This Bridge Called My Back*. New York: Kitchen Table/Women of Color Press, 1983.
tiya Nayra. *Khul-Khaal: Five Egyptian Women Tell Their Stories*. Syracuse: Syracuse University Press, 1982.
twood, Magaret, *The Robber Bride*. New York: Nan A. Talese/Doubleday, 1993.
Avalon, Arthur. *Shakti and Shakta*. New York: Dover, 1978.
Barker, Rodney. *The Hiroshima Maidens: A Story of Courage, Compassion and Survival*. New York: Viking, 1985.
Bass, Ellen, and Thornton, Louise, eds. *I Never Told Anyone: Writings by Women Survivors of Child Sexual Abuse*. New York: Harper & Row, 1983.
de Beauvoir, Simone. *Memoirs of a Dutiful Daughter*. Translated by James Kirkup. Cleveland: World Publishing Co., 1959.
——. *The Second Sex*. New York: Knopf, 1974.
Bertherat, Thérèse. *The Body Has Its Reasons*. Translated by Thérèse Bertherat and Carol Bernstein. New York: Pantheon Books, 1977.
Bly, Robert. *Iron John: A Book About Men*. Reading, Mass.: Addison-Wesley, 1990.
Boer, Charles. *The Homeric Hymns*. Dallas: Spring Publications, 1987.
Bolen, Jean Shinoda. *Ring of Power: The Abandoned Child, the Authoritarian Father, and the Disempowered Feminine*. San Francisco: HarperCollins, 1992.
——. *Goddesses In Everywoman: A New Psychology of Women*. San Francisco: Harper & Row, 1984.
——. *The Tao of Psychology: Synchronicity and the Self*. San Francisco: Harper & Row, 1979.
Boston Women's Health Book Collective. *The New Our Bodies, Ourselves*. New York: Simon & Schuster, 1984. (look for update)
Brooks, Gwendolyn. *Selected Poems*. New York: Harper & Row, 1984.
Brown, Rita Mae. *Rubyfruit Jungle*. Plainfield, Vt.: Daughters, Inc., 1973.
Browne, E. Susan; Connors, Debra; Stern, Nanci. *With the Power of Each Breath: A Disabled Woman's Anthology*. San Francisco: Cleis Press, 1985.
Budapest, Zsuzsanna E. *The Grandmother of Time*. San Francisco: Harper & Row, 1989.
Castellanos, Rosario. *The Selected Poems of Rosario Castellanos*. Translated by Magda Bogin. St. Paul, Minn.: Graywolf Press, 1988.
de Castillejo, Irene Claremont. *Knowing Woman: A Feminine Psychology*. Boston: Shambhala, 1973.
Castillo, Ana. *My Father Was a Toltec*. Novato, Calif.: West End Press, 1988.

——. *So Far From God*. New York: W.W. Norton, 1993.
Cather, Willa. *My Ántonia*. Boston: Houghton Mifflin, 1988.
——. *Death Comes for the Archbishop*. New York: Vintage, 1971.
Chernin, Kim. *Obsession*. New York: Harper & Row, 1981.
Chesler, Phyllis. *Women and Madness*. Garden City, N.Y.: Doubleday, 1972.
Chicago, Judy. *The Dinner Party: A Symbol of Our Heritage*. Garden City, N.Y.: Anch 1979.
——. *Embroidering Our Heritage: The Dinner Party Needlework*. Garden City, N.Y.: A chor, 1980.
——. *Through the Flower: My Struggle as a Woman Artist*. Garden City, N.Y.: Doubleda 1975.
——. *The Birth Project*. Garden City, N. Y.: Doubleday, 1982.
Christ, Carol P. *Diving Deep and Surfacing: Women Writers on Spiritual Quest*. Bosto Beacon Press, 1980.
Coles, Robert. *The Spiritual Life of Children*. Boston: Houghton Mifflin, 1990.
Colette. *Collected Stories of Colette*. New York: Farrar, Straus, Giroux, 1983.
Cowan, Lyn. *Masochism: A Jungian View*. Dallas: Spring Publications, 1982.
Craig, Mary. *Spark from Heaven: The Mystery of the Madonna of Medjugorje*. Notr Dame, Ind.: Ave Maria Press, 1988.
Craighead, Meinrad. *The Mother's Songs: Images of God the Mother*. New York: Paulis Press, 1986.
Crow, Mary. *Woman Who Has Sprouted Wings*. Pittsburgh: Latin American Literary Re view Press, 1988.
Curb, Rosemary, and Manahan, Nancy, eds. *Lesbian Nuns*. Tallahassee, Fla.: Naiad Press 1985.
Daly, Mary. *Gyn/ecology*. Boston: Beacon Press, 1978.
——. "in cahoots with Caputi, Jane." *Websters' First New Intergalactic Wickedary of the English Language*. Boston: Beacon Press, 1987.
Derricotte, Toi. *Natural Birth: Poems*. Freedon, Calif.: Crossing Press, 1983.
Dickinson, Emily. *The Complete Poems of Emily Dickinson*. Boston: Little, Brown, 1890.
Doniger, Wendy. *Women, Androgynes, and Other Mythical Beasts*. Chicago: University of Chicago Press, 1980.
Drake, William. *The First Wave: Women Poets in America*. New York: Macmillan, 1987.
Easaran, Eknath, tr. *The Bhagavad Gita*. Berkeley: Nilgiri Press, 1985.
Eisler, Riane. *The Chalice and the Blade*. San Francisco: Harper & Row, 1987.
Ellis, Normandi. *Osiris Awakening: A New Translation of the Egyptian Book of the Dead*. Grand Rapids, Mich.: Phanes Press, 1988.
Erdrich, Louise. *Love Medicine*. New York: Bantam, 1984.
Fenelon, Fania. *Playing for Time*. Translated by Judith Landry. New York: Atheneum, 1977.
Fisher, M.F.K. *Sister Age*. New York: Knopf, 1983.
Forche, Carolyn. *The Country Between Us*. New York: Harper & Row, 1982.
——. *Angel of History*. New York: HarperCollins, 1994.
Foucault, Michel. *Madness and Civilization*. Translated by R. Howard. New York: Pantheon, 1955.
——. *History of Sexuality*. Translated by Robert Hurley. New York: Pantheon, 1978.
Fox, Matthew. *Original Blessing*. Santa Fe: Bear and Company, 1983.
Friedan, Betty. *The Feminine Mystique*. New York: Norton, 1963.

edman, Lenore. *Meetings with Remarkable Women: Buddhist Teachers in America*. Boston: Shambhala Publications, 1987.
edman, Myra. *Buried Alive: Biography of Janis Joplin*. New York: Morrow, 1973.
lland, China. *Longing for Darkness: Tara and the Black Madonna: A Ten Year Journey*. New York: Viking, 1990.
aspar De Alba, Alicia; Herrera-Sobek, Maria; Martinez, Demetria. *Three Times a Woman*. Tempe, Ariz.: Bilingual Review Press, 1989.
lbert, Sandra, and Gubar, Susan. *The Madwoman in the Attic*. New Haven: Yale University Press, 1979.
illigan, Carol. *In a Different Voice*. Cambridge: Harvard University Press, 1982.
imbutas, Marija. *The Goddesses and Gods of Old Europe: Myths and Cult Images*. Berkeley and Los Angeles: University of California Press, 1982.
oldberg, Natalie. *Writing Down the Bones: Freeing the Writer Within*. Boston: Shambhala, 1986.
___. *Long Quiet Highway*. New York: Bantam Books, 1993.
olden, Renny, and McConnell, Michael. *Sanctuary: The New Underground Railroad*. New York: Orbis Books, 1986.
oldenburg, Naomi R. *Changing of the Gods: Feminism and the End of Traditional Religions*. Boston: Beacon Press, 1979.
rahn, Judy. *Another Mother Tongue*. Boston: Beacon Press, 1984.
uggenbühl-Craig, Adolph. *Power in the Helping Professions*. Dallas: Spring Publications, 1971.
Hall, Nor. *The Moon and the Virgin: Reflections on the Archetypal Feminine*. New York: Harper & Row, 1980.
Harding, M. Esther. *Woman's Mysteries, Ancient and Modern*. New York: Putnam, 1971.
Harris, Jean, and Alexander, Shana. *Marking Time: Letters from Jean Harris to Shana Alexander*. New York: Scribner, 1991.
Heilbrun, Carolyn G. *Writing a Woman's Life*. New York: Ballantine, 1989.
Herrera, Hayden. *Frida: A Biography of Frida Kahlo*. New York: Harper & Row, 1983.
Hillman, James. *Inter-Views: Conversation with Laura Pozzo*. New York: Harper & Row, 1983.
Hoff, Benjamin. *The Singing Creek Where the Willows Grow: The Rediscovered Diary of Opal Whitely*. New York: Ticknor & Fields, 1986.
Hollander, Nicole. *Tales From the Planet Sylvia*. New York: St. Martin's, 1990.
Hull, Gloria T.; Scott, Patricia Bell; Smith, Barbara, eds. *All the Women Are White, All the Blacks Are Men, But Some of Us Are Brave*. New York: Feminist Press, 1982.
Ibarruri, Dolores. *They Shall Not Pass: The Autobiography of La Passionaria*. New York: International Publishers, 1976.
Iglehart, Hallie. *Womanspirit: A Guide to Women's Wisdom*. New York: Harper & Row, 1983.
Jong, Erica. *Fear of Flying*. New York: New American Library, 1974.
___. *Becoming Light: Poems, New and Selected*. New York: HarperCollins, 1991.
Jung, C. G. *Collected Works of C. G. Jung*. Translated by R.F.C. Hull. Princeton: Princeton University Press, 1972.
___, ed. *Man and His Symbols*. Garden City, N.Y.: Doubleday, 1964.
Kalff, Dora. *Sandplay: A Psychotherapeutic Approach to the Psyche*. Santa Monica: Sigo, 1980.
Keen, Sam. *The Faces of the Enemy: Reflections of the Hostile Imagination*. Photography by Ann Page. San Francisco: Harper & Row, 1986.

Kerényi, C. *Zeus and Hera*. Translated by C. Holme. Princeton: Princeton University Pr 1975.
——. *Eleusis: Archetypal Image of Mother and Daughter*. New York: Schocken Bo 1977.
King, Florence. *Southern Ladies and Gentlemen*. New York: Stein & Day, 1975.
Kingston, Maxine Hong. *The Woman Warrior: Memoirs of a Girlhood Among Gho* New York: Knopf, 1976.
Kinkaid, Jamaica. *At the Bottom of the River*. New York: Plume, 1978.
Kinnell, Galway. *The Book of Nightmares*. London: Omphalos and J-Jay Press, 1978.
Klepfisz, Irena. *Dreams of an Insomniac: Jewish Feminist Essays, Speeches and Diatri* Portland, Ore.: The Eighth Mountain Press, 1990.
Kolbenschlag, Madonna. *Kiss Sleeping Beauty Goodbye: Breaking the Spell of Femin Myths and Models*. New York: Doubleday, 1979.
Krysl, Marilyn. *Midwife and Other Poems on Caring*. New York: National League Nursing, 1989.
Kumin, Maxine. *Our Ground Time Here Will Be Brief*. New York: Penguin, 1982.
Laing, R. D. *Knots*. New York: Vintage, 1970.
Le Sueur, Meridel. *Ripening: Selected Work. 1927–1980*. Old Westbury, N.Y.: Femin Press, 1982.
Leonard, Linda S. *The Wounded Woman*, Boulder, Colo.: Shambhala, 1983.
Lindbergh, Anne Morrow. *The Gift from the Sea*. New York: Pantheon, 1955.
Lippard, Lucy. *From the Center: Feminist Essays in Women's Art*. New York: E.P. Dutto 1976.
Lisle, Laurie. *Portrait of an Artist: A Biography of Georgia O'Keeffe*. New York: Seavie 1980.
López-Pedraza, Rafael. *Cultural Anxiety*. Switzerland: Daimon Verlag, 1990.
Lorde, Audre. *Sister Outsider: Essays and Speeches*. Freedon, California: Crossing Pres 1984.
Luke, Helen M. *The Way of Women, Ancient and Modern*. Three Rivers, Mich.: Appl Farm, 1975.
Machado, Antonio. *Times Alone*. Translated by Robert Bly. Middletown, Conn.: Wesleya University Press, 1983.
Matsui, Yayori. *Women's Asia*. London: Zed Books, 1987.
Matthews, Ferguson Gwyneth. *Voices from the Shadows: Women with Disabilities Speak Out*. Toronto: Women's Educational Press, 1983.
McNeely, Deldon Anne. *Animus Aeternus: Exploring the Inner Masculine*. Toronto: Inner City, 1991.
Mead, Margaret. *Blackberry Winter*. New York: Morrow, 1972.
Metzger, Deena. *Tree*. Berkeley: Wingbow Press, 1983.
——. *The Woman Who Slept with Men to Take the War Out of Them*. Berkeley: Wingbow Press, 1983.
Millay, Edna St. Vincent. *Collected Poems*. Edited by Norma Millay. New York: Harper & Row, 1917.
Masson, Jeffrey. *The Assault on Truth: Freud's Suppression of the Seduction Theory*. New York: Farrar, Straus, Giroux, 1983.
Miller, Alice. *Thou Shalt Not Be Aware*. Translated by Hildegard Hannum and Hunter Hannum. New York: Farrar, Straus, Giroux, 1984.
——. *For Your Own Good: Hidden Cruelty in Childrearing and the Roots of Violence*. Translated by Hildegard Hannum and Hunter Hannum. New York: Farrar, Straus,

Giroux, 1983.

—. *Drama of the Gifted Child*. Translated by Ruth Ward. New York: Basic Books, 1981.

organ, Robin. *Sisterhood Is Powerful*. New York: Vintage, 1970.

lford, Wendy, ed. *Love Poems by Women*. New York: Fawcett/Columbine, 1990.

ruda, Pablo. *Residence on Earth*. New York: New Directions, 1973.

umann, Erich. *The Great Mother*. Princeton: Princeton University Press, 1963.

n, Anais. *Delta of Venus: Erotica*. New York: Harcourt, Brace, Jovanovich, 1977.

ds, Sharon. *The Gold Cell*. New York: Knopf, 1989.

sen, Tillie. *Silences*. New York: Delacorte, 1979.

bach, Susie. *Fat Is a Feminist Issue*. New York: Paddington Press, 1978.

gels, Elaine. *The Gnostic Gospels*. New York: Random House, 1979.

rtnoy, Alicia, ed. *You Can't Drown the Fire: Latin American Women Writing In Exile*. San Francisco: Cleis Press, 1988.

rera, Sylvia Brinton. *Descent to the Goddess*. Toronto: Inner City, 1988.

af, Edith. *My Life*. London: Owen, 1990.

ercy, Marge. *Circles on the Water*. New York: Knopf, 1982.

—, ed. *Early Ripening: American Women's Poetry Now*. London: Pandora, 1987.

—. *The Moon Is Always Female*. New York: Random House, 1980.

—. *Woman on the Edge of Time*. New York: Knopf, 1976.

ogrebin, Letty Cottin. *Among Friends*. New York: McGraw-Hill, 1987.

rager, Emily. *A Visit from the Footbinder and Other Stories*. New York: Simon & Schuster, 1982.

Qoyawayma, Polingaysi (White, Elizabeth Q.) *No Turning Back: A Hopi Indian Woman's Struggle to Live In Two Worlds*. As told to Vada F. Carlson. Albuquerque: University of New Mexico Press, 1964.

Raine, Kathleen. *Selected Poems*. Great Barrington, Mass.: Lindisfarne, 1988.

Rich, Adrienne. *The Fact of a Doorframe*. New York: Norton, 1984.

—. *Diving Into the Wreck*. New York: Norton, 1973.

—. *Of Woman Born: Motherhood as Experience and Institution*. New York: Norton, 1976.

Robinson, James M., ed. *The Nag Hammadi Library in English*. San Francisco: Harper & Row, 1977.

Rosen, Marjorie. *Popcorn Venus: Women, Movies and the American Dream*. New York: Coward, McCann, Geoghegan, 1973.

Samuels, A.; Shorter, B.; Plaut, F. *A Critical Dictionary of Jungian Analysis*. London/New York: Routledege & Kegan Paul, 1986.

Sanday, Peggy Reeves. *Female Power and Male Dominance: On the Origins of Sexual Inequalities*. Cambridge: Cambridge University Press, 1981.

Savage, Judith. *Mourning Unlived Lives*. Wilamette, Ill.: Chiron, 1989.

Sexton, Anne. *The Complete Poems*. Boston: Houghton Mifflin, 1981.

—. *No Evil Star*. Ann Arbor: University of Michigan Press, 1985.

Shange, Ntozake. *Nappy Edges*. New York: St. Martin's, 1972.

—. *A Daughter's Geography*. New York: St. Martin's, 1972.

—. *for colored girls who have considered suicide when the rainbow is enuf: a choreopoem*. New York: Macmillan, 1977.

Sheehy, Gail. *Passages*. New York: E. P. Dutton, 1974.

Shikibu, Izumi and Komachi, Onono. *The Ink Dark Moon, Love Poems, Women of the Ancient Court of Japan*. Translated by Jane Hirschfield with Mariko Aratani. New York:

Scribner, 1988.
Silko, Leslie Marmon. *Storyteller*. New York: Seaver Press, 1981.
——. *Ceremony*. New York: Penguin, 1977.
Simon, Jean-Marie. *Guatemala: Eternal Spring, Eternal Tyranny*. London: Norton, 19
Singer, June. *The Boundaries of the Soul: The Practice of Jung's Psychology*. Garden C N.Y.: Doubleday, 1972.
Spretnak, Charlene. *Lost Goddesses of Early Greece*. Boston: Beacon Press, 1981.
——, ed. *The Politics of Women's Spirituality*. Garden City, N.Y.: Doubleday, 1982.
Starhawk. *Truth or Dare*. New York: Harper & Row, 1979.
Stein, Leon. *The Triangle Fire*. Philadelphia: Lippincott, 1962.
Steinem, Gloria. *The Revolution from Within*. Boston: Little, Brown, 1992.
——. *Outrageous Acts and Everyday Rebellions*. New York: Holt, Rinehart, Winst 1983.
Stone, Merlin. *When God Was a Woman*. New York: Dial Press, 1976.
——. *Ancient Mirrors of Womanhood*. Boston: Beacon Press, 1984.
Swenson, May. *Cage of Spines*. New York: Rhinehart, 1958.
Tannen, Deborah. *You Just Don't Understand: Women and Men in Conversation*. N York: Morrow, 1990.
Teish, Louisa. *Jambalaya*. San Francisco: Harper & Row, 1985.
Tuchman, Barbara. *A Distant Mirror*. New York: Knopf, 1978.
Tzu, Lao. *Tao Te Ching*. Translated by Stephen Mitchel. San Francisco: Harper & Ro 1988.
von Franz, M. L. *The Feminine In Fairytales*. Dallas: Spring Publications, 1972.
Waldman, Anne. *Fast-Speaking Woman and Other Chants*. San Francisco: City Light 1975.
Walker, Alice. *The Color Purple*. New York: Washington Square Press, 1982.
——. *Good Night Willie Lee: I'll See You In the Morning*. New York: Dial Press, 1979
——. *Her Blue Body: Everything We Know. Earthling Poems*. San Diego: Harcourt, Brac Jovanovich, 1991.
——. *In Search of Our Mothers' Gardens*. New York: Harcourt, Brace, Jovanovich, 1983
Walker, Barbara G. *The Woman's Encyclopedia of Myths and Secrets*. San Francisco Harper & Row, 1983.
——. *The Woman's Dictionary of Symbols and Sacred Objects*. San Francisco: Harper & Row, 1988.
——. *The Crone*. San Francisco: Harper & Row, 1985.
Walker, Lenore, *The Battered Woman*. New York: Harper & Row, 1980.
Warner, Marina. *Alone of All Her Sex: The Myth and Cult of the Virgin Mary*. New York: Knopf, 1976.
Watson, Celia. *Night Feet*. New York: The Smith, 1981.
White, Steve F. *Poets of Nicaragua*. Greensboro: Unicorn Press, 1982.
Whitman, Walt. *Leaves of Grass*. New York: Norton, 1968.
Wickes, Frances. *The Inner World of Childhood*. New York: Farrar, Straus, Giroux, 1927.
Williams, Terry Tempest. *Refuge*. New York: Pantheon, 1991.
Willmer, Harry. *Practical Jung: Nuts and Bolts of Jungian Psychotherapy*. Wilamette, Ill.: Chiron, 1987.
Wilson, Colin. *The Outsider*. Boston: Houghton Mifflin, 1956.
Wolkstein, Diane, and Kramer, Samuel Noah. *Inanna: Queen of Heaven and Earth*. San Francisco: Harper & Row, 1983.

llstonecraft, Mary. *A Vindication of the Rights of Women*. 1792 Reprint. New York: W. W. Norton, 1967.
odman, Marion. *Addiction to Perfection*. Toronto: Inner City, 1988.
olf, Virginia. *A Room of One's Own*. New York: Harcourt, Brace, 1929.
len, Jane. *Sleeping Ugly*. New York: Coward, McCann & Geoghegan, 1981.
ynne, Patrice. *The Womanspirit Sourcebook*. San Francisco: Harper & Row, 1988.
pes, Jack. *The Brothers Grimm*. New York: Routledge, Chapman and Hall, 1988.

致謝

這本關於女性本能的作品被書寫長達二十五年之久。在這段期間，許多人進到我的生命中，而其中許多人在見證我的寫作時給了我非常有益的鼓勵。在我的文化傳統中，「感謝他人」通常要花上好幾天的時間才能完成。這就是為什麼大多數的儀禮——從守靈到婚禮——都至少要花上三天時間：第一天用來大笑和大哭，第二天用來爭吵和吼叫，第三天用來和好，然後大家接著盡情歌唱和跳舞。因此，我要感謝以下所有出現在我生命中並仍然在歌唱和跳舞的人。

伯吉，我的丈夫和情人，他協助我編輯文字，也學會使用謄寫機器，以助我把手稿一遍又一遍地打出來。不請自來的蒂亞哈，她處理行政事務、幫我採買食物、引我大笑、並進一步讓我相信成年的女兒也可以是一個人的姊妹。最最重要的是我的親友們、我的家人、我的族群、我的長輩們——無論在世或已逝的，我要謝謝他們留下的足跡。

我的經紀人奈德・勒維特，他天生就擅長於在不同的世界之間交接事情。吉妮・費伯，我在百稜坦（Ballantine）出版社的編輯；在這本書誕生的期間，她也生下了一個完美的作品、一個名叫蘇珊娜的野性嬰兒。

譚美・西蒙，錄音製作人、藝術家、光芒熾熱的靈感來源；因為她不斷問及我所知的事情，我要感謝她。德溫・克里斯敦生，細節大師以及舵柄的看守者。除了他們兩位以外，我也要感謝原音（Sounds True）出版社的所有優秀工作人員；他們處理一切事務並給予我無限支持，使我可以把時間花在寫作上。

感謝露西和維吉妮亞及時從霧中出現。我要謝謝史賓絲——她自己就是從天而降的禮物——願意跟我分享這兩位天使。我也要感謝那排行第九的女孩；她聽見呼喚、越過危險大地、在最恰好的時間趕來。還有璜・孟威爾，一位獨特而優秀的翻譯者。

我三個已成年的女兒；她們的女性生命經驗給了我許多靈感和見識。我的被分析者；這麼多年以來，他們向我展現了無比的深度和廣度，也向我揭示了暗影的各種色相和光明的各種質相。燕西・史多克威爾和瑪麗・庫里從一開始就看顧我的作品。葛瑞格贈予我一生不渝的愛。琴・卡爾森，一個跟我一樣喜歡抱怨的老女人，她不斷提醒我要站起來在一個圓圈內轉三次。已故的簡・范得柏，他留給我最後一件禮物。貝西・沃克特，她慷慨地用心靈支持他人的喜悅。南西・皮茲那・道爾提，她告訴我未來有什麼可能的事情。奧勒岡的凱特・佛爾樂和阿拉斯加扣哲彪城的夢娜・安妮克・麥克愛德利；她們在二十五年以前為我編撰故事直到深夜。阿文德・瓦沙瓦達，印度的榮格學派分析師以及我心靈大家族中的長者。史提夫・山費爾得；因為他跟我一樣愛那位來自南方的歌劇女人——雖然她穿著溜冰鞋的雙腳實在並不怎麼好看。麗・勞森，才華殊異的藝術家及靈氣逼人的朋友；她看穿竊取靈魂的妄想世界並直言它的真相。諾曼蒂・艾利思，詩人及作家；她提醒我在「難以言喻之事」（the ineffable）一詞中應加上ef字母。琴・燕西；只因她活在我的生命中，我感謝她。法藍・李斯、史黛西・沃茲・何璧特以及瓊・賈克柏思；她們是我的筆友，既有才華、又有見解。喬安・席爾德布蘭特、康妮・布朗、包柏・布朗、有害動物防範中心（Critter Control）的湯姆・曼寧、丹佛市榮格學會會長愛蓮娜・阿爾登，以及安・寇爾；我感謝他們多年來給予我的友情和支持。聖荷西「森林飯店」（La Foret）那群具有創意的野性女人——妳們打從開始就與我同在。

我的說書人兄弟姊妹們（其中多位是西非裔、西班牙裔和匈牙利裔的後代）以及許多民俗研究學者和翻譯者；我感謝他們的友誼和無限的慷慨。諾迪何維・麥爾，匈牙利麥格亞族人及流浪學者。羅伯妲・馬查，馬雅文化的詮釋者。派翠西雅・杜布拉瓦・昆寧，詩人及翻譯專家。由原住民、科幻小說界、猶太人、基督徒、回教徒和異教徒所舉辦之許多「重大事件心理壓力」（ＣＩＳ）討論會中的男女與會者；我感謝他們提供了許多含意不清但有趣的故事。瑪莉亞，一位滿懷愛心、熟悉拿華陀人和阿茲塔克人的專家。歐帕蘭卡，通曉黑人民俗的非洲裔說書人。麗滋・洪雅克姑媽、瑪麗・平蔻拉、約瑟夫・平蔻拉以及羅夫・史魯曼；他們都通曉匈牙利人的事情。野村誠，日本文化專家。雪莉・凱若・史瓦茲，國際知名的說書人及民俗研究者（尤其在猶太人文化方面的研究）。傑若米，一個大膽的說書人。模式研究中心（Pattern Research）的列夫・史密斯和派翠霞・華格納；他們總是及時給予我最實在的幫助。阿敏妲・尼爾，丹佛市自然歷史博物館的展覽設計師；感謝她慷慨為我從檔案中挖出資料來。女「書記官」佩德拉・阿巴卡達巴；她是屋佛拉馬村莊裡的信件代筆人。蒂亞哈・凱芮妮娜，不同文化間的媒介者。蕊娜・彭寧頓，我在阿拉斯加旅行時的結伴姊妹；我特別感謝她給予我的祝福。所有我這一生遇見的說書人——他們賜故事於我、跟我交換故事、播下故事的種子、把故事當成靈性或家族的遺產傳贈於我、同時也從我這裡得到故事的回贈、並照顧這些故事有如自己的孩子（我也如此對待他們的故事）。

南西・米拉貝拉；我感謝她為我翻譯西班牙裔女性神祕主義者的作品，並讓我知道洛磯山脈女性研究中心（Rocky Mountain Women's Institute）這個機構的存在。洛磯山脈女性研究中心；它在一九九〇至一九九一年間頒給我訪問學者的身分，讓我在西裔文化中的「巫婆」這個題目上進行研究。我也要謝謝在該中心工作的雪柔・貝奇歐歌倫，以及我在那裡遇見的幾位藝術家同儕：畫家派蒂・李歐塔・吉內克、攝影師維琪・芬區、作家凱倫・齊德維克、編舞者漢娜・侃、作家凱若・麥克凱維和畫家蒂・范思沃絲。婦女聯盟（Women's Alliance）和編織大師夏綠蒂・凱利；她們讓我有機會在母親山（Sietre Madres）山區中授課一星期，就在那時我找到願意出版本書的出版商。能夠遇見這群強大有力的社會運動者／治療師／藝術家，我深覺十分幸運；她們在那一星期中就像許多母艦護送處女小船出海一樣地圍繞著我。表演藝術家露絲．扎波拉、電影製作人薇薇安．弗登若、喜劇女演員法蘭．佩維、彩虹聯盟（Rainbow Coalition）理事主席英．李．凱利、猶太說書人娜娥米．紐曼、爵士樂歌手及說書人里艾濃、佛教藝術家柯琳．凱利、作家與鼓手亞黛兒．蓋提、原住民儀式主持人邱斯．鳥羽之舞、黑人歌手瑞秋．貝格比、舞者及優雅的化身加拉佳．彭海姆、原住民說書人與老師諾瑪．柯戴爾、製鼓者與音樂家婷諾英、作家及勇敢的女人丁娜．麥茲格、女鼓手芭芭拉．波登、線縷的整理者凱．提夫特、織布機的串線者瑪格麗特．派佛、代表「聲音」的蓋兒．班尼文努塔、用背帶紡織機紡織的羅絲瑪麗．佩奇、細膩的精神支持者佩特．伊諾克思，以及我的眾女兒們（我的小水獺們；妳們知道自己是誰）。最後，那群尖叫的女人——但我不會說出她們的名字來。

琴．心諾達．玻倫；她是清明而堅強的靈魂母親，立下許多榜樣，並介紹我認識瓦樂麗。瓦樂麗．安德魯思，作家及遊牧四方的女人；她容我占用她的時間，也讓我認識我後來的經紀人奈德。曼尼莎．洛伊；她講述孟加拉女人的故事而使我聽得神往不已。比爾．哈立思、格倫．卡爾森、傑夫．拉夫、唐．威廉斯、琳．考恩、荷西．阿奎列斯——我謝謝他們在早期給予我的支持。我在美國榮格心理學分析師跨區域學會（Inter-Regional Society of Jungian Analysts, IRSJA）和國際分析心理學學會（International Association of Analytical Psychology, IAAP）所認識的榮格學派同事們；他們無不才華卓越，並對詩人和詩同時伸出照顧及保護的雙手。我在科羅拉多州榮格研究中心的同事以及中心裡過去和現在的實習分析師；還有ＩＲＳＪＡ的分析師候選人——他們用興奮的心情學習，並繼續抱著熱誠邁向真實的目標。

墨莉・莫伊爾，「破書皮」（Tattered Cover）書屋那位不平凡的雜工；她總在我耳邊輕聲地給予鼓勵。還有丹佛市那三位偉大的書店媽媽——她們讓自己的書店裝滿了我所能企望的所有跨文化書籍；這三家書店和其主人分別是：卡莎・宋格的「書之花園」（The Book Garden）、克萊拉・維樂若莎的「黑人經驗書店」（The Hue-Man Experience Bookstore），以及喬埃絲・梅思基斯的「破書皮」書屋。馬克・葛蘭姆和史提文・懷特這兩位作家、漢娜・格林、「敞門書店」（The Open Door Bookstore）的全體人員、「闊野詩人協會」（Poets of the Open Range）的會員們、以及那洛巴學院（Naropa Institute）的詩人們——我感謝他們的支持以及他們對文字蘊義的看重。以及我的詩人兄弟姊妹們——他們容許我經由他們的心來創作。

麥克・魏斯理，等幅波電子器材行（CW Electronics）的麥金塔電腦專家；他幫我把整個「消失」的草稿從硬碟中復原。超級技術服務員隆尼・萊特；他不只一次讓我的麥金塔ＳＥ30電腦起死回生。電子文學論壇的作家們以及來自世界各地（日本、墨西哥、法國、美國、英國）的電腦專家——感謝他們在午夜時刻打開電腦跟我談論女人和狼。

我最不可或缺的良師——所有圖書館館員；他們看守著裝滿人類一切嘆息、悲傷、希望和快樂的寶庫。我向你們致上最深的感謝；無論我的請求多麼含混不清，你們總是給予援手、總是那麼充滿智慧。

喬琪亞・歐姬芙；十九歲的我對她說我是一個詩人時，她並沒有因此大笑。桃樂絲・戴；她說草根有其重要性。能見異象的修女們、亦即聖十字修會的姊妹們（某個作家稱她們為「穿著黑衣的瘋女人」）——尤其是蕾・米榭拉、瑪麗・愛迪斯、法蘭西絲・羅耀拉、蕾・約瑟夫、瑪麗・馬德列華、瑪麗亞・伊索貝拉和瑪麗亞・康賽普生。伯緹娜・史坦克；她教我在絲絨縐痕的頂端看到一絲白色線條。《六〇年代》（*The Sixties*）雜誌的編輯；他回覆我的十言支持了我二十年之久。我的榮格學派和非榮格學派的老師們——他們為數眾多，但托妮・沃爾夫、哈利・魏爾默、詹姆斯・希爾曼這三位以他們的藝術家風格成為我的典範。最重要的是卡爾・古斯塔夫・榮格；他的作品是我的跳板——我既跳入其中，也跳離它而去。我深受榮格作品的吸引，因為他過著藝術家的生活，也支持藝術家的生命。他雕刻、寫作、閱讀經卷、走進墳墓、在河上划船——這就是藝術家的生命形式。

我也要感謝科羅拉多州的人文藝術委員會、駐校藝術家計畫、年輕閱聽者計畫；尤其要感謝那些身為藝術家的行政人員：丹尼爾・薩勒撒、派蒂・奧提茲以及瑪莉歐・尤爾——他們充滿了活力和熱誠。《布倫斯伯利書評》（*The Bloomsbury Review*）的編輯及副社長瑪麗蓮・奧爾與總編輯及社長湯姆・奧爾；我感謝他們的溫暖、古怪、體貼和教養。我要感謝那些最初出版我的作品、讓我的靈性獲得輸血而使我得以繼續寫出這本書的人們：湯姆・德默思、喬・李奇、安・李奇、瓊・席爾瓦、大衛・寇爾東、安東妮雅・馬丁奈、伊凡・蘇萬尼耶夫、愛莉森・聖克萊爾、安德烈・科德雷思古、荷西・阿米厚、賽爾提羅・阿米羅、詹姆士・泰勒三世、以及派翠霞・凱爾洪——那位吉爾平郡的野性女人。我還要感謝那些親眼目睹我寫作的詩人們：達娜・帕提羅、查理・密爾霍夫、愛德・華德，以及三位瑪麗亞——瑪麗亞・愛斯特維絲、瑪麗亞・伊哥內修、瑪麗亞・瑞斯・馬奎斯。

我在最喜愛的「掠奪者」（Reivers）咖啡館所遇見的所有地洞人、醜怪精靈、毒蕈和小矮人們，尤其是樹屋上的那些年輕男孩——如果沒有他們不斷的幫忙和不時的意見，我很可能無法寫出這本書來。我現在居住的科羅拉多州和懷俄明州農村小鎮、我的鄰居和朋友們、以及從世界各個角落為我帶回故事的男女軍職人員。查理和露意絲，我丈夫的父母親；他們用如此豐富而深刻的愛充滿了他，使他有能力把它傾注給我和我們的家庭。

最後，我要感謝那棵非常年老的橡樹、那棵「信息樹」；它位於我童年寫作所在的一座森林裡。我要感謝健康的泥土氣味、自由奔放的水聲、大自然的精靈們——它們一湧而出，跑到路邊來察看一下經過的人是誰。我要感謝所有女性先人，因為她們使我的路程變得較為清楚和容易。此外，我也要以無限的柔情感謝「狼女」。

原出版社註記

《與狼同奔的女人》書中出現的童話、詩句、和翻譯等文字皆出自埃思戴絲博士之手。她那充分闡釋了短詩、歌詞、和故事的文學童話傳承自其家族獨一無二的語言和敘述風格。本書中的童話詮釋版本擁有版權保護，並不屬於公共版權領域。

在《與狼同奔的女人》一書中，〈莎蒂〉、〈髑髏女人〉、〈狼女〉、〈鑰匙門〉、〈曼納威〉、〈啼滋〉和其他民間故事，以及眾多逸事趣聞、詩句、詩作原始翻譯版本、祈禱文、以及其他各類語言的措辭，都屬於埃思戴絲博士的原創文學作品，並首次於本書出版印行。這些作品皆受著作權法保護，並不屬於公共版權領域。

關於〈紅鞋子〉、〈藍鬍子〉、〈火柴女孩〉等特定童話，可在格林兄弟、安徒生以及貝洛的童話集中找到不同的版本。傳奇故事諸如晦澀難懂的〈哭泣之女〉、德米特和波賽芬妮的古代神話，可在坊間眾多出版商的各式出版品中找到。這些譯文版本可能屬於或不屬於公共版權領域。關於此類作品，請聯絡這些出版商或譯者以求取更進一步的資訊。

心靈工坊 PsyGarden
Holistic 119

與狼同奔的女人

[25週年紀念增訂版]

Women Who Run with the Wolves: Myths and Stories of the Wild Woman Archetype

作者—克萊麗莎・平蔻拉・埃思戴絲（Clarissa Pinkola Estés, Ph.D.）譯者—吳菲菲

出版者—心靈工坊文化事業股份有限公司
發行人—王浩威　總編輯—徐嘉俊
執行編輯—裘佳慧　特約編輯—黃素霞
校對—簡淑媛　內文排版—辰皓國際出版製作有限公司
通訊地址—106台北市信義路四段53巷8號2樓
郵政劃撥—19546215　戶名—心靈工坊文化事業股份有限公司
電話—02）2702-9186　傳真—02）2702-9286
Email—service@psygarden.com.tw　網址—www.psygarden.com.tw

製版・印刷—彩峰造藝印像股份有限公司
總經銷—大和書報圖書股份有限公司
電話—02）8990-2588　傳真—02）2290-1658
通訊地址—248新北市新莊區五工五路2號（五股工業區）
二版一刷—2017年11月　二版十刷—2024年2月
ISBN—978-986-357-108-7　定價—960元

國家圖書館出版品預行編目資料

與狼同奔的女人／克萊麗莎・平蔻拉・埃思戴絲（Clarissa Pinkola Estés）著；吳菲菲譯.
-- 二版. -- 臺北市：心靈工坊文化, 2017.11.
面； 公分. -- (Holistic；119)
譯自：Women Who Run with the Wolves: Myths and Stories of the Wild Woman Archetype
ISBN 978-986-357-108-7（平裝）
1.民間故事　2.女性心理學　3.文本分析

539.5　106021151